Jakob Baroggio

**Die Geschichte Mannheims**

Jakob Baroggio

**Die Geschichte Mannheims**

ISBN/EAN: 9783741183973

Hergestellt in Europa, USA, Kanada, Australien, Japan

Cover: Foto ©ninafisch / pixelio.de

Manufactured and distributed by brebook publishing software (www.brebook.com)

Jakob Baroggio

**Die Geschichte Mannheims**

Die

# Geschichte Mannheims

von

dessen Entstehung bis 1861.

Von

Jakob Baroggio.

Mannheim.
Im Selbstverlage des Verfassers.
1861.

# Einleitung.

Die Geschichte Mannheims und der Pfalz hat sich unter ihren Bewohnern, wie auch unter den Fremden mit dem größten Interesse erhalten; es ist ein besonderer reichhaltiger Stoff unserer allgemeinen vaterländischen Geschichte darin aufbewahrt.

Der Anfang dieses Werkes bietet uns die Urkunden der Entstehung Mannheims, der Pfalzgrafen und Churfürsten bei Rhein. Die erste Erbauung Mannheims von Churfürst Friedrich IV., dem Gründer unserer Vaterstadt und deren fortlaufende Geschichte und Schicksale. Die Geschichte der weiteren Regenten des pfälzischen Churhauses liefert uns in den Schicksalen eines verheerenden Krieges ein Gemälde von Dem, was unsere Vaterstadt und die ganze Pfalz erlitten haben. Dreimal war Mannheim an derselben Stelle der jetzigen Stadt erbauet, und jedesmal nach der Erbauung wieder verheeret und vernichtet.

Unter der sorgsamen und milden Pflege ihrer weisen und edlen Herrscher stand Mannheim neu aufblühend aus den verheerenden Trümmern wieder erbauet da, mit allen Gerechtsamen der erweiterten Privilegien versehen unter ihrem Schutze. Kunst und Wissenschaften erstanden unter der weisen Regierung ihrer milden Herrscher und erfreuten sich eines fortschreitenden Gedeihens.

Nach Erlöschung des pfälzischen Regentenhauses 1802 erstrebte sich Mannheim ein weiteres Emporkommen unter der segenvollen Regierung des badischen Regentenhauses, dessen milde und gerechte Herrscher Mannheim zu einer bedeutenden Handelsstadt erhoben, und vieles dazu beitrugen, unserer Vaterstadt eine verschönerte und bedeutende Vergrößerung zu geben.

# Inhalts-Verzeichniß.

## Erste Abtheilung.

| | Seite |
|---|---|
| Die Geschichte Mannheim (frühesten Ursprungs.) Die Urkunden und Dokumente über Mannheims früheres Bestehen . . . | 5 |
| Die Geschichten der Pfalzgrafen und Churfürsten in der Pfalz bei Rhein (Nachweis ihres früheren Ursprungs) . . . . | 11 |
| Konrad von Hohenstaufen, geb. 1127, gest. 1195 . . . . . . | 12 |
| Heinrich der Welfe, Sohn Heinrich des Löwen, Herzog von Braunschweig, geb. 1169, gest. 1227 . . . . . . . . | 12 |
| Heinrich der Jüngere, genannt der Lange, geb. 1194, gest. 1214 | 13 |
| Ludwig der Erste, Herzog von Bayern, geb. 1174, gest. 1231 . | 14 |
| Otto der Erlauchte, geb. 1206, gest. 1253 . . . . . . . . | 15 |
| Ludwig der Zweite, genannt der Strenge, geb. 1229, gest. 1294 | 17 |
| Rudolph der Erste, geb. 1274, gest. 1319 . . . . . . . . | 19 |
| Adolph der Redliche, geb. 1300, gestorben 1328 . . . . . . | 23 |
| Rudolph der Zweite, geb. 1306, gest. 1353 . . . . . . . . | 24 |
| Ruprecht der Erste, Senior, genannt der Rothe, geb. 1309, gest. 1390 | 25 |
| Ruprecht der Zweite, genannt der Harte, geb. 1325, gest. 1398 | 29 |
| Ruprecht der Dritte, genannt der Gütige (Deutscher Kaiser) geb. 1352, gest. 1410 . | 29 |
| Ludwig der Dritte, genannt der Bärtige, Stammvater der Heidelberger Linie, geb. 1376, gest. 1436 . . . . . . . | 34 |
| Ludwig der Vierte, genannt der Sanftmüthige, geb. 1424, gest. 1449 | 37 |
| Die Pfalzgräflich von Mosbachische Linie . . . . . . . . | 38 |
| Friedrich der Erste, der Siegreiche, geb. 1425, gest. 1476 . . . | 39 |
| Philipp der Aufrichtige, geb. 1448, gest. 1508 . . . . . . | 46 |
| Ludwig der Fünfte, der Friedfertige, geb. 1478, gest. 1544 . . | 51 |
| Friedrich der Zweite, genannt der Weise, geb. 1482, gest. 1556 . | 55 |
| Otto Heinrich, genannt der Großmüthige, geb. 1502, gest. 1559 | 58 |
| Nebenlinien des Churpfälzischen Hauses . . . . . . . . | 59 |

## Zweite Abtheilung.
### Aus dem Herzoglichen Hause Simmern.

| | Seite |
|---|---|
| Friederich der Dritte, genannt der Fromme, geb. 1515, gest. 1576 | 60 |
| Ludwig der Sechste, genannt der Mildthätige, geb. 1539, gest. 1583 | 64 |
| Pfalzgraf Johann Casimir, Administrator der Churpfalz, geb. 1543 gest. 1592 | 66 |
| Friederich der Vierte, der erste Erbauer und Gründer Mannheims, geb. 1574, gest. 1610. Seine Regierung, die Erbauung Mannheims, und Fortsetzung der Geschichte Mannheims | 69 |
| Nebenlinie des Churfürstlichen Hauses | 82 |

**Anmerkung.**
Bei den regierenden Churfürsten befinden sich jedesmal nach laufender Jahreszahl die hinterlassenen Churfürstlichen Prinzen und Prinzessinnen.

| | |
|---|---|
| Friederich der Fünfte, genannt der Geduldige, (sogenannte Winterkönig) geb. 1596, gest. 1632, mit Fortsetzung der Geschichte Mannheim. — Der Krieg in Böhmen ꝛc. ꝛc. | 82 |
| Nebenlinie des Churpfälzischen Hauses | 98 |
| Der Krieg in der Churpfalz. — Die Belagerung Mannheims und dessen Zerstörung | 99 |
| Carl Ludwig, genannt der deutsche Salomon, geb. 1616, gest. 1680. Zweite Erbauung Mannheims und Geschichtliche Fortsetzung | 110 |
| Nebenlinie des Churpfälzischen Hauses | 126 |
| Churfürst Carl, der letzte Stamm des Herzoglichen Hauses Simmern, geb. 1651, gest. 1685. Fortsetzung der Geschichte Mannheim | 127 |

### Aus dem Herzoglichen Hause Neuburg.

| | |
|---|---|
| Philipp Wilhelm aus dem Herzoglichen Hause Neuburg, geb. 1615 gest. 1690. Fortsetzung der Geschichte Mannheim | 131 |
| Der Churpfälzische oder Orleanische Erbfolgekrieg. Die Zerstörung Mannheims | 133 |
| Johann Wilhelm, geb. 1658, gest. 1716 Fortsetzung der Geschichte Mannheims und dessen dritte Erbauung | 156 |
| Carl Philipp, geb. 1661, gest. 1742. Die Geschichte seiner Regierung ꝛc. Fortsetzung der Geschichte Mannheims und weitere Erbauung der Stadt ꝛc. | 168 |
| Heidelberg im Jahr 1742 | 203 |

### Aus dem Herzoglichen Hause Sulzbach.

| | |
|---|---|
| Carl Theodor, genannt der Prachtliebende, geb. 1724, gest. 1799. Aus dem Neuburgischen Nebenast „Pfalz Sulzbach", die Geschichte seiner Regierung, Fortsetzung der Geschichte Mannheims und weitere Erbauung der Stadt | 205 |
| Stiftungen: | |
|     Eine militär-chirurgische Schule | 213 |
|     Oeffentliche Vorlesungen (Hauptkriegsschule) | 214 |
|     Militärisches anatomisches Theater | 214 |

VII

| | Seite |
|---|---|
| Chirurgisches Collegium | 216 |
| Fortsetzung der Geschichte Mannheims | 217 |
| Academie der Zeichnung und der Bildhauerkunst | 218 |
| Der Saal der Statuen | 218 |
| Die Academie der Zeichnung und Kupferstich-Cabinet | 219 |
| Die Gemälde-Gallerie im Churfürstlichen Schlosse | 221 |
| Fortsetzung der Geschichte Mannheims | 241 |
| Das Gießhaus | 241 |
| Die Academie der Wissenschaften | 242 |
| Deutsche Gelehrte Gesellschaft | 243 |
| Professur der Philosophie und schönen Wissenschaften | 244 |
| Antiquitäten-Cabinet | 245 |
| Das naturhistorische Cabinet | 246 |
| Die Schatzkammer | 246 |
| Das Cabinet der Naturlehre | 247 |
| Fortsetzung der Geschichte Mannheims | 248 |
| Churfürstliche Lotterie | 249 |
| Hebammenschule | 250 |
| Krankenwärter-Schule | 251 |
| Patriotische Krankenkasse | 251 |
| Fortsetzung der Geschichte Mannheims | 252 |
| Der botanische Garten | 253 |
| Fortsetzung der Geschichte Mannheims | 254 |
| Marie Wilhelmine Auguste, Herzogin von Pfalz-Zweibrücken (Stamm-Mutter des königlichen bayerischen Hauses) | 254 |
| Friedrich Michael, Pfalzgraf von Zweibrücken, Vater des Maximilian Joseph | 256 |
| Fortsetzung der Geschichte Mannheims | 257 |
| Die Hinrichtungen in Mannheim von 1742 bis 1796 | 260 |
| Die Churfürstliche Sternwarte | 262 |
| Fortsetzung der Geschichte Mannheims | 264 |
| Das Zeughaus | 266 |
| Das deutsche Schauspielhaus nach seinem früheren Bestehen | 271 |
| Schauspielerinnen und Sängerinnen | 272 |
| Schauspieler und Sänger | 273 |
| Reichsfreyherr von Dalberg | 274 |
| Deutsches Schauspielhaus, (die Beschreibung seines früheren Baues) Mannheim unter der Regierung Churfürst Carl Theodor, sein Emporkommen | 275 |
| Fortsetzung der Geschichte Mannheims | 280 |
| Die errichteten Fabriken in Heidelberg, unter der Regierung Churfürst Carl Theodor | 291 |
| Die Fabriken in Frankenthal | 292 |
| Schwetzingen, Churfürstliche Sommer-Residenz, Lustgarten | 292 |
| Oggersheim (Lustschloß), Schloßgarten | 294 |
| Lautern. (Churfürstliche Oekonomische Gesellschaft) | 294 |
| 400jähriges Jubiläum der Universität Heidelberg | 295 |
| Churfürst Carl Theodor's Fünfzigjähriges Jubiläum | 299 |
| Das Bombardement Mannheims | 308 |
| Die Todes-Nachricht aus München von dem Ableben Churfürst Carl Theodor | 329 |

VIII

| | Seite |
|---|---|
| Maximilian Joseph als Nachfolger in der Regierung, geb. 1756, gest. 1824 | 329 |
| Fortsetzung des Bombardements von Mannheim | 329 |

## Dritte Abtheilung.

| | |
|---|---|
| Mannheim unter der Regierung des Großherzoglich Badischen Regentenhauses bis 1862. Die Huldigungsfeier im Jahre 1803 | 339 |
| Die Feier des Anschlusses von Baden an den deutschen Zollverein | 362 |
| Die Einweihung des neuen Hafens | 367 |
| Die Grundsteinlegung des neuen Friedhofes | 388 |
| Feier des 25jährigen Bestehens der Verfassung des Großherzogthums Baden am 22. August 1843 in Mannheim | 392 |
| Die feierliche Eröffnung der Kettenbrücke über den Neckar zu Mannheim | 397 |
| Die Erbauung, Grundsteinlegung und Einweihung des neuen evangelischen Hospitals | 399 |
| Mannheims Festtage am 26. und 27. September 1856 | 419 |
| Die Schillerfeier in Mannheim am 9., 10. u. 11. Nov. 1859 | 440 |
| Das Concordat | 455 |
| Die Festtage v. 22. bis 25. Mai 1860 bei der hohen Anwesenheit Ihrer k. Hoh. des Großherzogs und der Großherzogin in Mannheim | 460 |

## Geschichte der Kirchen Mannheims.

### 1. Die katholischen Kirchen.

| | |
|---|---|
| Die obere Pfarr- oder Jesuitenkirche, erbaut 1760 | 475 |
| Das Jesuiten-Collegium | 490 |
| Die Marianische Sodalitäts-Kirche | 491 |
| Die Kapuziner-Kirche und Kloster, erbaut 1701 | 492 |
| Die untere katholische Pfarrkirche, erbaut 1701 | 494 |
| Die Hofkapelle im Schlosse, erbaut 1720 | 500 |
| Die Kirche und das Kloster der Carmeliter, erbaut 1722 | 501 |
| Das Augustiner-Nonnenkloster, erbaut 1725 | 502 |
| Das Carolus-Boromäus-Hospital, erbaut 1730 | 505 |
| Die Garnisons-Kirche, erbaut 1737 | 506 |
| Das Armen-, Waisen- und Zuchthaus, erbaut 1749 | 507 |
| Die Bürger-Hospitals-Kirche, erbaut 1775 | 509 |

### 2. Die evangelischen Kirchen.

| | |
|---|---|
| Die frühere Concordien- (reformirte) Kirche, erbaut 1708 | 511 |
| Die hochdeutsche und französisch-reformirte Kirche | 516 |
| Die Geschichte der Reformirten und Lutheraner in der Pfalz | 522 |
| Die Erbauung und Einweihung der Trinitatiskirche (lutherische) 1706 | 527 |
| 3. Die Synagoge, erbaut 1851 | 534 |
| 4. Der deutschkatholische Bet-Saal, erbaut 1860 | 536 |

# Die Geschichte Mannheims.

### Erste Abtheilung.

Die Geschichte Mannheims verliert sich in das Dunkel der Vorzeit. Mehr als tausend Jahre sind wohl seit den ersten Anfängen des Ortes verflossen, doch dürften jene Momente für die Geschichte bedeutungslos sein.

Vor 12 Jahrhunderten, also um 800 n. Chr., bestand Mannheim als Dorf.

Seine erste Gründung und Benennung Mannenheim — Manninheim wollen zwar Einige von dem zweiten König der Deutschen, Manus, und von dem Jahr der Welt 2042 herleiten; auch wird behauptet, daß Mannheim schon eine förmliche Stadt gewesen, die der Kaiser Valentinian zerstört, und dagegen um das Jahr 364 n. Chr. ein festes Bollwerk wider die Deutschen aufgeführt haben soll. Dem Neckar, dessen einer Arm sonst der Bergstraße entlang seinen Lauf hatte, und sich bei Tribur in den Rhein ergoß, während der andere dem Hochgestabte nachfloß, und Altripp gegenüber in den Rhein ausmündete, soll unter Valentinian ein anderer Lauf gegeben worden sein, indem man letzteren Arm, der dem Castell Altariva großen Schaden brachte, abgegraben habe; doch wird auch diese Behauptung in's Fabelreich verwiesen, indem nirgends eine Gewißheit oder auch nur ein Anhalt gefunden werden kann.

Mit einiger Wahrscheinlichkeit mag der Name Mannheim von einem allemannischen Oberhaupte oder von dem früheren Aufenthalte eines allemannischen Volksstammes abgeleitet werden. Manche wollten sogar behaupten, daß Mannheim früher „die Heimath der Männer" genannt worden sei. — Den Namen Mann leiten Einige von Mann, „dem Sohne Tuisko's."

Was die Geschichte uns aufbewahrte, ist, daß von Gaugraf Cancor und seiner frommen Mutter Williswinda, welche im Jahr 764 das Kloster Lorsch gestiftet, und nach einem in den dortigen Urkunden sich befindlichen Schenkungsbrief, dem H. Nazar zur Erlösung der Seele eines gewissen Trudbert schon im Jahr 765 ein einträgliches Gut zu Mannheim verschrieben wurde. Ebenso wird im Jahr 782 einer Insel unter dem Namen Mühlau erwähnt, und dies batirt im 14. Regierungsjahr Carl des Großen.

Die älteste Kunde, welche uns die Geschichte aufbewahrt hat, fällt in das achte Jahrhundert nach Christi Geburt, während durch mehrere Jahrhunderte hindurch die Geschichte uns nichts über Mannheim berichtet.

Mannheim, am rechten Rhein- und linken Neckarufer liegend, ist von beiden Flüssen eingeschlossen; unterhalb der Stadt ergießt sich der Neckar in den Rhein.

Zu seinen Grenznachbarn hatte Mannheim östlich: die Orte Feudenheim und Käferthal jenseits, dann Seckenheim diesseits des Neckars; südlich: Neckarau diesseits, Mundenheim jenseits des Rheins; westlich: den Rhein und das jenseitige Städtchen Oggersheim, nebst Friesenheim und den Hemshof; dann nördlich: den Neckar und über demselben Sandhofen.

In den Carolinger Zeiten hatte Mannheim schon das Ansehen eines bedeutenden Dorfes gehabt, das am Zusammenfluß des Rheins und Neckars gestanden und dessen freie

Einwohner urbares Feld, Obst und Weingärten besessen haben.

In spätern Zeiten war Mannheim nebst dem eingegangenen Dornheim als Zugehör der nächst dabei gelegenen Burg Rheinhausen zugefallen, von welcher ein adeliges Geschlecht seinen Namen geführt hat. Nach dessen baldigem Erlöschen scheint Mannheim der Pfalz wieder zurückgefallen zu sein; denn Churfürst Ludwig II., genannt der Strenge, verschrieb im Jahr 1287 seinem Sohn zweiter Ehe, dem Pfalzgrafen Ludwig (verlobt mit der lothringischen Prinzessin Elisabeth), die Burg Rheinhausen, sammt den dazu gehörigen Dörfern Dornheim und Mannheim mit noch andern der Pfalz gehörigen Orte zur Morgengabe.

Da aber dieser junge Pfalzgraf in einem Turnier zu Nürnberg im Jahr 1290 das Leben verlor, so hörte auch diese Verschenkung auf, und die Burg blieb mit jenen Zugehörungen in dem Besitze des Churfürsten Ludwig II.

In dem Theilungs=Vertrag von Pavia 1329 wird diese Burg Rheinhausen genannt, und mit Mannheim nebst andern Orten den Bruderssöhnen des Kaisers Ludwig IV. zugetheilt.

Im Jahr 1368, den ersten Samstag nach Bartholomä, stellten die Pfalzgrafen Ruprecht der ältere und Ruprecht der jüngere zu Heidelberg eine Urkunde aus, daß die darin genannten Orte ewig der Pfalz verbleiben, weder verkauft, verpfändet, verwechselt, noch durch Wittum oder dergleichen, der Pfalz entfremdet werden sollten; in dieser Urkunde wird auch Mannheim, die Veste auf dem Ryn gelegen, namentlich aufgeführt. — Indessen blieb Mannheim stets noch ein Dorf und war lediglich wegen des festen Castells am Rhein, (des sogenannten Eichelsheimer Schlosses), woselbst Zoll erhoben wurde, bekannt.

Dieses, aus keinem ältern, als aus dem 14. Jahrhundert herstammende Schloß (das im Jahr 1395 „die Veste uff dem Ryne gelegen" benannt wird), stand hart am Rhein, an der Stelle des s. g. jetzigen Renner'schen Hofes, wo noch ein starkes Grundgemäuer, als Rest desselben, dem Ufer zur Abhaltung des anprallenden Rheinstroms, gute Dienste leistet.

Einem alten Plane zufolge war es ein viereckiges, massives, an den Ecken mit vier starken Thürmen versehenes Gebäude, das stets in gutem Stande unterhalten, oder doch wenigstens im 15. Jahrhundert wieder hergestellt gewesen zu sein scheint, weil Churfürst Ludwig III., genannt der Bärtige, Stammvater der Heidelberger Linie, den von der allgemeinen Kirchenversammlung zu Kostanz abgesetzten Papst Johann XXIII., sonst Balthasar Rossa genannt, im Jahr 1415 darin gefänglich verwahrt hatte, welcher nach dreijähriger Gefangenschaft sich mit 30,000 Goldgulden bei demselben auslöste.

Nach Verlauf von 47 Jahren hatte Churfürst Friedrich I., genannt der Siegreiche, den in der Schlacht bei Seckenheim auf dem sogenannten Friedrichsfeld am 30. Juli 1462 gefangenen Bischof Georg von Metz in eben das Zimmer, worin der gedachte Pabst gesessen, verbringen lassen. — Churfürst Friedrich der Siegreiche verweilte öfters in diesem Schlosse, und sind mehrere Urkunden darin niedergelegt worden, unter Anderem das Bündniß wegen der Lichtenberger Fehde 1451, und der Friede mit seinem Vetter, Herzog Ludwig der Schwarze von Zweibrücken, 1460, welche von da datirt sind.

Es sind uns von jenen acht Jahrhunderten, wo des Dorfes Mannheim zuerst gedacht wird, noch einige in Mannheim ausgestellte Urkunden von den Jahren 1349 bis 1496 übrig geblieben, von welchen mehrere in den 1450r und 1460r Jahren von dem Churfürst Friedrich I. dem Siegreichen ausgefertigt wurden, daher es scheint, daß die Churfürsten schon damals in diesem festen Schloß Eichelsheim dann und wann Hof, und in den nahe gelegenen Forsten Jagd gehalten haben.

Um in der Geschichte Mannheims weiter zu fahren, lasse ich die Urkunden folgen, welche uns aus dieser vergangenen Vorzeit aufbewahrt wurden, und zur Vervollständigung der Geschichte unserer Vaterstadt vieles beitragen.

## Die Urkunden und Documenten
### über
### Mannheims früheres Bestehen.

Ueber den Ursprung Mannheims läßt sich, auf Documenten gestützt, nichts sagen, und über sein Dasein als Dorf in früheren Zeiten haben wir sehr wenige authentische Quellen, zu denen die Urkunden des alten ehemaligen Klosters Lorsch fast das meiste beitragen.

Diesem, im Jahr 764 gestifteten Kloster wurde schon ein Jahr nachher ein Grundstück zu Mannheim geschenkt, welches damals Mannenheim und in andern nach jener Zeit geschehenen Stiftungen auch Manninheim genannt wurde.

Gegen das achte Jahrhundert kommt die Bezeichnung des Neckars als bei Mannheim urkundlich vor. — Während durch mehrere Jahrhunderte die Geschichte uns nichts über Mannheim berichtet, haben wir aus dem Jahr 1349 die Nachricht, daß Kaiser Karl der Vierte auf Donnerstag nach hl. Kreuztag dem Pfalzgrafen Rudolph II. bei Rhein zwei Tornosen am Rheinzolle zu Mannheim, zu den schon besessenen drei, verlieh; diese verpfändete er aber schon im nämlichen Jahre an den Ritter von Erlikheim um 2000 Pfund Heller, Speyerer und Wormser Gewährung.

Pfalzgraf Ruprecht der Erste, genannt der Rothe, geboren 1309, gestorben 1390, hatte 1356 sechs und 1369 sieben Tornosen. — Schon 1349 erhielt Pfalzgraf Rudolph vom Kaiser Karl IV. auch zwei große Tornosen am Neckarzoll zu Bidenheim (Feudenheim) und zwei an demselben Zoll zu Mannheim, und 1356 erhielt Pfalzgraf Ruprecht noch eine Tornose zu Feudenheim; wahrscheinlich wurde 1356 oder 1357 die Feudenheimer Station auch nach Mannheim verlegt.

Dieser letztere Pfalzgraf schloß am Freitag nach Margaretha 1356 mit der Stadt Worms einen Vertrag, wornach ihre beiderseitigen Zwiste durch vier Schiedsrichter, wovon jeder Theil zwei zu wählen hatte, verglichen werden sollten. Zum Sitz des Schiedsgerichts war Mannheim bestimmt.

1367 erhielt der Zollschreiber Friederich in Mannheim ein Absolutorium, unterschrieben von Pfalzgraf Ruprecht dem Aeltern, über die ausgestellte Rechnung der Rhein- und Neckarzölle; derselbe erhielt auch im gleichen Jahre ein Generalabsolutorium über die Rechnung, der unter dem Namen Baugeld im Zeitraum von einem Jahr sechs Wochen erhobenen Abgaben zu Mannheim, Rheinhausen und Neckarau.

Pfalzgraf Ruprecht stiftete in dem alten Schlosse bei Mannheim, laut einer zu Heidelberg am Abend des Auffahrtsfestes 1369 ausgestellten Urkunde, eine Altarpfründe und ewige Messe zu Ehren unserer lieben Frau und des hl. Apostels Jakobus.

Die Fruchtgilten des halben Hofes Heymesheim (Hemsheim) jenseits des Rheins, Mannheim gegenüber, waren dazu angewiesen.

Kaiser Rudolph II. hatte am 3. Oktober 1353 die Kirche zu Unserer lieben Frau in Neustadt a. H. zur Stiftungskirche erhoben und solche 1380 mit vielen Einkünften, darunter auch einen Theil des Wasserzolles vom Neckar und Rhein, zu Mannheim dotirt.

Ruprecht II. lieh 1390 von Reymond von Ettendorf 300 fl. und wies demselben dafür jährlich 20 fl. auf den Mannheimer Zoll an.

1398 schenkte König Wenzel jeder Pfalzgräfin zwei Tornosen am Mannheimer Rheinzoll.

Bei der Erbtheilung der pfälzischen Lande, 1410, Freitag nach Michaeli, unter die Söhne Ruprecht III., genannt der Gütige, kam Mannheim aus den churfürstlichen alten Stammgütern zu den churpfälzischen Grundstücken und an den ältesten Sohn Ludig den Bärtigen; es wurde damals bezeichnet als: „Mannheim die Veste uf dem Ryn gelegen."

Pfalzgraf Ludwig IV., genannt der Sanftmüthige, widersetzte sich dem bischöflichen Beerbungsrechte, Jus Spolii, in seinen Landen, dem in einem auf dem Heidelberger Schlosse am 4. Januar 1443 in Gegenwart des Bischofs Friedrich von Worms, der Zeugen Ritter Schweikard und Ritter Eberhard von Sickingen, Vogt zu Heidelberg, so wie des pfälzischen Kanzlers Ludwig von Ast, Domprobst zu Worms, gefertigten Notariatsakte und erklärte, die Verlassenschaft des Kaplans Conrad in Mannheim dem Bischof nur aus Freundschaft auszufolgen, ohne daß er aber demselben ein Recht in ähnlichen Fällen zugestehe.

Churfürst Philipp, der Aufrichtige, stellte am Sonntag nach Mathias 1490 eine Urkunde aus, daß die armen Bürger in Mannheim unter Aufsicht des Zollschreibers das Unterholz auf der Mühlau sammeln dürften, wogegen sie sich verpflichteten, die Hage und Laiche der Au auszubessern.

Nach Schanat befand sich in Worms ein altes Kirchenbuch, nach welchem unter Churfürst Philipp dem Aufrichtigen dahier eine dem hl. Stephan gewidmete Pfarrkirche erbaut wurde, über die das St. Martinskapitel zu Worms das Patronatsrecht hatte, welches 1545 an Churpfalz überging.

Im Wormser Synodale 1496 ist unter den dahin gehörenden Pfarren auch Mannheim aufgeführt.

Außer dem Schloß Eichholzheim standen in früherer

Zeit in der Nähe Mannheims das Dorf Dornheim am Neckar gegen Feudenheim und das Dorf und die Burg Hausen, auch Rheinhausen genannt, an der Straße nach Neckarau; beide sind spurlos verschwunden. Das alte Dorf Hermsheim, früher Herimundesheim, ging in Neckarau auf.

Das Eichholzheimer Schloß kommt in Urkunden schon 1369 vor, als Besitzer der Kaplaneipfründe daselbst erschienen 1462 Werner Lebbuch und 1506 Johann Maier von Vitsel.

Die Burg Rheinhausen wurde schon 1287 erwähnt, als solche von Pfalzgraf Ludwig II., genannt der Strenge, geboren 1229, gestorben 1294, der Braut seines Sohnes, Prinzessin Elisabeth von Lothringen, nebst den Dörfern Dornheim und Mannheim zur Morgengabe verschrieben wurde.

In der Mannheimer Gemarkung waren im Anfang des 14. Jahrhunderts außer churfürstlichen Domanialgütern keine geistlichen oder freiadeligen Besitzer; mit Ausnahme ersterer war Alles Eigenthum der Bürger; in einer Urkunde von 1369 heißt es: Mein Herr (der Churfürst) hat einen Hof zu Mannheim 2c. 2c.; ferner Summa der Aecker 70 und einen halben Morgen Gut, 18 Morgen auf dem Sand, 8 Morgen Wiesen, im Ried 220 Morgen Item, an dem Huthorst 80 Morgen, sind vormals des Dorfes Allmenden gewesen.

Die Zehnten in hiesiger Gemarkung gehörten mit Ausnahme weniger Grundstücke, die zur churfürstlichen Hofkammer zinsten, dem Collegialstift St. Martin in Worms. Zufolge des von demselben mit Churfürst Ludwig V., genannt der Friedfertige, auf Donnerstag nach Quasimodogeniti 1515 errichteten Vergleichs, unterschrieben von Hofmeister Ludwig von Fleckenstein, Dr. und Kanzler Florenz von Venningen, Ritter Hans von Sickingen und Leonhard Wormser von Schaffolzheim, wurde aber bestimmt, daß in der ganzen Gemarkung Mannheims künftig alle Jahr nur ein Zehnten erhoben, und vom Gesammtertrag Churpfalz die Hälfte, das Stift St. Martin ein Viertel, und das letzte Viertel die Pfarrei St. Ullrich oder die Schloßkaplanei in Heidelberg erhalten solle.

Das St. Martinsstift hatte noch die Verpflichtung, die Kirchen und Pfarrgebäude Mannheims zu unterhalten, wogegen demselben der Antheil am Zehnten von 18 zehntfreien Morgen Acker zugetheilt wurde.

Mit Bewilligung des Bischofs Heinrich, Bruder des Churfürsten Friedrich II., genannt der Weise, verkaufte Dechant und Kapitel des genannten Stifts seinen Antheil nebst den darauf ruhenden Lasten Mittwoch nach Dreikönig 1545 an Churpfalz, und als nach der Reformation das der Schloß-Pfarrei Heidelberg gehörige Viertel gleichfalls eingezogen ward, war die Hofkammer im Besitz des ganzen Zehntens.

Am Sonntag nach Epiphania 1545 geschah eine weitere Uebereinkunft wegen des Patronatsrechtes zwischen dem St. Martins-Kapitel und dem Churfürsten.

Die fränkischen Fürsten hatten auf den Trümmern, wo die Heidelberger Burg stand, ein römisches Castell erbaut, und waren in Mitte des 12. Jahrhunderts die ersten residirenden Pfalzgrafen bei Rhein.

Konrad von Hohenstaufen, der Gründer Heidelbergs, welches als Stadt bewohnt wurde, war nicht der erste Pfalzgraf bei Rhein, wie irrthümlich einige Geschichtschreiber sagen, denn es gab vor Konrad von Hohenstaufen schon Pfalzgrafen bei Rhein, welche aber nicht auf der Burg Heidelberg, sondern in Stahleck bei Bacharach wohnten.

Für die zunehmende Macht der Churfürsten und Pfalzgrafen aus dem später die Churwürde und Pfalzgrafschaft innehabenden Hause der Wittelsbacher, oder dem Schyrenstamme, mochten die anspruchslosen Räume dieses alten Schlosses zu klein werden, weßhalb der Aufenthalt dieser Fürsten öfters in größeren Schlössern der Pfalz, als Stahleck und andern gewählt wurde.

Im Jahr 1155 wurde Conrad von Hohenstaufen von seinem Bruder, Kaiser Friedrich I., dem Rothbart, mit der Pfalzgrafschaft bei Rhein belehnt.

Da die Söhne Konrads starben, welche im Kloster Schönau beigesetzt sind, so ließ Konrad von Hohenstaufen die meisten seiner Besitzungen zu weiblichen Lehen (Kunkel=lehen) umwandeln, weil er eine blühende Tochter „Agnes", hatte, die sich mit Heinrich dem Welfen, Sohn Heinrichs des Löwen, vermählte und ihn nach dem Tode ihres Vaters da= durch zum Pfalzgrafen bei Rhein machte.

Wiewohl Ludwig I. von Bayern von Kaiser Friedrich II. von Hohenstaufen mit der pfalzgräflichen Würde belehnt wurde, so betrachtete er sich doch nur als den Verweser der Pfalz und erst Otto der Erlauchte, welcher sich mit der jüngern Tochter des Pfalzgrafen Heinrich des Welfen, Ag= nes, vermählte, ist als erster rechtmäßiger Pfalzgraf bei Rhein, aus dem edlen Geschlechte der Wittelsbacher, anno 1225, zu betrachten.

Bei Rhense befand sich ehemals der berühmte Königs= stuhl. Dort auf dem Platze, wo man heut zu Tage vier Steine von mittlerer Größe erblickt, kamen die Churfürsten zusammen, um über die Angelegenheiten Deutschlands zu be= rathen, sie kamen aber dort deßhalb zusammen, weil hier die Territorien von vier Churfürsten wie Strahlen in einem Centrum zusammenliefen; von der Höhe des Platzes sah man zugleich auf vier Städte hinab, Lahnstein, zum Gebiete des Churfürsten von Mainz, Kapellen, dem Churfürsten von Trier, Rhense, dem von Köln, und Braubach, dem von der Pfalz gehörend.

Der Königsstuhl stand bis 1802; in diesem Jahr wurde er von den Franzosen zerstört.

Churfürst Friedrich II., genannt der Weise, geboren den 9. Dezember 1482, Bruder des Churfürsten Ludwig V., ge= nannt der Friedfertige, erbaute im Jahr 1519, noch als

Churprinz ganz in der Nähe Mannheims ein Jagdschloß, das der Hirschbühel genannt wurde.

Die Pfalzgrafen haben schon bei den deutschen Kaisern allezeit in besonderem Ansehen gestanden, und ist deren Amt stets als die höchste Würde angesehen worden. Nach den Aufbewahrungen der Geschichte haben die Pfalzgrafen und Churfürsten bei Rhein acht Jahrhunderte in der Pfalz regieret und wird, der Aufgabe dieses Werkes entsprechend, die Herrschaft derselben von Churfürst Friedrich IV., dem Begründer Mannheims, bis Carl Theodor, behandelt werden, mit Rücksicht auf die Regierungen von: Friedrich V., Carl Ludwig, Carl, Philipp Wilhelm, Johann Wilhelm, Carl Philipp und Carl Theodor.

## Die Geschichte der Pfalzgrafen und Churfürsten

in der

### Pfalz bei Rhein.

936 den 5. Mai hat Pfalzgraf Eberhard bei der Krönung des Kaisers Otto I. das Amt eines Erztruchsesses bekleidet.

940 war Pfalzgraf Herold, aus dem Hause Scheuern, Erzbischof zu Salzburg.

955 ward Pfalzgraf Ehrenfried geboren und vom Kaiser Otto III. und Kaiser Heinrich II. mit ansehnlichen Gütern beschenkt; derselbe stiftete

1024 das Kloster Brauweiler bei Köln, und starb zu Saalfeld den 21. Mai 1035 69. Jahre alt.

1030, den 12. Juli, legte Kaiser Konrad II. den Grundstein zum Kloster Limburg bei Dürkheim.

1095 den 12. April starb Pfalzgraf Heinrich von Lach, der sich in einer Urkunde vom Jahr 1093, vermöge welcher er das Kloster Lach stiftete, zum erstenmale Pfalzgraf bei Rhein nannte, und war 1090, als Kaiser Heinrich nach Italien ging, Reichs-Vicarius.

1139 waren die Pfalzgrafen Advocati und Vicedomini der meisten Bisthümer, Abteien, Prälaturen und Klöster, und haben dieses Recht in den angränzenden Provinzen, welche ehemals zum Herzogthum Franken gehörten, ausgeübt; Pfalzgraf Heinrich von Lach hat sich dieses Recht bei Stiftung des Klosters Lach besonders vorbehalten.

Kaiser Friedrich I. nennt dieses schon in einer Urkunde 1057 von dem Pfalzgrafen Konrad, und in einer andern Urkunde der Gotteshäuser Worms, Würzburg, Straßburg, Speyer, Fuld und Weisenburg, Probst und Kastenvogt genannt. Vermöge Urkunde vom Jahr 1190 hat Pfalzgraf Conrad das Kloster Ravengiersburg in Schutz genommen.

1153 erbaute Kaiser Friedrich I. das Schloß Lautern.

Konrad von Hohenstaufen, geboren 1127, ward von seinem Bruder, Kaiser Friedrich I. Barbarossa, nach dem Tode des Pfalzgrafen Herrmann von Stahleck, im Jahr 1156 mit der Pfalzgrafschaft bei Rhein belehnt, und wohnte theils auf dem Schloß Stahleck bei Bacherach und theils zu Heidelberg, war vermählt mit Irmengard, Gräfin von Henneberg und hatte eine Tochter Agnes. — Er starb im Jahr 1195 auf dem Schloß Stahleck.

Heinrich der Welfe, Sohn Heinrichs des Löwen, Herzog von Braunschweig, geboren 1169, vermählte sich mit Agnes, Konrads Tochter, und wurde Pfalzgraf bei Rhein, indem Konrad von Hohenstaufen seine Güter nach dem Tode seiner Söhne zu Weiberlehen umschuf, und zu Gunsten seines

Schwiegersohnes der Regierung der Pfalzgrafschaft im Jahre 1211 entsagte.

Heinrich, der Welfe, Pfalzgraf bei Rhein, starb im Jahr 1227 in einem Alter von 58 Jahren.

Heinrich der Jüngere, geboren 1194, vermählt mit Mathilde von Brabant, starb ohne Leibeserben im Jahr 1214 in einem Alter von 20 Jahren.

1162 wurde Pfalzgraf Conrad aus dem Hause Wittelsbach-Erzbischof zu Mainz. Kaiser Friedrich I. entsetzte ihn, weil er sich für den Papst Alexander III. erklärte, und gegen den After-Papst Paskal III., den der Kaiser schützte, sich auflehnte. Papst Alexander machte ihn aber zum Kardinal, 1177 ward er Bischof zu Salzburg, und endlich 1180 wieder Erzbischof zu Mainz; er starb den 28. Oktober 1200.

Im Jahr 1191 belehnte Kaiser Heinrich VI. Heinrich den Langen, Herzog in Braunschweig, mit der Pfalz bei Rhein.

1215 verjagte Kaiser Friedrich den Pfalzgrafen Heinrich den Langen, Herzog von Braunschweig, und belehnte auf dem Reichstage zu Regensburg Ludwig I., Herzog in Bayern, mit der Pfalzgrafschaft bei Rhein. Ludwig wollte demnächst Besitz von der pfalzgräflichen Lande nehmen; die Unterthanen waren noch Heinrich zugethan, und widersetzten sich Ludwig, ihrem neuen Herrn, nahmen ihn gefangen, und er mußte sich mit vielem Geld loskaufen. Um diesem Streit ein Ende zu machen, begünstigt Kaiser Friedrich die vom Pfalzgrafen Ludwig I. schon beabsichtigte Vermählung seines Sohnes Otto mit Angnes, der Erbtochter des vertriebenen Pfalzgrafen Heinrich, und diese Verlobung wurde 1219 glücklich zu Stande gebracht. Die wirkliche Vermählung wurde 1225 den 18. Mai mit großer Feierlichkeit zu Straubingen vollzogen und dort erhielt Otto den Ritterschlag auf dem stolzen Hoflager in Gegenwart des römischen Königs Heinrich, der Herzoge von Oesterreich und Steyer, von Kärnthen, von Meran, einer Anzahl ritterlicher, weltlicher Grafen und

Herren, der Kirchenfürsten von Salzburg, Passau, Regensburg, Augsburg, Brixen, Eichstädt, Bamberg und Würzburg, und der Salzburger Suffragane von Gurk, Sokau und Lavant.

Den 23. Dezember 1174 wurde **Pfalzgraf Ludwig I.**, Herzog in Bayern, zu Kehlheim in Bayern geboren. 1191 erklärte Kaiser Friedrich auf dem Reichstag zu Worms den 17jährigen Pfalzgrafen Ludwig I., Herzog in Bayern, mittels Anhängung des Schwerts und Anzug eines Harnisch, für mündig.

1209 begleitete Pfalzgraf Ludwig I. Kaiser Otto IV. nach Rom, und wohnte den 4. Oktober dessen durch den Papst vollzogenen Krönung bei.

Den 24. März 1225 belehnte Bischof Heinrich zu Worms Pfalzgraf Ludwig I. mit der Burg und Stadt Heidelberg sammt der Grafschaft Stahlbühl.

Im Jahr 1228 übergab Herzog Ludwig I. seinem Sohn Otto die Pfalzgrafschaft bei Rhein.

Den 14. Februar 1230 belehnte Otto, der Erlauchte, den damaligen Grafen von Gülich, sowie ihn Pfalzgraf Ludwig I., sein Vater, als Pfalzgraf damit belehnt hatte, und Graf Wilhelm Gülich stellte deßhalb den gewöhnlichen Reversbrief aus.

Den 17. September 1231 starb **Churfürst Ludwig I.**, Sohn Otto des Großen. Er war seinem Vater 1183 als Herzog in Bayern gefolgt, womit er vom Kaiser Heinrich VI. zu Worms belehnt worden; er begleitete 1220 den Kaiser in das gelobte Land, und zeichnete sich bei jeder Gelegenheit vor Andern aus. — Nach der Verjährung Heinrichs II., Pfalzgrafen bei Rhein, erhielt er vom Kaiser Friedrich II., wegen den so oft und lang geleisteten treuen Diensten 1215 die Pfalzgrafschaft bei Rhein, und den 20. Dezember 1219 das Erzgrubenrecht über sämmtliche Gold=, Silber und sonstige Bergwerke in seinen Landen.

Ludwig I., Herzog von Bayern, betrachtete sich aber,

da der Vater Heinrichs des Jüngern, Heinrich der Welfe, noch lebte, nur als Verweser der Pfalzgrafschaft, bis die jüngere Tochter des Letztern mit seinem Sohne vermählt wurde. Die ältere Tochter Irmgard vermählte sich mit dem Markgrafen Hermann von Baden.

Ludwig I. war vermählt 1204 mit Ludmilla Primislay, Herzog in Böhmens Tochter, Grafen Albert von Bogen Wittib, welche sehr schön, tugendhaft, und mit vielem Verstande begabt gewesen sein soll; sie starb den 10. Dezember 1240.

Ludwig I. ward unglücklicherweise, als er auf der Brücke zu Kehlheim spazieren ging, von einem Unbekannten, welcher ihm einen Brief überreichte, durch einen Messerstich ermordet. Er liegt im Benediktinerkloster zu Scheuern begraben.

### Otto der Erlauchte.

In der Regierung folgte Otto der Erlauchte, Sohn Ludwig I., geboren den 7. April 1206, vermählt 1225 mit Agnes, Erbtochter des Pfalzgrafen Heinrich, Herzog in Braunschweig, und erhielt durch diese Vermählung von seinem Herrn Vater Ludwig I. 1228 die Pfalzgrafschaft bei Rhein. —

Otto der Erlauchte, Churfürst und Pfalzgraf bei Rhein, zeigte gleich beim Antritt seiner Regierung, daß er die Pflichten eines Regenten kannte, die hauptsächlich darin bestehen, seinen bedrängten Unterthanen in der Noth zu helfen, sie von dem Untergang zu retten, und ihnen ihr Leben erträglich zu machen.

Gleich nach dem Begräbniß seines Vaters ließ er alle Fruchtspeicher öffnen, und den Vorrath unter die nothleidenden Unterthanen austheilen; denn damals war eine große Noth, Theuerung und Brodmangel, und dadurch erwarb er sich die Liebe und Treue seiner Unterthanen. Auch bestätigte

Otto alle von seinem Vater gemachten Stiftungen und Schenkungen. Dadurch bewies er ferner, daß er auch die kindliche Pflicht wisse, und es nicht allein löblich, sondern eine Schuldigkeit sei, die väterlichen Anordnungen in ihrer Kraft zu belassen, und nicht dagegen zu handeln.

Im Jahr 1237 belehnte Churfürst Otto den Stammvater der neuen Grafen von Ysenburg Theodoricum mit der Grafschaft Ysenburg und dessen Bruder Brunonem mit der völligen Grafschaft Wied.

Durch seine Vermählung mit Agnes erreichte die Vereinigung der Pfälzischen und Bayerischen Lande 1231 die Vollkommenheit.

Er vermehrte die pfälzischen Lande noch durch die Erwerbung der Hälfte der Grafschaft Katzenelenbogen. Sinzheim und Waldorf bekam er vom Kaiser Heinrich und Friedrich geschenkt.

Durch die zwischen dem Kaiser und Papst obgewalteten Irrungen war Otto's Regierung sehr unruhig; bald wurde ihm vom Kaiser mit der Acht, und bald vom Pabst mit dem Bann gedroht, welch' letzterer auch von demselben wider ihn verhängt, und deßhalb seine Beerdigung in der Kirche einige Zeit lang erschwert wurde. Er starb am 28. Oktober 1253 und liegt zu Scheuern begraben, regierte 22 Jahre, und erreichte ein Alter von 47 Jahren.

Seine Gemahlin Agnes, Pfalzgrafen Heinrichs Tochter, ist 1201 geboren und 1269 gestorben. Otto, der Erlauchte, ist der Großvater mütterlicher Seits des 1253 geborenen unglücklichen Konradin, Herzog von Schwaben, den Karl, Herzog von Anjou, als er von seinem väterlichen Reiche, den beiden Sizilien, Besitz nehmen wollte, auf Anstiften des Konradin gehässigen Papstes Clemens des IV., der ein Franzose war, und die Deutschen verfolgte, den 29. April 1269 nebst dem Prinzen Friedrich von Baden, zu Neapel, gleich den größten Uebelthätern öffentlich enthaupten ließ.

## Ludwig II., der Strenge.

In der Regierung folgte der Sohn Otto des Erlauchten, Ludwig der Zweite, genannt der Strenge, geboren den 13. April 1229 in Heidelberg. Ludwig II. erhielt als Erstgeborener Oberbayern und die Rheinpfalz, sein Bruder Heinrich das gesegnete Niederbayern.

Churfürst Ludwig II. regierte seine Lande mit besonderer Weisheit und Gerechtigkeit, erwarb sich auch dadurch die Achtung der meisten Chur= und Reichsfürsten, und das Zutrauen, einen Kaiser in Vorschlag zu bringen. Ludwig weigerte sich, dieses wichtige Geschäft zu übernehmen, weil aber die Chur= und Reichsfürsten auf ihrem Entschluß beharrten, so brachte er Graf Rudolph von Habsburg als Kaiser in Vorschlag, der auch den 29. September 1273 einmüthig dafür erkannt worden. So günstig der Kaiser Rudolph dem Churfürsten war, so aufsäßig war ihm Kaiser Adolph von Nassau, weil er bei der Wahl Alberts von Oesterreich mehr den Sohn Kaiser Rudolphs als Adolphs von Nassau begünstigte. —

Ludwig II. vermählte sich den 2. August 1254 mit Anna, Tochter des Herzogs Heinrich von Brabant, welche er aus Eifersucht auf einen ungegründeten Verdacht, den 19. Juni 1256 zu Donauwörth unschuldig enthaupten ließ; sie liegt zu Werden begraben.

Ludwig II. erkannte erst nach vollbrachter That sein Unrecht und den begangenen Fehler.

Um solches abzubüßen, ging er nach Rom und suchte beim Papst Alexander IV. Vergebung, und stiftete zu Fürstenfeld ein Kloster. —

Diese That zog ihm den Namen des Strengen zu, den er in seinen übrigen Handlungen nicht verdient hat.

Den 1. Januar 1257 reiste Churfürst Ludwig II. nach Frankfurt, um der auf den 6. Januar ausgeschriebenen Kaiserwahl beizuwohnen.

Den 30. April 1266, huldigte demselben die Stadt Heidelberg.

Im Jahr 1277 kaufte er das Amt Lindenfels um 32000 Mark feines Silber von Baden.

Den 28. März 1287 machte Churfürst Ludwig II. Adolph von Nassau, der nachher Kaiser geworden ist, zu seinem Burggrafen zu Guttenberg.

1291 war der Churfürst Ludwig II. Reichs=Vicarius.

Zum zweitenmal vermählte sich Ludwig II. den 11. November 1260 mit Anna, Tochter des Herzogs von Glogau.

Zum drittenmale den 3. November 1273 mit Mechtildis, Kaiser Rudolphs Tochter.

Nur in der letzten Ehe zeugte er Kinder. Kurz vor seinem Absterben machte er den 1. Februar 1294 ein Testament, und vertheilte die pfälzischen und bayerischen Lande unter seine beiden Söhne, so daß.

Rudolph, der Erste, sein ältester Sohn, die Pfalz sammt der Churwürde und Ludwig, der jüngere Sohn, Bayern erhielt.

Churfürst Ludwig II., genannt der Strenge, starb den 3. Februar 1294 zu Heidelberg, in demselben Gemache, in dem er geboren worden; er liegt im Kloster Fürstenfeld, was er selbst, der Uebereilung mit seiner ersten Gemahlin wegen, so bestimmt hatte, begraben.

Seine zweite Gemahlin, Anna, starb den 20. Januar 1268, und die dritte Gemahlin Mechtildis den 1. Oktober 1303.

Den 15. Januar 1290 vermählte sich Anna, Tochter des Churfürsten Ludwig II., der Strenge genannt, mit Heinrich, Landgraf von Hessen.

Den 13. Juni 1291 starb Kaiser Rudolph I. aus dem Hause Habsburg, auf seiner Reise nach Speyer, zu Germersheim, welchen Ort er 1276 erbaut, und ihm die nämlichen Freiheiten, wie der Stadt Speyer, ertheilt hatte.

Im Jahr 1292 sollen bei Heidelberg einige Goldadern entdeckt worden sein.

## Rudolph der Erste, Churfürst und Pfalzgraf bei Rhein.

### Stammvater des pfälzischen Hauses.

Rudolph I., Sohn Ludwig II. des Strengen, regierte mit seinem Bruder Ludwig dem Bayer gemeinschaftlich; als Rudolph aber Kaiser wurde, theilte er das Land, behielt die Pfalzgrafschaft bei Rhein für sich, während sein Bruder Ludwig Bayern bekam, von dessen Königsfamilie er Stammvater ist.

Dieses war die erste Theilung.

Churfürst Rudolph I. war geboren den 4. Oktober 1274, vermählt zu Nürnberg, den 1. September 1294 mit Mechtildis, Tochter des römischen Königs Adolph.

Den 2. Juli 1298 blieb König Adolph von Nassau in einer Schlacht bei Göllheim, wo ihn Albert von Oesterreich mit eigener Hand getödtet haben soll.

Den 27. September 1300 wurde Churfürst Adolph geboren;

den 8. August 1306 wurde Churfürst Rudolph II. geboren;

den 9. Juni 1309 wurde Churfürst Ruprecht I. geboren:

Drei Söhne des Churfürsten Rudolph I.

Den 11. August 1319 starb Churfürst Rudolph I. im 45. Jahre, der Stammvater der churpfälzischen Linie; er lebte gleich nach der Landesvertheilung mit seinem Bruder Ludwig dem Bayer uneinig, denn er wollte sich das Recht der Vormundschaft über seinen jüngern Bruder zueignen, welches aber dessen noch lebende Mutter Mechtildis nicht zugeben wollte, sondern zufolge des väterlichen Testaments für sich behauptete. Ludwig verlangte gleiches Recht an der Chur, welches aber Rudolph der Erste verweigerte.

Bei der 1314 vorgenommenen Kaiserwahl versagte Rudolph seinem Bruder Ludwig die Stimme, und ertheilte solche Friedrich von Oesterreich.

Gegen Ende des 18. Jahrhunderts hatte der Pfalzgraf und Churfürst Rudolph I., auch der Pfälzer von seinen Zeitgenossen genannt, den Plan gefaßt, auf dem Jettabühl bei Heidelberg eine neue Fürstenburg zu gründen, welcher Entschluß die Streitigkeiten mit seinem Bruder Kaiser Ludwig dem Bayer zur Reife brachte.

Es wird nicht ohne Interesse sein, zu vernehmen, daß die Großmutter Rudolph des Pfälzers, des ersten Begründers des Heidelberger Schlosses, Agnese war, die älteste Tochter Konrads von Hohenstaufen und dessen Gemahlin Irmengard, einer Gräfin von Henneberg. Agnes vermählte sich mit Heinrich dem Welfen, Sohn Heinrich des Löwen, Herzog von Braunschweig, und gebar einen Sohn Heinrich den Jüngern — der sich mit Mathilde von Brabant vermählte und ohne Leibeserben starb — und zwei Töchter, wovon Irmengard, die ältere, sich mit dem Markgrafen Hermann von Baden, Agnes, die jüngere, mit Ludwig des Schyren Sohn, Otto dem Erlauchten, aus dem Hause Wittelsbach 1225 vermählte, wodurch dem Fürstenhause Schyr der Besitz der schönen Rheinpfalz gesichert wurde, welche eigentlich nach dem Rechte der Erstgeburt Irmengard, der ältern Schwester, hätte werden sollen. Doch was Irmengard und ihren Kindern jenesmal entging, das brachten zum Theil, nach beinahe sechs Jahrhunderten, im Jahr 1802, die dunklen Wege des Schicksals den spätern Erben wieder ein.

Die Stammmutter des erhabenen badischen Fürstengeschlechts, die edle Welfentochter Irmengard, stiftete das Cistercienserkloster „Lichtenthal" bei Baden-Baden im Jahr 1245, in welchem sie nach dem Tode ihres Gatten, Markgraf Hermann von Baden, die erste Abtissin war, und nach ihrem erfolgten Ableben daselbst auch beigesetzt wurde.

Ehe noch Ludwig der Bayer Kaiser geworden, mußte Rudolph I. den 21. Juni 1313 versprechen, das Land und die Herrschaft am Rhein und zu Bayern, falls Ludwig ihn überleben sollte, ihm zu belassen.

In einem Vergleich zu München vom 20. Februar 1317 mußte sich Rudolph I. verbürgen, so lange der Krieg mit Oesterreich dauerte, dem Kaiser, seinem Bruder zu dienen, oder seines Landes und seiner Leute verlustig zu werden.

Abt Volkmar von Fürstenau, ein Zeitgenosse Rudolph I. und einer der ältesten Geschichtschreiber Bayerns erzählt: daß Rudolph auf die Nachricht des Sieges seines Bruders Ludwig gegen Herzog Friedrich von Oesterreich, sich mit Familie von München aufmachte, und mit seinem ganzen Hofe seinen Wohnsitz in Heidelberg nahm.

Endlich überzog Kaiser Ludwig Churfürst Rudolph den Ersten mit Krieg, verjagte ihn aus seinen Landen, und nöthigte ihn, nach England zu flüchten. — Rudolph I. war ein Schwiegersohn des unglücklichen Kaisers Adolph von Nassau, an welchem er auch mit seltener Liebe und Treue hing, und dadurch in manchen Kampf verwickelt wurde, doch auch selbst nach dem Tode seines Schwiegervaters und des spätern Kaisers Heinrich VII., des Luxemburgers, gab er nicht seinem Bruder Ludwig dem Bayern, sondern Herzog Friedrich von Oesterreich durch einen Abgesandten seine Churstimme zur Kaiserwahl.

Churfürst Rudolph I. haßte seine Mutter Mechtilde wegen des Vorzuges, den diese seinem jüngern Bruder Ludwig gab, in dessen Folge er als Erstgeborener sich unter jenen beugen sollte. Die solcher Art getheilten Zügel der Regierung wurden Rudolph so verhaßt, daß er sie lieber wegwarf und aus der Heimath sich entfernte. Man weiß nicht, wo er sein Leben endete, ob im nahen, gegen seinen Bruder verbündeten Oesterreich, oder aber im ferneren England, wohin ihn der

Zorn seines beleidigten, nun mittlerweile zum Kaiser erhobenen Bruders, von Heimath, Weib und Kindern getrieben haben mochte.

Kaiser Ludwig nahm die churpfälzische Lande an sich, sorgte jedoch für Rudolphs Kinder und ihre Erziehung.

Daß Kaiser Ludwig die pfälzischen Lande als sein Eigenthum behandelte, bestärkt sich durch den Wortlaut des für den churpfälzischen Vasallen, Eberhard von Breuberg den 4. Dezember 1320 ausgestellten Lehenbriefs.

Den 23. Oktober 1320 wurde Johann Graf von Nassau-Dillenburg Vormund über die minderjährigen Kinder des vertriebenen Churfürsten Rudolph I. Es waren dies mit seiner Gemahlin Mechtildis drei Söhne: Adolph der Redliche, Rudolph der Zweite, der Blinde, und Ruprecht I., genannt der Rothe; alle drei Brüder wurden nacheinander regierende Churfürsten von der Pfalz bei Rhein.

Kaiser Ludwig, ihr Oheim, behandelte sie väterlich, und sie zogen mit ihm nach Italien; doch behielt der Kaiser das Steuer der Verwaltung über die Churpfalz in Händen, um seine Hausmacht gegen so viele Anfechtungen möglichst zu vereinigen.

Auf der Rückkehr aus Italien wurde der Vertrag zu Pavia geschlossen, den 18. August 1329, Kraft dessen sollte die Churwürde wechselnd an beide Linien kommen, zuerst an die jungen Prinzen, dann an die Glieder des ältern Zweiges; Ludwig theilte mit ihnen. Sie erhielten nicht blos die Pfalz, sondern zugleich eine sehr bedeutende Strecke des Nordgaues und des Konrad'schen Nachlasses.

Alles Gut und aller Besitz sollte stets im pfälzischen Hause bleiben, niemals an Fremde gelangen. — Die drei Prinzen regierten gemeinsam. — Die Würde als Churfürst und Pfalzgraf bekam der Aelteste.

Der Groll Kaiser Ludwigs gegen seinen Bruder Rudolph I. war mit dessen Tode erloschen und er setzte die Kinder desselben in ihr Erbe zum größten Theil wieder ein, worauf nun Adolph 1327 mit seinen Brüdern Rudolph II. und Ruprecht I. mit ihrer Mutter Mechtildis in die Räume der Heidelberger väterlichen Burg einzogen. Diese Burg war, was man heute noch den Rudolphsbau des Heidelberger Schlosses nennet, und muß dieselbe nach der Geschichte der Pfalz zu urtheilen — schon am Ende des 13. Jahrhunderts von dem Stammvater aller nachherigen Herzoge, Pfalzgrafen und Churfürsten, Rudolph I. dem Pfälzer aus dem alten Hause der Wittelsbacher erbaut worden, und schon im ersten Viertel des 14. Jahrhunderts wohnbar gewesen sein; denn es finden sich von diesem Fürsten mehrere, im Jahre 1308 ausgestellte Urkunden, doch wird der untern Burg ausdrücklich erst später in dem Vertrage zu Pavia 1329 gedacht, wo es heißt: „die obere und niedere Burg und Stadt Heidelberg." —

Dieser ehrwürdige Bau war der dürftige Anfang des später so prächtigen Schlosses und heute lebt das Geschlecht seines ersten Erbauers auf den Königsthronen von Bayern und Griechenland.

### Adolph der Redliche.

In der Regierung folgte der älteste Sohn Rudolphs I. Churfürst Adolph, genannt der Redliche, geboren den 27. September 1300, vermählt mit Irmengard von Oettingen, und war, wie oben berichtet, von seinem Oheim, Kaiser Ludwig, im Jahr 1320 wieder in die Pfalzgrafschaft eingesetzt worden.

Den 10. August 1323 kaufte Kaiser Ludwig den Ort Oggersheim, von Friedrich Grafen von Leiningen.

Den 12. Mai 1325 wurde Churfürst Ruprecht der Zweite, Churfürst Adolphs Sohn, geboren.

Den 13. Februar 1328 starb Churfürst Adolph zu Neustadt im Alter von 28 Jahren; er liegt zu Schönau begraben.

Churfürst Adolph, genannt der Redliche, wurde nach Ableben seines Vaters von Kaiser Ludwig, seinem Oheim, in einen geringen Theil der abgenommenen Lande wieder eingesetzt. Seine Regierung war kurz, und die väterlichen Lande noch meistentheils in Ludwigs Macht; es ist dieserhalb von ihm nur Weniges der Nachwelt erhalten, doch soll er Oggersheim mit einer Mauer umfaßt, und zu einem Städtchen haben anlegen lassen. — Seine Gemahlin Irmengard von Oettingen, Tochter des Grafen Ludwig, begab sich als Wittib 1347 in das Kloster Liebenau bei Worms, stiftete allda die Conventions-Messe, starb 1389 und liegt in diesem Kloster begraben. — Churfürst Adolph hatte die Regierung noch vor seinem Ableben an seinen Bruder Churfürst Rudolph II. abgetreten.

### Rudolph der Zweite.

In der Regierung folgte Churfürst Rudolph II., zweiter Sohn Rudolphs I. und Bruder Adolphs des Redlichen. Er war geboren den 8. August 1306, vermählt mit Anna, des Herzogs Otto von Kärnthen Tochter, erhielt noch bei Lebzeiten seines Bruders, Churfürst Adolph, die Regierung und führte dieselbe 26 Jahre lang, segenvoll für die ganze Pfalz.

Den 26. September 1329 wurde Angnes, Churfürst Rudolph II. Tochter, geboren, und den 1. Februar 1349 an Kaiser Karl IV. vermählt; sie starb den 28. Juli 1353, im Alter von 24 Jahren.

Den 24. Januar 1330 versetzte Kaiser Ludwig an Churfürsten Rudolph II. die Ortschaften Geminde, Eberbach, Mosbach, Sinsheim, Trifels, Anweiler, Guttenberg, Falkenburg, Wegelnburg, Haßloch und Böhl, und was dazu gehörte.

Den 4. Oktober 1353 starb Churfürst Rudolph II. Er ist der erste unter den Churfürsten, der den Titel Erztruchseß führte. Durch den mit Kaiser Ludwig, seinem Oheime, zu Pavia geschlossenen Vertrag war er in den vollkommenen

Besitz der seinem Vater abgenommenen Lande gelangt, wohnte 1338 dem ersten Chur=Verein zu Rhense bei, machte die erste Anlage zur Heidelberger Universität, und erbaute die Stifts= kirche zu Neustadt zu Ehren und Gedächtniß des heiligen Aegidy, weil sein Vater sich auf diesen Tag vermählt hatte, den 1. September 1294. Er hinterließ keine männlichen Erben, sondern nur eine Tochter Angnes, welche, wie bereits mitgetheilt, sich an Kaiser Karl IV. vermählt hatte.

Rudolph II., Churfürst von der Pfalz, liegt in Neustadt begraben. Seine Gemahlin war Anna, Herzogs Otto von Kärnthen Tochter; sie starb 1391 und liegt zu Liebenau be= graben.

### Ruprecht der Erste, genannt der Rothe.

In der Regierung folgte Ruprecht der Erste, genannt der Rothe. Er war der dritte Sohn Rudolphs I., geboren den 9. Juni 1309. Er war zweimal vermählt, mit Elisa= beth, Tochter des Grafen von Namur, welche den 29. Mai 1382 starb, und hierauf zum zweitenmal mit Beatric, Tochter des Herzogs von Berg.

Churfürst Ruprecht der Erste, genannt der Rothe, re= gierte nach dem Willen seines Oheims, Kaiser Ludwig, mit seinem Bruder gemeinschaftlich für sich und ihres verstorbenen Bruders Adolph Sohn, Ruprecht des Zweiten.

Ruprecht I. ist der Stifter der Universität Heidelberg im Jahr 1346. Er hat sich damit ein Denkmal errichtet, das noch in schönster Blüthe prangt und in segensreichen Früchten ein unvergängliches Dankgefühl dem edlen Fürsten bewahrt, der mit einer weisen Regierung und Pflege die Wissenschaft verband, zur Förderung und Bildung seines Volkes.

Die Universität Heidelberg ist eine der ältesten bestehen= den Hochschulen Deutschlands. — Nach vorhandenen urkund= lichen Nachweisungen hat Ruprecht der Erste noch zu Leb=

zeiten seines Bruders, des Churfürsten Rudolph II., um das Jahr 1346 die erste Einrichtung zur Beförderung der Wissenschaften und so die erste Anlage zur Universität gemacht. Diese blieb aber, sei es aus Mangel an Hülfsmitteln oder an geringer Benutzung derselben, längere Zeit unbedeutend und hatte keinen wahren Bestand.

Als aber Ruprecht I. in der Folge (1353) alleiniger Regent der Rheinpfalz wurde, vermehrte und erweiterte er die Anstalt, und erhob sie endlich im Jahr 1386, nachdem er ein Jahr zuvor die Autorisations=Bulle von Pabst Urban VI. erhalten hatte, mit Wissen und Einwilligung seines Brudersohnes Ruprecht II. und nach dessen auch bereits erwachsenen Sohnes Ruprecht III., förmlich zu einer Universität, an welcher nun der berühmte Marsitin von Jnghen der erste Rektor ward.

Der dreißigjährige Krieg, der orleanische Erbfolgekrieg, dann die ereignißreiche französische Revolution der neunziger Jahre brachte dieser berühmten gelehrten Anstalt manche empfindliche Wunden bei, so daß dieselbe, als Heidelberg badisch wurde, unter dem Höchstseligen Großherzoge Karl Friedrich einer neuen Reform bedurfte und auch erfuhr, und nun nach einem 475jährigen Bestehen (von 1386 — 1861) nicht allein zu den ältesten, sondern auch wieder zu den vorzüglichsten Universitäten Deutschlands gezählt werden darf.

Im Jahr 1386, im ersten Jahrgange der Universität stiftete er auch die alte Hofkapelle in Heidelberg, welche dem heiligen Ulbrich, weiland Bischof von Augsburg, geweiht und später durch ihre Pracht und Reichthümer sehr berühmt wurde. Ihre Einkünfte beliefen sich im 14. Jahrhundert auf 340 Dukaten jährlich, eine für jene Zeit große Summe.

Unter dessen Regierung sollen die Heuschrecken großen Schaden in der Pfalz angerichtet haben.

Im Jahr 1348 entstand im südlichen Deutschland eine schreckliche epidemische Krankheit. Das Volk, im blinden Aberglauben jener Zeit, schrieb deren Entstehung den Juden zu, indem es diese beschuldigte, die Brunnen vergiftet zu haben. Die Juden wurden in Folge dessen schrecklich verfolgt, gefoltert und auf die grausamste Weise ermordet und besagen mehrere Chronisten darüber, daß in Deutschland jenesmal 12,000 dieser Unglücklichen geschlachtet wurden. In dieser Zeit des Schreckens war es der edelmüthige Churfürst Ruprecht I., welcher sich der Unglücklichen annahm und sie, indem er ihnen in seinem Lande eine Freistätte gab, vor weitern Verfolgungen schützte.

Im Jahr 1353 stellten die Grafen von Nassau an Churfürst Ruprecht I. Reversbriefe aus, daß ihnen zu rechten Lehen verliehen worden, zwei Hörner, und dazwischen einen goldenen Löwen auf dem Wappen führen zu dürfen.

Den 5. Dezember 1353 ertheilte Churfürst Ruprecht I. Johann Grafen von Nassau den Lehenbrief zu Speyer über alle Lehen, die zu Selbach gehören, und die von Mötzberg vorhin gehabt haben.

Den 10. Januar 1356 wurde die von Kaiser Karl IV. mit der Churfürsten, Fürsten und Ständen Einwilligung, als ein Reichsgrundgesetz gefertigte sogenannte goldene Bulle, worin Kap. 7 § 2 die Churwürde Pfalz privative zugelegt wird, verkündet. Von den auswärtigen Exemplaren ist ein Original in dem churfürstlichen Archiv befindlich.

Den 22. April 1356 bestätigte Kaiser Karl IV. zu Nürnberg, daß die Churwürde auf dem Fürstenthum und auf dem Lande Pfalz nebst dem Erztruchsessenamte haften und verbleiben sollten.

Den 24. Dezember 1356 verpfändete Karl IV. an Churfürst Ruprecht I. die Städte und Orte Oppenheim, Merstein und Schwabsburg, Winternheim und Odenheim.

1359 erkaufte Churfürst Ruprecht I. die Stadt und Grafschaft Simmern von Phillipp von Bolanden.

1367 nahm Churfürst Ruprecht die Wormser Klerisei in Schutz. Den 2. März 1367 war der Neckar so stark gefroren, daß das Eis beim Aufgehen die Brücke zu Heidelberg zerriß, und die dortige Mühle wegnahm.

Den 30. April 1371 ertheilte Churfürst Ruprecht I. Grafen Johann von Nassau den Lehenbrief über einen halben großen Turnus an dem Zoll zu Bacherach.

Kaiser Karl IV. besuchte Ruprecht im Jahre 1378 zu Heidelberg.

Den 20. September 1378 überließ Kaiser Wenzel Churfürst Ruprecht I. die pfandweise innegehabten Städte und Dörfer Oppenheim, Ingelheim, Nierstein, Schwabsburg, Winternheim und Obernheim, auch die kaiserliche Burg Lautern eigenthümlich. Im Jahre 1380 wurde das Schießpulver erfunden.

Den 7. Juni 1380 beschenkte Churfürst Ruprecht I. die zum Gedächtniß seines Vaters Vermählungstags von ihm zu Neustadt erbaute Stiftskirche ad llum tegidium mit verschiedenen Gefällen und Einkünften.

Den 23. Oktober 1385 gab Papst Urban VI. zur Errichtung der Heidelberger Universität den Erlaubniß- und Freiheitsbrief.

Darauf hin wurde dieselbe am 18. Oktober mit vieler Feierlichkeit eröffnet.

Den 17. November wurde Marsitius von Inghen, der vorher auf der hohen Schule zu Paris als Lehrer gestanden, als der erstern Rector Magnificus erwählet.

Churfürst Ruprecht I., auch der Rothe genannt, starb am 16. Februar 1390 im 81 Jahre seines Lebens und im 47. Jahre einer glücklichen Regierung, ohne Erben. Er liegt in der Stiftskirche zu Neustadt begraben, in einer prachtvollen Grabstätte, die er sich bereiten ließ, indem er den von seinem Bruder Rudolph II. begonnenen Bau benannter Kirche hatte fortsetzen und beenden lassen. Seine erste Gemahlin, Elisabeth, soll bei den Franziskanern in Heidelberg, oder, wie andere besagen, in Neustadt beerbigt sein. Seine zweite Gemahlin, Beatrice, starb nach ihm, am 16. Mai 1395 und ist ebenfalls zu Neustadt beigesetzt.

In der Regierung folgte Ruprecht der Zweite, der Harte, auch der Ernsthafte genannt. Ruprecht war der Sohn Churfürst Adolphs, geboren den 12. Mai 1325. Er wurde als heftiger Krieger bezeichnet und war vermählt mit Beatrice, Tochter des Königs Friedrich III. von Sizilien, welche im Jahr 1365 starb.

Ruprecht II. kaufte am 24. August 1390 von dem Abt Friedrich zu Fuld die Herrschaft Ozberg und die Halbscheid des Amtes Umstadt, dann die andere Halbscheid vom Grafen von Hanau, der solche von dem Stift Fuld lehnbar besessen mit allen andern daselbst gehabten eigenen und Lehenschaften gänzlich; nichts ausgenommen als den Kirchensatz und das Kloster Höchst.

Er führte das Recht der Erstgeburt beim churpfälzischen Hause ein, verbot durch die sogenannte rupertinische Constitution die Vertheilung der churpfälzischen Lande, war, als Kaiser Wenzel in Böhmen gefangen saß, Reichsvikarius, eroberte 1388 die von der obern Pfalz an Böhmen verkauften Lande wieder und vermehrte die churpfälzische Lande beträchtlich. 1319 verordnete er, daß kein Jude in der Pfalz aufgenommen noch gedulbet werden sollte.

Den 2. Juni 1395 verglich sich Churfürst Ruprecht II. zu Oppenheim mit Philipp Grafen von Nassau, wegen seines Schwagers Grafen Heinrich von Sponheim, über einen Theil des alten Bamberg.

Churfürst Ruprecht II. starb am 14. Februar 1398 im Alter von 73 Jahren, im achten seiner Regierung. Er liegt zu Schönau, bei seinem Vater, begraben.

### Ruprecht der Dritte.

In der Regierung folgte sein einziger Sohn Ruprecht der Dritte, zu Amberg geboren den 5. Mai 1352, vermählt ben 28. Mai 1374 mit Elisabeth, Tochter des Burggrafen Friedrich von Nürnberg.

Churfürst Ruprecht III. trat die Regierung in seinem 46. Lebensjahre an und übte dieselbe der Art, daß er nicht allein von seinem Volke, sondern auch von den meisten seiner Mitfürsten hochgeehrt wurde, und ihm seine Zeitgenossen den Namen des „Gütigen." und wegen seiner strengen Gerechtigkeit den eines „Justinianus" beilegten.

Durch Klugheit und Tapferkeit stellte er Ordnung im Reiche her.

Churfürst Ruprecht III. hatte in seiner Ehe mit Elisabeth sechs Kinder erzeugt.

Den 20. Februar 1370 wurde H. Ruprecht, genannt Pipan, geboren, welcher sich den 9. Juni 1392 mit Elisabeth, Tochter des Grafen Johann von Sponheim, vermählte; er starb den 30. Dezember 1395 zu Amberg vor seinem Vater; seine Gemahlin aber 1416, welche mit Einwilligung ihres Vaters einen Theil der Grafschaft Sponheim dem pfälzischen Hause vermachte, und am 16. Juni 1416 dieses Vermächtniß auf Churfürst Ludwig III., dem Bärtigen, bestätigte, ist gestorben den 24. November 1417.

Den 22. Januar 1399 vermählte sich Agnes, Tochter des Churfürsten Ruprecht III., mit Adolph, Herzog von Cleve, in Heidelberg.

Die vier weiteren Kinder Ruprechts III. waren Söhne: Ludwig III., genannt der Bärtige, Johann, Stephan und Otto I., welche später vier pfälzische Linien bildeten, die sich heute noch auf den Thronen Bayerns und Griechenlands als herrschende erhalten haben.

Den 1. Juli 1400 verwandelte Churfürst Ruprecht III. die Heiliggeistkirche zu Heidelberg, die ein Filial von der St. Peterskirche war, in eine Stiftskirche, und Papst Bonifacius IX. willigte hierzu ein.

Den 2. August 1400 wurde auf vorgängige Entsetzung durch die Wahlfürsten, Kaiser Wenzel, Sohn Kaiser Karl IV., welcher den Beinamen „der Faule" erhalten hatte, seines Thrones für verlustig erklärt. An dessen Stelle wurde durch Wahl der Reichsfürsten zu Poppart am Niederrhein einstimmig Churfürst Ruprecht der Dritte, Pfalzgraf und Churfürst bei Rhein, zum deutschen Kaiser erwählet; und den 6. Januar 1401 als Kaiser in Köln gekrönt.

Die bescheidene Burg Rudolphs des Ersten war nun für den Sitz eines deutschen Kaisers zu klein; denn er mußte oftmals in dem Augustinerkloster zu Heidelberg Hof halten, weil seine väterliche Burg zu enge war; da unternahm der Kaiser den neuen Bau seines Schlosses, den er neben dem Rudolphsbau gegen Süden errichtete. Es läßt sich vermuthen, daß der Kaiser denselben schon im Jahr 1406 mit seiner Familie bezogen habe; denn in diesem Jahre war es, wo er die Hochschule gegen Angriffe des Hof-Adels in Verbindung mit Heidelberger Bürgern in Schutz nahm und zu der künftigen Sicherheit dieser gelehrten Schöpfung hier, auf seiner neuen Burg, kräftige Gesetze erließ. — Auch die Heiliggeistkirche in Heidelberg hat, wie oben berichtet, ihre Entstehung diesem Fürsten zu danken.

Als Churfürst Ruprecht III., genannt der Gütige, im Jahr 1403 vor seiner Krönung von Rom zurückkam, empfingen ihn festlich gekleidete Kinder Heidelbergs, welche ihm zu Ehren auswendig gelernte Lieder absangen, und dabei manche Fehler machten, was die eifrigen Lehrer mit Schlägen und Puffen bestraften.

Zufällig sah dieses der leutselige Kaiser, der nun die Kleinen liebkoste, und zu den Lehrern verweisend sprach:

„Drohet und schlaget diese lieben Kinder nicht; denn „der Herr sagte: Lasset die Kleinen zu mir kommen, denn „ihrer ist das Reich Gottes? wir wollen lieber Gott den „Herrn herzlich loben, daß er uns aus so vielen Gefahren „glücklich wieder zurückgebracht zu unsern lieben Kindern."

Einen Blick auf die grausame Kriegsführung jener Zeit mag eine Handlung dieses sonst so edlen Fürsten gewähren.

Als derselbe 1388 bei Speyer einen glänzenden Sieg über seine Feinde erlangte, ließ er von den Gefangenen 60 Mordbrenner in einen Kalkofen schieben, wobei er die Worte sagte:

„Ihr habt bei Nacht und Nebel meine armen Unter="thanen mit Feuer und Brand verderbt, ich will euch bei "hellem Tag in Rauch schicken."

Im Jahre 1405 erhielt Churpfalz die Schutz= und Schirms=Gerechtigkeit über das Kalt=Kupferschmieds= und Keßlers=Handwerk am Rhein, Franken, Schwaben und Elsaß. Vormalen trugen die Freiherren Zobel von Gibelstadt die untere Schirmgerechtigkeit in Franken, im Elsaß aber die von Rathsamhausen von Churpfalz zu Lehen.

Den 18. Mai 1410 starb Kaiser und Churfürst Ruprecht III., der Gütige und Gerechte genannt, 58 Jahre alt, im 12. Jahre seiner Regierung.

Auf einer Reise in die heimathliche Residenz Heidelberg ereilte auf dem Schlosse Landskron bei Oppenheim den großen deutschen Kaiser der Tod, einen der weisesten Fürsten seiner Zeit, deßwegen er wohl auch zur kaiserlichen Würde gelangt war.

Das Reich und seinen eigene Erblande beherrschte er als Vater, doch nicht mit so vielem Glück als Verdienst, denn ungeachtet seiner klügsten Einrichtungen gingen die italienischen Angelegenheiten nicht nach Wunsch, und er hatte daselbst das widrige Schicksal, wie seine Vorgänger und Nachfolger; er kehrte von seiner mailändischen und Romfahrt noch schneller und unrühmlicher heim, als seine beiden Vorfahren im Reiche.

Deutschlands tiefes Verderben bezeugte schmählich das wilde Geschrei der geistlichen Churfürsten über das Anstrengen des gerecht und edel denkenden Ruprechts III. zur Herstellung des Rechtes, des Landfriedens und der Ordnung.

Wenigstens für sein Haus gewann Ruprecht III. die früher abgelisteten oberpfälzischen Bezirke zurück.

Eine bei weitem nicht genug gewürdigte Regierungshandlung Ruprechts III. war die Beilegung des Appenzellerstreites.

Wäre Tyrol am Inn und an der Etsch, nach Itel Redings und der Seinen großen Gedanken, ein Canton der Eidgenossenschaft geworden, was an einem Haar hing — die Folgen waren nicht zu berechnen.

Ludwig III., genannt der Bärtige, der älteste Sohn, bekam die Pfalz bei Rhein, ward Churfürst und erhielt das sogenannte Churpräcipum (Heidelberg, den Rheingau und Amberg).

Johann in Hohenstrauß erhielt die übrige Oberpfalz, schlug die Hussiten bei Hillersried, und sah seinen Sohn Christoph, als mutterseits Enkel der großen Margaretha, auf den skandinavischen Thronen Dänemarks, Schwedens und Norwegens.

Otto I. waren die Lande am Neckar zugedacht, ebenso Mosbach. Von den drei Söhnen Otto's I. von Mosbach sehen wir zwei als Bischöfe.

Stephan erhielt das Herzogthum Simmern und Zweibrücken. — Er hatte die Erbtochter von Velden zur Gemahlin.

In solcher Ländertheilung lag das größte Unheil, und es ist zu bedauern, daß selbst die goldene Bulle über Untheilbarkeit der Churlande machtlos ward, gegen die Gier nach eigenem Erbe.

Ruprecht III. liegt mit seiner Gemahlin Elisabeth in der Heiliggeistkirche zu Heidelberg begraben. — Im Jahr 1689 wurden sie durch die raubsüchtigen Banden des allerchristlichsten Königs von Frankreich, Ludwig des Vierzehnten, aus ihrer Ruhestätte gerissen; die vandalischen Banden plünderten und zerstörten das ehrwürdige Grab.

### Ludwig III., genannt der Bärtige.

In der Regierung folgte Ludwig der Dritte, genannt der Bärtige, geboren den 24. Januar 1376, erstmals mit Blanka, Tochter des Königs Heinrich von England, gestorben den 31. Mai 1409, vermählt. Zum zweitenmal den 24. November 1417 mit Mechtildis, Tochter des Herzogs Amadäi von Savoyen.

Ludwig III. war der Stammvater der Heidelberger Linie, und war, ehe er die Churfürstenwürde erhalten hatte, 1401 in Abwesenheit seines Vaters, des Kaisers Ruprecht III. und nach Ableben desselben im Jahr 1410 Reichsvicarius. Kaiser Sigismund ertheilte ihm 1414 die kaiserliche Bestätigung seines Erstgeburtsrechtes, unter Einwilligung der Churfürsten.

Den 27. Juli 1413 vereinigte Churfürst Ludwig der Dritte das neue Stift zum Heiligengeist in Heidelberg mit der dortigen Universität, und den 10. September 1421 vermachte er demselben seinen Büchervorrath, der in 152 geschriebenen Bänden bestand; dies war der Anfang zu der so berühmt gewordenen Heidelberger Büchersammlung, die in dem unglücklichen böhmischen Kriege von den Bayern hinweggenommen und im Dezember 1622 nach Rom geführt wurde. Am 17. Dezember 1438, nach dem Ableben Churfürst Ludwig III. erhielt die Universität Heidelberg laut Testament die Büchersammlung.

Den 8. September 1414 kam Kaiser Sigismund in Heidelberg an, und wurde daselbst vom Churfürsten, der Klerisei, Universität und Bürgerschaft mit vieler Feierlichkeit und Pracht empfangen.

Im nämlichen Jahr ernannte Kaiser Sigismund den Churfürsten zum Vorsitzenden des nach Constanz ausgeschriebenen Conciliums, welchem Auftrage er um so lieber entsprach, da er ein großer Freund der Kirche und der Geistlichkeit war.

Den 22. Mai 1406 hatte Hieronimus, genannt Faulfisch, von Prag seine neue Lehrtheses an der St. Peterskirche in Heidelberg angeschlagen, fand aber wenig Anhänger, und wurde als ein Schwärmer angesehen.

Ludwig hielt den im Jahr 1415 vom Concilium zu Constanz abgesetzten Papst Balthasar Cossa, Johann XXIII., theils zu Mannheim, theils auf dem Eichelsheimer Schloß als einen Staatsgefangenen einige Zeit eingeschlossen und verwahrt.

Den 30. Mai 1416 ließ Churfürst Ludwig III. auf Geheiß des Kaisers Sigismund auf dem Concilium zu Constanz Johann Huß und Hieronimus Faulfisch von Prag verbrennen, wodurch der entsetzliche Hussitenkrieg entflammte.

Kaiser Sigismund versetzte 1423 dem Churfürsten die Landvogtei Elsaß um 50,000 Goldgulden.

Den 11. Mai 1423 wurde der Streit zwischen Churfürst Konrad zu Mainz und Churfürsten zu Pfalz, da sich ersterer bei Abwesenheit des Kaisers das Reichsvicariat anmaßen wollte, durch Chur Trier und Chur Köln zu Gunsten der Churpfalz, zu Popard entschieden.

Den 26. April 1425 wurde Pfalzgraf Christoph, Sohn Pfalzgrafs Johann von Amberg und Enkel Kaiser und Churfürst Ruprecht III., geboren, welcher König von Dänemark und Schweden geworden ist.

Den 12. September 1445 vermählte sich Pfalzgraf Christoph, König in Dänemark und Schweden, mit Dorethea, Tochter des Markgrafen Johann von Brandenburg, und starb den 6. Januar 1448 ohne Erben in einem Alter von 22 Jahren. — Mit diesem endigte sich die Amberger oder Oberpfälzische Linie.

Im Jahr 1426 besetzte Ludwig das heilige Land und im hohen Alter fing er noch an, die lateinische Sprache zu erlernen. — Im Jahr 1427 errichtete er ein Testament und benannte darin Otto von Mosbach, seinen jüngsten Bruder, mit Ausschließung der beiden älteren, zum Vormund seiner

Kinder, welches dieser zur Sicherheit, damit nach seinem Tode nicht dagegen gehandelt werde, von Kaiser Sigismund bestätigen ließ. — Kaiser Sigismund bestätigte noch durch eine besondere Bulle das bei dem Churhause eingeführte Erstgeburtsrecht in absteigender Linie.

Wegen seinem schwächlichen Gesundheitszustande übergab Ludwig III. noch bei Lebzeiten seinem Bruder die Regierung, doch so, daß alles im Namen des Churfürsten geführt werden mußte.

Churfürst Ludwig III. starb blind und lahm in einem Alter von 60 Jahren, im 26. Jahre seiner Regierung, den 29. Dezember 1436, und liegt zu Heidelberg begraben; seine zweite Gemahlin Mathilde starb am 14. Mai 1438, und ist in dem Pfalzgräflichen Begräbniß in der Heiligengeistkirche in Heidelberg beigesetzt.

In der Regierung folgte sein noch minderjähriger Sohn Ludwig IV. unter der Vormundschaft des Pfalzgrafen Otto I. von Mosbach.

Dieser Churfürst war der erste, welcher auf die pfälzischen Münzen die Jahrzahl prägen ließ.

Die Kinder des Churfürsten Ludwig III., genannt der Bärtige, waren folgende:

Ruprecht, geboren den 22. Mai 1406, gestorben 1426 in einem Alter von 20 Jahren, aus der ersten Ehe.

Aus der zweiten Ehe:

Den 31. Dezember 1424 geboren:

Churfürst Ludwig IV., genannt der Sanftmüthige.

Den 1. August 1425 geboren:

Churfürst Friedrich I., genannt der Siegreiche.

Den 27. Februar 1427 geboren:

Pfalzgraf Ruprecht, widmete sich dem geistlichen Stande, wurde den 20. März 1463 als Churfürst zu Cöln erwählt, im Jahr 1473 abgesetzt und starb den 16. Juli 1480 in einem Alter von 53 Jahren.

## Ludwig IV., genannt der Sanftmüthige.

Auf die Regierung Ludwigs des Dritten folgte sein Sohn Ludwig IV., genannt der Sanftmüthige. Da derselbe aber erst 12 Jahre alt war, so wurde bis zu seiner Volljährigkeit nach dem letzten Willen seines Vaters, dessen jüngerer Bruder und Oheim Ludwig des Vierten, Pfalzgraf Otto I. von Mosbach als Vormund und Administrator der Chur=Pfalz, mit vorhergehender Bestätigung Kaiser Sigismunds ernannt.

Im Jahr 1441 erkaufte Friedrich I., genannt der Siegreiche, die Grafschaft Löwenstein um 14000 Goldgulden (rheinisch) von dem letzten Grafen Ludwig von Löwenstein.

Im Jahr 1442 trat Ludwig der Vierte, genannt der Sanftmüthige, in seinem 18. Jahre die Regierung an, und vermählte sich den 13. Oktober 1444 mit Margaretha, Tochter des Herzogs Amadäi von Savoyen.

Den 3. November 1444 stiftete Gerhard, Herzog zu Gülich, wegen eines wider Arnold Egmont, Grafen von Geldern, bei Lüttich erfochtenen Sieges, den hl. Hubertsorden, welchen Churfürst Johann Wilhelm im Jahr 1708 erneuert hat. Im Jahr 1445 schenkte Churfürst Ludwig IV. dem Stift Limburg bei Dürkheim das Frauenkloster Schönfeld mit allen Zubehörungen. Dieses Kloster lag auf dem Platz, auf dem die churpfälzische Saline später errichtet wurde.

Die Franzosen, die das Concilium zu Basel zu trennen suchten, unternahmen verschiedene Einfälle in die Pfalz und benachbarte Lande.

Dem Churfürsten wurde in Folge dessen von dem Reiche aufgetragen, besagtes Concilium zu schützen und das Land von der Franzosen Einfälle zu befreien. Es gelang auch demselben, die Feinde aus der Pfalz und den angrenzenden Landen zu vertreiben, und die Ruhe und Sicherheit herzustellen.

Diese mit Frankreich entstandenen Irrungen wurden zu Trier durch einen Vergleich gütlich beigelegt.

Seinem noch minderjährigen und erst 14 Monat alten

Sohn Philipp ordnete er Pfalzgrafen Friedrich den Ersten als Vormund an. Ludwig IV. starb nach 10jähriger Regierung am 13. August 1449 zu Worms und liegt in der Heiligengeistkirche zu Heidelberg begraben.

Seine Gemahlin Margaretha vermählte sich nach seinem Tode mit Ullrich, Grafen von Württemberg.

### Die Pfalzgräfliche Mosbachische Linie.

Den 24. August 1461 starb Pfalzgraf Otto I. Er war Kaiser Ruprechts III. Sohn, und des Churfürsten Ludwig III. Bruder, und wurde zufolge des von Churfürsten Ludwig III. errichteten Testaments Vormund seines Neffen Ludwig IV. und Administrator der Pfalz bis 1442. — Die älteren Brüder Churfürsts Ludwig des Dritten widersetzten sich zwar dieser dem jüngsten Bruder anvertrauten Vormundschaft, allein alles Einwands ungehindert blieb es bei der väterlichen Anordnung, und Otto behielt solche ungestört. — Nach Ableben Kaiser Sigismunds verwaltete er 1438 und 1439 das Reichsvicariat, das er eben so löblich, als die ihm zugedachte Vormundschaft und Administration der pfälzischen Lande besorgte.

Nach erlangter Großjährigkeit seines Neffen, des Churfürsten Ludwig IV., trat er selbigem 1442 die Regierung ab.

Pfalzgraf Otto I. von Mosbach hatte seine Lande am Neckar durch verschiedene Erwerbungen, besonders durch den Ankauf von Lorbach, der drei Ortschaften Schefflenz und noch mehrerer Dörfer und Höfe, ansehnlich vermehrt.

Er war geboren den 16. Februar 1390, vermählt den 17. April 1420 mit Anna, Tochter des Herzogs Heinrich von Landshut, und starb den 27. Februar 1428. Pfalzgraf Otto I. von Mosbach liegt in Reichenbach begraben und hinterließ einen Sohn Otto II., Pfalzgraf und Herzog von Mosbach.

Aus dem Hause Mosbach stammen noch weiter drei Söhne des Herzogs und Pfalzgrafen von Mosbach).

Den 8. Oktober 1439 wurde Pfalzgraf Albertus geboren. Den 2. Juli 1478 zum Bischof in Straßburg erwählt, gestorben den 20. August 1506 in einem Alter von 67 Jahren.

Den 1. November 1465 starb Pfalzgraf Ruprecht; er wurde 1457 Bischof zu Regensburg.

Den 14. Oktober 1486 starb Pfalzgraf Johann. Er war Domherr zu Mainz, und seit 1468 Dompropst zu Augsburg; als aber die Bischofswahl 1486 nicht zu seinen Gunsten ausfiel, verließ er Deutschland, und besuchte mit einem einzigen Diener das heilige Land, von wo er auch nicht mehr zurückgekommen ist.

Den 27. April 1499 starb Herzog und Pfalzgraf von Mosbach ohne männliche Erben, mit welchem der Mosbachische Stamm sich geendigt und dessen Lande an Churpfalz zurückfiel.

### Friedrich I., genannt der Siegreiche.

Auf die Regierung des Churfürsten Ludwig IV. des Sanftmüthigen folgte, wegen der Minderjährigkeit dessen Sohnes Philipp des Aufrichtigen, sein Bruder Friedrich I., Oheim des jungen Churfürsten (unter dessen Regierung die Buchdruckerkunst erfunden wurde). Den 13. August 1449 übernahm er die Administratur der Pfalz und die Vormundschaft seines einjährigen Neffen Philipp des Aufrichtigen.

Friedrich I. nahm 1452, auf die bringenden Vorstellungen der Edlen des Landes, unter Zustimmung der Mutter seines Neffen, der Churfürstin, die den Grafen Ulrich von Württemberg geeheligt, und der pfälzischen Unterthanen, wie auf den allgemeinen Wunsch seiner edlen Stände und mit Einwilligung des Papstes, als Churfürst von der Pfalz, die Churwürde an. Er adoptirte seines Bruders Sohn vor den edeln Ständen der pfälzischen Lande, mit dem Versprechen, sich nie, wenigstens nicht ebenbürtig zu vermählen; und so seinem Neffen und Adoptivsohne sein natürliches Erbe zu bewahren.

Unter den Edlen des Landes, welche Friedrich I. am meisten zur Annahme der Churwürde bestimmt hatten, zeichneten sich besonders die von Gemmingen, von Sturmfeder, von Böcklin, von Bitzthum, von Wambold, von Handschuhheim, von Benningen, von Berlichingen, von Helmstedt, von Walbron und Andere aus.

Der Kaiser und die Churfürsten widersetzten sich zwar seiner Aufnahme in den Churverein, aber vergebens. Selbst die Achterklärung hatte keine Wirkung, da Niemand sich getraute gegen den gewaltigen Friedrich Etwas zu unternehmen.

Friedrich der Erste erwarb sich durch seine siegreichen Kämpfe mit den meisten deutschen Fürsten, dem Kaiser und Papste einen Heldennamen in der Geschichte und den Beinamen „der Siegreiche." — Doch nicht nur der Lorbeer des Sieges umstrahlte das Haupt Friedrichs I., auch unter der Palme des Friedens suchte er Kunst und Wissenschaft zu heben, und auch die Myrthe der Liebe versagte ihm ihre Kränze nicht.

Eine schöne Augsburger Sängerin, die edle Klara von Detten, Tochter des Freiherrn Christoph von Dettingen, erwiederte im vollsten Maße seine Liebe und wurde seine Gattin, zur linken Hand den 18. August 1462 bei Anwesenheit des Pfalzgrafen Philipp, Bischof von Worms, Georg, Bischof von Speyer, Theodor von Sickingen, Jakob von Helmstedt und des Kanzlers. Aus dieser Verbindung ist das nachherige Geschlecht des fürstlichen Hauses Löwenstein-Wertheim entsprossen, das heute noch fortlebt.

Einmal war Friedrich I. der Siegreiche, als er sich bei einer Jagd verirrt hatte, mit seinem Pferde auf einen Felsenvorsprung gerathen. Ein altes Weib, mit Holzsammeln beschäftigt, sah die Gefahr, in welche der geliebte Landesherr gerathen war. Im heiligen Eifer fing die Frau an zu

schelten: "Haft Du keinen andern Weg, hat Dich dieser und
"jener da hinaufgeführt, nun so möge Gott dir wieder
herunter helfen." Friedrich I. mit sicherer Hand das wider=
spenstige Roß wendend, ritt auf die Zürnende zu. Er fragte,
ob sie wisse, wer er sei, und wenn sie es wisse, weßhalb sie
sich erkühne, so mit ihm zu reden? "Wohl weiß ich, daß
"Du unser Churfürst bist und daß Du mit Jedermann im
"Kriege liegst; brächte Dich Deine Verwegenheit um's Leben,
"stürztest Du mit dem Pferde über die Klippe hinab in's
"tiefe Thal, wer käme in größere Noth als Dein armes
"Land. Willst Du Dich nicht schonen, so schone wenigstens
"Deine Unterthanen." Du hast recht Mütterchen, erwiderte
lächelnd der Sieggekrönte, der Alten seine Börse zuwerfend,
"ich will's nicht mehr thun." —

Der siegreiche Friedrich I. hat durch Neubauten am Hei=
belberger Schloß in einer aufsteigenden Ordnung einen drei=
fachen Trutz verkündet: — Trutz dem Baier, Trutz dem
Kaiser, und dem heiligen Vater (Trutz Pfaff). Von diesen
Außenwerken, zu denen noch eine Sternschanze und eine
Halbmondschanze zu zählen sind, und die zur Deckung der
Stadt und des Schlosses errichtet worden, sind nur noch einige
Mauertrümmern zu sehen, besonders der gesprengte Thurm
gegen Südost. Doch das Andenken an ihren Begründer, mit
allem Rechte der Siegreiche benannt, wird, so lange die Ge=
schichte lebt, auch fortleben, denn aus allen seinen Kämpfen
ging er siegreich hervor, vergrößerte sein Land und vermehrte
seine Schätze. — Man erzählt von ihm, daß er, als die
Außenwerke erbaut waren, seine Räthe zusammenkommen
ließ, um ihnen den bevorstehenden Krieg zu verkünden, und
denselben seine streitbaren Kräfte auseinander zu setzen; als
aber die Räthe furchtsam wegen dem mächtigen Gegner wa=
ren, und ihm vom Kriege abriethen, erwiederte ihnen der
kühne Fürst:

"Wir wissen zwar wohl, daß ihr es gut meint, jedoch
"sollt ihr auch das wissen, daß jetzt nicht die Frage ist, ob

„wir kriegen sollen? Denn ich begehrte mit dieser Frage —
„ob ich soll oder nicht — euer Gewissen nicht zu beschweren,
„indem es bei mir steht, Krieg zu führen oder nicht, und
„weiß ich deßhalb, was ich beschlossen habe, als den, wel=
„chen die meiste Gefahr trifft. — Ihr könnet immerhin einen
„andern Herrn wieder bekommen, wenn ihr aus unserm
„Land vertrieben werdet, wir aber können nicht gleich wieder
„ein anderes Land bekommen, wenn wir einmal aus diesem
„verjagt werden sollen."

Es wird gewöhnlich ein Thurm benannt, welcher von Friedrich I. dem Siegreichen in der Mitte des 15. Jahrhunderts erbaut wurde, und nun einen der malerischen Theile der Schloßruine Heidelberg bildet.

Der beinahe während seiner ganzen Regierung immer im Kampfe begriffene siegreiche Friedrich dachte daran, die Burg seiner Väter so fest als für jene Zeit möglich, zu machen und baute auf der östlichen Seite zu diesem Zwecke benannten, mit kolossalen Mauern versehenen Thurm, sowie noch zwei andere Thürme — von welchen aber nur noch der Unterbau aus jener Zeit stammt. Ursprünglich waren nur die untersten Abtheilungen überwölbt, die oberen bestanden in hölzernem Gebälke, welches auf Tragsteinen ruhte, und das ganze war mit einem spitzen hohen Dache versehen; erst Friedrich IV. ließ die Abtheilungen wölben und die Säulen zur größeren Dauerhaftigkeit des Ganzen in die Mitte setzen; auch baute er den achteckigen Oberbau mit seiner offenen Galerie darüber und gab ihm ein kuppelartiges Dach.

Dieser Thurm bleibt ein stetes Denkmal der Zerstörungswuth, mit welcher Frankreich jenesmal gegen die unglückliche Pfalz Krieg führte; von jener Sprengung an, die ihm nun ein so malerisches Ansehen verleiht, wurde er allgemein „der gesprengte Thurm" bei Heidelberg genannt.

Den 2. Juli 1452 führte Churfürst Friedrich I. auf der Universität Heidelberg das Lehramt für das weltliche Recht ein, das ist, das Römische, welches in Deutschland eingeführt worden, und damals noch nicht öffentlich gelehrt worden war. Durch seine kluge Tapferkeit vermehrte der Churfürst seine Lande beträchtlich und wirkte mit großem Erfolge für Ordnung und Sicherheit gegen Mordbrenner= und Räuberei. Er besiegte alle gegen ihn aufgestandenen Feinde; 1452 verjagte er die Grafen von Lützelstein; den 5. Juni desselben Jahres eroberte er Weinheim und schlug am 4. Juli darauf bei Pfeddersheim 18 Fürsten und Grafen. 1455 nahm er dem Herzog Ludwig dem Schwarzen von Zweibrücken Bergzabern und Reichard von Homburg das Schloß Kleeburg ab.

Den 21. August 1452 verbrannte die Kanzlei zu Heidelberg, wodurch viele Urkunden und Briefschaften zu Grunde gingen.

Den 25. Mai 1462 nahm Churfürst Friedrich I. die Stadt Beckelheim mit Sturm ein.

Den 30. Juli 1462 erfocht Churfürst Friedrich I. über Georg, Bischof zu Metz, Karl, Markgrafen von Baden, und Ullrich, Grafen von Württemberg nebst 350 andern Grafen und Rittern einen glänzenden Sieg bei Seckenheim, wobei die drei erstern nebst vielen andern gefangen und viele getödtet worden sind. Zur Verewigung dieser siegreichen That ist zwischen Seckenheim und Friedrichsfeld ein steinernes Denkmal aufgerichtet, und darauf die Inschrift zu lesen:

"Als man schrieb nach Christi 1462 auf St. Paulus "Gedächtnißtage sind auf dieser Wahlstatt durch Herzog "Friedrich I., Pfalzgrafen bei Rhein und Churfürsten besiegt "worden, Herr Georg, Bischof zu Metz, Markgraf Carl von "Baden und Graf Ullrich von Württemberg, mit einer gro= "ßen Anzahl ihrer Diener, Grafen, Herren und Knechten. "Und denen, welche in diesem Gefechte dort geblieben sind, "wolle Gott barmherzig sein."

Den Bischof zu Metz ließ er nach dem Schloß Eichelsheim bei Mannheim, und in das nämliche Zimmer bringen, wo Churfürst Ludwig III. den abgesetzten Pabst Johann XXIII., Caspar Cossa genannt, als Staatsgefangenen aufbehalten hatte.

In dem königlichen Saale des Schlosses zu Heidelberg bewirthete Churfürst Friedrich I. der Siegreiche die nach der Schlacht bei Seckenheim gefangenen Fürsten, Grafen und Edle, und ließ die Tafel mit verschiedenen Speisen aller Art versorgen, doch ließ er die Hauptspeise fehlen, „das Brod."

Als die gefangenen Herren dasselbe schüchtern verlangten, erhob sich der siegreiche Friedrich mit ernster Miene, deutete aus den Fenstern des Saales auf die noch rauchenden Trümmern der Ortschaften, und auf die jetzt zertretenen Saaten der früher so herrlichen und fruchtbaren Ebene, die sonst den Beschauern aus diesen Fenstern wie ein lachender Garten entgegenstrahlten, und sagte:

„Der Krieger, welcher die Ernten und Mühlen der „friedlichen Landleute muthwillig verheeret verdient kein „Brod. Nehmet ein warnendes Beispiel daran, daß thörigtes „Wüthen des Edlen unwürdig ist, und gewöhnlich auf Jene „strafbar zurückfällt, welche es durch ihre grausame Unmensch„lichkeit und ihren unersättlichen Stolz erzeugten."

„Mit dem Maß, so Du ausmessest, soll Dir wieder „eingemessen sein."

Im Jahr 1463 gab Markgraf Karl von Baden bei seiner Entlassung dem Churfürsten Friedrich I. einen Revers und überließ darin an Churpfalz zur Vergütung des von ihm und seinen mitgewesenen Fürsten, Grafen und Herren, durch Brand, Nehmen und Todtschlag verursachten Schaden, nebst einer ansehnlichen Summe Geldes, alle seine Antheile am Schloß und der Stadt Kreuznach, und allen andern Schlössern und Städten, Dörfern, Leuten, Gütern und Nutzungen, welche zu und in die vordere Grafschaft Sponheim gehören. Ein gleiches mußten sich der Bischof von Metz und Ullrich Graf von Württemberg gefallen lassen, welche bei ihrer Loslassung vieles Geld bezahlen, und verschiedene Ortschaften, Renten und Gefälle dem Churfürsten abtreten mußten.

Den 26. Juni 1464 wurde der erste Stein zum neuen churfürstlichen Kanzleibau in Heidelberg gelegt.

Den 19. April 1470 eroberte Churfürst Friedrich I. Schloß und Stadt Borberg und verjagte die Grafen von Rosenberg. Den. 13. Mai nahm er den Ort Schriesheim nebst dem Schloß Strahlenburg in Besitz.

Im Jahr 1470 eroberte er Wachenheim und machte darin 12 Edle, nebst der Besatzung, zu Gefangenen, und ließ jene, die der Mordbrennerei und des Kirchenraubs überführt worden, alle ertränken. 1471 nahm er Bensheim mit Sturm ein, und machte die Besatzung nebst 18 Edlen zu Gefangenen.

Den 17. August 1471 das Leiningische Städtlein Dürkheim an der Hard, und verschiedene andere dem Grafen von Leiningen zugehörigen Ortschaften.

Den 23. August 1471 die Ortschaften Beckenheim, Sobernheim und Monzingen.

Den 29. September 1474 kaufte Churfürst Friedrich I. von Abt Michel und dem ganzen Convent des Benediktinerklosters zu Sinsheim mit Einwilligung des Ordinary das Dorf zu St. Ilgen, sammt Wald, Güter und Gefällen.

Den 25. Juli 1476 schenkte er solches mit Vorbehalt des Eigenthumsrechts, des Waldes und der Frohnden, dem Dominikanerkloster zu Heidelberg nutznießlich.

Churfürst Friedrich I. war nicht allein Krieger und Sieger, sondern auch ein Beschützer der Gerechtigkeit und errichtete desfalls 1462 das churpfälzische Hofgericht.

Unter den damaligen Reichsfürsten soll Friedrich I. der Einzige gewesen sein, der beständige und geübte Kriegsknechte gehalten und besoldet hat.

Churfürst Friedrich I. war geboren den 1. August 1425, starb am 12. Dezember 1476 im Alter von 51 Jahren, nachdem er 27 Jahre regiert hatte.

Nach seinem Tode wurde er in einem einfachen Franziskanerkleide in der für ihn sehr prächtig aufgerichteten Grabstätte zu Heidelberg in der Franziskanerkirche beigesetzt.

Seine Feinde nannten ihn „den bösen Fritz", aber unpartheiische Zeitgenossen nannten ihn den „Mark Aurel" seines Jahrhunderts.

Den so lange gesuchten Frieden im Leben fanden selbst seine sterblichen Ueberreste nicht; denn noch nach zwei Jahrhunderten, in dem Orleanischen Kriege, zerstörten die Franzosen das prächtige Grabmahl, und warfen seine Gebeine auf die Straße. Die Kapuziner sammelten dieselben wieder zusammen und beerdigten sie den 19. August 1689 in die Muttergottes-Kapelle.

### Philipp der Aufrichtige.

In der Regierung folgte Churfürst Philipp der Aufrichtige, ein Sohn Ludwigs IV., derselbe war geboren den 14. Juni 1448, und erhielt somit nach seines großen Oheims Tode in seinem 28. Jahre die Regierung; vermählt hatte sich Philipp am 20. April 1474 mit Margaretha, Tochter des Herzogs Ludwig von Landshut.

Churfürst Philipp, obgleich er schon als Jüngling den Unternehmungen seines kriegerischen Oheims muthig zur Seite stand, hatte nicht den gleichen Erfolg wie dieser. Der Gott des Krieges war ihm nicht so gewogen, und es waren die späteren Tage seiner Regierung nicht von dem Glücke begünstigt, wie die seines großen Oheims. Er erbte jedoch die von Pfalzgraf Otto II., dem letzten des Mosbacher Stammes, 1499 hinterlassenen Lande, und verglich sich mit Herzog Alexander von Zweibrücken sowohl desfalls, als auch wegen der Verlassenschaft des Pfalzgrafen Christoph, König in Dänemark und Schweden, durch dessen Tod die von Kaiser und Churfürst Ruprecht III. durch die Abtheilung seiner Lande begründete oberpfälzische Linie ein Ende nahm; er besorgte in Abwesenheit Kaiser Maximilians I. 1497 das Reichsvicariat.

Der edle Churfürst war den Musen ergeben; und die Liebe zu den Wissenschaften verherrlichte seinen Namen. Man bewahrt noch manches Gedicht von ihm auf, von welchen nur eines hier Erwähnung finden möge.

Er schrieb einst einem von ihm geschätzten Mönch, der ihn um ein paar Verse von seiner Hand bat, in zierlichem Latein:

„Des Klosters Einfalt kann vortrefflich mir behagen,
„Wenn unter dunklen Kutten reine Herzen schlagen,
„Doch unter dunklem Kleid auch falsches zu ersinnen,
„Weh', welch ein Ungethüm! schwarz außen und von innen!"

Die Universität Heidelberg stand damals in dem besten Flor; die gelehrtesten Männer waren als Lehrer angestellt, und die Bibliothek erhielt durch ihn eine ansehnliche Vermehrung. Auf seinen Münzen ist der Churfürst, von allen seinen Vorfahren, der erste, so im völligen Churkleide geprägt ist.

Zur Zeit dieses Fürsten wurde zu Ehren desselben in Heidelberg von der Rheinischen Ritterschaft ein großes Turnier abgehalten, welches in der Reihe dieser berühmten Waffenspiele das dreißigste gewesen ist.

Die löbliche Ritterschaft zum Esel schrieb es den vier Landen der deutschen Ritterschaft zu. Da wimmelten die Säle und Hallen des Rudolphs= und Ruprechts=Baues von Fürsten, Grafen und Rittern, mit holden Frauen und züchtigen Fräuleins; die schönsten und tugendhaftesten Damen reichten den tapfersten Rittern die Preise der Kampfspiele, nach welchen, beim Glanze tausendfältiger Lichter und Lampen, die Freuden des Banketts beim Schalle der Fanfaren begannen. — (Wer sieht den klagenden Trümmern, die nun von trauerndem Epheu umrankt, die Freuden und den Glanz jener Tage an?)

Im Jahr 1481 legte Churfürst Philipp in Heidelberg eine Buchdruckerei an, und wurde daselbst die erste arabische Gramatik gedruckt. 1485 schloß die Churpfalz mit dem Bisthum Worms, besonders wegen dem Zoll, einen Vergleich.

Im Jahr 1488 wurde das Ohmgeld von Wein und Bier in der Pfalz eingeführt.

1495 errichtete Kaiser Maximilian I. das kaiserliche Kammergericht zu Speyer.

Den 16. Februar 1497 wurde unter der Regierung Churfürsts Philipp des Aufrichtigen, Philipp Melanchton, genannt Schwarzerd, zu Bretten geboren.

Den 13. Februar 1509 kam dieser, 12 Jahre alt, zu Heidelberg an, um daselbst zu studiren. — Melanchton hat sich bei der Religionsspaltung durch seine Lehre und Schriften sehr berühmt gemacht, starb 1560 im 63. Jahre seines Lebens.

Den 6. November 1497 wurde ein im Kaiserswoog zu Lautern gefangener Hecht nach Heidelberg gebracht. Der Fisch soll 350 Pfund gewogen haben und mit einem Ring von Kaiser Friedrich II. am 5. November 1230 in den neu angelegten See gesetzt worden sein. (Darnach hätte der Fisch 267 Jahre in dem See zugebracht; der Ring wurde in der churfürstlichen Schatzkammer aufbewahrt und vorgezeigt.)

Den 30. August 1504 verbrannte Graf Emich von Leiningen das schöne Kloster Limburg sammt der Kirche, welche die prächtigste in der ganzen Gegend gewesen sein soll. Der Brand dauerte zwölf Tage und Nächte.

Den 30. September 1497 starb Margaretha, Gemahlin Churfürsts Ludwig IV. des Sanftmüthigen und Mutter des Churfürsten Philipp; sie überlebte sonach ihren ersten Gemahl um 30 Jahre.

Ihr Vater, Herzog Amadäus von Savoyen warf sich als Papst unter dem Namen Felix V. auf, stand aber 1449 wieder davon ab, und erkannte Nicolaum V. als rechtmäßigen Papst an.

Aus der Ehe des Churfürsten Philipp des Aufrichtigen und seiner Gemahlin Margaretha, des Horzogs Ludwig von Landshut Tochter, waren folgende Kinder entsprossen:

Den 2. Juli 1478 wurde Churfürst Ludwig V., genannt

der Friedfertige, und den 24. April 1480 Pfalzgraf Philipp geboren, welcher 1499 Bischof zu Freising und 1520 Bischof zu Nauenburg geworden, und den 23. August 1541 in Nauenburg 61 Jahre alt gestorben ist.

Den 14. März 1481 wurde Pfalzgraf Ruprecht, der Tugendhafte, geboren. Dieser ist den 4. August 1495 als Bischof in Freising erwählt worden, gab aber den 3. Dezember 1498 das Bisthum wieder ab, und vermählte sich den 12. Februar 1499 mit Elisabeth, Tochter des Herzogs Georg des Reichen, zu Landshut in Bayern.

Herzog Georg, der keine männlichen Erben hatte, machte ein Testament, und setzte darin seine einzige Tochter zur Erbin ein, und ernannte Uladislaum, König in Böhmen und Ludwig XII., König in Frankreich, zu Executoren.

Kaiser Maximilian I. wollte dieses Testament unter dem Vorwand, es sei zum Nachtheil der bayerischen Agnaten und gegen die Reichsgesetze verfertiget, nicht gelten lassen, dagegen erklärte es Papst Pius III. für gültig.

Wegen dieser Verlassenschaft, wovon Pfalzgraf Ruprecht Besitz nehmen wollte, entstand die bayerische Fehde.

Ruprecht war in seinem Unternehmen unglücklich, wurde von den Bayern geschlagen und vom Kaiser den 4. Mai 1504 in die Acht erklärt. Diesen unglücklichen Zufall und die kaiserliche Bedrückung nahm Ruprecht sich so zu Herzen, daß er den 30. August 1504 aus Verdruß starb, in einem Alter von 23 Jahren; seine Gemahlin starb den 17. September des nämlichen Jahres. Er hinterließ zwei Söhne, Otto Heinrich, den Großmüthigen, geboren den 20. April 1502, und Philipp, der Streitbare, geboren den 12. November 1503, welch letzterer im Jahr 1529 die Stadt Wien gegen die Türken vertheidigte. Er hat sich seinen Ehrennamen durch viele schöne Thaten erworben und starb den 4. Juli 1548, 46 Jahre alt. — Man sagt, der Kaiser habe nach Pfalzgraf Ruprechts Tod sein Unrecht eingesehen, und Churpfalz dafür den Guldenzoll verliehen.

Das nämliche Schicksal seines Sohnes, Pfalzgraf Ruprecht des Tugendhaften, traf auch seinen Vater Churfürst Philipp den Aufrichtigen, des geleisteten Beistandes wegen, in der Verlassenschaftssache Georg des Reichen, Herzog in Bayern. Er wurde ebenfalls den 14. Juli 1504 von Kaiser Maximilian I. in die Acht erklärt. Dadurch gingen die von Churfürst Friedrich I., des Siegreichen, gemachten Eroberungen zu Grunde.

Den 30. September 1505 wurden die Zwistigkeiten Churfürsts Philipp mit Albert, Herzog von Bayern, wegen der Verlassenschaft Herzogs Georg des Reichen, zu Landshut durch den kölnischen Spruch und dessen Erläuterung vom 18. Januar 1506 entschieden und verglichen, und es mußte Bayern das Herzogthum Nürnberg an die Kinder Ruprechts des Tugendhaften abtreten.

Den 9. Dezember 1482 wurde Friedrich II., der Weise genannt, zu Winzingen geboren, er war Sohn Churfürsts Philipp des Aufrichtigen und Bruder des Churfürsten Ludwig V. des Friedfertigen.

Den 13. September 1483 wurde Elisabeth, Tochter Philipps des Aufrichtigen geboren; sie vermählte sich den 10. Juli 1498 mit Wilhelm, Landgraf zu Hessen, und nach dessen Tod zum zweitenmal mit Philipp, Markgraf von Baden; sie starb den 24. Juni 1522 in einem Alter von 39 Jahren.

Den 14. November 1486 wurde Pfalzgraf Georg, Churfürsts Philipp des Aufrichtigen Sohn, geboren, wurde den 17. März 1513 als Bischof von Speyer erwählt und starb den 27. September 1529 in einem Alter von 43 Jahren.

Den 18. November 1487 wurde Pfalzgraf Heinrich geboren, Sohn Churfürsts Philipp des Aufrichtigen, wurde 1524 zu Worms und Utrecht, und 1542 zu Freising Bischof; er starb den 3. Januar 1552 in einem Alter von 65 Jahren zu Ladenburg, und liegt in Worms begraben.

Den 10. Dezember 1488 wurde Pfalzgraf Johann,

Sohn Churfürsts Philipp des Aufrichtigen, geboren; wurde 1507 Bischof zu Regensburg, und starb den 22. März 1538 in einem Alter von 50 Jahren.

Den 7. April 1490 wurde Amalie, Tochter Churfürsts Philipp des Aufrichtigen, geboren, vermählte sich den 22. Mai 1513 an Herzog Georg von Pommern zu Wolgast, und starb den 6. Januar 1524 in einem Alter von 34 Jahren.

Den 31. Oktober 1494 wurde Pfalzgraf Wolfgang, Sohn Churfürsts Philipp des Aufrichtigen, geboren, und starb den 2. April 1558 unverehelicht in einem Alter von 64 Jahren.

Den 24. Februar 1501 starb Margaretha, Gemahlin Churfürsts Philipp des Aufrichtigen, Tochter des Herzogs Ludwig von Landshut, nach 27 Jahren ihrer Vermählung.

Churfürst Philipp der Aufrichtige selbst erlag bald nach dem unglücklichen bayerischen Erbfolgekriege, am 28. Februar 1508 seinen Leiden, noch nicht ganz 60 Jahre alt, im 32. seiner Regierung; er liegt in der Heiligengeistkirche zu Heidelberg begraben.

### Ludwig der Fünfte, genannt der Friedfertige.

Ludwig der V., genannt der Friedfertige, folgte seinem edlen Vater Philipp dem Aufrichtigen in der Regierung. Er suchte mit weisem Sinne die Wunden zu heilen, die der unselige bayerische Erbfolgekrieg seinem Lande geschlagen hatte, pflegte besonders mit großer Liebe die Baukunst, und vergrößerte mehrfach das Schloß in Heidelberg.

Ludwig der Fünfte hatte den schönen Namen des Friedfertigen mit Recht verdient, denn er war es, der bei allen Fürstenversammlungen und Reichstagen friedlich zu einigen, und in jener stürmischen Zeit (1532), wo die verschiedenen Glaubensansichten nicht nur einzelne Familien, sondern ganze Reiche entzweiten, den Frieden Deutschlands zu erhalten suchte. Trotz seiner Friedensliebe bewahrte er Sorge für die

Tage der Gefahr, und erbaute die bedeutenden Fortificationen des Schlosses zu Heidelberg, als: den großen Wall, den Ludwigsthurm, den Wartthurm und den dicken Thurm, und verband diese ihrer Zeit außerordentlichen Werke, mit festen unterirdischen gedeckten Gängen, und errichtete den Ludwigsbau. Unter dem großen, von ihm, aus schauerlicher Tiefe des Grabens, aufgeführten Wartthurm, war es, wo er einst den Kaiser Karl V., in dessen gewaltigem Reiche, wie bekannt, die Sonne niemals unterging, und auch dessen stolzen Sohn Philipp II. von Spanien empfing und zwei Tage in Ruprechts königlichen Hallen bewirthete.

Den 25. April 1537 schlug unter seiner Regierung der Donner und Blitz in das alte Schloß auf dem kleinen Geisberg, entzündete das dort aufbewahrte Pulver, wodurch das ganze Gebäude in die Luft sprengte, und die Stadt Heidelberg sehr beschädigt wurde.

Churfürst Ludwig V. vermählte sich den 23. Februar 1511 mit Sibylle, Tochter des Herzogs Albert von Bayern, welche den 18. April 1519, nach acht Jahren ihrer Verehelichung, gestorben ist.

Im Jahr 1509 errichtete Kaiser Maximilian I. mit Churfürst Ludwig V. einen Erbverein wegen der Krone Böhmens.

Im Jahr 1510 predigte Dr. Martin Luther, als er von dem Augustinerkloster zu Wittenberg in Angelegenheiten verschickt worden, bei seiner Durchreise in Heidelberg.

Den 1. November 1517 predigte Dr. Martin Luther zu Heidelberg öffentlich gegen den Dominikaner Johann Tezel, wegen Verkauf der Ablasse.

Den 26. April 1518 hielt Dr. Martin Luther, als er nach gehaltenem Collegio mit dem Kardinal Kayetan von Augsburg zurückkam, in dem Augustinerkloster zu Heidelberg einige philosophische und theologische Disputationen.

Den 3. September 1518 ertheilte Kaiser Maximilian Churfürst Ludwig V. zu Augsburg das Privilegium, des

Gulденzolls, und den nämlichen Tag bestätigte derselbe das, dem errichteten churpfälzischen Hofgerichte von verschiedenen Kaisern ertheilte Privilegium.

Im Jahr 1519 schloß der Churfürst mit Churmainz und Churköln den sogenannten Churverein. Der Churfürst blieb zwar Katholik, begünstigte aber nichtsdestoweniger die Lehre Dr. Luthers und nahm sich dessen auf dem Reichstage zu Worms 1521 eifrig an; auf dem Reichstage 1531 zu Nürnberg trug er vieles dazu bei, daß den Protestanten bis zu den Beschlüssen eines allgemeinen Conciliums die Gewissensfreiheit eingeräumt wurde.

Den 28. Juli 1519 reiste Churfürst Friedrich II., als damaliger Herzog, auf Ersuchen der Churfürsten nach Spanien, um Karl dem V. von der auf ihn in Frankfurt ausgefallenen Wahl eines römischen Königs, das churfürstliche Decretum zu überbringen.

Im Jahr 1521 im Monat Mai erweiterte Kaiser Karl der V. das Guldenzoll-Privilegium auch auf die Lande, welche zu dem Churfürstenthum Pfalz nochmals gekommen sind und noch kommen mögen.

Den 25. Juli 1521 schloß Churfürst Ludwig V. mit Landgraf Philipp von Hessendarmstadt, wegen des von letzterm unter dem Vorwand der Kriegskosten hinweggenommenen Amts Umstadt, durch Vermittlung der Bischöfe zu Straßburg und Worms einen Vergleich. Nach demselben sollte, nach vorausgegangener Befriedigung des Grafen von Hanau, dessen Besitztheil mit dem churpfälzischen zusammengeworfen werden; Schloß und Stadt Umstadt, mit aller Oberhoheit, wie es Landgraf Philipp von dem Vertrage innegehabt, ungetheilt in seinem Nutzen und Gebrauch belassen werden, die churpfälzischen Lehensleute jedoch, mit ihrer Pflichtleistung, welche ihnen Hessen abgedrungen hatte, wieder an Churpfalz überwiesen werden.

Den 7. Mai 1523 bekriegte Churfürst Ludwig V. Franz von Sickingen, belagerte und eroberte dessen Schloß Landstuhl, bei welchem Kampfe Franz von Sickingen, an den empfangenen Wunden noch denselben Tag, starb.

Den 12. November 1523 verglich sich Churpfalz mit Chur-Trier zu Frankfurt wegen des Franz von Sickingen abgenommenen Landes, dergestalt, daß Churpfalz in jenen, der Chur Trier zugefallenen Ortschaften, Zöller setzen, und den Guldenzoll erheben möge.

Den 23. Juli 1532 kam der erste Religionsfriede zu Stande.

Den 12. Februar 1541 vereinigte sich Johann, Herzog von Simmern, Pfalzgraf Ruprecht von Veldenz und Wolfgang, Herzog von Zweibrücken, zu Diffibodenberg dahin, daß wenn die Churlinie ohne Erben absterben sollte, sie die Churlande unter sich theilen, dem ältern jedoch die Auswahl der gemachten Theile überlassen wollten.

Den 25. Juli 1542 gab Churfürst Ludwig V. die Franz von Sickingen, wegen der im Jahr 1521 gegen Churpfalz gewagten Fehde hinweggenommenen Schlösser und Herrschaften, auf des Kaisers und anderer Fürsten Fürsprache, dessen Söhnen Hans und Franz Konrad aus Gnaden zurück, wogegen die von Sickingen dem Churfürsten in allen ihren Schlössern und Häusern das Oeffnungsrecht ewig und unverjährig zugestanden haben.

Die wirkliche Ausantwortung geschah 1543, Montag nach Reminiscere, die von Sickingen stellten auf Sonntag Lätare 1544 wegen der zugestandenen Oeffnung einen förmlichen Revers aus.

Churfürst Ludwig V., der nach Ableben seines Vaters Philipp des Aufrichtigen, die Regierung in seinem 30. Jahre angetreten hatte, regierte 36 Jahre. Er starb am 16. März 1544, 66 Jahre alt, ohne Leibes-Erben und liegt in Heidelberg begraben.

### Friedrich der Zweite, genannt der Weise.

In der Regierung folgte auf Ludwig V. dessen Bruder Friedrich der Zweite, genannt der Weise, im 61. Jahre seines Lebens. Friedrich war geboren den 9. Dezember 1482 zu Winzingen, vermählte sich den 17. November 1532 mit Dorothea, Tochter des Königs Christian von Dänemark, bei welcher Feierlichkeit 4000 Personen gespeist worden sind.

Als Herzog bereiste Friedrich England, Frankreich und Spanien, hatte 1529 die Türken genöthigt, die Belagerung Wiens aufzuheben, und schlug selbige 1532 in die Flucht. 1521 ward er vom Kaiser während dessen Abwesenheit zum Reichsstatthalter, und war 1528 bei dem Reichstage zu Speyer, auch 1530 beim Reichstage zu Augsburg als kaiserlicher Commissarius ernannt worden.

Bei der Belehnung als Churfürst bekam er vom Kaiser Karl V. wegen seiner hohen Verdienste um Kaiser und Reich den „Reichs=Apfel" verliehen, auf dem Reichstage zu Speyer, von welcher Zeit die Churfürsten von der Pfalz mit solchem Zeichen ihre pfälzischen Wappen schmückten, und auf ihre Münzen haben prägen lassen. Auch war Friedrich der erste Churfürst, der das goldene Vließ getragen.

1545 vereinigte sich der Churfürst mit den Pfalzgrafen wegen der Churfolge, schloß am 18. März darüber einen abermaligen Vertrag, den auch der Kaiser bestätigte.

Bei der Religionsspaltung verließ er die katholische und nahm die lutherische Religion 1545 an, erlaubte den Geistlichen zu heirathen, und legte sich mit dem schmalkaldischen Bund gegen den Kaiser auf, vereinigte sich aber wieder mit demselben und nahm das Interim an.

Friedrich II., welcher der Baukunst sehr ergeben war, hatte zur Befestigung des Heidelberger Schlosses, und hauptsächlich zur Erbauung des achteckigen Thurmes vieles beigetragen. Auf diesem achteckigen Thurme, so weit wir ihn noch erblicken, stand vormals ein spitzes Dach. Im Jahr 1550 ließ er eine Glocke für diesen Thurm gießen, wodurch er der „Glockenthurm" benannt wurde.

Als im Jahr 1551 Churfürst Friedrich II. von einer Reise aus Lothringen zurück in seine Residenz kam, vernahm er zum erstenmale am Frohnleichnamsfeste ihr schönes Geläute. —

Friedrich IV. ließ später das Dach abheben und statt dessen 1608 den obern Aufbau mit der Galerie errichten, und dabei einen Bau mit kuppelartigem Dache aufsetzen, so daß nun dieser Thurm aus sechs Abtheilungen besteht.

Im dreißigjährigen Kriege 1633 beschädigten die Schweden dieses Bauwerk sehr, doch ließ es Carl Ludwig ausbessern und neu bedachen; aber schon 1689 suchten es die Franzosen zu sprengen, wovon man in dem untern Gewölbe noch drei Versuche sieht. Sie brannten den Dachstuhl ab, derselbe wurde 1718 wieder mit einem neuen Dache geschmückt; doch 1764 schlug der Blitz in den angrenzenden „neuen Hof", wobei auch dieser Thurm ausbrannte, und die große Glocke schmolz, seit welcher Zeit der Thurm in dem jetzigen Zustande ist. Auch vom neuen Hofe führt jetzt eine neu errichtete Galerie in diesen, durch seine reizende Aussicht und pittoreske Gestalt interessanten Thurm und wo die Wendeltreppen aufhören oder zertrümmert sind, führen jetzt hölzerne Stufen bis auf seine höchste Fläche.

Durch die Wendeltreppen in dem westlich angebauten runden Thürmchen gelangt man zu demselben, welches ringsum mit Schießlöchern versehen, und wie die frühere Abtheilung als Befestigung diente.

Den großen Pfeiler ließ Friedrich II. deßhalb auf das untere Gewölbe setzen, um seinem Aufbau mehr Festigkeit zu geben; zu gleichem Zwecke ließ er rings um diese viereckige Säule acht Pfeiler setzen, die durch beide Abtheilungen gehen und auf denen dann sein neues achteckiges Gebäude ruht. Die erste Abtheilung in dem achteckigen Aufbau war ein freier Saal, um den außen herum eine Galerie lief. —

Dieses herrliche Schloß steht heute nur noch als eine der merkwürdigsten und schönsten Ruinen da, mächtig erinnernd an eine gleich ereignißreiche und ereignißschwere Zeit.

Im Jahr 1545 befahl Churfürst Friedrich II., daß die Messe nicht mehr in lateinischer, sondern in deutscher Sprache gelesen, das Abendmahl unter zweierlei Gestalt ausgetheilet, und dem Priester die Ehe gestattet werden soll.

Nach solcher Verordnung des Churfürsten Friedrich II. wurde den 25. Dezember in der Schloßkirche zu Heidelberg und den 3. Januar 1546 in der Heiligengeistkirche das Abendmahl unter zweierlei Gestalt zum erstenmal ausgespendet, und die Messe gänzlich abgestellt.

Den 3. September 1555 errichtete Churfürst Friedrich II. aus dem eingezogenen Augustiner-Kloster und dessen Einkünften das Collegium Sapientian zu Heidelberg, worin zwölf Studirende in Kost und Wohnung frei gehalten werden.

Den 26. Oktober 1555 starb die gelehrte Olimpia Fulvia Morata, Ehefrau des Medicinian Doktorius und Professorius Andreas Grundler, welche die griechische Sprache auf der Universität Heidelberg öffentlich lehren sollte.

Churpfalz wurde zum Obristen des chur-rheinischen Kreises erwählt.

Die Universität Heidelberg wählte den Pfalzgrafen Georg Johann von Lützelstein zu ihrem Rector Magnificentissimo.

Den 26. Februar 1556 starb zu Alzey Churfürst Friedrich II., der Weise genannt, ohne Erben. Er erreichte ein Alter von 74 Jahren, hatte 13 Jahre regiert und liegt zu Heidelberg begraben.

Den 20. September 1580 starb seine Gemahlin Dorothea, 24 Jahre nach seinem Tode.

#### Otto Heinrich, genannt der Großmüthige.

In die Regierung folgte Churfürst Otto Heinrich, genannt der Großmüthige, ein Sohn Ruprecht des Tugendhaften, und Enkel Philipp des Aufrichtigen.

Er war der einzige Fürst aus der Pfalz Neuburg; geboren den 20. April 1502, vermählt den 16. Oktober 1529 mit Susanna, Tochter des Herzogs Albert, von Bayern, Wittwe des Markgrafen Casimir von Brandenburg. Sie starb nach 14 Jahren am 12. April 1543.

Der Churfürst war ein großer Beschützer der Künste und wurde wegen der Freigebigkeit, die er denselben angedeihen ließ, von seinen Zeitgenossen mit dem Beinamen „des Großmüthigen" beehrt. Er war der Erbauer des schönsten Baudenkmals des Heidelberger Schlosses des „Otto-Heinrich-Baues", der im Jahr 1556 begonnen und nach des Erbauers Namen genannt wurde, und war ein herrlicher Bau, welcher heute noch in den übrig gebliebenen Ruinen ein malerisches Bild darstellet. Wie Manche behaupten wollen, soll der berühmteste Maler, Bildhauer und Baumeister jener Zeit, „Michael Angelo", den Plan des Baues entworfen haben; und wäre es so, wahrlich er würde selbst diesem größten der Künstler Ehre machen; doch dieser außerordentliche Meister hat wohl viele Bauten dieser Art entworfen und ausgeführt.

Der Baukünstler des Otto-Heinrich-Baues war aber ein Heidelberger, der wohl bei seinem Entwurf die Werke jenes großen Künstlers im Auge haben mochte, und mit Staunen besieht der Wanderer noch jetzt die Ueberreste dieses ausgezeichneten Baues einer frühern Zeit.

Churfürst Otto Heinrich hatte in seiner Jugend das gelobte Land besucht, daselbst eine Menge arabische und griechische Schriften gesammelt, die er, als ein Beschützer der Wissenschaften, der Heidelberger Bibliothek schenkte. Auch ordnete er einen aus Theologen und Weltlichen bestehenden Kirchenrath an, führte die lutherische und die

reformirte Religion in seinem Lande ein, schaffte das Interim
ab, und vertilgte alle Bilder und Statuen aus den Kirchen;
er reformirte die Universität, machte den 4. April 1556 eine
Kirchenordnung, begab sich 1545 zum schmalkaldischen Bund
und verlor deßwegen das Herzogthum Neuburg, wurde aber
1552 wieder in dasselbe eingesetzt, und übergab es noch bei
Lebzeiten den 3. April 1553 seinem Vetter Wolfgang, Her=
zog von Zweibrücken.

Im Jahr 1558 erneuerte er mit den drei Churfürsten
den sogenannten Churverein. Von den Churlanden hatte er
Vieles veräußert, besonders die Landvogtei Elsaß, die er dem
Hause Oesterreich überließ. Er starb den 12. Februar 1559
als der letzte aus der Heidelberger Churlinie, ohne Hinter=
lassung männlicher Erben, wodurch die Herzoge von Sim=
mern an die Chur gelangten. Er hatte regiert von 1556
bis 1559, drei Jahre; erreichte ein Alter von 57 Jahren und
liegt in Heidelberg in der Heiligengeistkirche begraben.

### Nebenlinien des Churpfälzischen Hauses.

Den 22. Juli 1556 wurde Otto Heinrich, der erste
Herzog, in Sulzbach geboren, vermählte sich den 26. Novem=
ber 1582 mit Dorothea Maria, Tochter des Herzogs Chri=
stoph von Württemberg, starb den 19. August 1604, 48 Jahre
alt; seine Gemahlin im Jahr 1639.

Den 25. Juli 1521 wurde Herzog Richard zu Sim=
mern geboren, vermählte sich zum erstenmal den 16. Mai
1569 mit Juliane, Tochter des Grafen Wilhelm von Wied.
Den 25. Mai 1575 zum zweitenmal mit Amalie, Tochter
des Herzogs Christoph von Württemberg. Den 16. Juni
1591 vermählte er sich zum drittenmal mit Anna Margare=
tha, Tochter des Pfalzgrafen Johann von Veldenz.

Den 13. Januar 1598 starb Herzog Richard von Sim=
mern ohne Hinterlassung männlicher Erben; durch seinen Tod

nahm die unter Churfürst Friedrich III., mit seinem Bruder Georg, gestiftete neue simmerische Linie ein Ende, und die simmerischen Lande fielen an die Chur zurück.

## Zweite Abtheilung.

Aus dem herzoglichen Hause Simmern.

### Friedrich III., genannt der Fromme.

In der Regierung folgte auf Churfürst Otto Heinrich, genannt der Großmüthige, Friedrich III. Er war der erste Sprosse aus der Simmer'schen Linie, welcher den Thron der Churpfalz einnahm und wurde von seinen Glaubens- und Zeitgenossen nur der „Fromme" genannt; war geboren den 14. Februar 1515, vermählt erstmals den 12. Juni 1537 mit Maria, Tochter des Markgrafen Casimir von Brandenburg, welche den 31. Oktober 1567 gestorben und in Heidelberg begraben liegt. Zum zweitenmal vermählte er sich den 15. April 1569 mit Amalia, Tochter des Grafen Hainbert von Mörs, welche den 26. November 1602 auf dem Schloß Lohrbach starb, das ihr zum Wittibsitz angewiesen gewesen war.

Aus erster Ehe des Churfürsten waren folgende Kinder entsprossen:

Churfürst Ludwig VI., der Milbthätige, geboren den 4. Juli 1539.

Pfalzgraf Johann Kasimir, geboren den 7. März 1543.

Susanne Dorothea, geboren den 30. Juli 1544, vermählte sich mit Johann Wilhelm, Herzog von Sachsen, Sohn des unglücklichen Churfürsten Johann Friedrich von Sachsen, und starb den 29. März 1592 als Wittwe in einem Alter von 48 Jahren.

Pfalzgraf Christoph, geboren den 12. Juni 1551. Er war ein gelehrter Prinz, in vielen Wissenschaften und Sprachen wohl geübt, wurde 1566 auf der Universität Heidelberg zu ihrem Rector Magnificentissimus erwählt, welches Amt er auch verwaltete.

Bei den niederländischen Religionsunruhen schickte ihn sein Herr Vater mit Hilfsvölkern gegen die Spanier, wo er den 17. April 1574 in dem Treffen auf der Mocker Haide bei Nimwegen in einem Alter von 23 Jahren gefallen ist.

Churfürst Friedrich III. war, wie schon gesagt, der erste Churfürst aus dem Simmerschen Stamme, wie er auch der erste reformirte Churfürst war. Im Jahr 1561 führte er die reformirte Religion ein; ließ 1563 den Heidelberger Katechismus und eine Kirchenordnung verkündigen, vertheidigte 1566 auf dem Reichstage zu Regensburg die neue Lehre mit großem Eifer und besonderer Beredsamkeit. — Er hob das Kloster Fischbach im Oberamt Lautern, dann die Stifte Neuhausen und Sinsheim auf, und obwohl der Kaiser und die katholischen Stände sich dagegen setzten und es nicht zugeben wollten, fuhr er dennoch ungestört fort.

Den aus Flandern vertriebenen Reformirten gab er Schutz und Freiheit. Frankenthal wurde durch diese Ankömmlinge merklich vergrößert, und von diesen verschiedene Fabriken darin angelegt. — Die Lutheraner mußten unter seiner Regierung viel Widriges ertragen, und es kam so weit, daß beim Kaiser von diesen auf seine Absetzung gedrungen wurde. — Die churpfälzischen Lande befanden sich durch die von seinen Vorfahren gemachten vielen Veräußerungen nicht in dem ergiebigsten Stande, und der neue Churfürst mußte in Gefahr des Heidelberger Vertrags einen Theil der simmerischen Lande an Zweibrücken abtreten. — Noch überdies gab er seinem Bruder Georg das Großherzogthum Simmern freiwillig, und in dem 1576 errichteten Concil vermachte er seinem zweiten Sohne Johann Kasimir das Oberamt Neustadt, welches aber, da dieser ohne Leibeserben starb, 1592 an Churpfalz zurückfiel.

Nach Absterben des Kaisers Ferdinand I. war er 1562 Reichsvicarius, wohnte der neuen Wahl bei, und errichtete mit Bayern, Württemberg und Baden eine Union gegen die Ritterschaft.

Den 14. Dezember 1562 kam Maximilian II., römischer König, nach der Krönung von Frankfurt mit seinem Herrn Vater Kaiser Ferdinand I. in Heidelberg an, wo sie beide von Churfürst Friedrich III. in dem großen Thronsaale auf das glänzenste und festlichste empfangen und bewirthet wurden.

Im Monat September 1470 wurde Churfürst Friedrich zum zweitenmal durch den Besuch des Kaisers Maximilian II. erfreuet, da derselbe in Begleitung von drei geistlichen Churfürsten von dem Reichstage zu Speyer zu dem Churfürsten nach Heidelberg kam.

Bei der Tafel wurde Kaiser Maximilian II. durch einen lebenden Löwen in einen großen Schrecken versetzt. — Die meisten Pfalzgrafen bei Rhein hielten sich gezähmte Löwen, als das lebendige Wappenschild ihres rheinischen Herzogthums und Friedrich III. pflegte während des Mittagsmahles seinen Löwen selbst zu füttern. Da soll es in dem Thronsaal gewesen sein, daß sich plötzlich die Thüre öffnete und der König der Thiere herein kam und auf den Kaiser, der an des Churfürsten gewöhnlichen Platze an der Tafel saß, zusprang. Natürlich mochte der hohe Herr nicht wenig erschrocken sein, bis der Churfürst das königliche Thier zu sich rief. Von jener Zeit an nannte man diesen Saal den „Kaisersaal".

Dieser herrliche Thron- oder Kaisersaal war früher mit schönen Kreuzgewölben bedeckt, die von zwei Säulen mit kostbaren Bildnereien getragen, von denen noch einige Ueberreste an ihren früheren Bestimmungsort zurück gebracht wurden. Die Thürgewände des Saales und die der andern Prachtgemächer dieses Stockwerkes sind aus feinem, hellgelbem Heilbronner Sandstein, wie schon oben berichtet, schön gearbeitet mit Karyolien, Genien, Trophäen, Waffen, Früchten, Blumen und Blätterwerk auf das manigfaltigste verziert, welche Verzierungen häufig von Künstlern abgebildet werden.

Schon den 15. Mai 1560 hatte Churfürst Friedrich III. mit der Ritterschaft im Greichgau den sogenannten Zehntvertrag errichtet. Auch hatte er die dem im Jahr 1103 gestifteten Kloster Hörb zugestandenen Einkünfte und Gefälle eingezogen, welche sodann nach dem wiswickischen Frieden, der geistlichen Administration zugewendet worden sind.

Den 9. Mai 1561 verglich sich Churfürst Friedrich III. mit Albert von Rosenberg, kaufte letzterm allen Anspruch auf Borberg ab, und nahm davon Besitz.

Im Jahr 1563 hielt sich der Churfürst Friedrich III. mit dem ganzen Hof, wegen der zu Heidelberg und an dem Neckarstrom graffirenden Pest, zu Mosbach auf, die Universität aber zu Oppenheim.

Den 21. Juli 1564 erließ der Churfürst Friedrich III. die Kirchenrathsordnung und führte in selbigem Jahre die Nachsteuer oder die zehnte Pfenniggebühr von auswandernden Unterthanen ein; jedoch nur gegen jene Städte und Stände, die ein solches Verfahren sich auch gegen die Pfalz erlaubten. Er secularisirte das Stift St. Johann bei Alzey, das Stift Lautern, Otterberg und Enkenbach; ferner 1565 das Kloster Marienkron zu Oppenheim, das Kloster Frankenthal und das Kloster Heilsbrück zu Edenkoben. Im Jahr 1566 wurden die Klöster Kund und Ravengiersburg und das Stift Neuhausen secularisirt; ebenso 1568 das Cistercienser-Kloster, St. Peter genannt, bei Kreuznach, in der vordern Graffschaft Sponheim, welches dermalen der Oranienhof genannt wird; dann die Stifte St. Katharina und St. Sebastian zu Oppenheim.

Im Jahr 1570 wurden die Klöster Libenau, Schwabenheim und Disslbobenberg seculartsirt, ebenso im Jahr 1575 das Kloster Sponheim.

Im Jahr 1575 stiftete der Churfürst Friedrich III. eine Ritterschule zu Selz, worin über 50 junge Leute von Adel unterhalten und in Wissenschaften, Sitten und Leibesübungen unterrichtet wurden; zur Unterhaltung der Anstalt bestimmte er die Probstei Selz und das Kloster Hördt.

Der Churfürst Friedrich III. führte die Regierung 17 Jahre, von 1559 bis 1576, starb im Alter von 61 Jahren und liegt in der Heiligengeistkirche zu Heidelberg begraben.

### Ludwig VI., genannt der Mildthätige.

Auf die Regierung Friedrichs III., genannt der Fromme, folgte sein Sohn Ludwig VI., genannt der Mildthätige, geboren den 4. Juli 1539 zu Simmern; war vermählt den 8. Juli 1560 mit Elisabeth, Tochter des Landgrafen Philipp von Hessen; sie starb den 14. März 1582.

Zum zweitenmal vermählt 1583 mit Anna, Tochter des Grafen Czarbi von Ostfriesland; sie starb den 27. April 1621.

Aus erster Ehe waren folgende Kinder entsprossen:

Anna Maria, geboren den 9. März 1561, vermählt den 3. Mai 1579 mit König Karl IX. von Schweden; sie starb den 13. Januar 1589 in einem Alter von 28 Jahren.

Churfürst Friedrich IV., geboren den 2. Mai 1574, Nachfolger in der pfälzischen Regierung.

Pfalzgraf Philipp, geboren den 4. Mai 1575, starb in dem darauffolgenden Jahre.

Churfürst Ludwig VI. kam nach dem Tode seines Vaters Churfürst Friedrich III. den 10. November 1576 in Heidelberg an, um den Exequien für seinen verstorbenen Vater, dem Churfürsten, beizuwohnen, da nun aber Churfürst Ludwig VI. der lutherischen Religion zugethan war, so verstattete er nicht, daß die Leichenpredigt durch den reformirten Hofprediger, Dr. Toſſanus, gehalten wurde, ſondern erklärte: „Dieſes könne er mit gutem Gewiſſen nicht zugeben, daß die Predigt eines Kalviniſten die Leiche ſeines Herrn Vaters beflecken ſollte", und ließ ſolche durch ſeinen lutheriſchen Hofprediger Paul Schechtius in der Heiligengeiſtkirche halten. Er führte die lutheriſche Religion in der Pfalz wieder ein, und ließ 1577 zu Heidelberg eine neue lutheriſche Kirchenordnung, wie dann 1582 das churpfälziſche Landrecht dem Druck übergeben.

Den 4. April nahm Churfürſt Ludwig VI. den Reformirten alle Kirchen in Heidelberg weg, und widmete die Heiligengeiſtkirche den Lutheranern, entſetzte den 20. April alle reformirten Pfarrer ihres Amtes, und beſtellte ihre Plätze mit Lutheranern, den 11. September entſetzte Churfürſt Ludwig VI. die reformirten Lehrer in dem Heidelberger Gymnaſium, und ſtellte an deren Platz lutheriſche an, und den 30. September wurden alle Zöglinge, die nicht die lutheriſchen Lehrer annehmen wollten, daraus entlaſſen.

Den 23. Oktober beſtätigte Kaiſer Rudolph II. das Privilegium wegen des errichteten churpfälziſchen Hofgerichts.

Den 10. Januar 1579 errichtete Churfürſt Ludwig VI. mit Albert und Philipp, Gebrüder Grafen von Naſſau, einen Vertrag über das Stockhelmer Gericht.

Im Jahr 1580 wurde Pfalzgraf Karl von Birkenfeld als Rektor Magnificentiſſimus bei der Univerſität Heidelberg erwählt

Im Allgemeinen war ſeine Regierung milde und wendete er beſonders der Univerſität Heidelberg mehrere Einkünfte zu. Noch vor ſeinem Ableben machte er ein Teſtament und ernannte darin ſeinen Bruder Pfalzgraf Johann Kaſimir zum Vormund ſeiner Kinder. Weil er aber nicht im beſten Einverſtändniſſe mit dieſem lebte, und nur wenig Zutrauen zu ihm hatte, ſo ernannte er noch den Markgrafen Georg Friedrich von Brandenburg, den Landgrafen Ludwig von Heſſen

und den Herzog Ludwig von Württemberg zu Mitvor=
mündern.

Churfürst Ludwig VI. regierte 7 Jahre und erreichte
ein Alter von 44 Jahren. Er starb am 12. Oktober 1583
und liegt in der Heiligengeistkirche zu Heidelberg begraben.

### Pfalzgraf Johann Kasimir,
#### Administrator der Chur=Pfalz.

Nach dem Ableben Ludwigs VI. folgte, wegen der Min=
derjährigkeit des Churfürsten Friedrich des Vierten sein Oheim,
Pfalzgraf Johann Kasimir als Administrator der Pfalz in
der Regierung.

Pfalzgraf Johann Kasimir, der zweite Sohn Friedrichs
des Dritten, erhielt nach seines Vaters Tode das Oberamt
Neustadt. Er war geboren den 7. März 1543, vermählt
den 5. Juni 1570 mit Elisabeth, Tochter des Churfürsten
August von Sachsen. Im Jahr 1575 war er von seinem
Vater, Churfürst Friedrich III., mit Kriegsvölkern nach Frank=
reich geschickt worden, um den Hugenotten die Religionsfrei=
heit zu erringen. Er ist Stifter des Collegiums Illustre zu
Neustadt an der Hardt, worüber folgende, an dem Gebäude
angebrachte, Inschrift das Nähere besagt:

„Johann Kasimir, Pfalzgraf bei Rhein, Herzog
von Bayern, in die Fußstapfen Friedrichs III. des From=
men und Glücklichen eintretend, hat dieses Gebäude mit
Bonnobium Auditorium theils für die literarischen Stu=
dien errichtet, theils zum Lobe des allgütigen und all=
mächtigen Gottes und zum Wohl des Vaterlandes be=
stimmt. Im Jahr des Heils 1578."

Im Jahre 1579 besuchte Johann Kasimir England, bei
welcher Gelegenheit ihm von der Königin Elisabeth der Ho=
senband=Orden verliehen ward, eine Auszeichnung, die bis
dahin kein fremder Prinz von England erhalten hatte.

Gleich bei der Uebernahme der Vormundschaft gerieth

Johann Kasimir mit den beigeordneten Vormündern in Streit, und wollte solche in dieser Eigenschaft nicht anerkennen. Er berief sich dabei auf die goldene Bulle, und behauptete die Vormundschaft und Administration für sich allein. Der reformirten Religion zugethan, ließ er seinen Neffen, den jungen Churfürsten, der zwar lutherisch geboren und getauft war, in seiner, der reformirten Religion, erziehen, breitete auch solche in der ganzen Pfalz aus, und unterstützte seine Glaubensgenossen in den Niederlanden und Frankreich. Dagegen verfolgte er die Lutheraner, nahm ihnen die Kirchen, Pfarr= und Schulhäuser hinweg, und gab solche den Reformirten.

Den 1. Dezember 1583 nahm Pfalzgraf Johann Kasimir den Lutheranern die Heiliggeistkirche weg, und eignete solche den Reformirten zu.

Den 14. Juli 1584 besetzte derselbe die theologische Fakultät auf der Heidelberger Universität mit reformirten statt der bisherigen lutherischen Lehrer, und verabschiedete den 16. Juli sämmtliche lutherischen Prediger, und stellte statt deren reformirte an. 1585 den 1. Juli ließ er einen neuen Katechismus verkünden, und in der ganzen Pfalz einführen.

Den 20. April ertheilte derselbe den Gebrüdern Grafen Albrecht und Philipp zu Nassau, den Lehenbrief über das Stockheimer Gericht, dann das Wildfangsrecht in den Aemtern Kirchheim und Stauf.

Im Jahr 1587 erhielt Churfürst Friedrich IV. als Churprinz die Stelle eines Rektor Magnificentissimi bei der Universität Heidelberg, deren Aufnahme er sich besonders angelegen sein ließ.

Pfalzgraf Johann Kasimir war nicht allein ein vortrefflicher Fürst und tapferer Ritter, sondern auch ein heiterer und lebensfroher Herr. Als im Jahr 1589 der Weinstock so reichliche Früchte brachte, daß im ganzen Lande lauter Jubel erschallte, kam er auf die Idee, einen Faßriesen erbauen zu lassen, der noch in spätesten Zeiten der Nachwelt den Reichthum des gesegneten Jahres verkünden sollte. — Unter diesem Fürsten war es dann, wo das Wahrzeichen Heidelbergs, „das große Faß", und zuvor das Faßgebäude ins Leben gerufen wurde.

Michael Werner, der damals ausgezeichnetste Faßbinder, aus der freien Stadt Landau kommend, erbaute, dem ihm vom Pfalzgraf Johann Kasimir ertheilten Auftrage zufolge, ein Faß, wie kein größeres in der Welt zu finden wäre, und wurde dasselbe in dem Gewölbe des kurz zuvor vollendeten Anbaues der ruprechtinischen Kapelle aufgestellt. — Fünf sitzende Löwen zierten dieses Faß, von denen der größere auf dem Scheitel der Vorderseite, und die vier kleineren die Ecken begrenzten, jeder aber das pfälzische Wappen hielt.

Im Jahr 1589 wurde das Werk begonnen, und 1591 hatte Meister Werner seine Aufgabe zu voller Zufriedenheit des fürstlichen Bestellers glücklich vollendet. Dieses erste und älteste große Faß, das am nämlichen Orte thronte, wo man das Heutige sieht, hielt 132 Fuder, 3 Ohm und 3 Viertel. Es war 27 Werkschuhe lang, aus 112 Dauben zusammengesetzt, und mit 24 eisernen Reifen umgeben, zu welchem man allein 122 Zentner Eisen gebraucht haben soll.

Der Werkmeister erhielt für Arbeitslohn 1500 fl. und der Schlosser 1400 fl.

Doch nicht lange sollte dieses erste große Faß die Schaulust seines Begründers und seiner Besucher ergötzen; schon ein Jahr nach dessen Erbauung starb Pfalzgraf Johann Kasimir, und im 30jährigen Kriege ging dasselbe nach einem kaum 30jährigen Bestande zu Grunde, und blieb über 40 Jahr in Trümmern liegen.

Pfalzgraf Johann Kasimir wendete seine Sorge auch den Armen und Bedürftigen zu und errichtete unter Anderm im Jahr 1588 verschiedene Nothspeicher. Nach einer neunjährigen Regierung starb er am 6. Januar 1592, 49 Jahre alt, ohne Nachkommen. Er liegt in der Heiliggeistkirche zu Heidelberg begraben.

## Friedrich der Vierte,
### der erste Erbauer und Begründer Mannheims.

In der Regierung folgte, nach dem Tode des Pfalzgrafen Johann Kasimir dessen Neffe und Mündel, Churfürst Friedrich der IV., Sohn des Churfürsten Ludwig VI., aus dem Pfalz-Simmerischen Stamme. Er war geboren am 2. Mai 1574, trat im Jahr 1583 von der lutherischen zur reformirten Kirche über, und vermählte sich mit Louise Juliana, Tochter des Fürsten Wilhelm von Oranien-Nassau, am 17. November 1592. Da, bei dem Tode des Pfalzgrafen Johann Kasimir, Friedrich IV. noch einige Monate zum vollendeten 18. Lebensjahre fehlten, so wollte sein Großoheim, Pfalzgraf Richard von Simmern, sein Vormund und Administrator der Pfalz werden. Allein der junge Churfürst wehrte sich dessen und behauptete mit Erfolg die inzwischen ergriffene Regierung. Dieser Fürst erbaute den prachtvollen „Friedrichsbau" mit der neuen Kirche in Heidelberg und pflegte überhaupt mit regem Eifer die Baukunst, ein Streben, von welchem die meisten Churfürsten aus dem Heidelberger Stamm beseelt waren.

Friedrich der IV. war es denn auch, welcher im Jahr 1606 die später der ältern Schwester so gefährlich gewordene Stadt Mannheim schuf, und auf dem Jettabühl sich einen neuen Palast erbaute, der, wiewohl mit schwerfälligen Baugliedern, doch stolz und beherrschend über Heidelberg thront. 1601 wurde der Grundstein zu diesem pomphaften, überladenen Bau gelegt und 1607 wurde er vollendet.

Drei Stockwerke erheben sich und über ihnen auf der Süd- und Nordseite zwei Giebel, auf denen wieder Genien mit Füllhörnern und Vögel prangen, was eine Anspielung auf den Reichthum der Gegend, welche stets in jugendlicher Fülle prangt, sein mag. In jedem Giebel befinden sich ein Wappen, das des Churfürsten Friedrich IV. und das seiner Gemahlin, der Prinzessin Louise Juliana von Nassau-Oranien, zwischen den Giebeln steht auf beiden Seiten mit Schwert und Waage die Gerechtigkeit und von der Hofseite erblickt man 16 gut gearbeitete Statuen, in jedem Stockwerke je vier, sämmtlich ausgezeichnete Fürsten aus dem Wittelsbacher Hause darstellend.

Ueber dem Thore, durch welches man in den Bau tritt, steht auf einer, im Schwedenkriege beschädigten Tafel, folgende Inschrift:

„Friedrich, Pfalzgraf bei Rhein, des heiligen römischen Reichs Churfürst, Herzog in Bayern, ließ diesen Palast zum Dienste Gottes und zur bequemen Wohnung erbauen, und mit Bildnissen seiner Ahnen schmücken. Im Jahr des Herrn 1607."

Die erste der Statuen, links oben im Giebel, ist Karl der Große, der Stifter des christlich=germanischen Reichs, von welchem der Schyrenstamm der Wittelsbacher seine Abkunft leitet.

Die zweite ist Otto der Große, Herzog von Bayern, die dritte Ludwig I., Pfalzgraf bei Rhein und Herzog in Bayern; die vierte Rudolph I., Pfalzgraf und Churfürst, der Erbauer des Rudolphsbaues; die fünfte Kaiser Ludwig IV., der Baier, Rudolphs Bruder; die sechste Ruprecht, als Churfürst Ruprecht III., Rudolphs Urenkel und Erbauer des Ruprechtsbaues; die siebente Otto, König von Ungarn, Pfalzgraf bei Rhein und Enkel Otto's des Erlauchten; die achte Christoph III., König von Dänemark, Norwegen und Schweden, ein Enkel Kaiser Rupprechts III.; die neunte ist der Pfalzgraf Ruprecht I., Rudolphs Sohn; die zehnte Friedrich I., der Siegreiche; die elfte Pfalzgraf Churfürst Friedrich II., der Weise genannt, welcher die Fortifikationen des Schlosses vervollständigte und den neuen Hof baute; die zwölfte Pfalzgraf Otto Heinrich, der Großmüthige und der Erbauer des schönsten Baues, der seinen Namen trägt und für ihn ein ehrendes Denkmal ist; die dreizehnte Pfalzgraf Churfürst Friedrich III., der Fromme, aus dem Hause Pfalz=

Simmern; die vierzehnte Churfürst Pfalzgraf Ludwig VI., des vorbenannten Sohn; die fünfzehnte Pfalzgraf Johann Kasimir, Bruder des Vorhergehenden und Verweser des Churfürstenthums; die sechszehnte und letzte Pfalzgraf Churfürst Friedrich IV., der Erbauer dieses Prachtbaues.

Leider sind mehrere Figuren durch die Gräuel des Krieges beschädigt, besonders die elfte, Churfürst Friedrich II., wo der ganze Oberleib abgeschossen wurde, und die fünfzehnte Figur, Johann Kasimir, bei welcher gleichfalls, der Oberkörper sehr beschädigt ist.

Der untere Bau wurde als Kirche erbaut, in welcher die Schätze und Stiftungen der Ruprechtinischen Kapelle, welche theils abgetragen, theils für andere Zwecke bestimmt, verpflanzt wurden.

Ueber dem Haupteingange dieser Kirche, die, wie das ganze Gebäude, nicht im schönsten Styl erbaut, ist in hebräischer und lateinischer Sprache der 20. Vers des 118. Psalms zu lesen: „Dieses ist das Thor des Herrn, durch welches die Gerechten eingehen werden."

Sehr interessant ist es für den Geschichtsfreund, in den noch vorhandenen Urkunden zu finden, wie sich der prachtliebende Friedrich IV. lang vergebens bemühte, einen geschickten Künstler für die Bildhauerarbeiten seines neuen Palastes zu finden, bis endlich einer der hiermit Beauftragten den Meister Sebastian Götz aus Chur in Graubünden auffand, welcher nun mit acht Gesellen auf ein Jahr mit der Bedingung angestellt wurde, daß er in dieser Zeit die bestellten Bildhauerarbeiten vollendet haben müßte, wofür er, außer der Verköstigung für sich und seine Gesellen an baarem Gelde erhielt:

1) Für jede Bildsäule der sechszehn Ahnen des churfürstlichen Erbauers . . . . . . . . 65 fl.
2) Für jedes der acht Wappen in den beiden Seiten der vier Gebiete . . . . . . . 40 fl.

3) Für jede der zwei Statuen Justitia zwischen
den Giebeln . . . . . . . . . . . 30 fl.
4) Für jeden der zwölf großen Löwenköpfe . 9 fl.
5) Für jeden der drei kleinen Löwenköpfe . . 3 fl.
6) Für jeden der 45 menschlichen Köpfen über
den Fenstern, Dachungen und Ahnenbildern . 3 fl.

Der Königssaal — jetzt Baudhaus — mußte dem Künstler zur Werkstätte eingerichtet, und im Winter geheizt werden, und der Meister wie seine Gesellen sollen der churfürstlichen Küche und der pfälzischen Kellerei in dieser Zeit kräftig zugesprochen haben. Auch ist das Kapital, welches Meister Götz aus der churfürstlichen Kasse bezogen, für jene Zeit sehr bedeutend, denn das Material des Heilbronner gelben Sandsteines, so wie die sonstigen Erfordernisse, mußten ihm frei in die Kunstwerkstätte geliefert werden.

Im Jahr 1604 schloß man mit dem Meister den Vertrag und nach Verfluß eines Jahres hatte der wackere Graubünder zur Zufriedenheit des hohen Bestellers die Aufgabe mit seinen Gesellen beendigt.

Wenn man die kolossale Arbeit aufmerksam durchgeht, so muß man übrigens gestehen, daß der Meister und seine Gesellen den Meisel tüchtig in Bewegung gesetzt haben, und all die zahlreichen Bildnereien in einem Jahr zu beendigen.

Außer den benannten Gegenständen waren noch viele Bildnereien an diesem Baue zu fertigen, die in unsern Quellen nicht angegeben sind, als z. B. die vier Genien auf den Giebeln, ferner die auf beiden Seiten am Fuße der Pfeiler mit reichen Verzierungen angebrachten Schilde, so wie die über den Thüren befindliche, mit Arabesken umgebenen Wappen und Inschriften und vieles Andere mehr.

Nach dem Maßstabe jener Zeit zur Gegenwart, wo dazumal ein Professor der Hochschule mit 80 fl. bis 100 fl. jährlich honorirt wurde, so geht aus obiger Rechnung hervor, was Meister Götz mit seinen Gesellen verdiente, und daß damals die Kunst nicht stiefmütterlich behandelt wurde.

Von der mitternächtlichen Seite dieses Prunkpalastes hat Churfürst Friedrich IV. auf der Stelle der alten abgetragenen Schloßmauer auch den schönen Altan erbaut, von dem sich jeder Besucher heute noch an der herrlichen Aussicht über die Stadt und das weite Rheinthal bis hinüber an das Hardtgebirge ergötzt. — Er ließ diesen großen Altan auf feste Gewölbe durch dorische Säulen gestützt, gründen, von welchen das obere die große Vorhalle des Schlosses benannt wird.

Die Kirche ist nur sehr wenig beschädigt und konnte mit geringen Kosten wieder hergestellt werden. Ein Bild, welches früher über dem Hochaltar aufgestellt war, ist ein alterthümliches Gemälde und stellt Johannes den Täufer vor; es wurde 1400 von Schoon Jans gemalt und von Churfürst Ludwig III., der Bärtige genannt, der Schloßkapelle gewidmet. Es ist eines jener interessanten Denkmäler des Mittelalters, das sich bis auf uns durch die manigfaltigsten Stürme der Zeit erhalten hat.

Die Stelle am Hochaltar der Schloßkirche trauert um ihre verlorene Zierde, indem es sich dermalen in der Großherzoglichen Gemäldegalerie zu Mannheim befindet; die noch wenigen vorhandenen Bilder dieser Kirche sind werthlos. Unter der Kirche ist ein schönes festes Gewölbe, welches als Keller benützt wird. — Während des Baues dieser Prachtwerke ließ Churfürst Friedrich IV. auch den Schloßhof mit dem großen Springbrunnen verzieren, von dem der Wanderer noch heute die Ruinen erblicken kann. — Der Abhang, welcher sich von der südöstlichen Ecke des Hofes nach Westen und Norden senkt, ist von einer schönen Quadermauer verdeckt, an deren nördlichem Ende einst die Bildsäule des Merkurs gestanden, welche zu Neuenheim bei Heidelberg gefunden wurde. — Unter dieser Bildsäule war ein anderes römisches Alterthum, nämlich ein dem Merkur geweihter Altar, der zwischen Rohrbach und Kirchheim ausgegraben wurde; und oben auf der Mauer prangte ein anderer Altar mit Inschriften und Bildnereien, der von zwei Brüdern dem Gott Jupiter geweiht war und von dem das Fußgestell auf besagter Mauer noch sichtbar ist.

Diese letztgenannte Antiquität diente lange Jahre in der Michaelskirche des Heiligen Berges, auf welchem sie auch aufgefunden wurde, als Weihkessel. — Sämmtliche Alterthümer sind im vorigen Jahrhundert nach Mannheim in die dortige Antiquitätensammlung gebracht, wo sie sich jetzt noch vorfinden.

Auch befinden sich noch aufbewahrt von Herrn Karl von Graimberg, werthvolle Sammlungen von Gemälden, Urkunden und Antiquitäten, welche sich meistens auf die Pfälzer Geschichte beziehen und über 2000 Gemälde, 900 Handschriften, 2000 Kupferstiche, alte Holzschnitte, 2000 Münzen, 1200 Urkunden auf Pergament und über 1000 Nummern von Bildnereien, alte Gefäße, Hausgeräthe und Waffen enthalten. Auch besitzt derselbe eine großartige Sammlung von allen nur denkbaren Ansichten des Heidelberger Schlosses, wovon besonders die von Haldenwang gestochenen Blätter rühmlich bekannt sind.

Churfürst Friedrich IV., welchem die Gegend und Lage Mannheims, wo er öfters weilte, besonders wohl gefiel, faßte in Erwägung der damaligen Zeitunruhen im Jahr 1596 den Entschluß, zur Beschützung seines Landes und seiner Unterthanen das alte Dorf Mannheim, das, wie man damals glaubte, schon lange vor den Zeiten der Carolinger bekannt gewesen sein soll, zur Stadt zu erheben. Zu diesem Ende gab er dem Dorfe neue, gerade und breite Straßen und erhob es zur Stadt, versah sie später mit Graben, Wall und Mauern, und vereinigte damit das dabei gelegene, oberhalb in Trümmern liegende Schloß, welches unter Kaiser Valentinian erbaut worden war. Eine Citadelle ward auf der Rheinseite der Stadt errichtet, und Friedrichsburg genannt; am linken Rheinufer wurde ein Sternwerk die sogenannte Rheinschanze aufgeführt.

Die Gemeinde Mannheim widersetzte sich zwar dem Vorhaben des Churfürsten, ein festes Schloß in ihrer Gemarkung anlegen zu lassen; ja, sie brach sogar in Drohungen und Gewaltthätigkeiten bei den vorzunehmenden Messungen gegen den churfürstlichen Hofmarschall und dessen Begleiter aus; dennoch führte der Churfürst sein Vorhaben mit männlicher Entschlossenheit durch, ließ am 11. November 1605 mit der Gemeinde unterhandeln, und nachdem man über die streitigen Punkte einverstanden, wurde der Vertrag am 9. Dezember d. J. bestätigt, indem er von Schultheiß, Bürgermeister und der ganzen Gemeinde in einer besondern Urkunde vom 11. Februar 1606 angenommen worden war.

Die wirkliche Anlage einer nach den besten Regeln der Baukunst aufzuführenden Stadt trat an die Stelle, wo bisher nur zerstreut gelegene schlechte Bauernhütten das alte Dorf Mannheim gebildet hatten. Es war dabei bestimmt, daß in den Bezirk der Festung alle Häuser, Scheuern, Wein- und Krautgärten gezogen werden sollten, daß im Laufe der nächsten drei Jahre die Häuser weggerissen, und dafür neue aufgerichtet werden sollten (ein Theil der Bauplätze wurde damals mit dem Namen junger Busch bezeichnet. Der Churfürst sicherte Handwerksleute und Materialien zu. Daß damals auch ziemlich bedeutender Weinbau dahier getrieben wurde, erhellt aus der Bestimmung, daß die Weingärten, welche am Dorf und der Zollhütte gelegen, und zu den Gräben und Wällen genommen wurden, von unparteiischen Leuten aus dem nächsten Orte abgeschätzt und aus des Churfürsten eigenen Gütern zu Neckarau, Seckenheim, Hier, Feudenheim und Rheinhausen ersetzt werden sollten; mit der Erhebung zur Stadt sollte die Frohndfreiheit eintreten.

Einen Tag vor der Grundsteinlegung am 16. März war der Churfürst nebst seiner Gemahlin und dem Churprinzen, Friedrich V., sowie einem zahlreichen Hofstaate von Heidelberg in Mannheim angekommen. Die Reise war bei einem schlechten, stürmischen und regnerischen Wetter ange=

treten, um des andern Morgen früher auf der Baustelle zu sein, und dabei ward die Equipage des Churfürsten umgeworfen.

Nachdem zur Erbauung eines festen Schlosses die obere Seite gegen den Rhein, zur Anlegung der Stadt aber die untere Seite gegen den Neckar ausersehen, jede Größe bestimmt, und der Umfang derselben abgesteckt war, legte der Churfürst Friedrich IV. in eigener hoher Person am 17. März 1606 bei stürmischem Wind und Regen — nach einer abgehaltenen Predigt — von dem Schutz der Christen in ihren Festungen, und Ablesung des 46. Psalms — in Anwesenheit seiner Gemahlin Louise Juliane, seines ältesten Sohnes Friedrich V., den er aus Frankreich zurückgerufen hatte, und des gesammten Hofstaates, den Grundstein zur Stadt Mannheim und der damit verbundenen Festung Friedrichsburg, als zu der ersten neugegründeten Stadt unter pfälzischer Regierung.

Nun trat der damals 10 Jahre alte Churprinz mit dem Brustbild seines Herrn Vaters, auf goldener Tafel geprägt, heran, legte sie in die Höhlung des Steins, und bedeckte sie mit dem darauf gepaßten Deckel.

Die Tafel trug anderseitig die Inschrift:

„Glück und Segen zum Voraus!"

„Auf jenem sehr bekannten Boden des streitbaren „alten Franken Schwabens, am Zusammenfluß des „Rheins und Neckars, wo einst der erhabene Kaiser „Valentinian zum Angriff gegen die Germanen ein „hohes und sicheres Bollwerk für ihren ersten Angriff „gegründet hatte, welches doch nicht für immer in „römischer Gewalt blieb, sondern nicht lange darauf der „Franken gerechten Waffen weichen mußte, bekannt unter „dem Namen Mannheim, und endlich unter pfälzische „Herrschaft kam; da fing Friedrich IV. von der Pfalz „am Rhein, des hl. römischen Reichs Erztruchsäß und „Churfürst Herzog in Bayern 2c. 2c. an, zu seinem und

„seines Volkes und Vaterlandes Schutz eine sehr feste „Burg und Bollwerk und eine Stadt von neuem von „Grund aus zu erbauen, auf dem er selbst mit eigener „Hand diese Tafel zugleich mit dem ersten und untersten „Stein und Rasen legte den 17. März 1606.

Der erste Stein lag! — Schneller ist vielleicht nie eine Stadt empor gewachsen, als Mannheim. Der Churfürst verlieh ihr gleich einen Wappen, um sich dessen bei solennen Fertigungen zu bedienen.

Es besteht in einer rothen Wolfsangel im goldenen Felde, im Siegel aber führt es einen aufrecht stehenden Löwen, der gedachten Wappen vor sich hält.

Churfürst Friedrich IV. ließ nach einem in niederländischem Geschmack entworfenen Plane gerade und breite Straßen anlegen, und jedem der vorigen Dorfbewohner zu seiner häuslichen Niederlassung den nöthigen Bezirk einräumen, den aus den Niederlanden und Frankreich sich eingefundenen Flüchtlingen, wurde nicht nur die unentgeltliche Aufnahme zugestanden, sondern auch die freie und ungestörte Ausübung ihres Gottesdienstes gestattet.

Er ließ ferner in der Festung eine Kaserne, ein Zeug- und Schulhaus mit einem ansehnlichen Keller, nebst einer Münzstätte erbauen, die Festung mit Wall und Graben umgeben, die Stadt mit Mauer und einem schönen Thore gegen den Neckar zu versehen. Als bei Erbauung der Stadt Mannheim das alte Rathhaus des Dorfes beseitigt wurde, verschwand auch leider der am Rathhausbrunnen angebrachte, vor längerer Zeit im Weichbilde Mannheims aufgefundene römische Denkstein, ein Stieropfer (Taurobolium) darstellend.

Pfarrer Mieg beschreibt dieses Opfer wie folgt:

„Dies war eine solche Gattung heidnischer Opfer, da ein entblößter Priester in einer ausgehölten Grube stand, über derselben aber hölzerne durchlöcherte Bretter lagen, auf welchem ein Ochs zum Opfer also geschlachtet wurde, daß dem Priester das durch die Löcher herabtriefende Blut mit einander auf den Leib fiel, der dann damit gefärbt hervortrat."

Man glaubt, daß obiger Denkstein derselbe sei, der im Bischofshof (jetzt Amthaus) in Ladenburg eingemauert war. (Pfälzisches Museum VI. 1784 gibt Herold Capt. 15 ein Verzeichniß der hier ausgegrabenen römischen Denkmale.)

Auch ertheilte der Churfürst am 24. Januar 1607 in einer ausgestellten Urkunde verschiedene Freiheiten, zu wessen Gedächtniß jedes Jahr, wie auch hundert Jahre später am 24. Januar 1707 an diesem Tage ein Jahrmarkt, welcher 14 Tage dauerte, abgehalten wurde, an welchem die Stadt zu Ehren dieser Feier Münzen schlagen ließ, mit der Inschrift:

„Gott erhalte uns",

welche ausgeworfen wurden.

Im folgenden Jahr 1608 wurden die ersten Münzen in der neu erbauten Münzstätte geprägt. Es waren churpfälzische Gulden mit der Umschrift:

„Neue Silbermünzen, geschlagen zu Mannheim."

Auf das von dem Churfürsten neu erbaute Neckarthor wurde im Anfange des Jahres 1610 die Inschrift gesetzt:

„Glück verleihe Jehova!"

„Friedrich IV., Churfürst Pfalzgraf bei Rhein, „Herzog zu Bayern 2c. 2c. hat aus dem alten Dorf „Mannheim, am Zusammenfluß des Neckars und „Rheins, nach genauer Abmessung der Plätze, den Grund „zu einer berühmten Stadt gelegt, mit Wall, Graben „und Mauer geschlossen, dieses Thor friedlicher Bürger „geöffnet im Jahr des Herrn 1610."

Zum Aufblühen der neuen Stadt trug wesentlich bei, daß Friedrich IV. alle aus Religionsursachen Vertriebene aufnahm und denselben, wie den früheren Bürgern umsonst Plätze zum Bauen überließ.

Die Regierungsangelegenheiten besorgte Churfürst Friedrich IV. fleißig, und ließ das churpfälzische Landrecht ver-

beſſern und neu auflegen. Er wohnte öfters den kirchen=
räthlichen Sitzungen bei und wurde zum Oberhaupt der prote=
ſtantiſchen Union zu Halle erwählt, deren Stifter er war. —
Am 4. Juli 1601 ließ Churfürſt Friedrich IV. eine neue
Kirchenordnung verkünden.

Den 4. Mai 1608 wurde von den proteſtantiſchen Für=
ſten im Kloſter zu Anhauſen in Franken, die Union abge=
ſchloſſen, welche die gemeinſchaftliche Abwehr im Fall eines
Angriffs bezweckte.

Theilnehmer daran waren: Der Churfürſt Friedrich V.
von der Pfalz, als Nachfolger ſeines Herrn Vaters Fried=
rich IV. mit mehreren Pfalzgrafen, ferner der Herzog Jo=
hann Friedrich von Württemberg, der Markgraf Georg Fried=
rich von Baden, die Markgrafen Chriſtian und Joachim
Ernſt von Brandenburg=Ansbach und der Fürſt Chriſtian
von Anhalt. Später trat auch der Churfürſt Georg Wil=
helm von Brandenburg der Union bei.

Dagegen gründeten die katholiſchen Fürſten der Union
gegenüber im Jahr darauf den 10. Juli 1609 zu München
eine Liga: Haupt derſelben wurde: Der Herzog Maximilian
von Bayern. Mitglieder die meiſten geiſtlichen Fürſten
Deutſchlands, nämlich: Die Erbiſchöfe von Cöln (Bruder
des Herzogs Maximilian von Bayern), Mainz und Trier,
die Biſchöfe von Würzburg, Augsburg, Conſtanz ꝛc. ꝛc.

Churfürſt Friedrich IV. hatte einen unerſchrockenen Muth,
und daß ſich in ſeinen Unternehmungen nicht zurückhalten
ließ, beweiſt folgender Vorfall, er ſetzte nämlich am 4. März
1603 mit ſeinem Pferde zu Kreuznach über einen 27 Schuh
breiten Graben; daſelbſt iſt ein Denkmal errichtet, welches
man noch heute den Pfalzgrafenſprung nennet; auch zeigte
ſich, wie ſchon bemerkt, ſein feſter Wille bei ſeinem Unter=
nehmen, das Dorf Mannheim zu einer Stadt zu erheben,
dem Widerſtreben der Dorfbewohner gegenüber.

Friedrich IV. genoß nicht lange das Vergnügen, ſeine
begonnenen Werke rüſtig und fröhlich heranwachſen zu ſehen.

Vier Jahre nach der Begründung Mannheims, am 5. März 1610, segnete er das Zeitliche in dem noch jugendlichen Alter von 36 Jahren. Seine Ruhestätte ist zu Heidelberg. Seine Gemahlin Louisa Juliana überlebte ihn 34 Jahre, sie starb den 5. März 1644.

Friedrich der Vierte hinterließ fünf Kinder, zwei Söhne und drei Töchter.

Friedrich V. als Nachfolger in der Regierung, geboren den 16. August 1596 zu Amberg, zur Zeit, da eine Erderschütterung war.

Louise Juliane, geboren den 16. Juli 1594, vermählte sich den 4. Mai 1612 mit Herzog Johann von Zweibrücken, Administrator der Pfalz; sie ist gestorben den 22. Juli 1640 in einem Alter von 46 Jahren.

Katharina Sophia, geboren den 11. Juni 1595; sie starb den 28. Juni 1626 in Zweibrücken, unvermählt, 31 Jahre alt.

Elisabetha Charlotta, geboren den 7. November 1597, vermählt den 14. Juli 1616 mit Georg Wilhelm, Churfürst zu Brandenburg, gestorben den 16. April 1660 im 63. Jahr ihres Lebens zu Crossen in Schlesien.

Pfalzgraf Ludwig Philipp in Simmern, geboren den 26. November 1622, gestorben den 6. Januar 1655 in einem Alter von 53 Jahren. — Er erhielt nach dem Testament seines Vaters Churfürst Friedrich IV. das Herzogthum Simmern nebst Lautern und einen Theil von Sponheim. Er richtete die kaum erloschene simmerische Linie von neuem auf, deren Stammvater er war. Er vermählte sich am 4. Dezember 1630 mit Maria, Tochter des Churfürsten Joachim Friedrich von Brandenburg, wurde den 19. November 1632 Vormund des Churfürsten Carl Ludwigs. Weil aber, wegen den böhmischen Unruhen, die Pfalz meistentheils in den Händen der Feinde war, so ist von dieser Administration nicht viel zu bemerken. Nach der bei Nördlingen 1634 unglücklich ausgefallenen Schlacht mußte sich Herzog Ludwig Philipp von Simmern und Administrator der Pfalz selbst flüchten, und anderwärts Sicherheit suchen.

Churfürst Friedrich IV. vermachte, wie schon aus dem Vorhergegangenen erhellt, seinem zweiten Sohne Ludwig Philipp nebst Lautern einen Theil von Sponheim und das Herzogthum Simmern, und errichtete die kaum erloschene simmerische Linie von neuem; testamentarisch ernannte er darin mit Ausschluß Philipp, Ludwigs, Herzog von Neuburg, und Johann, Herzog von Zweibrücken, seinen Schwiegersohn zum Vormund seiner minderjährigen Kinder, wogegen Pfalz-Neuburg sich widersetzte, und sein Recht zur Vormundschaft, vermöge der goldenen Bulle, als nächster Anverwandter, eifrigst vertheidigte. — Pfalz-Zweibrücker Seits bezog man sich auf das väterliche Testament, und versäumte auch nichts, was zur Behauptung der Vormundschaft dienlich war. Es wurde in dieser Sache viel hin und her geschrieben und verhandelt, jedoch blieb Herzog Johann von Zweibrücken nach dem väterlichen Testament Vormund und Administrator der Churpfalz, in dessen Gefolge er auch 1611 auf dem Churtage zu Nürnberg in die Chursession, doch ohne Abbruch des Pfalz-Neuburgischen Rechts, aufgenommen worden..

Den 10. Januar 1612, nach Ableben von Kaiser Rudolph II., übte er das Reichsvicariat aus, und den 3. Juni 1612 fand er sich zu Frankfurt mit dem jungen Churfürsten Friedrich V. ein, nahm Theil an des neuen Kaisers Mathias Wahl, und an dessen Krönung am 14. Juni desselben Jahres. Auf seine im Jahr 1611 geschlagenen Thaler setzte er in die Umschrift die Worte bei:

„Tutor und Administrator ex Testamente."

Den 12. Januar 1612, nach Ableben des Kaisers Rudolph II., ließ Herzog Johann von Zweibrücken, als Vormund und Administrator der Churpfalz, die Victariatspatente anschlagen, und Pfalz-Neuburg that ein Gleiches. — Er starb den 30. Juli 1635 und liegt in Metz begraben.

In der Universitäts-Bibliothek in Heidelberg befindet

sich von Friedrich IV. ein geschriebenes Tagebuch, vom 9. Januar 1596 bis zum 26. Januar 1599, aufbewahrt.

In diesem Tagebuch steht unter Anderm Folgendes von dem Churfürsten geschrieben: „Auf dem Wolfsbrunnen verweile ich gern; indem meine fürstlichen Vorfahren mit Vergnügen sich dort aufhielten." „Den 26. Mai 1598 haben wir zu Wolfsbrunnen gefischt. Den 13. Juni haben wir zu Wolfsbrunnen gegessen." Mit großer Naivität ist ferner in dem Tagebuch bemerkt: „Den 9. Juni bin ich voll gewesen, den 31. Mai 1598 haben wir zu Schlierbach einen Hecht gegessen."

## Nebenlinie des Churpfälzischen Hauses.

Den 25. März 1609 starb Herzog Johann Wilhelm von Gülich, der letzte seines Stammes, vermählte sich 1585 mit Jakobea, welche wegen einem angeschuldigten Ehebruch mit dem Grafen von Manderscheid auf Anrathen des Herzogs herrschsüchtiger Schwester Sibylla, und deren Stände, 1597 entweder heimlich erdrosselt oder enthauptet worden sein soll. Sie liegt bei den Kreuzbrüdern zu Düsseldorf begraben. Die zweite Gemahlin war Antonia von Lothringen. Herzog Johann war blödsinnig, auch öfters rasend, hinterließ keine männlichen Erben; nach dessen Ableben fielen dessen Lande theils an Churbrandenburg, theils an das herzoglich Pfalz-Neuburgische Haus.

## Friedrich der Fünfte, der Geduldige,
(sogenannter Winterkönig.)

Auf die Regierung des Churfürsten Friedrich IV. folgte sein Sohn Friedrich V., der Geduldige, (sog. Winterkönig), geboren den 16. August 1596 zu Amberg, der Zeit eine Erderschütterung war, vermählte sich den 14. Februar 1613 mit Elisabeth Stuart, Tochter des Königs Jakob von England, einer Enkelin der unglücklichen Königin Maria Stuart, geboren den 19. August 1596.

Friedrich der Fünfte, trat am 16. August 1614, auf seinen 18. Geburtstag, die Regierung an und setzte das von seinem Vater begonnene Werk mit Liebe und Eifer fort. — Die unter der Regierung der beiden Churfürsten Friedrich der Vierte und Friedrich der Fünfte aufblühende Stadt Mannheim, eine der jüngsten Städte Deutschlands, zog gleich bei ihrer ersten Entstehung die Aufmerksamkeit der Völker auf sich, und alle Nationen lieferten ihr Contingent zur Bevölkerung der neuen Stadt. Die Zahl ihrer Häuser war schon auf 207 und die ihrer Einwohner über 180 Familien, mit 1200 Seelen angewachsen. — Gewerbe wurden bereits mit Thätigkeit betrieben, und verwahrten den guten Ruf der Stadt, deren Stadtschultheiß in dieser Zeit Dr. jur. Gernand war.

Churfürst Friedrich V. hatte sich den 1. Oktober 1612 als Prinz von Heidelberg nach England begeben und empfing den 6. Februar 1613 den königlich großbritannischen Orden vom blauen Hosenbande zu Windsor.

Den 14. Februar 1613 war das Beilager des Churfürsten mit Elisabeth in London und traf das junge Fürstenpaar am 7. Juni in der Heimath ein und wurde von den Pfälzern festlich empfangen.

Nach der Zurückkunft aus England ließ der jugendliche Fürst auf dem nördlichen Walle des Ludwigs V.=Baues, den stolzen Palast des Heidelberger Schlosses beginnen, dessen edlen Styl wir noch in seinen Trümmern zu bewundern Gelegenheit haben, und der die Benennung erhielt: „Der englische oder der Elisabethen=Bau." Der dicke Thurm an dem Prachtgebäude hatte eine Höhe von 235 Fuß, einen Durchmesser von 90 Fuß und die Dicke der Mauer betrug 26 Fuß. Im Innern hatte er sieben aufeinander ruhende Abtheilungen, mit welchen durch Wendeltreppen in nahstehenden Stiegen Thürmchen verbunden waren.

Friedrich V. ließ nun das Dach durch den Baumeister Peter Bart von Nürnberg, ohne es zu erschüttern, aufheben, die früheren Wände bis zum Gurtstein abbrechen, und hierauf einen hellen geräumigen Saal, welcher 100 Tische faßte, errichten und mit dem englischen Bau verbinden.

Gegen den Elisabethengarten sieht der Wanderer zwei schöne Sandsteinstatuen in Blenden stehen, von deren eine Ludwig V., die andere Friedrich V. vorstellt.

Zwischen ihnen ist auf einer Steintafel folgende Inschrift:

"Ludwig I., Pfalzgraf bei Rhein und Churfürst, "Herzog in Bayern, hat dieses ungeheuere Werk erbaut "im Jahr 1533 — Friedrich V., Pfalzgraf bei Rhein "und Churfürst, des hl. römischen Reichs Verweser, "Herzog in Bayern, hat dasselbe bis auf das Grund= "gesims abgetragen, wieder neu aufgeführt, mit Decken= "gewölben geziert, der Höhe des Speisesaales 33 Fuß "zugesetzt, die Säule, welche die ganze Last des Daches "trug, aus der Mitte hinwegnehmen lassen, ohne das "Dach zu erschüttern."

"Im Jahr des Heils 1619."

Welcher Wanderer staunt nicht über das Riesenwerk des dicken Thurmes, wenn er von den hohen Fenstern des englischen Baues hinab in die schauerliche Tiefe blickt, oder von dieser aus, dasselbe, das jetzt nur noch in einem kleinen Theile lebt, bewundert. Von dem dicken Thurme aus soll, wie alte Leute Heidelbergs behaupten, die es wieder von älteren Leuten gehört, ein geheimer Gang bis in die Stadt hinabführen, eine Sage, die sich aus früheren Zeiten erhalten hat. In dem Innern der Mitte des dicken Thurmes, waren ehemals geheime Gemächer. Ganz am Boden sieht man noch ein halbverschüttetes Thor, durch welches man eine lange Strecke bis unter das sogenannte Rondel des Stück= gartens im großen Ludwigs=Walle eingehen kann. Dort theilt sich der Gang, und man erblickt ein kleines Pförtchen, durch welches man auf eine Wendeltreppe gelangt, die weiter hinabführt, und von wo aus man noch weiter in geheimnißvolle Gänge, die in mehreren Etagen hier übereinander laufen sollen, gelangen konnte, nun aber vollständig verschüttet sind. Churfürst Friedrich hatte zu Ehren seiner schönen Gemahlin durch Salomon Caus, einen kunsterfahrenen Normannen, einen zauberähnlichen Garten erbauen lassen, mit Höhlen, Werken, Grotten, Wasserkünsten und Fontainen, Standbilder aller Art, darin prangten die schönsten Blumen und verschiedene ausländische Gewächse, und befand sich ein kleiner Weiher, darin sich alle Gewässer, so aus dem Garten kamen, sammelten.

Auch hatte Churfürst Friedrich V. zu Ehren seiner schönen Gemahlin einen kunstvollen Bogen in diesem prachtvollen Garten errichten lassen, genannt der „Elisabethen-Bogen", dieser war mit seltsamen Bildnereien verziert; zwei weibliche Figuren „Genien des Glücks", halten über den Thorbogen ihre Füllhörner und im Friese ist der Reichsapfel mit zwei Löwen, darüber die Inschrift:

„Friedrich V. hat dieses seiner zärtlich geliebten Gemahlin Elisabeth im Jahr Christi 1605 erbauen lassen."

Dieser Eingang war auf beiden Seiten mit Säulen und Baugliedern geschmückt, und stand neben dem Vogelhause, von dem nur noch ein einzelnes, mit Epheu bedecktes, Mauerstück an dem westlichen Abhange des großen Schloßwalles zu ersehen ist.

Friedrich V., von den trügerischen Bildern des Glückes zu jener Zeit umgaukelt, träumte nicht von des Schicksals Schlägen, welche seiner spätern Tagen warteten.

Bei den glänzenden Eigenschaften, welche Churfürst Friedrich V. besaß, hätte er für sein Volk ein beglückender Fürst sein können, denn er beherrschte einen Staat, welcher durch die Natur, wie nicht leicht ein anderer, gesegnet war, und einem wahren Garten glich; aber schwere Ereignisse verhinderten dies.

Den 1. November 1617 hielten die Reformirten wegen der hundertjährigen Reformation in Heidelberg und der ganzen Pfalz ein Jubelfest.

Den 15. Juni 1618 überfiel Churfürst Friedrich V. die vom Bischof zu Speyer, Philipp Christoph, neu angelegte Festung Philippsburg, und ließ alle Werke schleifen.

Den 10. März 1619, nach Ableben des Kaisers Mathias, verwaltete Churfürst Friedrich V. das Reichsvicariat, und ließ die gewöhnlichen Patente anschlagen, auch war in diesem Jahr eine Zusammenkunft des Churfürsten Friedrich der Fünfte von der Pfalz mit dem Landgrafen Moriz von Hessen, um sich über die Wahl des römischen Kaisers Ferdinand II. zu berathen.

In diesem Jahre kam es zu sehr bedenklichen Auftritten in Böhmen, indem die böhmischen Stände den neuen Kaiser Ferdinand II. seines erblichen Königreichs entsetzten, und der böhmische Adel am 26. August 1619 das Haupt der protestantischen Union, Friedrich V., Churfürst von der Pfalz und Schwiegersohn des Königs Jakob I. von England, zum König von Böhmen erwählten. Churfürst Friedrich V. nahm die angetragene Krone an und schwand dadurch der Friede, der sich in der Pfalz bis zu dem Jahr 1618 erhalten hatte.

Im folgenden Jahr 1619 war der Krieg nicht allein in der Pfalz entbrannt, sondern verbreitete sich über ganz Deutschland und währte bis zu dem Jahr 1648, bekannt als der schreckenvolle dreißigjährige Krieg.

Die Annahme der böhmischen Königswürde, welche von Friedrich V. auf Drängen seiner ehrgeizigen Gemahlin und auf Anrathen des Intriguanten Christian von Anhalt und des fanatischen Hofpfaffen Scuttetus, stattfand, gab demselben für sein ganzes Leben eine schmerzliche Dornenkrone und brachte über ihn und seine Unterthanen, welche er durch eine weise Regierung beglücken sollte, in Jammer und Armuth.

Bei der Abreise des Churfürsten nach Böhmen gingen die manigfaltigsten religiösen Feierlichkeiten vor sich; das

Volk schien eine bange Ahnung ergriffen zu haben, denn überall begegnete man in den sonst so heitern Gesichtern der Pfälzer, dem Ausdruck des Kummers und der Besorgniß über einer kommenden traurigen Zukunft.

Die Mutter des Churfürsten, die geistreiche Louise Juliane von Nassau-Oranien, sah demselben bei seiner Abreise von Heidelberg aus einem Fenster des Schlosses nach, und rief, von schmerzvollen Ahnungen ergriffen, mit thränendem Blick und wehmüthiger Stimme:

„Ach nun geht die Pfalz in Böhmen!" —

Den 25. September 1619 verließ er die schöne Pfalz und reiste nach Böhmen, um sein Land wie auch die Burg seiner Väter niemals wieder zu sehen, um als länderloser Flüchtling herum zu irren.

In den Zeughauslokalitäten Ambergs, welches einst die Hauptstadt der Oberpfalz war, befindet sich ein ausgestopftes Pferd, im Volksmunde „das Bräunl" genannt. — Auf diesem Pferd ist Churfürst Friedrich V. von der Pfalz, als ihn die Böhmen zur Krone beriefen, in einem Tag und Nacht, und zwar in einem Futter., von Heidelberg nach Amberg sporustreichs geritten.

Bei ihm waren zwei Läufer, welche diesen Pferdelauf bis nach Amberg aushielten, wo denn der eine nahe am Stadtthor todt niederfiel, der andere aber im Schlosse zu Amberg mit dem Pferde zugleich zusammenbrach. Zum ewigen Gedächtnisse solch merkwürdigen Rittes, befahl Friedrich der Fünfte dieses Reitpferd auszustopfen und im Zeughause der Stadt aufzubewahren.

Den 21. Oktober 1619 hielt Churfürst Friedrich V. seinen glänzenden Einzug in Prag.

Den 25. Oktober d. J. wurde Churfürst Friedrich V. als König und am 4. November d. J. dessen Gemahlin Elisabeth als Königin von Böhmen zu Prag feierlich gekrönt. — Den 6. Februar 1620 nahm Churfürst Friedrich der Fünfte die Huldigung in Mähren und den 27. Februar dieses Jahrs in Schlesien an. Den 19. April d. J. ernannten die böhmischen Stände den Sohn des neuen Königs, Heinrich Friedrich, zum Nachfolger in der Krone.

Den 19. Januar 1620 erklärte Kaiser Ferdinand II. durch Publikation eines Manifestes die böhmische Königswahl für ungültig und die Böhmen als Rebellen, beorderte eine Heeresmacht nach Böhmen, um dieselben mit Waffengewalt zu unterdrücken, und sie zum Gehorsam zurückzuführen.

Den 22. Januar 1621 wurde Churfürst Friedrich V., König in Böhmen, vom Kaiser Ferdinand II. ohne alle Formalität und gegen die Vorschriften der goldenen Bulle, der Wahlkapitulation und Reichsgesetze in die Acht erkläret; derselbe übertrug die Execution der untern Pfalz dem Erzherzog Albert von Oesterreich, die der obern Pfalz dem Herzog Maximilian von Bayern.

Es wurde vieles schriftlich bei dem Kaiser und Reich verhandelt, aber wenig ausgerichtet.

Den 27. April 1621 nahmen die bayerischen Kriegsvölker die Stadt Mosbach ein.

Im Jahr 1619 hatte das böhmische Landes-Direktorium ein Heer aus Landestruppen aufgeboten, den kühnen Parteigänger, Grafen Ernst von Mansfeld, mit 3000 Soldaten herbeigerufen, welche von den Fürsten der protestantischen Union angeworben worden waren, und nun von diesen den Böhmen abgetreten wurden.

Weitere Hülfe erwarteten Letztere von Bethlen Gabor, dem Fürsten von Siebenbürgen, welcher die Hoffnung hatte, König von Ungarn zu werden, sich für ihre Sache erklärte, und in Ungarn einfiel.

Graf von Mansfeld wurde von Friedrich V., Churfürst von der Pfalz, zum Feldmarschall über die pfälzischen Truppen ernannt. — Um sein Heer zu verstärken, hielt Graf von Mansfeld den Grafen Tilly mit Unterhandlungen hin, und behauptete sich dadurch bis über's Frühjahr 1621 in Böhmen und bis über Sommer in der Oberpfalz.

Graf von Mansfeld führte mit unermüdlicher Thätigkeit und großer Tapferkeit den Krieg fort, — und das Haupt des böhmischen Aufstandes, Graf Heinrich Mathias Thurn, der zum zweitenmal nach Wien vorrückte, vereinigte sich dort mit dem aus Ungarn vorrückenden Fürsten von Siebenbürgen, Behtlen Gabor, welcher sich Ungarns Krone erkämpfte den 24. Oktober 1620.

Kaiser Ferdinand II., welcher sein Land bedroht sah, rüstete sich mit Macht, und kam von Frankfurt nach Wien. Er hatte mit dem König Philipp III. von Spanien ein Bündniß abgeschlossen, nach welchem Letzterer Truppen aus den spanischen Niederlanden zu einem Angriff auf die Rheinpfalz, das Erbland Friedrichs V., zu senden versprach. — Mit dem Herzog Maximilian von Bayern hatte der Kaiser auf seiner Rückreise den 8. Oktober 1619 zu München gleichfalls einen Vertrag abgeschlossen, wornach jener auf's Neue an die Spitze der katholischen Liga trat, und dem Kaiser bewaffneten Beistand zur Wiedereroberung Böhmens zusicherte.

Gegen Ende August 1620 war das kaiserliche Heer mit dem bayerischen Lygisten vereinigt unter dem General Graf Szerotoris von Tilly mit den Kaiserlichen unter General Graf von Bocquoi geschehen bei Neugölla in Niederösterreich.

Das vereinigte Heer, 60,000 Mann stark, unter des Herzogs Maximilian von Bayern persönlicher Führung, rückte über Budweis in Böhmen ein, und es kam auf dem weißen Berge bei Prag zur entscheidenden Schlacht, am 18. November 1620.

Das böhmische Heer wurde völlig geschlagen und zerstreut, und König Friedrich V. flüchtete mit seiner Gemahlin nach Holland.

Böhmen und Mähren wurden nun schnell unterworfen, der böhmische Adel hart und blutig gezüchtigt, und alle Protestanten des Landes verwiesen.

Auch Schlesien unterwarf sich bald. Ebenso die Lausitz, in welcher der Churfürst Johann Georg von Sachsen (zwar protestantisch aber kein Anhänger des Kaisers) eingerückt war. — Nur in dem westlichen Theil Böhmens zu Pilsen; Eger ꝛc. ꝛc. behauptete sich noch Graf von Mansfeld, welcher keinen Antheil an der Prager Schlacht genommen hatte, mußte sich aber mit seinem Heere von 10,000 Mann zurückziehen, da Herzog Maximilian von Bayern mit einer gesammelten Heeresabtheilung bei Straubing über die Donau ging, um ihm in den Rücken zu fallen.

Graf von Mansfeld marschirte in Eilmärschen zurück, langte Anfangs Oktober in Mannheim an, und verband sich dort mit den pfälzischen und englischen Truppen unter Obentraut und Veer, wo ihm von den Unionsfürsten entlassenes Kriegsvolk zuströmte, und zog damit gegen das spanische Heer unter dem Feldherrn Cordova, welcher die Belagerung von Frankenthal am 13. Oktober 1621 aufgab, und mit seinen Truppen Winterquartier in Oppenheim und Kreuznach bezog. Graf von Mansfeld verfolgte ihn nicht weiter, sondern wandte sich unerwartet gegen den Elsaß, wo der Bruder des Kaisers Ferdinand II., Erzherzog Leopold von Oesterreich, das Bisthum Straßburg besaß.

Graf von Mansfeld vertrieb dessen Truppen, bezog hier und im Bisthum Speyer (wozu diesseits des Rheins Bruchsal gehörte), Winterquartier und gab jene Länder der Plünderung seiner Soldaten Preis, um diese auf wohlfeile Art zu ernähren und für sich zu erhalten. Hierdurch schonte er zwar die Bewohner der Pfalz, verhinderte aber nicht, daß Graf Tilly durch die Ober- und Unterpfalz bis an den Rhein vorrückte, Ladenburg einnahm und die Verbindung mit dem spanischen Heere herstellte. Nur Mannheim, Heidelberg und die Veste Dillsburg hielten sich noch.

Die protestantischen Fürsten der Union schlossen zu Mainz im Monat Dezember 1620 nach Unterhandlungen mit Spinola, dem Bevollmächtigten des Kaisers Ferdinand II. einen Vergleich, kraft dessen sie ihre Truppen zu entlassen verbunden waren. War hierdurch die Union faktisch schon aufgelöst, so wurde sie es förmlich durch die kaiserliche Erklärung der Reichsacht über den Churfürst Friedrich V. von der Pfalz und seine Anhänger, die Markgrafen von Ansbach, die Fürsten von Anhalt ꝛc. ꝛc. Graf von Mansfeld wurde nicht allein in die Acht erklärt, sondern der Kaiser setzte einen Preis auf seinen Kopf und versprach 100,000 fl. dem, der ihn lebendig finge, 10,000 fl. dem, der ihn todt liefere.

Während der Aufstand in Böhmen, Mähren und Schlesien unterdrückt war, erhielt das bayerisch=ligistische Heer von Kaiser Ferdinand II. den Befehl, sich mit dem spanischen Heere unter Cordova zu vereinigen, um gemeinschaftlich die Reichsacht gegen Friedrich V. in seinem Erblande zu vollziehen, und zogen beide Heere verwüstend in die Pfalz ein.

Der Kaiser gab das eroberte aber verheerte Land als Reichslehen dem Herzog Maximilian von Bayern.

Das unglückliche Schicksal des vertriebenen Churfürsten Friedrich V. erweckte viele Theilnahme bei andern deutschen Fürsten, namentlich bei dem Markgrafen Georg Friedrich von Baden, und bei dem jungen unternehmenden Herzog Christian von Braunschweig=Wolfenbüttel, Bruder des regierenden Herzogs von Braunschweig und Verweser des Bisthums Halberstadt. — Diese Fürsten unterstützten den unglücklichen Churfürsten Friedrich V. mit all ihrer Macht, die ihnen zu Gebote stand, um seine verlorenen Lande wieder zu erkämpfen.

Am 12. April 1622 erschien der geächtete Churfürst Friedrich V., nachdem er unter falschem Namen aus Böhmen durch Schlesien, Norddeutschland, Holland und Frankreich gereist war, zu Landau im Lager von Mansfeld, dieser hatte den spanischen Feldherrn Cordova seither durch Vorspiegelung, als wolle er mit seinen Soldaten zu ihm übertreten, hinzuhalten gewußt.

Nun erklärte sich sowohl Graf von Mansfeld als Markgraf Georg Friedrich von Baden offen für den vertriebenen Churfürsten Friedrich V. und überzeugten ihn, mit welcher ausdauernden Tapferkeit sie seiner Partei zugethan waren. Aber die vielen Unglücksfälle hatten den Muth Friedrichs V. gebrochen; getrennt von seiner Gemahlin und seinen Kindern, welche zerstreut in andern Ländern waren, ungewiß mit ihrem Schicksale, entschloß er sich, den Weg der Gewalt zu verlassen; er entließ den Grafen von Mansfeld und den Herzog von Braunschweig aus seinen Diensten, entband auch den Markgrafen von Baden aller Verpflichtungen, gab den gefangenen Landgrafen von Hessen frei, (als kaiserlich gesinnt, gefangen in Darmstadt den 22. Mai 1622), und unterwarf sich der Gnade des Kaisers. Aber er erlangte sie nicht und flüchtete abermals nach Holland.

Markgraf Georg Friedrich von Baden entließ sein Heer. Der Herzog von Braunschweig und Graf von Mansfeld setzten jedoch den Krieg auf eigene Faust fort. — Sie durchzogen, nach ihrer Vereinigung zu Mannheim, abermals plündernd das Elsaß, und schlugen sich von da durch Lothringen nach den Niederlanden durch, um dort mit den Holländern gegen die Spanier zu kämpfen. Sie besiegten das spanische Heer unter Cordova, welches sich ihnen bei Fleuris entgegenstellte, den 29. August 1622 und gewährten den Holländern, unter dem Prinzen von Oranien, beim Entsatz von Bergen op Zoom, kräftigste Unterstützung.

Im Jahr 1626, als Wallenstein, Herzog von Friedland, den Krieg als Generalissimus über die ganze kaiserliche Armee fortsetzte, ging Graf von Mansfeld als englischer General auf dem rechten Ufer der Elbe vor. — Der Herzog Christian von Braunschweig begann den Zug zuerst, plünderte in Westphalen, zieht dadurch einen Theil des Tilly'schen Heeres auf sich, weicht hierauf nach Hessen aus, versieht Münden, Göttingen und Nordheim mit Garnison, stirbt aber plötzlich, erst 29 Jahre alt, am 16. Mai 1626. — Graf von Mansfeld rückte jenseits der Elbe am 1. April 1626 mit 10,000 Mann gegen den Dessauer Brückenkopf, richtete aber nichts aus. — Verstärkt durch Dänen und

Engländer bis auf 20,000 Mann, rückte er drei Wochen später abermals vor.

Aber Wallenstein eilt nun selbst dem Oberst Aldringen zu Hülfe, und schlägt Mansfeld am 24. April. — Rastlos sammelte Graf von Mansfeld nach der Schlacht sein Heer bei Brandenburg, verstärkt sich dort durch das Heer des Herzogs Johann Ernst von Weimar wieder bis auf 30,000 Mann und marschirte nach Schlesien ab, um sich mit dem Fürsten von Siebenbürgen, Bethlen Gabor, zu verbinden und in Oesterreich einzufallen, wo ein Bauernkrieg ausgebrochen war, (80,000 Rebellen belagerten Linz, der bayerische General Pappenheim unterdrückte nach vielen blutigen Gefechten erst im Dezember den Aufruhr). Schlesien wird von Graf von Mansfeld rasch durchzogen, und in demselben nur ein Corps von 10,000 Mann unter dem Herzog Johann Ernst von Weimar zurückgelassen. Mit dem Rest der Armee stößt Graf von Mansfeld mit Bethlen Gabor an der Waag.

Aber Herzog Wallenstein ist mit 30,000 Mann dem Mansfeldischen Heer auf dem Fuße gefolgt. Auch ließ er ein Corps in Schlesien unter Graf Schick zurück, marschirte mit der Hauptmacht nach Ungarn, und veranlaßte nun, durch seine rasche Ankunft bei Preßburg und Tyrnau, den erschreckten Fürsten Bethlen Gabor, mit den Unterhändlern des Kaisers einen Friedens=Vertrag einzugehen.

Graf von Mansfeld sieht sich dadurch preisgegeben. Er verläßt seine Soldaten, verkauft sein Kriegsgeräthe an den Fürsten Bethlen Gabor, und beschließt, nach Venedig zu eilen, um dort Truppen zu werben, und von dorther Oesterreich anzugreifen. Aber auf der Reise erreicht der Tod den kühnen Krieger. Er starb aufrecht stehend, im Harnisch, das Schwert an der Seite, unweit Zara in Dalmatien, am 30. November 1626.

Friedrich V., ungesetzlich der Chur entsetzt und geächtet, aller Freunde beraubt, des Badeners, Jägerdorfers und

Weimarers, des Mansfeld und beider Christiane, des Braunschweigers und Dänenkönigs, war dadurch bereit, sich Seiner kaiserlichen Majestät zum Fußfall nach Wien zu stellen, und die Kinder zur katholischen Erziehung den Jesuiten auszuliefern.

Die Unerbittlichkeit Maximilians, die Jämmerlichkeit Jakobs von England, des Schwiegervaters Friedrich V., das dessultorische, jugurtinische Wesen des siebenbürger Fürsten Bethlen Gabor, der in Ungarn, wie Friedrich V. in Böhmen, Ferdinands Gegenkönig war, die halben Anerbietungen aus Venedig und Konstantinopel und das eben nicht erbauliche schwedische Zögern und verlängerte Weigern der Wiedereinsetzung in die Rheinpfalz erfüllten mit namenloser Verwirrung die Seele Friedrichs des Fünften.

Unter den Romanen selbst, in „Verlegenheit aus Reichthum", ist das Leben seiner Gemahlin, der reizenden und leidenschaftlichen Elisabeth, wie das ihrer Großmutter Maria Stuart, beschrieben, da sie fast 30 Jahre lang ohne Heimath, ohne Geld, mit ihren dreizehn Kindern flüchtig, unablässig verfolgt, umherirrte, erfüllt von unversöhnlichem Haß und von mehr als einer abenteuerlichen Heldenliebe.

Nicht nur den ganzen dreißigjährigen Krieg erlebte und überlebte Elisabeth, sondern auch die Hinrichtung ihres königlichen Bruders Carl I., das Protectorat Cromwells und die Restauration unter ihrem gräulichen Neffen Carl II. — und die unglückselige Elisabeth, welche ein Alter von 66 Jahren erreichte, um alle diese traurigen Ereignisse zu erleben, ward durch ihre Tochter Sophia die Ahnfrau der britischen George, des dänischen und preußischen Königsstammes, des kommenden russischen Czarengeschlechtes, durch ihren Sohn, den Churfürsten Carl Ludwig, die Ahnfrau des französischen Königshauses Orleans, — des Kaiserhauses Lothringen — und hierdurch auch die Ahnfrau der Dynastien von Toskana, Modena, Neapel, der unschuldigen Isabella, der lang verfolgten Maria da Gloria und es ist erfüllt das Spiegelbild der frommen Eleonore von Sulzbach, von der Herrlichkeit der Pfalzgrafen, — wie noch keiner Wittelsbacher! — —

Den 10. Dezember 1631 landete Gustav Adolph, König von Schweden, in der Gegend von Oppenheim mit seiner Armee in kleinen Fahrzeugen über dem Rhein. (Zum Andenken dieser beherzten Unternehmung ist zwischen Oppenheim und Stockstadt eine hohe Pyramide von Stein, die man die schwedische Säule nennt, aufgerichtet.)

Der Sieg bei Leipzig machte den Kaiser zittern, Maximilian von Bayern aber bewegte er nur um so grimmiger, aufs Neue zu rüsten. — Der Schwedenkönig reitet auf der Trautnitz in Landshut und in die prächtige Münchener Residenzstadt ein, ihm zur Seite drei Wittelsbacher, der unglückliche Pfalzgraf und Churfürst, und König nur eines Winters, Friedrich V. — August von Sulzbach — und Christian von Birkenfeld. — Friedrich V., schon so tief gebeugt von seinem Unstern, vernahm den Tod des Königs in der Lützner Schlacht den 6. November 1632, damit war seine letzte Hoffnung zerstört, die er noch auf dessen Beistand und Hülfe gesetzt hatte und die auch durch die Capitulation der spanischen Besatzung in der Pfalzburg und die Rückeroberung der Pfalz bis auf Heidelberg gerechtfertigt erschien. Dieser letzte Schlag beförderte denn auch seinen Tod, und machte seinem widrigen Schicksale ein Ende, das er seiner guten Eigenschaften halber weit günstiger verdient hätte.

Der Contrecoup von Leipzig (1631) bei Nördlingen (1634) vermehrte somit nur die Leiden Deutschlands, wozu die öffentliche Theilnahme der Franzosen und der das gesammte Vaterland keineswegs beruhigende, sondern nur den protestantischen Reichstheil auch noch in sich selber zerspalteten Prager Frieden, weiterer Anlaß war.

Die Pfalz aber erduldete damals die Plagen eines schrecklichen Krieges in doppeltem Maße, und war es damals, daß die so berühmte Heidelberger Bibliothek geraubt, und dem Pabst Gregorius XV. geschenkt wurde, welcher solche durch seinen Bibliothekarius, Leo Alatius, 1622 nach Rom abholen ließ. Hierdurch gingen die seltsamsten Manuscripte und viele pfälzische Urkunden verloren.

Kurfürst Friedrich V. starb den 19. November 1632, 36 Jahre alt, in Mainz. Sein Leichnam soll zu Mainz, sein Herz aber in der Katharinenkirche zu Oppenheim beigesetzt worden sein. Er hinterließ 13 Kinder, 7 Söhne und 6 Töchter; in der Regierung folgte ihm sein Sohn Carl Ludwig, dessen Minderjährigkeit wegen Ludwig Philipp, Herzog von Simmern, Vormund geworden ist.

Den 2. Januar 1614 wurde geboren Pfalzgraf Heinrich Friedrich, welcher den 19. April 1620 von den böhmischen Ständen als Nachfolger der böhmischen Krone ernannt wurde. Derselbe kam aber unglücklicherweise im Jahre 1629, zwischen Harlem und Amsterdam, bei einem Schiffbruche, ums Leben, im Alter von 15 Jahren.

Den 22. Dezember 1616 wurde geboren Churfürst Carl Ludwig.

Den 22. Dezember 1618 wurde geboren Elisabeth; sie ward Abtissin zu Hervorden, machte sich durch ihre Wissenschaft sehr berühmt, und starb den 11. Februar 1680, im Alter von 62 Jahren.

Den 17. Dezember 1619 wurde Pfalzgraf Ruprecht geboren. Er war ein großer Chemiker und Mechaniker, und wurde auch deßwegen als Mitglied der königlichen Gesellschaft zu London in Beförderung der Künste und Erforschung der Natur, aufgenommen.

Man hält ihn für den Erfinder der sogenannten Schwarzkunst auf Kupfer, oder doch wenigstens für denjenigen, der diese Kunst zur Vollkommenheit gebracht hat. Er nahm anfänglich kaiserliche Kriegsdienste an, nachher aber großbritanische.

Im Jahr 1643 besiegte er die englische Parlaments-Armee, und wurde darauf zum Herzog in Cumberland, im

Mai 1644 als Generalifimus über fämmtliche königliche Armee erklärt.

Den 21. September 1644 schlug er den Parlaments=General, Graf von Effer, gänzlich.

Er erfocht als Kron=Admiral=Lieutenant einen vollkommenen Sieg über die holländische Flotte, und nöthigte dieselbe, den 7. Juni abermals zum Weichen.

Den 22. nämlichen Monats ging er abermals in die See, und lieferte den Holländern ein Treffen.

Bei Hof hatte er verschiedene widrige Zufälle auszustehen, und endigte als ein Gelehrter, Künstler und großer Kriegsheld sein ruhmreiches Leben, den 29. November 1682, in einem Alter von 63 Jahren.

Den 6. Januar 1620 wurde Pfalzgraf Moritz zu Küstrin geboren, der entweder auf dem Meere verunglückte oder in der Gefangenschaft verstorben ist.

Den 18. April 1622 wurde Louise geboren. Sie begab sich den 6. Dezember 1657 aus dem Haag nach England, trat zur katholischen Religion über, legte zu Andorf in dem englischen Kloster das Glaubensbekenntniß ab und ging zu Maukuiffon ins königliche Kloster, wo sie den 25. März 1659 eingekleidet wurde, deffen Abtiffin sie 1664 geworden ist; sie starb den 11. Februar 1709 im 87. Jahre ihres Lebens.

Den 5. Oktober 1625 wurde Pfalzgraf Eduard geboren. Dieser nahm in Frankreich die katholische Religion an, und vermählte sich 1645 mit Anna Gonzaga, Tochter des Herzogs Carl von Nevers; er starb den 13. März 1663 in einem Alter von 38 Jahren.

Den 17. Juli 1626 wurde Henriette Marie geboren, vermählte sich den 4. April 1651 mit Sigismund Ragozi, Fürsten von Siebenbürgen, und starb im nämlichen Jahre, 25 Jahr alt.

Den 2. September 1627 wurde Pfalzgraf Philipp geboren; er hielt sich meistentheils in Holland auf, ging in

7

lothringische Kriegsdienste, und blieb den 15. Juli 1650 in der Schlacht bei Netteln, 23 Jahre alt.

Den 13. Oktober 1630 wurde Sophia geboren, vermählte sich den 17. Oktober 1658 an Ernst August, Churfürst von Hannover. — Den 22. Mai 1701 ernannte das Parlament in England sie als Erbin von Großbritannien, im Falle die regierende Anna ohne Leibeserben sterben sollte. Sie erlebte aber den vorgesehenen Fall nicht, indem sie den 8. Juli 1714 in einem Alter von 84 Jahren starb.

Doch wurde ihr Sohn Georg Ludwig den 21. Oktober im nämlichen Jahre als König von England gekrönt.

Den 14. Januar 1632 wurde Pfalzgraf Gustav geboren; er starb im Jahr 1641 im 9. Jahr.

Den 13. Februar 1662 starb Elisabeth, Gemahlin des Churfürsten Friedrich V., Tochter des Königs Jakob I. von England, und ist im königlichen Begräbniß zu London beigesetzt; sie erreichte ein Alter von 66 Jahren, und zählte eine 17jährige, vom Unglück reich beschiedene Ehe.

### Nebenlinie des Churpfälzischen Hauses.

Den 1. November 1613 vermählte sich Pfalzgraf Wolfgang Wilhelm von Neuburg zu München, mit Magdalena, Tochter des Herzogs Wilhelm V. von Bayern, und nahm den 23. Mai 1614 zu Düsseldorf die katholische Religion an.

Den 28. September 1651 starb Anna Katharina, zweite Gemahlin des Pfalzgrafen Wolfgang Wilhelm von Neuburg, Tochter des Herzogs Johann von Zweibrücken.

Den 20. März 1653 starb Pfalzgraf Wolfgang Wilhelm.

Den 14. August 1632 starb Herzog August von Sulzbach, Stifter des Sulzbachischen Stammes, ein Fürst von besondern Kenntnissen in Staatssachen und fremden Sprachen. In dem dreißigjährigen Krieg trat er zum Leipziger Bund, und stand bei dem König von Schweden in großer

Achtung. Er vermählte sich den 20. Juli 1620 zu Husum mit Hedwig, Tochter des Herzogs Johann Adolph von Holsteingottorp, welche ihm 1657 in die Ewigkeit folgte.

## Der Krieg in der Churpfalz.
### (Die Belagerung Mannheims.)

Nach der am 8. November 1620 am weißen Berg bei Prag für Churfürst Friedrich V. unglücklich ausgefallenen Schlacht nahmen die Gefahren des Krieges ein ernsthaftes Ansehen für die Erblande des geächteten Churfürsten.

Der Krone Spaniens, als Besitzerin des burgundischen Kreises und der Liga, war, wie schon gesagt, die Vollziehung der gegen die Pfalz ausgesprochenen Exekution aufgetragen und setzte dieselbe aus ihren Niederlanden unter Marquis Spinola eine Armee von 20,000 Mann zu Fuß, 4000 zu Pferd und einer zahlreichen Artillerie in Bewegung. Dieselbe traf Mitte August 1620 bei Coblenz ein, passirte daselbst den Rhein, um sofort in die Pfalz einzufallen.

Da die Pfalz außer dieser spanischen aber auch noch die kaiserliche und bayerische Armee zu erwarten hatte, so waren die Gefahren für sie und speziell für Mannheim keine geringen. Graf Ernst von Mansfeld traf dagegen die möglichste Vorsorge; er ernannte den englischen General Horaz Veer zum Kommandanten von Mannheim, und unternahm selbst den 13. November 1620 einen Streifzug mit 6 Geschützen von Mannheim über den Rhein in das Haardtgebirge.

Der englische General Horaz Veer und der pfälzische Obrist Obentrauth hatten zur Vertheidigung von Mannheim nur wenige, theils eigene, theils englische und holländische Truppen, und war mit dieser geringen Macht gegen einen dreimal stärkern Feind, zu erwarten, daß man sich nicht lange halten könne.

Die spanische Armee unter Anführung des spanischen Generals Don Cordula, rückte in die Pfalz ein, und nahm mehrere Orte in Besitz; auch der gefürchtete bayerische General Johann Tserklans Graf von Tilly stand schon im Jahr 1622 den 10. September vor Mannheims Mauern.

Schon vor Uebergabe des Heidelberger Schlosses schickte General Tilly Jngenieure nach Mannheim, um zu untersuchen, wo das Lager am bequemsten aufzuschlagen und die Laufgräben am ersten zu eröffnen seien, worauf am 10. September 1622 Graf von Tilly das am Süden gelegene alte feste Schloß Eichelsheim zuerst belagerte.

Die Besatzung, welche sich einige Zeit, wiewohl vergebens, tapfer vertheidigte, verließ endlich dasselbe, nachdem sie zuvor das Geschütz und die Doppelhaken herausgenommen, und das Schloß in Brand gesteckt hatten. Die übrigen Mauern wurden bis auf einen Wartthurm von der Festung Friedrichsburg aus niedergeschossen.

Von dieser Zeit an ist dieses Denkmal nach und nach gänzlich zerfallen, und außer den unbedeutenden Trümmern nichts mehr davon übrig.

Am 10. September 1622 vereinigte sich die kaiserliche und die bayerische Armee vor Heidelberg. Die bayerische Infanterie unter der Anführung der Obersten Herzliberger, Beckmann, Herbesdorf und Hohenzollern lagerte sich am Neckar, hinter das Bellenwehrt, und die Reiterei nebst Geschützen unter Altringen, Truchseß, Schmidt und Mortaigen in das nahe gelegene, später verschwundene Dorf Rheinhausen, woraus sie sich jedoch wegen dem Feuer der Belagerten zurückziehen mußten.

Die Bayern bemächtigten sich des Dammes, der von Neckarau nach Mannheim führt, und besetzten das auf der Südseite gelegene Dorf Mannheim, das ganz von tiefen aber trockenen Gräben umgeben war, verschanzten sich, und errich=

teten mehrere Batterien, aus denen sie die Stadt mit schwerem Geschütz beschossen. Jenseits des Neckars standen die Obersten Fürsteuberg und Heimhausen.

Am 11. September verschanzten sich die Kaiserlichen in dem Bellenwehrt, welches der Baumgarten der Stadt genannt wurde, und am 12. d. rückte auch eine Abtheilung im rheinhäuser Feld über den Rhein und beschoß von der Westseite die Stadt und die Brückenschanze, worin sich die Besatzung tapfer wehrte und das Feuer auf das Lebhafteste erwiderte; dieselbe mußte sich jedoch in der Nacht auf den 13. September ohne den geringsten Verlust auf Schiffen in die Festung zurückziehen.

Am 13. September machte die Garnison einen Ausfall, vertrieb den Feind aus drei seiner Verschanzungen hinter dem Damm, bei welcher Gelegenheit eine Menge Bayern niedergehauen wurden.

Da das Eichelsheimer Schloß zerstört war, und dasselbe der Feind nicht mehr benützen konnte, so schlug er am 24. Sept. eine Brücke über den Neckar, verschanzte sich dort, und errichtete eine Batterie, worauf die Belagerten die Neckarbrücke aufzogen und die Bretter davon wegnahmen. Der Feind setzte sich auf dieses über den Rhein zwischen der Brückenschanze und dem Hemshof fest, und fing an, die Stadt zu beschießen.

In der Nacht des 29. September setzte er mit Schiffen über den Rhein auf die Mühlau, attaquirte mit großem Geschrei gegen den dort befindlichen, 40 Mann starken Wachtposten, wodurch derselbe in Furcht gerieth und sich eiligst in die Stadt zurückzog. Der Feind besetzte am 30. September den Kirchhof, und errichtete dort, ungeachtet, daß aus der Stadt sehr stark auf ihn gefeuert wurde, eine Batterie, weil ihm durch einen Ueberläufer verrathen wurde, daß von dort aus die Stadt am leichtesten zu erstürmen sei, indem von dieser Seite der Stadtwall sehr niedrig, und der Wallgraben, der damals anhaltenden Dürre und deßhalb niederen Wasserstandes des Rheins und Neckars wegen völlig ausgetrocknet war. Daher wendete auch der Feind seine größte Stärke gegen das Neckarthor, und nachdem er von dem Baumgarten und Kirchhof her mit den Laufgräben bis an die Neckarbrücke gekommen, fing er an, am 23. Oktober 1622, die Stadt Mannheim und die Veste Friedrichsburg auf das fürchterlichste zu bombardiren, worauf der englische Commandant, Horaz Veer, da er die feindliche Absicht eines allgemeinen Sturmes ahnte, die nächsten Häuser an der Festung, so wie die Häuser an den Straßen anzünden ließ, wodurch bei entstandenem Südwind die Flammen schnell um sich griffen, und eine solche Feuersbrunst entstand, daß fast alle Häuser bis auf einige wenige, von Stein aufgeführte, in Asche gelegt wurden, und der Feind daraus erkennen mußte, daß die Besatzung gesinnt sei, die Stadt zu verlassen, und sich in die Citadelle zurück zu ziehen, besonders da er von den hohen, auf der Mühlau befindlichen Eichbäumen genau sehen konnte, daß die Einwohner mit ihrer besten Habe aus der Stadt in die Burg flüchteten.

Die Stadt war damals von vielen Sümpfen umgeben, und ihre Lage dem Feind sehr hinderlich, besonders war die von Friedrich V. fertig gebaute Citadelle Friedrichsburg mit sieben Hauptbollwerken, Wällen, Gräben und Außenwerken gut versehen, welches zusammen dem Feinde das Stürmen sehr erschwerte. Trotzdem ließ Tilly die Stadt an verschiedenen Punkten stürmen; die Besatzung leistete mehrere Stunden kräftigen Widerstand, und erst als sie erkennen mußte, daß sie der Menge der Feinde nicht widerstehen konnte, zog sie in guter Ordnung in die Citadelle, worauf sich der Feind der Stadt bemächtigte, in der er aber nur sehr wenige Bewohner fand.

Indessen gab die Eroberung der Stadt den Belagerern einen großen Vortheil, um die Citadelle von da aus angreifen zu können. Des Restes der übrig gebliebenen Häuser bediente er sich, um das zu beobachten, was in der Festung vorging, und mit Musqueten in dieselbe zu schießen. Der Stadtwall diente ihm zu Batterien, wo nur eine Brustwehr aufzuwerfen war, auch fand der Feind viele Ausgrabungen, die zur Fortführung der Laufgräben dienten, und zwar gerade bis an den Graben, wodurch das Wasser mit leichter Mühe aus demselben abgeleitet werden konnte.

Die Garnison der Citadelle unternahm zwar einen Ausfall, hieb mehrere Bayern nieder, bekam auch 16 Mann zu Gefangenen, mußte sich aber doch, ohne etwas auszurichten, zurückziehen.

Da nun kein Entsatz von Außen zu hoffen, und Mangel an Allem zu befürchten war, auch die Besatzung durch sechswöchentliche Wachen, ohne Ablösung gänzlich ermattet, überdies Krankheiten eingerissen, und der Mangel an Medikamenten dringend fühlbar geworden, dabei ein unfreundliches Wetter eingefallen war und mithin Alles gegen sie zu streiten schien, außerdem das Geld für die Mannschaft ausgegangen und der Feind viele tausend Faschinen zur Ausfüllung der Gräben um die Citadelle bereit hielt, und alles zum Stürmen vorbereitet hatte, so mußte sich General Horaz Veer und Obrist Waldmannshausen entschließen, die weiße Fahne auszustecken, und die Festung am 2. November 1622 dem Feind zu überlassen.

Die Besatzung schickte daher einen Hauptmann mit einem Tambour in die Stadt, um mit General Tilly zu kapituliren, worauf von beiden Seiten die Feindseligkeiten eingestellt und den andern Tag ein Vertrag entworfen wurde.

Als die Capitulation abgeschlossen und beiderseits angenommen war, konnten die pfälzischen und englischen Truppen frei ausgehen mit ihren Bagagen, und zogen mit fliegenden Fahnen aus der Citadelle. Dem englischen General Horaz Veer wurden nach seinem Stande zwei Falkonetten mit dazu gehöriger Munition bewilligt.

Die abziehende Garnison erhielt 30 Fuder Wein und 2000 Malter Mehl, theils zu Land und Wasser mit sich zu führen, und ward mit 1000 Pferden sicher nach Frankfurt durch bayerische Truppen geleitet und in Hanauischen Dörfern einquartirt, bis sich ein englischer Commissär einfinden würde, um sie weiter zu geleiten. Den Einwohnern dürfte kein Leid widerfahren und sollte ihr Eigenthum geschützt sein, auch ward ihnen erlaubt, ihre geflüchtete Habe in der Citadelle ungehindert abzuholen, und an jeden beliebigen Ort unterzubringen. Den evangelischen Geistlichen und Lehrern solle nicht das geringste in den Weg gelegt und ihrem Gottesdienst die freie Ausübung erhalten werden.

General Graf Tilly, welcher mit seinen Truppen in den Besitz der Stadt und Festung Friedrichsburg durch die abgeschlossene Capitulation kam, fand in der Stadt 25 Stück Geschütz nebst einem großen Vorrath an Wein und Früchten. Sie unternahmen sofort die Zerstörung der Festung, indem sie die Thore, Wälle und Werke an den verschiedensten Stellen einrissen; jedoch blieben die bayerischen und spanischen Kriegsvölker in der Festung Friedrichsburg bis zum 29. Dezember 1631.

Mannheim, so in seinem ersten Entstehen durch einen verheerenden Krieg und Feindesverwüstung der Untergang bereitet, wurde von seinen Bewohnern verlassen; diese flüchteten ohne Schutz in Jammer und Elend arm herum; die Pfalz stand verwaist, ihrer Beschützer beraubt und sah mit bangen Blicken einer düstern und traurigen Zukunft entgegen.

Den 24. Oktober 1622 nahm der bayerische General Tilly, die Stadt Heidelberg mit Sturm ein, und ließ den andern Tag in der Heiliggeistkirche Messe lesen.

Den 7. Januar 1623, schrieb Kaiser Ferdinand einen Reichstag nach Regensburg aus, um die pfälzische Chur an Bayern zu übertragen, und obwohl es Schwierigkeiten absetzte, so wurde doch den 25. Februar Maximilian, Herzog in Bayern, vom Kaiser zu Regensburg mit der pfälzischen Chur und dem Erztruchsäßenamt in der Ritterstube, doch nur addirs vitae belehnt und wurde dadurch dem unglücklichen Churfürsten Friedrich V. die Churwürde entzogen.

Herzog Maximilian von Bayern selbst wurde den 24. März 1623 feierlich vor dem Throne von Kaiser Ferdinand mittelst Anzugs der Churkleidung und Aufsetzung des Chur=huts mit der pfälzischen Churwürde belehnt, wegen welchem Vorgang in der Folge sowohl von den pfälzischen Haus=Agnaten, als den churfürstlichen Collegien viele Umstände erregt worden sind.

Den 19. März 1623 wurde die Festung Frankenthal an die Infantin von Spanien zur Sequestration übergeben; noch nach dem westphälischen Frieden ergaben sich wegen deren Räumung und Rückgabe viele Schwierigkeiten.

Den 11. Mai 1624 wurde der erste Vergleich zwischen Churbrandenburg und Pfalzneuburg wegen der gülchischen Erbschaft und hierauf den 11. Oktober 1651 der Friede zu Klive geschlossen.

Den 16. September 1625 schloß der Viehhirt Johann Warsch zu Oggersheim und seine Frau, welche sich noch allein in diesem Orte befanden, die Uebergabskapitulation ab, als sie von dem spanischen General Don Corbula auf=gefordert wurden, die Stadt zu übergeben.

Den 22. Februar 1628 verkaufte Kaiser Ferdinand durch einen besondern Receß einen Theil der niedern und obern Pfalz ganz an Bayern, und ließ einen Kaufbrief darüber ausfertigen.

Den 4. Mai d. J. gab Kaiser Ferdinand dem Chur=fürsten Maximilian von Bayern und seinen Erben anstatt des Letzterem verpfändeten Oberösterreich und der Schulden von 13 Millionen Gulden Kriegsunkosten, die ganze obere Pfalz, worunter Mannheim und Heidelberg war, eigenthüm=lich und leistete dem Churfürsten auf 14 Jahre Eviktion, erweiterte auch die lediglich auf die Person des Churfürsten und auf dessen Lebzeiten verliehene Churwürde auf den gan=zen wilhelminischen Stamm.

Die Ankunft von Gustav Adolph, Schwedens Helden=

könig, gelandet den 10. September 1631 auf Deutschlands Boden, lenkte durch seinen Einfluß auf die damaligen Verhältnisse auch auf einige Zeit das Schicksal Mannheims, wenn auch nur auf kurze Dauer.

Die Schweden zogen in die Pfalz ein, und pflanzten unter Gustav Adolphs Heldenarm ihre Siegesfahne auf, wodurch der Churfürst Friedrich V. beinahe wieder in den Besitz seiner Erblande gekommen wäre.

Am 29. Dezember 1631 wurde von Herzog Bernhard von Sachsen=Weimar, dem Bundesgenossen des Königs Gustav Adolph von Schweden, die Festung Friedrichsburg durch List erobert.

Herzog Bernhard drang nämlich Morgens früh vor Tag mit 300 Soldaten eilends auf die Festung zu, und gab der Schildwache auf ihren Zuruf, weß Volk sie seien, die Antwort, er sei ein kaiserlicher Offizier und man möge schnell die Thore öffnen, indem er von den Schweden verfolgt werde. Dies glückte und machte ihn zum Herrn der Stadt und Festung. In derselben lagen 250 Mann Spanier in Besatzung, welche sogleich niedergehauen wurden, während man die Deutschen, nebst ihrem Commandanten, Hauptmann Maravat, nach Erlegung seiner Ranzion, nach Heidelberg entließ; letzterer wurde dort vor ein Kriegsgericht gestellt, und von diesem, wegen seiner Nachlässigkeit, zum Tode verurtheilt. Die Veste Friedrichsburg wurde durch die Schweden so viel als möglich wieder ausgebessert und in Vertheidigungszustand gesetzt.

Mit dem Frühjahr 1633 begann auf's Neue der Feldzug, der durch den am 6. November 1632 in der mörderischen Schlacht bei Lützen erfolgten Tod des schwedischen Königs Gustav Adolph eine kurze Zeit unterbrochen worden war.

Die Schweden jagten die Kaiserlichen und Bayern, welche innerhalb dieser Zeit unter dem zum Oberbefehl über die vereinigte kaiserliche und bayerische Armee gelangten

Wallenstein bis an den Rhein vorgedrungen waren, aus der Pfalz, und besetzten den 5. Mai 1633 wiederholt die Stadt Mannheim.

Den 26. Mai d. J. wurde durch die Schweden das Schloß zu Heidelberg mit Accord erobert, worauf die churpfälzischen Landen einige Zeit von kaiserlichen und bayerischen Kriegsvölkern befreit blieben.

Der schwedische Reichskanzler, von Oxenstiern, machte darauf mit dem Administrator der Pfalz, Herzog Philipp Ludwig, wegen Beibehaltung der lutherischen Religion, einen Vertrag.

Bayern war nun wieder der Kriegsschauplatz.

Die Pfalz erholte sich nach und nach ein wenig, Schulen wurden wieder eingerichtet, Lehrer berufen, und die Kirchen hergestellt.

Allmählig schien auch über Mannheim eine freundliche Sonne aufgehen zu wollen, als unvermuthet am südlichen Himmel wieder trübe Wolken aufstiegen.

In der bei Nördlingen vorgefallenen Schlacht verließ das Kriegsglück die Schweden, und eilig mußten sie ihren Rückzug antreten, der durch die ganze Pfalz sich hinzog. Die Kaiserlichen und Bayern folgten ihnen auf dem Fuße. Mord, Plünderung und Verheerung bezeichnete ihre blutige Bahn. Alles floh bei ihrem Herannahen, ganze Dörfer standen leer. Bald war die ganze Pfalz und auch Mannheim von ihnen wieder besetzt. — Die churfürstliche Regierung wurde aufgelöst, und die wenig übrig gebliebenen Unterthanen mußten Bayern huldigen. Die protestantische Partei verlor den Muth, man benützte die Unentschlossenheit der Deutschen, Oesterreich zog gelindere Seiten auf, versprach den Protestanten alles gute, und warf alle Schuld der Bedrückung auf den am 25. Februar 1634 zu Eger ermordeten Wallenstein, kurz, man ließ kein Mittel unversucht, die schwedische Macht zu stürzen, und die Protestanten mit dem Kaiser wieder auszusöhnen.

Der Churfürst von Sachsen war endlich der erste, bei sich zu einem Frieden verstand und ihn am 30. Mai 1635 in Prag abschloß.

Bayern erhielt die Rheinpfalz als Eigenthum.

Zwei jetzt noch mächtigere Feinde, als alle bisherigen entwickelten sich aber mitten im größten Kriegselende. Hunger und Pest richteten in diesem und dem folgenden Jahre von 1636 bis 1638, (das Malter Korn kostete 18 Reichsthaler und noch darüber), am Rhein und an der Bergstraße die schrecklichsten Verheerungen an, und unaussprechliches Elend breitete sich über die herrliche Pfalz aus.

Alle Gewerbe lagen darnieder, der Landbau stand verödet, ganze Dörfer waren ausgestorben, selbst die Leichname waren nicht mehr sicher, man mußte die Kirchhöfe mit Soldaten umstellen, denn hungernde Menschen schmachteten gierig nach den halbvermoderten Körpern ihrer Mitbürger; kein Gesetz galt mehr, rücksichtslos übergab man sich jeder angeflogenen Neigung, nährte sich vom Plündern, Rauben und Morden.

Bei all diesem grenzenlosen Elend stritt man sich fort, mit abwechselndem Glück, um Dörfer und Städte, fortwährend tummelten sich Spanier, Bayern, Oesterreicher, Sachsen, Schweden und Andere in der Pfalz herum.

Churfürst Karl Ludwig, der am 22. Dezember 1634, bei erlangter Volljährigkeit, die Regierung übernahm, suchte zwar in den Niederlanden Werbungen anzustellen, aber alle Versuche zu Eroberungen mißlangen, und der Churfürst Karl Ludwig mußte sich, da sein Häufchen aufgerieben war, nach England flüchten und sein Erbland in Feindeshände lassen.

Jetzt trat aber ganz unerwartet Frankreich, das bis dahin keinen thätigen Antheil an den seitherigen Vorfällen genommen hatte, auf den Kampfplatz, und warf dem Kaiser den Fehdehandschuh hin.

Von der Schweiz bis an die Ostsee war Deutschland in Aufruhr. Rauben und Morden war an der Tages=

Ordnung, und was der Feind übrig ließ, nahm der Freund als Beute; Alles lag in der größten Zügellosigkeit, alle Geschäfte hörten auf, keine Nahrung war vorhanden, kein Eigenthum sicher, alle gesellschaftlichen Banden gelöst.

Endlich lenkte das Schicksal wieder das Glück der Schlachten auf die Seite der Schweden.

Die Kaiserlichen wurden aus Sachsen geschlagen, der Herzog Bernhard von Weimar focht tapfer am Rhein gegen den General Johann von Werth, die Schweden und Franzosen wollten den Reichstag in Regensburg auseinander jagen.

So bewegte sich langsam die jammervolle Zeit, in welcher die Pfalz gänzlich ruinirt ward, bis in das Jahr 1643, wo sie der schwedische General Torstensohn eroberte.

Nun trat das Jahr 1644 ein. — Die Franzosen nahmen am 5. März, ohne große Mühe, Mannheim, in dem eine äußerst geringe Besatzung lag. — Allein bald darauf nahmen die Bayern die Stadt wieder mit Sturm ein, zerstörten sie bis auf das Rathaus, einige Reste des Walles und leergebrannte Mauern gänzlich, und verließen sie, mit Zurücklassung der traurigsten Denkmäler ihres feindlichen Betragens. So lag Mannheim eine leer gebrannte Stätte, bis endlich im folgenden Jahr 1645 die bisher angeknüpften Friedensunterhandlungen zu Münster und Osnabrück einen ernsten Gang annahmen.

Die Feindseligkeiten dauerten unterdessen immer fort, und fast jeder Artikel, der zugestanden wurde, mußte dem Kaiser erst durch eine Schlacht abgenöthigt werden.

Als aber endlich die Franzosen, einige Mal getäuscht, wüthend zurückkehrten, Bayern verwüsteten, und die Schweden wieder Prag eroberten, da unterzeichnete der in Angst und Verwirrung gesetzte Kaiser am 6. August 1648 den sogenannten Westphälischen Friedensschluß.

**Carl Ludwig,** genannt der deutsche Salomon.

In der Regierung der Pfalz folgte auf den unglücklichen Churfürsten Friedrich V. sein Sohn Carl Ludwig. Dieser war geboren den 22. Dezember 1616; vermählte sich am 22. Februar 1650 mit Charlotte, Tochter des Landgrafen Wilhelm von Hessen, welche am 20. November 1617 geboren. Schon am 18. Oktober 1639 wollte Carl Ludwig aus England nach Deutschland reisen, um an den Kriegswirren Antheil zu nehmen; er wurde jedoch in Frankreich unvermuthet angehalten und trotz der Reklamationen von England, Dänemark und andern Fürsten nicht eher entlassen, als am 11. März 1640.

Nach dem Westphälischen Frieden wurde er nun aber am 24. Oktober 1648 in seine rheinpfälzische Erblande und in die achte Churwürde, mit dem Erzschatzmeister=Amt, wieder eingesetzt, jedoch unter der Bedingung, daß der Churfürst und seine noch lebenden vier Brüder auf die obere Pfalz, und das Erztruchsäßen=Amt Verzicht leisten sollten. Dagegen verpflichtete sich der Kaiser, jedem der vier Brüder ein Aversum von 100,000 Reichsthalern, und einer Prinzessin, wenn sie sich verheirathen werde, 10,000 Reichsthaler zur Aussteuer auszuzahlen. Auch sollte die Mutter, Churfürstin Louise Juliane, Prinzessin von Nassau=Oranien, ein für allemal 20,000 Reichsthaler erhalten; sie war aber bereits am 5. März 1644 gestorben.

Nach dem geschlossenen Frieden zogen die bayerischen Kriegsvölker aus Mannheim und Heidelberg ab, worauf der Churfürst über Mosbach in seine Erblande den 25. September 1649, und den 7. Oktober dieses Jahres zu Heidelberg einzog.

Den 22. Februar 1650 vermählte sich Churfürst Carl Ludwig mit Charlotte, Tochter des Landgrafen Wilhelm von Hessen=Kassel, und wurden die Neuvermählten am 24. März dieses Jahrs in Heidelberg auf das glänzendste empfangen.

Dem Churfürsten wurde den 31. März 1651 zu Heidelberg ein Sohn, Churfürst Carl, geboren, und den 27. Mai 1652 eine Tochter Charlotte. Diese nahm den 15. November 1671 die katholische Religion zu Metz an, und vermählte sich den 24. November desselben Jahres mit Philipp, Herzog von Orleans; sie starb den 28. Dezember 1722 in einem Alter von 70 Jahren. Nach Ableben ihres Bruders, des Churfürsten Carl, welcher am 16. Mai 1685, als der letzte aus dem simmerischen Stamme, in einem Alter von 34 Jahren, 1 Monat und 16 Tag starb, machte ihr Gemahl, Herzog von Orleans, Namens seines Gemahlin Ansprüche theils an die Mobiliar=, theils an die Allosial= Verlassenschaft, uneractet dieselbe vor ihrer Verehelichung auf die Churlande feierlich Verzicht geleistet und dieses eidlich gelobt hatte.

Hieraus entstand der für die Pfalz so unglückliche und verderbliche Orleanistische Krieg.

Churfürst Carl Ludwig wendete sogleich nach gesichertem Frieden seine Sorge der zerstörten Stadt Mannheim zu und bereits am 1. November 1652 fing man an, dieselbe wieder aufzubauen. Der Churfürst bestätigte ihr die alten Rechte und Freiheiten, begünstigte sie auf alle mögliche Weise und die Stadt blühte unter seiner klugen Leitung und Fürsorge in kurzer Zeit wieder auf.

Churfürst Carl Ludwig gab der Stadt zu ihrer Sicherheit und dem Wohle ihrer Bewohner mehrere Privilegien, die in einem Dokument ausgesprochen sind, welches deutsch abgefaßt, in's Holländische übersetzt, am 18. Januar 1678 amtlich kopirt wurde und sich in dem städtischen Archive befindet.

Das Dokument lautet wörtlich:

„Endlich, damit die Einwohner zu Mannheim besto
„mehr versichert und ruhig sein mögen, daß Ihre Chur=
„fürstliche Durchlaucht und Dero Nachfolger sie bei
„gegenwärtigen ertheilten und noch künftigen Privilegien

„handhaben wollen und sollen. So wollen Ihre Chur=
„fürstliche Durchlaucht ihnen gnädigst verwilligen, auch
„hiermit und kraft dieses, daß die von Mannheim we=
„der Ihrer Churfürstlichen Durchlaucht selbsten, noch
„einige andere Herrn oder Herren, in deren Händen
„die Stadt Mannheim durch Verlauf der Zeiten ge=
„rathen möchte, zu huldigen noch ihre Pflichten abzu=
„legen schuldig sein sollen, es habe dann Ihre Chur=
„fürstliche Durchlaucht oder Dero Nachfolger, zu ewigen
„Tagen vorhin mit Handtreu und Eidesstatt denen von
„Mannheim öffentlich angelobt, daß sie dieselbe bei die=
„sen gegeben und noch künftigen Privilegien und Im=
„munitäten, sowohl was den reformirten Kirchendienst,
„als die Polizei betrifft, handhaben und schützen, und
„jedesmal bei Veränderung der Herrschaft einen Ver=
„sicherungsbrief, gleich denen von Frankenthal geschieht,
„überliefern wollen.

„Auch solle und muß die Stadt Mannheim nim=
„mermehr von der Pfalz verkauft, versetzt, durch Wit=
„tums= oder Heirathsgut oder auf einige Andere weiß
„oder weeg verändert oder veräußert werden, sondern
„ewig bei der Pfalz verbleiben, worauf auch alle die
„Einwohner zu Mannheim jedesmal bei der Huldigung
„schwören und Pflicht leisten sollen."

Den 3. Mai 1652 räumten endlich die Spanier nach
vielem Briefwechsel und deßhalb geführten Beschwerden die
seit 1623 innegehabte Festung Frankenthal, und Churpfalz
nahm davon wieder Besitz.

Zur Wiedererichtung des churfürstlichen Hofgerichtes er=
hielt Churfürst Carl Ludwig von Kaiser Ferdinand III. den
17. Juli 1652 ein unumschränktes Privilegium de non appellando, worauf dasselbe am 24. Juli eingerichtet wurde.

Den 1. November 1652 ließ Churfürst Carl Ludwig
die Universität Heidelberg mit großer Feierlichkeit eröffnen,
und besetzte die Lehrstühle der vier Fakultäten mit den be=

rühmtesten Lehrern Deutschlands. — Er ließ die Veste Friedrichsburg wieder herstellen, welche ihre besondere Verwaltungs-Verfassung erhielt und mit allen Nothwendigkeiten zu ihrer künftigen besseren Vertheidigung versehen wurde.

Die vorher in der Mitte derselben gestandene Citadelle ließ man eingehen, und benützte den Platz zu andern Gebäuden, welche mit der Stadtanlage vollkommen übereinkamen. Erbaut wurden in der Festung eine Wind- und zwei Pferdsmühlen, zwei Backöfen, ein Zeug- und Schütthaus, (das jetzige Theatergebäude steht an dessen Stelle), drei Pulverthürme, eine Kaserne für die Cavallerie und drei für die Infanterie, sodann drei Wachtstuben, und zu Gehabung frischen Wassers, mehrere gegrabene Brunnen.

Die Wiederherstellung der Friedrichsburg sah Frankreich nicht gerne, weßwegen auch der Prinz von Conde dem Churfürsten vorstellte, daß zu deren gehörigen Aufbauung und Unterhaltung königliche Mittel nothwendig seien; der Churfürst ließ sich jedoch nicht beirren, und erklärte, diese Veste am Oberrhein nöthig zu haben, um auch daselbst mitunter residiren zu können.

Den 13. Mai 1653 belehnte der Churfürst den Grafen von Sinzendorf zum ersten Male mit dem Erzschatzmeisteramt.

Den 31. Mai 1653 wohnte der Churfürst der römischen Königswahl zu Augsburg persönlich bei, und verrichtete am 18. Juni bei der Krönung das Amt eines Erzschatzmeisters. — Der Kaiser hatte Churfürst Carl Ludwig am 5. August 1652 mit der achten Churwürde und dem Erzschatzmeisteramt belehnet, und auch bestätigt in dem Instrumento Pacis zuerkannten Jura.

Den 5. Juli 1653 verglich sich Churpfalz mit Churmainz wegen dem Schatzungs-, Leibeigenschafts- und Bastardfallrechts in den drei Scheflenzer Dorfschaften, dann wegen Pfarr- und Kirchensatzungen zu Hemsbach, Lautenbach und Sulzbach, auch über andere Irrungen, besonders im Amt Labenburg.

Den 22. November 1653 schloß der Churfürst mit Ludwig Heinrich, Herzog von Simmern, einen Rezeß zu Regensburg, wegen eventueller Nachfolge in dem Oberamt Lautern, falls gedachter Herzog ohne männliche Erben versterben sollte. Darin wird das Stift und die Collectur Lautern, Probstei Enkenbach, Hof Bockenheim und Kellerei Kallstadt abgetreten, und die Huldigung in der Stadt Lautern bedungen.

Den 6. September 1654 ließ der Churfürst das bischöflich=speyersche Städtchen Deidesheim übersteigen, und die Geleitsgerechtigkeit darin ausüben.

Den 10. Januar 1657 ließ Churfürst Carl Ludwig die Churmainzische Zollschanze, Worms gegenüber, nehmen und schleifen.

Den 6. April d. J., nach Absterben des Kaisers Ferdinand III., ließ Churfürst Carl Ludwig die Reichsvicariats-Patente verkünden und anschlagen, wogegen Chur=Bayern protestirte.

Ob das Reichsvicariat der obern oder untern Pfalz, oder dem Erztruchsäßenamte zukomme, darüber ist vieles geschrieben und verhandelt, vom Kaiser und Reich aber nichts entschieden worden.

Den 14. April 1657 ließ sich der Churfürst von seiner ihm am 22. Februar 1650 angetrauten Gemahlin Charlotte, Tochter des Landgrafen Wilhelm von Hessen=Cassel, scheiden; von dieser Gemahlin waren ihm zwei Kinder geboren, ein Sohn, Churprinz Karl, den 31. März 1651 und eine Tochter, Charlotte Elisabeth, den 27. Mai 1652.

Der Churfürst vermählte sich an dem Scheidungstage zum zweiten Male mit dem Kammerfräulein Maria Louise, Tochter des Freiherrn Christoph Martin von Degenfeld und der Anna Maria Abelmann von Abelmannsfeld, welche eine große Schönheit gewesen sein soll. Die Trauung zur linken Hand vollzog der lutherische Pfarrer Hiskias Eleazar Heiland von Heidelberg zu Schwetzingen.

Die Ehescheidung und Wiederverehelichung des Chur=

fürsten machte großes Aufsehen, wie die derselben vorausgegangenen Ehestreitigkeiten zwischen dem Churfürsten und seiner Gemahlin Charlotte. Zur Scheidung mag aber hauptsächlich geführt haben, daß die Churfürstin Anfangs des Jahres 1657, auf dem Heidelberger Schloß, auf der Galerie des achteckigen Thurmes, von Eifersucht geleitet, das Kammerfräulein von Degenfeld durch einen Pistolenschuß tödten wollte, woran sie aber durch den Kammerherrn Grafen Wolff Julius von Hohenlohe, welcher ihr die Waffe entriß, verhindert wurde.

Den 7. Mai 1685 warf Churfürst Karl Ludwig auf dem Reichstage zu Regensburg dem bayerischen Gesandten, der wegen dem streitigen Reichs-Vicariat eine Schrift abgelesen, und darin der verwirkten Chur seines Vaters (des unglücklichen Friedrich V.) unzart erwähnt hatte, demselben das volle Tintenfaß nach, was großes Aufsehen verursachte, und dem Churfürsten viele Unannehmlichkeiten bereitete, die jedoch am 2. August d. J. glücklich ausgeglichen wurden.

Den 5. Oktober 1658 wurde dem Churfürsten von seiner Gemahlin Louise von Degenfeld ein Sohn, Carl Ludwig, geboren. In Folge dieses wurde mit Einwilligung des Churprinzen Carl, unter der Bestätigung des Kaisers Leopold am 11. März 1672 bestimmt, daß sämmtliche, dem Churfürsten aus dieser Ehe geboren werdenden Kinder in den Grafenstand erhoben werden, mit dem Namen Raugrafen von Pfalz, und selbigen die von Churpfalz lehnbare raugräfliche Landesportion angewiesen.

Den 9. Juni 1660 starb zu Paris Freiherr Ludwig von Selz, natürlicher Sohn des Churfürsten Carl Ludwig, den er mit einer Gräfin in England gezeugt hat. Zu dessen Andenken ließ der Churfürst eine Sterbemünze prägen. Avers: Dessen Brustbild mit der Umschrift: Ludovicus Dynastes de Salestione 1660. Revers: eine Pyramide mit der Aufschrift: Consectratio.

Der Bau der Veste Friedrichsburg war am 13. März

1663 vollendet und in Folge der früher (1652) der Stadt und nun 1663 bei benannter Gelegenheit von neuem ertheilten, und auf das huldvollste erweiterten Privilegien zogen eine Menge Einwohner der Stadt zu, von denen wohl über die Hälfte aus französischen und niederländischen Flüchtlingen bestand, die man Wallonen benannte.

Die Stadt und Festung, wie sie in diesem Jahr bestanden, und uns alle Pläne darüber nachweisen, hatte fünf Thore, nämlich: das Neckar=, Rhein= und Heidelberger Thor, welche beide letztere aber weiter oben, als die späteren standen, dann das Castell oder rothe Thor, welches auf der Westseite aus der Festung nach dem nahe daran vorbeifließenden Rhein führte. — In der Festung waren nach und nach die oben schon erwähnten Gebäuden und Kasernen, das churfürstliche Schloß, die Marställe, und hinter dem Schloß, auf der Südseite, der sogenannte rothe Thurm aufgeführt worden. Der freie Platz, welcher zwischen der Stadt und der Citadelle lag, hieß der Sand. (Jetzt nehmen ihn die sogenannten Planken ein). Sieben starke Bollwerke umgaben die Festung. Das oberste, gegen den Rhein gelegen, hieß das Bellvedere=Bollwerk; die drei gegen Süden und Osten: das Eichelsheimer=, Heidelberger= und Windmühlen=Bollwerk; die auf der West= und Nordseite: das Rhein=, Frankenthaler= und Bruder=Bollwerk. Acht weitere, durch Außenwerke gedeckte Bastionen umzogen die Stadt, und verbanden diese mit der Citadelle. Am Heidelberger Thor stand das Ziegelbollwerk, ihm folgte gegen den städtischen Baumgarten das Gartenbollwerk, dann das Krahnen=, Bronnen=, Stein=, Knochen=, Juden= und Rheinthor=Bollwerk.

Die Stadt war bis an die Planken ausgebaut, hatte über den Neckar eine Schiffbrücke, einen Krahnen, der damals oberhalb der Brücke stand.

Im Jahr 1663 war die ganze Stadt wieder erbaut, und zwar in der nämlichen Ausdehnung, von den Planken bis zum Neckar. Auf dem Platze der reformirten Kirche stand die Provisionalkirche; der Marktplatz war gegen früher um zwei Quadrate kleiner angelegt worden. Die Stadt hatte damals 493 Häuser mit 430 Familien und circa 3000 Seelen. Die Straße von der Friedrichsburg bis ans Neckarthor hieß, wie früher, die Friedrichsstraße, die rechter Hand in gleicher Richtung laufenden die Neustadter=, Ladenburger=, Bensheimer=, Kirchen= und Weinheimer= Gasse, links die Speyerer=, Wormser=, Geiger=, Frankenthaler=, Acker= und Bergen=, große und kleine Krappengasse; die Querstraßen rechts: Moritz=, Karls=, Eligents= und Robertsgasse, und links: Drappier=, Ludwigs=, Eduards=, Fischer=, Schlosser=, Hafner= und Neckargasse.

Die Mühlauinsel bestand damals aus zwei Theilen, dem gegen die Stadt liegenden Niedergrund und dem der Obermühlau an der Neckarmündung; die Bonabiesinsel bestand aus drei Theilen. Der Neckar floß in einem großen Bogen um den Rosengarten, doch war damals schon ein Durchstich hinter dem Rosengarten gemacht, der dem Neckar seinen jetzigen Lauf gab. Vor dem Einfluß des neuen Durchstichs lag die Insel Pfeiferswehrt.

Im Jahr 1653 den 12. Mai wurde durch eine Commission untersucht, ob das an die untere Mühlau stoßende Altwasser, zum guten Mann genannt, zur Mannheimer Gemarkung gehöre.

Die Gärten zwischen P 7 und S 6, die daneben liegenden Concaven und ein Theil der Kuhweide, bildeten damals den städtischen Baumgarten, der Platz des spätern Exerzierplatzes, von einem Altwasser des Neckars umgeben, hieß das Bellenwehrt. Das Quadrat E 5 war das niederdeutsche Waisen= und Altleuten=Haus; das Rathhaus stand auf dem Platze des jetzigen, es war zweistöckig, gegen den Platz acht Fenster breit, auf dem Platze der untern Pfarrkirche war damals die Stadtwaage und ein Privathaus; das Quadrat N 6 war das Spital, ein schönes zweistöckiges Gebäude mit einem Thurm.

Mannheim hatte ein Hospital, ein Waisenhaus und die nöthigen Schulhäuser. Es war in Quadrate eingetheilt und jede Straße führte ihren eigenen Namen. Der damalige Stadtschultheiß hieß Dr. Ellguet.

Im Jahr 1664 ließ Churfürst Carl Ludwig das über 40 Jahr ruinirte große Faß von Heidelberg durch den damaligen churfürstlichen Hofkeller Johann Maier mit vermehrter Pracht und Meisterschaft wieder aufrichten als Denkmal des nach so langen Kriegsdrangsalen wiederkehrenden Frohsinnes und goldenen Friedens.

Das neu errichtete Faß hatte eine Höhe von 24 Fuß und eine Länge von 30 Fuß erhalten, sein Bauch faßte 204 Fuder, 3 Ohm und 4 Viertel, und war, wie das erste, mit 24 eisernen Reifen umgeben, nur übertraf es, wie bereits gesagt, an Pracht und Manichfaltigkeit der Bildnerei das erste von Pfalzgraf Johann Casimir erbaute Faß. Auch das Heidelberger Schloß ließ der Churfürst, so viel in seinen Kräften stand, wieder herstellen, um die Spuren des Krieges auch hier durch Ausbessern zu verwischen.

Auch ließ Carl Ludwig die angelegte Schanze und den dicken Thurm am Heidelberger Schloß wieder aufbauen, verordnete aber den 5. September 1666, daß die von Churfürst Friedrich I. dem Siegreichen Trutzkaiser genannte Schanze in Zukunft die Sternschanze genannt werden sollte.

Wegen des von Churpfalz ausgeübten Rechts über die Heimathlosen (sogenannte Ins Wildfangiatus) kam es mit Churmainz zu Streitigkeiten und ließ Churfürst Carl Ludwig als Erwiederung der Mainzer Beschuldigungen eine Denkschrift erscheinen, die den Titel führte: Churpfalz Antwort auf Churmainz Schreiben; Friedrichsburg den 17. Mai 1665.

Die am 28. Juni 1665 geborene Raugräfin Friederika, Tochter des Churfürsten Carl Ludwig und der Freyin Louise von Degenfeld, seiner zweiten Gemahlin, starb zu Mannheim am 27. Juli 1674, 9 Jahre alt, und wurde später in der Concordienkirche beigesetzt.

Den 19. September 1666 wurde zwischen Churbranden=
burg und dem Herzog von Neuburg, wegen der Gülich'schen
Erbstreitigkeit, ein abermaliger Vergleich geschlossen, und eben=
falls vom Kaiser bestätigt den 17. Oktober 1667, wie den
25. Oktober 1678 den Hauptvergleich.

Schon am 11. Oktober 1651 wurde wegen dieser Erb=
streitigkeit von beiden Fürsten ein Friede zu Kleve geschlossen,
nachdem am 11. Mai 1624 der erste Vergleich zu Stande
gekommen war.

Im Jahr 1666 ließ der Churfürst durch den Bürger
Michael Tauthäus von Bacharach eine fliegende Brücke über
den Rhein zu Mannheim bauen, und der Churfürst fuhr
damit im Monat Juli zuerst über den Rhein.

Mannheim hatte von Pfingsten 1666 an drei schwere
Jahre zu ertragen. Die Pest wüthete und entvölkerte wäh=
rend dieser Zeit abermals die neu angelegte Stadt fast gänz=
lich. Die Opfer dieser Krankheit wurde auf dem Platze des
eingegangenen Garnisons=Kirchhofs begraben.

Als die verheerende Pest vorüber war, sammelten sich die
Einwohner von Neuem wieder, ja sie vermehrten sich sogar, und
verdoppelte ein Aufruf des Fürsten, die Zusicherung seines
Schutzes und seine großmüthigen Unterstützungen ihren Fleiß
und ihr Bestreben für das Aufkommen der Stadt.

Der Churfürst Carl Ludwig, über den augenscheinlichen
Fortgang und die Blüthe der Stadt erfreut, bezeugte der
neuen Pflanzung sein besonderes Wohlgefallen dadurch, daß
er das Schloß Friedrichsburg zum öftern Aufenthalt für sich
und seinen Hofstaat wählte, und die Bürger äußerst begün=
stigte. Durch eine in Heidelberg am 22. Mai 1669 ausge=
stellte Urkunde erweiterte der Churfürst die Privilegien der
Stadt Mannheim auf weitere 20 Jahre, welches von deren
Bewohner freudig aufgenommen wurde.

Im Jahr 1667 wurden die zwischen Churpfalz, dann
dem Churfürsten zu Mainz, Trier und Köln, den Bischöfen
zu Straßburg, Würzburg, Worms und Speyer, dem Herzogen

von Lothringen, dann verschiedenen Grafen und Ritterschaften, wegen der Leibeigenschaft, Wildfangs, Zoll, Geleit und Oeffnungsrechte obgewalteten Irrungen, durch den Heilbronner Schiedsspruch beigelegt und beendigt.

Den 14. Juli 1668 nahm Churfürst Carl Ludwig in eigener Person den Flecken Altenbaimberg sammt dem Schloß ein; und den 13. August eroberte derselbe das sickingen'sche Schloß und Städtlein Landstuhl, welches die Lothringer besetzt hatten, und machte die Garnison zu Kriegsgefangenen, weil sie von da aus die Pfalz durch Einfälle und Gelderpressungen beunruhigt hatten.

Aus gleicher Ursache belagerte der Churfürst das Schloß Honecken und nahm es am 20. August 1668 den Lothringern weg.

Den 28. Januar 1669 schloß Churfürst Carl Ludwig mit Walrab Grafen zu Nassau einen Vertrag über die Reifenberger und Hartsteinischen, der Churpfalz heimgefallenen Lehenantheile und Stockenheimer Gericht.

Den 5. Februar 1676 wurde der Friede zu Nymwegen geschlossen.

Wegen dem von König Ludwig XIV. von Frankreich mit den Niederlanden begonnenen Krieg schickte derselbe den Prinzen von Anjou hierher zu Churfürst Carl Ludwig, um diesen zu überreden, für Frankreich Parthei zu nehmen, welche Sendung aber nicht glückte. Bei Gelegenheit des Zuges der französischen Armee unter Turenne von Ladenburg nach Philippsburg statteten die französischen Generale Graf Guise und Lorge, dem Churfürsten in der Friedrichsburg einen Besuch ab. Turenne war ebenfalls vom Churfürsten eingeladen worden, aber nicht erschienen, da er wahrscheinlich nicht traute.

Im Sommer 1674 kamen die Kaiserlichen unter den Befehlen des alten Herzogs von Lothringen nach Mannheim und schlugen zwischen da und Ladenburg ein Lager auf, das sie aber, auf die Nachricht von dem Anrücken von 14,000

Franzosen unter Turenne, bald wieder verließen. Die Franzosen sengten und brennten in der Umgegend, und Churfürst Carl Ludwig konnte von dem Pavillon der Friedrichsburg aus sehen, wie sein Land auf eine furchtbare Weise verwüstet wurde.

Ohne Mittel zum Widerstande sieht der Churfürst sein Land leiden unter den Drangsalen der Franzosen und theilt die empörten Gefühle seines Volkes. Er machte dem General Turenne Vorwürfe über seine Handlungsweise und forderte denselben zum Zweikampfe auf. Dies geschah in nachfolgenden Zeilen, woraus zu entnehmen ist, wie väterlich und aufrichtig Churfürst Carl Ludwig für sein Volk und Land bedacht war:

Herr Marschall!

„Was Sie an meinem Lande verüben, kann un= „möglich auf Befehl des allerchristlichsten Königs ge= „schehen, ich muß es als Wirkung eines persönlichen „Grolles gegen mich betrachten. Es ist aber unbillig, „daß meine armen Unterthanen büßen, was Sie viel= „leicht gegen mich auf dem Herzen haben können, darum „mögen Sie Zeit, Ort und Waffen bestimmen, unsern „Zwist abzuthun."

Der französische Marschall Turenne setzte aber nicht sein Leben gegen das des ritterlichen deutschen Pfalzgrafen; er erwiderte, nur auf Befehl seines Königs zu handeln; doch schonte er von dieser Zeit an die Pfalz mehr, und verließ Schwetzingen den 27. Juli 1674, welches sein Hauptquartier gewesen.

Im darauffolgenden Jahre, den 27. Juli 1675, in der Schlacht bei Saßbach, bei einer lebhaften Kanonade, wurde Marschall Turenne, Nachmittags um 2 Uhr, durch eine Kanonenkugel in den Unterleib getroffen, und war auf der Stelle todt; dieselbe Kugel traf auch den Generallieutenant der Artillerie, Marquis de St. Hilaire, und riß diesem den linken Arm weg.

An der Stelle, wo Turenne fiel, ließ der französische Obergeneral Moreau 1796 ein Denkmal setzen, und als der Marmor verwitterte, erneute die französische Regierung im Jahr 1829 durch den jetzt stehenden 18 Fuß hohen Obelisk von Granit dasselbe.

Anfangs der 60er Jahre entstand die erste lutherische Gemeinde in Mannheim, zu der, außer der Raugräfin von Degenfeld, mehrere der Hofbeamten des damals in der Friedrichsburg sich aufhaltenden Churfürsten gehörten, unter diesen der Oberhofmeister Graf von Castell, der Oberhofmarschall Freiherr von Stein=Callenfels, die Geheimeräthe Freiherr von Degenfeld und von Borke, der Gouverneur Freiherr von Seeligkron.

Die Lutheraner wohnten Anfangs dem reformirten Gottesdienst bei, obgleich nach dem am 24. Dezember 1633 zwischen dem schwedischen Reichskanzler Orenstierna und dem Pfalzgrafen Ludwig Philipp abgeschlossenen Vergleiche sie eigene Pfarrer und Lehrer erhalten sollten, und solche selbst zu wählen hätten.

Schon 1664 thaten sie beim Churfürsten Schritte zur Erlangung eines Predigers, allein erst 1673 erhielten sie den ersten, Samuel Habius, dem schon 1676 Johannes Appetius folgte.

Im Jahr 1677, den 18. März, starb zu Heidelberg die zweite Gemahlin des Churfürsten Carl Ludwig, Louise, geb. Freiin von Degenfeld, an den Folgen ihrer vierzehnten Niederkunft. Der Churfürst ließ ihr zu Ehren eine Sterbemünze mit ihrem Brustbilde und der Umschrift prägen: Louise, pfälzische Raugräfin, des pfälzischen Churfürsten Carl Ludwig Gemahlin, geborene Freiin von Degenfeld. Revers: Eine weibliche Figur, die auf einem Altar in die Flamme das Opfer gießt. Oben die Ewigkeit, im Abschnitt 1677. Ihr Leichnam wurde anfänglich in Heidelberg beigesetzt, neben der Leiche ihrer früher verstorbenen Tochter. Als aber die im Bau begriffene Concordienkirche in Mannheim fertig war, wurden beide Leichname dahin geleitet, und vom Churfürsten mit seinem ganzen Hofstaate und Stadtrathe am Heidelberger Thor daselbst feierlich empfangen, und von da in feierlichem Zuge in die neu erbaute Concordienkirche geleitet und in der Gruft beigesetzt. — Der Churfürst hatte ihr zu Ehren und zum Andenken die schöne Eintrachtskirche bauen lassen, und dieselbe ihr geweihet, wozu der Churfürst eigenhändig am 29. März 1677 den Grundstein legte; dieselbe wurde innerhalb drei Jahren vollendet und 1680 den 27. Juni in Beisein des Churfürsten, des Churprinzen nebst dessen Gemahlin Wilhelmine Christine, Prinzessin von Dänemark und des Churfürsten Hofstaate feierlich eingeweiht. (Die Beschreibung der Kirchen, deren Erbauung und Einweihung nebst ihrer Geschichte sind besonders bearbeitet und der Geschichte Mannheims beigegeben.)

Churfürst Carl Ludwig hatte außerordentlich viel Anhänglichkeit an die verstorbene Raugräfin von Degenfeld gehabt; doch die Zeit, die alle Wunden vernarbt, hat auch diese geheilt, und zwei Jahre nachher hatte der Churfürst ein neues Verhältniß mit einem Fräulein von Berau angeknüpft, welche ihre Residenz in der Friedrichsburg im sogenannten schwedischen Hause hatte. Dieses Verhältniß wurde jedoch geheimer gehalten, als das frühere, was schon der Umstand zeigte, daß Fräulein von Berau mit ihren beiden Kammerfrauen zum Gottesdienste nach Neckarau fahren mußte.

Die von Ludwig XIV., König von Frankreich, eingesetzte Reunionskammer forderte von der Pfalz die Ueberlassung des großen Oberamts Germersheim, welches zu den Landeseinkünften ungefähr den fünften Theil beigetragen haben soll, und ergriff nach geschehener Verweigerung Zwangsmaßregeln.

Um sich Hilfe zu sichern, schickte Carl Ludwig den Erbprinzen Carl nach England, um König Karl II. zu Intervention zu bewegen.

Vor der Abreise des Churprinzen wurde noch die gerade

fertig gewordene Eintrachtskirche in der Friedrichsburg feierlich eingeweiht.

Der König von Frankreich, Ludwig XIV., drängte den Churfürst Carl Ludwig immer mehr, eine Allianz mit ihm abzuschließen oder zu gewärtigen, daß sein Land zerstört würde; als nun der Churfürst im Geheimen mit Oesterreich unterhandelte, bekamen die Franzosen Kunde davon und besetzten sogleich das Amt Germersheim, unter Graf Rochefort. Der Marquis von Bethune wurde nun nochmals an den Churfürsten gesandt, daß sich derselbe binnen 24 Stunden für Frankreich erklären solle, was aber ebenfalls ohne Erfolg blieb.

Churfürst Carl Ludwig wurde in Folge seines Alters, wohl auch durch die erlittenen Kriegsdrangsale, bald darauf krank, und ließ sich nach einer mit dem jüdischen Arzte Heyen gehaltenen Consultation am 28. August in einer Sänfte nach Heidelberg bringen. Die Ahnung eines baldigen Todes mag ihm sehr nahe gewesen sein, denn beim Ausgang aus dem Thore der Veste Friedrichsburg sagte er zu dem ihn begleitenden Regierungsrath Dr. Schreiber: „Nun ist es auch an mich gekommen!" Und in der That, als man kaum zu Edingen angekommen war, starb der Churfürst nach kaum achttägigem Kranksein in einem Alter von 62 Jahren, acht Monaten und 6 Tagen, den 28. August 1680, daselbst, zwei Stunden von Mannheim, in einem Garten, unter einem Nußbaum, worunter man schnell ein Lager bereitete, gegen 4 Uhr des Nachmittags. Sein Leichnam wurde nach seinem früheren Wunsche nach Heidelberg gebracht und in der Heiliggeistkirche beigesetzt.

Während seiner 30jährigen Regierung that Churfürst Carl Ludwig Alles, um seinem verwüsteten und entvölkerten Lande die schrecklichen Wunden eines beispiellos grausamen Bürger- und Bruderkrieges zu heilen.

Er belebte den Landbau, er füllte Dörfer und Städte, er gab die befriedigende Glaubens-Duldung.

Für Mannheim war Carl Ludwig besonders besorgt, bewilligte demselben 30jährige Zollfreiheit und sonstige Vortheile, wodurch viele Holländer, Schweizer und Franzosen zur Uebersiedlung veranlaßt wurden. Diese Fremden brachten Handel und Gewerbe in Blüthe, was den Churfürst bewog, die Zollfreiheit auf weitere 10 Jahre auszudehnen und die sonst ertheilten Privilegien zu befestigen.

Auch bemühte sich der Churfürst, die verloren gegangene pfälzische Gerechtsame wieder zu erlangen, die er theils durch Waffen, theils durch Vergleiche auch wieder an die Churpfalz gebracht hat.

Nach Absterben des Kaisers Ferdinand III. vertheidigte er zu Frankfurt das alte Reichsvicariatsrecht auf das eifrigste persönlich, wobei es mit dem churbayerischen Gesandten Thätlichkeiten absetzte, ließ die in Speyer angeschlagenen Churbayerischen Vicariats-Patente abreißen, und die Seinigen an deren Statt anheften.

Die Universität Heidelberg setzte er durch unermüdetes Bestreben in den Flor, und verewigte durch kluge Einrichtung und herrliche Thaten seine ganze Regierungszeit, auch führte Churfürst Carl Ludwig in seinem Land durch einen Regierungs-Erlaß zum ersten Male in der Pfalz den 18. Januar 1678 den Huldigungseid ein, welchen die Unterthanen bei jedesmaligem Regierungswechsel ihrem rechtmäßigen Fürsten feierlich zu leisten hatten.

Als größter Staatsfehler wurde ihm angerechnet, daß er die Verbindung seiner Tochter Charlotta Elisabetha mit dem Herzog Philipp von Orleans nicht hinderte, sondern noch begünstigte und dadurch den verderblichen sogenannten orleanischen Krieg über sein Land vorbereitet hat. Er hinterließ die Regierung seinem einzigen Sohne, Churfürst Carl.

### Nebenlinie des Churpfälzischen Hauses.

Den 14. Februar 1659 wurde Theodor, Herzog von Sulzbach, geboren, vermählte sich den 9. Juni 1692 mit Marie Eleonore Amalie, Tochter des Landgrafen Wilhelm von Hessen=Rothenburg.

Den 14. Dezember 1673 starb Ludwig Heinrich, Pfalz= graf zu Lautern und Simmern, ohne männliche Erben und überließ sein Fürstenthum an Churpfalz, setzte aber im Testa= ment vom Jahr 1670 seine Gemahlin, eine Prinzessin von Oranien, zur Erbin aller von ihm oder seinem Vater ge= kauften Güter ein; sie starb den 23. Dezember 1682.

Den 24. August 1679 ließ Pfalzgraf Leopold Ludwig von Veldenz seinen Sohn Gustav Philipp im 28. Jahre sei= nes Lebens, weil er ungehorsam gewesen, Andere sagen, weil er die katholische Religion angenommen habe, durch Jeremias Bertho im Gefängniß zu Lauterecken erschießen.

Den 29. September 1694 starb Leopold Ludwig, Pfalz= graf und Herzog zu Veldenz und Lauterecken zu Straßburg ohne Hinterlassung männlicher Erben, mit welchem die Vel= denzische Linie erlosch.

Den 26. Juli 1695 feierte Christian August, Herzog von Sulzbach, seinen fünfzigjährigen Regierungsantritt. Bei dieser Feierlichkeit wurden 250 Unterthanen gleichen Alters mit ihm an 22 Tafeln gespeist und dabei den Männern ein Ochs mit vergoldeten Hörnern, den Weibern aber eine Kuh mit versilberten Hörnern zum Verlosen gegeben; auch eine neu geprägte Denkmünze wurde ausgetheilt.

Den 23. April 1708 starb Christian August, Herzog von Sulzbach, 86 Jahre alt. Er war ein sehr gelehrter Herr, besonders in den orientalischen Sprachen bewandert und bemühte sich sehr eifrig, die Ansprüche des Hauses Sulzbach auf die Gülich= und Berg'sche Erbfolge geltend zu machen.

Den 30. Dezember 1649 vermählte sich derselbe mit

Amalie, Tochter des Grafen von Nassau, bekannte sich den 30. Dezember 1655 zur katholischen Religion. Er war der älteste unter allen Reichsfürsten, war geboren den 26. Juli 1622.

Den 15. April 1650 wurde Hedwig Auguste, Tochter des Herzogs Christian August von Sulzbach, geboren. Sie vermählte sich mit Sigismund Franz, Herzog von Oesterreich, nach dessen Ableben mit Julius Franz, Herzog von Sachsen-Lauenburg und starb den 23. November in demselben Jahre.

Den 24. Mai 1698 wurde Johann, Pfalzgraf von Birkenfeld geboren.

**Churfürst Carl, der letzte Stamm des Hauses Simmern.**

In die Regierung des Churfürsten Carl Ludwig folgte sein einziger erbfähiger Sohn Carl, geboren den 31. März 1651 in Heidelberg, vermählt den 20. September 1671 mit Wilhelmine Christine, Tochter des Königs Friedrich III. von Dänemark.

Carl studirte auf der Universität Orfort in England, und ließ sich daselbst zum Doktor Juris promoviren, schrieb auch unter dem Namen Philothei die schon 1977 im Druck erschienene „Symbola Christiana", und wurde bei seinem dortigen Aufenthalt mit dem großbritanischen Hosenband-Orden geschmückt.

Zur Zeit, als sein Vater starb, befand sich Carl noch in England, das er aber sofort verließ und den 25. Oktober 1680 in Heidelberg eintraf, um die Regierung anzutreten. Huldigen ließ er sich den 2. November in Heidelberg und seinen übrigen Erblanden.

Mit seiner Gemahlin lebte der Churfürst Carl nicht in dem besten Einverständnisse. Seine Gesundheit war angegriffen und schwach, und seine Regierung selbst kurz, indem er nur 4 Jahre und 8 Monate regierte.

Das hinderte ihn denn auch, mit gleicher Thätigkeit, wie sein Vater, sich den Regierungsgeschäften zu widmen; auch fehlte es ihm an dessen Geist und guten Eigenschaften; doch leitete er Alles in betriebenem Geleise fort, wenn er auch nicht erreichte, was seinem Vater möglich geworden war. Die Privilegien der Stadt Mannheim erneute Carl und ließ die noch unvollendeten Theile der Festung ausbauen; legte im Jahr 1681 am 9. Mai den ersten Grundstein zum neuen Neckarthor, von welchem aus um die ganze Stadt eine Ringmauer geführt wurde, und im Jahr 1684 den Grundstein zur neuen reformirten Kirche.

Bei der Grundsteinlegung zum neuen Neckarthor hielt der reformirte Pfarrer T. Ghim die Predigt, Zach. 4, 6. Das Thor wurde in drei Jahren (1684) vollendet, aber schon 1689 wieder zerstört. Die 1681 in den Grundstein gelegte Medaille kam später in das churfürstliche Münzkabinet.

Den 12. Juli 1681 legte Churfürst Carl den Grundstein zu dem sogenannten „Carlsthurm" im Heidelberger Schloß und wurde in diesen Grundstein eine Medaille gelegt mit einer Inschrift des Erbauers. Außen an dem Thurm war eine Aufschrift mit goldenen Buchstaben. Auch erbaute dieser Churfürst die Carlsschanze, und ließ in seinem dort angebrachten Wappen den Hosenband-Orden aufnehmen, den er bei seinem Aufenthalt in England erhalten hatte.

Im Jahr 1683 ließ Churfürst Carl das Schloß Heidelberg stark befestigen und in der Vorstadt eine Garnisonskirche erbauen. Der prächtige Carlsthurm und die Carlsschanze theilte aber mit dem Schloß gleiches Schicksal in dem orleanischen Erbfolgekrieg 1689; von dem Carlsthurm sind nicht einmal mehr Spuren des Daseins übrig geblieben.

Den 20. März 1682 verlieh Churfürst Carl den Mannheimer Bürgern eine zehnjährige Zollfreiheit für die von ihnen eingeführten Waaren und verlängerte am 14. November 1682 die der Stadt 1652 ertheilten Privilegien.

Durch Decret d. d. Heidelberg, den 27. Mai 1684,

schenkte der Churfürst der Stadt Mannheim die bisher zur
Feudenheimer Gemarkung gerechneten Neuwiesen.

Die Sparsamkeit Carl Ludwigs ward von seinem Sohne
Carl nicht eingehalten; die in der Friedrichsburg zu Mann=
heim aufgesparten Schätze und Baarsummen ließ Carl durch
seinen Premierminister Hagenberg nach Heidelberg verbringen
und verschlangen die von ihm veranstalteten Festivitäten große
Summen.

Den 2. Januar 1682 erließ der Churfürst ein scharfes
Verbot gegen das Laster des Ehebruchs, und setzte auf einen
einfachen Ehebruch die Strafe des Schwerts.

Im Monat Juli 1684 veranstaltete Churfürst Carl eine
Lustbelagerung des Schlosses Eichelsheim, dessen zerstörtes
Gemäuer zu diesem Zwecke verschanzt wurde. Die ganze
Garnison war dabei nach türkischer Art gekleidet. Der Chur=
fürst, während dem ganzen Manöver in Thätigkeit, trank bei
der brennenden Sonnenhitze schnell und viel hinein, was ihm
bald darauf ein hitziges Fieber zuzog, und eine Zehrung ver=
ursachte, die ihn bei sonst schon angegriffener Gesundheit dem
Grabe zuführte. Solche Feste fanden öfters statt in der
Gegend bei Mannheim, auf den nahegelegenen Schlössern
Friedelsheim, Ilvesheim und Eichholzheim, die damals Scherz=
weise Negoponte genannt wurden nach dem Namen einer
türkischen Insel. Diese Vergnügungen wurden meistentheils
zu Ehren des Hoffräuleins von Rüdt gehalten, mit welcher
der Churfürst ein zartes Verhältniß unterhielt; zum öftern
mußten sich die Theilnehmer daran, hauptsächlich bei kriege=
rischen Spielen, türkisch kleiden, wobei dann der Churfürst
als Großsultan das Ganze befehligte. Bei einer dieser
Scheinbelagerungen machte der Commandant des Schlosses
den Scherz, einen Ausfall zu unternehmen und die für den
Churfürsten und dessen Gefolge mitgebrachten Weine und
Mundvorräthe in die Festung wegzukapern, so daß der Hof
hungrig nach Heidelberg zurück mußte — ein Spaß, der ihm
theuer zu stehen kam.

Zu weiteren Vergnügungen ließ der Churfürst den großen Saal in dem dicken Thurme des Heidelberger Schlosses zu einem Schauspielhause umwandeln, und spielte zuweilen im Theater selbst mit.

Den 12. Mai 1685 machte Churfürst Carl, indem er keine Leibeserben hatte, und seine Kränklichkeit sich immer mehr steigerte, mit seinem Churnachfolger, dem Herzog Philipp Wilhelm von Neuburg, durch beiderseitige Bevollmächtigte zu Schwäbisch-Hall wegen der Religion, Dienerschaft und sonstigen Regierungsangelegenheiten einen Vertrag, welchen der Churfürst Carl aber nicht mehr unterschrieben hat, da ihn der Tod noch vorher ereilte.

Er starb den 16. Mai 1685, 34 Jahre, 1 Monat und 16 Tage alt, als letzter reformirter Churfürst aus dem Pfalz-Simmer'schen Stamme, der seit Churfürst Friedrich III., 1559, die Churpfalz regierte. Er liegt in der Heiliggeistkirche zu Heidelberg begraben.

Seine Gemahlin Wilhelmine Christine überlebte ihn 21 Jahre und starb den 23. April 1706.

Daran knüpft sich die von Louvois zu einiger Zerstreuung Ludwig des Vierzehnten, Königs von Frankreich, befohlene, mehr als tartarische Verwüstung der Pfalz, angeblich im (durchaus erträumten) Erbrechte auf die Pfalz von dem letzten Sprossen der Simmern, der Pfalzgräfin Charlotte, Gemahlin des Bruders Ludwig XIV., des Herzogs Philipp von Orleans und Mutter des Regenten. Die entwickelte, selbst die Speyerer Kaisergräber entheiligende, Canibalität der Franzosen wird den Deutschen ebenso unvergeßlich bleiben, als der der teuflische Zwietrachtsamen durch die Ryswicker Friedens-Clausel und durch den, bis zur Religionsbeclaration 1705 fortwüthenden kirchlichen Terrorismus, der fast alle Blätter der damaligen Pfälzer Zeitbücher füllte.

**Philipp Wilhelm aus dem Herzoglichen Hause Neuburg.**

Nach dem Erlöschen des Hauses Simmern nahm von dem churpfälzischen Throne Besitz: Herzog Philipp Wilhelm, aus dem Hause Neuburg, geboren den 25. November 1615. Noch in seinem 70. Lebensjahre erreichte ihn die getroffene Nachfolge in der Chur, wodurch sich sein Wahlspruch (endlich stufenweis) bewährte. Er ließ durch seinen vierten Sohn Ludwig Anton, damaligen Großmeister des deutschen Ritterordens, geboren den 9. Juni 1660, sogleich von der Churpfalz, seinem ihm zugefallenen Erblande, Besitz ergreifen, und nahm in eigener hoher Person, im nämlichen Jahre, am 1. Juni 1685, die Huldigung der Stadt Mannheim entgegen.

Den 3. August 1685 kam Churfürst Philipp Wilhelm mit dem ganzen Hofstaate in Heidelberg an, und hielt am 6. dieses seinen glänzenden Einzug daselbst. In Frankenthal ließ er sich in der Person seines Sohnes, des Prinzen Ludwig Anton, huldigen, woselbst dieser einen glänzenden Einzug hielt.

Churfürst Philipp Wilhelm war vermählt am 12. Mai 1642 mit Anna Katharina Constantia, Tochter des Königs Sigismund III. von Polen; sie starb den 20. März 1651, worauf er sich wieder vermählte am 24. August 1653 mit Elisabeth Amalie, Tochter des Landgrafen Georg von Hessen-Darmstadt, welche den 1. November desselben Jahres zur katholischen Religion übertrat. Er war ebenfalls katholisch, doch hielt er die von seinen reformirten Vorfahren in dem westphälischen Frieden bedungenen Rechte der Protestanten und Reformirten aufrecht.

Den 13. Oktober 1685 wurde unter der Regierung Churfürsts Philipp Wilhelm, der Grundstein zur hochdeutsch- und französisch-reformirten Kirche gelegt, und den 6. Oktober 1788 nach ihrer Vollendung feierlich eingeweiht.

Den 13. Oktober 1685 bestätigte Churfürst Philipp Wilhelm den Reformirten und Lutheranern das freie Religionsexercitium in der Pfalz, führte aber auch die katholische Religion ein und verbot alle Religionszänkereien.

Den 13. November 1685 gab der Churfürst und seine Agnaten dem Grafen Johann Ludwig von Nassau den Lehensbrief über das Stockheimer Gericht.

Der Churfürst Philipp Wilhelm bestätigte noch in dem Jahre seines Regierungsantritts der Stadt Mannheim ihre vollen Freiheiten und folgte ganz dem Vorbilde seiner erhabenen Vorfahren, wodurch die Stadt in einem Zeitraume von achtzig Jahren, unerachtet der vielen erlittenen Drangsale, zu einer bedeutenden Größe herangewachsen war. Sie zählte bis dahin schon 1800 Familien mit circa 12000 Seelen. Die guten Felder waren auf die nützlichste Art bepflanzt und gaben reichliche Ernten. Der Weinbau war nicht unbedeutend, Gewerbe, Handel und Wandel schwangen sich empor; und trieb Mannheim damals in den schönsten Blüthen eines glücklichen Emporkommens zu künftiger Größe und Macht.

Schon beim Regierungsantritt hatte Philipp Wilhelm der lutherischen Gemeinde der Stadt die Erlaubniß ertheilt, eine öffentliche Schule, Almosenkasse, eigenes Pfarrhaus, Spital und Kirchhof zu errichten, der Pfarrer Appelus ward vom Churfürst selbst durch Handschlag in Pflichten genommen, und erhielt die Bestätignng seines bisher bezogenen Gehalts von 100 Thalern.

Am 1. November 1685 wurde die erste Taufe in der Concordienkirche vorgenommen, und damit das lutherische Kirchenbuch angefangen. Das getaufte Kind war ein Söhnlein des Bürgers und Schmiedmeisters Johann Adam Schultheisen.

Die von seinem Vorgänger Carl Ludwig proponirte reformirte große Doppelkirche ließ er auf Kosten der Stadt auf dem den Reformirten schon vor mehreren Jahren geschenkten Platz, worauf die Provisionalkirche gestanden, erbauen. Bei der Einweihung derselben hielt der deutsch=refor=

mirte Prediger Tieleman Ghim eine Rede über 1 Petr. 2, 5. Durch ein Patent vom 25. März 1686 verlieh der Churfürst Mannheim noch beträchtliche Freiheiten.

Den 25. November 1686 feierte die Universität Heidelberg ihr drittes Jubiläum unter der Anwesenheit des Churfürsten Philipp Wilhelm, welcher zum Andenken an diese Feier eine Gedächtnißmedaille schlagen ließ, mit dem Universitäts-Wappen und dem Brustbilde des Churfürsten.

### Der Pfälzische oder Orleans'sche Krieg.

Das Emporkommen Mannheims wurde zum zweiten Male gestört und die Stadt wie die ganze Pfalz auf eine grausame Art der Zerstörung und Vernichtung preisgegeben.

Nach dem Tode des Churfürsten Carl erhob König Ludwig XIV. von Frankreich Ansprüche auf dessen Land für seinen Bruder, den Herzog Philipp von Orleans, der eine Schwester des verstorbenen Churfürsten Carl zur Gemahlin hatte.

Diese Erbansprüche konnten von pfälzischer Seite nicht angenommen werden, indem nach dem Reichs- und pfälzischen Gesetze an weibliche Nachfolger nicht vererbt werden konnte und weibliche Lehen aufgehoben waren und somit die Erblande bei dem männlichen Stamm verbleiben mußten. Auch gab Kaiser Leopold I. in Folge dieser Rechte das erledigte Churfürstenthum dem nächsten männlichen Anverwandten des Verstorbenen, dem Pfalzgrafen Philipp Wilhelm von Neuburg.

Um nun aber die von dem Herzog von Orleans gemachten Ansprüche auf die Allodialverlassenschaft des verstorbenen Churfürsten Karl mit Gewalt durchzusetzen, fielen die Franzosen den 4. September 1688 in die Pfalz ein, legten dem Lande, nebst andern Bedrückungen, unerschwingliche Brandschatzungen auf, bemächtigten sich der Städte Lautern, Neustadt und Alzey, und ließen sich daselbst huldigen.

Den 13. Oktober 1688 kam der Dauphin aus Frankreich in Heidelberg an und gab gute Vertröstungen, aber ohne Erfolg. Den 24. Oktober ging die Stadt Heidelberg mit Accord an die Franzosen über, und den 18. November die Stadt Frankenthal. Den 28. Januar 1689 verbrannten die Franzosen die Dörfer Rorbach, Leimen, Nußloch, Wisloch, Kirchheim, Wiblingen, Bruchhausen, Eppelnheim, Edingen und Neckarhausen. Den 2. Februar den Ort Handschuchsheim.

Von Darmstadt kamen endlich 3000 sächsische Reiter der guten Sache zu Hülfe. Den 1. Februar 1689 mußte Melac deßhalb Weinheim verlassen, aber um so härter ließ dieser am 16. Februar nun Heidelberg seinen Zorn empfinden. Das churfürstliche Schloß wurde geplündert, die Grabdenkmale der Churfürsten mit Gewalt erbrochen und beraubt; der dicke Thurm, die Thürme, Rondelle und Mauern wurden unterminirt und am 2. März, Morgens 9 Uhr, in die Luft gesprengt und die Brücke über den Neckar zerstört. Dasselbe Schicksal war auch der Stadt zugedacht. Zu ihrem Glücke hatte sie in dem General Tasso einen menschlichen Commandanten, der die befohlene Brandlegung mit vieler Schonung vollzog, und nach Mannheim abmarschirte, so daß der Brand von den Einwohnern gelöscht werden konnte und nur etwa 30 Häuser von den Flammen verzehrt wurden.

Nicht besser erging es den überrheinischen Ländern. In Speyer und Worms, den uralten ehrwürdigen Reichsstädten, wurde am 23. Mai verkündet, daß die Bewohner binnen sechs Tagen nach Frankreich auszuwandern hätten, oder ihres Vermögens verlustig würden.

Am 31. Mai, Nachmittags um 4 Uhr, wurde Speyer den Flammen übergeben. Die Gruft der deutschen Kaiser daselbst ward erbrochen, beraubt, die Gebeine auf die Straße geworfen. Zwei Tage später wurde auch Worms verbrannt.

Zu jener Zeit des Orleans'schen Erbstreit=Krieges kommandirte in Mannheim als Gouverneur Freiherr von Seeligenkron, unter ihm die Obristlieutenants Strub und Schenk; er traf alle Anstalten, dem Feinde mit Nachdruck zu begegnen. Die Besatzung bestand aber nur aus 900 Mann und die bewaffnete Bürger=Compagnie aus 1050 Mann, jedenfalls zu wenig, um die Werke gehörig zu besetzen.

Am 29. September 1688 erließ er eine Verordnung, wornach die Bürger ihre Waffen und Proviant in Stand setzen, jeder einen Schanzkorb auf den Wall liefern sollte und die Bürgersoldaten ihre Plätze angewiesen erhielten.

Auf das Rheinthor und Gartenbollwerk war die Hälfte der Compagien der Hauptleute Lantellier und Loget verwiesen, auf das Krahnen= und Ziegelbollwerk die Compagnie Bouchet, auf das Stein=, Brunnen=, Juden= und Knochenbollwerk die Compagnien Wilkhausen und Overkamp. Jede Nacht mußte von drei Bürger=Compagnien der vierte Theil ausrücken und bei dem Oberstlieutenant Schenk Ordre holen. Die Piemontesen standen als Reserve auf dem Sand, die Maurer, Zimmerleute, Wiedertäufer und Juden waren zum Löschen in die vier Viertel der Stadt vertheilt.

Am 22. Oktober 1688 besetzte der General Monclar das Städtchen Ladenburg, wodurch der Stadt und der Festung Friedrichsburg die Zufuhr auf dem Neckar abgeschnitten wurde.

Auf die Nachricht, daß am 24. Oktober 1688 die Stadt Heidelberg mit Accord an die Franzosen übergegangen sei, sank der Muth der Bürger und der schwachen Garnison, die Stadt und Festung gegen eine solche Feindesmacht zu vertheidigen.

Am 1. November 1688 stand General Monclar mit seinem Heere vor Mannheim's Mauern und traf Anstalten, die Stadt zu blokiren; er forderte den Gouverneur von Seeligenkron auf, die Stadt zu übergeben, welches aber verweigert ward.

Der Gouverneur ließ den Abgesandten des Generals Monclar nicht einmal über den Neckar kommen, sondern ließ durch einen Hauptmann demselben die Antwort ertheilen:

„Daß er zwar gegen Seine Durchlaucht des Deutsch„meisters höchste Person die tiefste Verehrung hege, und „über den von Höchstdemselben getroffenen Accord keine „Bemerkung sich zu erlauben wage, aber in seiner Lage „Niemand anderem als des Churfürsten von der Pfalz „und dessen Churprinz unmittelbaren Befehlen zur „Uebergabe der Stadt und Festung Friedrichsburg solche „geben werde, er sonach den General Monclar nach „Kriegsgebrauch erwarte."

Der Gouverneur erstattete nun sogleich einen umfassenden Bericht an den Kriegscommissariatsrath, in dem er den Zustand der Stadt und der Festung, die Verhältnisse der schwachen Garnison von 900 Mann Militär und der geringen Bürgermannschaft schilderte, mit welcher man unmöglich die Festung von sieben und die Stadt von acht Bollwerken zu vertheidigen im Stande sein werde; auch der Mangel an Lebensmitteln und hauptsächlich der Unmuth der Soldaten wegen des rückständigen Soldes, entwickelte er auf das evidenteste und bat um schleunige Vorkehr und Abhülfe. — Bei allen diesen Vorstellungen ließ man dennoch diesen wackern Mann in der peinlichsten Lage, sich selbst überlassen, weßhalb er gezwungen war, mit Gewalt von den Bürgern und Juden Wein und Fleisch für die Besatzung zu begehren, und die herrschaftlichen Zehntfrüchte anzugreifen, um nur das nöthige Brod seiner Mannschaft reichen zu können. Er erhielt zwar noch vor der Abreise des Deutschmeisters von Heidelberg auf inständiges Bitten einen Wechsel von 3 bis 500 fl., was ihm möglich machte, den Offizieren eine halbe Monatsgage und den Gemeinen zwei zehntägige Löhnungen auszuzahlen. Allein dies überwand die schlimme Stimmung nur auf kurze Dauer, da dieselbe sofort wieder reichlichen Stoff erhielt in gedruckten Aufforderungen, die von übelgesinnten, mitunter auch bestochenen Personen, in über sechzig Exemplaren ausgestreut wurden und folgendermaßen lauteten:

„Es wird hiermit dem sämmtlichen Rath und der „Bürgerschaft der Stadt und Festung Mannheim im „Namen Monsigneur le Dauphin ganz ernstlich zu wis= „sen gethan, daß, wofern sie die Stadt heute dato in= „nerhalb zwei Tagen Seiner königlichen Hoheit nicht „übergeben werden, nicht nur allein die Stadt gänzlich „geplündert und abgebrannt, sondern auch gegen die Ein= „wohner mit aller Schärfe ohne einige Gnade verfahren „werden soll, im Falle aber sie die Stadt innerhalb „bestimmter Zeit übergeben werden, so verspricht Seine „königliche Hoheit denselben alle Gnade, und sie bei „all ihrem Herkommen ohne einige Aenderung zu lassen; „denjenigen Soldaten aber, so sie sich wider ihre Offi= „ziere aufrührig zeigen, und eines Bollwerks sich als= „dann, oder eines Theils bemächtigen, und dieses ihres „Vorhabens ein Zeichen geben werden, verspricht Seine „königliche Hoheit nicht nur allein einem Jeden insbe= „sondere 10 Louisdor, sondern auch einen guten Paß „oder Dienst unter Seiner königlichen Majestät Trup= „pen, und ihre Offiziers zur nöthigen Bezahlung ihres „rückständigen Soldes anzuhalten. So gegeben im kö= „niglichen Hauptlager."

Den 3. November 1688.

Daß dieses verrätherische Umlaufschreiben die Besatzung in ihren Pflichten solcher Versprechen halber wankend machen konnte, und sie geneigt war, die Treue ihrem Landesfürsten zu brechen, wie sich gegen ihre Offiziere zu empören, beweist, daß man an der Thüre und einem Fenster des Kanzlei= Kellers, in welchem 300 Zentner Pulver lagen, brennende Lunten vorfand und daher die Bewachung des Kellers der Bürgerschaft übergeben werden mußte.

Diese Vorfälle machten die Bürger verzagt und muth= los, auch stifteten die unzufriedenen Soldaten unter der

Besatzung neue Meuterei an, zu deren Begegnung der Gouverneur die noch wenigen, in der Kriegskasse vorhandenen Montirungsgelder durch die Capitäns auszahlen ließ, um nur einigermaßen die erhitzten Gemüther zu beschwichtigen.

Unterdessen hoffte der Gouverneur Tag für Tag auf Succurs, jedoch vergebens. Der Feind fing am 8. November an, die Laufgräben am Rosengarten zu eröffnen, auf welche Arbeit sogleich ein heftiges Feuer von der Stadt gerichtet wurde.

Am 9. ds. wurden von dem Feind sechs Kanonen über dem Neckar aufgefahren, um von da das Krahnenbollwerk zu beschießen. (Der Krahnen lag damals oberhalb der Neckarbrücke.)

Die Franzosen errichteten bald noch zwei weitere Batterien, eine aus zwölf halben Chartaunen und die andere aus sieben Mörsern; das unausgesetzte Feuer der Belagerten demontirte bald drei Mörser und wurden die Batterien darauf zurück verlegt.

Den ganzen Tag und die Nacht dauerte das Feuer ununterbrochen fort, eine Bombe hatte gezündet, und beim Anblick der emporsteigenden Flammen und der rasch aufeinander folgenden Kugeln und Bomben, welche der Feind auf die Stadt warf, stürzten die Bürger von den Wällen, um Familie und Habe zu schützen und zu retten.

Vom 8. bis 10. ds. waren 412 Bomben in die Stadt geworfen, über 40 Häuser zerstört und der übrig gebliebene halbe Muth der Bürgerschaft vollends verloren.

Die Bürger gingen darauf den Magistrat mit Bitten an, sich der Discretion des Dauphins zu überlassen; der Magistrat verwendete sich bei dem Gouverneur dafür, welcher aber eine solche, seiner Ehre und Pflicht widerstreitende Zumuthung standhaft von der Hand wies, und von keiner Capitulation irgend etwas hören wollte. Er forderte im Gegentheil den Magistrat auf, mit allen seinen Kräften bei der Bürgerschaft dahin zu wirken, daß sie dem am 9. ds. über

2000 Schritt vom Rhein gegen die Festung vorgerückten Feinde den kräftigsten Widerstand entgegensetzen möchte.

Allein der Gouverneur hatte vor dem zudringlichen Magistrate keine Ruhe, ja dieser verfolgte ihn sogar bis auf die Batterien in der Festung und bat unaufhörlich um Uebergabe. Der Gouverneur beharrte fest auf seinem Entschluß, und verwies den Magistrat zur Geduld, worauf dieser folgendes Schreiben an den Gouverneur Freiherr von Seeligenkron übergab.

Der Magistrat der Stadt Mannheim erkläre Folgendes: „Daß die Bürger mittelst allgemeiner Stimmung beschlossen „haben, daß sie abgemattet durch lange Wachen während der „17tägigen Blokade, ihre Häuser zerstört, die Gewerbe und „Geschäfte darnieder liegend und ohne Nahrung, da ferner „auch schon ein Theil der Stadt in Asche liegt, und sich „gegen eine solche starke Macht nicht mehr halten kann, und „es überhaupt gegen den herannahenden Feind an Mannschaft, „Artillerie und Munition fehlt, — sich nicht länger einer „solchen Belagerung aussetzen wollen. Es sei zudem die „Pflicht der Bürger, das herrschaftliche, wie auch das eigene „Interesse bestens zu beobachten. Sie seien demnach ent= „schlossen, ihre Gewehre niederzulegen, und nicht mehr mit „dem Feinde zu kämpfen, sondern zu capituliren, indem der „Magistrat und die Bürgerschaft ohnehin kein Succurs zu „hoffen hat, die Stadt aber im wirklichen Feuer und verlassen „dastehe, die Bürger die Wälle verlassen um in ihre Häuser „zurückzugehen, nachdem sie dem Magistrate zur Pflicht auf= „erlegt haben, zeitlich für sie zu reden, und sich ihrer anzu= „nehmen. Auch haben sie sich beschweret, daß ihre Frauen, „durch Angst und Schrecken gepeinigt, auf die Festung ge= „laufen sind, und Betttücher mitgebracht haben, um diese „ausstecken zu lassen, zum Zeichen der Uebergabe der Stadt „und Festung Mannheim; die Tücher sind ihnen aber zurück= „behalten und sie selber fortgejagt worden. Um allen ferne= „ren feindlichen Verfolgungen für die Folge zu entgehen, er-

„suchen wir um Uebergabe der Stadt und Festung, und wer=
„den uns in keine Capitulation einlassen, dieses vielmehr
„allein der Verfügung des Herrn Gouverneurs überlassen,
„und so viel wie möglich den bestehenden Brand zu löschen
„suchen, ohne der Festung Präjudiz abzuwenden.
„Mannheim, den 10. November 1688."

Hierauf hielt der Gouverneur mit sämmtlichen Offizieren einen Kriegsrath, in Folge dessen der Bürgerschaft zwar erlaubt wurde, aus ihrer Mitte einige Deputirte in das feindliche Lager abzusenden, jedoch nur unter der Bedingung, „daß sie ohne Vorwissen und Genehmigung des Gouverneurs keine Capitulation, noch sonst das Geringste der Stadt und Festung Mannheim Nachtheiliges abschließen dürften." Dieses sagten sie zwar feierlich zu, hielten es aber nicht, indem sie folgenden Accord verabredeten und in die Stadt mit zurückbrachten:

„Nachdem der Mannheimer Stadtrath und die
„Bürgerschaft sich meiner Discretion ergeben, als bin
„ich gemeint, sie sämmtlich bei ihren Privilegien, Recht
„und Gerechtigkeit zu erhalten, und im Fall der Gou=
„verneur von der Festung, oder die pfälzische Garnison
„durch Einwerfen deren Bomben, oder mit ihren
„Kanonenschüssen den Kirchen oder Häusern in der
„Stadt einigen Schaden zufügen werden, so sollen sie
„von mir weder Pardon noch Capitulation bekommen.
„Ich begehre hingegen, vermöge deß, so ich durch gegen=
„wärtiges Schreiben dem Rath und Bürgerschaft ac=
„cordire, daß sie Morgen frühe, als den 11. November,
„meinen Truppen, so ich dahin commandiren werde, der
„Stadt Neckarthor einräumen sollen, und solches durch
„meine Völker besetzen lassen.

„Gegeben im Lager vor Mannheim, den 10. No=
„vember 1688.

(L. S.)  Louis."

Der Gouverneur, über das eigenmächtige und pflicht=

widrige Verfahren der Stadtdeputirten aufgebracht, verweigerte standhaft die Abgabe der Schlüssel zu benanntem Thor, das die Stadt vermöge dieses Accords den Franzosen öffnen sollte. Als aber die Bürgerschaft Anstalten traf, welche dem Gouverneur anzeigten, sie würden mit Gewalt dem Feinde dieses Thor öffnen, und ihm kein Mittel mehr zu Gebot stand, die Bürger zur ferneren Vertheidigung der Stadt anzuhalten, oder sie an ihrem Vorhaben zu verhindern, so mußte er sich darauf beschränken, die in der Stadt befindlichen Kanonen nebst Munition wo möglich in die Festung zurückzuziehen. Er wollte eben von der unter dem Commando des Obristlieutenants Verken und des Majors Wagner in der Stadt gelegenen, 300 Mann starken Besatzung die Fahnen dahin verbringen lassen, was aber schon nicht mehr gelang, da nur noch 40 Mann folgten; alle übrigen gingen zu den in die Stadt einziehenden Franzosen über, welchen die Bürgerschaft die Thore an diesem denkwürdigen Tag, den 11. November, mit Gewalt geöffnet hatte.

Ehe diese Ereignisse eintraten, hatte der Feind die von dem Eichelsheimer Thurmgemäuer eröffneten Tranchéen längs dem Damme fortgeführt und am 10., früh Morgens, aus einer Batterie von 15 und einer andern über dem Rheine errichteten von 9 halben Karthaunen, den rothen Thurm und dessen Ravelin zu beschießen fortgefahren. Die Batterie über dem Rhein bestrich den Graben und das Außenwerk und benahm zum drittenmale die zu dem Rothenthurm-Ravelin gestandene Laufbrücke.

Sobald nun in diesem Ravelin, das von Obristlieutenant Jungheim's Dragoner und Infanterie gemeinschaftlich vertheidigt wurde, die Brustwehr etwas durchschossen, einige der Mannschaft blessirt und etliche getödtet waren, da wollte Keiner mehr, weder auf der Brustwehr, noch in der Festungs-Linie rechts des rothen Thurmes, bleiben; jeder weigerte sich, den Befehlen der Vorgesetzten zu gehorchen. Alle Vorstellungen, sowohl gute Worte als Drohungen, waren vergebens.

Man kanonirte anderwärts unterdessen noch immer gegen die feindlichen Batterieen fort, und zwar mit so gutem Erfolge, daß 3 mit Bomben (Carcassen) und anderen Brandgeschossen beladene Schiffe auf dem Rheine von den Festungsbatterien in den Grund gebohrt wurden. Hätte man damit fortgefahren, so wäre die Absicht des Feindes in dieser Nacht, trotz seines Bombenwerfens und steten Vorrückens gegen die Festung, vereitelt worden.

Da aber, in Folge der Meuterei der Mannschaft, die ganze Nacht vorbeiging, ohne daß aus benanntem Ravelin ein Schuß geschehen wäre, so bekam der Feind einen solchen Vortheil, daß er sich mit seinen Approchen bis an die Peine der Contreescarpe wagte.

Den 11. kanonirte der Feind aus seinen Batterien unaufhörlich, wodurch die Brustwehr des Ravelins sehr beschädigt wurde. Auch schnitten sich die Franzosen in der Stadt bei dem Heidelberger Thore, außerhalb des Grabens, auf der Pleine ein, und fingen von da aus an, eine neue Batterie gegen die Festung anzulegen, welche auch eine der wirksamsten wurde, da die Festung gegen die Stadt ohne Außenwerk, bloß mit einem schmalen Graben ohne einige Contre-Escarpe versehen war.

Mittags hinterbrachten einige Offiziere dem Gouverneur der sich gerade auf einer Batterie befand, die Nachricht, daß die Soldaten im Rothenthurm-Ravelin unter sich ein Complott gemacht und beschlossen hätten, alle ihre Offiziere zu ermorden, im Falle man länger zögern würde, zu capituliren Es stehe deshalb bei einem solchen Aufruhr zu befürchten, daß sowohl er, der Gouverneur, wie auch sie von den Franzosen zu Kriegsgefangenen gemacht werden könnten. Bei so bewandten Umständen sei reiflich zu überlegen, ob man sich noch weiter vertheidigen, oder eine ehrenvolle Capitulation annehmen wolle.

Der Gouverneur entschied sich im Augenblicke weder für das Eine noch das Andere; er sprach sich dahin aus, daß man die Nacht noch abwarten wolle, um zu erforschen, ob die complottirenden Soldaten auf ihrer Drohung beharren würden oder nicht, um hiernach seine Maßregeln weiter nehmen zu können. — Als nun hierauf der Gouverneur mit den Stabsoffizieren in das Ravelin des rothen Thurmes kam, fanden sie nicht einen Mann an der Brustwehr: alle waren herab in das Ravelin gelaufen. Auf gütliches Zureden und mehrfache Versprechungen des Gouverneurs hin, begaben sie sich jedoch wieder auf die Brustwehr und chargirten abermals auf den Feind; sie begehrten jedoch, daß man sie ablösen möge, indem sie sich die ganze Nacht über ermüdet hätten, und sehr abgemattet wären, was ihnen vom Gouverneur auch sogleich zugestanden wurde.

Zu diesem Zweck commandirte der Gouverneur die Reserve in das Ravelin; sie widersetzte sich ihm jedoch mit den Worten: „Welcher Teufel will da hinüber auf die Metzelbank gehen? Wird nochmals die Communiciations-Brücke und das Schiff zusammengeschossen, wo soll man sich dann nachgehends hin retiriren? Es ist nicht mehr um die Zeit, daß die Offiziere Meister sind; man zahle uns ins Teufels Namen unseren rückständigen Sold!" (Diese Worte wurden von dem Rädelsführer Schütz gesprochen.)

Ueber ein solch freches, subordinationswidriges Benehmen aufs höchste erzürnt, riß der Gouverneur einem nahe bei ihm stehenden Soldaten das Gewehr aus der Hand und wollte eben diesen sich zum Obersten der Meuterer aufgeworfenen Frevler niederschießen, als er durch einen Stabsoffizier, der ihm das Gewehr in die Höhe schlug, daran verhindert wurde.

Hierauf fing der nämliche Rädelsführer wiederholt zu schreien an: „Ihr Bursche haltet euch an mich, ich will euer Obrist sein; wir wollen die Bluthunde, die Officiere, über den Haufen schießen. Steckt einen doppelt brennenden Lunten an!" —

Auf dieses sprangen sechs Mann auf den Gouverneur los, und setzten ihm die Gewehre mit dem Zurufe auf die Brust:

„Es ist nicht mehr um die Zeit! Gieb uns unseren rückständigen Sold, oder Du bist des Todes!"

Als nun der Gouverneur und sämmtliche Staboffiziere sich überzeugt hatten, daß alle Treue und Pflicht von ihren Soldaten gewichen, die Dragoner und Infanteristen den Wall verließen, auch einige Miene machten, sogar das Zeughaus zu erbrechen, und ihnen sonst kein Mittel zu Gebot stand, diese Zügellosigkeit zu bezähmen, so ließ der Gouverneur sämmtliche Offiziere der Garnison vor sich fordern. Er stellte ihnen ein treues Bild der ihnen selbst bekannten Lage vor Augen, und forderte sie zu einer pflicht= und gewissenhaften Erklärung, welche Maßregeln nun zu ergreifen wären, auf. Worauf dann der einstimmige Beschluß gefaßt wurde:

Die Festung werde nur wegen der unter der Garnison ausgebrochenen Meuterei übergeben.

Der Hauptradelsführer Hartmann Schütz hatte versprochen, den Franzosen vom rothen Thurme aus, ein Zeichen zum Eindringen zu geben. War er nun auch daran verhindert, indem die Stiege auf diesen Thurm abgebrochen war, so hatte man doch auch keine Mittel zur Vertheidigung mehr, wenn auch noch kurze Zeit die Feinde von dem Eindringen in die Stadt abstehen sollten.

Der Gouverneur mußte sich also entschließen, zu capituliren. Es wurden deshalb zwei Obristlieutenants in das feindliche Lager, und zwei von dort dagegen in die Festung geschickt und die Capitulation abgeschlossen.

In Folge dieser Capitulation wurde am 12. November, gegen Mittag, den Franzosen nach Kriegsgebrauch das Festungs=Stadtthor geöffnet, und von denselben mit einem Bataillon besetzt.

Beim Einrücken der Franzosen rottete sich ein Theil der Rädelsführer zusammen, um die in der Wohnung des Obristlieutenants Schenk befindlichen Fahnen zu zerreißen, was aber mit Hülfe der Franzosen behindert wurde. Vor seinem

Abmarsche hielt v. Seeligenkron noch über die Rädelsführer Standrecht und ließ zehn niederschießen)

Den folgenden Tag, Nachmittags 2 Uhr, verließ die Garnison, noch in 400 Mann bestehend, die Festung durch das Rheinthor und defilirte vor dem Dauphin, der mit seinem Generalstab zu Pferd sich dort befand.

Der Gouverneur von Seeligenkron stieg ungefähr 20 Schritte von dem Dauphin vom Pferde und machte ihm die üblichen Honneurs mit der Bemerkung: „Daß er diese Festung nur in Folge der ausgebrochenen Meuterei übergeben müsse, er deßhalb hoffe, daß ihm auch kein anderer Beweggrund — etwa Mangel an Tapferkeit und Ausdauer — zugeschrieben werden dürfte."

Der Dauphin entgegnete ihm hierauf: „daß er dieses Unglück für ihn wohl erkenne, ihn zwar bedauere, aber das Zeugniß ihm ertheile, als Mann von Ehre und Pflicht sich tapfer vertheidigt zu haben."

Nachdem von Seeligenkron seinen Abschied vom Dauphin genommen und erhalten, setzte er sich 30 Schritte von ihm wieder zu Pferd, und nahm seinen Marsch mit einer ihm beigegebenen Eskorte von 50 Pferden über die über den Neckar geschlagene kupferne Schiffbrücke, bis nach Viernheim, wo er übernachtete. Am 14. marschirte er nach Weinheim, von da am 15. nach Auerbach und den 16. nach Arheiligen und Eberstadt, woselbst ihn die Escorte verließ. — In Eberstadt weigerten sich seine Dragoner, weiter zu folgen, und verließen pflichtwidrig ihre Fahnen, ja sie drohten sogar Seeligenkron mit dem Tode, wenn er ihnen die geringste Schwierigkeit mache; weßhalb er bei einem hessendarmstädtischen Gardemajor um Schutz und Beistand nachsuchte, der ihm auch auf der Stelle bewilligt wurde.

Am 17. kam er dann nach Frankfurt, wurde in Bornheim einquartirt, von wo er mit seiner Mannschaft am 18. weiter marschirte, und von dem Landgrafen von Hessen=Cassel bis auf weiteren Befehl des Churfürsten in Schutz und

Dienste genommen und gleich anderen Hülfstruppen verpflegt wurde.

Nach erfolgtem Abzuge der pfälzischen Truppen aus Mannheim übernahm der französische Obrist Harcort das Commando daselbst. Er ließ sogleich alle Geschütze von den Wällen auf den Zeughausplatze führen, die in dem Zeughaus geborgenen Kisten und Kasten aufschlagen und den Soldaten preisgeben. Für sich forderte derselbe zur Auslösung der Glocken, des Kupfers und anderer Gegenstände 20,000 fl. von der Bürgerschaft.

Nach dieser erpreßten Contribution wurden die Geschütze, selbst die schwersten, sowohl aus der Stadt, als der Festung, nach Philippsburg gebracht. Nun begann man die Wälle und die Mauern nebst allen churfürstlichen Gebäuden zu demoliren.

Das Bigard'sche Infanterie= und das Cavallerieregiment Bourbon hatten durch ihre unmäßigen Forderungen die Mittel der Stadt fast gänzlich aufgezehrt; die Bürgerschaft glaubte deshalb mittelst einer unterthänigst ausführlichen Vorstellung und Bitte von dem Intendanten Le Grange einige Erleichterung, hauptsächlich wegen der geforderten Geldsumme, zu erhalten. Allein dieser warf die Supplik mit den derben Worten hinweg, „daß es noch nicht Zeit sei, jetzt schon um Erleichterung zu bitten". Er wies sie jedoch zu dem Kriegs-Commissär La Serre, welcher auch eine Verordnung erließ, wornach jede Portion Heu 15 Pfund, Stroh 5 Pfund, Hafer 13 Pfund enthalten, und der Mann des Tags nicht mehr als ein Pfund Fleisch und eine halbe Maas Wein begehren dürfe; während ein Obrist 12, ein Obristlieutenant 10, ein Capitän 6, ein Lieutenant 4 und ein Fähndrich 3 Maas zu fordern berechtigt sein solle. Allein diese Vorschrift wurde weder von dem Stadtcommandanten, noch vom Platz=Major, noch von den übrigen Offizieren und Gemeinen geachtet. Im Gegentheil, Alle bestürmten jetzt erst recht ihre Wirthe mit allen möglichen Forderungen, bis zum Glück der General

Montclar ankam, und auf die Vorstellung der Bürgerschaft um Milderung ihrer Noth, den strengsten Befehl ertheilte: „daß die von dem Kriegs-Commissär La Serre publicirte Verordnung unverbrüchlich gehalten werden müsse, die Offiziere hiernach behandelt und das zuviel Gelieferte wieder abgezogen werden dürfte." Er gab auch zugleich die Versicherung: „daß die Stadt wegen Brand und Plünderung durchaus nichts zu befürchten habe."

Die Einwohner setzten ihren vollen Glauben in die Worte dieses menschenfreundlichen Generals, und suchten jede Gelegenheit auf, ihre Dankbarkeit der Garnison auf alle mögliche Weise erkennen zu geben, in der Hoffnung, ihre Häuser und ihr Eigenthum dadurch zu sichern und zu erhalten. Dennoch konnte dies Alles die gute Stadt nicht retten, nachdem Heidelberg verbrannt und die daselbst gelegene Garnison nach Mannheim verlegt worden war.

Am 3. März 1689 versammelten sich bei dem Intendanten alle Generale, zu welchem Morgens 10 Uhr Bürgermeister und Rath beschieden wurde, denen er ein königliches Decret vorlas. Nach demselben „sollten alle Gebäude abgerissen, und die Stadt Mannheim unbewohnbar gemacht werden."

Der Intendant und die Generale bezeugten zwar bei dem Schrecken, der den Magistrat befiel, ihr Mitleid, entschuldigten sich aber mit dem königlichen Befehl, welchem unter ihrer Verwaltung entsprochen werden müsse. Jedoch wollten sie den Bürgern gestatten, ihre Häuser selbst abzubrechen und die Materialien über den Rhein zu führen. Dazu gebe man ihnen eine Frist von 10 Tagen, nach deren Verlauf die Soldaten den allerhöchsten Befehl exccutiren müßten, bei welcher Gelegenheit man nicht für eine allgemeine Plünderung stehen könne.

Da nun der Anfang mit Niederreißen der Häuser schon des anderen Tages gemacht werden müsse, so möchten die Bürger diesen Abend noch sich hierüber erklären; unterdessen rathe man den Besitzern der vorderen Reihe Häuser, ihre Mobilien in den Keller zu verbringen, und so diese vor dem ersten Anlauf und etwaiger Habsucht der Soldaten zu sichern.

Zugleich wurde den Einwohnern bekannt gemacht, „daß diejenigen, welche in das Elsaß, nach Straßburg oder Landau überziehen wollten, nicht nur einen Paß und Platz zum Bauen, sondern auch eine 10jährige Personalfreiheit und freie Ueberfuhr ihrer Mobilien erhalten würden, wozu aber die Bürger keine Lust bezeigten. Ebenso wenig konnten sie sich entschließen, selbst Hand an die Vernichtung ihrer Häuser zu legen. Sie empfahlen sich der Gnade des Königs, und baten nur um freien Abzug, wohin es ihnen beliebte; dieser wurde ihnen, jedoch nur nach großen Schwierigkeiten, endlich zugesichert.

Am 5. März begann das Einreißen der Häuser, zu welcher Aufgabe 400 Soldaten commandirt waren. Die unglückliche Bürgerschaft gerieth dabei nochmals in die größte Gefahr, indem die Offiziere auf die Bezahlung der den Gemeinen noch rückständigen Winterquartiergelder drangen, und man ihnen, neben einem Geschenke von mehreren hundert Gulden, auch die so theuer erkauften, schönen Kirchenglocken überlassen mußte:

Das Ab- und Einreißen war den französischen Humeurs viel zu langweilig, weshalb Nachts 10 Uhr beschlossen wurde, die übrigen Gebäude abzubrennen; hiezu gab dann Sonntag den 6. März, früh 5 Uhr, eine abgeschossene Feuerkugel das Signal.

Kaum waren die Thore geöffnet, so drängte Alles hinaus; man sah und hörte nichts als Jammer und Elend. Weinende Mütter, die ihre Kinder auf den Armen und Päcke mit den Resten ihrer Habe auf dem Kopfe und Rücken trugen; erbitterte, finster blickende Männer — Alles lief in bunter Menge, in Angst und Verzweiflung der Neckarbrücke zu, denn man befürchtete deren Abbruch, und noch herzlich froh, betrat man das jenseitige Ufer, hatte man doch das Leben, wenn auch nur das nackte Leben, gerettet.

Da erschien das Verbot, die Neckarbrücke weiter zu passiren; doch unternahmen es immer noch viele, bis jenseits des Neckars sächsische Dragoner sich zeigten, und es versuchten sich der Brücke zu bemächtigen. Bei dem Gefechte, das sich deshalb entspann, fiel Capitän Douison, einer der wenigen menschenfreundlichen französischen Offiziere.

Hierauf wurde nun die Brücke wirklich abgeworfen, und die Lage der unglückflücklichen Bewohner hierdurch erschwert. Noch mehr aber wurde sie es durch die Unmenschlichkeit des französischen Commandanten Le Grange, der mit dem Befehl, die Stadt anzuzünden, zugleich das Verlassen derselben verboten hatte.

Mit dem Niederbrennen der Häuser wurde so lange fortgefahren, bis das letzte darniederlag, und die überaus schöne hochdeutsche, die reformirte und die wallonische Kirche durch mehrere Pulverminen gesprengt und niedergeworfen waren. Was die Bürger und Einwohner der Stadt in der Eile nicht mit sich fortnehmen konnten, wurde auf dem Marktplatze zusammengetragen, und öffentlich als Beute erklärt. Dabei hatten verschiedene Bürger das Unglück, theils verwundet, theils erschossen zu werden, weil sie sich um ihr Eigenthum wehrten. Frucht und Wein wurde theils verschenkt, theils um die Hälfte des Werthes wegzuführen angeboten; obwohl eine beträchtliche Quantität muthwillig verdorben wurde, oder ohne Fürsorge verderben mußte.

Nächst dieser Verwüstung der Stadt, galt es auch der Festung Friedrichsburg und der darin gestandenen schönen Concordienkirche, welche, nachdem die prächtige Orgel nach Straßburg abgeführt, unterminirt und in die Luft gesprengt wurde. Ja, selbst die Todten hatte man ausgegraben und beraubt; darunter den Leichnam der Raugräfin v. Degenfeld, den man aus dem zinnernen Sarge riß, und diesen, wie die Sammtdecken hinwegbrachte.

Den Grundstein der so gänzlich zerstörten Concordien=
Kirche ließ später der Pater Guardian des Kapuzinerklosters,
Goetzbard, ausgraben. Von den darin enthaltenen Gegen=
ständen bot er die goldene Medaille dem damaligen Chur=
fürsten Philipp Wilhelm von der Pfalz an, der sie ihm aber
wieder schenkte, worauf solche von dem Churfürsten von
Brandenburg erkauft wurde, der sie dem Berliner Münz=
kabinet einreihte. Die silbernen Münzen kamen in das
Mannheimer Münzkabinet.

So bezeichnete der Feind in seiner Unmenschlichkeit die
Stätte der in der Heiterkeit der Jugend aufblühenden Stadt
und Festung durch einen Steinhaufen. Die ganze Pfalz
theilte dieses Schicksal, und man schätzt, daß viermalhundert=
tausend Menschen durch diese Schreckensscenen an den Bettel=
stab gebracht wurden.

Wer vor dem Feinde noch etwas gerettet hatte, entfloh
in die entferntesten Gegenden Deutschlands. Viele wurden
das Opfer des Elends; wenige, die nicht wußten wohin,
siedelten sich jenseits des Neckars, den Ruinen gegenüber, bei
dem sogenannten Schafbrunnen auf dem Sandbuckel, nächst
dem ehemaligen Rabensteine, wieder an. Sie errichteten sich
schlechte Hütten zu ihrem einstweiligen Aufenthalt, welchen
sie das neue Mannheim zu nennen pflegten, und versuchten,
ihr trauriges Leben unter mühsamer Befruchtung des armen
Sandbodens zu fristen.

Im Januar 1693 kamen die Franzosen unter Melac
über den Neckar und verbrannten einen Theil der Hütten
des neuen Mannheims.

Diese traurigen Zustände und Schicksale waren aber
um so drückender, als sich dieselben die Bewohner Mann=
heim großentheils selbst zuzuschreiben hatten. Dem edeln
Muth und der Standhaftigkeit des Gouverneurs von
Seeligenkron gegenüber, hatten sie kein Vertrauen, ob=
gleich derselbe bis zum letzten Augenblicke mit Gefahr sei=
nes Lebens während der Meuterei der Garnison ausgehalten

hatte, und nur ungern dem Beschlusse des Kriegsraths, die
Stadt zu übergeben, nachgab. Mit schwerem Herzen ent=
schloß er sich, Mannheim einem Schicksale preiszugeben, das
ihm nicht zweifelhaft war. Er sah wohl ein, daß sich die
Bürger durch glatte französische Worte bethören gelassen, und
im Wunsche, aus den Gefahren des Kriegs zu sein, hofften,
ihrer Privilegien und Freiheiten unter der fremden Macht
ebenso versichert zu sein, wie unter der Regierung ihres
rechtmäßigen Churfürsten.

Die Geschichte hat bewiesen, wie sehr sie getäuscht wur=
den und wie sie mit der Vergebung des rechtmäßigen Schutzes
den Untergang der Stadt bewirkten. Doch ist Vieles dieser
Vorgänge dem Umstande zuzuschreiben, daß die Bevölkerung
zum größten Theile aus Eingewanderten bestand, die noch
nicht die Anhänglichkeit an Fürst und Vaterstadt bewähren
konnten.

Denn nur ein Eingeborner hält fest auf seine Vater=
stadt, wie auch auf seinen rechtmäßigen Fürsten, er gibt beide
um keinen Preis auf, und hält aus in Treue und Pflicht.

Den Schaden, der durch die Zerstörung Mannheims
im Jahre 1688 bis 1690 angerichtet wurde, berechnete man
damals für die Stadt auf 2,608,654 fl. und für die Fried=
richsburg auf 1,100,744 fl.

———

Am 23. Juni 1689 ließ Churfürst Philipp Wilhelm
durch ein Patent von Neuburg an der Donau aus allerorts
verkünden: wie er entschlossen sei, alles Mögliche anzuwen=
den, um die Stadt Mannheim wieder aus ihrer Asche empor
zu heben. Zugleich erging an alle Oberämter der Befehl,
die geflüchteten Bürger und Einwohner in allen Städten
und Dörfern, wohin sie sich wenden würden, aufzunehmen,
sie auf alle mögliche Weise gastfreundlich zu unterstützen und
ein ganzes Jahr lang von allen Abgaben frei zu lassen.

Darauf erneute er im Jahre 1690 die Privilegien der Stadt und ließ dieselben durch den Druck öffentlich bekannt machen.

Die lutherischen Bürger Neu=Mannheims, welche mehrere Jahre ohne Seelsorger waren, wählten sich als Pfarrer Daniel Ludwig Mettenius. Derselbe wurde am 31. Januar 1698 der Gemeinde durch den Pfarrer Schlosser von Heidelberg vorgestellt und sollte später der erste Prediger an der neuerbauten Trinitatiskirche sein. Da er sich aber bald darauf, wegen eines Vorfalles, von der Kanzel Ausfälle gegen die Kirchenvorsteher erlaubte, so mußte er nach einem churfürstlichen Befehl am 31. Juli 1708 seine Stelle verlassen. Er war ein gebildeter und gescheidter Mann und später als schwedischer Gesandtschaftssecretär in Paris sehr bekannt.

Als erster Pfarrer an der neuen Kirche wurde 1710 C. D. List, bis dahin in Weinheim, gewählt.

Den 2. September 1690 starb Churfürst Philipp Wilhelm zu Wien, wohin er sich zum Besuch seiner Tochter, der Kaiserin Eleonore Magdalena begeben hatte.

Churfürst Philipp Wilhelm war der erste Fürst aus dem neuburgischen Stamm. Er kam in dem hohen Alter von 70 Jahren zur Regierung. Während des verderblichen orleanischen Krieges hielt er sich meistentheils zu Düsseldorf oder Wien auf, und hatte von dem Besitze der Churlande wenig Freude und Nutzen. Er regierte nur fünf Jahre von 1685 bis 1690. Als erster katholischer Churfürst nach der Reformation, führte er die katholische Religion in der Pfalz wieder ein.

Seine erste Ehe mit Anna Catharina Constantia war unfruchtbar; seine Gemahlin starb den 20. März 1651.

In der zweiten Ehe mit Elisabeth Amalie, Tochter des Landgrafen Georg von Hessendarmstadt, zeugte er 9 Prinzen und 8 Prinzessinnen.

Von den Prinzen wurden drei Churfürsten; die übrigen Deutschmeister oder Bischöfe. Von den Prinzessinnen war eine an den Kaiser Leopold und zwei an Könige vermählt.

Seine zweite Gemahlin Elisabeth Amalie starb den 4. August 1709, nach einer 19jährigen Ehe.

Die Kinder dieser zweiten Ehe waren folgende:
1) Eleonore Magdalena, geboren den 6. Januar 1655. Sie war zur Gemahlin des Kaisers Leopold ausersehen. Nach beendeter Anwerbung schickte der Kaiser am 10. November 1676 den Fürsten Lichtenstein nach Neuburg, um die königliche Braut abzuholen, und am 13. desselben Monats verzichtete sie auf die Herzogthümer Neuburg, Jülich und Berg. Am 14. Dezember war das Beilager zu Passau, und am 28. kam das hohe Brautpaar in Wien an, wo sie am 19. Januar 1690 als Kaiserin gekrönt wurde. Andacht und Tugend übte sie täglich aus. Sie starb den 10. Jan. 1720, in einem Alter von 65 Jahren.
2) Churfürst Johann Wilhelm, geboren den 19. April 1658, Nachfolger in der Regierung der Churpfalz bei Rhein.
3) Wolfgang Wilhelm, geboren den 5. Juli 1659. Er widmete sich dem geistlichen Stande und war Domherr zu Köln und Straßburg. Er starb den 3. Januar 1683, in einem Alter von 24 Jahren.
4) Ludwig Anton, geb. den 9. Juni 1660, gest. den 4. Mai 1694. Er widmete sich anfänglich dem Kriegerstande und zeigte seinen Heldenmuth gegen die Türken bei der Belagerung von Ofen; später wählte er den geistlichen Stand, wurde den 10. Dezember 1679 Deutschordens-Ritter, den 16. darauf Coadjutor und 1684 Deutschmeister, den 22. August 1689 Probst zu Ellwangen, den 19. April 1691 Coadjutor zu Mainz, den 3. Januar 1694 Bischof von Worms, und am 21. April Bischof zu Lüttich, wo er starb und begraben liegt.

5) Churfürst Carl Philipp, geboren den 4. November 1661 in Neuburg, Nachfolger seines Bruders Johann Wilhelm in der Churwürde.
6) Alexander Sigismund, geboren den 16. April 1663, gestorben den 24. Januar 1737; er wurde 1681 als Coadjutor zu Augsburg erwählt, und am 1. April 1690 zum wirklichen Bischof. Er erreichte ein Alter von 70 Jahren.
7) Franz Ludwig, geboren den 25. Juli 1664, gestorben den 18. April 1732. Er wurde am 30. Jan. 1683 Bischof von Breslau, den 13. Juli 1694 Deutsch=Meister, den 20. Juli desselben Jahres Bischof zu Worms und Probst zu Ellwangen, den 5. November 1710 Coadjutor zu Mainz, den 20. Februar 1716 Churfürst von Trier und den 4. November 1729 Churfürst von Mainz. In jedem seiner Bisthümer ließ er Kirchen, Altäre und Schlösser bauen, und machte viele milde Stiftungen. Im Dome zu Worms ist der kostbare Altar, der Bischofshof und andere Denkmäler ein überzeugender Beweis davon. Er liegt in Breslau begraben.
8) Pfalzgraf Friedrich Wilhelm, geboren den 20. Juli 1665, gestorben den 23. Juli 1689 bei der Belage=rung von Mainz im Alter von 24 Jahren. Anfäng=lich widmete er sich den Wissenschaften und wurde 1685 Rector Magnificentissimus der Universität Hei=delberg. Unter seinem Rectorate feierte dieselbe ihr drittes Jubiläum. Nachher wählte er den Kriegerstand und erwarb sich großen Ruhm, den er aber wegen seines frühen Todes nicht auf die höchste Stufe brin=gen konnte. Er liegt in Düsseldorf begraben.
9) Maria Sophia, geboren den 6. August 1666.
10) Maria Anna, geboren den 20. Oktober 1667, ver=mählte sich am 25. August 1689 zu Neuburg mit Carl II. König von Spanien. Ihr Bruder Alexan=

der Sigismund, Bischof von Augsburg, welcher an eben
diesem Tage zum Priester geweiht wurde und die
erste Messe gelesen hatte, verrichtete die Trauungs=
Ceremonie. Sie wurde den 1. Novbr. 1700 Wittwe
und starb den 16. Juli 1740 in einem Alter von 73
Jahren. Ihr Leichnam wurde in dem Escurial, dem
königlichen Begräbniß beigesetzt.

11) Pfalzgraf Philipp Wilhelm, geboren den 18. Novem=
ber 1668, vermählte sich den 29. October 1690 mit
Anna Maria Franziska, der Tochter des Herzogs
Julius von Sachsen=Lauenburg. Er starb den 10.
April 1693 zu Reichsstadt, in einem Alter von 25
Jahren.

12) Dorothea Sophia, geboren den 5. Juli 1670. Sie
vermählte sich den 3. April 1690 mit Eduard II.,
Herzog von Parma, und nach dessen am 5. Septbr.
1693 erfolgten Tod mit dessen Halbbruder, dem Her=
zoge Franz Farnesius von Parma. Mit dem ersten
Gemahle zeugte sie Elisabetha, die spätere Gemahlin
des Königs Philipp V. von Spanien. Sie starb den
8. Juli 1648, 78 Jahre alt.

13) Hedwig Elisabeth Amalie, geboren den 18. Juli 1673,
vermählte sich den 25. März 1691 mit Jakob Lud=
wig Sobieski, Sohn des Königs Johann III. von
Polen; sie starb den 10. August 1722, im Alter von
49 Jahren.

14) Leopoldine Eleonore, geboren den 27. Mai 1679, ge=
storben den 8. März 1693, 14 Jahre alt, als Braut
des Churfürsten Maximilian von Bayern.

Vom Hause Neuburg war also die älteste Prinzessin
Eleonore Magdalena Theresia, die einflußreiche Gemahlin des
Kaisers Leopold, dessen Schwester die erste Gattin des Chur=
fürsten Johann Wilhelm war.

Die übrigen neuburgischen Prinzessinnen waren an
König Karl II. von Spanien, an Peter von Portugal, an

die Herzoge von Parma vermählt; die jüngste hatte Hoffnung auf die Polenkrone durch ihren Gemahl, den jungen Sobieski.

Mit dem Tode Carls II. begann der spanische Erbfolgekrieg. Er brachte eine strenge Nemesis über Scheyer und Wittelsbach.

Die Trauerscenen von 1621 bis 1623 wiederholten sich 1704 bis 1715, nur daß zwischen Bayern und Pfalz die Rollen wechselten. Was damals in Habsburgs Interesse Max von Bayern an seinem Vetter Friedrich V. von der Pfalz that, das that jetzt in demselben Interesse Johann Wilhelm von der Pfalz an Maxens Enkel, an Max Emanuel von Bayern. Dieser wurde geächtet, wie damals Friedrich V., die bayerischen Lande zerrissen und getheilt, wie einst die pfälzischen — Wittelsbach wurde wieder mit wittelsbachischem Gut bezahlt und die Chur, sowie die Oberpfalz mit Cham kam wieder an die Pfalz zurück.

Frankreich erzwang zwar später die Wiedereinsetzung Max Emanuels und seines Bruders Clemens von Köln.

### Churfürst Johann Wilhelm.

Nach dem Ableben des Churfürsten Philipp Wilhelm folgte in der Regierung im Jahr 1690 sein ältester Sohn Johann Wilhelm, damals 32 Jahr alt, geboren den 19. April 1658.

Als Prinz hatte er von 1674 bis 1677 Frankreich und England bereist. Den 25. Oktober 1678 vermählte er sich mit Anna Maria Josepha, Tochter des Kaisers Ferdinand des Dritten, zu welcher Zeit sein Vater ihm die Regierung der Gülich= und Bergischen Landen überließ. Seine erste Gemahlin starb den 14. April 1689 im elften Jahre ihrer Ehe. Hierauf vermählte sich Johann Philipp zum zweiten Male mit Anna Louisa, Erbtochter Cosmi III. Großherzog von Florenz, den 5. Juli 1691. Diese ist gestorben den 18.

Februar 1743 und mit ihr der letzte Zweig des so berühmten Hauses Medicis.

Den 4. August 1699 starb Maria Sophia, Tochter des Churfürsten Johann Wilhelm, Gemahlin Peter II., König von Portugal, mit welchem sie sich den 2. Juli 1687 vermählt hatte. Ihr Gemahl folgte ihr den 9. Dezember 1706 in die Ewigkeit nach.

Johann Wilhelm trat die Regierung an zur Zeit, als das Kriegsunglück schwer auf seinen Landen lastete, als viele Städte und Orte in Asche lagen und die Kriegsvölker des Königs Ludwig XIV. von Frankreich alles verwüstet und verheert hatten. Er suchte Alles zu thun, was in seinen Kräften stand, das harte Schicksal seiner Unterthanen zu mildern, und bestätigte die von seinem Vater gegebenen Freiheiten auf's Neue mit weiteren Privilegien, welches nach einem Decret vom 24. Februar zu Heidelberg im Druck erschienen. Er gab darin die feste Versicherung die gerechtsame Freiheiten der Unterthanen unverbrüchlich zu halten und auf alle Weise zu beschützen; er ermuthigte und forderte alle vertriebenen Bürger auf, sich wieder in die pfälzischen Landen zu begeben, und auf bessere Zeiten zu vertrauen.

Die Franzosen rückten aufs Neue am 9. Mai 1693 vor Heidelberg und eroberten dasselbe nebst dem Schloß durch Verrätherei des Commandanten Hebbersdorf fast ohne die geringste Gegenwehr in wenigen Tagen.

Am 22. Mai 1693 wurden sie Meister von der Stadt, und am 23. von dem Schloß und dessen Schanzen. In der Stadt ward hierauf geplündert, dieselbe angezündet und gänzlich verheert. Das Schloß ward unterminirt und gesprengt, und Alles, was noch von der im Jahr 1689 angerichteten Verwüstung von dem vormals so prächtigen Schlosse übrig war, zerstört; ja nicht einmal die churfürstlichen Gräber wurden geschonet, sondern die Särge erbrochen und die Gebeine herausgeworfen.

Der Commandant von Heidelberg, General von Heb-

bersdorf, wurde wegen der schändlichen Uebergabe, nach vor=
gängiger Entehrung den 20. Juni 1693 erschossen.

Auch die in armseligen Hütten auf dem Sandbuckel sich
angesiedelten Mannheimer Bürger und Einwohner ließ man
nicht in Ruhe und setzte sie mancherlei Bedrängnissen, Furcht
und Schrecken aus; so im Januar 1693 setzte der franzö=
sische General Melac, nachdem er in Bacherach und der Um=
gegend die junge Mannschaft mit Gewalt hinweggenommen
hatte, mit etlichen Schiffen über den Rhein, und verbrannte
mehrere der leicht angebauten Häuser des sogenannten Neu=
Mannheims.

Was besonders traurig bei Kriegen und Eroberungen
erscheint, ist die Zerstörung der Denkmäler. Nicht allein daß
man die Menschen um Hab und Gut bringt und viele in
grenzenloses Elend und Armuth stürzet, nein man übt die
blinde Wuth der Zerstörung auch an leblosen Gegenständen,
die man gleichgültig, ohne zu fragen, was sie bedeuten und
wer sie geschaffen hat, der Vernichtung überliefert, und wenn
man darüber hinweggetreten ist, noch Wunders glaubt, wel=
chen Sieg und welche Heldenthat erfochten zu haben.

Trotz diesen Grausamkeiten der französischen Waffen
ließ sich Churfürst Johann Wilhelm durch die schmeichelhaf=
ten Versprechungen Ludwig XIV., Königs von Frankreich,
nicht wankelmüthig machen und zur Untreue gegen Kaiser
und Reich verleiten, sondern er bot alles Mögliche auf, das
Beste seinem Lande, demselben einen ersprießlichen Frieden zu
erwirken.

Nach vielen Schwierigkeiten kam auch endlich und glück=
lich ein solcher am 30. Oktober 1697 zu Ryswick in Hol=
land (der sogenannte Ryswick'sche Friede) zu Stande, nach
welchem Frankreich alle außerhalb dem Elsaß gelegenen Be=
sitzungen, hauptsächlich alle zur Churpfalz gehörigen Orte
wieder herausgeben, dagegen der Churfürst in Betreff der
Orleanischen Ansprüche, der Frau Herzogin von Orleans so
lange jährlich 100,000 fl. zahlen mußte, bis die Sache durch

einen zu erzielenden Hauptvergleich erledigt werde. Zu Schiedsrichtern wurde der Kaiser und der König von Frankreich erbeten, welche die Erbschaftsangelegenheiten nach den Reichsgesetzen entscheiden sollten, und im Falle sie sich nicht darüber vereinigen könnten, solche der Entscheidung des Papstes zu überlassen hätten.

Da beide Fürsten aus Unbekanntschaft der Reichsgesetze sich nicht verständigen konnten, so erging dann von Rom aus in dieser Sache am 17. Februar 1702 das Endurtheil, nach welchem der Churfürst von allen auf die Allodialverlassenschaft der Simmer'schen Linie gemachten Ansprüche, so wie die Frau Herzogin von Orleans von der angestellten churpfälzischen Gegenforderung gänzlich freigesprochen, dem Churfürst hingegen aufgelegt wurde, dieser Fürstin ein für allemal die Summe von 300,000 römischen Thalern für ihre sämmtlichen Forderungen zu bezahlen.

Der Churfürst Johann Wilhelm hatte seine Residenz, da Mannheim und Heidelberg gänzlich zerstört waren, in Düsseldorf aufgeschlagen.

Heidelberg hatte ihm noch vor seiner gänzlichen Zerstörung am 8. September 1690 gehuldigt. Mit dem Bischof zu Worms verglich sich der Churfürst wegen dem, dem Herzogthum Simmern zustehenden Ausschreibamt und Directoria beim oberrheinischen Kreise. Den 5. Juli 1691 versetzte er wegen der damaligen beschwerlichen Zeiten das Oberamt Borberg an das Bisthum Würzburg um 300,000 Gulden.

Den 8. Dezember 1692 empfing der Churfürst vom Kaiser die Reichslehen.

Den 30. Oktober 1697 wurde der Friede zu Ryswick geschlossen, wodurch das von der Krone Frankreichs in Anspruch und wirklichen Besitz genommene churpfälzische Oberamt Germersheim wieder an die Churpfalz abgetreten werden mußte.

Den 18. April 1698 errichteten die Lutheraner in Churpfalz ein eigenes Consistorium, und wurde dasselbe den 4. Dezember 1699 von Churfürst Johann Wilhelm bestätigt.

Den 24. Mai 1698 begnadigte Churfürst Johann Wilhelm seinen damaligen Hofkanzler Franz Melchior Freiherr von Winser mit den durch die erloschene Hirschhorn'sche Familie heimgefallenen Lehen.

Der Churfürst traf am 24. Mai 1698 ernstliche Anstalten zum Wiederaufbau der Stadt Mannheim, bestätigte derselben am 31. Oktober 1698 ihre Privilegien und Freiheiten auf 30 Jahre, welche damit verlängert waren bis zum Jahr 1727. Die Bauplätze wurden unentgeltlich von dem Magistrate vertheilt und forderte der Churfürst die nach Magdeburg übergesiedelten Mannheimer Walloner durch den Gemeinderath auf, wieder nach Mannheim zu kommen, was jene aber mit Schreiben vom 18. und 28. Dezember 1697 aus dem Grunde ablehnten, daß der doppelte Umzug ihnen zu viele Kosten verursache.

Der Churfürst ließ sich durch den berühmten holländischen Ingenieur Köhorn einen Riß zur neuen Stadt und Festung entwerfen, nach welchem die Wieder=Erbauung rasch betrieben wurde. Dabei wurde die ehemalige Festung Friedrichsburg umgangen, da in Folge die ganze Stadt in die Festung eingeschlossen werden sollte.

Durch die Erweiterung der Privilegien kamen dann Franzosen und Niederländer zur Ansiedlung und vermehrten die Bevölkerung rasch, die Vieles vom leichten Sinne ihrer Voreltern bewahrt hatte und in der Hoffnung auf glücklichere Zeiten schnell das kaum überstandene Unglück vergaß.

Stadtschultheiß war 1692 Johann Simon Jörger, an dessen Stelle 1706 Johann Leonhard Lippe trat, welcher letztere 1711 zum Stadtdirektor befördert wurde.

Auch legte der Churfürst, da die im Jahr 1684 erbaute reformirte Kirche durch die Franzosen zerstört worden war, eine andere Kirche neben der Baustelle der alten, für alle drei Religionen an, welche in der benannten Religionserklä=

rung 1705 den Reformirten aber allein zufiel. Im selben Jahre erlaubte er den Kapuzinern, ein eigenes Kloster in der Stadt zu erbauen, und beförderte dessen Vollendung aus eigenen Mitteln. (Das jetzige Haus Lit. E 4 No. 8 soll in früherer Zeit, nach einem alten Plane, das Hospitum der Kapuziner gewesen sein.)

Im Jahr 1699 begannen die Einwohner der zerstörten Stadt (die sogenannten Neu=Mannheimer) ihre Hütten über dem Neckar abzubrechen, und wieder in die alte Stadt über=zuziehen, wo ihnen wie jedem fremden Ankömmling erlaubt wurde, auf den von den vorigen Besitzern verlassenen oder auch auf öde gelegenen Plätzen neue Wohnungen aufzuführen. Nach dem neuen Stadtplan durften diesmal an den Häusern keine vorspringende Erker ec. ec. mehr angebracht werden.

Es baute nun, wer nur bauen konnte, und Alles war beschäftigt, das dritte Mannheim empor zu bringen. Die darauf noch erfolgten, viel versprechenden Versicherungen des Churfürsten, die großmüthigen Unterstützungen, die Schen=kung der Bauplätze, die Freiheit der Beifuhr der Lebensmitteln und der Baumaterialien, wie die Freiheit von Schatzung und Accis, die eifrigen Vorkehrungen für den guten Gang der Gewerbe und des Handels; die Bemühungen zur Ver=schönerung der Stadt und des Festungsbaues; die Sicherung der öffentlichen Ordnung durch eine angemessene, zugleich für die Einwohner nutzbringende Garnison flößten nach allen Seiten Vertrauen ein, erweckten die Hoffnung eines beglücken=den Zustandes und reizte somit zum Zuzuge in die Stadt, wie aber es vor allem die Bevölkerung zur Thätigkeit auf=munterte und Gewerbe und Handel in regen Wetteifer ver=setzte. Die von der Natur begünstigte Lage der Stadt an zwei großen schiffbaren Flüssen, die Fruchtbarkeit des Bodens, die an allen Produkten reiche Gegend weit umher; über=haupt Alles beschleunigte Mannheims Wiedergeburt, und schon nach 15 Jahren war die Stadt weit über ihren vori=

gen Stand hinaus, sie hatte sich über die einstige Größe ihrer benachbarten Schwestern erhoben, die jetzt noch unter den Trümmern schrecklicher Verwüstung seufzten, und unerachtet ihrer vormaligen Größe, ihres festgegründeten Handels, ihrer ergiebigsten Gewerbe und Reichthümer halb entvölkert darnieder lagen; — bis dahin hatten die Gemeindekasse und die Einwohner schon so viel Vermögen erübrigt, daß sie beträchtliche Summen für öffentliche Gebäude, für den Festungsbau und für den Unterhalt des Militärs beitragen konnten und willig beitrugen.

Der Tod Carls II., König von Spanien, rief aber im folgenden Jahr 1700 schon wieder den größten Theil von Europa unter die Waffen, indem Spanien seine Krone an den Herzog von Anjou zu übertragen sich anmaßte. Da nun das deutsche Reich den Kaiser als rechtmäßigen Erben dieser Krone ansah und bereit war, nachdrücklichsten Beistand zu leisten, so nahm Churfürst Johann Wilhelm nicht nur als pflichthafter Reichsfürst, sondern auch als treuer Schwager und Freund des Kaisers besondern Antheil und versäumte nichts, das allgemeine Beste nach allen Kräften zu befördern und schickte ein beträchtliches Hülfscorps sowohl nach Catalonien, als an den Rhein und nach den Niederlanden.

Dabei richtete aber der Churfürst dennoch sein Augenmerk auf seine neu ins Leben zu rufende Stadt Mannheim und förderte unter anderm folgende Kirchenbauten:

Den 3. Juli 1701 wurde der Grundstein zu der Kapuzinerkirche gelegt, und diese 1706 zu Ehren des heiligen Rochus (der Schutzpatron der Maurer und Steinhauer) eingeweiht.

Den 5. Oktober 1701 wurde der Grundstein zu dem Rathhausthurm und der untern Pfarrkirche durch den churpfälzischen Hofkanzler Franz Melchior Freiherrn v. Wieser gelegt; deren Bau wurde in zehn Jahren vollendet und solche am 1. Mai 1710 eingeweiht.

Den 30. September 1706 wurde der Grundstein zur

jetzigen Trinitatiskirche gelegt, und ihr Bau in drei Jahren vollendet, und am 1. Oktober 1709 eingeweiht.

Im Jahr 1700 kostete zu Mannheim das Malter Korn 1 fl. 45 kr., die Maß Wein 8, 12 und 16 kr, das Pfund Ochsenfleisch 4½ kr.

Den 2. September 1702 verglich sich Churfürst Johann Wilhelm mit dem markgräflichen Hause Baden wegen der Grafschaft Sponheim.

Den 25. September 1702 belehnte der Churfürst Lothar den Freiherrn von Hundheim mit dem Orte Eppstein.

Im Jahr 1705 erbaute Churfürst Johann Wilhelm das prächtige Jagdschloß zu Bensberg, und legte in den Grundstein ein Medaillon mit seinem Brustbilde und der Inschrift des Erbauers.

Den 26. August 1705 verglich sich Churpfalz mit dem Bisthum Worms wegen Labenburg und andern gemeinschaftlichen Ortschaften. In dem Vertrag wird die Gemeinschaft aufgehoben und jedem Theile bestimmte Städte, Dörfer und Gefälle privative zugewiesen. Den 2. September wurde dieser Vertrag erläutert, und den 7. August 1708 ein besonderer Hauptreceß abgeschlossen.

Den 21. November 1705 wurde die sogenannte Deklaration verkündet und befohlen, daß ein Jeder den drei christlichen Religionen gegenüber vollkommene Gewissenfreiheit genießen soll.

Im Jahr 1706 den 29. April wurde der Churfürst Maximilian Emanuel von Bayern, wegen der im spanischen Successions-Kriege für Frankreich ergriffenen Partei von Kaiser Joseph I. in die Reichsacht erklärt, und aller seiner Würden entsetzt. Diese Achterklärung selbst wurde den 11. Mai d. J. auf dem Reichstage zu Regensburg durch einen kaiserlichen Herold förmlich verkündet. Dadurch gewann die Churpfalz wieder Hoffnung, alles das, was sie vor beinahe hundert Jahren durch die Achterklärung des unglücklichen

Churfürsten Friedrich V. verloren, und das Haus Bayern an sich gebracht hatte, wieder zu erhalten.

Den 24. Januar 1707 feierte die Stadt Mannheim das hundertjährige Jubelfest ihrer Gründung an dem Tage, an welchem der Churfürst Friedlich IV. der Stadt die ersten Privilegien verliehen hatte, und wovon der Jubelmarkt seinen Ursprung ableitet.

Bei dieser Feierlichkeit wurde eine Gedächtnißmünze ausgetheilt, worauf der Grundriß der Stadt Mannheim und Festung Friedrichsburg verzeichnet ist, mit der Umschrift: Churfürst Friedrich IV. bauete mich, 1607 den 24. Januar, Churfürst Johann Wilhelm erhalte mich, 1707 den 24. Januar.

Im folgenden Jahr 1708 nahm die Stadt einigen Antheil an der Freude, die das Land erfüllte, indem sich die Hoffnungen, die sich an die Achterklärung des Churfürsten Maximilian Emanuel von Bayern knüpften, erfüllten und Churfürst Johann Wilhelm am 24. Mai für seine bewiesene Treue gegen den Kaiser Joseph I., mit der obern Pfalz und der Grafschaft Cham wie mit dem Erztruchsessen-Amt in Wien belehnet wurde. Die Aufnahme in das churfürstliche Collegium als Erztruchseß geschah am 23. Juni desselben Jahres. Zu dessen Gedächtniß erneuerte am 29. September b. J. Churfürst Johann Wilhelm den pfälzischen Ritterorden des heiligen Hubertus, welchen Herzog Gerhard von Jülich zum Andenken eines am 3. November 1444 bei Lünich gegen den Grafen Arnold Egmond von Geldern erfolgten Sieges gestiftet hatte, und wovon derselbe der erste Großmeister war. Die Mitglieder dieses Ordens wurden theils aus fürstlichem Geblüte in unbeschränkter Zahl, theils zu zwölf aus Ritterlich-, Gräflich- oder Freiherrlichem Ursprunge gewählt, denen dann ein Sekretär, ein Schatzmeister, ein Herold und ein Garderobier beigegeben wurden. Das Ordenszeichen ist ein viereckiges X an einem rothen Band mit grüner Einfassung, nebst einem Stern auf der Brust und auf dem Mantel. Der

Wahlspruch enthält drei alte Worte mit gothischen Buchstaben: In Trau was, d. h. in der Treue beständig.

Von dieser Zeit an führte Churfürst Johann Wilhelm den Titel Erztruchseß, in dem sogenannten Regalienschild den Reichsapfel und um das Wappen die Ordenskette; er ließ verschiedene Gold = , und Silbermünzen, unter andern zwei brittel Stück, mit seinem Brustbilde D. G. Johann Wilhelm C P R Archid et Elector (von Gottes Gnaden Johann Wilhelm, Pfalzgraf bei Rhein, Erztruchseß und Churfürst) einerseits, anderseits das Wappen und der Chronogramm= Umschrift: arMa paLathul ConsoLIDantVr (Pfalz Waffen erstarke sich); dann Dukaten mit der Umschrift. redit, unde venit, (zurückkehrt, woher es kommt, 1708 den 23. Juni) prägen. Die Ordenssatzungen wurden in deutscher und lateinischer Sprache gedruckt.

Den 9. Juli 1709 verglich sich die Churpfalz mit dem Bisthum Speyer wegen streitigem Leibeigenschaftszoll und Hoheitsrechtsamen, wo bei verschiedenen Ortschaften aus= und eingetauscht worden.

Im Jahr 1711 begab sich Churfürst Johann Wilhelm nach Frankfurt und wohnte den 12. Oktober der Wahl des Kaisers Karl VI. persönlich bei.

Den 24. Juli 1712 legte Namens Seiner churfürstlichen Durchlaucht der damalige churfürstliche Regierungs= Präsident, Graf von Hillesheim, den Grundstein zum neuen Heidelberger Universitätshaus.

Im Jahr 1713 rückte in Folge des ausgebrochenen spanischen Erbfolge=Krieges der französische Feldmarschall von Villars in das Bisthum Speyer, und schlug um die Stadt gleichen Namens sein Lager auf.

Einige Tage darauf, den 13. Juni, ließ er die Rhein= schanze bei Mannheim berennen, und eröffnete am 19. Juni die Laufgräben gegen dieselbe, deren Vertheidigung dem chur= pfälzischen Obristlieutenant Kühle mit 600 Mann, theils vom Garde=Grenadier=, theils vom Infanterie=Regiment Isselbach, übertragen war.

Die Franzosen beschossen die Schanze so heftig, daß mehrere Kugeln in die Stadt herüberfielen, ohne jedoch besonderen Schaden anzurichten.

Die Besatzung der Schanze leistete tapferen Widerstand und fügte bis zum 27. dem Feinde beträchtlichen Schaden zu. Da aber der kaiserliche General Prinz Eugen von Savoyen, gegen die französische Armee, ohne die Festung Philippsburg und die besetzte Ettlinger Linie, die Vormauer nach Schwaben, einer offenen Gefahr auszusetzen, nur defensiv zu Werke gehen durfte, der Feind aber der geringen pfälzischen Besatzung der Schanze gar zu überlegen, und solcher keine Aussicht blieb, mit Erfolg auf ihrem Posten sich zu behaupten, so erhielt der Obristlieutenant Kühle den Befehl, die Rheinschanze in der Stille zu verlassen, was er auch in der Nacht vom 28. auf den 29. mit großer Umsicht glücklich vollführte. Dabei ließ er den braven Feldwebel Wünschhütel von dem Garde=Grenadier=Regiment mit etlichen 20 Mann in der Schanze mit dem Befehl zurück, in Zwischenräumen einige Kanonen auf die feindlichen Batterien und Approchen abzufeuern; er selbst aber, nachdem er die Artilleriestücke und die Munition meistens hatte versenken lassen, fuhr mit der fliegenden Brücke über den Rhein, welchem Vorgange auch bald darauf der benannte Feldwebel mit seiner ihm anvertrauten Mannschaft nachfolgte, und gleichfalls wohlbehalten in die Stadt und Festung Mannheim gelangte.

Als nun der Tag anbrach, und die Franzosen eine ungewöhnliche Stille in der Schanze bemerkten, wurden einige Freiwilligen commandirt, sich derselben zu nahen, und allenfalls sie zu übersteigen. Sie fanden zu ihrem nicht geringen Erstaunen alles leer, und nahmen auf die leichteste Art Besitz von der Schanze; behielten sie aber nicht lange, indem sie dieselbe, nachdem der Marschall Villars am 3. September mit der Armee von Speyer aufbrach, völlig demolirten.

Endlich erfolgte am 7. September 1714 der Rastadter oder Badische Friede, in Folge dessen auf Antrieb Frankreichs dem Churhause Bayern alle Lande und Würden wieder zurückgegeben werden mußten, welche ihm der Kaiser durch die Achterklärung abgenommen, und dem Churhause Pfalz übergeben hatte.

Der Churfürst Johann Wilhelm, ohnehin fried- und gerechtigkeitsliebend, machte keine große Schwierigkeiten die Oberpfalz und Graffschaft Cham dem restituirten Churfürsten Maximilian Emanuel 1715 wieder abzutreten, wofür man und für den im spanischen Successions-Krieg der Pfalz zugefügten Schaden eine hinlängliche Entschädigung versprach, welche aber nie geleistet wurde.

Den 24. Juni 1714 ließ der Churfürst durch den Regierungs-Präsidenten, Graf von Hillesheim, den Grundstein zum Heidelberger Bürgerhospital und der dazu gehörigen St. Annenkapelle legen.

Den 25. Januar 1715 wurde die Sequestration des Amts Bökelheim, auf vorgängig getroffenen Vergleich mit Churmainz wieder aufgehoben, und den 28. April darauf die Unterthanen in churpfälzische Pflichten genommen.

Den 8. Juni 1716 starb der Churfürst Johann Wilhelm ohne männliche Erben zu Düsseldorf in einem Alter von 58 Jahren und im 26. Jahre seiner Regierung. Seine einzige Tochter, Maria Sophia, die Gemahlin Peter II., König von Portugal, war schon, wie bereits oben bemerkt im Jahre 1699 gestorben. Er liegt zu Düsseldorf begraben, woselbst ihm auf dem Marktplatze ein Denkmal errichtet ist, in einer Statue, welche ihn zu Pferde im Harnisch und den Churhut auf dem Haupte, darstellte. Dieselbe ist aus Bronze gegossen, und steht auf einem Postament von Marmor; sie sollte 1737 auf Befehl des Churfürsten Carl Philipp von Düsseldorf nach Mannheim gebracht und daselbst vor dem Schlosse aufgestellt werden, was aber unterblieb.

Als Freund und Beschützer der Künste und Wissenschaften

hatte der Churfürst die berühmtesten Baumeister, Maler und Bildhauer, Gießer und Medailleure in seinen Diensten; gleich beim Antritte seiner Regierung hatte er den berühmten Bilbersaal zu Düsseldorf errichtet und machte 1706 den Anfang zur antiken Münzsammlung, ebenso ließ er die zu Rom aufbehaltenen sehr kostbaren Statuen in Gyps abformen und nach Düsseldorf bringen und hat in vielen schönen Einrichtungen seinen Namen und sein nützliches Wirken der dankbaren Nachwelt überliefert.

### Churfürst Carl Philipp.

Nach dem Ableben des Churfürsten Johann Wilhelm folgte dessen Bruder Churfürst Carl Philipp, geboren den 4. November 1661 zu Neuburg, in seinem 55. Lebensjahre, in der Regierung der Pfalz. Carl Philipp hatte als Statthalter der vorderösterreichischen Lauden sich bis dahin in Tyrol aufgehalten.

Er war dreimal vermählt. Das erstemal am 24. Juli 1687 mit Louise Charlotte, Erbtochter des Fürsten Bogislaw von Radziwill zu Birse, welche den 26. März 1695 zu Brieg in Schlesien, 28 Jahre alt, verstarb.

Den 15. Dezember 1701 vermählte er sich mit Theresia Katharina, Tochter des Fürsten Joseph Carl von Lubomirski, zu Krakau, welche den 26. Januar 1712 zu Innsbruck an den Blattern starb.

Das drittemal vermählte er sich mit Violante Theresia, einer gebornen Gräfin von Thurn und Taxis. Sie starb den 3. November 1734, und ist in der Schloßkapelle zu Mannheim im churfürstlichen Begräbniß beigesetzt.

Nach ihrem Tode wurde bekannt gemacht, daß sie seine dritte Gemahlin gewesen und von Sr. kaiserlichen Majestät den 8. März 1733 in den Reichsfürstenstand erhoben worden sei, da man gesagt hatte, er habe sich blos insgeheim mit ihr vermählt und zwei Söhne von ihr erhalten.

Der Bruder dieser Dame, Graf Maximilian Emanuel, stand am Hofe in großem Ansehen; er bekleidete die Stellen eines churpfälzischen wirklichen geheimen Raths, Oberfalken=meisters, Generallieutenants und Commandeurs der Leibgarde und wurde 1738 zum Oberstallmeister ernannt.

Churfürst Carl Philipp war einer der schönsten und wohlgestaltetsten Männer seiner Zeit, in ritterlichen Spielen einer der geübtesten, und besaß neben einer hohen, majestäti=schen Gestalt seines Körpers, einen muntern und lebhaften Geist. —

Carl Philipp ließ sich im Jahre seines Regierungsan=trittes am 21. Dezember in den Personen seiner geheimen Regierungsräthe Franz Joseph Graf von Wieser und von Moras in Mannheim huldigen; diese Gesandten wurden von dem Stadtrathe und der Geistlichkeit abgeholt, und in ihr Absteigequartier zum goldenen Schwanen geleitet. Die Hul=bigung, der Gottesdienst in allen Kirchen voranging, geschah auf dem Marktplatze.

Den 4. November 1718 verlegte Churfürst Carl Philipp seine Residenz von Neuburg nach Heidelberg; für Mann=heim begann mit der Regierung desselben die merkwürdigste Epoche seines Bestehens, die herrlichsten Anfänge des Empor=blühens zur bedeutenden Stadt am Rhein und Neckar.

Durch ein Dekret d. d. Neuburg, den 14. Jan. 1718, verlieh Carl Philipp der Stadt Mannheim unter Bestätigung der ihr früher ertheilten, mehrere neue Privilegien, die im nämlichen Jahre in der Hof= und Universitäts=Buchdruckerei von Franz Müller in Heidelberg im Druck erschienen.

Den 16. August 1717 verglich sich Churfürst Carl Philipp mit der ober= und niederrheinischen Ritterschaft we=gen dem Schatzungs=, dem Wildfangs= und Leibeigenschafts=Recht in den fantheiligen Orten.

Im Jahre 1717 ließ Churfürst Carl Philipp den Bau der hochdeutsch reformirten Kirche zu Mannheim ausführen.

Den 24. April 1719 befahl der Churfürst, daß der

Heidelberger reformirte Katechismus, auf dessen Titelblatt: „Auf Befehl Seiner churfürstlichen Durchlaucht", oder „Mit Privilegio Sr. churfürstlichen Durchlaucht" verzeichnet war, wegen der 80. Frage in der Pfalz nicht länger geduldet werden solle, und wurde dieser Befehl den 2. Mai dem churpfälzischen reformirten Kirchenrathe und den Ortsobrigkeiten bekannt gemacht.

Drei Jahre nachdem Churfürst Carl Philipp Heidelberg zu seiner Residenz erwählt hatte, faßte er am 14. April 1720 den Entschluß, solche nach Mannheim zu verlegen.

Als Ursache der Residenzverlegung wird angegeben, daß der Churfürst, nachdem mit seiner Residenznahme zu Heidelberg die katholische Bevölkerung daselbst sehr zugenommen, verlangt habe, derselben die Heiligengeistkirche zur alleinigen Benützung zu überlassen. Diese Kirche war seit dem westfälischen Frieden Simultankirche, durch eine Wand in zwei Theile geschieden, so daß der Chor von den Katholiken und das Schiff von den Reformirten zum Gottesdienste benützt wurde. Er versprach dagegen, den Reformirten eine neue schöne Kirche zu erbauen.

Als besondern Grund für sein Verlangen gab der Churfürst noch an, daß es dem jetzt katholischen Fürstenhause wünschenswerth sein müsse, die Kirche zu besitzen, in deren Gruft seine Vorfahren ruhten; zudem sei auch dieselbe von ihrem Erbauer, dem Churfürst Rupprecht III., dem Gütigen und Gerechten, welcher zur kaiserlichen Würde gelangt war, ursprünglich als katholische Hofkirche bestimmt gewesen, und sei erst später in gemeinschaftlichen Besitz gekommen. —

Die reformirten Bürger und ihre Geistlichkeit weigerten sich aber, auf den Vorschlag Carl Philipp's einzugehen, unter dem Vorwand, daß es nicht in seiner Macht stände, an dem zwischen Sr. Königlichen Majestät dem König von Preußen und Sr. Durchlaucht dem Churfürsten Johann Wilhelm im Jahre 1705 geschlossenen Verbindniß eine Abänderung zu treffen: worauf der Regierungspräsident von Hillesheim ihnen die Erklärung gab, daß man sich, wenn es nicht in Güte ginge, mit Gewalt in den Besitz der Kirche setzen würde.

Im Sommer des Jahres 1719 war es, als der Churfürst Carl Philipp von der Pfalz in seinem stattlichen Schlosse zu Heidelberg, welches er bei seinem Regierungsantritte so viel als möglich hatte renoviren lassen, eines Morgens am Fenster stand und mit ernsten Blicken auf die Stadt hernieder schaute, welche in langen Häuserreihen auf dem linken Ufer des Neckars, am Fuße des Schloßberges, sich hinzieht, und die, beleuchtet von der schon ziemlich hochstehenden Sonne, einen herrlichen, entzückenden Anblick darbot. Lange hatte er hinab geblickt, nnd besonders schien sein Auge forschend auf der mitten auf dem Marktplatze der Stadt erbauten Kirche zum heiligen Geist zu verweilen, dann war es hinübergeschweift nach den Ufern des Rheins und dem ferneren Haardtgebirge, welches im Glanz der Sonne strahlend, jeden Punkt desselben deutlich erkennen ließ; endlich aber richtete er sich hoch empor, und rief mit bewegter Stimme:

„Es ist wahr, wohl nirgends in Deutschland wird sich ein Fürst rühmen können, ein ähnliches Schloß zu bewohnen, welches auf solch anmuthiger Höhe gelegen, einen so reizenden Anblick auf die reichsten Felder und Fluren des herrlichsten Landes gewährt, und dennoch" — fuhr er nach einer langen Pause fort — „soll nichts mich hier zurück halten, sobald der eigensinnige Vorstand der abtrünnigen Ketzergemeinde mein Begehren hartnäckig verweigert, mir und den rechtgläubigen katholischen Christen die Kirche zum heiligen Geiste zu überlassen. Habe ich den Hartnäckigen nicht angeboten, ihnen eine neue Kirche zu bauen? Was wollen sie mehr? Was geht es mich an, daß meine Vorfahren, ihrem Glauben zugethan, ihnen die schönste Hälfte derselben überlassen? Doch es wird sich Alles finden und vielleicht besser gehen als ich glaube, und was ich mit meinem ernsten Willen nicht durchgesetzt, gelingt vielleicht meinem getreuen Geheimenrath, der ja heute mit ihnen in Unterhandlung ge=

treten, die Sache sicher und zu Aller Zufriedenheit aus=
gleichen wird."

Nach diesem Selbstgespräche des Churfürsten, war dieser
aufs Neue an das Fenster getreten, und sein Auge weilte
abermals mit innigem Wohlgefallen auf der Stadt und
ihrer Umgebung, und immer freundlicher, immer milder
stimmte sich sein Gemüth, denn er war ein guter, ein ge=
rechter Regent, nur zu schwach oft, den Anmaßungen und
egoistischen Bestrebungen der Diener der katholischen Kirche
mit Energie und Kraft entgegenzutreten. Diese, das wohl
wissend, suchten bei jeder Gelegenheit die Schwäche des Für=
sten auf alle mögliche Weise zu ihrem Vortheile auszubeuten,
und besonders waren es die ehrwürdigen Väter der Gesell=
schaft Jesu, welche den Churfürsten unablässig mit Bitten
bestürmten, er solle es nicht dulden, daß die Rechtgläubigen
mit den abtrünnigen Ketzern gemeinschaftlich in einem und
demselben Tempel ihren Schöpfer verehrten.

Da sie nun aber auch schon längst in Heidelbergs
Mauern sich unbehaglich fühlten, weil der Geist des Prote=
stantismus, angeregt durch mehrere Professoren und Studi=
rende der Universität, sich immer fester unter den Bewohnern
der Stadt begründete und ihrem Treiben immer entschiedener
in den Weg trat, so wiesen sie darauf hin, wie der Chur=
fürst eher eine Stadt verlassen, als den eigensinnigen Prote=
stanten nachgeben möge. Längst schon waren ihre Augen
hinüber geschweift an die Ufer des Rheins und Neckars, da=
hin, wo Mannheim sich aufs Neue wieder aus seiner Asche
erhob, und wo, da die Friedrichsburg nicht wieder aufgebaut
wurde, sich manches herrliche Plätzchen darbot, ein Collegium
und eine Kirche zu bauen, wie nur wenige in Deutschland
zu finden wären. Aber nicht allein wollten sie hinüber in
die noch wenig bevölkerte Stadt, und darum boten sie Alles
auf, die Spannung zwischen dem Churfürsten und den pro=
testantischen Bewohnern Heidelbergs aufs Aeußerste zu trei=
ben, damit der Churfürst, des immerwährenden Streites end=

lich müde, mit hinüberziehe, und mit ihm viele Bewohner Heidelbergs und der Umgegend.

Vor dem Rathhause der Stadt Heidelberg hatte sich eine große Menge Bürger versammelt, Protestanten und Katholiken, die ängstlich und mit banger Erwartung dem Ausspruche der Vorsteher der protestantischen Gemeinde entgegenharrten, denn Alle wußten recht wohl, welches Begehren der Churfürst gestellt, und wie er sogar gedroht, Heidelberg und sein prachtvolles Schloß für immer zu verlassen, wenn der Ausgang dieser Sache zu seinem Nachtheile entschieden würde. Beiden Religionsparteien konnte es durchaus nicht gleichgültig sein, den Hof und alle damit verbundenen Dikasterien zu verlieren, aus denen ihnen eine so ergiebige Quelle für Nahrung und Wohlstand zufloß. Da öffnete sich endlich die Thür des Rathhauses und das Auge des Churfürsten erblickte jetzt, wie die Menge ehrfurchtsvoll auseinander wich und seinem an den Vorstand der protestantischen Gemeinde abgesendeten Vermittler Platz machte, welcher begleitet von mehreren Mitgliedern der Versammlung heraus trat, sich sodann von diesen verabschiedete und langsam und wie von tiefem Kummer gebeugt, den steilen Schloßberg hinauf stieg, und endlich sich tief verneigend und mit betrübten Blicken vor der hohen, stattlichen Gestalt seines Gebieters stand, sich seines gewordenen Auftrages zu entledigen.

„Nun, wie steht's? Was bringt Ihr mir für Botschaft? Wie haben die Protestanten meine Anträge aufgenommen? Hoffentlich werden die durch ihre Prediger bethörten protestantischen Bürger zur Einsicht gekommen, meine Forderung billig finden, und meinen Willen zu erfüllen sich geneigt gezeigt haben, denn nimmermehr werde ich zugeben, daß auch nur ein einziger meiner Unterthanen mir verweigere, was mir von Gott und Rechtswegen gehört?" — So rief der Churfürst mit lauter Stimme seinem Abgesandten zu, indem er demselben mit raschen Schritten entgegentrat, und ihn mit leuchtenden Augen von Kopf bis zu den Füßen betrachtete.

„Leider, bin ich nicht im Stande, Eurer churfürstlichen Durchlaucht eine freudige Nachricht zu überbringen", begann mit bewegter Stimme der eben Eingetretene, ein Mann in den mittleren Jahren, mit mildem und menschenfreundlichem Antlitze. „Gott ist mein Zeuge, daß ich alles Mögliche aufgeboten, ihnen begreiflich zu machen, daß es ja nicht um Unterbrückung ihres Glaubens, daß es ja nicht darum sich handle, ihnen die durch den westphälischen Friedensschluß und die Verträge mit dem Hause Neuburg zugesicherten Rechte zu rauben, daß es ja nur die Nothwendigkeit gebiete, auf dieser Forderung zu bestehen, indem der Raum in der nur zur Hälfte inne habenden Kirche bei weitem nicht hinreiche, bei feierlichem Gottesdienste alle die katholischen Gläubigen zu fassen, die ihrem Glauben treu geblieben, die Residenz bewohnen, ja, daß es sogar ein Act der Pietät sei, eine Kirche allein zu besitzen, in deren Gruft Eurer churfürstlichen Durchlaucht glorreiche Vorfahren in Frieden ruhen bis zum Tage der allgemeinen Auferstehung. Ja, feierlich habe ich ihnen verkündet, daß es Eurer churfürstlichen Durchlaucht ernstlicher Wille sei, ihnen eine neue Kirche bauen zu lassen, groß und geräumig wie jene zum heiligen Geiste. Sie schwiegen lange, doch endlich erklärten sie laut und bestimmt: „Wie es ihnen unendlich leid thue, Eurer churfürstlichen Durchlaucht Willen nicht willfahren zu können, da Pflichten und Verbindlichkeiten gegen Seine Majestät den König von Preußen, den großbritannischen Hof, sowie gegen alle protestantischen Fürsten, welche die auf den westphälischen Frieden festgesetzten Uebereinkommen zwischen Katholiken und Protestanten aufs Neue bestätigt und gutgeheißen, ihnen dieses nicht erlaubten."

„Und habt Ihr ihnen nicht gesagt, daß ich fest entschlossen sei, im Fall ihrer hartnäckigen Weigerung die Kirche mit Gewalt wegzunehmen, oder Heidelberg auf immer zu verlassen?" fiel der Churfürst seinem Rathe entrüstet in das

Wort, indem er den Boden mit dem Fuße stampfte, daß es laut erdröhnte. —

"Auch dieses habe ich ihnen warm ans Herz gelegt", fuhr derselbe ruhig fort; "auch diese Drohung blieb ohne Erfolg, indem sie meinten, daß Euere churfürstliche Durchlaucht Ersteres den protestantischen Fürsten gegenüber nicht wagen, Letzteres aber schwerlich ausführen würden, da im ganzen Lande wohl kein Punkt zu finden sei, der Heidelberg an die Seite gesetzt werden könnte."

"Nun, wohlan! sie sollen sehen, was ich vermag, und wie ich mich von keiner Macht der Erde zwingen lassen werde, die Ausübung meiner Rechte zu beschränken," rief der Churfürst im höchsten Zorne, indem er dem Vermittler winkte, sich zu entfernen.

"Erlauben Eure churfürstliche Durlaucht einem getreuen Diener, ehe er sich von hier weg begibt, ein Wort zu reden, welches, vielleicht unbedacht und voreilig, dennoch von dem heißesten Wunsche begleitet ist, seinen verehrten Herrn vor späterem Kummer zu bewahren, den Bewohnern dieser Stadt aber ihren geliebten Fürsten zu erhalten. Eure churfürstliche Durchlaucht, als Erbe und Nachfolger ihrer glorreichen Ahnen berufen, haben mit dem Antritte der Regierung sogleich auch die Verpflichtung übernommen, die Privilegien und Gerechtsame Ihrer Unterthanen heilig und unverletzlich zu wahren und aufrecht zu halten; ja sogar dieses feierlich gelobet. Würden nun Euere churfürstliche Durchlaucht diese antasten oder als nicht bestehend betrachten, so würden Sie sich einer Verletzung Ihres gegebenen Wortes schuldig machen, und in den Augen der Welt als pflichtvergessen betrachtet werden. So wie aber Eure churfürstliche Durchlaucht verpflichtet sind, alle Privilegien des Landes aufrecht zu halten, so sind Sie es den Protestanten gegenüber in noch höherem Grade, denn dreißig Jahre der blutigsten Kriege, der fürchterlichsten Anstrengung haben ihnen diese Privilegien erworben. Die Fürsten, der langen Gräuel und Verwüstung müde, haben diese Privile=

gien garantirt, damit endlich Ruhe und Frieden im deutschen Reiche wiederkehre; würde ihnen nun dieses wieder entzogen, wer bürgt dafür, daß nicht die alten Wirren auf's Neue ausbrechen, und die herrlichen Provinzen unseres Vaterlands auf's Neue verheert würden? Gesetzt aber auch, Eure churfürstliche Durchlaucht wollten in diesem Punkte nachgeben, ihnen diese Kirche überlassen, aus Verdruß darüber aber dieses Schloß und Heidelberg verlassen, würden dadurch nicht gerade hauptsächlich die Bewohner Heidelbergs, Katholiken wie Protestanten, am meisten leiden, während doch nur eigentlich die protestantischen Geistlichen am hartnäckigsten auf dieser Weigerung beharren? — Darum, mein theurer Fürst, laßt ab von diesem Begehren, laßt fortan Katholiken und Protestanten gemeinschaftlich in diesem Tempel ihren Schöpfer verehren; bauet die den Protestanten bestimmte neue Kirche Euren katholischen Unterthanen, verlaßt nicht im Gefühl erlittener Kränkung dieses Schloß und diese Stadt, und segnend werden in eben jenem Tempel, der jetzt die Ursache so vielen Haders ist, die Gebete beider Confessionen für Euer Wohl zu Gott empor steigen, und in spätesten Zeiten wird die Nachwelt Eure Gerechtigkeit preisen."

Schweigend und aufmerksam hatte der Churfürst seinem bewährten Diener zugehört, doch als dieser geendet, war er nachdenkend mehrmals im Gemache auf- und abgegangen; dann aber blieb er plötzlich stehen, und erwiderte etwas beruhigter:

„Wenn man die Sache so betrachtet, wie Ihr sie soeben ausgelegt, dann sollte man wirklich glauben, jene Hartnäckigen seien in ihrem Rechte, so aber verhält sich dieselbe ganz anders. Diese Kirche wurde von meinem katholischen Vorfahren erbaut; ihre Nachfolger, zur protestantischen Religion übergetreten, haben in Uebereinkunft mit den Katholiken dieselbe getheilt und lange Zeit gemeinschaftlich besessen. Jetzt aber ist der protestantische Herrscherstamm ausgestorben, ein katholischer Fürst wieder in Besitz seiner alten Rechte eingetreten, und dieser verlangt, trotz aller Verträge, welche unrechtmäßiger Weise geschlossen, sein Eigenthum zurück, nichts weiter, — jene verweigern es, und darum handelt es sich hier, nicht um eine Ungerechtigkeit, sondern um einen großen Eigensinn! — Glauben jene vielleicht, mich dadurch zu zwingen, hier zu bleiben, weil in meinem Lande kein schönerer Ort zur Anlegung einer Residenz zu finden sei, — da irren sie sich gewaltig; seht", hier faßte er den Geheimenrath am Arme und zog ihn an das Fenster des Gemaches, welches die Aussicht auf die Stadt und den gegenüber liegenden heiligen Berg, aber auch den Neckar hinab, dem Ufer des Rheins entlang, darbot. „Seht, wie hier die Wogen des Neckars ihre Gewässer schäumend dem nahen Rheinstrome entgegenführen, dort mit demselben vereinend und Ihr werdet eine Stadt erblicken, zwar zerstört und verwüstet, aber eben sich jetzt wieder aus ihren Trümmern erhebend, die, wenn auch nicht umgeben von reizenden Anhöhen, dennoch anmuthig gelegen in fruchtreicher Ebene, umspült von zwei herrlichen Gewässern, gewiß geeignet ist, der Wohnsitz eines Fürsten zu werden, um so mehr, da eben ihre Zerstörung Gelegenheit bietet, sie ganz nach Geschmack und Gefallen wieder aufzubauen. Diese und keine andere wird einst die Residenz der Pfalz, wenn je es mir geboten wird, die jetzige zu verlassen. Doch für jetzt kein Wort mehr darüber, es kann sich mit der Zeit noch Vieles ausgleichen."

Nach diesen wenn auch bestimmten, doch beruhigenden Worten entließ der Churfürst seinen Diener und begab sich, wie jeden Vormittag, in Begleitung seiner Tochter der Erbprinzessin von Sulzbach in die Schloßkapelle zur heiligen Messe. —

Die entschlossene Stimmung des evangelischen Kirchen-Vorstandes und der Geistlichkeit, wie auch der protestantischen Bürger, sich nicht in den Willen des Churfürsten zu fügen, ließ es darauf ankommen, durch ihre hartnäckige und ungehorsame Verweigerung seinen gefaßten Entschluß auszuführen.

Der 4. September des Jahres 1719 war endlich herangekommen, an welchem sich entscheiden sollte, ob die Kirche zum heiligen Geiste den Katholiken ausschließlich und allein angehören sollte. Hatten die Protestanten auch anfänglich beschlossen, Gewalt der Gewalt entgegen zu setzen, so waren sie doch später davon zurückgekommen, ihre ganze Hoffnung auf die bessere Einsicht ihres Fürsten bauend, oder im anderen Falle ihre Hülfe bei den fremden protestantischen Fürsten zu suchen, und so hatten sie auf die abermalige Aufforderung, die Kirche zu räumen und die Schlüssel derselben abzuliefern, verneinend geantwortet, worauf dann der Churfürst am heutigen Tage wirklich zur Ausführung seines Lieblingsplanes schreiten ließ.

Schon am frühesten Morgen hatten Wachen alle Plätze der Stadt, und besonders die Eingänge zur Kirche besetzt, während eine Abtheilung derselben sich zu dem Uhrmacher begab, welcher die Schlüssel besaß, da ihm die Pflicht oblag die Uhr der Kirche aufzuziehen und zu richten, und diesen zwang, die Thüre des Thurmes zu öffnen. Hierauf begaben sich einige Maurer auf den Thurm, ließen sich an Seilen vom diesem in die Kirche hinab, öffneten den Eingang und ließen sodann den churfürstlichen Commissär mit einem Hammer den ersten Schlag auf die in derselben aufgeführte Scheidewand thun, worauf rüstig das Werk der Zerstörung begann.

Mit betrübtem Herzen, aber ruhig, hielten sich die Protestanten an diesem Tage in ihren Häusern verborgen, nachdem sie noch einen letzten Versuch gewagt hatten, das ihnen auferlegte Unrecht, wenn auch nicht ganz zu hintertreiben, doch vielleicht noch einige Zeit hinaus zu schieben, bis ihnen anderswoher Hülfe werden würde.

Als der Churfürst an eben jenem Morgen nach Schwezingen zu reiten im Begriff war, thaten die Kirchenältesten und Geistlichen einen Fußfall vor ihm, und baten: „Ihnen die Kirche nicht mit Gewalt rauben zu wollen."

Allein der Churfürst hat sie keines Blickes gewürdigt und ihnen kurz erwiedert: „Daß die Kirche nicht mit Gewalt genommen, sondern daß es sich um einen Tausch handle, indem ihnen ja eine neue erbaut werden sollte."

Rüstig und mit allem Eifer hatten unterdessen die Maurer und Werkleute den ihnen vom Churfürsten ertheilten Auftrag vollzogen, und schon nach wenigen Tagen war jede Spur der Scheidewand aus der Kirche verschwunden, und dieselbe durch den Bischof von Speyer wieder zum alleinigen Gebrauche der Katholiken eingeweiht und am 4. September 1719 denselben übergeben worden.

Zur Rechtfertigung dieses Verfahrens ließ Churfürst Carl Philipp eine Schrift verfertigen und diese veröffentlichen.

Die Protestanten waren ihrerseits nicht müde geblieben Bitten und Beschwerden an die protestantischen Fürsten Deutschlands ergehen zu lassen, ja an den deutschen Kaiser wandten sie sich beschwerend und bald erfolgten auch von allen Seiten Zusicherungen der kräftigsten Unterstützung für ihre Angelegenheit.

Dieser Vorfall gab aber zu den nachherigen unangenehmen Religionsbeschwerden Anlaß, die sich ebenfalls in kurzer Zeit als keine leeren Worte bewiesen; denn kaum waren einige Monde vergangen, da sich England, Holland, Preußen, Hessenkassel und andere protestantische Mächte der Reformirten in der Pfalz annahmen, und auf dem Reichstage zu Regensburg am 23. Oktober 1719 heftige Beschwerden dieses Vorfalles geführt wurden, so schickte der Kaiser einen Gesandten an den churfürstlichen Hof, und gab die geschärftesten kaiserlichen Rescripte und Mandate, welche nicht nach des Churfürsten Wunsch waren.

Weil nun die Reformirten das churfürstliche Anerbieten gänzlich verwarfen und von den auswärtigen Mächten unablässig auf die Rückgabe des Langhauses gedrungen wurde, so entschloß sich der Churfürst, alles in den vorigen Stand wieder herzustellen. Den 29. Februar 1720 wurde das

Langhaus der Heiliggeistkirche den Reformirten in Heidelberg wieder eingeräumt, und den 19. April 1720 waren die Reformirten wieder in den gemeinschaftlichen Besitz der Kirche mit den Katholiken eingesetzt worden.

Die Anordnungen wurden mit lautem Jubel von den Protestanten in Heidelberg aufgenommen, und mit Stimmeneinhelligkeit der wiederholte Antrag des Churfürsten: „Ihnen eine neue Kirche zu erbauen", verworfen. Damit waren aber auch die Würfel gefallen, die für Heidelbergs Zukunft unheilverkündend, für Mannheims Heranblühen aber von der höchsten Bedeutung waren, denn Churfürst Carl Philipp, seinem einmal gegebenen Worte getreu, verließ bald darauf, am 14. April d. J., für immer Heidelberg. Er siedelte einstweilen nach Schwetzingen über, bis in Mannheim die erforderlichen Anstalten getroffen, ihn und seinen Hofstaat aufzunehmen.

Den 13. März 1720 setzte der Churfürst das Dominicanerkloster zu Heidelberg wieder in den Genuß der von dem Ort St. Ilgen fallenden und inzwischen entkommenen Gefälle.

Obgleich nun Mannheim schon bei seiner Gründung, wie auch nach seiner zweimaligen Zerstörung durch die Schweden und Franzosen, sich des besondern Wohlwollens und der kräftigsten Fürsorge seiner Fürsten, und ebenso Carl Philipps von Heidelberg zu erfreuen hatte, so war er doch nicht im Stande, die bis auf den Grund niedergebrannte Stadt so schnell wieder aus ihrem Staube zu erheben. Zerstreut und von Elend aufgerieben waren seine ehemaligen Bewohner; die aber, welche herbeigezogen und gesonnen waren, die Wiedererstandene auf's neue zu beleben, waren nicht zahlreich genug, um schon in einigen Jahren der so schwer gebeugten Stadt den alten Glanz wieder zu gewinnen. Als aber Carl Philipp nicht allein sein Hoflager, sondern auch alle weltlichen und geistlichen höheren Behörden, Gerichtshöfe und einen großen Theil seines Militärs in die Stadt ver=

legte, da tauchten, wie mit einem Zauberschlage, Straßen an Straßen empor; es erhoben sich prachtvolle öffentliche Gebäude; Kirchen und Klöster, Kasernen und Hospitäler, über alle aber ragte bald das herrliche churfürstliche Residenzschloß hinaus, zu welchem Carl Philipp am 2. Juli 1720 mit eigener Hand den Grundstein gelegt, und einstweilen bis zu dessen Vollendung, ungefähr 10 Jahre, das Gräflich von Hillersheimische Haus, am obern Ende des Marktplatzes, dem Rathhause gegenüber, bezogen hatte.

Churfürst Carl ließ durch die churfürstliche Regierung an dem Tage, nämlich den 19. April, wo die Reformirten in Heidelberg wieder in den Besitz des Langhauses der Heiliggeistkirche kamen, dem Stadtrathe in Mannheim bekannt machen, daß Höchst Derselbe Seine Residenz sowohl, als sämmtliche Dicasterien und Körperschaften von Heidelberg nach Mannheim zu verlegen gesonnen sei und daß am 15. Mai die erste Session allda gehalten werden sollte.

Diesem Höchsten Befehl gemäß ging am 10. Mai die geheime Kanzlei sammt dem Archiv nach Mannheim ab, und so wurde es der Sitz der höchsten Landes-Collegien, der Wissenschaften und Künste aller Art.

Den 15. Mai 1720 hielt das churfürstliche Hofgericht seine erste Rathsversammlung wie auch die geistliche Administration und churpfälzische Regierung in Mannheim ihre Sitzung.

Nach beendigter Einrichtung des churfürstlichen Hotels zog der Churfürst von Schwetzingen mit seinem ganzen Hofstaate in seine neu gewählte Residenz Mannheim unter dem großen Jubel und Freude der Einwohner ein, wo er auf das glänzendste empfangen wurde.

Durch des Churfürsten Carl Philipp festen Entschluß, Mannheim zu seiner fortdauernden Residenz zu erwählen, gelangte die so oft bedrängte Stadt zu dem höchsten Punkte ihres Glanzes, und erreichte unter der weisen und milden Regierung des Churfürsten in kurzer Zeit eine hohe Blüthe.

Handel und Gewerbe kamen empor, Künste und Wissenschaften erfreuten sich gedeihlicher Pflege und der Wohlstand der Bevölkerung mehrte sich von Tag zu Tag.

Hier sei mir jetzt vergönnet, nur flüchtig die einzelnen Data, welche sich auf meine Vaterstadt beziehen, anzudeuten; die Merkwürdigkeiten und Denkmäler der Reihenfolge nach aufzuzählen, welche sie diesem vortrefflichen Fürsten und seinem glorreichen Nachfolger Carl Theodor so reichlich verdankt und die heute noch nach mehr als einem Jahrhundert bewundert werden.

Der Churfürst legte am 2. Juli 1720 zu dem neuen Schloß (das seines Gleichen in Europa nicht hat) und der Hofkapelle in höchster Person den ersten Stein, und langte selbst mit dem ganzen Hoflager hierauf am 24. November von Schwetzingen dahier an, um ferner daselbst zu residiren.

Die Grundsteinlegung wurde unter der Anwesenheit des Erbprinzen, Pfalzgrafen von Sulzbach, und dessen Gemahlin, des Weihbischofs von Worms und des ganzen Hofstaates vollzogen, und der Bau des Schlosses nach dem abgesteckten Plane rasch fortgesetzt.

Sogleich nach des Churfürsten Niederlassung wurde der Festungsbau nach dem früheren Riß des genannten Köhorn aufgenommen. Die Stadt fand außer den schon bestandenen Abtheilungen Ausdehnung gegen das neu angelegte Schloß, da der Churfürst denjenigen Theil, welcher von den Außenwerken der alten Friedrichsburg herrührte, der Stadt in der eingetheilten quadratmäßigen Eintheilung abstecken, anlegen und mit herrlichen Thoren verzieren ließ.

Schon im folgenden Jahre 1721 zählte man 1,100 Familien mit beiläufig 8,600 Seelen.

Die vorzüglichsten Gebäude folgten rasch aufeinander; im Jahr 1722 wurde der Grundstein zu der Kirche und dem Kloster der Karmeliter-Barfüßer unter Anwesenheit des damaligen churfürstlichen Leibarztes Dr. Jungwirth gelegt. (Das jetzige Großherzogliche Institut.)

Auch wurde in diesem Jahr 1722 das Heidelberger Thor erbaut. Auf diesem wurde gegen die Feldseite in der Frontspitze das churpfälzische Wappen, von zwei großen aufrecht stehenden Löwen gehalten, über dem Eingang waren in Stein ausgehauene Fahnen, Trommeln, Kanonen, Streitkolben und Schwerter, hinter einer aufrecht stehenden Rüstung aufgestellt. Außerhalb am Thor war die Inschrift, welche von der Leichtgläubigkeit des Verfassers in Hinsicht des erdichteten Ursprungs und Erbauung der Stadt Mannheim zeugt, zu lesen:

„Von dem besten und' größten Gott begünstigt, gab „Mannus ein König im Jahr 370 nach der Ueberschwemmung der Stadt den Namen. Kaiser Valentin „befestigte die Stadt nach Christi Geburt 372. Churfürst Friedrich IV. stellte solche 1606 wieder her, Churfürst Johann Wilhelm erhob sie 1698 wieder aus der „Asche. Unter der Regierung Kaiser Karl VI. hat „Carl Philipp, Churfürst von der Pfalz, dieses Denkmal des pfälzischen Hauses und als Grundfeste des „Vaterlandes, aufgeführt, im zehnten Jahr der kaiserlichen Regierung 1722."

Die ehemalige Belderbusch'sche, jetzige Dragoner-Kaserne fand ebenfalls in diesem Jahre ihre Entstehung.

Die Grafschaft Lützelstein war in damaliger Zeit im Besitze des Pfalzgrafen von Birkenfeld, mit dem Churpfalz nicht im besten Benehmen stand; da sich nun am kaiserlichen Hofe ein Individuum Namens Peter Kühn für einen Nachkommen des früheren Grafen Jakob von Lützelstein ausgab, und auch einige Wahrscheinlichkeitsgründe für sich hatte, so zog Carl Philipp denselben Anfangs 1723 nach Mannheim und ließ ihn standesmäßig unterhalten.

Nach Entfernung des Churfürsten Carl Philipp aus Heidelberg hatten die Bürger nicht sogleich eingesehen, welchen Schaden sie sich bereitet hatten, und erst später kamen sie zur

Einsicht und wollten ihren Fehler wieder gut machen. Zwei Mal hatten sie versucht, den Churfürsten zu bestimmen, seine Residenz von Mannheim wieder hinweg zu verlegen; das erste Mal, als der Jesuiten-Pater Staubacher, Beichtvater des Churfürsten, einen Theil der reformirten Bürger bewegte, den Churfürsten fußfällig um Verzeihung zu bitten und Ihm selbst das Schiff der Heiliggeistkirche anzutragen; als solches auch geschah, benachrichtigte sogleich der evangelische Corpus den kaiserlichen Commissarius, Cardinal von Sachsen, davon, der dem Churfürsten vorstellte, daß die Uebernahme der Heiliggeistkirche nur neue Unruhen veranlassen würde.

Als Carl Philipp seinen Entschluß aussprach, nicht mehr nach Heidelberg zu ziehen, suchte man ihn zu bestimmen, gleich Churfürst Johann Wilhelm, seine Residenz in Düsseldorf zu nehmen, weßhalb auch die Jülich'schen Stände die ihm zu bewilligenden 600,000 Reichsthaler an die Bedingung knüpfen wollten, die Residenz nach Düsseldorf zu verlegen, worauf jedoch Carl Philipp nicht einging.

In Folge verschiedener Differenzen zwischen dem Churfürst und seiner reformirten Geistlichkeit, weßhalb sich diese an den evangelischen Corpus in Regensburg gewandt hatte, schickte Letzterer im Dezember 1720 seinen Gesandten, den hannover'schen Rath von Reck, mit Vollmacht nach Mannheim, mit dem Churfürst darüber zu verhandeln.

Durch den damaligen Premierminister Graf von Manderscheid-Blankenberg und den Oberkämmerer Freiherrn von Sickingen beim Churfürsten eingeführt, versprach dieser, des Kaisers Befehlen nachkommen zu wollen.

Als Herr von Reck von Mannheim nach Heidelberg wollte, um sich mit dem dortigen reformirten Kirchenrathe zu besprechen, sandte ihm der Churfürst seinen Geheimrath von Metzger nach, mit dem Andeuten, daß ihm eine solche Conferenz mit seinen Unterthanen nicht angenehm sei, worauf sie auch unterblieb.

Die von dem Kaiser in mehreren Fällen, z. B. der Angelegenheit der Heiligengeistkirche, der Zweibrückischen und Velbenzischen Erbfolgefrage gegen den Churfürsten getroffenen Entscheidungen lösten die innige Verbindung der Churpfalz mit Oesterreich und veranlaßten dagegen die Allianz mit Bayern. Solche wurde durch den am 15. Mai 1724 zu München als Unionstractat abgeschlossenen Haus= und Staatsvertrag vollzogen, womit die streitigste Angelegenheit wegen des Reichsvicariats, hauptsächlich aber eine gegenseitige Succession beim Absterben einer Linie abgemacht wurden. Die Ausübung des Reichsvicariats sollte nach dem Vertrage gemeinschaftlich geschehen und wurde dieser Vertrag von allen Agnaten genehmigt; wie denn auch solches nach Absterben Kaisers Karl VI. 1740 von beiden hohen Churen gemein=schaftlich verwaltet wurde.

Im Jahr 1725 wurde das Neckarthor erbaut mit der Inschrift gegen di. Stadtseite:

"Friedlicher Ausgang."

Außen, gegen den Neckar, war vor der Veränderung des Thores zu lesen:

"Gott, dem Kaiser, Reich und pfälzischen Haus, der "Nachwelt ein unsterbliches Denkmal, an dem Zusammen="fluß des Rheins und Neckars, nach den hundertjähri="gen, in Wahrheit heftigen Kriegen, welche die Römer, "Spanier und Franzosen gegen die tapfern Deutschen "geführt haben, hat dieses von dem Churfürsten "Carl gegründete Thor, welches von den Feinden "niedergerissen war, aus den Trümmern hervorgerufen "Carl Philipp, Churfürst von der Pfalz, aus dem Hause "Neuburg, und für Frieden und Krieg geöffnet den "Freunden, den Feinden geschlossen. 1725."

In demselben Jahre 1725 wurde die Kirche und das Kloster der Nonnen nach der Regel des heiligen Augustinus (jetzige katholische Volksschule) zu bauen angefangen; zur damaligen Zeit war dasselbe zum Unterricht der weiblichen Jugend in der Religion, Sprachen und Sitten bestimmt.

Die Augustinerinen hatten ihren Aufenthalt im Jahr 1555 in Heidelberg gehabt, zu welcher Zeit ihr Klöster von Churfürst Friedrich II. eingezogen und darin das Collegium Sepimitian für Studirende mit freier Kost und Wohnung eingerichtet wurde.

Den 13. Mai 1725 zog zu Kreuznach ein fürchterliches Gewitter mit Donner und Blitz, Hagel und Sturm herauf, das sich mit einem Wolkenbruche entlud. Der Rohnfluß schwoll dadurch so stark an, daß verschiedene Häuser in der Stadt hinweg geschwemmt wurden. Dabei sind 31 Manschen jämmerlich umgekommen und gingen über 300 Stück Vieh zu Grunde.

Das große Faß in Heidelberg, welches der Zerstörungswuth der Franzosen entgangen war, lag 41 Jahre leer, verlechte und verdarb. Churfürst Carl Philipp, welcher bei seinem Regierungsantritt das Heidelberger Schloß soviel als möglich herstellen ließ, befahl auch das moderne Riesenfaß unter der Aufsicht des Hofkellners Johann Anton Engler verziert und verjüngt wieder herzustellen, was auch im Jahre 1727 begonnen und im folgenden Jahre beendigt wurde. Den 1. März 1728 ließ Churfürst Carl Philipp dasselbe mit Wein füllen.

Im Jahre 1728 wurde das Rheinthor in Mannheim erbaut.

Ueber dem Hauptbogen war der churpfälzische Wappenschild mit dem Namenszuge Carl Philipps von dem churpfälzischen Hofbildhauer Link verfertigt, angebracht, unter welchem man die Inschrift las:

„Ein guter Fürst traut niemals so ganz dem Frie-
„den, daß er sich nicht gerüstet hält zum Kriege."

Dieses war gegen die Stadtseite angebracht.

Außerhalb, gegen den Rhein, über dem Durchgang, hing in der Gestalt eines auseinander geschlagenen Tuches eine aus weißem Marmor gehauene Tafel, mit der Inschrift:

„Die vereinigte Tugend ist stärker. Ich vertheidige „den Rhein, und der Rhein mich. Diese doppelte „Stärke verdanken wir Carl Philipp, Churfürst von der „Pfalz, dem Fürsten des Friedens und Krieges, weil er „in der Zeit des Friedens des Krieges gedacht hat. — „Im Jahre Christi 1728."

Der hintere Flügel der jetzigen Rheinthorkaserne wurde 1722, der vordere erst 1727 erbaut.

Dem Churfürsten Carl Philipp wurde den 15. März 1693 von seiner Gemahlin erster Ehe, zu Brieg in Schlesien, eine Tochter, Elisabetha Auguste, geboren; sodann den 25. März 1695, ein Sohn geboren, welcher gleich nach der Geburt starb.

Seine Tochter Elisabetha Auguste vermählte sich am 2. Mai 1717 mit dem Erbprinzen und Pfalzgrafen Joseph Carl von Sulzbach. In dieser Ehe wurden geboren:

Den 17. März 1718 ein Prinz, Carl Franz Philipp.

Den 17. Mai 1719 eine Tochter, Innocentia, die des andern Tages wieder starb.

Den 17. Januar 1721 Elisabeth Auguste, spätere Churfürstin von der Pfalz, als Gemahlin des Churfürsten Carl Theodor. Sie wurde zu Mannheim in der ehemaligen Behausung des Handelsmannes Gesell, in dessen zweitem Stock, geboren, da die Räume des churfürstlichen Palais zu beengt und deshalb von diesem in jenes Haus eine Communication gebrochen worden war.

Den 21. Juli 1722 geboren Maria Anna.

Den 15. Juni 1724 geboren Franziska Dorothea.

Vor dieser Geburt starb an den Kindsblattern den 31. März 1724 der Prinz Carl Franz Philipp, 6 Jahre alt, zu Mannheim; er liegt bei den Carmelitern in Heidelberg begraben.

Den 24. November 1725 kam Carl Philipp August in Mannheim zur Welt. Die Stadt ließ bei diesem Anlasse einen Dukaten mit dem Brustbilde des jungen Prinzen prä=

gen. Derselbe trug am Avers die Inschrift: „Philipp August, des Churfürsten von der Pfalz Enkel, geboren den 24. November 1725." Im Revers: Ein Jüngling in römischer Kleidung hält in der rechten Hand einen Apfel, in der linken einen grünen Zweig; über demselben als Umschrift: „Dem Schönsten soll er gegeben werden." Der Apfel des Preises, d. h. Carl Philipp August ist zu unserem Churprinzen bestimmt. Von Mannheims Senat und Volk."

Nach zwei Jahren, am 6. Mai 1727, starb Prinz Carl Philipp August wieder, zum größten Leidwesen des alten Churfürsten Carl Philipp, der nun auch keine Hoffnung mehr hegte, einen Enkel zu erhalten, und die Pfalzgrafen von Sulzbach bereits als Regierungsnachfolger angesehen wurden.

Am 30. Januar verschied denn auch seine Tochter Elisabetha Auguste, Gemahlin des Erbprinzen, Pfalzgraf Joseph Carl von Sulzbach, in Folge eines am 27. gehabten unglücklichen Wochenbettes, in einem Alter von 35 Jahren. Ihr Leichnam wurde sogleich nach Heidelberg gebracht und in der Carmeliterkirche daselbst beigesetzt, zu der sie mit ihrem Gemahle am 18. November 1718 den Grundstein gelegt hatte. —

Auf den Churfürsten machte der Tod seines geliebten Kindes großen Eindruck, und die an ihm gewohnte Munterkeit war sichtlich innerer Verstimmung gewichen, obgleich er gegen Andere immer noch so wohlwollend blieb, als er es gewesen.

Mit Ausnahme von Festtagen oder bei Besuchen speiste er allein; nach dem Besuch der Messe unterhielt er sich eine Zeitlang mit seinen Ministern, dann spielte er gewöhnlich bis zur Tafel eine Partie Billard, nach welcher er einige Stunden zu schlafen pflegte. Nachher ertheilte er entweder seinen Ministern, oder irgend wem Audienz und war überhaupt für Jedermann leicht zugänglich. Abends zwischen 6 und 9 Uhr kam der ganze Hof in den Gemächern des Churfürsten zusammen, wo gespielt wurde, bis zum Nachtessen, worauf dann der Churfürst sich gewöhnlich bald schlafen legte.

Den 18. Juli 1729 starb in Oggersheim sein Schwiegersohn, der Erbprinz Joseph Carl Emanuel von Sulzbach, 35 Jahre alt; er wurde ebenfalls im churfürstlichen Begräbniß zu Heidelberg beigesetzt.

Da die beiden Brüder des Churfürsten Carl Philipp, der Churfürst von Mainz und der Bischof von Augsburg, den geistlichen Stand gewählt hatten, so galt der zweite Sulzbachische Prinz Johann Christian bereits als Erbe des pfälzischen Churhauses. Als solchem wurden ihm in Mannheim alle Ehren erwiesen, und der Churfürst Carl Philipp bezeugte ihm dieselbe Hochachtung wie seinem verstorbenen Bruder Churfürst Johann Wilhelm.

Im Jahre 1730 nahm Prinz Johann Christian von Sulzbach seinen ständigen Aufenthalt in Mannheim und erhielt seine eigene prachtvolle Tafel und wurde von Edelknaben bedient.

Prinz Johann Christian war geboren den 2. Januar 1700. Er war ein großer, kräftiger, ein wenig zu wohl beleibter Mann, und hatte sich durch seinen Aufenthalt am Hofe des Herzogs von Lothringen, sowie in Frankreich und den Niederlanden ein sehr gewinnendes Benehmen angeeignet. Vermählt war er am 15. Februar 1722 mit der Fürstin Maria Anna, Tochter des Herzogs Franz Egon Latour d'Auvergne, Erbin des Marquisats Bergen op Zoom, und wurde ihm den 10. Dezember 1724 aus dieser Ehe Carl Theodor, späterer Churfürst von der Pfalz, geboren. Am 28. Juli 1728 starb seine Gemahlin und er erbte die Herrschaft Bergen op Zoom.

Den 25. Januar 1731 vermählte er sich zum zweiten Male mit der Prinzessin Eleonore Auguste von Hessen-Rheinfels, Tochter des Landgrafen Ernst Leopold von Hessen-Rothenburg, Schwester der Königin von Sardinien und der Herzogin von Bourbon; sie ist gestorben den 13. Mai 1759.

Als der Großvater Carl Theodor's den 11. Juli 1732 starb, trat der Prinz Johann Christian die Regierung an; aber schon am 20. Juli 1733 starb auch dieser, 33 Jahre alt, und hinterließ seinen einzigen Sohn den damals neun Jahre alten Prinzen Carl Theodor, als Erbe der pfälzischen und sulzbachischen Lande.

Der junge Prinz Carl Theodor war bis dahin bei seiner Urgroßmutter, der Herzogin Marie Henriette von Aremberg in Drogenburg bei Brüssel erzogen worden. Allein da jetzt Churfürst Carl Philipp die Vormundschaft über ihn übernahm, ließ er ihn im Monat Januar 1734 nach Mannheim kommen, um ihn ganz als künftigen Thronerben zu erziehen, wo er den 5. Januar 1734 ankam und mehrere Jahre lang das Mühlauschlößchen bewohnte.

Im April 1735 verlobte ihn Churfürst Carl Philipp mit seiner ältesten Enkelin Maria Elisabeth Auguste.

Am 5. August 1730 wurde Churfürst Carl Philipp von dem König Friedrich Wilhelm und dem Kronprinzen von Preußen besucht; dieselben wohnten am 6. dem Gottesdienst in der Trinitatiskirche bei.

Am 24. Dezember 1737 erhielt der Hof zu Mannheim den Besuch des Churfürsten von Bayern, der sich bis Anfangs Februar 1732 daselbst aufhielt, und dem zu Ehren viele Festlichkeiten veranstaltet wurden.

Der 70 Jahre alte Churfürst Carl Philipp befand sich noch so wohl, daß er öfters die Jagden mitmachte, die in den nahegelegenen Forsten abgehalten wurden.

Den 22. Dezember 1729 wurde das churpfälzische Ober-Appellationsgericht in Mannheim constituirt.

Den 14. April 1730 wurde der Grundstein zum churfürstlichen Hospital ad sanctum Borromaeum und der Kirche (das jetzige allgemeine Krankenhaus) gelegt.

Den 13. Mai 1731 wurde die neue Hofkirche in dem bald vollendeten Schlosse feierlich eingeweiht. Dieselbe, das Ende des linken Schloßflügels bildend, ist sehr schön; das darin befindliche Deckengemälde ist von Asam, das Gemälde am Hochaltare von Gobreau. Damals enthielt dieselbe eine Monstranz aus gediegenem Rheingolde, der Altar des heil. Hubertus war massiv aus Silber gearbeitet, aber beide wie sonstige Kostbarkeiten und viele Reliquien gingen später nach München.

Am 22. November 1731 nahm Churfürst Carl Philipp von seinem neuen Residenzschloß vollständig Besitz, nachdem er bis dahin sich öfters in Schwetzingen aufgehalten hatte. Es wurde Alles, was sich noch an werthvollen Möbeln in Düsseldorf und Heidelberg befand, nach Mannheim gebracht. Das neuerbaute Schloß war eines der schönsten in Europa; es liegt am südlichen Ende der Stadt gegen den Rhein; gestattet auf einer Seite die Aussicht in alle Langstraßen der Stadt, auf der andern gegen den Rhein und die schöne Umgebung. Es besteht aus einem großartigen Hauptgebäude mit hohem Pavillon, zwei Seitenflügeln, welche gleichfalls durch Pavillons geschlossen werden, und zwei Langgebäuden. Auf dem ersten Balkon des Hauptpavillons wurden die Brustbilder der Churfürsten von der Pfalz Philipp Wilhelm, Johann Wilhelm, Carl Philipp und später auch das von Carl Theodor aufgestellt. Im Jahr 1803 wurden dieselben jedoch herabgestürzt und damit der Stadt werthe Zeichen schönen Angedenkens vernichtet.

Die beiden Pavillons von der Schloßkapelle und der Bibliothek waren durch einen Bogengang verbunden, so daß der jetzt aus einem schönen Ganzen bestehende Schloßhof zu damaliger Zeit in eine innere und eine äußere Hälfte abgetheilt war. Das Schloß enthielt viele große Gemächer, die mit herrlichen Gemälden und gemalten Decken geschmückt, wie mit prachtvoll eingelegten Böden versehen waren. In der Mitte des Hauptpavillons ist der große Rittersaal, der eine sehenswürdige Reihe der Bildnisse aller Regenten des churfürstlichen Hauses in Lebensgröße enthält. Der Schloßgarten war ehemals von zwei Mauern und einem Bollwerk umgeben. Man hatte zur Erbauung verhältnißmäßig nur wenig Zeit gebraucht, da solches nach der Grundsteinlegung schon nach 11 Jahren bewohnbar war. Von Churfürst Carl Theodor wurde dasselbe vielfach erweitert und unter dessen Regierung der rechte Flügel gebaut und den Künsten und Wissenschaften eingeräumt. Es befinden sich darin die Archive, die Bibliothek, das Antiquitäten-Kabinet, der Schatz, die Gemälde-, Kupferstich- und Zeichnungen-Sammlungen, sowie auch das naturhistorische Museum. Außerdem befinden in den Hintergebäuden: die Reitschule, der Stall und das Kutschenhaus.

In dem gegenseitigen linken Flügel befindet sich die churfürstliche Kapelle, und war darin der Opernsaal und das Kabinet der Naturlehre, wie auch das Ballhaus eingerichtet. Das Schloß zählt im Ganzen 1,500 Fenster. Der erste Schloßverwalter war Herr Zeller. Dem Churfürsten Carl Philipp wurde durch einen großen Astronom bedeutet, daß er, wenn er das neue Residenzschloß beziehe, auch bald darin sterben würde, was in der Beziehung des Schlosses anfänglich eine Zögerung veranlaßte.

Im Jahr 1730 ließ der Churfürst das Seminarium Carolum Borromaeum in Heidelberg erbauen; den 18. September 1730 machte er mit dem Fürsten von Taxis wegen dem Postwesen in Churpfalz einen Vertrag und ließ am 7. Mai 1732 das Amortisationsgesetz, wornach keine liegenden Güter, ständige Gefälle oder große Geldsummen an Stifter, Klöster oder sogenannte manus mortuas verschenkt oder verkauft werden durften, in der Churpfalz verkünden.

Den 12. März 1733 legte der Churfürst Carl Philipp den Grundstein zur Jesuiten- und großen Hofkirche. Der Bau derselben selbst wurde unter der Regierung des nachfolgenden Churfürsten Carl Theodor nach 23 Jahren, am 7. November 1756 vollendet. In derselben wurde am 15. dieses Monats der erste Gottesdienst gehalten, und sie am 18. Mai 1760 feierlich eingeweiht, durch Joseph, Fürstbischof zu Augsburg, Prinz von Hessen-Darmstadt, wobei der Weihbischof Christoph Nebel von Mainz eine schöne Festpredigt hielt. Bei diesem Einweihungsfeste wurden besondere Medaillen ausgegeben. Die Kirche hat 250 Schuh Länge, 107 Schuh Breite und 108 Schuh Höhe, die Kuppel ist 250 Schuh hoch. Die Bildhauerarbeiten sind von Ritter von Verschaffelt, die Altargemälde von Grahn, der Plan von Alexander von Bibiena, die Glocken von Speck in Heidelberg.

Die damalige, nunmehr eingegangene, jetzt zur Aufbewahrung der Theaterdecorationen benutzte marianische Sodalitäts-Kirche, in welcher jedoch nur zum Behuf der für Honoratioren und Bürger errichteten Brüderschaft an den Muttergottestagen Dienst gehalten wurde, gehörte auch zu dieser großen Hofkirche.

Im Jahr 1739 wurde durch Churfürst Carl Philipp das Jesuiten-Collegium erbaut.

Mannheim hatte in seiner neuen Gestalt drei Thore, das Rhein-, Neckar- und Heidelberger Thor; die Straßen waren alle rechtwinkelich, und die Hauptstraßen an beiden Seiten mit Linden und Ulmbäumen bepflanzt. Anfangs durften die Häuser nicht hoch gebaut werden, was jedoch bald aufhörte. Ueber den Rhein und Neckar wurden Schiffbrücken errichtet. Um den Handel und die Fabriken zu heben, wurde den sich neu in der Stadt Niederlassenden eröffnet, allenfallsige Wünsche oder ihnen entgegenstehende Hindernisse zu bezeichnen, um allen möglichst entgegenkommen zu können.

Wegen der polnischen Königswahl entstand ein Krieg zwischen Frankreich und dem deutschen Kaiser, in welchem aber Churpfalz, das schon längere Zeit mit dem kaiserlichen Hofe gespannt war, sich, statt für den Kaiser Partei zu nehmen, neutral erklärte. Diese Neutralität wurde indessen ziemlich einseitig geübt, da den Franzosen aus der Pfalz große Proviant-Lieferungen zukamen, sie sogar bei Neckarau den Uebergang über den Rhein gestattet erhielten, während den Kaiserlichen bei ihrem Vorrücken in Mannheim und

13

Heidelberg die Brücken, über welche kurz vorher die Franzosen marschirt waren, abgeworfen wurden.

Die französischen Generale und Marschälle de Saxe, Graf Belleisle, Herzog Richelieu und Marschall Origny hatten bei Hof freien Zutritt und wurde besonders der Letztere ausgezeichnet, ja 1735 ward der aus dem Reiche verwiesene französische Minister Blondel in Mannheim aufgenommen.

Den 25. Mai 1733 wurde in der neuen lauretanischen Kapelle zu Oggersheim, wozu Pfalzgraf und Erbprinz Joseph Carl Emanuel von Sulzbach den Grundstein gelegt, der erste Gottesdienst gehalten.

Den 5. Januar 1734 wurde zwischen Churpfalz und dem pfalzgräflich-birkenfeldischen Hause die streitige Erbfolgesache wegen den Herzogthümern Zweibrücken, Lauterecken und Veldenz verglichen und gütlich beigelegt.

Wegen eines mit Holland erhaltenen Zwistes, der sich durch die in Düsseldorf geschehene Wegnahme mehrerer bedeutenden Summen Gold und Silbers, die holländischen Juden gehörten, entspann, schickten die General-Staaten den Ritter von Burmannia nach Mannheim, durch welchen diese Streitsache in Ordnung gebracht wurde.

Zu jener Zeit war Herzog Ferdinand von Bayern, Bruder des Churfürsten von Bayern, längere Zeit am churfürstlichen Hofe zu Mannheim zum Besuch, und wurden ihm zu Ehren viele Feste gegeben.

Durch die streitige Erbfolge der Herzogthümer Jülich, Cleve und Berg mit Preußen und Chursachsen hatte Churfürst Carl Philipp viele Verdrießlichkeiten, und wurde von seiner Regierung in dieser Sache unter Anderm in Mannheim 1737 eine Deduktion in Quart gedruckt, worin die pfälzischen Ansprüche weitläufig dargelegt waren.

Im Monat August 1735 verlegte der kaiserliche General en chef, Prinz Eugen von Savoyen, sein Hauptquartier mit der kaiserlichen Armee nach Heidelberg.

Den 5. Oktober 1735 erlaubte der Churfürst den Karmelitern ein Hospitium in Mannheim anlegen zu dürfen. — In demselben Jahre wurde die churfürstliche Münze erbaut. (Das jetzige Haus Lit. P 6 No. 10, den Gebrüdern Neumann gehörig.)

Dieselbe war in ihrer innern Einrichtung auf das Zweckmäßigste eingetheilt. Die Schmelz- und Glühöfen, die Strecke, welche mit Pferden getrieben wurde, der Durchschritt, die Justirmaschine, die verschiedenen Auswürfe zum Prägen, die Prägwerke für kleine Sorten, das Gränzelwerk 2c. zeigten hinlänglich, wie wohl dieselbe eingerichtet war. Es gereichte damals allerdings dem Churfürsten zu nicht geringem Ruhme, daß er nach dem letzten Kriege, in welchem Deutschland mit schlechten Münzen überschwemmt gewesen, durch den angenommenen Münz-Conventionsfuß, seine Lande nicht allein mit den besten Sorten nach Erforderniß versorgte, sondern auch durch die nachdrücklichsten Befehle die geringhaltigen und schlechten Sorten daraus entfernt gehalten hat. Der Münzrath und zugleich Münzmeister Schäffer wie auch der Münzwardein Diez wohnten in der Münze und mußten sich diejenigen, welche Silber zu schmelzen hatten, bei denselben melden. Es wurde Ihnen solches nach dem bestimmten Werth vergütet.

Graveure der Münze waren die Gebrüder Schäffer, denen das Lob zu Theil ward, daß sie ihre Kunst in recht hohem Grade ausübten.

Im Jahr 1736 wurde von Churfürst Carl Philipp Mannheim zu einer freien Handelsstadt erhoben, um ein besseres Emporkommen des Handelszweiges zu befördern. Den 12. März 1737 wurde die Tuchbleiche (jetzige sogenannte Deurersbleiche) auf dem Niedergrund mit einem eigenen Trocken- und Waschhaus angelegt, auch wurde daselbst eine große Tabaksfabrik und Pferde-Mühle errichtet.

Den 11., 12. und 18. März d. J. verspürte man zu Mannheim und der Umgegend Erderschütterungen.

Nachdem man das Haus Lit. E 1 No. 8 bis daher als

Kaufhaus benützt hatte, wurde im Jahr 1736 mit dem Bau des jetzigen Kaufhauses und dessen Thurm begonnen, an der Stelle, wo ehemals die Gräben und Verschanzungen der Festung Friedrichsburg gegen die Stadt sich geschlossen hatten, was auch die Ursache abgegeben haben mag, daß die Erbauung dieses schönen großen Thurmes anfänglich mit vielen Schwierigkeiten und Gefahr verbunden gewesen ist.

Das schöne große Gebäude wurde am 25. Oktober 1746 vollendet. Es bildet ein viereckiges ganzes Quadrat (N 1) der untere Stock ist mit einem gewölbten Bogengang versehen, bestehend aus 72 Schwingbogen, die auf 74 steinernen Pfeilern ruhen; an der Seite gegen den Parabeplatz ist der schöne Thurm; der Plan ist von Alexander von Bibiena, die Bildhauerarbeiten von Egell.

Das ganze Gebäude steht auf einem Pfahlrost.

Am Balkon steht folgende Inschrift:

„Auf Befehl Carl Philipps erhob ich mich aus dem „Grunde, und als ich zum Theil in die Höhe geführt „war, wurde ich genöthigt, wieder liegen zu bleiben, „weil man von mir glaubte, ich wanke. Als man aber „meine Stärke erneuert hatte, da fing ich an, mein „Haupt wieder zu erheben, aber meine Kraft blieb zwei=„felhaft bastehen; so stand ich ohne Dach und Hut drei „Mal drei Sommer ängstlich da, bis Churfürst Carl Theodor mein Haupt krönte. Er lebe."

Nach einer früheren Sage soll in der Nähe des Zifferblattes der Uhr, gegen den Parabeplatz zu, ein schwarz eisernes Kreuz sich befinden, als Zeichen, daß an dieser Stelle der Werkmeister, welcher den Thurm begonnen, und bis an diese Stelle geleitet hat, von da heruntergestürzt und sein thätiges Leben geendet habe.

Den 21. Oktober 1737 wurde der Grundstein zur Garnisonskirche, auf dem jetzigen Zeughausplatz, gelegt; 1780 wurde dieselbe aber wieder abgerissen und die Abhaltung des Gottesdienstes in die Kapuzinerkirche verlegt.

Im Jahr 1739 wurde der Bau des Militär-Lazareths und der wallonischen Kirche dahier vollendet, und Letztere eingeweiht.

Den 31. Oktober bis den 9. November 1739 war der Churfürst von Cöln in Mannheim anwesend.

Unter der Regierung des Churfürsten Carl Philipp wurde noch erbaut:

1739 das Jesuiten-Collegium (jetziges Lyzeum und Wohnung des Stadtpfarrers und der Kapläne.)

Die lateinische oder sogenannte Fünf-Studentenschule (jetzige Aula und Freischule). Das auf dem Gebäude befindliche Glockenthürmchen wurde im Spätjahr 1808 abgebrochen. Am 28. Oktober 1822 wurde die darin neu errichtete Freischule eröffnet.

1739 wurde das Opernhaus neu eingerichtet, so wie der Kammerstall, das jetzige Haus O 6 No. 7.

Auch wurde in diesem Jahr eine feste Schanze jenseits des Rheins errichtet, die sogenannte Rheinschanze, unsere jetzige Nachbarstadt Ludwigshafen, so wie auch eine Schiffbrücke über diesen Fluß gebaut.

Im Jahr 1740 löste der Churfürst Carl Philipp das im Jahr 1691 an das Bisthum Würzburg versetzte Oberamt Boxberg wieder ein.

Den 21. Dezember 1740 war in der Gegend von Mannheim eine solche Ueberschwemmung, daß das Wasser in die Stadt drang, und man im untern Theile mit Nachen fahren mußte.

Den 2. September 1741 wurde das Mannheimer Tageblatt (damals Kundschaftsblatt genannt) zum ersten Male gedruckt und ausgetheilt.

Den 16. Januar 1742 langte Carl Albert, Churfürst von Bayern, mit seiner Gemahlin, dem Churprinzen und den Prinzessinnen nebst dem ganzen Hofstaate von München in Mannheim an, um den auf den folgenden Tag, den 17., festgesetzten Doppel-Vermählungs-Feierlichkeiten, des Herzogs

Carl Theodor von Sulzbach, und des Herzogs Clemens von Bayern, mit den beiden Sulzbachischen Prinzessinnen, den Schwestern Elisabetha Augusta und Maria Anna beizuwohnen, bei welchen Vermählungen Clemens August, Churfürst von Cöln, die Trauungs = Ceremonien verrichtete, und wobei ein Aufwand und eine Pracht entfaltet wurde, wie man sie je gesehen und je erdacht hatte.

Alle Kanonen auf dem Wall wurden drei Mal abgefeuert, die ganze Garnison stand unterm Gewehr und eröffnete drei Mal Lauffeuer; das Schloß, die breite Straße, der Paradeplatz, der Markt, das Rathhaus und dessen Thurm, die Pfarrkirche und das Neckarthor waren auf das brillanteste erleuchtet und mit Sinnbildern verziert.

In dem zu dieser Feierlichkeit neu erbauten sehr prächtigen Opernhause wurde die erste Oper aufgeführt; Bälle, Schauspiele und öffentliche Belustigungen wechselten mit einander ab und verherrlichten die festlichen Tage.

Außer Carl Albert, welcher am 16. Januar angekommen, hatten sich einige Tage zuvor dessen Bruder Carl Philipp, der Churfürst Clemens August von Cöln, der Bischof von Freysing und Regensburg nebst vielen andern Fürsten und Herren eingefunden.

Die Trauungen geschahen am obengenannten Tage, Abends 6 Uhr, durch den Erzbischof von Cöln, worauf bis 9 Uhr große Chur und darnach Tafel abgehalten wurde. An der Haupttafel saßen 14 Fürsten, die alle durch Kammerherrn bedient wurden, an verschiedenen andern Tafeln speisten noch 150 Personen.

Nach aufgehobener Tafel war Ball, und eröffnete der alte Churfürst Carl Philipp den Tanz, wozu er sich aber eines Stuhles mit Rädern bediente, der von zwei Kammerherrn fortgeschoben wurde.

Die Festivitäten dauerten bis zum 30. Januar, der Churfürst von Cöln reiste am 20. ds. schon ab.

Am 1. Festtage wurde, als Abends die ganze Stadt

prachtvoll illuminirt war, unter andern Lustbarkeiten, auch im Schloßhofe aus einem großen Fasse Wein springen gelassen; dieses Faß war im Winter zuvor auf dem zugefrorenen Rheine unter vielen Ceremonien verfertigt worden; es war ganz vergoldet und lag auf einem hohen Gerüste. Auf dem Fasse saß ein Bachus, der einen Becher in der Hand hielt.

Zur Erinnerung an das Vermählungsfest wurden verschiedene Medaillen geprägt; und die Stadt Mannheim ließ für sich eine besonders verfertigen, welche im Avers die Brustbilder des Thronfolgers und seiner Gemahlin, und die Umschrift trug: Carl Theodor und Maria Elisabetha Augusta. Auf Ihnen, durch Ehe vereint, steht fest das Churhaus Pfalz. Auf dem Revers befand sich: „Mannheims Senat und Volk, Tag den 17. Januar 1742."

Am 24. Januar 1742, nach dem Tode des Kaisers Karl VI. 1740, erhielt der Churfürst Carl Albert von Bayern durch den Reichs=Marschall Grafen von Pappenheim unter Vorreitung von hundert blasenden Postillons zu Mannheim die Nachricht von der auf ihn gefallenen Wahl zum römischen König, worauf sich derselbe als Carl VII. mit seinem ganzen Hofstaate am 30. desselben nach Frankfurt begab.

Am 10. Februar d. J. wurde der so lange dauernde Jülich= und Bergische Erbfolgestreit zwischen dem König von Preußen und dem Churfürsten Carl Philipp gänzlich ausgeglichen und gütlich beigelegt, worauf am 16. Oktober d. J. der Herzog Carl Theodor, als Nachfolger in der Chur, in benannten Herzogthümern, noch bei Lebzeiten des Churfürsten die Huldigung für sich abnehmen und eine Medaille im Avers mit seinem Brustbild und der Umschrift prägen ließ: Carl Theodor von Gottes Gnaden, Pfalzgraf bei Rhein, Herzog von Sulzbach. Im Revers stand ein Löwe mit dem Wappen, oben ein Regenbogen mit der Aufschrift: nach so vielen entscheidenden Vorfällen; im Abschnitt als Huldigung zu Jülch und Berg. Den 16. Oktober 1742.

Churfürst Carl Philipp bestimmte im Jahr 1741 ein schönes, ebenso künstlich als zierlich ausgearbeitetes Brunnengestell zur Zierde seiner Haupt- und Residenz-Stadt Mannheim, das er auf dem Paradeplatz aufrichten ließ. Dasselbe bildet eine aus einer Menge Figuren zusammengesetzte metallene (jetzt durch die Witterung ganz schwarz angelaufene Pyramide.)

Vier schöne kolossale Figuren liegen rund herum am Boden, welche, wie es scheint, die vier Elemente: Erde, Feuer, Wasser und Luft vorstellen sollen. Zwischen ihnen erheben sich vier andere Haupt-Figuren. Gegen Nordost ist eine sitzende weibliche Figur, die man für eine Göttin der Wahrheit ansehen könnte, angebracht. In der Hand hält sie einen Spiegel, und ihr zur Seite liest man die Worte: niemals verborgen. Gegen Nordwest sitzt eine gekrönte Göttin, die Gerechtigkeit oder die oberste Staatsgewalt vorstellend. In der rechten Hand hält sie aufrecht das entblößte Schwert, in der Linken eine vergoldete Weltkugel. Auf einer Fläche neben ihr ist zu lesen: Mäßigung dauert aus. Gegen Südwesten erhebt sich wieder eine weibliche Figur. Sie hält mit der rechten Hand eine Schaale, in welche sie aus einem Kruge eine Flüssigkeit gießt. Sie scheint eine vergeltende Gottheit vorzustellen, die hier der Tugend den Lohn spendet. Ueber ihr steht der Spruch: Handle und dulde, das ist Römer Sitte. Gegen Südost schwingt eine vermummte Gestalt über ein bekämpftes Ungeheuer das Schwert und führt neben sich die Worte: Wer übel thut, haßt das Licht. Ueber diesen vier rund herum sitzenden Figuren, welche alle von gleicher Höhe sind, befinden sich nun im bunten Gemisch die verschiedensten Dinge, Heereszeichen, Fahnen, Waffen, Götter, geharnischte Gestalten, Helden der Vorzeit, Trophäen, Kinder, Thiere, Produkte der Erde, Symbole des Handels, der Staatsverwaltung, der Gewerbe und dgl. auf das geschmackvollste bis zur Spitze aufgethürmt.

Oben über seinem Mitregenten Janus schwebt Saturnus, der ernste Gott der Zeit, mit seiner Sense, und neben ihm schwingt sich ein Genius mit dem über Alles siegenden Licht der Sonne, die vergoldet ist, empor. Die ganze Gruppe scheint symbolisch die Vergänglichkeit, das ewige Kommen und Verschwinden der irdischen Dinge darzustellen. Von der Ferne betrachtet, glaubt man das Grabmal eines der größten Helden zu erblicken, denn Schwerter, Lanzen und dergleichen springen überall aus den Conturen hervor.

Der Churfürst Johann Wilhelm ließ solches durch den damaligen berühmten italienschen Bildhauer Ritter Gripello (auch Crepello) zu Düsseldorf gießen, und bestimmte es zur Aufrichtung in dortiger Stadt. Sein Nachfolger, Churfürst Carl Philipp bestimmte es anfänglich für den Schwetzinger Garten, was aber durch dessen Aufstellung zu Mannheim nicht zur Ausführung kam. Das Ganze ist, wie gesagt, aus Metall in großen Stücken gegossen und hat ein Gewicht von 300 Centner; es ruht auf einem großen massiven Fußgestell, aus welchem vier durch starke Gewölbe verbundene Pfeiler hervorragen. Das Fußgestell wurde von Alexander von Bibiena verfertigt, an dem außerhalb acht große marmorne Wasserbecken angebracht sind, und war das Ganze eigentlich zu einer Fontaine bestimmt.

Die zu diesem Zwecke gelegte Wasserleitung, zu welcher schon 83,000 fl. bereits bezahlt waren (der ganze Aufwand hätte ungefähr 231,000 fl. betragen) war schon von Rohrbach bei Heidelberg bis nach Seckenheim ausgeführt, als der französische Revolutionskrieg, leider seine Vollendung unterbrach. (Im Sommer 1840 wurde das Monument ganz restaurirt, mit einem eisernen Gitter versehen und 1841 wurde die wegen den Reparaturen angelegten Umhüllung hinweg genommen.)

Churfürst Carl Philipp fühlte sich Anfangs Dezember sehr schwach und seinem Ende nahe. Die Schwäche nahm am 23. so zu, daß man Abends für seine Erhaltung betete und mit allen Glocken läutete; nach einer am 30. eingetrete=

nen kaum merklichen Besserung erfolgte sein Hinscheiden des
andern Tages, den 31. Dezember 1742, Abends gegen acht
Uhr. Er starb im Alter von 81 Jahren und 9 Wochen,
nach einer 26½jährigen Regierung, als ältester der damals
lebenden Regenten Europa's, an Entkräftung. Nach seinem
letzten Willen wurde sein Leichnam, ohne vorher auf einem
Parabebett ausgestellt zu werden, in aller Stille am 1.
Januar 1743, Abends 9 Uhr, in der Schloßkapelle zu
Mannheim beigesetzt.

Die solennen Trauerfeierlichkeiten wurden am 10. Febr.
1743 im Beisein des neuen Churfürsten Carl Theodor, dessen
Gemahlin Elisabetha Auguste und des Herzogs Clemens von
Bayern abgehalten.

Churfürst Carl Philipp war ein gütiger Fürst, gnädig
gegen seine Umgebung freundlich gegen Jedermann. Er unter=
hielt sich sehr gerne und liebte es, wenn man offen und frei
sich gegen ihn aussprach. Er war ein schöner Mann und
hatte sogar im hohen Alter ein hübsches Aussehen; bis zum
Tode seiner Tochter und deren Gemahl liebte er Pracht und
Feste. Anfänglich hatte er sich dem geistlichen Stande ge=
widmet, änderte aber seinen Entschluß und ergriff den Degen,
leistete dem Kaiser ersprießliche Dienste in dem Kriege gegen
die Türken und Franzosen und wurde 1707 Statthalter in
Tyrol; worauf er, wie oben ausgeführt, an die Regierung
gelangt war.

Nach seiner Berufung auf den churpfälzischen Thron am
8. Juli 1716 verblieb er noch bis zum Mai 1717 zu Ins=
bruck wofür vielfach angegeben wurde, er habe die Reise in
seine Erblande so lange verzögert, um seine Unterthanen, die
durch den Krieg hart mitgenommen worden, auf einige Art
zu erleichtern, und allen Aufwand zu beseitigen. Es ist aber
verläßiger, daß das Mißverständniß mit seiner Schwägerin,
der verwittweten Churfürstin Maria Anna Schuld daran
war. Denn als er noch in kaiserlichen Diensten seinen
Bruder den Churfürsten Johann Wilhelm besuchte, hatte ihm

die Churfürstin den Zutritt zur churfürstlichen Tafel, weil sie mit Niemanden als mit regierenden Fürsten speisen wollte, erschwert. Darüber soll der Pfalzgraf sehr aufgebracht geworden und sogleich abgereist sein und soll sich geäußert haben, so lange die Churfürstin lebe und sich in den pfälzischen Landen aufhielte, solche nimmermehr betreten zu wollen. Diese Sage mag nicht ohne Grund sein; denn soviel ist gewiß, daß der neue Churfürst seiner Schwägerin zum künftigen Aufenthalt weder Schloß noch Sitz in seinen dermaligen Landen verwilligte, vielmehr solches verweigerte und auf deren Abreise nach Italien gedrungen hat.

Anfänglich wählte sich der Churfürst Neuburg zu seiner Residenzstadt, dann Heidelberg, und, wie wir gesehen, später Mannheim, für das er so Vieles im Laufe seiner Regierung gethan hat, die überhaupt für die Pfalz eine der ruhigsten und glücklichsten war.

Mit ihm starb das an Prinzen so zahlreiche herzogliche Haus Neuburg aus, dessen Namen er aber durch seine edlen und erhabenen Eigenschaften verherrlicht hat. Die Churwürde fiel an das herzoglich pfalz-sulzbachische Haus.

## Heidelberg im Jahre 1742.

Die Stadt liegt in einer der angenehmsten Gegenden am Neckar, vier Stunden von Mannheim, bei dem Austritte desselben aus den Bergen.

Pfalzgraf Konrad aus der kaiserlich schwäbischen Familie residirte im zwölften Jahrhundert daselbst. Seit dieser Zeit hat sie viele und wichtige Veränderungen erfahren und durch die häufige Kriege, vorzüglich durch ihre gänzliche Zerstörung im Jahre 1693, sehr gelitten, zu welcher Zeit auch ihre Festungswerke sind geschleift worden, so daß sie jetzt nur mit einer Mauer umgeben ist. Sie ist sehr lang aber schmal, hat 5 Hauptthore, und wird in die Stadt und Vorstadt eingetheilt, welche letztere aus dem nahe dabei gelegenen

Dorfe Bergheim entstanden. Sie hat 5 Hauptplätze und Märkte, und mehr als 20 öffentliche Brunnen, die wegen ihrem vortrefflichen Wasser weit und breit berühmt sind. — Man zählt darin 4 Manns= und 2 Frauen=Klöster. Das Jesuiten=Collegium wurde den Lazaristen übertragen.

Außerdem die Kirche zu St. Peter, in welcher die Grab= schrift der der berühmten Olympia Fulvia Morata zu lesen ist, eine schöne evangelische und vorzüglich die berühmte Heiligengeistkirche, in welcher auch vormals die bekannte Heidelberger Bibliothek gestanden und die churfürstlichen Be= gräbnisse gewesen.

Ferner hat sie ein Rathhaus, Universität, Auctomie, botanischen Garten, ein katholisches, evangelisches, reformirtes und militärisches Hospital, das deutsche Haus, die Sapiens= und die Neckarschule, einen großen Paradeplatz und die sehr schöne Neckarbrücke, welche auf dicken und starken steinernen Pfeilern ruht.

In der Stadt haben von den churfürstlichen Corpora= tionen der reformirte Kirchenrath, das evangelisch=lutherische Consistorium, das Ehegericht und die geistliche Administration ihren Sitz. Ihre Universität, welche 1386 gestiftet worden, ist die älteste in Deutschland.

## Schloß und Garten.

Vormals waren in Heidelberg zwei Schlösser. Das älteste, welches etwas höher auf dem Berge lag, war schon den 26. April 1535 durch einen Wetterstrahl zerstört wor= den, so daß nichts mehr davon übrig ist, als ein gepflaster= ter Weg, der dahin geführt. Das neuere liegt etwas tiefer auf einem Hügel über der Stadt. Es wird dessen mit dem älteren schon 1329 gedacht.

In folgenden Zeiten aber ist es nach und nach ver= größert worden. Vorzüglich hat Churfürst Otto Heinrich und Friedrich IV. gegen Morgen und Mitternacht die präch=

tigen Gebäude nach damaliger Art aufführen lassen, wovon das erste mit den alten Bildsäulen geziert und das letztere mit den Statuen der Vorfahren Friedrichs IV. prangt.

Dieses berühmte Schloß hat aber auch schon eine Menge von Widerwärtigkeiten erfahren. Im Jahre 1693 wurde es beinahe ganz in die Luft gesprengt, und was später an den Gebäuden Otto Heinrichs und Friedrichs IV. ausgebessert worden, das fand den 24. Juni 1764 durch einen Wetterstrahl wieder seine Vernichtung, so daß jetzt nichts mehr als die Mauerwerke zu sehen sind, außer der Schloßkapelle, welche wieder ausgebessert worden, und die ein vortreffliches Altargemälde ziert. Dasselbe stellt die Taufe Johannes dar und befindet sich gegenwärtig in der Gemäldegallerie zu Mannheim; Kenner eignen es dem berühmten Schönjans zu. Auch sieht man noch das bekannte Heidelberger Faß, welches unter der Regierung des Churfürsten Carl Theodor an der Stelle des baufällig gewordenen alten erbaut wurde und 30 Fuder mehr hält, als das frühere.

Von dem mit großen Kosten durch Churfürst Friedrich V. angelegten Schloßgarten ist nichts mehr als die vortreffliche Lage und die Ruinen einiger daselbst befindlicher Grottenwerke übrig.

Auch das Echo, welches viele Worte hinter einander nachspricht, verdient daselbst bemerkt zu werden.

### Churfürst Carl Theodor
(genannt der Prachtliebende).

Auf die Regierung des Churfürsten Carl Philipp folgte Churfürst Carl Theodor in einem Alter von 18 Jahren. Er stammte aus dem neuburgischen Nebenaste Pfalz-Sulzbach, war der nächste Stammverwandte zu dem erloschenen herzoglich neuburgischen Hause, und der erste Prinz aus dem Hause Sulzbach, welcher den churpfälzischen Thron einnahm.

Carl Theodor war ein großer Beschützer der Künste und Wissenschaften, wie besonders auch der Stadt Mannheim. Die Baukunst war unter seiner Regierung im höchsten Flor und wurde hier mit vielem Kostenaufwande betrieben, was uns heute noch am besten die vielen hinterlassenen Denkmäler bezeugen. Carl Theodor hatte sich durch seinen Geist, seine außerordentliche Kenntnisse, seine Vorliebe für Kunst und Wissenschaft und seine unendliche Thätigkeit den Dank der Mitwelt und den Namen des „Prachtliebenden" erworben.

Churfürst Carl Theodor war geboren den 10. Dezember 1724, vermählte sich den 17. September 1742 mit Elisabeth Auguste von Sulzbach, Enkelin des Churfürsten Carl Philipp, welche den 17. August 1794 zu Weinheim, 73 Jahre alt, gestorben.

Zum zweitenmal vermählte er sich mit Maria Leopoldine, Tochter des Erzherzogs Ferdinand von Oesterreich. Die Trauung fand den 15. Februar 1795 in Innsbruck statt.

Den 1. Januar 1743 trat Churfürst Carl Theodor die Regierung an, und änderte für seine nächste Umgebung sogleich die Besetzung der höchsten Stellen.

Der bisherige Oberhofmeister Carl Theodors, Marquis Albert Joseph von Ittre wurde erster Staatsminister und Oberfinanzdirektor. Dem Oberstallmeister, Grafen v. Taxis, ließ der Churfürst bedeuten, sich augenblicklich auf sein Gouvernement nach Neuburg zu begeben; seine Stelle erhielt Graf Wonsheim.

Der Graf Hatzfeld, die Freiherren v. Hillesheim und v. Kageneck, sowie der Oberkämmerer Graf Sickingen legten freiwillig ihre Posten nieder; den des letzteren erhielt Baron Wachtendonck. Graf von Mark wurde Commandeur der Garde zu Pferde, Obrist Baron von Waldeck Capitän der Schweizergarde, die Freiherren von Cavalchino und Viereck Hofkavaliers und Baronin von Dalberg, Oberhofmeisterin der Churfürstin.

Zu den geheimen Conferenzen wurde außer dem ersten

Minister von Jettre nur die geheimen Räthe von Stengel und von Weiler, sowie der geheime Referendär Klein beigezogen. —

Churfürst Carl Theodor beschenkte am 18. November 1743 Mannheim mit mehreren Privilegien auf die Dauer von 30 Jahren; dieselben kamen 1753 bei dem dasigen Hofbuchdrucker Nicolaus Pieron im Druck heraus.

Den 30. September 1743 huldigte dem Churfürst Carl Theodor Stadt und Oberamt Ladenburg. Den 9. Dezember Stadt und Oberamt Oppenheim, den 13. Bacharach, den 17. Stromberg, den 20. Kreuznach, den 30. Simmern, dann 1744 den 3. Januar Veldenz, den 9. Lauterecken und den 11. Lautern.

Im November 1743 bekam Carl Theodor die Blattern und erkrankte so gefährlich, daß man schon in Mannheim von der Ankunft des Herzogs Christian IV. von Zweibrücken, der die nächste Anwartschaft auf die Churpfalz hatte, sprach. Den eifrigen Bemühungen des von Heidelberg berufenen Professor Nebel gelang es jedoch, ihn gänzlich wiederherzustellen, daß schon auf Neujahr der Churfürst sich öffentlich sehen lassen konnte.

Den 29. Februar 1744 befahl der Churfürst, daß der gregorianische Kalender wegen Feierung des Osterfestes in Churpfalz beibehalten und beobachtet werden solle.

Den 7. April d. J. schlug der Churfürst als Großmeister des St.=Hubertus=Ordens zum erstenmale Ordens=Ritter.

Nach dem fünfzehnten Monat des Regierungsantrittes Carl Theodors wurde den 29. April 1744 in Mannheim auf dem Marktplatze ein Thron errichtet, auf welchem der Churfürst persönlich die Huldigung und Liebe der Einwohner empfing. Zur Gedächtnißfeier dieses für die Stadt Mannheim unvergeßlichen Festes bildete sich eine Schützengesellschaft welche ihr Freischießen auf der vorderen Mühlau=Insel, dem sogenannten Niedergrund, welche Eigenthum der Stadt war, und woselbst ein Schießhaus angelegt wurde, abhielt. Diese Schießstätte wurde 1810 aufgehoben und auf den sogenannten Rosengarten verlegt, woselbst sie sich heutigen Tages noch befindet, und woselbst die noch bestehende Schützengesellschaft ihre Freischießen abhält. Diese Schützengesellschaft und ihre Statuten wurden von dem Churfürsten gnädigst bestätigt und letztere von ihm, Freiherrn Joseph von Hohenhausen, als damaligem Schützenmeister-Capitän, und Freiherrn von Oberndorff, als 15. Schützenmeister, eigenhändig unterzeichnet. Am 1. Juli 1744 unterzeichnete Churfürst Carl Theodor das Stiftungs-Patent der neu gegründeten Schützengesellschaft.

Unter diesem edlen, menschenfreundlichen Fürsten gedieh Mannheim zu seinem höchsten Flor und königliche Monumente entstiegen seinem Schooße.

Bei der Huldigungsfeier zu Mannheim wurden zum Gedächtnisse dieses Festtages Dukaten ausgegen, die auf dem Avers das Mannheimer Stadtwappen, darüber die Worte: „Stadt Mannheim" und auf dem Revers: „Huldiget Carl Theodor den 29. April 1744", trugen.

Von diesen Dukaten circuliren sogar in Amerika, da solche in Tompsons Commercial Reporter abgebildet sind und deren Werth zu 2 Doll. 20 Cents fixirt ist.

Den 1. Juli 1744 ließ der Churfürst in der Stadt und Oberamt Neustadt, den 17. November zu Lindenfels, den 1. Dezember zu Mosbach und den 9. zu Boxberg die Huldigung abnehmen.

Den 20. Januar 1745 starb Kaiser Karl VII., und da nach dem Unions-Tractat vom Jahr 1724 das Reichsvicariat von Churbayern und Churpfalz gemeinschaftlich verwaltet werden sollte, so ließ der Churfürst Vicariatsthaler mit seinem Brustbilde, dann dem doppelten Adler und dem Reichsapfel prägen, mit der Umschrift: Von Gottes Gnaden Carl Theodor, Pfalzgraf bei Rhein, des heiligen römischen Reichs Erztruchseß, Schatzmeister und Churfürst, Vorsteher und

Reichsverweser im rheinisch-schwäbischen und fränkischen Theil 1745.

Den 26. März verglich sich Churpfalz mit Churbayern wegen wechselseitiger Ausübung des Reichsvicariats, welchen Verein Kaiser Franz I. den 21. August 1746 bestätigte.

Den 30. Juli 1745 verlegte die österreichische Armee unter Commando des Großherzogs Franz Stephan von Florenz und des Generals Graf von Traun das Hauptquartier nach Heidelberg. Den 12. September begaben sich die königl. preußischen und churpfälzischen Wahlgesandten aus Frankfurt nach Hanau, und wohnten dem Wahlgeschäfte eines neuen römischen Königs nicht bei. Den 13. September überbrachte der Reichsmarschall Graf von Pappenheim und der österreichische General Graf von Ostein dem Großherzog Franz Stephan von Florenz in Heidelberg die Nachricht von der zu Frankfurt auf ihn gefallenen Wahl zum römischen König. Am 19. September wurde in dem österreichischen Lager zwischen Heidelberg und Ladenburg dieserhalb in einer mitten im Lager aufgeschlagenen, mit Laubwerk und Sinnbildern verzierten Kapelle durch den Bischof Franz Christoph von Speyer, nachherigem Kardinal von Hutten, ein hohes Amt und Dankfest abgehalten, und das Tedeum feierlich abgesungen, welchem der neu erwählte römische König, der gesammte Generalstab und viele Standespersonen beiwohnten. — Während dem Gottesdienste wurden sämmtliche Kanonen der ganzen Armee dreimal abgefeuert, und die Kriegsmannschaft machte ein dreimaliges Lauffeuer. Abends war die Stadt Heidelberg prächtig beleuchtet.

Den 18. September 1745 wurde Johann Carl, Pfalzgraf von Birkenfeld geboren.

Den 30. August 1746 nahm Churfürst Carl Theodor in höchster Person die Huldigung zu Heidelberg entgegen.

Die ausgeworfenen Münzen trugen auf dem Avers das churfürstliche Brustbild, im Revers die Stadt Heidelberg mit der Umschrift: „Den 30. August 1746".

Den 9. November 1746 bestätigte und vermehrte der Churfürst die alten Privilegien und Freiheiten der Heidelberger Universität.

Den 6. Oktober 1746 reiste der Churfürst mit seinem ganzen Hofstaate nach Düsseldorf; er kam jedoch ganz unerwartet, nach einem 11monatlichen Aufenthalt daselbst, den 20. September, sammt dem Hofe wieder in Mannheim an. Aus Anlaß dieser Zurückkunft wurde eine Medaille geprägt, auf welcher das Brustbild des Churfürsten einerseits und andererseits eine mit dem Churhute bedeckte Figur, die das churfürstliche Wappen in der rechten, und in der linken Hand einen Anker hält, zu sehen ist. Die Umschrift lautet: „Die unvorhergesehene Hoffnung in Erfüllung." Im Abschnitt steht: „Zum Andenken der Ankunft des Fürsten. Mannheim den 26. September 1747".

Den 29. Oktober 1746 wurde Carl August, Herzog zu Zweibrücken, Sohn des Pfalzgrafen Friedrich, in Düsseldorf geboren.

Den 8. Dezember desselben Jahres nahm Pfalzgraf Friedrich Michael von Zweibrücken die kathol. Religion an.

Den 15. November 1747 langte ein gewisser van der Meer mit einem lebendigen Rhinoceros in Mannheim an.

Den 17. Dezember 1747 verglich sich Churpfalz mit dem Herzog von Württemberg wegen der Ortschaften Unteröbisheim, Zaisenhausen, Gölshausen und Sprantal, durch welchen Verein Unteröbisheim an Württemberg, die drei letzteren Orte aber an Churpfalz gekommen sind.

Den 1. Januar 1748 ließ der Churfürst den neugefertigten Staatskalender zum erstenmal austheilen.

Den 10. Mai desselben Jahres kaufte der Churfürst von Franz Maximilian Göler von Schwandorf den Ort Dittelsheim, welcher dem Oberamt Bretten einverleibt wurde.

Den 13. August 1748 stiftete Churfürst Carl Theodor ein Armen-, Waisen- und Zuchthaus, und widmete solchem die sogenannten Nothspeichereinkünfte zum nöthigen Unterhalt, und ließ dazu im folgenden Jahr, am 29. April 1749, den Grundstein legen.

Die Mittel zu diesem Bau wurden aus den früher bestandenen Nothspeicher-Vorräthen, sowie aus mehreren zu den allgemeinen Landesfonds beitragenden Gefällen beschafft. Das Haus wurde unter die besondere Obhut des heiligen Erzengels Michael gestellt. Es waren in demselben über 80 Waisenkinder untergebracht, denen Erziehung und nach erlerntem Handwerke die Reiseaussteuerung gegeben wurde.

Die Züchtlinge wurden in entfernteren Zimmern untergebracht, und befanden sich in diesem Hause eine Kartenfabrik, Leinen- und Wollenspinnerei, Steinschleiferei ꝛc.; mit demselben war auch die Landesfundi-Commission verbunden. Die Direktion hatte der Geheimerath v. Dumhoff, ohne dessen ausdrückliche Erlaubniß kein Einlaß gegeben wurde. Aus diesem Gebäude wurde später die Armen- und Waisenanstalt verlegt. (Jetzt ist es das Kreisgefängniß.)

Die Zuchthauskirche wurde 1751 eingeweiht, wobei der zur Seelsorge bestimmte Pater Kapuziner die bezügliche Rede hielt. In dieser Kirche wurde anfänglich an Sonn- und Feiertagen öffentlicher Gottesdienst für Katholiken und Protestanten abgehalten; da man dies aber in späteren Jahren für die Sicherung der Sträflinge nicht ersprießlich hielt, so wurde derselbe auf die Hausbewohner beschränkt und Sonntag den 11. Dezember 1831 zum letztenmale das Publikum zugelassen.

Den 17. August 1748 wurde Louise Christina, Tochter des Pfalzgrafen Johann von Birkenfeld, geboren, welche sich den 28. Oktober 1773 mit Heinrich XXX. von Reuß-Gera vermählte.

Den 16. November desselben Jahres verglich sich der Churfürst mit der ober- und niederrheinischen Ritterschaft wegen dem Wildfangs- und Leibeigenschaftsrecht, dann der Schatzung in den sautheiligen Ortschaften, ferner mit dem

Maltheserorden, wegen den Ortschaften Niederhochstadt, Ober- und Niederlustadt.

Im Jahre 1749 verglich sich Churpfalz mit Churmainz und der Stadt Straßburg wegen der Schifffahrt auf dem Rheine.

Den 17. Juni 1751 trat die Krone Frankreich dem zwischen Churpfalz und Churmainz im Jahre 1749 wegen der Schifffahrt auf dem Rheine geschlossenen Traktate, in Ansehung der Stadt Straßburg bei und genehmigte solchen.

Den 4. Mai 1750 ließ der Churfürst im Oberamte Heidelberg und zwar zu Weinheim und Neckargemünd den 8. und zu Wiesloch den 12. die Huldigung abnehmen.

Den 8. Juli 1750 ist der erste Stein zum Heidelberger Seminar und den 18. Juli zum sogenannten Mannheimer Thor in Heidelberg gelegt worden.

Den 22. Dezember 1750 ernannte der Churfürst einige reformirte und lutherische Räthe aus der Mitte des churpfälzischen Kirchenraths und Consistoriums, welche, wenn in Ehestreitsachen protestantischer Parteien, von einem Bescheid oder Urtheil des churpfälzischen Ehegerichts appellirt wird, in appellatorio ein rechtliches Gutachten fertigen und den Spruch entwerfen sollten, legte ihnen auch das Prädikat churpfälzische Oberappellationsräthe bei.

Den 20. Oktober 1751 verwilligte der Churfürst den Kapuzinern in der Oberamtsstadt Bretten ein Hospitium errichten zu dürfen und den 26. August überließ der Churfürst den halben Theil des churfürstlichen Hospitals ad St. Carolum Borromaeum zu Mannheim den barmherzigen Brüdern.

Um die Stiftung von seinem großen Vorfahren fest zu halten, ließ Churfürst Carl Theodor das große Riesenfaß in Heidelberg, welches abermals unbrauchbar geworden war, durch ein neues, aus dem festesten Holze erbautes Faß ersetzen, welches das frühere an Größe noch übertraf. Der Churfürst befahl deshalb 1751 seinem Hofkeller Joh. Jakob Engler dem Jüngeren den Bau des Fasses, welchen derselbe zur größten Zufriedenheit seines fürstlichen Bestellers auch vollendete. Die Anfertigung desselben soll die große Summe von 80,000 fl. gekostet haben, es übertrifft aber auch alle seine Vorgänger an Größe, denn es faßt 236 Fuder oder 283,200 große Trinkflaschen Flüssigkeit in seinem kolossalen Bauch und war den 10. November 1752 erstmals und dann in den Jahren 1753, 1760, 1766 voll Pfälzer Rebenblut gefüllt worden. Auf der Vorderseite ist ein mit dem Churhut gekrönter Schild angebracht; welcher im blauen Feld den goldenen Namenszug Carl Theodors trägt.

Den 11. Mai 1752 wurde Maria Amalie Auguste, Tochter des Pfalzgrafen Friedrich von Zweibrücken geboren.

Den 10. November 1752 wurde Pfalzgraf Wilhelm von Birkenfeld geboren.

Den 18. Juli wurde Maria Anna, Tochter des Pfalzgrafen Friedrich von Zweibrücken geboren.

Den 4. September 1754 wurde der Grundstein zu der großen Kaserne in Mannheim gelegt, in welcher in der Folge die beiden Regimenter Rodenhausen und Joseph Hohenhausen lagen.

Dieselbe wurde im Jahre 1795 durch das Bombardment gänzlich zerstört, das Mauerwerk fiel nach und nach zusammen, wurde zuletzt ganz abgebrochen und der Platz ruthenweise versteigert, und bildet jetzt das Quadrat S 5.

Den 4. September 1754 errichtete Churfürst Carl Theodor eine militärisch-chirurgische Schule nebst einem anatomischen Theater, woselbst sowohl die Lehre als die nöthigen Instrumente unentgeldlich gegeben wurden. Im Jahre 1772 nach gehaltener Prüfung wurden drei Preis-Medaillen in Silber mit dem churfürstlichen Brustbild und der anderseitigen Inschrift: Praemium anatomicum oder chirurgicum an Kandibaten zum erstenmal ausgetheilt.

## Oeffentliche Vorlesungen.

### Hauptkriegsschule.

Durch gnädigstes Rescript vom 14. Dezember 1776 ist der Lehrplan der hiesigen Ingenieur- und Artillerieschule umgeändert worden, weil die zu Düsseldorf und Jülich bestehende sich nach der Mannheimer richten sollten. Die Oberaufsicht hatte der Gouverneur Freiherr von Hohenhausen, und in dessen Abwesenheit der Commandant Oberst v. Failly.

Dieselbe war nicht nur für Ingenieure und Artilleristen, sondern für alle Offiziere und Cadetten. Letztere hatten ihre Unterrichtsstunden Morgens von 10 bis 12 Uhr; die Ingenieure und Artilleristen Nachmittags von 2 bis 4 Uhr. Montags, Mittwochs und Freitags waren die ordentlichen Lehrtage; Dienstag, Donnerstag und Samstags aber wurde das, was in den ordentlichen Lehrstunden vorgetragen worden, wiederholt.

Ordentlicher Lehrer mit dem Titel: Vorsteher der Hauptkriegsschule war Ingenieur-Hauptmann Manger, Repetiteur der Feuerwerker Pechthold.

Die Winter- und Herbstmonate waren der Theorie, die übrige Zeit aber der praktischen Anwendung gewidmet.

### Militärisches anatomisches Theater.

Dasselbe wurde im Jahre 1754 gestiftet, und durch die große Freigebigkeit des Prinzen Friedrich von Pfalz-Zweibrücken sehr bereichert. Es waren dazu drei Zimmer in dem churfürstlichen-militärischen Lazareth bestimmmt.

In dem ersten war im Parterre der Tisch zur öffentlichen Zergliederung und Bänke für Zuhörer von Rang, von da erhob sich das Amphitheater mit vier Bogen, in welchem die Feldscheerer, und überhaupt Jeder, der Lust zum Lernen hatte sich hinsetzen, und von da die erklärten Theile genau sehen konnte.

In dem zweiten gleich daran stoßenden Zimmer waren sechs Tische, worauf die in der Zergliederungskunst sich üben Wollenden selbst seciren konnten.

Das dritte Zimmer war für den Professor bestimmt.

Man fand hier vorzüglich schöne Skelette, davon sechs welche durch Draht künstlich in Ordnung gebracht waren. Unter diesen war auch eines mit 13 Rippen auf jeglicher Seite und ebenso viel Rückenwirbellinien. In einer besonderen Kiste lagen die schön weiß gebleichten Knochen eines Skeletts in der Ordnung, doch ohne mit Draht vereinigt zu sein, so daß man jeden einzeln betrachten konnte. Die Hälfte derselben war in der Mitte von einander gesägt, um die Substanz der Knochen kennen zu lernen ꝛc. Auch fand man hier Köpfe gänzlich getrennt und andere durchgesägt, nebst den ausgearbeiteten Gehörsknochen und andere Seltenheiten mehr, die bei den osteologischen Demonstrationen angewendet wurden.

Die beiden großen Zimmer waren mit den gemalten anatomischen Tafeln des bekannten Gauthier ausgeziert.

Der erste Direktor und Professor der Anatomie ist ein Herr Leist gewesen.

Die osteologischen Collegien wurden in den Monaten September und Oktober gegeben; die der Zergliederung aber fingen im November an, und währten bis Ostern; wo dann Anleitung in der Kunst der Zergliederung gegeben, Nachmittags aber die Theile an den präparirten Körpern selbst erklärt wurden.

Alle in dem Lazarethe gestorbenen Soldaten, wie auch alle Delinquenten wurden der Anatomie zu diesem vortrefflichen Gebrauch übergeben.

Jedermann hatte zu diesen Vorlesungen freien Zutritt, und es wurden ihm überdies auch noch die zum Zergliedern nöthigen Dinge, z. B. die Instrumente, Schürzen, Aermel ꝛc. umsonst gereicht.

## Chirurgisches Collegium.

Die Lehre der Wundarznei-Wissenschaft wurde zwar auch mit dem anatomischen Theater 1754 gestiftet, der Vortrag derselben kam aber erst verschiedener Ursache wegen, im Jahr 1765 zu Stande; der erste öffentliche Lehrer daran war der churpfälzische Rath, Leib- und Oberstaabschirurgus, Herr Winter. Die Collegia fingen mit Anfang des Herbstes an, und endigten Ausgangs April. Die Vorlesungen geschahen täglich Nachmittags von 2 bis 4 Uhr. In denselben wurde nicht allein die Theorie erklärt, sondern auch die Operation an entseelten Körpern verrichtet. Jeder Studirende hatte hier einen unentgeltlichen Zutritt, auch ward er dazu angeregt, da der Churfürst zur Aufmunterung der Lehrlinge drei silberne Belohnungs-Münzen für jene drei Zuhörer gestiftet hatte, die in den Frühlings-Hauptexamen, welche drei Tage dauerten, als die besten befunden wurden.

Den schönen Vorrath in Instrumenten hatte der Prinz Friedrich von Pfalz-Zweibrücken angeschafft, und der Churfürst hatte im Jahr 1766 diesen Vorrath durch neue, unvergleichliche, von dem gewesenen Hof-Instrumentenmacher Eberle verfertigten, Instrumenten vermehrt.

---

Den 26. Mai 1755 ertheilte der Churfürst dem Bürger von Straßburg Paul Hannong das Privilegium zur Errichtung einer Porzellanfabrik in Frankenthal.

Den 18. Februar 1756 wurde in Mannheim ein starker Erdstoß verspürt und Tags darauf, Nachmittags 2 Uhr, war ein starker Sturmwind, der in der Stadt großen Schaden anrichtete. Es war gerade eine große Menschenmenge auf dem zugefrorenen Rheine, als die Eisdecke durch den Sturmwind plötzlich zu wanken anfing; so daß Alles in größter Bestürzung ans Land eilte; in der Nacht darauf war ein fürchterlicher Sturmwind. So beängstigend auch dieses Jahr in seinem Anfange sich zeigte, so erfreuend war es für die Pfalz. Den 27. Mai wurde zu Schwetzingen Maximilian Joseph, Sohn des Pfalzgrafen Friedrich geboren.

Den 9. October d. J. war Morgens 6 Uhr eine starke Erderschütterung zu Mannheim und den 28. d. eine abermalige, den 2. December d. J. Abends gegen 10 Uhr erfolgte eine dritte, am 3. d. wurden sieben, am 12. d. Abends um 11 Uhr eine und zwar stärkere, am 13. um die nämliche Stunde eine etwas gelindere, den 17. d. Morgens 9 Uhr die stärkste Erschütterung wahrgenommen.

Den 29. September 1757 wurde Marie Amalie, Tochter des Churfürsten Friedrich August von Sachsen, spätere Gemahlin des Herzogs Carl August von Zweibrücken, geboren.

Den 9. Juni 1758 wurde dahier die Verordnung publicirt, nach welcher der Luxus bei Beerdigungen eingeschränkt und namhafte Strafen auf die Uebertretung der Vorschriften gesetzt wurden.

Den 23. Juni 1758 nahmen die hannöverischen Truppen Düsseldorf mit Accord ein.

Den 24. Juli 1758 war in der Gegend von Mannheim eine solche Ueberschwemmung, daß viele umliegende Ortschaften und Chausseen meistens unter Wasser standen.

### Die Academie der Zeichnen= und Bildhauerkunst.

Im Jahre 1757 stiftete Churfürst Carl Theodor die Academie der Zeichnen= und Bildhauerkunst, in welcher man Rüstzeuge über alle Theile der Erfahrungs=Naturlehre fand. Für die besten Arbeiten wurden jährlich drei goldene Preis=Medaillen ausgesetzt.

Für diese Stiftung wurde ein eignes Gebäude erbaut, anstoßend an das Militär=Lazareth (F 6 Nr. 1), worin sich Kunstbestrebende unter der Aufsicht und Leitung des ersten Hofbildhauers Herrn van Verschaeffelt in der Zeichnung nach dem Leben und Modelliren geübt haben.

Im Jahr 1767 ist der große Studirsaal gegen Norden für die Sommerarbeit erbaut worden.

Im Jahr 1769 hat Churfürst Carl Theodor diese Zeichnen=Acadèmie mit Satz und Ordnung gnädigst versehen, und derselben einen Protector, Director, mehrere Professoren, wie auch einen beständigen Secretär gesetzt.

Es wurden wöchentlich zwei Modelle wechselweise aufgestellt, manchmal Beide zusammen in eine Gruppe.

Die Academie begann gewöhnlich den 15. October und endigte in der Hälfte des Monats April.

In der letzten Woche ward um Preise gezeichnet, welche wie bereits gesagt in den drei goldnen Medaillen bestanden die nach 14 Tagen und geendigter Academie, unpartheiisch ausgetheilt wurden. — Gleich nach diesem Vorgange begann das Studium im obengemeldeten schönen Antiquien=Saale, in welchem man alle erwünschte Bequemlichkeit zum Zeichnen und Modelliren hatte.

Ferner befand sich in dem Academie=Gebäude ein großes Laboratorium für die Bildhauerarbeit, in welchem verschiedene Bildhauer unter Aufsicht des berühmten Herrn van Verschaeffelt arbeiteten. Neben daran war ein Zimmer mit vielen und schönen neuen Statuen und Brustbildern von gedachtem Künstler.

Der Saal der Statuen.

Dieser Saal ist einer der vorzüglichsten Merkwürdigkeiten Mannheims. Nicht allein in Deutschland und Frankreich, selbst in Italien weiß man keinen Platz, wo eine so reiche Sammlung von getreu abgeformten reinen Gypsabgüssen, nach den schönsten Griechischen und Römischen Original=Statuen anzutreffen wäre. Alles was Rom, Neapel, Florenz, Venedig Bewunderns= und Sehenswürdiges in diesem Fache hat, sehen wir neben einander stehen.

Die herrliche Gruppe von Laokön mit seinen Kindern, die Heideringer, Castor und Pollur, Canus und Biblis, einige einzelne, abgerissene Kinderfiguren, die große weltberühmte Todesgruppe Niobe genannt, dann unter einzelnen Figuren der sterbende Gladiator, der Vatikanische Apoll, die Mediceische Venus, der Fechter, die große Flora, der Farnesische Herkules, Hermaphrodite und andere mehr, werden Kunstkenner und Verehrer der Kunst festhalten, und solche mehr als einmal zurückkehren, um diese ausgezeichnete Sammlung zu bewundern.

Unter den Antiken-Köpfen sind vorzüglich:

Alexander der Große, Niobe, die Mutter des Antinous, Mithridates, Cleopatra, Homer, eine Vestalin, dann die Portraits von Caracalla, Nero, Sokrates, Cicero, welche die Ehrfurcht des betrachtenden Künstlers und die Bewunderung des Kenners erwecken werden.

Dieser sehenswürdige Saal wurde im Jahre 1767 von dem berühmten van Verschaeffelt erbaut und macht ein wirkliches Quadrat von 53 Schuh aus; von der Nordseite wird er hell beleuchtet. Er ist ungemein bequem zum Studium junger Künstler eingerichtet, da jede Gruppe und Figur in gutem Lichte und dabei auf einem Rollstuhl steht, so daß sie mit leichter Mühe, selbst den großen Herkules nicht ausgenommen, herum bewegt und nach jeder Seite gedreht werden kann.

## Das Kupferstich- und Handzeichnungs-Kabinet.

Dasselbe wurde im Jahre 1758 von Churfürst Carl Theodor angelegt.

Es war eines der vorzüglichsten in Deutschland, zählte mehr als 400 Bände in Folio, und war nach den verschiedenen Meistern in die italienische, französische, niederländische, englische, holländische und deutsche Schule abgetheilt.

Churfürst Carl Theodor berief 1758 den ersten Hofmaler und Galleriedirektor Krahe von Düsseldorf und übergab ihm den Auftrag die Kupferstichsammlung einzurichten.

In dieser Sammlung fand man Alles, was in dieser Gattung das Seltenste und Auserlesenste ist, sowohl im Alten als Neuen, da man weder Kosten noch Mühe gespart hat, um die erforderlichen Stücke zu bekommen. Den Kupferstichen hatte man auch eine große Menge Originalzeichnungen berühmter Meister beigefügt, und bewahrte einige tausend davon in Futteralen auf.

Es waren darunter 550, welche in Rahmen mit weißem Glase eingefaßt, die Wände des Cabinets zierten. Darunter Zeichnungen von Rafael von Urbino, Michael Angelo Buonoratti, Julius Romain, Guido Reni, Hanibal und Ludwig Caracha, Andrea del Sarto, Baccio, Bandinetti, Sedama, Salviati, Frate, Pomeranico, Guercino da Centa, Lelio, Orsi, Pousin, Perin del Vaga, Albrecht Dürer, Rubens, van Dyk, van der Werft, Rafael Nupsch, Rembrandt, Gerard Leresse u. A.

Von dieser Sammlung kam aber später Vieles nach München; die gegenwärtige ist von Carl Friedrich, Großherzog von Baden.

――――――

Den 4. November 1769 wurde die von Churfürst Carl Theodor neu angelegte Maler- und Bildhauer-Akademie dahier feierlich eingeweiht und mit Gesetzen und Freiheiten versehen.

Zum Gedächtniß dieser Feierlichkeit ließ der Churfürst Preismünzen mit seinem Brustbilde und dem der Grazien prägen und am 18. April 1770 zum erstenmale unter die Candidaten austheilen.

Eine solche Preismünze wiegt zehn Dukaten, und deren wurden jährlich drei ausgetheilt; sie trugen die Inschrift auf dem Avers: „Carl Theodor, von Gottes Gnaden Churfürst von der Pfalz"; Revers: „Dem Genius" (Schutzgeist der Künste).

## Die Gemälde-Galerie im churfürstlichen Schlosse.

Die Gemäldesammlung stiftete Churfürst Carl Theodor allein. Dieselbe befindet sich in dem churfürstlichen Schlosse in neun Sälen aufgestellt, und zählt 644 Stücke von den vorzüglichsten Meistern.

Viele davon kamen später nach München.

### Verzeichniß der Gemälde.

#### Erstes Zimmer.

No.
1. J. Rottenhamer. Eine schlafende Königin.
2. Everdingen. Eine Landschaft.
3. A. Bronzini. Judith mit dem Haupt Holof.
4. Domin. Zancetti. Kain und Abel.
5. T. Zuccari. Heiliger Johannis in der Wüste.
6. Domin. Zancetti. Die schmerzhafte Mutter.
7. Jan Fyt. Ein Jagdstück.
8. Joachim Beich. Ein Gebirg.
9. Johann Hucklenburg. Eine Belagerung.
10. Johann Hucklenburg. Eine Schlacht.
11. Daniel Saiter. Heiliger Erasmus.
12. T. Zuccari. Christus vor dem Volk.
13. Benedetto Lutti. Die heilige Anna.
14. Jan Fyt. Ein Früchtestück.
15. Dorothterbusch. Eine Venus.
16. Peter Tyssens. Ein Geharnischter zu Pferd.
17. Gerbrard van Ekhont. Ein Türke.
18. Lambert Backhuyssen. Ein Seestück.
19. F. Malthese. Musikalische Instrumenten.
20. F. Malthese. Eine Sphaera.
21. Abrah. Diepenbeck. Ein Herzog.
22. Joseph Vernet. Ein Seesturm.
23. Gelborp. Ein Frauenportrait.
24. Corn. van Harlem. Susanna im Babe.

No.

25. Franc Snyers. Eine Bärenhatz.
26. Petr. Caudit. Eine Nacht Carneval.
27. Joseph Vernet. Ein stilles Seestück.
28. Gelborp. Ein Mannsportrait.
29. Domin. Zannetti. Heiliger Johannes.
30. Domin. Zannetti. Zwei römische Ringer.
31. Jakob Bourguignon. Eine Schlacht.
32. Katharina Treu. Ein Früchtestück.
33. Anton Watteau. Ein Partietanz.
34. P. Battoni. Churfürst Carl Theodors Portrait.
35. Domin. Zannetti. Zwei römische Ringer.
36. Jakob Bourguignon. Eine Schlacht.
37. Katharina Treu. Ein Früchtestück.

Zweites Zimmer.

38. Leone. Ein Viehstück.
39. Cavalier Strubel. Der Kindermord.
40. Salvator Rosa. Eine öde Aussicht.
41. Jaque Bourguignon. Ein hitziges Treffen.
42. Dom. Dominichino. Die heilige Elisabeth.
43. Jaques Bourguignon. Ein hitziges Treffen.
44. Salvator Rosa. Eine wilde felsige Gegend.
45. Nikol. Poussin. Das Abendmahl.
46. Joseph Fratret. Die Cornelia.
47. Gerard Duffet. Ein Mannsportrait.
48. Cavalier Strubel. Heiliger Laurentius.
49. Breughel v. Baalen. Den Winter vorstellend.
50. J. Griffler. Eine Aussicht des Rheins.
51. Eglon van der Neer. Eine öde Landschaft.
52. David Vinkenbooms. Eine Kirchweihe.
53. Breughel v. Baalen. Den Sommer vorstellend.
54. Abrahm Bloemart. Plato und Diogenes.
55. A. Teniers. Landschaft von alten Mauern.
56. Franc. Molla. Heiliger Hieronimus.

No
57. Ant. Belluci. Eine heilige Familie.
58. Nicol. Maas. Ein Frauenportrait.
59. Joh. Wernix. Ein Pfau und Geflügel.
60. Tapre und Marati. Ein Blumenstück.
61. Gerhard Honthorst. Petrus im Gefängniß, wie ihn der Engel heißet fortgehen.
62. Lucas Cambiase. Eine heilige Familie.
63. Nikol. Maas. Ein Mannsportrait.
64. Johann Wernix. Ein todter Haas.
65. Adrian van der Capiellen. Ein Seestück.
66. Arnold Gelder. Eine Juden=Braut.
67. M. A. da Carabaggio. Der heilige Sebastian.
68. Cavalier Strudel. Diana im Bade.
69. Breughel van Baalen. Den Herbst vorstellend.
70. Eglon van der Neer. Eine Landschaft.
71. Eglon van der Neer. Eine Landschaft.
72. Binkenbooms. Die Kreuztragung Christi.
73. Breughel van Baalen. Die Flora vorstellend.
74. Isac Ostade. Eine Bauern=Gesellschaft.
75. Lambert Krahe. Eine heilige Familie.
76. Franc. Hals. Ein Lautenschläger.
77. Peter Brandel. Der Leander.
78. Lucas van Uden. Eine Landschaft.
79. Gerhard van Pathem. Eine Landschaft.
80. Johann van Moppelt. Eine lichte Landschaft.
81. Leone. Ein Viehstück.
82. Johann Spielberg. Ein Falconier.
83. Giov. Morandi. Christus bei der Samaris.
84. Peter Snyers. Ein Bataille=Stück.
85. Franc. Millet. Eine Landschaft.
86. Franc. Salimena. Die Artimisia.
87. Henr. Schönfeld. Die Diana im Tempel.
88. Unbekannt. Ein Apostel.

Drittes Zimmer.

89. Jan Fyt. Ein Falk und Reiher.
90. Lod Cipoli. Ein kreuztragender Christus.
91. Bourguignon. Eine Schlacht.
92. Bened. Castiglione. Ein Jagdstück.
93. Jaque Jordans. Bacchus mit Satyre.
94. Cornel. Schütt. Eine schlafende Venus.
95. Giuseppe Ribera Spagnioletto. Ein Portrait.
96. Ant. van Dyk. Der heilige Sebastianus.
97. Ant. Pellegrini. Die Monima trinkt Gift.
98. F. Snyers. Ein Hund an einem Ochsenkopf.
99. Joh. Paul Pancini. Diogenes im Faß.
100. Joh. van Nicklen. Eine Landschaft.
101. F. Snyers. Ein Reh.
102. Kötsiers. Adam und Eva.
103. Paul von Matheis. Der sterbende Cato.
104. Joach. van Sandrart. Ein Frauen-Portrait.
105. H. Steenwick. Eine alte gothische Kirche.
106. Anton Schonians. Die Vestalin.
107. Henrik Roos. Ein Viehstück.
108. Jakob Becker. Ein Manns-Portrait.
109. D. Zancetti. Die Grablegung Christi.
110. Gilles Hondekötter. Welsche Hahnen.
111. Joh. van Niklen. Eine Landschaft.
112. Gio Pav. Pannini. Eine Gegend am Gebirge.
113. Joh. Fyt. Zwei sich beißende Hunde.
114. Gerh. Duffet. Christus mit den Aposteln.
115. Lucas Giordano. Ein Philosoph.
116. Joh. von Douven. Portrait Kaiser Karls.
117. Gerh. Lairesse. Christus am Brunnen.
118. Salvator Rosa. Bauern tragen einen Baum.
119. Pierin de L. Vagha. Der Berg Parnassus.
120. Lucus Giordano. Seneca.
121. Joseph Tassone. Ein Hirt.

No.
122. Lucas Giordano. Ein alter Nackender.
123. Joh. Fyt. Ein Schwan.
124. Joh. Fyt. Zwei Falken, ein Reiher.
125. Joh. Bapt. Gauli. Heiliger Bruno.
126. Titiano. Eine heilige Familie.
127. Caval. Massino. Eine büßende Magdalena.

### Viertes Zimmer.

128. J. B. Paggi. Moses schlägt auf den Fels.
129. B. Schidone. Portrait eines Gelehrten.
130. Joseph Spagnuoteto. Heiliger Petrus.
131. Flamel. Alexander bei dem Grabmale Christi.
132. Alb. Knyp. Ein Viehstück mit Hirten.
133. Lucas Giordano. Heiliger Andreas.
134. B. Schidone. Portrait eines Gelehrten.
135. Giorgione. Das Haupt des heiligen Johannes.
136. Van Royen. Ein Früchtenstück.
137. Peter Boel. Ein Blumenstück.
138. Lovigi Garzi. Tobias wird sehend.
139. Andreas Vaccaro. Die Geißlung Christi.
140. Carl Dolce. Die heilige Agnes.
141. Jaque Jordans. Portrait eines Alten.
142. Franc. Frank. Ein hitziges Treffen.
143. Quil Brcklenkamp. Eine Magd.
144. J. B. Weenir. Ein altes römisches Gebäude.
145. Palamedes. Ein Gefecht.
146. Leonelo Spada. Ein Gebäude.
147. G. Reny. Christus von Engeln umgeben.
148. Jean v. d. Bahn. Portrait eines Mannes.
149. Jordans. Soldaten vor einem Wirthshause.
149½. C. Bassinelli. Die heilige Margaretha.
150. Joh. Henr. Roos. Ein Viehstück.
151. Georg Flegel. Ein Schinken.
152. P. Boel. Geflügel und ein Windhund.

15

No.
153. Anton Palestra. Das Opfer Abrahams.
154. Natalis Jouvenet. Pater Bourbalou.
155. Diego Belasquez. Portrait Masanielli.
156. G. Bassano. Die Kreuztragung Christi.
157. Glauber und Lairesse. Eine Landschaft.
158. Rachel Ruysch. Ein Früchtestück.
159. Giuseppe Ribera. Der sterbende Seneka.
160. Nat. Jouvenet. Portrait eines Gelehrten.
161. D. Belasquez. Portrait eines Spaniers.
162. G. Bassano. Eine Grablegung Christi.
163. Nicol. Berghem. Ein Mondschein.
164. Valentini. Moses mit den Israeliten.
165. Nicol. Poussin. Eine Landschaft.
166. J. Beich. Die Geschichte Argus und der Joh.
167. Anton Schonians. Der keusche Joseph.
168. Dom. Zannetti. Der heilige Johannes.
169. Joachim Beich. Eine Landschaft mit Wasser.
170. Dominichino. Die Geschichte Jephte.

### Fünftes Zimmer.

171. Abrian van der Neer. Der Mondschein.
172. G. Schalken. Eine büßende Magdalena.
173. Anton Schonians. Eine alte Frau.
174. Gilles Honbekötter. Ein Hahn.
175. Scarsellino von Ferrara. Die Samaritan.
176. Peter Paul Rubens. Das Portrait Rubens.
177. Simon Blieger. Eine Landschaft.
178. P. P. Rubens. Das Portrait der Mutter Rubens.
179. J. W. Troost. Der sterbende Cato.
180. Alex. Kierings. Eine Landschaft.
181. G. Cagnaci. Die sterbende Cleopatra.
182. Schonians. Eine alte mit einer Pelzkappe.
183. Gilles Honbekötter. Ein Huhn.
184. Ferdin. Bohl. Abraham und Isaak.

No.
185. Ferri. Eine Mutter Gottes mit dem Kinde Jesu.
186. Carlo Cignani. Eine büßende Magdalena.
187. Joh. von Kessel. Afrika vorstellend.
188. Joh. von Kessel. Asia vorstellend.
189. J. L. Bernini. Endimion und Diana.
190. Gem. Barb. de Cento. Die keusche Susanna.
191. J. von Hemesen. Der kreuztragende Christus.
192. P. Rembrand. Portrait eines Frauenzimmers.
193. Peter von Laer. Eine Landschaft.
194. Simon Berelst. Ein Blumenstück.
195. A. Franceschini. Venus in einem Garten.
196. Raphael Urbino. Die Mutter Gottes.
197. Carl Loth. Eine büßende Magdalena.
198. Pordenone. Eine Grablegung Christi.
199. Paul Rembrand. Portrait eines Mannes.
200. Jean van Geyer. Eine Landschaft.
201. Conrad Roevel. Ein Blumenstück.
202. Jan van Kessel. Amerika vorstellend.
203. Jacob Amacioui. Venus und Adonis.
204. Babieri de Conto. Jupiter und Merkur.
205. Paul Rembrand. Eine heilige Familie.
206. Joseph Ribera. Der heilige Petrus.
207. Guido Reny. Eine büßende Magdalene.
208. Jan van Kessel. Europa vorstellend.
209. Elisab. Syrani. Ein Cupido.
210. Diego Velasquez. Ein junger Knabe.
211. Giov. Lanfranchi. Ein alter Philosoph.
212. P. P. Rubens. Rubens und seine Frau.
213. Lucas Giordano. Heiliger Andreas.
214. Matheis und Maratti. Eine Landschaft.

Sechstes Zimmer.

215. Caspar Poussin. Eine schöne Landschaft.
216. Jac Palma. Eine Grablegung Christi.

No.
217. B. Segers' und Schütt. Ein Blumenstück.
218. Franc. Solimena. Eine Geburt Christi.
219. Abrah. Willärl. Ein Astrologus.
220. Ant. Vandyk. Ein heiliger Sebastianus.
221. Caspar Poussin. Eine schöne Landschaft.
222. Jacob Tintoretto. Eine Geburt Christi.
223. Paul von Matheis. Ein Hercules.
224. Andreas Pozzi. Eine Geburt Christi.
225. Barth. Schidone. Ein Ecce Homo.
226. Franc. Floris. Eine heilige Familie.
227. Alb. Beyeren. Ein Früchtestück.
228. Both und Wouwermann. Eine Landschaft mit Spitz=
buben.
229. Vinkenbooms. Eine Gegend von Antwerpen.
230. Franc. Trank. Ein Bildersaal.
231. Lucas van Leyden. Die Geburt Christi.
232. Pietro Testo. Heiliger Hieronimus.
233. Gerarbini. Die Königin von Saba.
234. Spagunoleto. Heiliger Bruno in Betrachtung.
235. P. P. Rubens. Das Haupt der Medusa.
236. Caspar Netscher. Ein Schäfer im Garten.
237. P. P. Rubens. Der geduldige Job.
238. Jean van Aken. Der Triumph der Künste.
239. C. Netscher. Ein singendes Frauenzimmer.
240. Joh. Rotenhamer. Ein letzes Gericht.
241. Joh. Rothenhamer. Eine heilige Mutter Gottes, hei=
liger Franciscus.
242. Joh. Vitenvall. Eine Göttermahlzeit.
243. Eglon van der Neer. Eine Landschaft.
244. Gerard Lairesse. Die Königin von Saba.
345. Ferdinand Kobel. Ein Landschaft.
246. Henr. Roos. Braune Ochsen.
247. Peter van Avont. Eine Mutter Gottes.
248. Anton van der Does. Ein alter Mann.

No.
249. Joh. Lanfranchi. Christus am Oelberg.
250. Joh. Rotenhamer. Die Diana im Babe.
251. Abrian Oftade. Eine Bauerngesellschaft.
252. Franc. Parmegiano. Eine Mutter Gottes.
253. Joh. Breughel. Eine Landschaft.
254. David Teniers. Zwei Vogelfänger.
255. Abrian van der Werff. Eine heilige Magdalena.
256. P. P. Rubens. Der Sabiner Raub.
257. Gerard Douv. Eine alte Gemüßfrau.
258. David Teniers. Der verlorene Sohn.
259. Franc. Albani. Die Geburt Christi.
260. Alex. Veronese. Die Mutter Gottes.
261. Joh. Breughel. Eine Landschaft.
262. David Teniers. Eine Frau und Mädchen.
263. Abrian van der Werff. Venus und Califte.
264. Joh. Rottenhamer. Das Urtheil des Paris.
265. Ferdinand Kobel. Ein Sonnenaufgang.
266. Joh. Hackert. Ein Gefecht.
267. Abrian Oftade. Eine Bauernschlägerei.
268. Roceo di Parma. Die Geburt Christi.
269. J. Cignani. Die Mutter Gottes und Jesu.
270. Joseph Crespi. Eine Wäscherin.
271. Breughel van Baalen. Ein Bachusfest.
272. Abrah. Mignon. Schlangen, Frösche ꝛc.
273. Jean van Aken. Die Grablegung Christi.
274. Ant. van Dyk. Ein todter Christus.
275. Gerardini. Die Tochter Pharao's und der junge Moses.
276. Simon Verelst. Zwei hangende Lauben.
277. Remig. Langian. Ein heiliger Sebastian.
278. Christoph Schwarz. Der Auszug aus Troja.
279. Eglon van der Neer. Eine in Ohnmacht liegende Frau.
280. Johann Rottenhamer. Die Geburt Christi.

No.
281. Cornel. Pölenburg. Die Geburt Christi.
282. Adrian van der Velten. Ein Schiff mit Volk.
283. Breughel und van Baalen. Eine Diana.
284. Corn. Pölenburg. Vier Prinzen und drei Prinzessinnen.
285. Mich. Aug. Cerquozzi. Ein Jagdstück.
286. Castiglione. David mit dem Haupt Goliaths.
287. H. Golzius. Portrait eines Kriegshelden.
288. J. B. Hondekötter. Eine weiße Henne.
289. Both und Wennix. Juno und Argus.
290. Thomas Wyk. Ein Marktplatz.
291. Ricci. Die Versuchung des heiligen Antoni.
292. Giuseppe del Sole. Der englische Gruß.
293. Justus van Egmond. Portrait einer Frau.
294. Johann Hutzmann. Die Eitelkeit.
295. Barth. Manfredi. Die Krönung Christi.
296. Adrian Brauwer. Ein Arzt.
297. Johann Breughel. Eine Landschaft.
298. Adrian van der Werff. Die Mutter Gottes.
299. Johann Breughel. Eine Landschaft.
300. Adrian von der Velden. Ein Viehstück.
301. Johann Breughel. Ein Seestück.
302. Adrian Ostade. Eine Küche.
303. Unbekannt. Christus, Martha und Magdalena.
304. Justus van Egmont. Ein Manns-Portrait.

**Siebentes Zimmer.**

305. Jean van Huyssum. Ein Früchtestück.
306. Egbert Hemskerken. Ein Wucherer.
307. Nescher. Ein junger Knabe bläst die Flöte.
308. Adam Elzheimer. Ein Mondschein.
309. Adrian van der Werff. Eine alte Frau.
310. Eglon van der Neer. Die Fabel Jupiters.
311. Johann Wennix. Ein Blumenstück.
312. Christian Puytling. Ein Hund.

No.
313. J. Nic. Naffini. Sylen und Nymphen.
314. Guercino da Cento. Christus trägt sein Kreuz.
315. Adrian van Uttrecht. Zwei Haasen.
316. Rubens und Breughel. Ein Blumengarten.
317. Gabriel Mezzu. Ein Mädchen.
318. Franz Bauni. Eine vestalische Jungfrau.
319. Gottfried Schalken. Eine Mutter Gottes.
320. Adrian van der Werff. Eine Venus.
321. Rachel Ruysch. Ein Blumenstück.
322. Johann Wernix. Ein Blumenstück.
323. E. van der Neer. Agar und ein Engel.
324. Christian Puytling. Ein hangender Haase.
325. Naffini. Ein Bachus und ein Satyr.
326. Barth. Verelst. Ein Portrait.
327. Erasmus Quelinus. Die Geburt Christi.
328. Alex. Veronese. Die Enthauptung Johannes.
329. Franc. van Haagen. Jakob und Rebekka.
330. Johann Wynancs. Eine Landschaft.
331. Nicolo Berghem. Eine Landschaft.
332. A. van per Werff. Die heilige Familie.
333. Hermann Zaftleben. Eine Landschaft.
334. Philipp Wouwermann. Eine. Landschaft.
335. Franc. Frank. Christus im Grab.
336. Joseph Heinz. Ein Bachanal.
337. Carl Dolce. Ein zwölfjähriger Christus.
338. Wouwermann. Eine Landschaft.
339. Ab. Elzheimer. Merkurius und Iphigenia.
340. Abraham Mignon. Zwei todte Feldhühner.
341. Salvator Rosa. Eine Landschaft.
342. Rugendas. Eine Schlacht mit Geharnischten.
343. Van Schlichten. Ein Musikant.
344. Govart Flink. Zwei Officire.
345. Johann Breughel. Die Kreuzigung Christi.
346. Mieres. Eine in Ohnmacht liegende Frau.

No.
347. Jean van der Does. Eine Hirtin.
348. van der Neer. Ein Frauenzimmer spielt auf der Zither.
349. Heinrich Zaftleven. Eine Landschaft.
350. Rottenhamer. Die Juden halten Ostern.
351. E. van der Neer. Eine Landschaft.
352. Anton van Dyk. Ein Mannskopf.
353. G. P. Giovane. Die Geißlung Christi.
354. Johann Breughel. Eine Kirchweihe.
355. Mieris. Portrait eines Frauenzimmers.
356. Jean van der Heyden. Eine Landschaft.
357. Huyssmanns von Malinnes. Eine Landschaft.
358. Barth. Schidone. Eine Mutter Gottes.
359. Artois. Eine Landschaft mit drei Ochsen.
360. Helmbrecker. Christus in der Schreinerwerkstatt.
361. Nicolay Berretoni. Die Mutter Gottes.
362. Corazzo. Ein Trupp Reiter.
363. Guido Reny. Ein schlafender Christus.
364. Giaquindo Corrado. Venus und Anneses.
365. Julio Romano. Eine Weibsperson.
366. Gerard Douw. Eine holländische Frau.
367. Poetenburg. Eine schmerzhafte Mutter Gottes.
368. Poctenburg. Ein Ecce Homo.
369. de Arpino. Christus auf dem Grabe liegend.
370. Gerard Douw. Eine Alte am Tische.
371. Mieris. Ein Officier mit einer Tabakspfeife.
372. Johann Breughel. Eine Landschaft.
373. J. Berghem. Eine Landschaft mit Vieh.
374. Huyssmanns von Matinnes. Eine Landschaft.
375. Quintus Bohl. Eine Alte schröpfet.
376. F. Zuccari. Die heilige drei Könige.
377. Mezzu. Ein Frauenzimmer mit zwei Hunden.
378. Berretoni. Der heilige Franziskus Seraph.
379. Carrazzo. Eine Schlacht zwischen Christen und Türken.
380. Rugendas. Eine Schlacht zwischen geharnischten Reitern.

No.
381. Caspar Pousin. Eine Landschaft.
382. Hypolit Scarsellino. Eine Mutter Gottes.
383. J., F. von Schlichten. Eine Lautenschlägerin.
384. Derselbe. Der heilige Philipp.
385. Johann Breughel. Eine Landschaft.
386. Abrian Brauwer. Eine Bauernschlägerei.
387. A. van der Werfft. Die Erziehung der Jugend.
388. Huißmanns von Malin. Ein Sonnenuntergang.
389. Gottfr. Schalken. Eine heilige Familie.
390. Caspar Netscher. Ein Frauenzimmer.
391. Johann Rottenhamer. Das Abendmahl.
392. Eglon van der Neer. Eine Landschaft.
393. Johann Breughel. Eine Landschaft.
394. Derselbe. Eine Landschaft.
395. Derselbe. Eine Windmühle.
396. Dominico Cokvaert. Die Diana.
397. von Kereck und Savery. Adam und Eva.
398. Peter Quast. Eine Bauerngesellschaft.
399. Paul Brill. Eine Landschaft.
400. Ger. Terburg. Ein Bub flohet einen Hund.
401. Carl Dolce. Ein Ecce Homo.
402. Breughel und van Baalen. Ein Bacchusfest.
403. J. D. van Hoem. Ein goldener Pokal.
404. J. Becke. Drei müde Jagdhunde.
405. Rodriquez. Ein geharnischter Offizier.
406. Cresc. Scol. del Pussino. Eine Landschaft mit alten Gebäuden und Wanderern.
407. C. Vohl. Ein alter Wucherer.
408. Joh. Wernix. Ein Jagdstücklein.
409. Joh. Deckers. Eine Landschaft.
410. Molin. Eine Landschaft, worin ein Wagen fährt.
411. Eglon van der Neer. Ein Seestück.
412. J. Breughel. Heiliger Johannes in der Wüste.
413. G. Gont. Cleopatra und Marc Antonius.

No.
414. Lodovico Caracci. Ein todter Christus.
415. Joh. Breughel. Desgl.
416. Brauwer. Die Versuchung des heil. Antonius.
417. Albrecht Dürer. Eine sterbende Muttergottes.
418. Rol. Savery. Ein Schweizer Gebirg.
419. F. Mieris. Die Begebenheit des Mieris.
420. Philipp Wouvermann. Ein Parforcejagd.
421. Nic. Poussin. Eine Geburt Christi.
422. Morillos. Zwei Buben essen eine Pastete.
423. Crescenzi. Eine Gebirgslandschaft mit einem alten Schloß.
424. Johann Decker. Ein Bauernhaus.
425. J. B. Wernix. Eine schlafende Wanderin.
426. Beham. Die Opferung im Tempel.
427. Molyn. Eine Landschaft mit Ruinen.
428. Brenkmann. Eine Ansicht des Wolfbrunnens.
429. G. Hoet. Marcus Antonius und Cleopatra.
430. Joh. Rottenhamer. Die Hochzeit zu Cana.
431. Dominichino. Der heilige Hieronymus.
432. P. Breughel. Die heiligen drei Könige.
433. Lod. Caracci. Der heilige Franciscus Seraphus.
434. Gerard Dow. Eine junge Magd am Fenster.
435. P. Breughel. Aeneas wird in der Hölle gefangen.
436. David Teniers. Eine Bauernhochzeit.
437. Balthasar Denner. Ein Mannskopf.
438. Derselbe. Ein alter Weibeskopf.
439. Mieris. Portrait des Mieris selbst.
440. Derselbe. Portrait seiner Frau.
441. Brouwer. Ein Arzt, welcher eine Wunde verbindet.
442. Gerard Douw. Ein Eremit.
443. Adrian Brouwer. Zwei holländische Bauern.
444. Rachel Ruysch. Ein Blumenstück.
445. Jan Livers. Ein alter Leibarzt.
446. Franc. Verdier. Ein alter Bauer mit einem Glase rothen Wein.

No.
447. Gelborp. Ein Frauenkopf.
448. Joh. Holbein. Ein Frauenporträt.
449. Ferd. Hamilton. Ein todter Hase.
450. Egib. von Tilberg. Eine Bauerngesellschaft.
451. Heinrich von Clerk. Die Erschaffung der Welt.
452. David van Hoem. Ein Blumenstück.
453. Carracci und Correggio. Jupiter und Ganimed.
454. Andreas Sacchi. Der Graf von Sabioni.

### Achtes Zimmer.

455. Manglarb. Eine Abendlandschaft.
456. Brenkmann. Eine Landschaft mit drei Reitern.
457. D. Fetti. Eminia besucht ihren Geliebten.
458. P. Rembrandt. Ein bärtiger Mann.
459. van Daalen. Porträt eines jungen Malers.
460. Piazetta. Ein Tabak rauchender Türke.
461. Derselbe. Porträt eines Mannes, welcher einen Mantel in der Hand hält.
462. Otto Marsens. Eine große Distel.
463. F. Kobel. Eine Landschaft mit zwei Pferden.
464. Anton van Dyk. Ein Vesperbild.
465. Augustin Carracci. Eine Susanna.
466. Piter de Laer. Ein Zitherschläger.
467. Piazetta. Ein junges Mädchen.
468. Sasso Ferrata. Eine Mutter Gottes.
469. Nicolo Berghem. Bacchus mit Nymphen.
470. Math. Withos. Gerippe von Pferden.
471. A. Elzheimer. Eine Landschaft mit der Versuchung Christi.
472. Derselbe. Der Brand von Troja.
473. Stephans. Eine wilde Gebirgslandschaft.
474. Joh. Breughel. Christus predigt dem Volke in einem Schiff.
475. Gabiani und Bimbi. Die Mutter Gottes.
476. Scarsellini. Eine büßende Magdalena.

No.
477. Piazetta. Portrait eines Mannes mit Schnurrbart.
478. Derselbe. Ein Bauernkopf.
479. C. W. Hamilton. Ein hängender Haase.
480. Salvator Rosa. Verschiedene Kriegsleute.
481. Peter Paul Rubens. Die Geburt Christi.
482. Ferd. Kobel. Eine Mondscheinlandschaft.
483. Mollenar. Eine Bauerngesellschaft.
484. P. P. Rubens. Eine Landschaft.
485. David Teniers. Die Grablegung Christi.
486. Eglon van der Neer. Eine Landschaft.
487. Adam Elzheimer. Eine Landschaft mit der Taufe Christi.
488. Piazetta. Kopf eines jungen Menschen.
489. Joh. Breughel. Eine Landschaft.
490. Elzheimer. Tobias in einer Landschaft.
491. Lucas van Uden. Eine Landschaft.
492. Joh. van Kessel. Ein Blumenstück.
493. Manglard. Ein Kriegsschiff auf der See.
494. Guido Reni. Der heilige Franziskus Seraph.
495. Melenari. Ein Kartenspieler.
596. Rosa Alba Carriera. Eine Flora.
497. Fergason. Zwei todte Tauben.
498. Philipp Brenkmann. Eine Landschaft.
499. Fergason. Tauben auf einem Tische.
500. Madame Mollin. Die Poesie.
501. Verbrügen. Ein Blumenstück.
502. Lebrun. Porträt der Madame Vallere.
503. Manglard. Eine Nachtlandschaft.
504. F. van Blaemen. Eine Landschaft.
505. Jak. Bassano. Eine Mutter Gottes.
506. Franc. Reicher. Zwei Tiger.
507. Carl Morati. Die Mutter Gottes mit dem Jesuskinde auf dem Arme.
508. Titian. Porträt eines Frauenzimmers.
509. Heinrich Roos. Eine Ziege.

No.
510. Cornel. Holstein. Bacchus und Ariadne.
511. F. van Blaemen. Eine Landschaft.
512. Manglard. Ein See am Morgen.
513. Phil. Brenkmann. Eine Landschaft.
514. Domin. Fetti. Erminia.
515. Joh. Backer. Porträt eines Frauenzimmers.
516. Van Sandrart. Porträt eines Mannes.
517. Ph. Brenkmann. Eine Wildschweinhetze.

### Neuntes Zimmer.

518. Gerard Gelborp. Ein Frauenporträt.
519. Madame Mollin. Das Element der Erde.
520. Cavalier Strubel. Der h. Johannes Evangelist.
521. Philipp Brenkmann. Eine Landschaft.
522. Anton Amorozi. Ein Kind mit Trauben.
523. Trevisiani. Eine Mutter Gottes.
524. Belasquez. Portrait eines Spaniers.
525. Madame Mollin. Das Element des Wassers.
526. Pater Gilbert. Portrait desselben.
527. Bivien. Porträt eines Frauenzimmers.
528. Piazetta. Ein Knabe mit einem Federhut.
529. Zeemann. Eine Sturmlandschaft.
530. Carlo Dolce. Ein Ecce Homo.
531. Nach Guido Reni ein heil. Petrus in Mosaik.
532. Bivien. Porträt desselben.
533. F. Barocci. Ein Frauenzimmer in Profil.
534. Vivien. Portrait des Fürsten Batiani.
535. Liviens. Porträt desselben.
536. Zeemann. Eine Landschaft mit Kriegsschiff.
537. Amorost. Porträt eines Knaben mit Federhut.
538. Tintoretto. Porträt eines jungen Knaben.
539. Nach Carlo Dolce. Eine Magdalena.
540. Madame Mollin. Das Element des Feuers.
541. Dieselbe. Das Element der Luft.

No.
542. Dom. Zancetti. Ein Ecce Homo.
543. Anton Amorosi. Porträt eines Mannes.
544. Lucas van Uden. Ein Bauernhof.
545. Gerard Gelborp. Porträt eines Mannes.
546. Borbone. Porträt eines Mannes mit einer Brille.
547. J. Fatrel. Porträt des Prinzen Friedrich v. Zweibrücken.
548. Abrah. Mignon. Auster auf einem Tische.
549. J. Breughel. Eine Landschaft mit drei Fuhrwagen.
550. Albograve. Die Barmherzigkeit des Samariters.
551. Paul von Matheis. Eine Seegöttin.
552. Albograve. Eine Mörderbande.
553. Breughel. Eine Landschaft mit einer Windmühle.
554. Bar. Böhm. Eine Schlacht zwischen Spaniern und Holländern.
555. Joseph Fatrel. Porträt des Churfürsten Joseph Emmerich von Mainz.
556. Unbekannt. Porträt eines gelehrten Sekretärs.
557. Bouet. Eine Beschwörung bei einem Grabe.
558. Boot. Die Werke der Barmherzigen.
559. Copie nach Mieris von Joseph Fratrel. Eine ohnmächtige Frau.
560. Holbein. Ein rundes Porträt in alter Tracht.
561. Wilh. Bauer. Eine Landschaft mit Bauern auf dem Eis.
562. Hamilton. Wilde Kastanienschlangen.
563. Lebell. Eine Bauern-Kirchweih.
564. M. Weidmüllerin. Ein Blumenstück.
565. Albograve. Der barmherzige Samariter.
566. Jos. Fratrel. Die Familie Fatrel.
567. Ger. Douw. Porträt eines Mannes.
568. Ab. Elzheimer. Tobias in einer Landschaft.
569. Unbekannt. Die Versuchung des heil. Antonius.
570. Unbekannt. Eine Magdalena in Mosaik.
571. Nach Maratti. Eine Mutter Gottes.
572. P. Lauri. Jason erlegt den Drachen.

No.
573. M. A. Cerquozzi. Ein Geharnischter.
574. Carletto Veronese. Die Geburt Christi.
575. J. van der Bende. Eine Landschaft mit Vieh.
576. Derselbe. Eine Landschaft.
577. J. P. Molla. Der Apostel Bartholomäus.
578. J. van Heiß. Ein Hirt führt eine Kuh.
579. Salvator Rosa. Joson erlegt den Drachen.
580. Nach Guido Reni. Eine Sibilla in mosaique.
581. Unbekannt. Franzise Seraph in mosaique.
582. Unbekannt. Carolinus Boromeus in mosaique.
583. Nach C. Maratti. Eine Mutter Gottes in mosaique.
584. Unbekannt. Drei Distelfinke in mosaique.
585. Unbekannt. Der heilige Johannes in der Wüste.
586. Unbekannt. Ein Blumenstück in mosaique.
587. J. Stella. Eine Magdalena (Florentinisch).
588. Muterino. Die Werkstatt Vulkans.
589. J. Breughel. Die Ehebrecherin.
590. Caravag. Nymphen auf dem Berg Parnaß.
591. Van der Werfft. Der Tempel der Künste.
592. P. P. Rubens. Die Bekehrung des heiligen Paulus.
593. A. van der Werfft. Porträt eines Malers.
594. A. van Dyk. Eine Mutter Gottes.
595. Derselbe. Ein Vesperbild.
596. Derselbe. Eine Mutter Gottes und h. Franz Seraph.
597. Muziani. Ein Christ auf dem Kreuze sitzend.
598. Kobel. Eine wilde Gebirgslandschaft.
599. Joh. Rottenhamer. Eine heilige Familie.
600. P. P. Rubens. Eine Waldgegend.
601. Van Lind. Christus am Kreuz.
602. Jakob Tintoretto. Ein Mannskopf.
603. Leonardo da Vinci. Eine Joconde mit fliegendem Haar.
604. F. Molla. Porträt Berini's.
605. J. Tintoretto. Profil eines Mannskopfes.
506. Derselbe. Profil eines Weiberkopfes.

No.
607. P. Lauri. Landschaft mit Nymphe und Seegott.
608. T. v. Dulden. Profil einer Frau.
609. L. Bassano. Kopf des heiligen Philipp.
610. Heinr. Aldograve. Ein alter Mannskopf.
611. Holbein. Portrait eines Alten in schwarzer Kleidung.
612. Joseph del Sole. Bachus versetzt die Krone der Aria=
 den in ein Gestirn.
613. Ger. Lairesse. Die Flucht in Egypten.
614. Heinr. Golzius. Cupido und Venus.
615. Paul Rembrand. Eine alte Frau.
616. S. Golzius. Ein alter Kopf mit rothem Bart.
617. Joh. Holbein. Ein Frauenkopf.
618. Ferd. Kobel. Eine Landschaft.
619. D. Teniers. Portrait des alten Teniers.
620. Holbein, sen. Portrait desselben.
621. Nach Rubens. Eine Mutter Gottes.
622. F. Kobel. Eine Landschaft mit Waldung.
623. P. von Cordona. Ein alter Mannskopf.
624. Gorl. Geldorp. Ein altes Portrait.
625. J. F. Millet. Eine Landschaft.
626. J. Holbein. Ein Mannskopf.
627. Calf. Ein Krebs auf einer Schüssel.
628. Paul Rembrandt. Ein Mannsporträt.
629. Derselbe. Ein alter Kopf ohne Haar.
630. Gerard Douw. Ein Mannsporträt.
631. Cornel Vega. Zwei Tabakraucher.
632. Leonardo da Vinci. Das Portrait desselben.
633. Philipp Lauri. Apollo mit Nymphen.
634. Benev. Carafalo. Porträt desselben.
635. Maas. Ein Porträt in schwarzer Tracht.
636. F. Frank. Die Kreuztragung Christi.
637. D. U. B. bezeichnetes Jagdstück.
638. Joh. Breughel. Ein Seehafen.
639. Paul Brill. Eine Mühle.

640. Albrecht Dürer. Ein Ecce Homo.
641. Anton van Dyk. Ein Frauenporträt.
642. Caspar von Crayer. Ein Mannskopf.
643. Giov. Bellino. Eine Frau mit einem Kinde.
644. Unbekannt. Porträt eines Prinzen.

Intendant der Gemäldegallerie war Graf Savioli; Direktor Herr von Schlichtern; Inspektor Herr Cyttner.

Den 30. Jan. 1760 erneuerte Churfürst Carl Theodor die Regeln des St.=Hubertus=Ritterordens und ließ den ersten Ordenskalender in diesem Jahre fertigen.

Den 28. Juli 1761 starb gleich nach der Geburt Churprinz Franz Ludwig; dessen Leichnam wurde in der großen Hofkirche zunächst dem Hochaltar beigesetzt. Es war der einzige Prinz, den Carl Theodor von seiner Gemahlin erhalten hatte.

Im Jahre 1762 wurde in dem Oberamt Mosbach eine Saline angelegt.

### Das Gießhaus.

Im Jahre 1762 ließ der Churfürst ein neues Gießhaus bauen, und eine Stückbohrerei anlegen (jetzige Wagenfabrik des Herrn Schütz, N 7 No. 2).

Das Gebäude des Gießhauses stand dem gewesenen Walle, neben dem Heidelberger Thor, dem Schlosse zu und hatte die Gestalt eines Triangels, in dessen Mitte ein schöner Hof sich befindet. Zwei Flügel waren für Wohnungen, zu kleinen Werkstätten und Stallungen bestimmt. Der britte aber enthielt das Gießhaus und das Bohrhaus. Besonders merkwürdig war der Schmelzofen, da in demselben mit sehr wenig Holz in kurzer Zeit beträchtlichste Menge von Metall flüssig gemacht werden konnte.

Die Aufsicht hatte das Gouvernement. Stückgießer war Herr Speck; Stückbohrmeister Herr Reichenbach.

Oben am Eingange des Gießhauses waren kriegerische Trophäen, Kanonen ꝛc. in Stein ausgehauen, welche heute noch unverletzt zu sehen sind.

### Die Akademie der Wissenschaften.

Am 15. Oktober 1763 stiftete Churfürst Carl Theodor diese Akademie, welche am 20. desselben Monats feierlich eingeweiht und eröffnet wurde. Zur Verherrlichung dieses Festes hatte Carl Theodor eine Denkmünze prägen und austheilen lassen, auf welcher sich sein Brustbild einerseits und andererseits der Berg Parnaß über demselben Phoebus und unten der Rhein und Neckar verzeichnet sind. Der Avers hatte folgende Inschrift: „Carl Theodor von Gottes Gnaden, Churfürst von der Pfalz"; und der Revers: „Der Phoebus glückliche Vereinigung des Rheins und Neckars". „Theodor's pfälzische Akademie der Wissenschaften, eingeweiht den 20. Oktober 1763."

Die Akademie der Wissenschaft zählte 1) einen Präsidenten, Vicepräsidenten, Direktor, ständigen Sekretär und 12 ordentliche Mitglieder, welche alle entweder zu Mannheim oder zu Heidelberg wohnten; 2) eine unbestimmte Zahl von Ehren= und 40 außerordentliche auswärtige Mitglieder.

Die ordentlichen Mitglieder versammelten sich wöchentlich einmal in einem besonders dazu bestimmten Zimmer des churfürstlichen Schlosses, und zweimal im Jahre öffentlich in dem churfürstlichen Büchersaale, wozu die übrigen Mitglieder eingeladen wurden.

Die erste öffentliche Versammlung wurde nach Ostern gehalten, und in der zweiten, die gegen die Mitte des Oktobers stattfand, ein Preis von 50 Dukaten wechselsweise einer historischen und physikalischen Frage zuerkannt.

In dem akademischen Zimmer ist eine Reihe von Abdrücken, aller pfälzischen Medaillen, wie auch eine Sammlung alter Siegel in Wachs aufgestellt. — Zum beständigen Sekretär wurde Hofrath Lamey ernannt.

Im Herbstmonate 1779 gefiel es Churfürst Carl Theodor, diese gelehrte Gesellschaft durch eine neue Klasse für die Witterungslehre zu erweitern, und als besonderen Geschäftsverweser derselben, den geistlichen Rath und Hofkaplan Hemmer zu ernennen.'

### Deutsche gelehrte Gesellschaft.

Dieselbe wurde den 13. Oktober 1775 von Churfürst Carl Theodor errichtet und hatte ihren Sitz ebenfalls in dem churfürstlichen Schlosse.

Sie bestand aus 30 Mitgliedern und hatte die Hebung unserer Muttersprache als Hauptaufgabe zu betrachten; doch schloß sie in ihrem Fleiße kein Fach der Gelehrsamkeit aus, weil jeder Gegenstand, welcher Art er auch sei, zu seiner Bearbeitung einer wohl gebildeten Sprache bedarf.

Mit dem Wintermonat fing die Gesellschaft ihr Jahr an und mit dem Sommermonat ihre Ruhezeit, welche vier Monate dauerte.

Wöchentlich hielt sie eine besondere, jährlich eine öffentliche Sitzung. Die Aufnahme neuer Mitglieder, sowohl ordentlicher als auswärtiger, geschah durch freie Wahl, deren Bestätigung dem durchlauchtigsten Stifter vorbehalten blieb. Sie hatte nebst ihren ordentlichen Gliedern einen Obervorsteher (Direktor) und einen beständigen Geschäftsverweser.

Die über dem Archive befindliche Bibliothek bestand 1) aus einem prächtigen Saale der 100' lang, 48' breit und 36' hoch ist; 2) aus einem ebenso langen Corridor und 3) etlichen an gedachten großen Saal stoßenden Zimmern. Bei dem Eingange in den großen Saal stand zur Rechten das Brustbild des erhabenen Stifters, und zur Linken das seiner

Gemahlin, aus weißem Marmor und von Ritter van Verschaeffelt, dem großen Bildhauer gefertigt.

Ein Gemälde an dem Plafond von Krahe stellte die Tugenden, die Wissenschaft und Kunst vor, die durch fortgesetztes Ringen die Wahrheit entdecken. Minerva ganz nahe bei dem Throne der Wahrheit, zeigt den Weg dahin zu gelangen, nämlich durch die Uebung der Tugenden und Wissenschaften. Unter ihren Füßen sieht man die Laster der Unwissenheit, wie sie in den Abgrund gestürzt werden. In der Mitte des Saales erblickte man zwischen den Erd= und Himmelskugeln ein sehr künstlich in England verfertigtes Planiglobium Copernicanum.

Der Büchersaal selbst hat in die Höhe drei Abtheilungen. Zu den zwei obern kam man durch verdeckte steinerne Stiegen und Balustraden, welche äußerlich an den Büchern herumgehen und stark vergoldet sind.

Im unteren Stocke befinden sich die historischen Werke, in dem mittleren, die der schönen und philosophischen Wissenschaften, in dem obern dann die theologischen Werke, und in einem besonderen Corridor hinter dem großem Büchersaale diejenigen der Rechtswissenschaft und die Handschriften.

Die Anzahl der Bände belief sich auf 40,000, die meistentheils in Zeitraum von 23 Jahren gesammelt wurden. Aus besonderer churfürstl. Gnade stand die reiche Sammlung wöchentlich dreimal, Dienstags, Mittwochs und Freitags unter gewissen Ferien, Vor= und Nachmittags, zu Jedermanns Gebrauch offen.

Die Vorsteher derselben waren: Prälat Maillot, wirklicher Geheimerath de la Treille, Hofrath Lamey und geistlicher Rath Dupuis.

## Die Professur der Philosophie und der schönen Wissenschaften.

In einer Stadt, wo so viele Denkmäler des Geschmacks sich befanden, war eine Professur der schönen Wissenschaften eine gebotene Sache. Diese wurde denn auch im Jahr 1774 vom Churfürsten Carl Theodor gestiftet, und zwar unabhängig von jedem gelehrten Körper, unmittelbar unter dem Hofe stehend. Zum Professor wurde der churfürstliche Geheimsekretär Klein ernannt.

Der Plan dieser Professur, den der Professor selbst angegeben und der auch die Veranlassung zu dieser Stiftung geworden, wurde gedruckt und die aus der Philosophie und den schönen Wissenschaften dazumal von ihm behandelten Gegenstände waren sowohl in einem Entwurf als in andern Schriften gezeigt.

Die Vorlesungen wurden unentgeldlich gehalten und der Gegenstand derselben jedesmal acht Tage vor dem Beginne des Collegiums öffentlich angezeigt.

Eröffnet wurde sie den 13. Oktober 1775.

### Das Antiquitäten-Kabinet.

Dasselbe hat mit der Akademie der Wissenschaften im Jahre 1763 seinen Anfang genommen.

Es befindet sich bei dem Eingange in den Marstall, linker Seite, den akademischen Zimmern gegenüber. Es bestand damals

1) aus mehr als 50 römischen Inschriften und Figuren, in Stein gehauen, welche theils in Churpfalz gesammelt, theils aus der Nachbarschaft dahin gebracht worden waren;

2) aus hetrurischen Urnen von Alabaster und andern Gefäßen, wie sie in Toskana nur selten gefunden werden;

3) aus kleinen Statuen der egyptischen, griechischen und römischen Götter aus Marmor, aus Kupfer und anderen Metallen;

4) aus Statuen oder Brustbildern verschiedener römischer Kaiser und anderer in der Geschichte berühmter Männer;

5) aus allerhand theils heiligen, theils anderen Gefäßen, Urnen von verschiedener Art, Lampen, Gläsern, Bechern, Schüsseln ꝛc.;

6) aus alten Kriegs= und Haushaltungsgeräthschaften, Speeren, Dolchen, Messern, Scheeren, Haarnadeln ꝛc.;

7) aus Stücken von Mosaik=Arbeiten und allerhand gebrannten Steinen mit gewissen Schriften.

Die Aufsicht darüber hatte Hofrath Lamey.

## Das naturhistorische Cabinet.

Dasselbe befand sich ebenfalls links vom Eingange in den Marstall, und stößt an das Antiquitätenkabinet an.

Auch von diesem Cabinet ist Carl Theodor der Stifter, und hat er mit vielen Kosten aus den verschiedenen Theilen Europas die Naturseltenheiten erworben und aufgestellt.

Im Jahre 1765 wurde die Sammlung geordnet; sie nimmt vier Zimmer ein. Es befinden sich darin ziemlich vollständige Sammlungen von Mineralien, versteinerten Gegenständen, schönen Muscheln, Seegewächsen aller Gattung, ferner von in= und ausländischen Thieren und Vögeln, wie auch ein Kräuterbuch und einige Seltenheiten aus dem Pflanzenreiche ꝛc.

Der Direktor war Geheimesekretär Collini, Mitglied der Akademie der Wissenschaften.

## Die Schatzkammer.

Sie war eine sehr reiche Sammlung von Geräthen, Juwelen und Seltenheiten in Gold, Silber und kostbaren Steinen, welche in zwei an das Naturalien=Cabinet stoßenden Gemächern aufbewahrt und ringsherum mit gläsernen Schränken versehen sind.

Man traf unter dieser großen Menge Steine an, welche als Kostbarkeiten merkwürdig sind.

Unter Anderm bewunderte man dabei ein Rhinoceros=Horn, geschnitten von dem berühmten Cologne; einen Becher von Jaspis mit rothen Adern, anderthalb Fuß hoch und von einem Stücke, der seines Gleichen weder an Größe und

Glanze, noch an künstlerischer Arbeit hatte. Viele andere schöne Gefäße von orientalischem Sardonière in Gold gefaßt, und mit Edelsteinen besetzt; darunter eines von Smaragd-Mutter eiförmig, sammt seinem Deckel in Gold gefaßt, und mit Diamanten, wie man nur eines findet. Platten und Fayence mit Figuren aus Raphael's Schule. Einen Krug und zwei Schaalen mit einer Zeichnung von Raphael in Schmelzwerk. Ein sehr schönes Crucifix von Michel Angelo Buonorotti. Ein anderes, großes woran der Leib aus einem Stücke Elfenbein. Ferner einen Schrank voll Geschirren, Bechern, Deckeln, Krügen und steinkristallene Schüsseln, alles in Gold gefaßt. Dann bemerkte man noch drei Gefäße von schwarzem Kristall, wovon das größte ein Fuß hoch war.

Das Sonderbarste in dieser Schatzkammer aber war eine Perle, welche halb weiß und halb schwarz ist, und die man, um ihrer Seltenheit willen, die „Pfälzische Perle" genannt hat.

Weiter befand sich da ein vergoldeter Triumphbogen mit geschnittenen Steinen geziert; ein blaßfarbiges Rubinkreuz von beträchtlicher Größe, und noch viele andere Arbeiten mit Edelsteinen reich besetzt. Man zeigte auch die Krone Friedrichs V., Königs von Böhmen. Endlich wurden in besonderm Schranke noch die reichen Zierrathen des St. Hubertsordens aufbewahrt.

Der Schatzmeister war Herr Goes.

### Das Cabinet der Naturlehre.

Dieses befand sich im linken Flügel des Schlosses, nahe bei dem Opernsaal. Es wurde von Carl Theodor gestiftet und im Jahr 1776 eröffnet.

Man fand in demselben Instrumente über alle Theile der Erfahrungs-Naturlehre. Ihre Anzahl wurde noch immer vermehrt. Zu den Versuchen über die Bewegung der Luft, das Licht, den Magnetismus und die Elektricität war die

Sammlung vorzüglich beträchtlich. Die kleineren Instrumente wurden alle in Glasschränken aufbewahrt; die übrigen dagegen waren durch den ganzen Saal der Ordnung nach ausgetheilt.

Am Eingange in dasselbe befand sich das im Jahr 1779 angelegte churfürstliche Wetterkabinet, das mit allen zur Beobachtung des Wetters gehörigen Instrumenten versehen war. Unter diesen war der Luftelektrizitätsmesser, womit der Blitz aufgefangen wird, besonders merkwürdig.

Der Vorstand war der geistliche Rath Hemmer.

---

Den 4. April 1764 reiste Churfürst Carl Theodor nach Frankfurt und kam gegen 4 Uhr unter Abfeuerung von 125 Kanonenschüssen dort an.

Am 5. stattete der Churfürst dem Kaiser Franz I. und dem neuen römischen König Joseph II. einen Besuch ab und beglückwünschte dieselben. Den 6. April machte der Kaiser, und den 7. der römische König dem Churfürsten einen Gegenbesuch.

Den 8. April wurde die Rückreise des Churfürsten nach Mannheim angetreten.

Churfürst Carl Theodor, welcher in Heidelberg das Carlsthor und die schöne Brücke über den Neckar erbaut hatte, wollte auch das Heidelberger Schloß wieder erneuern und zur Residenz einrichten, — da zündete am 24. Juni 1764 ein Blitzstrahl den sogenannten Otto Heinrichsbau, so daß das Schloß bis auf die Mauern ausbrannte, und so den Entschluß des Churfürsten änderte, indem er zu Mannheim fortresidirte.

Den 2. Juli 1764 erneuerte Kaiser Franz I. dem Churfürsten das Privilegium de non appellando auf alle der Churpfalz zugehörigen Herzog- und Fürstenthümern.

### Die churfürstlich Lotterie

wurde den 15. August 1764 vom Churfürst Carl Theodor errichtet.

Zur Sicherung der Gewinnste wurde ein beträchtliches Capital von 300,000 fl. niedergelegt, das beständig und unzertrennlich gehalten wurde. Um das Vertrauen des Publikums zu gewinnen, wurde des Obristkammerherrn, Freiherrn von Zedewitz Excellenz, vom Churfürst Carl Theodor zum General=Ober=Intendanten der Lotterie ernannt. Sie bestand, nach Einrichtung der Genueser Lotterie, aus 90 Nummern, von welchen jedesmal fünf herausgezogen wurden, in deren Errathung und geschickten Verbindung das Glück des Spielers durch Zufall bestand. Man spielte auf einfache und bestimmte Auszüge, Amben, Ternen und Quarternen. Der Einsatz ward bei einem gerathenen einfachen Auszuge 15mal, bei einem bestimmten 75 mal, bei einer Ambe 270 mal, bei einer Terne 5300 mal und bei einer Quarterne 60,000 mal bezahlt.

Gedachter Zahlenlotterie hat Churfürst Carl Theodor, unter der Ober=Intendance des vorerwähnten Freiherrn von Zedewitz Excellenz am 9. November 1781 eine Klassenlotterie beigesellt, vermöge deren vortheilhaften Einrichtung nur 1¼ Fehler gegen einen Treffer kam, wie aus dem jeder Ziehung vorausgegangenen Plane entnommen ward; ebenso daß neben den Haupttreffern zu fl. 10,000, 5000, 4000, 2000 und 1000 eine Menge von fl. 500, 400, 300, 200 und 100 zu gewinnen waren. Der General=Administrator von beiden churfürstlichen Lotterien war der Herr Geheimerath von Saint Martin; Director und Syndicus Herr Anton Huber, an welche alle Briefe zu richten waren um sich die schnellsten und bestimmtesten Antworten zu verschaffen.

Den 11. September 1764 ertheilte der Churfürst dem Fürsten Carl von Nassau die Erlaubniß zum Ankauf des von den Gelspizheim eingehabten Lehens zu Münsterdreisen.

## Hebammen-Schule.

Diese wurde von dem Churfürst Carl Theodor den 19. April 1766 gestiftet und den 24. November d. J. feierlich eröffnet. Diese war an dem Heidelberger Thore, dem Gießhause gegenüber eingerichtet, und hatte einen öffentlichen Hörsaal, Zimmer für Gebährende und Wohnzimmer für die Wartfrauen. Der Hörsaal war sehr groß, rings herum mit Bänken, auch mit einer Anatomietafel und den gewöhnlichen Maschinen versehen. Die Collegia gab Herr Professor Dr. Fischer Morgens von 9 bis 10 Uhr den Hebammen und von 11 bis 12 Uhr den Feldscherern. Nachmittags wiederholte Herr Professor Mai und Herr Correptitor Wilhelmi in Fragen von 2 bis 3 mit den Hebammen und von 4 bis 5 mit den Feldscherern, was am Morgen vorgetragen worden war. Nebst diesem wurde wöchentlich zweimal, Mittwochs und Samstags, von Herrn Rath May über die Krankheiten vor und nach der Geburt vorgelesen, und zwar so, daß wie in der Woche ein Kapitel z. B. von der schweren Geburt geendigt worden, die aus einer schweren Geburt folgende Krankheit in derselben Zeit abgehandelt wurde, damit durch diese Ordnung beide Lehrgattungen besser könnten begriffen und behalten werden. Jedes Collegium dauerte drei Monate, auf welches ein Monat ausgesetzt und so jedes Jahr drei Collegien beendet wurden. Nach vollendeter dreimonatlicher Lehre ward jede Schülerin in Gegenwart eines Mitgliedes des Concilii Medici von beiden Lehrern scharf geprüft und nach befundener Fähigkeit mit einem Atteste des Concilii Medici entlassen. Alle weiblichen Deliquenten wurden hierher zur Zergliederung eingeliefert.

Es waren 12 Bettstellen errichtet und wurden die Entbundenen noch einige Zeit, je nach den Gesundheitsverhältnissen, nach der Geburt in der Anstalt behalten. Es konnte sich hier Jedermann unentgeltlich unterrichten lassen; verordnet wurde zugleich, daß alle in der Churpfalz anzustellenden

Hebammen hier Unterricht genommen und eine Prüfung bestanden haben müßten. Die Gemeinden waren gehalten, für die als Hebammen sich Ausbildenden während dem Aufenthalt in der Anstalt 15 Kr. täglich aus Gemeindemitteln und die Anschaffung der nöthigen Bücher zu bestreiten. Die Hebammen waren von allen Frohnden in der Gemeinde frei. Sie wurden verpflichtet, alle ihnen vorkommenden schweren Geburtsfälle sowohl, als besondere Krankheiten zu berichten, um ihnen für die Zukunft geeignete Lehren für ähnliche Fälle ertheilen und Maßregeln vorschreiben zu können. Wurde eine Hebamme eines Fehlers überwiesen, so ward dieselbe zu nochmaliger Prüfung verurtheilt und angehalten. Die Aufsicht darüber hatte das Concilium Medicum.

### Krankenwärter-Schule.

Im Jahre 1781 den 30. Juni wurde von Herrn Medicinalrath May, nach erhaltener gnädigster Genehmigung, eine in ihrer Art ganz neue öffentliche Lehrschule, um vernünftige Krankenwärter zu bilden, errichtet. Jährlich ward im Frühjahr ein Curs von drei Monaten gegeben. Die Lehrlinge erhielten nebst dem Gegenstand angemessenen Unterricht auch solchen in der Naturlehre. Weder die Lehre, noch das von dem Lehrer entworfene Lehrbuch kostete etwas. Jedem jungen Wundarzt, jeder Kindsfrau oder herrschaftlichen Bedienten war der freie Zutritt gestattet. Die Lehre ward in dem Hörsaale des Geburtshauses vorgetragen. Nach vollendeter dreimonatlicher Lehrzeit wurden die Schüler öffentlich geprüft und die drei fähigsten mit silbernen Denkmünzen belohnt, welche Preise von einigen Menschenfreunden gestiftet waren.

Herr Medicinalrath Dr. May, welcher diese Stiftung leitete, war früher Leibmedicus und Professor in Heidelberg.

### Patriotische Krankenkasse.

Mit diesem Institut wurde zugleich eine andere Einrichtung für arme Kranken in hiesiger Stadt verbunden. Der Adel und mehrere wohlthätige Bürger gaben jährliche Geldbeiträge zu einer kleinen Krankenkasse, wovon Herr Regierungsrath von Lamezan Verwalter war. Aus dieser Kasse wurden nun jene Krankenwärterinnen im Sommer mit 24 Kr. und im Winter mit 30 Kr. täglich belohnt, welche auf das Zeugniß des Arztes oder Geistlichen einer dürftigen, verlassenen Kranken treu und fleißig beigestanden haben. Ihre Durchlaucht die Frau Churfürstin haben dieser Armenkasse eine jährliche großmüthige Beisteuer zugesichert. Diesem erhabenen Beispiele der Wohlthätigkeit sind die meisten wohlhabenden Bürger nachgefolgt, so daß man schon in einem Jahre aus einem Vorrath von 611 fl. im Stande war, nebst der Belohnung des Krankenwärters beinahe 3000 Pfd. Fleisch und eben so viel Brod an dürftige Wiedergenesene zur Wiederherstellung ihrer Kräfte zu verabreichen.

---

Den 29. September 1766 entdeckte man zu Schwetzingen im neuen Hofgarten verschiedene römischen Waffen und eine Münze vom Afterkönig Albius.

Auch wurden bei Schriesheim römische unterirdische Gebäude entdeckt, und an dieser Stelle vom Churfürsten eine Säule errichtet.

Am Schluß des Jahres 1766 zählte man in Mannheim 2767 Familien mit 16,355 Seelen und ward am 1. Januar 1767 die „Mannheimer Zeitung" zum ersten Male ausgegeben.

Den 18. October 1766 stiftete die Churfürstin von der Pfalz zu Ehren der heil. Elisabeth und zum Besten der Armen und Nothleidenden, den Elisabethen-Damen Orden, und theilte solchen den 19. November zum ersten Male aus. Zum Gedächtniß dieser Stiftung wurden goldene und silberne Medaillen mit der Churfürstin Brustbild einer-, anderseits mit dem Bildniß der hl. Elisabeth geprägt.

Avers: Elisabethe Churfürstin von der Pfalz.
Revers: Belohnt und geziert.
Unten: Errichtet den 19. November 1766.

In diesem Jahre wurden sehr schöne Gärten auf beiden Seiten des Weges von Mannheim nach Schwetzingen angelegt.

Den 16. December 1766 befahl der Churfürst, daß zwischen der Churpfalz und dem Herzoglich gülich= und bergischen Landen ein der Nachsteuer freier Zug eingeführt werden soll.

Der botanische Garten

wurde im Jahr 1767 angelegt und befand sich an der Heidelberger Landstraße an der Stelle des späteren Avantgartens.

Derselbe wurde nach einem neuen Plane in der Richtung gegen Morgen und Mittag angelegt. Das Haus war 210 Schuh lang. In der Mitte die Treib= auf beiden Seiten die kalten Häuser mit aufrechtstehenden Fenstern von 21 Fuß Höhe. Hinter den Treibhäusern waren die Wohnungen der Gärtner eingerichtet. Der Garten selbst bestand aus dem Hauptgarten und etlichen kleinen Anlagen. Der Hauptgarten hatte eine Vertiefung und eine Erhöhung. In den Ländern der Vertiefung standen die Pflanzen ohne weitere Ordnung, je nachdem es die Natur der Pflanze selbst erfordert. Die Erhöhung war für Bäume und Stauden bestimmt, die aus einem warmen Himmelsstriche an den pfälzischen zu gewöhnen versucht wurden. Zu den kleinen Anlagen gehörten vorzüglich ein Anbau meist amerikanischer Bäume, wie auch ein solcher von Sträuchern aus wärmeren Weltgegenden, die aber gleichwohl das hiesige Clima vertragen konnten. Der Director war Herr Regierungsrath Medicus, der auch die Häuser eingerichtet hatte.

---

Den 15. Januar 1767 schloß die Krone Churpfalz wegen des Droits d'Aubain oder Juris Albinagii einen Vertrag nach welchem die Pfälzer in Frankreich über ihre Verlassenschaften Testamente machen und auch Erbschaften erhalten konnten.

Den 14. April 1767 wurde Marie Wilhelmine Auguste, Tochter des Prinzen Georg von Hessen-Darmstadt, k. k. General der Kavallerie, General-Feldmarschall des Oberrheinischen Kreises und Gouverneur von Philippsburg, geboren. Als sie 14 Jahre alt war, starb ihr Vater. Ihre Mutter Marie Albertine Marie Louise war eine Tochter des Grafen Christian Carl Reinhard zu Leiningen-Heidesheim und Erbin der Reichsherrschaft Broich). — Die Erziehung sämmtlicher aus dieser gesegneten Ehe entsprossenen Kinder zeichnete sich durch Sorgfalt aus, Religion und bürgerliche Tugend den Kindern in ihrem Werth darzustellen und ihnen eigen zu machen — ein heiliger Samen, der in der für alles Gute offenen und empfindsamen Seele von Marie Wilhelmine Auguste ein fruchtbares Feld fand und gute Früchte trug. Sie galt als Muster erhabener Tugenden, für eine milde und wohlthätige Beschützerin der Armen und war der Stolz und die Freude der Pfälzer, die sich glücklich fühlten eine so gütige Fürstin zu besitzen.

Am 30. September 1785 vermählte sie sich mit Joseph von Zweibrücken, geb. den 27. Mai 1756 zu Schwetzingen, welcher nach dem frühen Tode seines Neffen des Pfalzzweibrückischen Erbprinzen, Carl August Friedrich, die Hoffnung der pfalzbaierischen Stammfolge geworden war.

Hier begann eine neue Periode der Thätigkeit und des ehelichen Glückes in dem Leben der erhabenen Fürstin. Straßburg und das Elsaß, wo ihr Gemahl sich damals gewöhnlich aufhielt, genossen die ersten Früchte von jener und waren die ersten Zeugen von dem letztern. Noch segnen die Bewohner der Pfalzgräfl. Erbschaft Rappoltstein die wenigen Wochen, welche sie unter ihnen zubrachten; noch lebt ihr Andenken unter den Bürgern Straßburgs, deren Freude sie oft erhöhte und deren Thränen ihre milde Hand so oft getrocknet hatte; selbst die Umwälzungs=Katastrophe Frankreichs verminderte in dem Urtheile der dortigen Bewohner die Achtung für die Fürstin nicht, die ihrem hohen Stand mit einer so edlen Denkungsart den unvergänglichen Werth der Größe verlieh.

Die französische Revolution zerriß die Bande, welche ihren Gemahl an den König und an Frankreich knüpften. Genöthigt, Straßburg und seine eigenthümlichen Herrschaften zu verlassen, ließ er sich mit seiner Gemahlin in Mannheim nieder, wo sie der Stolz und die Wonne der Pfälzischen Unterthanen wurde. Sie war das edelste Beispiel herzens=reiner Liebenswürdigkeit, was bei ihrer Leichenfeierlichkeit in Mannheim den 29. Mai 1796 auf das Würdigste durch den churpfälzischen Kirchenrath und erstem Prediger der deutsch=reformirten Gemeinde daselbst, Herrn G. D. Kaibel hervorge=hoben wurde.

Aus ihrer Ehe sind fünf Kinder entsprossen.

Der Erbprinz Ludwig Karl August, geboren zu Straß=burg den 25. August 1786.

Der Pfalzgraf Carl Theodor Maximilian, geboren zu Mannheim den 7. Juli 1795.

Auguste Amalie, geboren den 21. Juni 1788.

Amalie, geboren den 9. October 1790 und

Charlotte Auguste, geboren den 8. Februar 1792, von welchen Prinzessin Amalie den 24. Januar 1794, zwei Jahre nach ihrer Mutter, gestorben ist. Die Wünsche aller Pfälzer waren darauf gerichtet, diese edle Fürstin noch lange in ihrer Mitte zu besitzen, aber zum höchsten und allgemeinsten Bedauern kehrte die edle und erhabene Seele zum göttlichen Urquelle zurück, und ließ nur deren Hülle der Gruft ihrer Väter zurück.

---

Am 3. April 1796 wurde in München und am 10. d. in Mannheim Trauer für die Verstorbene angelegt.

Den 15. August 1767 starb Pfalzgraf Friedrich Michael von Zweibrücken, k. k. Churpfälzischer General=Feldmarschall, Vater von Maximilian Joseph, zu Schwetzingen 43 Jahre alt und wurde in der Churfürstlichen Gruft bei den Karmelitern zu Heidelberg beigesetzt.

Bei dieser Gelegenheit ist des prächtigen Sarges, welchen Churfürst Carl Theodor im Jahr 1769, dem durch seine Heldenthaten sowohl, als durch seine Menschenliebe sich ausgezeichneten Prinzen Friedrich Michael von Pfalz=Zweibrücken anfertigen ließ, zu erwähnen. Derselbe bestand aus dem Sockel, dem eigentlichen Sarge und dem Deckel desselben. Der Deckel ist aus Kriegsarmaturen, als aus Schilder, Kanonen, Bombenkesseln,=Kugeln, Fahnen und Standarten zusammengesetzt, auf welchem bald kaiserliche Adler, bald pfälzische Löwen gleichsam wie eingestickt zu sehen sind. Auf diesen ruht der 10 Fuß lange und aus dem feinsten englischen Zinn gegossene Sarg. Vier Consolen dienen seinen beiden Seiten zu Stützen. Den Schluß des Sarges macht ein mit Cypressenlaub bekleidetes Gesimse. Auf dem Deckel halten zu beiden Seiten halbvermoderte Todtenköpfe ein reiches Gewand mit Fransen, dasselbe ist zu beiden Seiten aufgebunden und mit lateinischen Inschriften geziert. Oben am Kopfe ist das fürstlich Zweibrückische Wappen mit dem Großkreuz des Maria=Theresien=Ordens und mit dem goldnen Vließe umgeben. Auf dem Deckel liegt ein prächtiges Kissen mit Quasten, auf welchem der Degen, die Scheide, der Reichsfeldmarschallsstab, die Ordenszeichen, der Fürstenhut, ein in seiner natürlichen Größe abgemessenes Kreuz und ganz zu unterst ein Todtenkopf angebracht sind. Alle Verzierungen dieses Sarges sind fein vergoldet, das Zinn aber schön weiß polirt. Die Zeichnung ist von dem Oberbaudirector von Pigage; der Hofbildhauer Link hat das ganze modelirt, gegossen und ausgearbeitet.

Churfürst Carl Theodor schenkte im Jahr 1767 der Stadt Mannheim die auf dem Marktplatze stehende, von dem niederländischen Bildhauer Peter van der Branden und dessen Sohn Matthäus zu Heidelberg in Stein gehauene Gruppe, welche den Merkur vorstellt, wie er fliegend zwischen Rhein und Neckar das Sinnbild einer Stadt niedersetzt, und wodurch auf die glückliche Lage Mannheims angespielt ist.

Das Piedestal trägt die Inschriften.

Gegen Westen: „Carl Theodor, der Fromme, Glückliche, Erhabene', Er, die Liebe seiner Bürger, machte ihnen dieses zum Geschenk 1767."

Gegen Norden: „Nun jubelt unter einem so gütigen Fürsten über euer glückliches Loos. Mehr als sein Vergnügen liebt er euch."

Gegen Osten: „Dieses Werk wurde zu Heidelberg begonnen, von da erhielt es seine Versetzung nach Schwetzingen und endlich wurde es an dieser Stelle aufgerichtet durch Peter van der Branden und durch Johann Mattheus dessen Sohn vollendet."

Gegen Süden: „Als Jacob Friedrich Gobin Stadtdirector, Johann Lampert Babo Stadtanwaltschultheiß, und Johhann Schoch und J. C. Stengel Bürgermeister waren, setzte man dieses Denkmal freudig. 1771."

Dasselbe wurde im Jahr 1825 unter der Regierung des höchstseligen Großherzog Ludwig, unter der Leitung des Stadtdirectors von Jagemann und Herrn Oberbürgermeister Möhl renovirt.

---

Churfürst Carl Theodor stiftete am 4. November 1767 im 25. Jahre seiner beglückenden Regierung den Ritterorden vom pfälzischen Löwen und 1768 am 1. Januar erschienen die Ordens-Ritter zum ersten Male mit Stern und Band bei Hof. Auf diese Stiftung ließ der Churfürst eine Gedächtnißmünze prägen, auf deren Avers sein Brustbild und auf dem Revers das Ordens=Kreuz sich befand. Dieselbe trug die Inschrift: "Carl Theodor von Gottes Gnaden Pfalzgraf bei Rhein, des heil. röm. Reichs Erzschatzmeister und Churfürst. Den Jahren und Verdiensten."

In der Mitte: "Den Verdienenden Januar 1768."

Den 5. Januar 1768 stand der Wärmemesser 14 Grad unter dem Gefrierpunkt, folglich war die Kälte stärker als 1740 und 1742.

Den 25. Januar d. J. erlaubte der Churfürst den Franciscanern ein Kloster und Noviciat in Schwetzingen erbauen zu dürfen.

Den 26. März 1768 nahm der Churfürst nach einem 400 Jahre angedauerten Rechtsstreite mit Chur=Cöln Besitz von der Stadt Kaiserswerth, und den 3. April legte Stadt und Bürgerschaft den Eid der Treue ab, bei welchem Vorgange Münzen mit Inschriften geprägt wurden.

Den 5. November 1768 ertheilte der Churfürst unter dem Thron, dem Gräflich Leiningen=Darburgischen Hause, in der Person des stammältesten Grafen Carl Friedrich die Belehnung mit den von dem hohen Churhause Pfalz herrührenden Lehenschaften, insonderheit der ganzen Grafschaft mit ihren Zubehörungen, desgleichen der Pfandschaft Falkenburg und den Dörfern Ungstein und Kallstadt.

Den 19. December 1768 kam der König von Dänemark zum Besuche an den churfürstlichen Hof und reiste am 21. December wieder ab.

Den 1. Januar 1769 erweiterte der Churfürst die Satzungen des neuerrichteten Löwenordens.

Den 17. Januar 1769 wurde die Vermählung der Tochter des Pfalzgrafen Friedrich von Zweibrücken Amalie Auguste mit Friedrich August Churfürst von Sachsen zu Mannheim vollzogen.

Den 11. Mai 1769 wurde zu Käferthal im Oberamt Heidelberg eine Rhabarbaraplantage angelegt.

Die Schauspielerin Josepha Seyfert an der Mannheimer Bühne war die Geliebte des pfälzischen und nachmals bayerischen Churfürsten Carl Theodor, der sie zur Gräfin von Heydeck erhob. Karl, der Sohn den sie ihm 1769 schenkte, wurde der Stammvater der Fürsten von Bretzenheim und datirt sich die Entstehung des Bretzenheimischen Hauses, zunächst dem Schlosse, aus dem Jahre 1769.

Den 1. Januar 1770 wurde in sämmtlichen katholischen Kirchen die neue Verordnung über Aufhebung und Verlegung von vielen Feiertagen verkündet.

Den 9. April wurde zwischen Frankreich und Churpfalz ein Vertrag wegen wechselseitiger Bestrafung der Verbrecher und Fevler, besonders in Jagd= und Forstsachen abgeschlossen.

Den 6. August 1770 starb Clemens Franz, Herzog in Bayern, der Gemahl Marie Anna, Prinzessin von Sulzbach und Enkelin Churfürst Carl Philipps.

Den 17. October 1770 sprang die Pulvermühle zu Ziegelhausen in die Luft. In gleichem Jahre ließ der Churfürst eine Fayencefabrik zu Mosbach anlegen, und bestätigte die zu Lautern errichtete physikalisch=ökonomische Gesellschaft.

Den 15. Februar 1771 reiste der Churfürst nach Düsseldorf und von da nach Holland.

Den 9. April 1771 starb zu Waizenborn, im Oberamt Simmern, eine Frau Namens Marie Margarethe Lauterbach im 107. Jahre ihres Lebens.

Den 3. Mai 1771 kam die Churfürstin von der nach Düsseldorf und Holland gemachten Reise glücklich in Mannheim an.

Den 23. April 1772 stürzte zwischen Bretzenheim und Dinnheim ein Stück Berg von ungefähr 100 Morgen ein, wodurch verschiedene Aecker und Weingärten beschädigt wurden.

Den 3. Juni 1772 ertheilte der Churfürst dem neuerrichteten katholischen Bürgerhospital zu Mannheim verschiedene Freiheiten, und beschenkte solches in der Folge reichlich.

Von 1742 bis 1796 also in 58 Jahren wurde in der

Stadt Mannheim vor dem Thor über dem Neckar 62 Hinrichtungen vollzogen, während im 19. Jahrhundert in 44 Jahren nur 2 Opfer dem Schwerte anheim fielen.

Das Jahr 1749 war darunter in dieser schrecklichen Beziehung das furchtbarste, da in demselben 15 Hinrichtungen davon an einem Tage, am 28. November 6 vollzogen wurden und erzeigt aus dem Civilstand das aufgestellte Verzeichniß der benannten 58 Jahren folgendes Ergebniß.

| Nr. | Namen. | Art der Hinrichtung. | Jahr. | Monat. | Tag. |
|---|---|---|---|---|---|
| 1. | Hilb, Joh. Ph. | Schwert. | 1742. | Juni. | 9. |
| 2. | Kries, P. Frieb. | " | 1746. | März. | 31. |
| 3. | Hoffmann, Joh. Heinr. | Strang. | 1746. | Aug. | 15. |
| 4. | Levi, Bär. | " | 1746. | Aug. | 15. |
| 5. | Samuel, David | " | 1746. | Aug. | 15. |
| 6. | Kuhn, Joh. Veith | " | 1747. | Sept. | 28. |
| 7. | Herbstleben, J. P. | " | 1747. | Dec. | 22. |
| 8. | Krepp, Jakob | " | 1749. | Mai. | 19. |
| 9. | Bod, Friedrich | " | 1749. | Mai. | 19. |
| 10. | Lazarus, Joseph | " | 1749. | Juni. | 7. |
| 11. | Schneiber, Joh. P. | " | 1749. | Juni. | 12. |
| 12. | Burkhard, Joh. | " | 1749. | Juni. | 20. |
| 13. | Dreyling, Dominik | Schwert. | 1749. | Juli. | 19. |
| 14. | Sulzbach, Moses | Strang. | 1749. | Juli. | 28. |
| 15. | Bischer, Abraham | " | 1749. | Juli. | 28. |
| 16. | Keppel, Joh. Georg | " | 1749. | Aug. | 29. |
| 17. | Schwind, Joh. Mich. | " | 1749. | Nov. | 28. |
| 18. | Schwind, Barthol. | " | 1749. | Nov. | 28. |
| 19. | Krepp, Elisab. | Schwert. | 1749. | Nov. | 28. |
| 20. | Schwind, Kath. | " | 1749. | Nov. | 28. |
| 21. | Mußler, Susanne | " | 1749. | Nov. | 28. |
| 22. | Becker, Juliane | " | 1749. | Nov. | 28. |
| 23. | Kaufmann, Johann | " | 1750. | Aug. | 28. |
| 24. | Bacobi, Georg Christ. | Schwert. (verbrannt) | 1750. | Aug. | 28. |
| 25. | Schönberger, Matthias | Strang. | 1750. | Aug. | 28. |
| 26. | Kreuzner, Joh. Adam | " | 1751. | Nov. | 12. |
| 27. | Dietrich, Jakob | " | 1751. | Nov. | 28. |
| 28. | Schreier, Martin | Schwert u. Rad. | 1752. | Juni. | 20. |
| 29. | Ulster, Conrad | Schwert u. verbrannt. | 1752. | Nov. | 16. |
| 30. | Bangert, Baruch | Schwert u. Rad. | 1753. | Mai. | 26. |
| 31. | Seligmann, Lemle | Strang. | 1753. | Febr. | 15. |

| Nr. | Namen. | Art der Hinrichtung. | Jahr. | Monat. | Tag. |
|---|---|---|---|---|---|
| 32. | Hoffmann, Eva | Schwert. | 1753. | Juli. | 17. |
| 33. | Keßler, Martin | Strang. | 1753. | Dec. | 22. |
| 34. | Kreuz, Martin | " | 1754. | März | 30. |
| 35. | Catel, Peter Heinrich | " | 1754. | März | 30. |
| 36. | Heinrich, Elisab. | Schwert. | 1754. | März | 30. |
| 37. | Schmitt, Margar. | " | 1754. | März | 30. |
| 38. | Schneider, Christine | " | 1754. | März | 30. |
| 39. | Bay, Katharine | " | 1755. | Sept. | 22. |
| 40. | Hoffmann, Anna Barb. | " | 1755. | Sept. | 22. |
| 41. | Miller, Andreas | Schwert u. Rad | 1756. | Jan. | 2. |
| 42. | Emmerich, Bernhard | " | 1756. | Jan. | 2. |
| 43. | Lachner, Joseph | Strang. | 1758. | Mai | 6. |
| 44. | Eppelbron, Jesel | Schwert. | 1759. | Oct. | 13. |
| 45. | Hegershausen, Samuel | Strang. | 1759. | Oct. | 15. |
| 46. | Gasdorf, Löb | " | 1759. | Oct. | 15. |
| 47. | Blo, Jakob | " | 1759. | Oct. | 15. |
| 48. | Bonn, Heymann | " | 1759. | Oct. | 15. |
| 49. | Müller Insioma | Schwert. | 1759. | April | 7. |
| 50. | Kramer, Gertrude | " | 1760. | Sept. | 23. |
| 51. | Dietz, Margar. | " | 1764. | Juni | 10. |
| 52. | Bügenröther, Frhr. v. | " | 1764. | Juni | 21. |
| 53. | Kinster, Joh. Wilh. | Strang | 1765. | Mai | 17. |
| 54. | Schaffer, Valentin | " | 1765. | Mai | 17. |
| 55. | Schaffer, Margar. | Schwerdt | 1765. | Mai | 17. |
| 56. | Dolp, Katharine | " | 1765. | Mai | 17. |
| 57. | Half, Martin | " | 1765. | Oct. | 14. |
| 58. | Sonntag, Sebast. | " | 1774. | Mai | 30. |
| 59. | Biesner, Elisab. | " | 1775. | Jan. | 5. |
| 60. | Fleck, Soldat | " | 1793. | Jan. | 11. |
| 61. | Ernesti, Ludwig | " | 1794. | Oct. | 22. |
| 62. | Unger, Heinrich | " | 1796. | Juli | 14. |

Von diesen Hinrichtungen geschahen 33 durch das Schwert und 29 durch den Strang; von den ersten wurden nach der Enthauptung 2 verbrannt und 3 aufs Rad geflochten.

Am 28. November 1749 geschahen 6, am 30. März 1754 5, am 13. October 1759 4, und am 17. Mai 1765 gleichfalls 4 Hinrichtungen an einem Tage.

### Die Sternwarte.

Dieses schöne Denkmal des großen Churfürsten Carl Theodor steht, wie alles Uebrige, welches dieser erhabene Fürst gestiftet hat, noch jetzt als ein ehrendes Andenken an den kunstsinnigen Fürsten, der so vieles Schöne und Große für Mannheim errichtet und gefördert hat.

Die Sternwarte wurde nach dem Plane des Hof-Astronomen und geistlichen Rathes Christian Maier gebaut. Die Ausführung ward dem Genannten von dem Churfürsten überlassen und der Bau unter Mitaufsicht des Staatsministers Frhr. v. Beckers im Jahr 1779 durch die Baumeisters Lachers und Rakaliati vollendet, nachdem am 11. October 1772 von dem Präsidenten der Academie der Wissenschaften Frhr. Leopold Max v. Hohenhausen der Grundstein in der 20 Fuß tiefen Grundmauer feierlichst gelegt worden war. Sie steht an einem stillen von dem Straßenlärm entfernten Orte und hat wegen der vortheilhaften Lage hinsichtlich der Mittagslinie besondere Vorzüge; sie ist 111 Fuß hoch, hat vorzügliche Instrumente und betragen die Kosten ihres Baues 70,000 fl.

Das Gebäude selbst stellt ein reguläres, sehr zierliches Achteck vor und besteht erstens aus einem gewölbten Eingange, der 28 Fuß im Lichte hat, über welchem sich ein 15 Fuß hohes, zur Wohnung bequemes, Entresol befindet. Achtzehn Fuß höher ist das erste große Observatorium mit drei großen gegen Westen, Süden und Norden angebrachten Altanen. Dieser Ort hat 30 Fuß im Lichte, ist 32 Fuß hoch und hat acht große Oeffnungen, wovon drei 18 Fuß hoch und zur Aufrichtung zweier Mauerquadranten und andern astronomischen Instrumenten wohl eingerichtet sind. Von diesem geht man durch eine sehr bequeme und künstliche steinerne Treppe in das zweite Entresol, und 18 Fuß höher steigt man zu dem zweiten für astronomische Beobachtungen bestimmten Platze. Allhier findet man das oberste Gewölbe in der Richtung der Mittagslinie, welches 9 Fuß lang und

1½ Fuß breit durchschnitten ist, zum Gebrauche eines englischen 10 Fuß hohen Scheitelmessers; den Schluß von diesem Baue macht eine geräumige mit großen Platten belegte Ebene. In der Mitte dieser Ebene sieht man das letzte aufgemauerte Observatorium von 10 Fuß im Durchmesser und 15 Fuß Höhe. Die im Mittelpunkte aufgerichtete steinerne Säule und die darüber befindliche kupferne Kuppel, welche sich künstlich umdrehen läßt, dient für einen beweglichen Quadranten, um mit demselben den Gesichtskreis zu beleuchten. Der ganze Bau von der Plattform bis zum Boden ist 108 Fuß und durch fünf steinerne Gewölbe abgetheilt, hat außer dem Boden eine 8 Fuß dicke Mauer und liegt von der Westseite genau in der Mittagslinie. Die ganze Höhe des Thurmes diente zu einem beständigen, bei den Alten so berühmten Gnomon, um die Schiefe der Ekleptik bei den jährlichen Sonnenwenden an der hart am Thurm anstoßenden Mittagsmauer zu bemerken.

Unter sehr vielen astronomischen Werkzeugen ist besonders der Englische Birdische Mauerquadrant von 8 Fuß im halben Durchmesser merkwürdig, dergleichen außer England nirgends zu sehen. — Ferner zwei kleinere Quadranten von 2½ und 1½ Fuß. Zwei große Dolandische Sehröhre von 10 und 12 Fuß Länge. Ein vortrefflicher Sonnenmesser oder Micrometer objectiv. Ein englischer Scheitelmesser von 10 Fuß Höhe, im Jahre 1778 von dem berühmten Künstler Sisson in London verfertigt. Zwei englische Penduluhren mit Witterungs-Verbesserung; davon ist eine von dem weltberühmten Londoner Künstler Arnold verfertigt, und laufen deren Räderachsen in Diamanten und Rubinen. Ein Durchgangsmesser oder sogenanntes Instrument des Passages.

Die Obsorge und Direction ist nach dem Ableben des obengenannten Christian Maier dem churfürstlichen Hofastronomen Karl König gnädigst anvertraut worden., und demselben Matthäus Kübel, Lehrer der Mathematik auf der Hochschule zu Heidelberg, zugesellt worden.

Als zu fernerem Nutzen und Aufklärung in der Sternkunde als wahrhafte Epoche mag die unterm 25. Weinmonat 1781 gnädigst unterzeichnete, an Hofastronomen Maier unerwartet geschickte Anweisung von 10,000 fl. gerechnet werden, welche für Anschaffung eines zweiten 8 Fuß großen englischen Mauerquadranten gegen Norden, eines eben so langen achromatischen Durchgangsrohres und eines großen Aequatorialsectors sollten verwendet werden, wodurch die churpfälzische Mannheimer Sternwarte an Vollkommenheit und Reichthum der königlich englischen Sternwarte in Greenwich gleichkam.

Bei dem Anfall der Pfalz an Baden, als die bayerische Regierung alle Kunstschätze aus Mannheim zog, blieben durch die eifrige Verwendung des damaligen Astronomen Larry die Instrumente der Sternwarte erhalten. Der erste Astronom an der Sternwarte war der oben genannte Christian Maier.

---

Den 8. October 1772 kamen die Fürsten Carl Adelbert und Hieronymus von Razevil in Mannheim an, um den Ausgang der polnischen Unruhen abzuwarten.

Den 28. October d. J. hatte in dem botanischen Garten zu Mannheim eine Pisang zeitige Früchte getragen.

Den 19. December d. J. wurde die Elisabethenkirche in dem zu Frankenthal 1770 neu errichteten und erbauten Hospital feierlich eingeweiht.

Im Jahr 1773 wurden weitere Gärten vor dem ehemaligen Heidelberger Thore zu Mannheim gegen die Rheinseite hin angelegt. Im selben Jahre ließ der Churfürst einen neuen Canal von der Stadt Frankenthal bis an den Rhein nebst drei Schleußen anlegen.

Den 15. November 1773 wurde das päpstliche Breve Aufhebung des Jesuitenordens zu Mannheim und wo solches

Collegia noch Residenzen in der Pfalz hatte, in Vollzug gebracht.

Durch freiwillige Beiträge katholischer Bürger und die Munificenz Carl Theodors wurde das katholische Bürger-Hospital gegründet und durch Rescripte des Churfürsten vom 24. August und 15. September 1773 die Bestimmungen für dasselbe festgesetzt. Dasselbe befand sich damals erst in dem Gouvernementshause (R 3 No. 2), später und jetzt in dem von Ullner'schen Hause (E 6 No. 1).

Am 29. September desselben Jahres wählte die hiesige Bürgerschaft den ersten Vorstand, der damals aus 12. (jetzt nur noch aus 8) Mitgliedern bestand.

Eine nochmalige allerhöchste Bestätigung ihrer Privilegien erfolgte 1. Juni 1775.

Im Jahre 1775 wurde die Hospitalpfarrei gegründet, 1778 der erste Pfarrer, Carl Philipp Spielberger, ernannt, und die Kirche selbst am 21. September 1788 feierlich eingeweiht.

1789 erhielt das Hospital die Concession zu einer Buchdruckerei, welche am 2. März durch den Ankauf der noch weiter hier bestandenen akademischen Buchdruckerei erweitert wurde. Durch ein Vermächtniß des Generals Freiherrn v. Rodenhausen sind die Einkünfte des Hospitals bedeutend vermehrt worden.

Den 22. Februar 1774 vermählte sich Herzog Carl August von Zweibrücken mit Maria Amalia, Tochter des Churfürsten Friedrich Christian von Sachsen.

Den 22. September 1774 legte die Churfürstin von der Pfalz, Elisabetha Auguste, den Grundstein zu der über die lauretanische Kapelle zu Oggersheim auf eigene Kosten erbauten neuen, nieblichen und doch prächtigen Kirche.

Den 27. November 1774 kam der Churfürst auf seiner nach Italien unternommenen Reise glücklich in Rom an; nach einem Aufenthalte von vier Wochen daselbst trat derselbe den 29. Dez. die Rückreise nach Deutschland an und langte den 4. Februar 1775 wieder wohlbehalten in seiner Stadt Mannheim an.

Den 2. Oktober 1775 legte der Churfürst persönlich den Grundstein zum großen Carlsthor in Heidelberg.

Den 2. September 1776 wurde in der ganzen Pfalz die Folter bei peinlichen Untersuchungen von Churfürst Carl Theodor abgeschafft.

Den 6. September 1776 wird die Einführung des gregorianischen, statt des früheren julianischen Kalenders in der Churpfalz verfügt.

Den 26. Februar 1777 ist der Neckar innerhalb zwei Tagen 15 Fuß hoch angelaufen und zerriß die Schiffbrücke zu Mannheim.

Den 10. Oktober 1777 wurde die im Jahre 1773 angefangene Arbeit des Frankenthaler Canals und der angelegten drei Schleußen beendigt. An die Hauptschleuße am Rheine wurde eine Inschrift gesetzt.

### Das Zeughaus.

Dieses zur Beschützung und Sicherheit des Landes und zur Zierde der hiesigen Stadt neu aufgeführte merkwürdige Gebäude ist ebenfalls ein rühmliches Denkmal des großen Churfürsten Carl Theodor, welcher die Erbauung und Einrichtung desselben der Direction Sr. Excellenz dem Herrn Generallieutenant Freiherrn v. Belderbusch zu überlassen, gnädigst geruht hatte.

Den Plan zu diesem schönen, großen Gebäude fertigte Ritter van Verschaeffelt.

Der Anfang zu diesem Gebäude wurde den 14. Juni 1777 gemacht und der erste Stein der 20 Fuß tiefen Fundamente gesetzt, welche in jenem Sommer noch aus der Erde gemauert wurden. — Der Grundstein wurde am 10. Oktbr. 1777, Vormittags 10 Uhr, mit besonderer Feierlichkeit in Gegenwart des Churfürsten Carl Theodor, des Freiherrn

Heinrich Anton Beckers zu Westerstetten, ersten Staatsministers, und Kriegspräsidenten Leopold Maximilian Freiherrn v. Hohenhausen und Hochhaus, nebst dem ganzen Hofstaat des Churfürsten gelegt.

In denselben wurde eine zinnerne Platte verwahrt, mit der Inschrift:

„Als der durchlauchtigste Churfürst Carl Theodor, „der Fromme, Glückliche, Erhabene, die Pfalz am Rhein „seit 35 Jahren glücklich im Besitze hatte, und über „dieselbe regierte, Heinrich Anton Freiherr von Beckers „zu Westerstetten, erster Staatsminister, und des Kriegs„raths-Präsidenten Leopold Maximilian Freiherr von „Hohenhausen und Hochhaus, des Churfürsten Kämme„rer und Generallieutenant, der Akademie der Wissen„schaften und der schönen Literatur Präsident, dieser „Stadt und der hiesigen Garnison Gouverneur war, „wurde dieser Grundstein zum neuen Zeughause bei dem „höchsten Frieden des deutschen Reichs auf das Feier„lichste gelegt, am 10. Oktober, Vormittags um 10 Uhr, „im Jahr Christi 1777."

Der Bau wurde in der Zeit von zwei Jahren vollendet und hat das ganze Gebäude 650 Fuß im Umfange, zwei Haupt- und zwei Seiten-Façaden, an welch letztere zwei schöne Treppenhäuser mit künstlich ausgeführten, bequemen Haupttreppen angefügt sind. Diese Treppenhäuser sind vier Stockwerke hoch, massiv aus Steinhauerarbeit mit Kreuzgewölben aufgeführt und enthalten 236 steinerne Staffeln.

Die erste Façade, gegen den freien Platz, besteht aus einem ausnehmend reich mit künstlicher Bildhauerarbeit verzierten Corps de Logis, an welchem ein nicht weniger reich componirtes Hauptportal befindlich ist, das durch eine Frontispice gekrönt wird, an welcher verschiedene, theils antike, theils moderne Kriegsarmaturen und Trophäen zu sehen sind.

Unter dieser Frontispice ist ein Chartel, eine Draperie

mit Muschelwerk vorstellend, 10 Fuß breit und 5 Fuß hoch, angebracht, mit folgender Inschrift:

„Zur öffentlichen Sicherheit hat Carl Theodor, des „heiligen römischen Reiches Erztruchseß und Churfürst, „der Fromme, Friedliebende und Glückliche solches er=„bauen lassen 1778."

Unter dieser Inschrift, in der Mitte des Hauptportales, befindet sich ein 3 Fuß 3 Zoll breiter Schlußstein, welcher willkürliche Kopf (tête de Française) vorstellt.

Ueber der Frontispice des Hauptportals stehet auf einem Sockel, in der Gestalt eines Piedestals, das ganze churfürst=liche Wappen mit dem Churfürstenhut, welches ohne den Reichsapfel 13 Fuß 9 Zoll hoch und mit den Nebenverzie=rungen 22 Fuß breit ist. Um das Wappen ist eine Dra=perie geschlungen, welche den Churfürstenmantel mit dem goldenen Vließ, dem St.=Georgs= und St.=Hubertus=Orden vorstellt, und befindet sich neben demselben, ein antiker Helm. Die neben dem Wappen angebrachten Löwen haben 10 Fuß Proportion.

Die ganze Bildhauerarbeit enthält, ohne die Tiefe und Ausladung überhaupt 236 Quadratfuß und 3 Zoll.

An den äußersten beiden Enden des Corps de Logis sind auf einem 4 Fuß hohen Sockel, 5 Fuß breite und 43 Fuß hohe Pilastres en pierre de refend (von verbundenen Quadern), über welchen sich componirte Capitäler von 7 Fuß ½ Zoll Breite und 3' 10½" Zoll Höhe, mit Schnecken der jonischen Ordnung, und einem Heldenkopf, welcher 2 Fuß, 3 Zoll hoch ist, befinden. Ueber diesen Capitälern, in dem Friese befinden sich zwei Consols, welche 5 Fuß hoch und 4 Fuß breit und durch Laubwerk verziert sind.

Zwischen diesen Consols in dem nämlichen Friese liest man in 2 Fuß 9 Zoll hohen, 2 Fuß breiten und 5 Zoll dicken, fein in Glanz vergoldeten, großen, massiven, deutschen Buchstaben die Inschrift:

„Zeughaus",

welche einen Raum von 78 Quadratfuß und 6 Quadratzoll einnimmt.

An den Ecken dieses Gebäudes befinden sich auf dem nämlichen 3' 10" hohen Sockel 6 Fuß breite und 53 Fuß hohe Pilaster mit Bossages en rustique, über welchen ein componirtes Capitäl von 9 Fuß Breite und 3 Fuß Höhe, mit Voluten von jonischer Ordnung angebracht und in der Mitte ein sehr schöner Löwenkopf ausgehauen ist.

Die ganze Façade ist überhaupt mit schönen architektonischen Fenstern verziert, zwischen welchen zwei und einen halben Fuß breite Pilaster befindlich sind, die an den Pfeilern bis unter das Architrave gehen, und über denen schöne Panneaux und ein sehr kostbares steinernes Hauptgesims zu sehen sind.

Die zweite Hausfaçade, nach dem sogenannten Kugel= Park oder Hof, hat ebenfalls ein nettes und der Façade an= gemessenes, wohl proportionirtes Hauptportal, ohne reiche Verzierungen, mit verspunten Quadern. Das Corps de Logis steht 6 Zoll vor und ist durch glatte, erhabene Verzierungen geschmückt. Diese Façade hat gleichfalls schöne glatte und wohl proportionirte Fenster, zwischen welchen sich vertiefte Füllungen befinden, und ist ebenfalls mit einem kostbaren steinernen Hauptgesims gekrönt.

Die Seitenfaçaden sind einander durchaus gleich und haben ein schönes Rustique=Portal in dorischer Ordnung mit einem Arriere=Corps von Spunten mit Fasen.

An den Ecken der Seitenfaçaden befinden sich die näm= lichen 6 Fuß breiten und 53 Fuß hohen Pilaster mit Bos= sages rustiques mit denselben Capitälern, wie an der Haupt= Façade; ebenso sind auch die architektonischen Fenster mit Panneaux und Hauptgesims verziert.

Ueber dem Corniche des Portals rechter und linker Hand des mittleren Fensters sind sehr zierliche antike und moderne Kriegsarmaturen und Trophäen in Bildhauerarbeit angebracht, welche diesen Façaden ein recht imponirendes und kriegerisches Aussehen geben. Zwischen den mittleren und den Seitenfenstern dieser Façade ziehen sich gleichfalls zwei und einen halben Fuß breite gekuppelte glatte Pilaster bis unter das Architrave des Hauptgesimses.

Ueber dem Portale der einen Seitenfaçade, unter deren Corniche liest man auf einer angebrachten Tafel:

„Auf die Räthlichkeit der Sache" und den Rath des
„J. Theodor Reichsfreiherrn von Belderbusch, des deut-
„Ordens Comthur und Generallieutenant."

Ueber dem Portale der andern Seitenfaçade, an dem nämlichen Platz und Stelle ist auf oben beschriebene Art nachstehende Inschrift angebracht:

„Als Leopold Maximilian Freiherr v. Hohenhausen,
„des pfälzischen Ordens Ritter, Generallieutenant und
„der Akademie der Wissenschaften Präsident, hiesiger
„Stadt Gouverneur war."

Die zwei Stiegenhäuser sind leicht und auf die nämliche Art, wie die zweite Hauptfaçade dekorirt.

Das Gebäude selbst besteht aus einer 12 Fuß im Licht hohen Souterrain-Etage, welche mit bombenfesten Kreuzgewölben versehen ist, dem Rez de Chaussée, welches mit einer Colonnade von 28 steinernen Säulen in dorischer Ordnung, die 18 und einen halben Schuh hoch sind, geziert ist; und noch drei andern Etagen, wovon in jeder eine gleiche Colonnade von hölzernen Säulen befindlich.

Ueber das Ganze zieht sich ein 28 Fuß 9 Zoll hohes mit Blitzableitern versehenes Schieferdach hin. Das ganze Gebäude ist vom Boden bis an den First 92 Mannheimer Fuß hoch.

Hinter dem Gebäude befindet sich ein sehr schöner, 203 Fuß langer 118 Fuß breiter Platz, welcher mit einer Brustmauer, mit steinernen Pfosten und eisernen Stagetten eingeschlossen ist. Zu diesem Platze führen zwei Thore zur Rechten und linken Seite der Brustmauer, welche aus gar künstlicher und musterhafter Schlosserarbeit hergestellt sind. Die steinernen Pfeiler neben diesen Thoren sind mit kriegerischen Trophäen geschmückt. An den Enden dieser Einfassung sind rechts und links ansehnliche, aus Stein gehauene Schilder= häuser angebracht, und gleich daneben eine große 134 Fuß lange Haugard.

Der innere Hofplatz ist zur Aufarchung der Bomben und Kugeln und die Haûgard zur Aufbewahrung allerlei Artillerie und Zeughausrequisiten bestimmt.

Die Kreuzgewölbe des Zeughauses dienten zur Aufbe= wahrung des Kriegsgeschützes. (Jetzt wird das ganze Ge= bäude als Caserne benutzt.)

## Das deutsche Schauspielhaus.

(In seinem früheren Bestehen.)

An diesen Bau knüpfen sich große Erinnerungen des Aufblühens der dramatischen Kunst. **Friedrich Schiller**, der größte Dichter unserer deutschen Nation lebte und wirkte hier als dramatischer Dichter, und der geistreiche von Dalberg stand diesem Kunst=Institute als Intendant bis zum Jahr 1803 vor, und die Koryphäen Iffland, Beil, Beck, Renschüb und Böckh werden als Darsteller in der Geschichte der deut= schen dramatischen Kunst stets als erste Sterne glänzen! —

Das deutsche Schauspielhaus wurde im Jahre 1776 erbaut und den 7. Oktober 1779 als eigene ständige deutsche Schaubühne mit dem Lustspiele: „Geschwind, ehe es Jemand erfährt!" eröffnet.

Vorher war das Gebäude als Zeug= und Rüsthaus be= nutzt, wurde nach dem Plane des Architekten L. Quaglio in ein Theater und Reboutenhaus umgewandelt und der Rebouten= saal mit 45 Kronleuchtern geziert. Die damaligen Dekoratio= nen waren meistens von L. Quaglio gemalt, die Malerei im kleinen Saal von Leibersdorf, L. Quaglio und Pinzetti; die

Bildhauerarbeit von Pozzi; an den Malereien arbeitete außer den Obengenannten auch Kloz.

Im Jahre 1778 war die Sailer'sche Schauspielergesellschaft von Mainz engagirt worden; dieselbe ging aber schon im nächstfolgenden Jahre auseinander. Dagegen wurde von dem Intendanten Freiherrn Heribert von Dalberg die Mitglieder des gerade aufgelösten Gothaischen Hoftheaters gewonnen, welche, vom Herzog von Sachsen entlassen, nun von Carl Theodor für die Mannheimer Bühne engagirt wurden.

Durch Rescript vom 3. Februar 1794 sollte das Theater ganz geschlossen werden, allein die Bemühungen des damaligen Intendanten, Freiherrn von Dalberg, bewirkten die Aufhebung besagter Verordnung und die Wiedereröffnung am 2. März. Zugleich wurde dieselbe von Carl Theodor zur „Deutschen Hof- und National-Schaubühne" erhoben; wie es denn überhaupt in der Absicht desselben lag, mit der Errichtung des Theaters, durch Künste und Wissenschaften den guten Geschmack in Mannheim zu pflegen, und der Stadt dadurch wahre Vortheile zuzuwenden.

Zur Ausführung der Singspiele wurde ein vollkommenes Orchester bestimmt, welches aus 26 Personen, meistens reich begabten jungen Künstlern, bestand, und von den HH. Ritter, Wendling und Danzig wechselsweise dirigirt wurde; Correpetitor war Hr. Einberger, Oberaufsicht und Direktion waren Herrn Concertmeister Ferdinand Fränzel übertragen.

Die Mitglieder des Schauspiels und der Oper, auch das Orchester-Personals zu damaliger Zeit stehen noch heute in ehrendem Andenken.

Es seien hier, so viel sich bestimmen läßt, folgende davon verzeichnet:

a) Schauspielerinnen und Sängerinnen:

Frau Menschüb, Charakter-Rollen, Königinnen, zärtliche Frauen. Im Lustspiel, erste zärtliche Mütter.
Frau Toscani: Liebhaberinnen, Coquetten.

Frau Curioni: Mutterrollen im Schau- und Singspiel.
Fräulein Schäffer (später verehelichte Beck): Erste Rolle im Singspiel.
Fräulein Baumann (später verehelichte Ritter): Junge Liebhaberinnen.
Fräulein Ziegler: Junge Liebhaberinnen.
Frau Wallenstein: Komische Mütter, Bäuerinnen und Mädchen.
Fräulein Jaquemin: Mädchen in Lust- und Singspiel.
Frau Nicola: Mädchen und Liebhaberinnen im Schau- und Singspiel.
Fräulein Boubet: Angehende Rollen im Schau- und Singspiele.

b) Schauspieler und Sänger:

Herr Böck: Helden, Ehemänner und Charakterliebhaber.
" Iffland: Ernsthafte und komische Väter und Carikaturen.
" Beil: Komische und ernsthafte Väter, alte Soldaten, Bediente.
" Beck: Erste junge Liebhaber.
" Rennschüb: Zweite Liebhaber, Raisonneurs 2c.
" Pöschel: Bauern, Bediente, auch Väterrollen.
" Kirchhöfer: Alte.
" Frank: Cavaliere, Bediente und Juden.
" Herter: Väter- und Offizierrollen.
" Gern: Väterollen im Schau- und Singspiel.
" Toscani: Liebhaber und komische Alte im Singspiel, Bediente im Schauspiel.
" Brand: Bediente im Schau- und Singspiel.
" Backhaus: Verschiedene Rollen im Schau- und Singspiel.
" Epp: Erster Liebhaber im Singspiel.
" Richter: Bedienter und andere Rollen im Schau- und Lustspiel.

Herren Leonhard und Keilholz.
Madame Mayer, Garderobiere.
Herr Trinkle, Soufleur und Copist.

Die Anordnung und Besorgung des ganzen Schauspiel=
wesens war dem Reichsfreiherrn von Dalberg als churfürst=
licher Hoftheaterintendant übertragen.

Regisseur Herr Rennschüb,
Sekretär und Cassier: Herr Sartori.

Liebhaber=Concerte wurden 20. November 1778 nach
Anleitung des Concertmeisters Ferdinand Fränzel eingerichtet
und fand im Winter jeden Freitag eines derselben statt. —
Fremde von Rang bekamen hierzu Freibillete; außerdem hatte
Niemand Zutritt, als wer durch Unterschrift Betheiligung
genommen hatte. Da außer mehreren berühmten Meistern
vom churfürstlichen Hoftheaterorchester nur geschickte Schüler
und Dilettanten (in allem 82 Personen) bei diesen Concer=
ten wirkten, und nur die auserlesensten und neuesten Musik=
stücke aufgeführt wurden, so konnten dieselben als die ange=
nehmste Unterhaltung nur anregend wirken und sind auch
in Folge des dadurch geläuterten Geschmacks und erhöhter
Theilnahme für die Sing= und Tonkunst viele der vorzüg=
lichsten Künstler angezogen und dem Kunstinstitut der Stadt
gewonnen worden.

Faßt man dieses zusammen, so ist es erklärlich, wie die
Künstler hervorragender Größe, wie die Herren Iffland,
Böck, Beil, Beck, Epp, Gern, Koch, Leonhard, Keilholz
Rennschüb, die Damen Beck, geb. Schäfer Ritter, geb. Bau=
mann, Nicola, Müller, und dann die im Orchester um die
Künstler=Krone streitendenden Herren Canabich, Fränzel, Pe=
ter Ritter, Wendling, Danzig und noch viele andere, an der
pfälzischen Bühne einen fesselnden Vereinigungspunkt finden
konnten.

Das meiste Verdienst darum erwarb sich aber der chur=
fürstliche Hoftheater=Intendant Reichsfreiherr von Dalberg,
dem es vermöge seiner bedeutenden wissenschaftlichen Kennt=

nisse und einer weisen Leitung gelang, Mannheims Theater eine rühmliche Stelle unter Deutschlands Theatern zu erringen.

Es ist dies um so bemerkenswerther, als er mit geringen Mitteln zur Hebung und Erhaltung der neu gegründeten Bühne mehr gethan und geleistet hat, als viele seiner Nachfolger, denen unbeschränktere Mittel und Gemeindezuschüsse zur Verfügung gestellt waren.

Wolfgang Heribert von Dalberg war im Jahr 1749 geboren; er starb den 29. März 1806 als großh. badischer Staatsminister in einem Alter von 57 Jahren. Die von ihm bekleidete Intendanten-Stelle wurde am 20. Juni 1803 an den Reichsfreiherrn von Venningen übertragen nach seinem 25jährigen thätigen Wirken für die Bühne Mannheims, in Folge einer ihn befallenen Geistesstörung. Auf dem Gebiete der dramatischen Kunst war Dalberg dasselbe, was seine großen Ahnen im Staatsleben und auf dem Schlachtfelde waren. Auf dem von Dalbergischen Schlosse zu Hernsheim bei Worms ist das Portrait des berühmten Theater-Intendanten aufgestellt. Es zeigt ihn in Lebensgröße im glänzenden Costüm der Reichsritter und als eine männlich feine Gestalt.

Das ehemalige von Dalbergische Haus in Mannheim war das Lit. N 3 No. 4, jetzt Handelsmann Wilhelm Kopfer gehörig.

### Deutsches Schauspielhaus in Mannheim.
(Beschreibung über den früheren Bau.)

Das ganze Gebäude hat 639 Schuh im Umfang und zwei Hauptfacaden, eine gegen die Straße und die andere gegen den vor demselben befindlichen freien Platz.

Die erste Facade gegen die Straße, von welcher Eingänge zu dem Theater-, Redouten- und Assembleen-Saal und zu den Caffee- und Billardzimmern führen, besteht aus drei

Hauptportalen mit acht toskanischen Säulen verziert, über welchen ein Altan von mehr als 40 Schuh in die Länge, befindlich. Gleich beim Eingange durch das Hauptportal kommt man in ein mit dorischen Pilastern geziertes Vestibül.

Zur rechten und linken Seite befinden sich die zur Caffee= schenke und für Billard bestimmten Zimmer.

Aus dem Vestibül führt ein Gang zu den beiden Haupt= stiegen, linker Hand ist ein Saal der Marionetten und an= dern dergleichen Lustbarkeiten.

Durch diesen Gang kommt man auf den Vorplatz, wo die Stiegen sind, und aus diesem in einen Kreuzgang, der auf der einen Seite auf den großen Platz, auf der andern auf die Straße führet.

Von diesem Vorplatze geht man durch vier Thüren in das Parterre. Dieses ist nach der gewöhnlichen Form in der Runde mit drei Etagen, welche zusammen 45 große Bo= gen und oben darüber eine Galerie enthalten, gebaut. Das Proscenium ist von vier Säulen in korinth'scher Ordnung unterstützt.

In der Frontspitze sieht man ein Medaillon mit dem Bildniß des Sophokles, von der Fama und der Zeit gehal= ten. An jeder Seite befinden sich noch drei kleinere mit antiken Festons und theatralischen Emplemen gezierte Me= daillons. Der Plafond, welcher von einem hiesigen Künst= ler gemalt ist, stellt die Aurora dar, wie sie die Nacht ver= jagt. Der Haupt=Vorhang des Portals enthält ein allego= risches Gemälde: nämlich der churpfälzische Genius, der sich den Künsten und Wissenschaften gewidmet hat, tritt rechter Hand aus einem Tempel der Musen hervor. Neben ihm ein Opferaltar von dem pfälzischen Löwen gehalten. Thalia und Melpomene kommen ihm von der andern Seite entgegen. Er streckt die eine Hand gegen sie aus, als ob er sie freundlich bewillkomme, die andere aber hebt er in die Höhe, um von Apollo und Minerva, die oben in den Wolken erscheinen, Schutz und Beistand zu erflehen. In der Ferne erblickt man die Vereinigung des Rheins und Neckars und eines Theiles von Mannheims Umgebung mit der Aussicht nach dem Heidelberger Schloß.

Die beiden Hauptstiegen rechter und linker Hand, welche durch alle Etagen des vordern Gebäudes herausführen und 114 Staffeln, durchaus von Stein enthalten, leiten auf der einen Seite in alle Etagen und Logen des Theaters, und auf der anderen nach dem vorderen Theile des Gebäudes zu, in die zu den Assembleen und Concerten bestimmte Säle und Zimmer.

Die zweite Façade nach dem sogenannten Jesuitenplatze zu, besteht aus einem Hauptpavillon in der Mitte, durch welchen man unmittelbar auf das Theater und zu den Ankleidezimmern des Theaterpersonals und der Tänzer kommt. Rechter Hand ist noch ein kleiner Pavillon mit zwei Portalen von toskanischen Pilastern, deren eines in den Marionnettensaal, das andere aber in die Caffee- und Billardzimmer von außenher führt.

Zu diesem Gebäude ist das ehemalige Schütthaus genommen worden.

Die ganze Anordnung des Gebäudes, ist wie oben schon gesagt, von dem churfürstlichen Hofkammerrath und Theaterbaumeister Lorenz von Quaglio, welcher Alles mit großem Eifer, Kenntniß und Geschmack besorgt hat.

Im Jahre 1780 ist der große Gesellschaftssaal mit seinen Nebenzimmern ausgeziert und der andere Theil des Gebäudes angefangen worden.

Ersterer ist unter Erfindung und Leitung des erst gedachten Quaglio's im antiken Geschmacke gemalt und zeichnet sich darin ein sehr schönes Deckengemälde aus, welches den Sieg der Venus darstellt, wie sie im Götterhimmel den goldenen Apfel vorzeigt. Vierzig Figuren sind an diesem Gemälde in der künstlichsten Schwebung und Stellung angebracht. Diese schöne Malerei ist von dem schon durch viele Arbeiten in diesem Genre rühmlich bekannten Professor Leibersdorf, welcher auch die Thürstücke und alle sowohl an der Decke, als an den Wänden befindliche Basreliefs gemalt hat. Die Architektur und Verzierungen des Saales sind von Quaglio und Pinetti in größter Schönheit verfertigt. Die vor diesem Saale aufgerichtete Altane zieren zwei vollkommen gerathene Statuen in Stein, die Tonkunst darstellend, nebst zwei Vasen, von dem Herrn van der Branden verfertigt. Mit eben solchen Statuen wurden später auch noch die übrigen Altane versehen.

Der andere Theil dieses Gebäudes, welcher im Jahre 1780 erbaut worden, hat 260 Fuß im Umfang, mithin alles zusammen 899 Fuß.

Die eine Façade gegen die Straße, gleich jener schon früher verfertigten, besteht aus drei Hauptportalen mit acht korinthischen Säulen, über welchen ebenmäßig eine Altane von mehr als 40 Fuß in der Länge befindlich, welche gleich den andern mit zwei aus Stein gemeißelten Statuen geziert, deren eine den seriösen, die andere den komischen Tanz vorstellt; ebenso an beiden Ecken mit zwei von van der Branden verfertigten Urnen.

Bei dem Eingange durch das Portal ist ein mit dorischen Säulen nach altem Geschmacke geziertes Vestibul, zu dessen Rechte die steinerne Hauptstiege, zur Linken aber die Wohnung eines Aufsehers des Gebäudes sich befindet, in der Mitte läuft ein 49 Fuß langer Gang, der zu einigen Zimmern führt, in welchen sich bei nächtlichen Redouten die auf ihre Herrschaften wartenden Diener aufhalten konnten.

Hinter diesem Gange bis an die Theatermauer ist ein 56 Fuß breites und 53 Fuß langes Magazin, das zur Aufbewahrung der Dekorationen des Theaters bestimmt ist.

Die steinerne Hauptstiege, 58 Fuß hoch, führt in das Vestibul der zweiten Etage, welches ebenmäßig 10 korinthische steinerne Säulen hat, mit verschiedenen Bacchanalien und musikalischen Basreliefs von dem Hofstuccator Pozzi in Stuckarbeit ausgeführt, wie denn überhaupt auch die ganze

Hauptstiege, alle Vestibule und Gänge mit Stuccatur=Arbeit geziert sind.

Aus diesem geht man rechter Hand in die zum Redoutensaale bestimmten Spielzimmer, in der Mitte aber geht man durch einen auf antike Art verzierten Gang in den großen Redoutensaal. Dieser ist 91 Fuß lang, 56 und einen halben Fuß breit, zwei Etagen hoch und hat eine ringsum laufende Gallerie von 24 freistehenden jonischen Säulen und so vielen Pilastern und Bogen getragen. An dem Plafond ist die Architektur mit einer röthlichen, die Basrelief und musikalischen Instrumente mit weißer und die antiken Rosetten mit gelber Farbe in Fresco gemalt, worauf vier Medaillon die Jahreszeiten, in den Ecken der Gallerie aber in der Verschalung die vier Welttheile vorgestellt sind.

Das mittlere große Medaillon ist 27′ breit und 42″ lang, und stellt auf der einen Seite den Triumph des Bacchus, und auf der anderen das Bacchusfest vor, an beiden Enden sind die zwei Flüsse, der Rhein und Neckar, angebracht welches von Professor Leidersdorf auf Basrelief=Art perspectivisch verfertigt, die auf gleiche Art und Weise gemalten musikalischen Trophäen von Hofmaler Kloz, das übrige aber von den beiden Architekten und Hoftheatermalern Anton Pinetti und J. Quaglio gemalt wurden, von welch letzterem nicht nur die Angabe und der Entwurf der Zeichnungen, sondern bekanntlich auch der Plan des ganzen Gebäudes herrührt.

Aus diesem Saale geht man neben in die zum Spiel bestimmten Zimmer, welche in dem neuerbauten anstoßenden Pavillon angebracht sind.

Die Hauptstiege führt in die Wohnung des dritten Stocks und auf die Gallerie des Redoutensaales, welche der Bequemlichkeit der Zuschauer gewidmet ist.

In der Mitte auf der Seite des Theaterplatzes an dem Eingange der Bühne, oben auf dem Altane, sind zwei stehende Figuren in Stein ausgehauen, darstellend: Thalia und Melpomene, und welchen zu beiden Seiten steinerne Urnen angebracht sind. In der Höhe an dem Theatergebäude, in der Mitte sieht man in Stuccatur gearbeitet: „Die vereinigten bildenden Künste der dramatischen Kunst." Oben ganz auf der Höhe des Daches im Vordergrund: „Die Tonkunst" den „Apollo" mit der Leyer in stehender Figur, neben auf beiden Seiten, zwei sitzende Figuren, die eine mit einer Harfe, die andere mit einer Guittare dargestellt und aus Stein gehauen.

Auf beiden Seiten am Hauptportal, ist ein Vorplatz vor dem Eingange des Theaters, welcher mit einer niederen Mauer und Stagetten eingeschlossen ist.

Am Eingange dieser Vorplätze sind auf 4 dicken viereckigen steinernen Pfeilern, schön in Stein ausgehauen, vier weibliche Figuren halb Mensch, halb Löwe darstellend.

Auch besitzt das Theater eine ansehnliche Sammlung vorzüglicher, dramatischer und musikalischen Werke; sodann eine reiche Auswahl in Garderobe und prachtvollen Dekorationsrequisiten.

---

Mannheim hatte sich unter der segensreichen Regierung des Churfürsten Carl Theodor zu einer der ersten Städte Deutschlands emporgeschwungen; sie war reich an schönen und bedeutenden Gebäuden, aber auch vorzüglich an Instituten der Kunst und der Wissenschaften und an Einrichtungen zur Belebung des Handels und Verkehrs.

Sie zählte damals 51 Pumpen und 12 Brunnen, ward des Nachts durch Laternen beleuchtet, welche auf beiden Seiten der geraden Straßen gesetzt waren, und galt für eine der zierlichsten Städte und als eine der regulirtesten Festungen. Ihre reichen Sammlungen in Merkwürdigkeiten und Schätzen der Kunst und Wissenschaft zur Entwicklung und Pflege der Bildung bargen des Förderlichen Vieles für die Stadt und ihre Bewohner selbst, und übten außerdem auf fremde

Künstler und Kunstkenner eine mächtige Anziehung aus, was der Stadt zur Ehre und Nutzen gereichte.

Unter der Regierung des Churfürsten Carl Theodor wurde ferner das churfürstliche Residenzschloß, wie schon gesagt, erweitert.

Im Jahre 1777 wurde nach holländischer Art eine Windmühle auf dem Rheinhäuser Hofgut erbaut, wo früher die Burg Rheinhausen stand, von der die Rheinhäuser Erb=bestands=Güter ihren Namen her ableiten, welche aber in den Kriegsereignissen der 1790er Jahren gänzlich zerstört wurden. Ebenso wurden die Constabler=Caserne, die Garde=Reiter=Caserne, das herrschaftliche Waschhaus (jetziges Re=gierungsgebäude), der sogenannte Prinzenstall, das Proviant=Backhaus, der herrschaftliche Baumaterialhof (jetzige Reihlen=sche Zuckerraffinerie) das herrschaftliche Holzmagazin unter Carl Theodor erbaut.

Europa erstaunte über diesen raschen Aufschwung der Stadt; ihr Glanz strahlte weithin, über Europas Grenzen erscholl ihr Ruf, und Pfälzer und Fremde bewunderten die von einem Churfürsten in so reichem Maße gestifteten Werke. Alles dies verdankte Mannheim seinem erhabenen Beschützer, dem edlen, Wissenschaft und Kunst liebenden, Churfürsten Carl Theodor! —

Mannheim machte mancher älteren, größeren und reiche=ren Handelsstadt den Vorzug streitig, denn am Ende dieses Zeitraums zählte sie nach der vorgenommenen Aufnahme 5080 Familien mit 25,353 Seelen, 12 Kirchen, 2 Klöster, eine Synagoge, 8 Pfarr=, 18 Schul= und 1519 bürgerliche Häuser, 30 öffentliche gemeinstädtische Gebäude und 75 Scheunen. Zwei Schiffbrücken, die eine über den Rhein, die andere über den Neckar, erleichterten den Verkehr, wohlgeord=nete Alleen zierten die guten Hauptwege der Gemarkung, und niedliche wohlangebaute Gärten trugen nicht wenig dazu bei, der ganzen Stadt ein schönes und wohlgefälliges An=sehen zu verleihen.

Wer mit allem diesem und mit der Menge der vortrefflichen Instituten, mit welchen Mannheim prangt auch weit über seine Grenzen hinaus nützte, bekannt ist, und weiß daß der selige Churfürst Carl Theodor allein mit königlicher Freigebigkeit an 40 Mill. Gulden darauf verwendet hat, wird sich wohl vorstellen können, daß hier von nichts Gemeinem und flüchtig Hingeworfenem die Rede sei, und leicht begreifen, daß Alles majestätisch, prächtig, vollendet und zum allgemeinen Besten eingerichtet wurde. Aber es dankten ihm auch seine Unterthanen und selbst Fremden mit dem innigsten Gefühle der Erkenntlichkeit den wohlthätigen Einfluß, den er dadurch auf das ganze Land und darüber hinaus übte, und Mannheim besonders erkannte in ihm den Erhalter und Beförderer seiner Existenz.

Was Mannheim dabei gewonnen, ist einleuchtend, wenn man die unerschwinglich scheinende Summen aufstellt, welche die Einwohner für eine neunjährige Bequartirung des Hofes, aller seiner Angehörigen, der beiden Leibgarden, der fremden Gesandten ꝛc. zum Schloß- und Festungsbau, zu der innern und äußern Verschönerung, zum Bau der Stadtthoren, des Kaufhauses und einiger Kasernen, wovon die letzte allein 130,000 fl. gekostet hat, zur Unterhaltung der Grabenbrücken, Herstellung der Chausseen ꝛc., Einrichtung und beständige Unterhaltung der ausgezeichneten Straßenbeleuchtung verwendet hat. Dabei ist in Betracht zu ziehen, was die Stadt seit 1727 an Schatzungen und Accis, Militär-Beitrag und sonst Außerordentlichem bezahlt hat, und ferner, daß die Gemeindekasse von den aus unerdenklichen Jahren her fällig gewesenen Einkünften schon seit 1741 über ⅘ entzogen worden waren, und alsdann in richtigem Werthe zu schätzen, da trotz diesen außerordentlichen Opfer ihr Wohlstand immer blühender wurde, den Einwohnern Alles genügte, und Mannheim allein soviel, als ein damals beträchtliches Herzogthum, namentlich an Realschatzung, an Personal- und Nahrungsschatzung 16,000 fl., an Zoll und Accis u. dgl., an Zehnten, an Pacht von Kammergütern, an Brückengefällen 100,000 fl. zur churfürstlichen Kammer rentirte, und überdieß noch die Gemeinde ein besonderes jährliches Einkommen von 50000 fl. zur Verwendung für das allgemeine Beste erübrigt hat.

Fürst und Büger genossen der seligsten Wonne und freuten sich ihres Segens. Mannheim hatte aber auch damit die Höhe seiner Epoche erreicht. Denn plötzlich trübte sich ihr glücklich leuchtendes Gestirn. Durch den am 30. December 1777 erfolgten Tod von Maximilian Joseph von Bayern, des letzten aus dem Wilhelminischen Stamme, fiel das Herzogthum Baiern an die Pfalz zurück. 483 Jahre nach dem zwischen den beiden Aesten des Wittelbachischen Stammes zu Pavia 1329 geschlossenen Erbvertrags wurden Baiern und die Pfalz wieder vereinigt und die alte Churwürde, der fünfte im churfürstlichen Collegio, nebst dem Erztruchsäßen Amt, zufolge des westphälischen Friedens vom Jahre 1648 wieder Churpfalz zugetheilt. Dies raubte aber dem churpfälzischen Lande seinen Fürsten und der Stadt Mannheim die Stütze ihrer Entfaltung; denn in der über die Erbfolge errichteten Haus=Union war ausdrücklich bestimmt:

„Daß, im Fall das Haus Baiern oder Pfalz ab=
„sterben würde, der Landes=Nachfolger insonderheit ver=
„bunden sei, die gewöhnliche Residenz zu München, in
„dem gemeinsamen ältesten Stammhause zu beziehen,
„und allda persönlich Hof zu halten, auch diese Lande
„selbst zu regieren."

So mußte also der geliebte Churfürst scheiden und schon andern Tags nach dem Tode des Churfürsten von Baiern am 31. December in der Nacht reiste Carl Theodor nach München und zogen mit dem Hofe über 3000 Seelen dahin.

Die Summen, welche für die Unterhaltung des Hofes und der Abgezogenen, für die Oper und Musik, für tausenderlei Anschaffungen und Herstellungen jährlich gespendet wur=

ben, nebst den Einkünften von den Herzogthümern Gülich, Cleve, Berg, Neuburg, Sulzbach und dem Marquisiat Berg-Obzoom verschwanden aus dem Umlauf, die Consumtion überhaupt der Verdienst aller Gewerbe, erlitten einen fühlbaren Abbruch, die Zahl der Handwerks-Gehülfen nahm merklich ab, der Besuch von Fremden wurde seltener, und schon nach 8 Jahren fand sich die Seelenzahl der Stadt um ein Fünftel vermindert.

Doch erhielt sich die Stadt in ihrem Range obwohl mit weniger Glanz. Das den Einwohnern eigene Temperament, getragen von der Bluts-Mischung aller europäischen Nationen, verlieh ihnen die Stärke den Schmerz des Verlustes zu überwinden ihr guter Genius stählte ihre Kräfte zu doppelten Anstrengungen und es gelang der Bevölkerung die Schwierigkeiten zu überwinden und den der Stadt prophezeiten Fall abzuwenden.

Die Erhaltung der höchsten Landes-Collegien in ihrer Mitte, das Fortbestehen der berühmten und nützlichsten Institute und eine beständig zahlreiche Garnison trugen das Meiste dazu bei. Die Beflissenheit zur Verschönerung der Umgebung, das berühmte Theater und Orchester, die stets dargebotene Auswahl der entsprechenden Bedürfnisse und Liebhaberei, die Verfeinerung der Production sowohl durch Handwerk als Kunst, die zahlreichen, wohleingerichteten Gasthöfe, die damals über 60 Stunden im Umkreis herrschende Wohlfeilheit, die Abwechselung bescheidener Belustigungen, Annehmlichkeiten aller Art, und der freie humane Charakter der gebildeten Einwohner erfreuten sich noch immer des Wohlgefallens der Fremden, und veranlaßten immer noch Viele zum Besuche und zur Aufenthaltsnahme in der Stadt. Ja! der Churfürst richtete auch von München aus sein sorgendes Auge immer auf seine ihm lieb gewordene Stadt und theilte ihr an Wohlthaten noch immer so viel als möglich zu.

Den 14. Januar 1778 ließ der Kaiser ein Patent verkünden, worin er nicht allein Niederbaiern, sondern auch die

Landgrafschaft Leuchtenberg und verschiedene Graf= und Herr=
schaften als heimgefallene Lehen erklärte, und, um dieses
Vorgeben auszuführen, rückten am 15. Januar kaiserliche
Truppen in Baiern ein, besetzten Rham, Straubingen und
sogar einen Theil der Pfalz und die Stadt Sulzbach.

Den 16. März d. J. führte Pfalz=Zweibrücken über
das Einrücken der kaiserlichen Kriegsvölker in Baiern, der
oberen Pfalz und übrigen Herrschaften beim Reichstage in
Regensburg große Beschwerden, und protestirte gegen alle
thätliche Unternehmungen.

Der König von Preußen unterstützte die erhobenen Be=
schwerden und machte dem kaiserlichen Hofe verschiedene Ver=
gleichungs=Vorschläge, welche aber kein Gehör fanden. Nach
zerschlagener gütlichen Unterhandlung fiel der König von
Preußen den 16. Juli b. J. mit einer Armee in Böhmen
ein, und unterstütze die pfälzische Erbfolge mit bewaffneter
Hand.

Den 2. April 1778 nahm der Churfürst durch seinen
Gesandten auf dem Reichstage zu Regensburg Besitz von der
fünften und alten Churwürde.

Am 5. April 1778, Nachmittags 3 Uhr, verspürte man zu
Mannheim eine starke Erderschütterung ebenso am 2. August.

Den 26. Juni 1778 wurde zwischen Churpfalz und dem
fürstlich Oranien=Nassauischen Häusern Dillenburg und Ha=
damar ein wechselseitiger freier Zug bedungen.

Den 2. December 1778 vereinigte der Churfürst die
Palz=Neuenburg und Sulzbachischen Landen mit Baiern, wo=
hin auch die Appelationen in Rechtsstreitigkeiten abgegangen
sind.

Den 31. December 1778 erhob sich in Bretten ein fürch=
terlicher Sturm mit Donner und Blitz und gleich darauf fiel
ein starker Schnee.

Den 13. Mai 1779 wurde wegen der baierischen Erb=
folge ein allgemeiner Frieden zu Teschen geschlossen, vermöge
dessen das Rentamt Braunau an Oesterreich abgetreten, die

übrigen Theile Baierns aber nebst der obern Pfalz sammt allen Zubehörungen und Lehenstücken Churpfalz belassen worden und räumten nach verkündetem Frieden die kaiserlichen Kriegsvölker die bis dahin besetzt gehaltenen baierischen Lande.

Den 13. December 1779 wurde der Gottesdienst in der laurentanischen Kappelle zu Oggersheim, den die Jesuiten seither besorgt hatten, nach der Aufhebung dieses Ordens den Kapuzinern übertragen und letztern die dortige Wohnung sammt Zugehör überwiesen.

Den 30. Januar 1780 vermählte sich Anna Marie, des Pfalzgrafen Friedrich von Zweibrücken Tochter, mit Wilhelm, Pfalzgraf von Birkenfeld.

Den 9. Februar 1780 starb Pfalzgraf Johann von Birkenfeld, churfürstlicher General-Feldzeugmeister und Gouverneur der Festung Gülich.

Als im Jahr 1780 der Fürst von Leiningen einen Besuch am churfürstlichen Hofe machte, und mit einem Viergespänne über die Rheinbrücke fuhr, wurden in der Mitte der Brücke die beiden Vorder-Pferde scheu, setzten über das Brückengeländer und die beiden Hinterpferde nebst Carosse wären unzweifelhaft nachgefolgt, wenn nicht der auf der Carosse stehende Büchsenspanner Lautermann Geistesgegenwart gehabt hätte, schnell herauszuspringen und mit dem Hirschfänger die Stränge der Vorderpferde durchzuhauen; die Pferde ertranken in dem Rhein aber der Fürst war gerettet, und ernannte Lautermann sogleich zum Oberförster.

Den 11. Februar 1781 verspürte man in Mannheim eine Erderschütterung.

Den 14. Februar 1781 ertheilte Pabst Pius VI. dem Churfürst Carl Theodor eine Bulle, daß er und seine Erben mit allen secularisirten und eingezogenen Kirchen- und Kostengefällen als wie mit seinem eigenen schalten und walten könne.

Den 10. October d. J. übergab Churfürst Carl Theodor die von dem aufgehobenen Jesuiten-Orden in der Pfalz ingehabten Collegia, Kirchen und Seminarien zu Mannheim, Heidelberg und Neustadt, nebst der Mission zu Niederingelheim und allen dazu gehörigen geistlichen und weltlichen Gebäuden, Gütern und Renten der Congregation der Priester-Sendung, den sogenannten Lazaristen.

Den 28. Mai 1781 kam Kaiser Joseph II. unter dem Namen Graf von Falkenstein von Frankfurt über Heidelberg und Schwetzingen den 29. b. M. zu Mannheim an und setzte nach einem kurzen Aufenthalt seine Reise weiter fort.

Den 29. September 1781 kam Peter Ludwig Fürst von Holstein, Coadjutor des Bisthums Lübeck, mit seiner Gemahlin in Mannheim an.

Den 18. October 1781 besichtigte der Churfürst den zu Frankenthal neu angelegten Kanal, und das neuerbaute Lagerhaus und Krahnen, an welchem folgende Inschrift ist:

„Pfälzer oder Frembling, der du dieses liesest, wisse
„Carl Theodor ein Vater und Churfürst und Vater von
„der Pfalz= und Baierlandes vollendet dieses Werk
den 10. October 1773.

„Durch seine churfürstliche Durchlaucht getreue Franz
„Albrecht, Freiherr von Oberndorf, Staats= und Con-
„ferenzialminister.

„Joseph Fantanesi und Carl Maubuisson, Geheime-
Räthe.

„Jakob und Christoph Dykerhof, Vater und Sohn, Hof=
„kammerräthe."

Den 5. November 1781 wurden in das vom Churfürsten gestiftete und neuerbaute Militär=Waisenhaus die ersten Zöglinge aufgenommen.

Den 26. April 1782 kam Papst Pius VI. zu München an.

Den 29. Juli kam der Großfürst von Rußland sammt seiner Gemahlin mit einem großen Gefolge in Mannheim an.

Das Jahr 1783 fing mit einer eignen Temperatur an; der ganze Januar zeigte nur sehr wenige Tage unter Null, dagegen die meisten mit 6, 8—10 Grad über Null. — Dieses am 5. Januar begonnene Frühlings=Wetter setzte sich auch den ganzen Februar fort, indem bloß am 18. die Temperatur 2 Grad unter Null fiel. Am 6. Februar waren in der Nähe Gewitter und am 16. April stellte sich ein Höhenrauch ein, der über ganz Europa verbreitet war, so daß die Sonne blutroth erschien.

Den 20. Juli 1783 feierte Churfürst Carl Theodor seinen fünfzigjährigen Regierungs=Antritt als Herzog von Sulzbach, aus welchem Anlaß zu Mannheim eine glänzende Beleuchtung stattfand und allgemeiner Frohsinn herrschte, vermehrt durch den Besuch von vielen Hunderten Fremden, verschiedenen Rangs. Um das Andenken zu erhöhen, wurden bei dieser Gelegenheit Medaillen ausgetheilt.

Den 31. December 1783 stand der Wärmemesser $19^{3}/_{10}$ Grad unter dem Gefrierpunkt. Dieses war der kälteste Tag in diesem Jahrhundert. Auch sind zwei denkwürdige Jahre, 1784 und 1785, in der Geschichte aufgezeichnet, da in dem ersten am 27. Februar ein fürchterlicher Eisgang, im letztern eine ganze außerordentliche Ueberschwemmung, wie eine gleiche in vielen hundert Jahren nicht Statt gefunden, eingetreten waren. In Heidelberg wurde die stehende Brücke über den Neckar, verschiedene Mühlen und Häuser theils durch das Eis, theils durch das Wasser hinweg gerissen. — Zu Neckarsteinach stürzten 21 Häuser ein und 14 Menschen kamen jämmerlich um das Leben. Gleiches Schicksal hatten alle umliegende Dorfschaften. Die Felder in der ganzen Gegend wurden überschwemmt und wo die Flüsse ausbrachen, Alles verflößet und einige Fuß hoch mit Kies und Schlamm überdeckt.

Der Schaden war nicht zu berechnen, denn dieses Unglück hatte nicht nur die Churpfälzischen, sondern auch alle am Rhein, Neckar, Mosel und Mainfluß gelegene Ortschaften, ja fast ganz Deutschland betroffen.

In Mannheim stand das Wasser in der untern Stadt von dem Material-Hof bis an das Kriegs-Waisenhaus, und von diesem bis an das Carl Barromäus Hospital, mit Inbegriff der neuen Kaserne.

Auf der andern Seite fuhr man in Kähnen bis herauf an die Trinitatis-Kirche. Alle Keller waren mit Wasser angefüllt; in der Straßen am Wall stand es Abends schon 8 bis 9 Fuß und in unserer, der Feudenheimer, Seckenheimer und Neckarauer Feldgemarkung lag ein gräßliches Eisgebirg, an manchen Orten 25 bis 30 Fuß hoch. Viele Personen, die ihrer Wohnungen beraubt, keine sonstige Unterkunft finden und sich nicht ernähren konnten, wurden in Wirthshäuser einquartirt und mit den Wirthen die Uebereinkunft auf 5, 6 und 7 kr. tägliche Vergütung den Kopf für Kost und Wohnung getroffen.

Dieses dauerte 16 bis 17. Tage fort. Der Freiherr Carl von Sturmfeder und Herr von Weiler hatte 483, Herr von Meienberg 391, Herr Regierungsrath Zentner 155 Familien auf diese Weise untergebracht. Auf der andern Seite der Stadt hatten die Herrn von Lamezan und von Schmitz Garküchen errichten lassen, in welchen den mit Zettel versehenen Armen Essen verabreicht wurde.

Es sind demnach bis den 16. März auf Kost 308 und mit Arbeit 296 Personen versorgt und auf dem Rathhause an mehr denn 300 Bedürftige Geld, Brod und Holz verabreicht worden, ohne die beträchtlichen Summen, welche aus den verliehenen churfürstlichen Holz-Entschädigungs-Geldern unter die Nothleidenden vertheilt wurden, und ohne die sehr ansehnlichen Geldsammlungen der hiesigen Einwohner zur Unterstützung für einen Theil der armen Landbewohner zu rechnen. Aus einem weiteren Berichte über die damaligen schrecklichen Ueberschwemmungen, welche die Einwohner betroffen hatte, ist noch folgendes ausführlich nachzutragen:

Im Frühjahre 1784 war eine Ueberschwemmung, die großen Schaden anrichtete. Am 14. December 1783 brachte der Neckar, bei einer Kälte von nur 2½ Grad, schon Eis und stellte sich solches am 15. bei 5 Grad. Der mehrmals bei warmem Wetter sich einstellende Regen und darauf wieder eintretende Kälte verursachten, daß derselbe in diesem und den nächsten Monat viermal auf- und zuging, da das Eis aber nicht in den Rhein ablaufen konnte, so blieb es in großen Schollen an den Ufern zwischen Heidelberg und Mannheim sitzen. Am 27. und 28. December fiel ein starker Schnee und am 30. stieg die Kälte auf 18½ Grad in der Stadt und 24 Grad außerhalb derselben.

Am 1. und 2. Januar 1784 stieg der Thermometer wieder über Null, der Neckar schwoll sehr an, und wurden 4 Joche von der abgeführten Brücke mitgenommen.

Nachdem der Rhein ebenfalls stark ins Wachsen kam, waren die ganze Rheinschanze, die Mühlau ꝛc. unter Wasser. Der Rhein stand auf Neujahr noch unter 2′ 7″ unter Mittel und am 7. Januar 1784 schon 11′ 2″ über Mittel.

Die während den Monaten Januar und Februar gefallenen Schneemassen brachten bei dem Ende dieses letzteren Monats eingetretenen Thauwetter eine außerordentliche Wassermenge, so daß der Rhein am 28. wieder 11′ 1″ über Mittel war.

Nachdem am vorhergehenden Tag der Eisgang des Neckars ganze Eishügel auf die Felder geworfen hatte, staute sich das Wasser, da der Rhein noch feststand, und erreichte eine solche Höhe, wie noch nie vorher. Der Neckar warf sich von der Feudenheimer Fahrt aus auf die Neckarauer Felder und von da bis gegen die Festung, so daß der vor dem Heidelberger Thore errichtete Nothdamm brach und der Strom in das Thor selbst eindrang. Der Neckarausfall mit dessen Wachthaus wurde vom Eise ganz zerstört.

Den 3. März 1785 stand das Wasser im Rhein 10′ 6″ und im Neckar 9′ 3″ unter dem Mittelwasser. Niemand erinnert sich, beide Flüsse so klein gesehen zu haben.

Den 21. März d. J. wurde von dem churfürstlichen

Kirchenrathe und ersten Prediger der deutsch-reformirten Gemeinde G. D. Kaibel eine feierliche Dankpredigt wegen Aufhören des hohen Wasserstandes gehalten.

Den 3. August 1785 war ein solch furchtbares Gewitter mit Sturm und Hagel, wie noch nie erlebt wurde, so daß im Schlosse und in der Stadt alle Fenster nach der Mittagsseite zerstört und in einigen Minuten total zerschlagen waren. Von den gefallenen Schloßen wogen einige 16, andere 8, die meisten über 4 Loth.

Im Jahr 1784 wurde ein bedeutender Rechtsstreit der Churpfalz mit dem Maltheser-Orden zu Mannheim geschlichtet.

In den Jahren 1787 und 1788 wurden auf der Mühlau-Insel die sogenannten Tomson'sche Militär-Gärten angelegt und vollendet und die berühmte Tomson-Brücke erbaut, welche aber durch das Passiren der schweren Geschütze in den 1790r Jahren stark mitgenommen und in gefahrvollen Zustand gerathen, bald wieder abgebrochen und durch eine neue unterstützte Brücke ersetzt wurde.

Den 30. Mai 1786 verordnete der Churfürst, daß alle churpfälzischen Unterthanen und Eingesessenen ihren Angelegenheiten in Dispensations- und andern geistlichen Sachen nicht mehr an die Nuntiatur zu Wien, Köln oder Luzern, sondern fernerhin an den vom Papst nach München abgesandten Nuntius bringen sollten.

Den 1. August 1786 wurde Karl Pius, Sohn des Pfalzgrafen Wilhelm von Birkenfeld in Landshut geboren.

## Zu Heidelberg

wurden unter der Regierung des Churfürsten Carl Theodor eine s. g. Savonerie- (Wollenzeug), eine Seiden-, eine Wachswaaren- und Lichter-, eine Zitz- und Papier-Tapeten-Fabrik eingerichtet und sind dieselben in schwunghaften Betrieb gekommen.

Zu Frankenthal

war ähnliches geschehen und zählte man dort besonders die Porzellan-Fabrik, die in ihren Fabrikaten ihren Namen bis auf unsere Zeit vererbte; sodann Wollentuch-, Wollenzeug-, Wollen-, Büffel- und Seiden-, Tabaks-, Stärke- und Pudermehl-Fabriken; eine Gold- und Silberdrahtzieherei; eine Schmierseife-, Strümpfe-, Siegellack-, Steck- und Haarnadel-Fabrik; eine Metall- und Schnallengießerei; eine englische Feilenhauerei; eine Buchdruckerei; eine Essigsiederei. Besonders erzählt uns noch die alte Geschichte von dem Elisabethen-Hospital, einem beträchtlichen Gebäude, in dem eine deutsche und eine französische Kinderschule, ein Krankensaal mit 12 bis 13 Betten und eine Spinnschule eingerichtet gewesen.

Schwetzingen, Churfürstliche Sommer-Residenz.

Dasselbe ist drei Stunden von Mannheim gelegen. — Das dort befindliche Schloß ist alt und hat nur wenig Ansehen, doch bietet es große Bequemlichkeit. Hinter demselben, gegen den Garten ließ Churfürst Carl Theodor zwei Flügel in Form eines halben Zirkels erbauen, welche über 600 Fuß lang sind. Im linken Flügel ist das Theater eingerichtet; es wurde im Jahr 1751 nach Plan und Anleitung des Herrn v. Pigage aufgeführt und erfreute sich des allgemeinen Beifalls durch seine Form und zweckmäßige Einrichtung.

Das Merkwürdigste Schwetzingens aber ist der hinter dem Lustschlosse neu angelegte und durch den Churfürsten Carl Theodor in den herrlichsten Stand gesetzte Lustgarten. Der ganze Plan, die mannigfaltige Verschiedenheit seiner Theile, die herrliche Aussicht in lachende Ferne, die Abwechselung der Garten-Anlagen, die Kunstwerke täuschend der Natur nachgeahmt, kurz, Alles, was zur Vollkommenheit eines derartigen Gartens gehört ist hier vereinigt und erfreut zu allen Zeiten die Besucher, die alljährlich dahin strömen. Die herrlichsten Alleen wechseln mit schattigen, wild-romantisch dunklen Buschwerken; grüne Anlagen mit Wäldern von Orangen. Jede veränderte Stellung gewährt ein anderes angenehmes Bild; hier ruht das Auge wohlgefällig auf einem Tempel von hochaufstrebenden Säulen getragen, dort fesselt den Blick ein herrlicher Spingbrunnen, der aus künstlicher Gruppe einen mächtigen Wasserstrahl entsendet u. s. w. Der Garten umfaßte Anfangs 180 Morgen, doch war dazu schon anfänglich das Doppelte bestimmt. Er hat die Gestalt eines Zirkels; in der Mitte befindet sich ein großes rundes Bassin und in den 4 Hauptabtheilungen je ein solches in ovaler Form. Die Bassins enthalten Springbrunnen aus Gruppen verschiedener Art, die aus broncirtem Blei bestehen. Darunter befinden sich zwei von Verschaeffelt aus Stein gehauene Hirsche, die sich gegenseitig mit einem mächtigen Wasserstrahl begrüßen. Ferner findet man den Tempel der Minerva, des Apollo, eine Moschee mit 2 Thürmen und ausgedehnten Vorhöfen und begegnet in den gedeckten Gängen und Laubwerken einer großen Anzahl von Statuetten, Gefäßen, Urnen u. s. w. Unter Anderm findet man ein Monument, dessen Inschrift besagt, daß man hier eine Menge römische Waffen, Gefäße, Urnen und auch Gebeine gefunden hat, und nun den Platz, der einst unsern Vorfahren zum Kampfplatze gegen die Römer gedient, der Lust und der Freude des Vergnügens und Wohlergehens weihte. Auch findet man an dem großen Teich auf der denselben einschließenden Mauer 4 Statuen, welche allegorisch den Rhein, die Maas, die Donau und die Mosel darstellen, die 4 Flüsse, welche in den churpfälzischen Landen ihre Quellen hatten.

Sodann sind die Badgebäude mit besonderer Pracht ausgestattet und bieten von Außen wie von Innen ein Bild des herrlichsten Beschauens. Sie tragen den Namen „Theodorische Bäder" und wurden ebenfalls nach Plan und Anleitung des churfürstlichen Oberbaudirectors Pigage aufgeführt, der überhaupt die Hauptpläne zu allen Anlagen entworfen hatte.

### Zu Oggersheim,

eine starke Stunde jenseits des Rheins von Mannheim, befand sich ein Lustschloß, das nach dem Tode des Pfalzgrafen Friedrich von Zweibrücken die Churfürstin an sich gebracht, und ganz neu hatte herstellen lassen, und woselbst sie stets den größten Theil des Sommers zubrachte. Die weitläufigen Gebäude waren aufs Geschmackvollste und Bequemste eingerichtet und waren es besonders ein von Brinkmann ausgemalter Speisesaal und ein anderer mit Broncemedaillons und Marmor-Brustbildern geschmückter Saal, welche die allgemeine Bewunderung sich erwarben. Vor allem war es aber ein oberhalb der Terrasse gelegenes Cabinet, das jeden Zuschauer fesselte und nicht blos wegen der kostbaren Art seiner Ausstattung, als zugleich wegen der herrlichen Aussicht, die dasselbe gewährt.

Anstoßend an das Schloß befand sich ein ausgedehnter Obstgarten mit einem von Brinkmann gemalten chinesischen Pavillon. Den Garten durchfloß ein von einer Doppelallee eingefaßter Canal und befanden sich noch ein aus Marmor aufgeführtes Badhaus darin, das auf die anstoßenden Fasanerien und den Geflügel- und Thiergarten Aussicht gewährte.

### Zu Lautern

hatte der Churfürst 1770 im August eine „Oekonomische Gesellschaft" bestätigt, die sich schon 1769 aus Einwohnern der Stadt und Umgebung gebildet hatte. Ihr erster Präsident war Herzog Carl II. von Zweibrücken, und zählte sie neben einem Vicepräsidenten, einem Direktor und Sekretär 6 zu Lautern wohnende und 10 auswärtige, zusammen 16 ordentliche Mitglieder und eine unbestimmte Zahl außerordentlicher und Ehrenmitglieder. Den Bestrebungen der Gesellschaft verdankte man vor Allem die 1774 eröffnete Cameralschule, zu deren Gunsten der Churfürst den 6. November 1778 den Befehl erließ: „daß in Zukunft keiner mehr zu oberen Cameralstellen und Landesbedienungen, wie auch zu geistlichen Administrationsrathsstellen und Unterbedienungen fähig sein soll, der nicht auf dieser hohen Schule einen ganz ungetrennten Lehrkurs absolviret, und darüber von derselben Lehrern ein Zeugniß, sowie des dabei bezeigten Fleißes beibringen werde."

Mit dieser Schule war eine Bibliothek einschlägiger und wissenschaftlicher Werke verbunden und solche jeden Montag Abend von 5 bis 7 Uhr Jedermann geöffnet. Außerdem hatte man ein Naturalienkabinet mit hübschen Gold=, Silber= und Quecksilberstufen; schönen Zinn=, Blei-, Kupfer= und und Eisenerzen und Sammlungen in Zink, Spießglanz ꝛc. erworben und ein Cabinet für Naturlehre eingerichtet; wozu die Instrumente 1774 aus den Werkstätten von Brandes in Augsburg und Beisers in Mannheim beschafft wurden. Zugleich hatte man ein Modell=Cabinet und ein chemisches Laboratorium eingerichtet; zu welch ersterem man 1777 eine Sammlung von den Schreiber'schen Erben zu Leipzig erwarb und zu welch letzterem 1774 das Gebäude errichtet wurde.

Im Herbste 1769 schenkte Churfürst Carl Theodor der Gesellschaft den sogenannten Platzmajors=Garten, welchen nun dieselbe mit vielen Kosten zu einem botanischen Garten umwandelte; nach der Anleitung der „ökonomischen Botanik" von Professor Suckow.

Sodann wurde unter Aufsicht der Gesellschaft eine „Siamois=Manufactur" zu Anfang November 1781 errichtet; in der Absicht, der Bevölkerung in der Winterszeit Arbeit zu verschaffen. Im Hause selbst wurden 10, im Orte und der Umgegend aber 70 Webstühle aufgestellt, die sämmtlich für die Anstalt in Thätigkeit waren.

---

Den 6. November 1786 feierte die Universität Heidelberg ihr vierhundertjähriges Jubiläum und wurden bei dieser Feierlichkeit Denkmünzen mit dem churfürstlichen Brustbild und der Umschrift: „Carl Theodor, Pfalzgraf, Erneuerer";

andererseits die Pallas mit Umschrift: „Erfreuliche Auspicien für das fünfte Jahrhundert"; im Abschnitt: „Heidelberg den 6. November 1786" ausgegeben.

Den 9. November 1786 legte Namens des Churfürsten der churpfälzische Geheime Staats- und Conferenzialminister Freiherr von Oberndorff, den Schlußstein zu der neuen steinernen Brücke zu Heidelberg.

Den 27. April 1787 errichtete der Churfürst ein neues Cameralforstamt, das aber vom 1. April 1788 „Churpfälzische Hofforstkammer" benannt wurde.

Den 9. April 1788 wurde das von dem Professor der Zeichnungsakademie Link sehr schön in Stein gehauene Bildniß des Churfürsten an dem Eingang der Heidelberger Brücke auf einem Piedestal aufgestellt, um welches allegorisch die vier Flüsse Rhein, Donau, Neckar und Mosel angebracht sind und mit folgender Inschrift versehen:

„Dem Vater der Pfalz, Carl Theodor, setzte dieses
„Denkmal der Liebe der Gemeinderath und die Bürger
„von Heidelberg 1788."

Ueber dem Brückenthor wurde die Inschrift eingehauen:

„Beinahe hundert Jahre war hier eine gedeckte
„hölzerne Brücke gestanden, im Jahre 1784, den 27.
„Februar, führten sie ungeheure Eisfelsen hinweg, und
„verwüsteten den unteren Theil der Stadt. Churfürst
„Carl Theodor befahl auf derselben Stelle eine steinerne
„zu setzen. Sie wurde in zwei Sommer unter der
„Staatsverwaltung des Freiherrn von Oberndorff und
„der Führung Lambert Babo's, wirklichen Geheimeraths,
„durch den Bauinspector Mathias Maier glücklich er-
„baut im Jahre 1788, als Carl Theodor Sartorius
„Director der Stadt, Jacob Sieben und Leonhard
„Metzger Bürgermeister waren."

Am 10. Oktober 1788 kam Churfürst Carl Theodor unerwartet mit seinem ganzen Hofstaate von München in Mannheim an und ließ erklären, daß er gedenke, demnächst

auf einige Zeit seine Residenz wieder daselbst zu nehmen.
Schon am 16. und 18. des andern Monats November
kamen die beiden Leibgarden, die Hatschiere und Trabanten
in der Stadt an, und folgten Tag für Tag die zum Hof
gehörigen Personen bis der heiß ersehnte Tag anbrach, der
den geliebten Fürsten in die trauten Räume der Stadt ein=
führte; es war dieser Tag ein freudenvoller für alle Pfälzer
und wird ein unvergeßlicher bleiben. Denn, der Aufenthalt
des Churfürsten in der Stadt währte nicht ganz ein Jahr,
und kehrte er auch nimmer wieder dahin zurück. Nie mehr sah
Mannheim seinen Carl Theodor, nie mehr die Pfälzer ihren
edlen Landesvater in ihren lieblichen Gefilden! —

Gegen Ende des Jahres 1789 wurde auf churfürstlichen
Befehl und nach Entschließung der Regierung vom 20. Aug.
der erste Fruchtmarkt zu Mannheim gehalten, eine Markt=
Ordnung veröffentlicht und am ersten Jahrestage der Eröff=
nung, am 4. November 1790, zeigte die im „Mannheimer
Intelligenzblatte" veröffentlichte Uebersicht, daß im Laufe
dieses Jahres 78,778 Malter Früchte auf dem Markte ver=
kauft worden waren. Christian Jung von Blödesheim im
Amte Alzei hatte in diesem Jahre von allen Verkäufern das
größte Quantum (1350 Malter) auf den Markt gebracht
und erhielt deswegen von der Gemeinde einen Preis von
zehn churpfälzischen Rheinbukaten; aus freiwilligen Beiträgen
der Bäcker, Bierbrauer, Mehlhändler, der nächsten Häuser=
besitzer am Fruchtmarkt, und der Judenschaft erhielten die
7 bedeutendsten Lieferanten, worunter 3 von Frankenthal,
und je 1 von Daudenheim, Osthofen, Steinheim und Neckar=
ach waren, je nach der Größe 3 oder 2 churpfälzische Reichs=
vicariatsthaler zum Andenken. Diesen Preisträgern nebst
den Fruchtmarktsbeamten wurde noch überdies von der Stadt
eine Mahlzeit gegeben, und das Publikum bis Abends durch
türkische Musik unterhalten.

Im Jahre 1789 pflanzte der Hofgärtner Schneider im
Schloßgarten italienisches Rohr, was sehr guten Abgang

fand, und von welchem sogar Sendungen nach Paris gingen, woselbst solches zu Spazierstöcken verwendet wurde.

Einer in dem damaligen Intelligenzblatte No. 7 veröffentlichten Bekanntmachung nach, wurden vom 1. Mai 1789 bis dahin 1790 von sämmtlichen Brauern Mannheims 5336 Fuder Bier gebraut und 3836 Fuder ausgeschenkt.

Am letzteren Tage waren vorräthig: Braunes Lagerbier 1331, weißes 175 Fuder. Die Vorräthe der größten Brauer waren 275, 237 und 231 Fuder.

Die Bierpreise waren damals: Lagerbier per Ohm 5 fl. 20 kr., per Schoppen 1 kr.; Jungbier 4 fl. 20 kr., per Schoppen ³⁄₄ kr.

Im Oktober 1790 wurde zur öffentlichen Subscription aufgefordert, um vom Gebirge durch eine Rohrleitung die Stadt mit Gebirgswasser zu versehen. Die Leitung stand unter der Direktion des Abministerialraths von Traitteur; wurde aber durch die bald darauf folgenden Kriegszeiten unterbrochen; die Rohrleitung war schon bis Seckenheim fertig und bereits 83,000 fl. dafür ausgegeben.

Das Mannheimer Intelligenzblatt wurde im Verlage des katholischen Bürgerhospitals 1790 zum erstenmale ausgegeben, 1819 änderte es seinen Namen in Mannheimer Tagblatt, 1837 in Mannheimer Journal.

Am 31. August 1791 wohnte der durch sein späteres Schicksal bekannte Herzog von Enghien im Gasthaus zum Prinz Carl.

Am 26. November 1788 waren es 100 Jahre, daß Frankenthal von den Franzosen belagert und eingeäschert worden; seit dieser Zeit war die Stadt von Unglücksfällen verschont geblieben und feierte diese darum an diesem Tage ein Gedächtniß- und Dankfest.

Am 10. Dezember 1788 stellte sich das Eis im Rhein; die Kälte nahm fortdauernd zu und zeigte der Thermometer am 17. 19 Grad unter dem Gefrierpunkt; ein Stand, der jenem im Jahre 1782 ganz nahe kam.

Den 24. Dezember 1788 langte der Herzog Carl August von Zweibrücken, mit Gemahlin, und den 28. Maximilian Joseph Pfalzgraf von Zweibrücken, mit Gemahlin in Mannheim an.

In benanntem Jahre wurden zu Mannheim 705 Personen geboren und sind 864 gestorben und verehelichten sich 179 Paare.

Der im Jahre 1789 ausgebrochene französische Revolutionskrieg riß auch sofort in seinen Folgen für Deutschland Mannheims alte Wunde wieder auf; und schlug dazu ihm noch neue von empfindlicherer Art. Ehe jedoch das Kriegs-Unglück hereinbrach, feierte Mannheim 1792, den 31. Dezember!, noch ein Fest, wie es seit seiner Gründung keines beging.

Es war das goldene Jubiläum der Regierung des Churfürsten Carl Theodor.

Es traten die ehrwürdigen Greise zusammen, welche vor fünfzig Jahren den Fürsten beim Einzug in die Stadt begrüßt hatten; und da es ihnen an Kraft gebrach, ermunterten sie ihre Söhne und Enkel und die jungen Bürger zur würdigen Feier der glücklich vollendeten 50jährigen Regierung des geliebten Herrschers.

Ueberall zeigte sich sofort der regste Eifer und um alle die verschiedenen Bestrebungen zu einem großen Ganzen zu gestalten, ließ der Regierungs-Präsident Frhr. v. Venningen die Aufforderung ergehen, daß Jedermann über das abzuhaltende Fest zweckmäßige Vorschläge machen könne; unter dem 9. November 1792 wurden die Bischöflichen Vicariate zu Speyer, Worms, Mainz, Trier und Würzburg von der Stadt ersucht, die Pfarrer der in ihren Sprengeln liegenden pfälzischen Orden zur Haltung eines Dankfestes anzuweisen.

Eine Verfügung in gleichem Sinne ging an die reformirten und lutherischen Consistorien. Am 4. Dezember wurden die Orts-Vorstände und am 12. sämmtliche Beamten zur Feier eingeladen. Am 27. reiste eine Deputation der

Stadt nach München ab. Schon am Tage vorher wurde das Fest mit Glockengeläute und Musik begrüßt, und dabei die alten städtischen Fahnen, die 1689 gerettet wurden, ausgesteckt.

Am 31. December Morgens 6 Uhr wurden alle Glocken geläutet und um 7 Uhr versammelten sich die Bürger, Beamten und Bürgermiliz, worunter sich ein selbst equipirtes ausgebildetes Reiterregiment befand, auf dem Marktplatze. Die bewaffnete Bürgerschaft trug dieselben Fahnen, welche 1774 bei der Huldigung gestiftet worden waren, nur hatte man die weiteren Worte eingestickt:

"Erneuerte Huldigung am 31. Dezember 1792."

Um 8 Uhr bewegte sich der Festzug durch die breite Straße bis zum Gasthause "Prinz Carl" von da am "schwarzen Bären" vorbei auf den Theaterplatz.

Vor dem Zuge der Bürger gingen acht alte Männer, die bei der ersten Huldigung als junge Bürger sich befunden, wovon der älteste 84, der jüngste 76 Jahre zählte. Auf dem Theaterplatze kam der Pfalzgraf Maximilian Joseph von Zweibrücken nebst der Generalität und sämmtlichen Offizieren zu dem Zuge und ging es von da in die Jesuitenkirche, wo durch den Dechant Spielberger ein feierliches Hochamt celebrirt wurde. Nach der Kirche bewegte sich der Zug in den Schloßhof und defilirte vor der Churfürstin.

Die Deputationen der Gerichte, der Verwaltungs-Behörden und des Magistrats brachten der Churfürstin ihre Glückwünsche dar, wobei der Letztere der Churfürstin einige Stücke der Namens der Stadt in Gold und Silber geprägten Denkmünzen überreichte.

Die Münze hatte die Größe eines großen Sechskreuzerstücks, zeigte auf dem Avers das Mannheimer Stadtwappen darüber die Worte: "Stadt Mannheim", und auf dem Revers: "Bei Carl Theodors 50jähriger Jubelfeier den 31. Dezember 1792".

Der Churfürstin sagte auf die Anrede der städtischen Deputation: „Ich hoffe, glaube und bin überzeugt, daß mich die gesammte Bürgerschaft liebt, denn ich bestrebe mich, die erste Bürgerin Mannheims zu sein."

Während und nach dem Gottesdienste in der katholischen Kirche wurde solcher auch in den Kirchen der andern Confessionen abgehalten, und in der hochdeutsch-reformirten Kirche, durch Kirchenrath J. J. Kaibel, in der wallonischen durch J. J. Centurier, in der lutherischen, woselbst die Gemahlin des Pfalzgrafen Maximilian Joseph, Maria Wilhelmine Auguste sich befand, durch Consistorialrath C. B. List, in der Synagoge durch den Oberrabbiner M. D. Scheuer und dem Hospital der barmherzigen Brüder durch einen Ordensgeistlichen. Letzterer erinnerte in seiner Rede daran, daß seit 1783 bis 1792 in ihrem Hospital 8172 Kranke durch die Munificenz Carl Theodor's verpflegt worden waren.

Eine Deputation der Jungfrauen hatte der Churfürstin ein Gedicht nebst einem Strauß künstlicher Blumen überreicht.

Die Akademie der Wissenschaften hielt im Bibliotheksaal eine Sitzung, wobei der churfürstliche Hofrath Lamay eine lateinische Festrede hielt.

Abends waren alle Häuser prächtig illuminirt, und nahm die Churfürstin und ihr Hof nach 9 Uhr zu Wagen die Beleuchtung in Augenschein.

Am 1. Januar 1793 wurde im Theater das von Iffland eigens geschriebene Schauspiel: „die Verbrüderung", gegeben; am 2. war Militärgottesdienst in der Kapuzinerkirche; am 3. war Gottesdienst in der Jesuitenkirche, woselbst der Lehrer der Beredsamkeit an dem lateinischen Gymnasium, J. Huber, eine ausgezeichnete Rede hielt; am 4. wurde das kirchliche Dankfest bei den Karmelitern, am 6. von der Marianischen Sodalität und am 7. in der Kirche des katholischen Bürgerhospitals gefeiert.

Churfürst Carl Theodor war auf das höchste erfreut über die große Anhänglichkeit seiner pfälzischen Unterthanen und bezeugte seinen Dank durch das Rescript vom 7. Januar

1793 an den Gemeinderath, und die Schwägerin des Churfürstin, Maria Franziska Dorothea, Prinzessin von Sulzbach; auch schickte er den Mannheimer Jubelbürgern jedem einen pfälzischen Gedenk=Dukaten.

Am 5. April 1793 starb in Mannheim der berühmte Bildhauer und Direktor der Zeichnungs=Akademie Peter van Verschaeffelt im 83. Lebensjahre; er war zu Gent in Flandern geboren.

Den 10. April 1793 besuchte der König von Preußen dessen Armee zwischen Worms und Grünstadt stand, in Begleitung des Kronprinzen, des Prinzen Louis, der Herzoge von Sachsen=Weimar und Braunschweig und mehrerer Generale, Mannheim. Er wurde von dem Herzog von Zweibrücken in Oggersheim abgeholt und beim Eintritt in die Festung vom Pfalzgrafen Maximilian empfangen.

Im Rittersaale war große Tafel von 50 Gedecken, am Abend besuchten die Herrschaften die Vorstellung im Theater und nach diesem den Maskenball im Reboutensaale; am andern Tage wurde der Schwetzinger Garten besehen, nach der Rückkehr war große Parade im Schloßhof, dann Tafel und Hofball; Abends 6 Uhr reisten die hohen Gäste wieder ab.

Am 29. April 1793 besuchte der König von Preußen wiederholt Mannheim und blieb mehrere Tage hier; ebenso erfolgte ein dritter Besuch am 3. August.

Am 27. Mai 1793, in der Frühe, marschirten zwei Bataillone Füsiliere von den Regimentern Pfalz=Zweibrücken und Birkenfeld, ein Bataillon Feldjäger nebst Artillerie unter Commando des Generalmajor Graf Minucce aus der Festung zur Armee bei Mainz.

Am 19. Juli 1793 kam der vor Mainz schwer verwundete Prinz Louis Ferdinand von Preußen zu Wasser hier an und nahm sein Quartier im Herzoglich Zweibrückischen Hotel, wo er bis zum 24. September verblieb.

Wie es mit der persönlichen Freiheit in unserer guten Pfalz damals bestellt war, dafür liefert eine am 30. August

1793 erschienene Bekanntmachung des Stadt=Directors Rupprecht den besten Beweis; es heißt darin, daß der Churfürst befohlen habe, alle Nachtschwärmer, Müßiggänger, dem Saufen und Spielen anhängende ledige Bursche und verheirathete Männer sollten auf erstes Betreten ohne weitere Umstände und Anfrage zur besseren Zucht dem Militär zur Kriegsdienstleistung eingereiht werden.

Der Churfürst von Trier kam auf der Rückreise von Augsburg am 24. October hier durch und stattete der Frau Churfürstin von der Pfalz zu Oggersheim einen Besuch ab; am 27. kam er hierher und besichtigte die ihm zu Ehren abgehaltene große Parade.

Der Erfolg der französischen Waffen veranlaßten überall am Rhein Vertheidigungsmaßregeln, auch die Festung Mannheim wurde Anfang Januar 1794 in Stand gesetzt. Seit dem 27. September 1793 flüchteten sich eine Menge Einwohner vor den Franzosen von dem linken auf das rechte Rheinufer.

Am 3. Januar 1794 reiste die Churfürstin Elisabetha Augusta nach Weinheim und die Gemahlin des Pfalzgrafen Maximilian von Zweibrücken nach Darmstadt ab; letztere kam am 20. Juni wieder mit ihrer Familie hierher zurück.

Den 17. August 1794 starb in Weinheim Elisabetha Auguste, Churfürstin von der Pfalz, 73 Jahre alt; eine allgemeine Trauer folgte der hochgeschätzten Landesfürstin nach und wurde am 2. September in der großen Hofkirche die feierlichen Exequien für die Verstorbene im Beisein des Adels, des Militärs, der Beamten der Stadt ꝛc. abgehalten, was am 4. Januar 1794 speciell von der Garnison geschah.

Am 7. Januar 1794 kamen zwei Colonnen Franzosen von Mundenheim und Friesenheim und feuerten mehrere Kanonenschüsse auf die vor der Rheinschanze beschäftigten Arbeiter, entfernten sich aber wieder, als von der Schanze eine Kanonade gegen sie eröffnet wurde.

Am 30. Januar 1794 forderte der französische General Hoche Mannheim durch folgendes Schreiben zur Uebergabe auf:

„Hauptquartier der Mosel-Armee zu Oggersheim, „den 11. Pluviose im zweiten Jahre der ein- und un„theilbaren Republik. Der Bürger L'Hoche, Comman„dant der Mosel-Armee, im Namen der französischen „Republik. Ich fordere die Stadt Mannheim auf, „binnen einer Stunde den Platz zu übergeben, und „zu diesem Ende die Thore der Stadt der Armee zu „öffnen, welche ich kommandire. Die Sache der „Menschheit triumphirt endlich; die Armeen der Re„publik sind auf allen Seiten siegreich, wehe dem, der „noch daran zweifelt. Um dem Volke von Mannheim „die Schmerzen einer blutigen Belagerung zu ersparen, „lasse ich diese Aufforderung an dasselbe ergehen; so„bald die anberaumte Frist verstrichen ist, hat es nicht „mehr zu erwarten, als die Wirkung der gerechten „Rache eines großmüthigen Volkes, das aber seinen „grausamen Feinden nicht mehr eher verzeiht, als bis „es sie gänzlich zu Boden geworfen hat."

Die Antwort darauf war kürzer:

„Festung Mannheim, den 30. Januar 1794.

„Mein Herr!

„Ihr heutiges Schreiben ist uns zugestellt wor„den und wir glauben ganz und gar nichts auf der„gleichen Anträge zu antworten zu haben.

„Baron v. Belderbusch, Gouverneur von Mannheim."

Die Franzosen verließen den nämlichen Tag noch die nächsten Orten, und zogen sich ans Gebirg zurück.

Am 1. Februar trat eine Patrouille des preußischen Husarenregiments Wolfrath vor der Rheinschanze ein. Die nachrückenden Oesterreicher besetzten sofort die Orte Mundenheim und Friesenheim, woselbst die Franzosen furchtbar gehaußt hatten. In den Monaten März und April kamen die französischen Truppen öfters von Speyer und Dürkheim

.aus bis an die Rheinschanze und waren die nächsten Orte des Ueberrheins bald von ihnen, bald von den Deutschen besetzt.

Am 23. April bezog ein Theil der hiesigen Besatzung ein Lager auf der Mühlau, was erst den 20. September wieder abgeschlagen ward.

Das bei Schwetzingen gebildete österreichische Lager wurde aufgehoben, und nachdem am 21. Mai 1794 dahier eine große Zahl der Pontons angekommen, wurde noch des Abends oberhalb der Rheinschanze eine Schiffbrücke in 3½ Stunden geschlagen.

Am 22. Mai in aller Frühe zogen die Wurmser'schen Freihusaren und das Giulai'sche Freicorps darüber, dem die Husarenregimenter Erdödy und Vecsei, mehrere Bataillone Slavonier und Grenadiere, die Infanterieregimenter Lasch und Erzherzog Ferdinand nebst Geschütz und Bagage folgten. Im Laufe des nächsten Tages folgte der ganze Rest des österreichischen Corps in den Ueberrhein nach und drang über Maudach, Rheingönnheim und Mutterstadt gegen Schifferstadt vor.

Nach dem Rückzuge der Oesterreicher und Preußen von Zweibrücken und Kaiserslautern an den Rhein, kam am 14. Juli 1794 ein Theil der österreichischen Artillerie vor die Rheinschanze und wurde an diesem Tage beim Holzhofe eine Brücke über den Rhein geschlagen.

Am 27. September kam Erzherzog Karl von Oesterreich hier an. Beim Eintritt in die Stadt wurden die Kanonen gelöst und die Besatzung bildete vom Heidelberger Thore bis an das Schloß Spalier.

Am 16. November führten die Franzosen zwischen ihren Verschanzungen zu Mundenheim und der Rheinschanze neue Werke auf, rückten am 17. mit Infanterie und Cavallerie in ziemlicher Anzahl vor und drückten die deutschen Vorposten gegen die Schanzen zurück und entspann sich eine gegenseitige Kanonade, die bis zum Abend währte.

Die meisten französischen Kugeln trafen über die Rhein=
schanze hinaus in den Rhein, mehrere sogar über denselben
und fiel eine Kugel aufs Dach des Mühlau=Schlößchens.
Von den Mühlau=Batterien wurde vom 21. bis 23. November
an auf die französischen Arbeiter das Feuer unterhalten, was
die Franzosen aber erst am 30. November und 1. December
auf einer Redoute an der Oggersheimer Chaussee und einer
Batterie am Friesenheimer Wäldchen erwiderten.

In der Nacht vom 16. December rückte ein Detachement
mit vier leichten Stücken und einer Haubitze aus der
Rheinschanze, um die Arbeiten der Fanzosen an der Munden=
heimer Chaussee zu zerstören; nach kurzem Widerstand flohen
die Franzosen, und nach Demolirung ihrer Arbeiten kehrte
das Detachement in die Rheinschanze zurück; während seines
Vorrückens war es von dem Feuer der Batterien der Mühlau,
des Holzhofs und der Rheinschanze unterstützt worden. Die
Franzosen stellten die zerstörten Arbeiten bereits am 16.
wieder her, am 17. geschah ein zweiter Ausfall aus der
Schanze, jedoch ohne den beabsichtigten Erfolg und da am
22. Abends die Rheinbrücke des Treibeises wegen abgeführt
werden mußte, so war ein Sturm auf die Rheinschanze zu
erwarten. Dieselbe wurde nach einem heftigen Gefecht am
24. December 1794 den Franzosen Michaud durch Capitu=
lation übergeben.

Die Rheinschanze war mit 67 Geschützen armirt und
von 3000 Mann Oesterreicher und Pfalzbayern besetzt und
da in derselben keine Casematten waren, so hatte man die
Dächer der wenigen Häuser abgetragen und mit Erde und
Mist bedeckt, um Schutz zu gewinnen.

Der churfürstliche Yachtschiffer Paul van Sail, der sich
bei der Rheinüberfahrt während des Angriffs der Franzosen
auf die Schanze auszeichnete, erhielt die Kaiserliche goldene
Verdienstmedaille.

Die Passage über den Rhein war nun gehemmt, und
legten die Franzosen jenseits starke Batterien gegen die

Stabt an, was viele Besorgniß erregte, um so mehr, als die Oesterreicher den größten Theil des Geschützes nach Constanz abgeführt hatten.

Schon im Januar 1795 fürchtete man einen plötzlichen Uebergang der Franzosen über den Rhein, der fest gefroren war; einer wegen diesem möglichen Falle oder doch einem Bombardement an den Churfürsten Carl Theodor gesandte Deputation ward die Erwiederung zu Theil, „daß er alles versuchen werde, das Schicksal seiner geliebten Stadt Mannheim möglichst zu erleichtern."

Die Aussichten wurden einigermaßen besser, da ein Zurückziehen der Franzosen vom Rhein hinter die Gebirge zu erwarten war, und man sogar hörte daß sie aus diesem Grunde die Rheinschanze zu sprengen beabsichtigten; dieserhalb verwendete sich der hiesige Gouverneur bei dem in Oggersheim kommandirenden französischen General Tugnot, welcher die Zusicherung ertheilte, daß solches ohne Gefährde der Stadt vorgenommen werden sollte und man die Einwohner jedenfalls vorher in Kenntniß setzen würde. Es geschah dieß auch am 23. Januar. — In der Mittagsstunde wurde es hier ausgeschellt und um 4 Uhr Nachmittags begann die Demolirung und Sprengung, die man von den Wällen hiesiger Stadt aus beobachten konnte.

In der Nacht vom 9. auf den 10. Februar schwoll der Neckar, dessen Eis gebrochen forttrieb, stark an, da der Rhein noch fest stand und wurde der Niedergrund der Mühlau und jenseits des Rheins das Feld bis Oggersheim unter Wasser gesetzt, so daß diesseits die Wachen von der Mühlau und jenseits die der Franzosen aus den Trümmern der Rheinschanze zurückgezogen werden mußten. Am 11. Abends brach auch das Rheineis, worauf das Wasser sogleich fiel.

Am 4. Februar 1795 ließ der Churfürst Carl Theodor dem im Schlosse versammelten Hofe und den Beamten durch seinen stellvertretenden Oberſthofmeiſter Oberſtkämmerer Reichs=graf v. Reinſtein und Tattenbach die Anzeige ſeiner Verlobung und alsbaldigen Vermählung mit der Prinzeſſin Marie Leopoldine, Tochter Erzherzogs Ferdinand von Oeſterreich, bekannt machen. Die Trauung geſchah am 15. deſſelben Monats zu Innsbruck. Der Churfürſt ſetzte durch ein eigen=händiges Schreiben die hieſige Landesregierung davon in Kenntniß, worauf auf Veranlaſſung der letzteren am 2. März in der großen Hofkirche ein feierliches Hochamt abgehalten wurde, dem der Hof und alle Militär=Behörden beiwohnten. Am Hochaltar war in einem Transparent folgende von dem Stadtdechant und geiſtlichen Rath Spielberger verfaßte In=ſchrift angebracht:

„Von dieſem Opfer komme dem neuvermählten Lan=desvater Carl Theodor und der Landesmutter Leopoldine Heil, ihren Unterthanen Friede."

---

Gegen Ende März ſprengten die Franzoſen die Reſte der Rheinſchanze, ſo wie auch die von ihnen früher an der Oggersheimer Chauſſee erbaute Reboute in die Luft.

Am 1. April 1795, Abends halb 5 Uhr, ſtarb Carl Auguſt, Herzog von Pfalz=Zweibrücken, geboren am 29. Ok=tober 1746 an einem Schlagfluſſe im 49. Lebensjahr.

Nachdem der Leichnam am 3. d. in dem hieſigen Schloſſe auf dem Paradebette ausgeſtellt worden, wurde er in der Nacht unter Begleitung der herzoglichen Dienerſchaft und eines Zuges Chevaurlegers mit Fackelbeleuchtung nach Hei=delberg in die Gruft bei den Karmelitern gebracht, wo er neben ſeinem Vater, Prinz Friedrich, beigeſetzt wurde.

Der neue Herzog von Zweibrücken, Maximilian Joſeph, reiſte am 16. April nach München kehrte aber am 2. Mai nebst Gemahlin wieder hierher zurück, während die verwittwete Herzogin am 5. Juni Mannheim verließ, um nach München überzuziehen.

Am 7. Juli 1795 gebar die regierende Herzogin von Zweibrücken einen Sohn, der im Namen des Churfürsten Carl-Theodor von dem regierenden Minister Graf von Obernborf über die Taufe gehalten wurde und die Namen Carl Theodor Maximilian August erhielt. Dieses Ereigniß wurde in der Stadt und in den nahen sächsischen Lager mit Musik und Kanonenschüssen gefeiert.

Am 7. April 1795 ließ der Chef der hiesigen Regierung Freiherr von Benningen bekannt machen, daß nach Erklärung des französischen Generals Werneck Niemand mehr von hier das linke Rheinufer betreten dürfe, ohne dem Feuer der Franzosen sich auszusetzen. Diese Drohung wurde auch eingehalten, denn als am 1. Mai mehrere Ueberrheiner von hier in einem Nachen hinüber wollten, da schossen die Franzosen auf dieselben, wodurch mehrere Personen getödtet und die andern veranlaßt wurden, in den Rhein zu springen.

In den ersten Maitagen wurden über dem Rhein die Dämme ausgebessert und Redouten errichtet, woran bei Tage Bauern und des Nachts Soldaten arbeiteten, doch glaubte man allgemein, daß dieselben mehr der Vertheidigung als des Angriffs halber geschahen, umsomehr die Mannheimer Schiffbrücke von den Franzosen nach Coblenz geführt worden war. Zur gänzlichen Beruhigung der Bürger fragte der hiesige Gouverneur bei den Franzosen wegen dieser Arbeit an, erhielt auch von dem Repräsentanten Martin v. Thionville die Antwort, daß solche bloß einen Uebergang über den Rhein verhindern sollten.

Nach gepflogenen Unterhandlungen bekamen die aus dem Ueberrhein geflüchteteten Personen wieder die Erlaubniß, in ihre Heimath zurückzukehren und wurden am 22. Juni circa 40 Personen übergesetzt; allein schon am andern Tag nahmen die Franzosen die eingeräumte Erlaubniß zurück.

Anfangs September wurde in der Rheinschanze eine
neue Batterie errichtet und die bereits fertigen mit Geschütz
und Munition versehen, so daß vor einem bevorstehenden
Angriffe in hiesiger Stadt Alles in Sorge war; umsomehr
als Ende August die Besatzung des bei Schwetzingen gestan=
denen österreichischen Lagers theils an den Oberrhein theils
gegen Mainz gezogen war, am 28. desselben Monats die
Oesterreicher einen großen Theil ihres in Mannheim befind=
lichen Geschützes ins Breisgau abführten und am 3. Sep=
tember die sächsischen Truppen ebenfalls über Lorsch an den
Mittelrhein abgingen.

Am 19. September 1795 forderte der General Pichegru
Mannheim zur Uebergabe auf, mit der Drohung „daß wenn
zur bestimmten Stunde solche nicht übergeben würde, die
Stadt und Festung mit Bomben und glühenden Kugeln sollte
beschossen werden."

Obgleich von Seiten des churfürstlichen Gouvernements
alle Vertheidigungsmaßregeln getroffen wurden, welche hinrei=
chend gewesen wären, eine solche frivole Auffoderung mit
Stolz, ja! mit Hohn zurückweisen zu können; so ward dennoch
von dem Gouverneur von Belderbusch und dem Stadtkom=
mandanten General=Major von Deroy mit Zuziehung des
churpfälzischen Staats=Ministers Reichsgrafen von Oberndorf
großer Kriegsrath gehalten und in Folge dessen, und wahr=
scheinlich, weil der Minister von Oberndorf die Gesinnungen
des Churfürsten, sein gutes Mannheim keinem zweiten Bom=
bardement auszusetzen etwa kennen mochte, vielleicht auch
geheime Instructionen darüber hatte, zur Unterhandlung ge=
schritten, am 20. Morgens 4 Uhr die erforderlichen Beding=
nisse der Uebergabe abgeschlossen und die Stadt und Festung
am 21. d. übergeben.

Am 21. September 1795, Morgens 9 Uhr, marschirte
mit fliegenden Fahnen und klingendem Spiele die 10,000
Mann starke churpfälzische Garnison aus der Stadt und
Festung Mannheim nach Schwetzingen, von welcher dann die

Franzosen förmlich Besitz nahmen; sie schlugen sogleich eine Brücke über dem Rhein, um die Verbindung mit der Rheinschanze herzustellen, nach deren Vollendung General Pichegru mit einer bedeutenden Anzahl Truppen und Geschütz herüber rückte. Unter den ersten Einziehenden waren auch die beiden Volksrepräsentanten Rivaud und Merlin de Thionville, die sogleich zwei Proclamationen erließen, welche den ungehinderten Aufenthalt der beurlaubten Pfälzer=Soldaten auf dem linken Rheinufer und den Ankauf von Fourage betrafen, die in der Hospitaldruckerei gedruckt wurden.

Am 23. September d. J. kam ein dritter Volkspräsentant, Reubel, hierher.

Eine der ersten Anordnungen der Franzosen bestand in der Weisung, daß die Post keine versiegelten Briefe befördern dürfe, sondern solche vor der Absendung durchgesehen werden sollten. Die in Mannheim befindlichen Ueberrheiner durften nun alle mit ihren Effecten über die Brücke nach ihrer Heimath ziehen.

Am 24. September machten die Franzosen einen allgemeinen Angriff auf die österreichischen Linien der Bergstraße entlang, wurden aber mit großem Verlust zurückgeschlagen, so daß Nachmittags eine Menge Blessirte in die Stadt gebracht wurden, die man nach geschehenem Verband sogleich über den Rhein schaffte.

Am 24. September stattete der Deputirte Letourneur in der National=Versammlung zu Paris Bericht über die Besetzung Mannheims ab.

Um Mangel an Lebensmitteln vorzubeugen, erließ der französische Stadt=Commandant mehrere Verbote; so durfte unter Anderm ein Wirth einer Person nicht mehr als eine Flasche Wein verabreichen.

Während es vom 25. September bis 17. Oktober ganz ruhig war und nichts von Bedeutung vorfiel, rückte Sonntag am 18. Oktober 1795, Morgens zwei Uhr, ein starkes Corps Oesterreicher gegen Mannheim, und überfiel das in der Nähe des Hochgerichts über dem Neckar stehende französische Lager. Die Franzosen wurden theils in den Neckar gesprengt, theils gefangen genommen und der Rest zog sich in die Festung zurück, verfolgt von den Oesterreichern, die sich bis unter die Kanonen der Stadt wagten. Es kamen eine Menge Verwundete herein, die theilweise jämmerlich zugerichtet waren. Bei dem Artilleriefeuer konnte es sich nicht fehlen, daß auch Kugeln in die Stadt flogen, ein Haus zusammenschlugen und mehrere Personen verwundeten. Der rechte Flügel der Oesterreicher rückte von Seckenheim gegen die Stadt vor.

Nachdem der 19. Oktober, an dem die erste Aufforderung zur Uebergabe erfolgte, ruhig verlief und beide Parteien ihre Todten begruben, entstand Nachts gegen 11 Uhr Allarm, da die Oesterreicher das französische Lager vor der Stadt verbrannten, und die Franzosen, einen Angriff besorgend, von den Wällen stark feuerten.

General Pichegru hatte hier den Oberbefehl, unter ihm commandirte General Dessaix.

Am Abend des 20. Oktober wurde General Michaud beim Recognosciren von den Kaiserlichen gefangen genommen. Da die Oesterreicher unter dem General Graf von Wurmser anfingen, gegen die Stadt Batterien zu errichten und ihre Vorposten näher an die Stadt legten, so demolirten die Franzosen die Chausseen gegen Schwetzingen, Heidelberg und Käferthal und rissen alle etwas entfernt von der Stadt liegende Gartenhäuser nieder.

Am 21. Oktober traf ein weiterer Volksrepräsentant, Carreau, hier ein.

Am 23. Oktober kamen zwei Couriere einer von Basel und einer von Paris; und als des andern Mittags ein kaiserlicher Parlamentär wieder aus der Stadt gebracht worden, durfte Niemand von der Bürgerschaft mehr auf die Wälle und die Franzosen patrouillirten durch die Stadt.

Der Volksrepräsentant Merlin von Thionville kam am 26. d. wiederholt hier an.

Denselben Morgen, gegen 2 Uhr, wurden mehrere starke Piquets Franzosen aufgehoben, und theils gefangen, theils niedergemacht. Die Franzosen schlugen eine zweite Schiffbrücke über den Neckar beinahe an dessen Mündung. Am 27. suchten die Franzosen über dem Neckar, auf dem sogen. Galgenberg sich festzusetzen, wurden aber von dort bald wieder vertrieben.

Der 28. Oktober ging, mit Ausnahme von Vorposten=Gefechten, ruhig vorüber. Der an diesem Tage eingetretene starke Nebel war den Operationen nicht günstig und auch den andern Tag hörte man keinen Flintenschuß, bis Abends 7 Uhr. Da, gerade als Pichegru mit den meisten Offizieren im Theater war, fielen vier Kanonenschüsse und zu gleicher Zeit wurde ein starkes Gewehrfeuer gehört. Die Kaiserlichen rückten von allen Seiten heran und es entspann sich eine furchtbare Kanonade, die zwölf Stunden lang, bis Morgens 7 Uhr, währte. Von Seite der Belagerten geschahen, nach eigener Aussage, 14= bis 15,000 Kanonenschüsse; auch das Feuer der Oesterreicher war heftig und flogen eine Menge Kartätschen=, Stück=, Haubitzen= und Flintenkugeln in die Stadt, wodurch mehrere Häuser beschädigt, und ein kleines Kind in der Wiege neben einem anderen tödtlich getroffen wurde.

Die Flintenkugeln fielen in der untern Stadt bis an das katholische Bürgerhospital. Die Oesterreicher erstürmten die Sternschanze, nahmen mehrere Geschütze daraus mit, vernagelten den Rest und drangen bis an die Neckarbrücke vor. Eine Menge Verwundete wurden in die Stadt gebracht. Der nach 7 Uhr eingefallene Platzregen machte dem Kampf ein Ende; die Oesterreicher zogen sich in ihre alten Stellungen zurück.

Die Bewegungen der verschiedenen kaiserl. Corps, spiegelten sich in den Arbeiten des hiesigen Belagerungsheeres und so sah man dem Aergsten, einem Bombardement oder Sturm, entgegen.

Am 31. Oktober, Morgens 11 Uhr, feierten die Oesterreicher den Entsatz von Mainz durch Victoriaschießen.

General Pichegru hatte vor seiner am heutigen Tage erfolgten Abreise dem Stadt-Commandanten Montaigu und dem General Desaix den Befehl zurückgelassen, Mannheim bis zum letzten Mann zu vertheidigen, und sollte auch die Stadt in einen Aschenhaufen verwandelt werden, und ließ die damals aus ungefähr 6000 Mann bestehende Garnison noch verstärken.

Nachdem General Graf von Wurmser auf dem rechten Rheinufer die Belagerung. Mannheims mit der rastlosen Thätigkeit eines Feldherrn betrieben, welcher keine Zeit zu verlieren hat, und nachdem er schon am 19. Oktober den französischen Festungscommandanten, Divisionsgeneral Montaigu, jedoch vergebens, zur Uebergabe aufgefordert hatte, so fielen am frühen Morgen den 1. November, gegen 3 Uhr, die ersten Kugeln in die Stadt, als Signal des bald erfolgten Bombardements der Festung und Stadt, zum Schrecken der Bewohner. Die Besatzung versammelte sich auf dem Marktplatze und gegen 6 Uhr donnerten alle Batterien der Heidelberger Thorseite, während die Oesterreicher das Feuer heftig erwiderten. Es regnete Stück- und Haubitzenkugeln in die Stadt, so daß sehr viele Häuser beschädigt und mehrere Personen verwundet wurden.

Die Oesterreicher drängten die Franzosen zweimal bis hinter die Kaisershütte zurück.

Um die befreundete Stadt zu schonen, wurde von Seiten der Oesterreicher die zertrümmernde Kraft der Bomben mehr gegen die Wälle gerichtet, doch konnte dadurch nicht verhütet werden, daß auch Kugeln in die Stadt fielen, und wurde u. A. dem Gotte Merkur der Marktplatzstatue durch eine Kanonenkugel der rechte Arm abgeschlagen. Die vielen Beschädigungen veranlaßten den Stadtrath, am 2. November eine Deputation zu dem Stadtcommandanten Montaigu zu schicken, welche ihm vorstellte, wie durch eine fernere Beschießung die ganze Stadt zu Grunde gehen müßte, worauf sich aber der Commandant einfach auf den erhaltenen Befehl stützte, die Festung bis zum letzten Mann vertheidigen zu müssen.

Am Abend desselben Tages brannten die Franzosen die meisten Gebäude vor dem Heidelberger Thore und alle noch übrigen Gärtenhäuser daselbst ab, wodurch ein Schaden von fast 500,000 fl. veranlaßt wurde. Da man französischerseits der Bürgerschaft nicht recht traute, so mußten die bei der Uebergabe krank zurückgebliebenen, nun aber hergestellten Pfälzer Soldaten ihre Säbel abgeben, und das bürgerliche Feuerpiquet durfte nicht mehr mit Gewehren aufziehen; an der Hauptwache und allen öffentlichen Plätzen wurden mit Kartätschen geladene Kanonen aufgestellt; Abends und Morgens, sowie bei Leichen durfte nicht geläutet werden und nach acht Uhr Abends keine zwei Personen beisammen stehen.

Am Sonntag, den 8. Novbr., feuerten die Oesterreicher auf die vor dem Neckarthor befindlichen Arbeiter; ebenso den andern Tag; welches Feuer die Franzosen von den Wällen erwiederten. Von den Kugeln, die in die Stadt kamen, flog eine in das Haus des Glashändlers Brentano und zertrümmerte einen großen Theil der Waaren-Vorräthe; eine Haubitze flog in das Haus eines Seilers in der Neckarstraße und zerstörte den ganzen Dachstuhl.

Während der Tag des 10. Novembers ziemlich ruhig verlief, und man nur von den höchsten Punkten der Stadt sah, daß gegen Worms hin, ein hitziges Gefecht statt hatte, das von Morgens 9 Uhr bis gegen Abend dauerte, erfolgte darauf für Mannheim eine um so schrecklichere Nacht. Abends gegen 8 Uhr begann plötzlich ein so furchtbares Kanonenfeuer, daß Jedermann in Bestürzung gerieth. Eine Haubitze fiel sogleich in das Haus des Branntweinbrenners Moll „zu den drei Hasen" und zündete; ein großer daselbst aufgehäufter Holzvorrath kam in Brand, da aber bei dem immerwährenden Kugelregen das Löschen mit der größten Gefahr verbunden war, so brannten 7. Wohnhäuser und mehrere Scheunen ab, und gingen mehrere Stücke Vieh zu Grund. Bis Morgens halb 6 Uhr flogen 52 Haubitzen und eine sehr große Menge acht= und zwölfpfündiger Kugeln in die Stadt, viele Häuser wurden beschädigt, mehrere Einwohner wurden verwundet und eine Frau getödtet. In dieser Nacht wagte es während des Feuerns der österreichische Major Williams mit mehreren Schiffen die Joche der Rheinbrücke zu sprengen und dadurch die Franzosen vom linken Rheinufer abzuschneiden; eine That, die, wenn sie gelungen wäre, sehr entscheidend für das Schicksal der Stadt gewesen wäre. Ein Theil der Ankerseile war schon gelöst, als es bemerkt wurde, und die Franzosen mit aller Macht auf die Oesterreicher eindrangen, wobei ein Theil der Mannschaft gefangen wurde.

In dem vorerwähnten Gefechte bei Worms wurde dem General Pichegru, der sich an die Spitze eines Carabinier=Regiments gestellt hatte, das Pferd unter dem Leib erschossen.

Am 11. November war den Tag über das Feuer nicht so heftig, bis es Abends stärker wurde. Um halb 9 Uhr setzte eine Haubitzenkugel die Scheune des Bürgers Ungemach in Flammen, da aber der minder starke Kugelregen das Löschen erlaubte, so griff das Feuer nicht weiter um sich. Die ganze Nacht hindurch feuerten die Franzosen alle fünf bis zehn Minuten einen 24=Pfünder ab, was die Oesterreicher jedesmal erwiderten.

Die Kaisershütte ging am 12. auch in Flammen auf. (Sie wurde erst 1822 und 1823 wieder aufgebaut.)

Am 12. November war es von 6 Uhr Morgens bis 1 Uhr Mittags ganz stille; von da bis 5 Uhr wurde wieder kanonirt. Um diese Zeit ging ein französischer Officier von einem Trompeter begleitet, zu dem österreichischen General Graf v. Wurmser, worauf das Feuern aus der Festung bis zum anderen Vormittag 10 Uhr eingestellt wurde. Da die Belagerten aber um halb 8 Uhr Abends wieder Bomben auf die kaiserlichen Batterien warfen, flogen sogleich auch die Bomben und Haubitzen in die Stadt, so daß an verschiedenen Orten Feuer ausbrach; mehrere der brennenden Gebäude wurden gelöscht, bis auf die Scheune des Posthalter Fröhlich, wodurch das ganze Quadrat mit allen Gebäulichkeiten niederbrannte.

Am 14. November griffen die Oesterreicher unter Clairfait die zwischen Dürkheim und Oggersheim stehende Armee Pichegru's an und schlugen dieselbe; dadurch kam auch die Rheinschanze in die Gewalt der Oesterreicher, und drohte nun von dieser Seite Mannheim neues Verderben. In der Nacht versuchten die Franzosen die Rheinbrücke ganz abzuführen; aber vom Strome fortgerissen, fiel sie in die Hände der Oesterreicher.

Am 14. flog gegen 9 Uhr Abends eine Bombe in den Weibersaal des katholischen Bürgerhospitals und platzte, ohne jedoch Schaden zu thun.

Da die neue Caserne dem Feuer zu sehr ausgesetzt war, so verlegte der Commandant Montaigu einige Bataillone aus derselben, und schon in der Nacht des 16. November brannte die Caserne ab.

(Auf ertheiltes Gutachten der Baukommission entschied später die Kreisregierung, daß die Plätze, worauf die abgebrannte neue Caserne gestanden, sich nicht zu Bauplätzen eigne, und deswegen bloß Scheunen dahin erbaut werden dürfen, welche jetzt das Quadrat S 5 bilden.)

In den Gängen der Trinitatiskirche legten die Franzosen Feuer, welches leicht hätte den Ruin derselben herbeiführen können; damit nicht zufrieden, rissen sie die Bücherkästchen an den Kirchenstühlen auf, verbrannten die Gesangbücher und verkauften die abgerissenen Beschläge, um einige Kreuzer.

Am 14. wurde allen Frauen die Erlaubniß ertheilt,

aus der Stadt zu gehen; da sich aber deshalb bei dem herzoglich zweibrückischen Hofmarschall v. Gohr nahe an 8000 Personen meldeten, fand General Wurmser die Anzahl zu groß und wurde am 15. die Erlaubniß zurückgenommen.

Am 16. flog eine 24pfündige Kugel in den schon genannten Weibersaal und·am 17. eine Haubitze in das Zimmer des Paters Trunk im katholischen Bürgerhospital.

Nahe dem Heidelberger Thor fuhr am 17. ein Pulvermagazin in die Luft, welches eine klaffende Oeffnung in den Wall riß und mehrere Kanonen und Haubitzen mit der Bedienung in die Luft warf; die einzelnen Glieder dieser Unglücklichen lagen zerstreut auf den Dächern und in den Straßen. Eine Kanone sammt der Lafette fiel auf die Brauerei zum grünen Löwen und durchschlug beinahe das ganze Haus. Dieses Haus gehörte damals dem Bierbrauer Bernhardi.

Das ausbrechende Feuer war um so schwieriger zu löschen, als durch die eingetretene starke Kälte das Wasser sogleich gefror; der Stadtpfarrer Dechant Spielberger ging bis Nachts im heftigsten Kugelregen durch die Straßen und rief die Einwohner zum Löschen zusammen, da die Feuerglocke nicht mehr geläutet werden durfte.

Ein großer Theil der Einwohner hatte sich in die Keller des Schlosses, des Theaters und des Bretzenheimischen Hotels geflüchtet, um da wenigstens vor den Bomben sicher zu sein. Am 18. November, Morgens halb 8 Uhr, fing das Feuer auf die Stadt wieder mit aller Heftigkeit an. Um 9 Uhr sprengte eine Bombe das zwischen dem lutherischen Kirchhof und dem Heidelberger Thor stehende Laboratorium mit den darauf stehenden Geschützen und Mannschaft in die Luft Die Explosion war so fürchterlich, daß alle Häuser wankten, mehrere in der Nähe einstürzten und ein großer Theil der Straßen mit Gliedern und Fetzen der in die Luft gesprengten Gegenstände und Menschen bedeckt waren.

Das Feuer war in der Nacht weniger heftig, wenn

schon von Abends 9 Uhr bis Morgens 6 Uhr allein 80 Bomben gezählt wurden, allein nach 7 Uhr fing es wieder so stark an, daß um halb 9 Uhr ein zweites Pulvermagazin zwischen dem Heidelberger- und Neckarthor am 19. in die Luft flog und unter anderm auch das Gießhaus abbrannte.

Die Explosion zerriß den Wall, den Batterien der Oesterreichern gegenüber, gerade als diese ihre zweite Parallele vollendet hatten, und an den Communications-Gräben der dritten arbeiteten.

Auf diesem Punkte rückten die Arbeiten der Oesterreicher unter der Leitung des General Bauer so weit vor, daß die Neckarschanze auf der Flanke und beinahe im Rücken beschossen werden konnte.

Zu gleicher Zeit hatte der österreichische General Collowrat auf dem linken Rheinufer in der Rheinschanze einige Haubitz- und Mörser-Batterien aufführen lassen.

Nachmittags 2 Uhr ließ der Stadtcommandant sieben Wagen voll Pulver in die Straße neben der reformirten Kirche führen und dort stehen.

Da bei einer allenfallsigen Explosion den in der Nähe stehenden Häusern die größte Gefahr drohte, und der Commandant auf geschehener Beschwerde zur Antwort gab, es seien nur Flinten-Patronen darin, so faßten einige herzhafte Bürger den Entschluß, und führten die Wagen vor des Commandanten Wohnung, worauf sie dieser sogleich vor das Neckarthor bringen ließ.

Die Namen dieser Männer sind: Schullehrer Maier, Kirchendiener Ehrhardt, Strumpfweber Gries, Lackirer Lamert und dessen Bruder, Sattler Schütz junior, Färber Bernhardi und zwei Gesellen des Schmiedmeisters Glatz.

Freitag den 20., Abends, standen der Kammerstall, die Gardereiter-Caserne und die deutsch-reformirte und wallonische Doppelkirche in Flammen; letztere brannte den ganzen Tag über fort.

Den 21. November, früh Morgens, feuerten die Franzosen auf die österreichischen Batterien jenseits des Rheines; die Oesterreicher erwiederten das Feuer auf das Heftigste, so daß schon früh 8 Uhr der äußere Theil des linken Schloß=flügels, das sogenante Opern= und Ballhaus in Brand ge=rieth, wobei die schönen Decorationen und Garderobe, sowie auch die kostbaren Instrumente des physikalischen Kabinets zu Grunde gingen. Nur durch Abnehmen des Daches wurde dem Brande gegen die Schloßkapelle und andererseits gegen das Jesuiten=Collegium Einhalt gethan, nachdem im Innern des Gebäudes Alles bis auf den Grund niedergebrannt war.

(Dieser Theil des Schlosses stand lange Jahre als Ruine da; es wurde aber, nachdem von der Ständekammer eine angemessene Summe zum Wiederaufbau bewilligt wor=den, das alte Gemäuer und ein Pavillon gegen die Rhein=seite, letzterer bis auf den ersten Stock abgetragen und hier=auf nach einigen Jahren das Mauerwerk gegen die Stadt in der ursprünglichen Form wieder hergerichtet, und durch ein neues Dach vor Zerstörung durch die Witterung geschützt Diese Renovation wurde im Jahre 1847 vollendet.)

Die Lage der Bewohner Mannheims war nun in die gefährlichste Krisis getreten, und eine Menge von Männern, Weibern und Kindern bestürmten den Stadt=Commandanten, der sie mit der Versicherung beruhigte, daß heute noch ihr Schicksal entschieden werden sollte.

Die eigene und die Gefahr der Bevölkerung bestimmten den französischen Stadtcommandanten zur Abhaltung eines Kriegsrathes, worin die Capitulation der Festung und Stadt Mannheim beschlossen wurde.

Die Mittheilung davon wurde dem Stadtrathe durch den französischen Platz=Commandanten Müller gemacht, und verfügten sich darauf Stadtdirektor Rupprecht und Regie=rungsrath v. Lamezan ins österreichische Lager und bewirkten einen Waffenstillstand, der Abends von beiden Theilen beob=achtet werden sollte.

Am 22. November 1795 wurde denn die Capitulation

abgeschlossen, welche den Franzosen freien Abzug, menschenfreundliche Behandlung der Kranken und sonst übliche Erleichterungen zur Fortbringung von Mannschaft und Gepäck zusicherte.

Denselben Tag noch, Mittags 12 Uhr, besetzten die österreichischen Truppen die Außenwerke und Stadtthore, des anderen Tages, den 23., Morgens 10 Uhr, zogen die Franzosen mit 9397 Soldaten, 389 Offizieren und 24 Generalen und Flügeladjutanten mit fliegenden Fahnen und klingendem Spiel aus der Stadt, woselbst sie die Waffen abgaben, worauf die Festung von den Oesterreichern besetzt wurde.

Der Verlust der Franzosen seit Besetzung der Festung belief sich auf 2000 Mann.

General Graf v. Wurmser verlegte sein Hauptquartier am 24. November nach Mannheim, und wohnte im Bretzenheimischen Hotel.

Sogleich nach ihrem Einrücken erließen die Oesterreicher mehrere Verordnungen; unter Anderm, daß alle in der Stadt aufgefundenen Kugeln zu festgesetzten Preisen zurückgegeben werden mußten; sodann, zu welchen Preisen Mittag- und Nachtessen von den Wirthen berechnet werden dürfte.

Am 25. wurde die Einnahme der Stadt durch große Parade und Gottesdienst in der katholischen Pfarrkirche gefeiert, worauf am 27. ein großer Theil des Belagerungsheeres durch die Stadt über den Rhein ging.

Mannheim war durch diese Belagerung furchtbar mitgenommen worden, nur 14 Häuser waren ganz unbeschädigt geblieben, was leicht erklärlich ist, wenn man bedenkt, daß nach den vom österreichischen Generalstab gesammelten Notizen:

| | |
|---|---|
| Große Kanonenkugeln . . | 16,500 Stück |
| Kleineren Kalibers . . . | 6,000 „ |
| Haubitzen . . . . . . | 3,200 „ |
| Bomben . . . . . . | 1,300 „ |
| Zusammen | 27,000 Stück Kugeln, |

in die Stadt geschleudert worden waren, wozu man 1766 Centner Pulver gebraucht hatte.

Der Schaden an Gebäuden allein wurde auf 716,658 fl. geschätzt. Die Felder und Wiesen waren zerstampft; und die Kosten für die Herbeischaffung von Mehl, Brod, Hafer, Heu, Stroh, Holz, Oel, Licht und Kleidung, ferner für die Schiffbrücken und andere Kriegsbedürfnisse waren fast unerschwinglich, und dann der Antheil an Contributionen im baaren Betrage von 481,693 fl. erschöpfte vollends alle Kräfte der Einwohner, und machten noch Anleihen nothwendig, deren Zinsen den Druck, der auf der Stadt lastete, noch bedeutend vermehrte.

---

General Clairfait verlegte sein Hauptquartier nach Alzey, um die Bewegungen des französischen Generals Jourdan auf dem Hundsrücken zu beobachten, und seine Vereinigung mit Pichegru zu verhindern.

Die Jahreszeit wurde indessen immer schlechter, und brachte einen Stillstand in den kriegerischen Operationen hervor, der den Abschluß eines Waffenstillstandes auf unbestimmte Zeit mit „zehntägiger Aufkündigung", zur Folge hatte.

Am 29. November (1. Advent) wurde von der lutherischen Gemeinde das Buß- und Bettag-Fest abgehalten, wobei Morgens 9 Uhr Consistorialrath List, Mittags 1 Uhr Victor Lamey, und um 3 Uhr Pfarrer Wittich predigten.

Am 10. und 11. Dezember 1795 marschirte das schöne österreichische Husaren-Regiment Vecsay hier durch über den Rhein.

Am 14. und 15. Dezember wurden viele in den Gefechten an der Queich und bei Kaiserslautern gefangene Franzosen hier eingebracht. Nachdem im Dezember 1795 ein Waffenstillstand abgeschlossen wurde, zogen sich die Oesterreicher auf das rechte Rheinufer zurück.

Am 2. Januar 1796 kamen zwei Grenadierbataillone, und am 3. und 4. drei Cürassier-Regimenter durch unsere Stadt, ebenso am 13. und 14. drei andere Reiterregimenter.

Da von Seiten der Bürger manche Klagen gegen österreichische Militär-Beamte zur Kenntniß des k. k. Hoftriegsraths kamen, so erließ Graf v. Wurmser auf speciellen Befehl des Kaisers ein Publicandum, wornach ein jeder betreffende Fall der Klage sogleich mitgetheilt werden sollte.

Am 1. Februar 1796 wurde in der Trinitatiskirche von dem Organisten W. Schulz das von ihm selbst componirte Orgelconcert: „Die Belagerung von Mannheim", aufgeführt, dem Graf von Wurmser und fast sämmtliche hier anwesende österreichischen Offizieren beiwohnten. Es erfreute sich des lebhaftesten Beifalls und wurde auf Verlangen wiederholt.

Am 23. Februar wohnte der Feldzeugmeister Prinz Ferdinand einem unter Vorsitz des Feldmarschalls Grafen v. Wurmser abgehaltenen Capitel des Militär-Maria-Theresien-Ordens bei, worauf er von hier abreiste. Die zu gleicher Zeit niedergesetzte Medaillen-Commission stand unter dem Vorsitze des Fürsten Reuß.

Am 10. April 1796 wurde das am 13. März d. J. mit einem öffentlichen Bittgang eröffnete dreißigtägige Jubiläum durch eine feierliche Procession geschlossen.

Den 13. Mai rückte das Husaren-Regiment Wurmser hier ein, empfangen von seinem Inhaber, und ging am 27. wieder von hier ab.

Die Oesterreicher kündigten am 1. Juni 1796 den Waffenstillstand, und dirigirten große Truppenmassen auf das linke Rheinufer. Vom 18. bis zum 24. Mai gingen mehrere Corps Infanterie und Cavallerie über den Rhein, am 25. folgte ein starker Artilleriepark und am 27. verlegte Wurmser sein Hauptquartier nach Kaiserslautern. Am 26. schlugen die Oesterreicher noch eine Schiffbrücke über den Rhein.

(Nach Zerstörung der stehenden Brücke durch die Franzosen wurde wieder eine im Frühjahr 1814 erbaut, die 1822 ganz erneuert und nach dem Brückenbrande von 1849 mit eisernen Nachen versehen wurde.)

Am 29. Mai gingen ein Cürassier-, ein Dragoner- und das niederländische Regiment de la Ligne über den Rhein. Die kaum ergriffene Offensive mußte aber bald wieder aufgegeben werden, da man Truppen nach Tyrol zu schicken hatte, wo man einen Einfall der Franzosen von Italien aus befürchtete.

Vor Mundenheim und Oggersheim bezogen die Kaiserlichen Lager, und versahen die Linie von Mannheim mit 150 Kanonen. Die Rheinschanze wurde wieder hergestellt und in diese weitere Verschanzungen als zweite Linie aufgeworfen. Am 14. Juni griffen die Franzosen in der Stärke von ca. 20,000 Mann unter dem General St. Cyr heftig die Linie der Oesterreicher an und drangen von Rheingönnheim über Oggersheim, Eppstein und Maudach bis unter die Kanonen der Rheinschanze vor. Obgleich sie unter dem Feuer der Batterien bis an den halben Leib durch die überschwemmten Niederungen waten mußten und dreimal zurückgeschlagen wurden, erstürmten sie doch die Verschanzungen an der Rehbach. Auch aus Frankenthal hatten sie die Oesterreicher ebenfalls vertrieben, wurden aber wieder hinaus gedrängt, wobei eine Compagnie französischer Grenadiere, die bis an die Schleuße des Canals vorgedrungen waren, fast ganz niedergemacht und der Rest von circa 80 Mann gefangen nach Mannheim gebracht wurde.

In der Nacht vom 15. auf den 16. sah sich der Feldmarschall Graf von Wurmser, dessen rechter Flügel schon im November v. J. den linken des Clairfait'schen Armee-Corps unter der Leitung der Generale Kray und Rauendorf abgelöst hatte, genöthigt, über den Rhein zurückzugehen, und jenseits nur noch in den verschanzten Linien vor Mannheim, Mundenheim und Rheingönnheim die zu deren Vertheidigung nöthigen Truppen zurückzulassen.

Der französische General en Chef Moreau unternahm, indessen Angriff auf Angriff. Nach einem heftigen Gefecht drangen die Franzosen den 20. im Rheingönnheim ein, und besetzten es.

Nachdem sich die Franzosen mehrere Tage ganz ruhig verhielten, so griffen sie am 20. Juni frühe mit großer Macht das verschanzte Lager der Oesterreicher bei Maudach und gegen sechs Uhr Morgens das zwischen Mundenheim und Oggersheim an. Ein Angriff zwischen Oggersheim und Frankenthal war weniger lebhaft, doch mußten die Franzosen überall weichen und hatten großen Verlust.

Da bei diesen Vorfällen viele Einwohner auf den Wällen sich drängten, um das Schauspiel anzusehen, so wurde auf Verlangen des österreichischen Festungs-Commando's durch Stadtraths-Beschluß vom 22. Juni solches bei Strafe verboten.

Am Morgen des 23. noch hatte General Moreau sein Hauptquartier in Neustadt a. d. H. Plötzlich brach er von da nach Straßburg auf, wo er in der Nacht vom 23. auf den 24. unter dem Donner der Kanonen den Uebergang auf das rechte Ufer bei Straßburg bewirkte und dadurch den General en Chef Jourdan in den Stand setzte, am 12. Juli auch mit der Sambre- und Maas-Armee den Uebergang zu erzwingen.

So lag Mannheim, wie die Festungen Ehrenbreitenstein, Mainz und Philippsburg von den österreichischen Armeen abgeschnitten, ohne Unterstützung im Rücken, um bei der ersten besten Gelegenheit mit einer größeren Bequemlichkeit genommen zu werden. Unter diesen Verhältnissen konnte die Lage Mannheims nur eine traurige sein, und sie blieb es bis zu den im Dezember 1797 in Rastatt eingeleiteten Friedensunterhandlungen und bis Anfangs 1798.

Von allen auf dem ganzen linken Rheinufer besetzten Punkten war nur die Rheinschanze unserer Stadt gegenüber der einzige von deutschen Truppen noch besetzt gebliebene

Es lagen daselbst 4 Compagnien pfälzischer Feldjäger und 80 Mann Cavallerie.

Da die Oesterreicher sich vom Rhein zurückziehen mußten, so besetzten sie die Festungen stark, und kamen deshalb auch hier zu den schon befindlichen Truppen noch Bataillone von den Regimentern Oliver, Wallis, Manfredini, de Alton u. A. Am 12. September rückte das in Mainz gelegene hessen-darmstädtische Contingent hier ein, und gingen dafür andere Truppentheile unter dem Commando des Feldmarschall-Lieutenants v. Petrasch an den Ober-Rhein, vorerst in die Gegend von Bruchsal und nachdem er die Franzosen aus der Gegend verjagt, schickte er am 16. circa 200 Gefangene hierher. Am 19. kamen nach dem Gefechte bei Kehl ebenfalls 300 Gefangene in unsere Festung. Am 28. September besuchte der Erzherzog Carl in Begleitung des Generals Bellegarde Mannheim, besichtigte die Festungswerke und die neuen Werke der Rheinschanze, und erhielt in seinem Absteigquartier (Pfälzer Hof) durch das Hoftheater-Orchester ein Ständchen gebracht.

Am 18. Januar 1797 kam Erzherzog Carl nach der Einnahme von Kehl wiederholt mit großem Gefolge hier an, und stieg diesmal im Schlosse ab. Zum Empfange wurden die Kanonen gelöst, und Abends im Schauspielhause das Singspiel: „Die Danaiden", nebst einem besonders dazu verfaßten Vorspiel: „Der Genius der Zeit", aufgeführt.

Hier empfing derselbe auch durch eine Deputation die Danksagung der ungarische Nation wegen seinem erfochtenen Siege.

Nach dem Tode der Herzogin Marie Wilhelmine Auguste, welche am 29. März 1796 in Rohrbach starb, vermählte sich der Herzog Maximilian Joseph von Pfalz-Zweibrücken, späterer König von Bayern, ein Jahr darauf, am 9. März 1797, mit Friederike Wilhelmine Karoline, zweite Tochter des Erbprinzen von Baden.

Am 16. d. kamen die hohen Neuvermählten in Mannheim an, und wurden von den Bewohnern festlich empfangen; Abends wurde ihnen zu Ehren die „Zauberflöte", der ein Fest=Epilog voranging, aufgeführt.

Abends nach dem Theater speisten dieselben bei dem Reichsfreiherrn von Dalberg, und reisten des andern Tages nach Heidelberg.

Am 5. Juni besuchten der Herzog von Pfalz=Zweibrücken, der Erzherzog Carl und die beiden in der Rheinpfalz com= mandirenden französischen Generalen Oudinot und Lorge das hiesige Theater.

Im Jahre 1797 wurde das Concentriren der Juden in der sogenannten Judengasse noch durch ein churfürstliches Regierungsdecret vom 8. August (Intell.=Blatt No. 69) ein= geschärft, indem nach diesem es den Juden nicht erlaubt war, außer in ihrem Viertel, Häuser zu kaufen oder Woh= nungen zu miethen.

Am 2. Juli besuchte, außer dem Erzherzog Carl und dem Herzog von Zweibrücken auch der Markgraf von Baden mit seinem Bruder und Erbprinzen, sowie dem Coadjutor, Reichsfreiherrn von Dalberg das Theater.

Am 19. September 1797 stattete die Prinzessin Friede= rike von Baden, Braut des Königs von Schweden, bei ihrer Reise dahin, einen Besuch im nahen österreichischen Lager ab, bei welchem Anlasse sämmtliche Truppen in Parade ausrückten.

Am 26. Oktober kam durch Staffete dahier die Nach= richt von dem am 17. desselben Monats zwischen dem deut= schen Reich und der französischen Republik abgeschlossenen Frieden an.

Am 29. Oktober verlegte der Herzog von Zweibrücken seinen Wohnsitz von Heidelberg wieder nach Mannheim, wo= selbst ihn am anderen Tage die Erbprinzessin von Baden besuchte.

Am 4. November wurde das Namensfest des Churfür= sten und zugleich das des Erzherzogs Carl, durch ein Hoch=

amt in der Jesuitenkirche und mit Abfeuerung der Kanonen gefeiert.

Am 9. Dezember rückten die kaiserliche Generale Latour und Meerfeld mit dem Hauptquartier und einem großen Theil der österreichischen Besatzung von hier aus, statt deren pfalzbayerische und fränkische Kreistruppen zur Garnison hierher kamen; am 16. und 18. folgten die Geschütze nach.

Statt des österreichischen Generals Petrasch, erhielt der pfälzische Obrist von Barthels das Mannheimer Festungs-Commando.

Am 25. Januar 1798 forderte der französische General Ambert die Uebergabe der Rheinschanze, da Frankreich durch den Präliminarfrieden zu Loeben in den Besitz des linken Rheinufers gesetzt sei, was aber der Commandant von Mannheim verweigerte.

Auf die französischerseits gemachte Drohung, den Waffenstillstand sogleich aufzuheben, erwiderte man, daß solche zufolge der im vorigen Mai zu Heidelberg getroffenen Vereinbarung 14 Tage vorher aufgekündet werden müsse. Auf diese Weigerung und nach einer Unterredung des Generals Oudinot mit dem Commandanten der Schanze, Oberstlieutenant Karg, wurde die Rheinschanze am 25. Januar, Abends 7 Uhr, mit Sturm erobert, wobei sogar einige hundert Franzosen bei Verfolgung der Pfälzer bis über die Rheinbrücke kamen; diese gingen erst am anderen Tage auf das linke Rheinufer zurück.

Durch diese kühne Unternehmung bekamen die Franzosen 15 Offiziere, 50 Pferden, 3 Kanonen und 4 Pulverwagen in ihre Gewalt; die jedoch am 14. wieder freigegeben wurden.

Die Franzosen begannen sogleich mit Schleifung der Rheinschanze.

Am 10. Februar besuchte General Oudinot mit mehreren Offizieren Mannheim, wo er bis zum 12. verblieb; und am 18. Februar wurde die freie Passage der Rheinbrücke durch die Schelle öffentlich bekannt gemacht; nachdem man dieselbe nach Erstürmung der Schanze abgeführt und auf das diesseitige rechte Ufer gebracht hatte.

Das Jahr 1798 endigte mit großer Kälte; denn am 26. Dezember zeigte der Thermometer 19 Grade; im Jahre 1795 zählte man 17, in den Jahren 1783 und 1788 ebenfalls 19 Grade.

Nach dem Abgange des Eises und Schnees hatte der Rhein am 1. Februar 1799 eine Höhe von 1′ 8″ über Mittel.

Am 4. Februar 1799 starb dahier Freiherr J. E. T. von Belberbusch, Gouverneur der hiesigen Stadt und Festung.

───────────

In Mitte dieser kriegerischen Begebenheiten, welche wiederum das Schicksal Mannheims entscheiden sollten, starb am 16. Februar 1799 zu München Carl Theodor, Churfürst zu Pfalz-Bayern, 75 Jahre alt, im 57. Jahre seiner segenvollen Regierung, und erlosch mit ihm der Pfalz-Sulzbachische Stamm.

Die Nachricht hiervon langte durch eine Estaffete am 18. Februar in hiesiger Stadt an und erfüllte alle Herzen mit Trauer.

In der Regierung des Churfürsten Carl Theodor folgte Maximilian Joseph aus dem jüngsten Zweige des Schyr'schen Stammes, dem Hause Pfalz-Zweibrücken, am 16. Februar 1799.

Er war geboren den 27. Mai 1756 zu Schwetzingen; vermählte sich den 30. September 1785 mit Marie Wilhelmine Auguste, Tochter des Prinzen Georg von Hessen-Darmstadt, und waren aus dieser Ehe entsprossen zwei Prinzen und 3 Prinzessinnen. Seine Gemahlin starb den 29. März 1796 in einem Alter von 31 Jahren weniger 16 Tage in Rohrbach, im 11. Jahr ihrer Ehe. Den 9. März 1797 vermählte sich Maximilian Joseph zum zweitenmale mit

Friedrike Wilhelmine Karoline, zweiten Tochter des Erbprinzen von Baden. Nach dem Ableben den Herzogs von Pfalz=Zweibrücken, Carl August, welcher am 1. April 1795 starb, folgte ihm Maximilian Joseph in der Regierung als Herzog von Pfalz=Zweibrücken und vier Jahre später wieder Churfürst von Pfalz=Bayern, und war der Gründer des bayerischen Königsthrones, zu dessen König er im Jahr 1806 erhoben wurde. Zur Zeit der großen Staatsumwälzung in Frankreich lebte Maximilian Joseph als Prinz von Pfalz=Zweibrücken im Kreise seiner Familie in dem Schlößchen zu Heidelberg, das er seiner Schwiegermutter, der Markgräfin von Baden, die hier öfter den Sommer zubrachte, schenkte.

Maximilian Josephs Regierung als König von Bayern war eine gute gewesen, und erzählt man sich noch heute manchen schönen Zug seines edlen Charakters und seiner Herzensgüte. Er regierte bis zu seinem Tode 1824 und folgte ihm sein ältester Sohn, der Kronprinz Ludwig Carl August in der Regierung.

Dieser, am 25. August 1786 zu Straßburg geboren, lebt heute noch und erfreut sich in hohem Alter rüstiger Gesundheit und frischen Geistes, der noch immer den Gefilden der Kunst zugewandt ist, den Gebieten, auf welchen König Ludwig in seinem Leben so vieles gethan und für welche er große Summen verwendet hat.

Er trat im Jahre 1849 zu Gunsten seines Sohnes, König Maximilian II., von der Regierung ab, und lebte seither ganz seinen Lieblingskindern, der Kunst und Wissenschaft ergeben.

Als Maximilian Joseph, Herzog von Pfalz=Zweibrücken die Nachricht vom Ableben des Churfürsten Carl Theodor erhielt, reiste er andern Tags, den 17. Februar früh um 7 Uhr, als Nachfolger in der Churfürstenwürde von Pfalz=Bayern nach München, wobei ihn die hiesige Bürger-Cavallerie bis halb Wegs Schwetzingen begleitete.

Am gleichen Tage wurde hier auf allen Hauptplätzen das Patent des Regierungs-Antritts verlesen.

Am 23. Februar reiste auch die Churfürstin Karoline Friederike Wilhelmine in Begleitung ihrer Schwester der Prinzessin Amalie von Baden über Carlsruhe nach München.¹

Durch das allseitige Vordringen der Franzosen war von Germersheim bis hinunter nach Cleve das ganze linke Rheinufer in der Gewalt der Franzosen und dadurch die streitige Frage der Rheingrenze in der That entschieden und am 19. Januar 1799 erklärten die bevollmächtigten Minister der französischen Republik die Abtretung des ganzen linken Rheinufers an Frankreich als Grundlage des künftigen Friedens. Da nun die schon über ein Jahr währenden Friedens-Unterhandlungen zu keinem Resultate führten und durch eine reichsoberhauptliche Erklärung abgebrochen wurden, so eröffnete sich das Kriegstheater wiederholt und zwar wiederum in der Nähe Mannheims; nachdem alles daselbst befindliche Geschütz und Munition weggeführt worden und nur eine pfalz-bayerische Batterie in der Festung als Besatzung geblieben war.

Die französische Observations-Armee, die sich unter den Befehlen des Generals Bernadotte am Mittelrhein bilden sollte, eröffnete ihre Operation gerade in dem Augenblicke, als General Jourdan an der Spitze der Donau-Armee bei Straßburg über den Rhein ging. Da forderte General Ney am 2. März 1799 die Uebergabe Mannheims, dessen Werke theilweise gesprengt wurden und das am 7. März durch Capitulation an die Franzosen unter Bernadotte kam. Bernadotte ließ die Festungswerke ausbessern, und nach und nach eine ziemliche Garnison hineinlegen; in der Mitte des März wurden zur Vollendung der Festungswerke einige tausend Arbeiter aus den nächsten Ortschaften requirirt; zum Platzcommandant wurde General Bastoul ernannt.

Am 20. März feierte die französische Besatzung das

Fest der Volkssouveränität, wobei General Laborde eine Rede hielt.

Am 21. d. erließ General Bernadotte dahier eine vom 30. Wintermonat (20. März) datirte Proclamation gegen Oesterreich, die an den meisten Plätzen, wo sie angeschlagen, wieder abgerissen wurde, weßhalb der Stadtrath am 24. eine sehr scharfe Warnung ergehen ließ. Wegen der Beherbergung französischer Emigrirter erging am 16. April eine strenge Verordnung.

Am 4. Floreal (23. April) 1799 erließ General Colaud dahier auf geschehene Klagen eine Verordnung wegen des von Soldaten zu fordernden Verpflegungsquantums.

Am 29. Mai 1799 starb dahier der dirigirende Minister F. A. L. Graf von Oberndorf im 79. Lebensjahre.

Am 5. reiste General Colaud von hier ab, und übernahm der General Mercier das Gouvernement.

Am 31. Mai brachte ein Courier von Paris den Befehl zur Schleifung der hiesigen Festungswerke; darauf wurde das schwere Geschütz wieder von hier weggeführt, die Positionen über dem Neckar verlassen und die Brücke über diesen Fluß abgeführt; dann die Demolirung der Werke sogleich begonnen, woran die hiesigen Einwohner beiderlei Geschlechts, freudig Antheil nahmen. Zugleich kam die Nachricht von den Fortschritten der österreichischen Waffen, was zu neuen kriegerischen Vorfällen in unmittelbarer Nähe Befürchtung gab.

Vom 24. auf den 25. August verlegte der französische General Müller sein Hauptquartier hierher, und stellte seine Vorposten gegen Heidelberg und Schwetzingen aus. Am folgenden Tage besetzten die Franzosen Heidelberg, woraus sich die Szekler-Husaren fechtend gezogen hatten, und General Müller rückte mit dem Hauptcorps gegen Schwetzingen und Philippsburg vor, dessen Festung er berennte und zur Uebergabe aufforderte, was aber von dessen Commandanten, dem k. k. General und hl. röm. Reichs Feldmarschall-Lieutenant

Graf v. Salm zu Salm mit den Worten: „Ein edler Salm läßt sich nicht von Grundeln fangen" zurückgewiesen wurde.

General Müller hatte nur 20,000 Mann und durfte nicht hoffen, sich gegen den siegenden Erzherzog behaupten zu können, der in Eilmärschen zum Ersatz von Philippsburg heranrückte.

Müller hob am 12. September die Belagerung von Philippsburg auf, räumte am 15. Heidelberg und zog mit seiner Armee auf das linke Rheinufer, wo sich ein Corps gegen Mainz, ein anderes gegen Speyer und Germersheim hin, wendete; in und um die Stadt Mannheim blieben etwa 6000 Mann unter den Befehlen des Generals Laroche zurück. Die Festungswerke waren damals noch nicht ganz geschleift; die Werke waren auf der Frontseite noch vorhanden und das was im Februar an der Angriffs-Fronte gesprengt worden, hatten die Franzosen so weit wieder ausgebessert, daß die Stadt hinlänglich gegen Ueberrumpelung gesichert schien.

Das Dorf Neckarau, ganz mit einem unzugänglichen, breiten, sumpfigen Graben umgeben, eine Insel bildend, zu der nur zwei Brücken führten, die stark befestigt waren, bot eine gute Vertheidigungsstelle.

Den ganzen Sommer hindurch hatten die Franzosen diese Stellung noch gesicherter gemacht und da sie dieselbe zu behaupten geneigt schienen, und daselbst befleißigt waren ihre Schanzen noch weiter auszudehnen, so beschloß der Erzherzog den bereits beschlossenen Angriff so viel als möglich zu beschleunigen. Er ließ zu dem Ende die zu dieser Unternehmung bestimmten Truppen von der Enz nach Schwetzingen vorrücken, und theilte das ganze Corps, worüber der Feldmarschall-Lieutenant Sztarray den Befehl erhielt in drei Colonnen. Am 18. September mit Tagesanbruch geschah der Angriff. Die rechte Colonne unter dem Feldmarschall-Lieutenant von Spork rückte längs der Chaussee von Schwetzingen, und die zwei andern unter dem Feldmarschall-

Lieutenant von Reuß ging links von dieser Chaussee, längs dem Rheindamme vor.

Die Franzosen leisteten bei Neckarau, wo der General von der Mark commandirte, einen äußerst hartnäckigen Widerstand; dennoch erstürmten die österreichischen Truppen die Brücken, nahmen das Dorf und die befestigte Insel, erstürmten hierauf nach einem nicht minder hartnäckigen Widerstand den zwischen der Stadt und Neckarau am Rhein gelegenen befestigten Holzhofe, dessen Besatzung unter dem französischen General-Adjubanten Lefal getödtet oder gefangen genommen wurde, und führten eilig eine Batterie auf, von der aus sie unsere Rheinbrücke beschossen. Nun wurde auch die von den Franzosen den Sommer über erbaute Angriffs-Fronte lebhaft angegriffen und genommen und die Franzosen so lebhaft verfolgt, daß die Oesterreicher zugleich mit ihnen in die Festung eindrangen und der Theil der Garnison etwa 2300 Mann, welche sich nicht über die Rheinbrücke zurückgezogen hatte, zu Gefangenen gemacht.

Erzherzog Carl kam am gleichen Tage in die Stadt. Die Oesterreicher schlugen sogleich zwei Schiffsbrücken über den Neckar. Das Stadt-Commando übernahm Feldmarschall-Lieutenant Graf Bailet de Latour, nach diesem Fürst Reuß und dann Fürst Schwarzenberg. Die Oesterreicher nahmen sogleich die von den Franzosen begonnene Schleifung der Festungswerke wieder auf.

Der rechte Flügel der österreichischen Armee unter dem zum Feldmarschall-Lieutenant beförderten Sztarray stand von Rastadt bis an den Main hinab, mußte sich aber in kurzer Zeit, gleich den übrigen Armee-Corps, durch die glücklich geleiteten Operationen des französischen Ober-Generals Moreau zurückziehen, und tauschte Mannheim im folgenden Jahre die Franzosen gegen die Oesterreicher als Besatzung ein, die es am 7. October unter Ney und Sabatier besetzten.

Am 3. Dezember wurde zwischen General-Feldmarschall-Lieutenant Sztarray und General Lecombe ein Waffenstillstand abgeschlossen, dem zufolge sich die Franzosen auf das linke Rheinufer zurückzogen. Nur die Besatzung unter General Baraguay d'Hillers blieb auf dem rechten Ufer.

Da der abgeschlossene Waffenstillstand von Erzherzog Carl nicht genehmigt wurde, so kündigte Sztarray solchen am 8. Dezember auf; am gleichen Tage verließen die Franzosen Mannheim, das sofort von einem pfalz=bayerischen Regimente unter Obrist Wrede besetzt wurde.

Am 11. Abends begann längs des Rheins eine beiderseitige Kanonade, die aber zuerst von österreichischer Seite auf Befehl des General=Major Mylius eingestellt wurde; durch einige hierbei in die Stadt gekommene Vollkugeln und Haubitzen wurden 9 Häuser beschädigt und die Orgel der Jesuitenkirche, in die eine Haubitze sprang, litt dabei sehr Noth. Am 16. März 1800 verließen die Franzosen auch die Rheinschanze, welche hierauf General Fürst von Hohenlohe besetzen und demoliren ließ.

Mitte Mai 1800 verließen die Oesterreicher Mannheim, das am 16. von den Franzosen unter General Thüring besetzt, aber schon am 17. wiederum verlassen wurde.

Am 25. Juli 1800 ging ein französisches Truppencorps unter General Delaborde auf das rechte Rheinufer und nahm über hier seinen Weg nach Schwetzingen.

Am 17. April 1801 wurde dahier durch den General=Landes=Commissär die Verordnung desselben Jahres publicirt, wonach das bisher bestandene Auslösungsrecht der von Mennoniten erkauften Grundstücke aufgehoben und die Glieder dieser Religionsgenossenschaft die Befugniß erhielten, das Bürgerrecht zu erlangen.

Am 12. Mai 1801 beschloß das 7. Husarenregiment den Durchmarsch des linken Flügels der französischen Rhein=Armee durch hiesige Stadt. Am andern Tage schlugen die Pontoniere die Schiffbrücke ab und führten solche nach Straßburg.

Am 2. war General Moreau zum Besuche hier; am

15. reiste der bisherige Platzcommandant Belz von hier ab und war Mannheim nun ganz von den Franzosen geräumt; es wurde sogleich eine fliegende Brücke über den Rhein errichtet, während schon vor einigen Wochen die Neckarbrücke wieder hergestellt worden war.

Im Sommer 1801 wurden statt der bei der letzten Belagerung umgehauenen Bäume in den Umgebungen neue gepflanzt.

Durch Schreiben des Divisions=Generals von Ysenburg wurde der Stadtrath benachrichtigt, daß wieder die pfälzischen Truppen als Garnison einrücken würden und die Gemeindebehörde das Nöthige wegen der Unterkunft der Soldaten und Officieren anordnen sollte. Das Schreiben war in äußerst schmeichelhaftem Tone über das gute Verhalten der Bürgerschaft während der letzten Zeiten abgefaßt.

Nachdem die Bürgerschaft während der letzten 15 Monate die Bewachung der Stadt meistens selbst besorgt hatte, zogen am 13. Juli 1801 die Bürger=Cavallerie, die Schützencompagnie und das Bürgermilitär mit Fahnen und Musik auf, beide letztere um zum letztenmale die Wache zu beziehen, erstere um in Begleitung des General Ysenburg, General=Major von Wrede und mehrerer pfälzischen Officiere den ankommenden Truppen entgegen zu ziehen. Nachdem vor der Stadt unter Zelten ein Frühstück eingenommen worden, zogen die Obigen nebst 3 Bataillonen pfalz=bayerischer Infanterie und einer Compagnie Artillerie gegen 11 Uhr unter klingendem Spiele in die Stadt ein, freudig von der Bevölkerung empfangen.

Die Officiere und Mannschaft wurden mit einem Mittagsmahle bewirthet, Nachmittags 5 Uhr war Wachtparade, nach welcher die Truppen von den Bürgern die Wache übernahmen.

Bei dieser Gelegenheit hielten der Regierungsrath Stadtdirector Rupprecht und der Stadtmajor Löffelmayer Dankreden an die Bürgerschaft.

Am 12. October 1801 wurde das Namensfest des Churfürsten Maximilian Joseph dahier feierlich begangen. Unter Abfeuerung der Kanonen wurde ein Hochamt in der Pfarrkirche, dem alle Beamten und Standespersonen, dann ein solches in der Garnisonskirche, wobei die Generalität und sämmtliche Officiere in Galla beiwohnten, abgehalten; nachher war große Wachtparade, und Abends Beleuchtung des Schauspielhauses.

Am 16. November 1801 setzte die evangelisch-lutherische Gemeinde ihrem verstorbenen Prediger Consistorialrath C. B. List ein von dem Bildhauer Lamine aus carrarischem Marmor gefertigtes Denkmal.

Der berühmte Schauspieler Iffland, 7 Jahre von hiesiger Bühne abgegangen, trat mit großem Beifall in mehreren Gastrollen, und zwar das erstemal am 25. Juli 1802, wieder auf.

Durch den Frieden von Lüneville vom 9. Februar 1801 mußte Maximilian Joseph alle Besitzungen auf dem linken Rheinufer an Frankreich abtreten, und die Bewohner unserer Stadt, welche mit dem Ueberrhein in vielfacher Beziehung standen, empfanden diese Trennung empfindlich. Durch benannten Frieden kam die diesseitige Pfalz an Baden und wurde dieselbe im September 1802 provisorisch und im November durch eine besondere Hofcommission definitiv von Baden in Besitz genommen. In Folge dessen wurden viele Kunstschätze Mannheims entfremdet und besonders was die Gemälde-Gallerie, der Antiken-Saal, das Münz-Cabinet und die Hofbibliothek Schönes besaß, bis zu den nur einigermaßen erheblichen Stücken, wurde nach München abgeführt.

Am 27. August 1802 verließ die pfälzische Garnison unter General Isenburg Mannheim und rückten am 23. September die badischen Truppen unter Oberstlieutenant von Eck ein, nachdem schon am 21. die zur Besitzergreifung ernannten Commissäre, Geheimerath von Wöllwarth und Hofrath Baum hier eingetroffen waren.

Am 23. November 1802 entließ Churfürst Maximilian Joseph mittelst Patents die in den an Baden abgetretenen Landestheilen wohnenden Unterthanen ihrer Pflichten, während das am gleichen Tage verkündete Patent des Markgrafen Carl Friedrich von Baden vom 19. November solche in Pflichten nahm, wodurch das Fürstenhaus Baden eine Vergrößerung seines Landes von 60 Quadratmeilen mit 245,000 Seelen erhielt.

Den versammelten Behörden wurden die Patenten pfalzbayerischer Seits durch Generallieutenant Graf Rumford und General-Landescommissariats-Präsidenten von Reibeld und badischer Seits durch die oben genannten zwei badischen Commissäre mitgetheilt; während dieses Actes waren auf dem Paradeplatz das Badische und auf dem Markte das Bürgermilitär aufgestellt. Abends wurde mit freiem Eintritt die Oper „Titus" gegeben, und nach Beendigung derselben, das Rathhaus geschmackvoll beleuchtet.

Am Sylvesterabend 180²/₃ wurden zum erstenmale seit mehreren Jahren wieder die Schluß-Gottesdienste am Abend gefeiert.

Am 26. März d. J., Morgens 10 Uhr, rückten die aus bayerischen Diensten in die badischen getretenen Truppen circa 1100 Mann Infanterie, hier ein und lösten die seit der Besitznahme hier gewesenen badischen Truppen ab; letztere kamen nach Carlsruhe.

Als Markgraf Carl Friedrich die Churwürde annahm und ihm am Sonntag den 8. Mai 1803 Deputationen aus allen Theilen des Landes ihre Glückwünsche darbrachten, verlieh derselbe bei dieser Gelegenheit der Stadt Mannheim zur Umwandlung der Festungswerke in Anlagen 90,000 fl. und zur Erhaltung des Theaters jährlich 20,000 fl. Im August bewilligte er für letzteres nochmals eine beträchtliche Unterstützung.

Die interimistische Benennung der Stellen als rhein=

pfälzische hörte vom 6. August 1803 auf und führten solche von da an den Titel churbadische.

Am 30. Mai 1803 wurden dem Bürgermilitär die ihm von der Erbprinzessin von Baden gewidmeten zwei Bandschleifen zu ihren Fahnen auf dem Marktplatze übergeben.

### Dritte Abtheilung.

## Mannheim unter der Regierung des Großherzoglich Badischen Regentenhauses bis 1862.

#### Die Huldigungsfeier im Jahre 1803.

Am 2. Juni 1803 kam Churfürst Carl Friedrich in Begleitung der Erbprinzessin und der Prinzessin Wilhelmine von Baden, der Reichsgräfin von Hochberg mit ihren vier Kindern zur Huldigungsfeier nach Mannheim. An der Gemarkungsgrenze wurden die Hohen unter Begleitung der bürgerlichen Cavallerie von dem Regierungs- und Stadtdirector Rupprecht empfangen und in feierlichem Zuge in die Stadt geleitet.

Am Heidelberger Thore war die Bürger-Artillerie und das Schützen-Corps aufgestellt und hielt daselbst der Stadtgerichts-Assessor Lucas eine Anrede.

Am Thore war der Stadtrath, die Geistlichkeit und die Bürgerschaft versammelt, in den Planken die Schuljugend aufgestellt und in der breiten Straße paradirten zwei Compagnien Bürger und zwei Compagnien junge Mannschaft. Der Zug ging ins Schloß, woselbst sich bereits der Adel Mannheims und Heidelbergs, sämmtliche Beamten und Offi-

ciere versammelt hatten, und ben Churfürsten an der großen
Treppe empfingen, worauf sämmtliche Personen die Ehre
hatten, Sr. Durchlaucht vorgestellt zu werden.

Am 3. war große Cour im Schlosse, dem Abends die
Aufführung der Oper „Palmyra" folgte. Der Chufürst
wurde im Theater unter Lebehochrufen empfangen, vor Beginn der Oper sprach Frau Ritter als „Melpomene" einen
Prolog.

Am 4. d. machte der Stadtrath, eine bürgerliche Deputation und die Bürgercorps-Officiere ihre Aufwartung, später
zogen die Schüler der drei christlichen Confessionen ins Schloß
und überreichte eine Deputation derselben als Beweis ihrer
Liebe und Ehrfurcht mehrere kleine Gaben. Am 5. wohnte
der Churfürst dem Gottesdienste in der Trinitatiskirche bei,
nachher war große Wachtparade und Abends Aufführung des
Schauspiels „Regulus". Am 6. d. war Concert im großen
Saale. Am 7. d. war der feierliche Huldigungsact.

Am Abend vorher zogen die verschiedenen Bürgermilitär-
Corps der Stadt Heidelberg zu Fuß und zu Pferd, sowie
ein berittenes Corps von Bruchsal dahier ein. Morgens bei
Anbruch des Tages verkündeten Kanonendonner und das Geläute der Glocken den festlichen Tag, gegen 7 Uhr marschirte
die ganze hiesige Besatzung in den Schloßhof und formirte um
den vor dem großen Thore aufgeschlagenen Thron einen großen
Halbzirkel; um 8 Uhr kamen die Bürger-Corps der Städte
Mannheim, Heidelberg und Bruchsal, sowie die Deputirten
der Zünfte und der Landbewohner der Umgebung.

Im großen Rittersaale hielt der Hofgerichtsraths-Präsident Frhr. v. Hövel eine Anrede an die Deputation.

Um 9 Uhr erschienen unter Pauken und Trompetenschall
der Churfürst, umgeben von dem Stadtrath und sämmtlichen
Beamten, und sobald derselbe nebst den Prinzen auf dem
Throne Platz genommen hatte, wurde der Huldigungseid
durch den Staatsminister Frhr. v. Adelsheim verlesen. Nach
diesem Acte wurde ein Tedeum in der Schloßkapelle ange=

stimmt, die Bürger-Corps defilirten vor dem Fürsten und zogen in die Stadt.

Mittags war auf vielen Plätzen große Tafel und Abends nach Beendigung des Schauspiels Beleuchtung der ganzen Stadt, die der Churfürst gegen 11 Uhr in Augenschein nahm.

Am 9. d. wurde im Theater die „Schöpfung" aufgeführt; am 10. besuchte der Churfürst nach dem Theater den beleuchteten von Dalbergischen Garten, am 11. die große Hof- (Jesuiten) Kirche, am 12. die Concordienkirche und am 13. die Synagoge.

Am 17. Juni erhielt der Churfürst den Besuch des Herzogs von Sachsen-Weimar und am 20. den des Fürsten von Nassau-Oranien nebst Gemahlin, welche bis zum 23. hier blieben.

Der Churfürst verweilte bis zum 27. Juni in hiesiger Stadt, an welchem Tage er sich nach Heidelberg begab; die Frau Erbprinzessin Wittwe nebst dem Churprinzen kehrte von Heidelberg wieder hierher zurück, und blieb bis zum 28. Juni hier, während sie am 1. d. M. nur einige Tage verreist war, um in Darmstadt einen Besuch zu machen.

Am Huldigungstage überreichte dem Churfürsten der Director des hiesigen Handlungs-Instituts Professor Burmann nebst 15 seiner Zöglinge (Namens Groß, Flieser, Seligmann, Folz, Schwendt, Maier, Pfützner, Ullmann, Wüst, Hensler, Müller, Lederle, Kellner, Würzweiler und Friedberger) eine Disputation, worauf die Privat-Anstalt den Rang und Titel einer Chur-Badischen Handels-Academie für Erwachsene erhielt.

Die Stadt Mannheim ließ zum Andenken der Huldigung eine Denkmünze in Gold und Silber prägen, die auf dem Avers die Büste des Churfürsten auf einem Postamente zeigte, das am Fuße die Ansicht der Stadt Mannheim, rechts und links die Flußgötter des Neckars und Rheins und der Umschrift Carl Friedrich, Churfürst, zeigte; auf dem Revers dagegen die Worte trug:

„Seinem ersten Regenten aus dem Hause Baden huldiget Mannheim 1803".

Die Armen erhielten von Carl Friedrich ein Geschenk von 6737 fl.

---

Durch diesen feierlichen Huldigungsakt war Mannheim unabwendbares Geschick entschieden, und alle frühern Verbindlichkeiten an das Churpfälzische Haus aufgehoben.

Fürst und Vaterland acht Jahrhunderte hindurch auf das engste verbunden, mußten sich trennen, und unsere Vaterstadt fand allein in der Erinnerung und den ihr hinterlassenen Denkmäler eines schönen Verbandes, wie aber hauptsächlich in dem von Weisheit, Gerechtigkeit und Menschenliebe beseelten Regierungs-Nachfolger, den Europa damals schon als Mark Aurel feierte, der in der Geschichte ewig unvergeßliche Nestor der europäischen Souveräne Churfürst Karl Friedrich von Baden, Trost für das Geschick und erhebende Hoffnung auf eine glückliche Zukunft, die nicht getäuscht wurde. Mannheim erholte sich nach so vielen ausgestandenen Drangsalen des Krieges unter der milden Regierung seines neuen Fürsten bald wieder zur schönen Größe. Churfürst Carl Friedrich that viel für Mannheim, die Ruinen der demolirten Festung wurden zu Promenaden und Gärten hergerichtet, zu den wenigen Resten der Gemälde-Gallerie fast alles jetzt darin befindliche angeschafft und eine Kupfer-Sammlung und der Antiken-Saal angelegt.

Am Tage der Besitznahme der Rheinpfalz wurde eine von Churfürst Carl Friedrich selbst verfaßte Antwort auf die Danksagung des Landes, nach Aufhebung der Leibeigenschaft 1783, durch den Stadtrath zu Mannheim unter dessen Bewohner ausgetheilt, solches als Darstellung der erhabenen Gesinnungen des Churfürsten Karl Friedrich gegen seine Unterthanen, zur Kenntniß zu bringen.

Karl Friedrich war geboren den 22. November 1728, vermählte sich den 28. Januar 1751 mit Karolina Louisa Landgräfin von Hessen=Darmstadt, welche den 11. Juli 1723 geboren war und den 8. April 1783 gestorben ist. Seine zweite Gemahlin, Louise Karolina Reichsgräfin von Hochberg, geboren Freyin Geyer von Geyersberg, war geboren den 26. Mai 1768, vermählt den 24. November 1787, gestorben den 23. Juli 1820.

Im Jahr 1771 erfolgte die dauernde Wiedervereinigung der badischen Landestheile, unter Karl Friedrich von Baden=Durlach, und zwar nach dem Tode August Georgs von Baden=Baden, vermöge des Erb=Vertrags von 1765. Die Landvogtei Ortenau fiel jedoch an Oesterreich zurück. Im Jahr 1803 nahm Markgraf Karl Friedrich in Folge des Reichs=Deputations=Hauptschlusses vom 25. Februar den Titel, Churfürst an, und erhielt die dieseits des Rheins gelegenen Theile der Pfalz, und der Bisthümer Speyer, Straßburg, Basel, Constanz, nebst vielen reichsstädtischen und geistlichen Gebieten.

Hingegen waren im Frieden zu Lüneville, 9. Februar 1801, die überrheinischen Besitzungen abgetreten worden. Durch den Friedensschluß von Preßburg den 26. Dezember 1805 wurde Karl Friedrich souveräner Großherzog von Baden, und erhielt Breisgau und die Ortenau, ferner durch den Anschluß an den Rheinbund den 12. Juli 1806 Theile der Fürstenthümer Leiningen, Salm, Trautheim, Löwenstein, Wertheim und im Oberlande den Klettgau und Theile des Fürstenthums Fürstenberg; im Jahr 1810 endlich von Württemberg die Landgrafschaft Nellenburg und den 10. Juli 1809 von Oesterreich die Staats=Hoheit über die dem Fürsten von Layen gehörige Herrschaft Geroldseck.

Nach dem Anfall des Breisgaues, welchen der Stammvater des badischen Fürstenhauses, Berthold der Erste einst besessen hatte, fügte Großherzog Carl Friederich seinem Titel, den eines Herzogs von Zähringen bei, den seither auch sämmtliche Prinzen des Großherzoglichen Hauses führen. Durch das Hausgesetz vom 10., September 1806 sprach Großherzog Karl Friedrich die Erbfolge in männlicher Abstammung nach dem Recht der Erstgeburt und die Untheilbarkeit des Landes aus.

Karl Friedrich kam öfters mit seiner erlauchten Familie nach Mannheim und wurde jedesmal von den Bewohnern auf's Festlichste empfangen. Sie besuchten das Theater, die Bibliothek und Gemälde-Sammlung, den Schwetzinger Schloßgarten, bei welcher Gelegenheit der Apollo-Tempel und die Moschee auf das Geschmackvollste beleuchtet wurde.

Am 20. Mai 1805 erhielt das hiesige Militär bei einer großen Revue neue Fahnen, welcher Festlichkeit Karl Friedrich anwohnte.

Karl Friedrich besuchte in Mainz den daselbst anwesenden Kaiser Napoleon, und kam den 2. Oktober auf der Rückreise wieder hier durch.

Im Sommer 1805 wurde der Raum des vormaligen Militärkirchhofes, nach Beseitigung der dort stehenden Monumente, als Zimmerplätze versteigt.

Im Spätjahr 1805, am 25. und 26. September, zog eine französische Armee unter Davoust hier durch gegen Oesterreich.

Wegen dem Feldzug gegen Preußen kamen im Oktober sehr viele französischen Truppen hier durch, so am 4. bis 6. ein Theil der kaiserlichen Garde, darunter die Mamelucken.

Am 24. Januar 1807 wurde das zweite Jubelfest der Gründung der Stadt auf höhere Anordnung durch Gottesdienst in allen Kirchen gefeiert.

Abends wurde zum Besten der Armen eine Aufführung im Theater gegeben.

In diesem Monat wurde auch das Armenwesen durch die neue Armen-Polizei-Kommission in gehöriger Leitung genommen.

Das früher hier gestandene Regiment Erbgroßherzog,

das den preußischen Feldzug mitgemacht, kehrte am 20. Dez. 1807 wieder hierher zurück, und wurde von sämmtlichen Bürgerwehr=Corps festlich empfangen.

Im Jahr 1808 wurde der neue Stadtgraben aus dem Rhein in den Neckar gebaut. Im Spätjahr wurde auf das zum Schloßgarten geschlagene ehmalige Festungsterrain, das bis dahin ganz planirt war, circa 80 Morgen groß, mit Gesträuchen bepflanzt.

Durch die österreichische Kriegs=Erklärung gegen Frank=reich, ward der bayerische Hof veranlaßt, München zu ver=lassen und kamen am 28. Mai 1809 die Herzoge Wilhelm und Pius von Bayern, nebst Gefolge hier an und logirten im Pfälzerhofe; deren Anwesenheit dauerte bis zum 29. Juli.

Die von Oesterreich aus in die Länder des rheinischen Bundes geworfenen Proklamationen, an denen von Stein und von Gentz vielen Antheil hatten, und worin unter Anderm gesagt war, daß die Fürsten des Rheinbundes zu sehr von Napoleon abhängig wären, um eine wirklich deutsche Erhebung gegen Frankreich zu unterstützen, veranlaßten die badische Regierung zu einer Deklaration, die allerorts, auch hier angeschlagen wurde, und worin sich Großherzog Karl Friedrich von seinen Unterthanen versah, daß sie sich nicht von den österreichischen Verlockungen verführen lassen, sondern treu zu ihrem Regenten halten sollten.

Durch das Organisationsedikt vom 28. November 1809 erhielt Baden eine neue Kreiseintheilung, der Sitz des Neckarkreises war in Mannheim, und kam die damalige Kreisregierung unter dem Direktorium des Direktors von Manger, in das von Rodenhausische Haus.

Am 2. Januar 1810 wurde zum Erstenmale das neu gegründete Leihhaus, damals im Kaufhaus befindlich, eröffnet, nachdem es durch Rescript vom 14. September 1809 die aller=höchste Bestätigung erhalten hatte.

Die nach Spanien beorderten Truppen verschiedener deutscher Fürsten, die Division Royer bildend, marschirten durch Mannheim am 14. Januar 1810 zwei Bataillone nassauischer Jäger, am 15. zwei Bataillons Anhalter und Lipper, am 17. die Contingente von Gotha, Meiningen und Weimar. Am 18. kam der Rest hier durch und ging mit ihrem General Nouyer ab.

Am 20. rückte das badische Regiment Erbgroßherzog, aus Oesterreich kommend, wieder hier ein.

Die hier unter dem Kommando des General Gerard cantonnirten französischen Truppen, die erste Division des 2. Armee=Corps bildend, zogen am 12. Februar 1810 nach Mainz.

Nach diesen kamen Truppen der Division Tarreau hierher, die am 28. März ebenfalls nach Mainz abgingen, wohin am 2. April das Hauptquartier des Divisions= Generals Tarreau folgte.

Im Jahr 1810 wurde das Oberhofgericht von Bruchsal hierher verlegt, und die erste Sitzung desselben auf den 23. Juli anberaumt.

Am 10. Juni 1811, Morgens gegen 3 Uhr, starb Großherzog Karl Friedrich, der Nestor der europäischen Fürsten in einem Alter von 83 Jahren, nach einer weisen und segensreichen 65jährigen Regierung, tief betrauert vom ganzem Lande.

Die Todtenfeier für den verstorbenen Fürsten fand am 30. Juni in beiden protestantischen Kirchen statt, wobei alle Civil= und Militär-Behörden anwesend waren. Die Trauer= reden hielten Hofprediger Katz und Stadt=Pfarrer Ahles. Am 1. Juli wurden gleichfalls in Anwesenheit der Behörden die Exequien in der katholischen Pfarrkirche gehalten.

Am 23. Juli, Abends, wurde bei der Anwesenheit der Frau Großherzogin Stephanie in der Schloßkirche das Trauer=Amt für den verstorbenen Großherzog Karl Friedrich gehalten. Bei der veranstalteten Trauerfeierlichkeit war die Schloßkapelle schwarz dekorirt, in der Mitte der Kirche befand sich ein hoher Katafalk; während des von Dechant Kirch celebrirten Hochamtes wurde ein Requiem von Mozart aufgeführt, nnb hielt bakauf Aumonier Bauchetet eine Rede in französischer Sprache. Karl Ludwig, Erbprinz, erster Sohn Karl Friedrichs aus erster Ehe, geboren den 14. Februar 1755, starb ben 16. Dezember 1801 zu Arboga in Schweden in Folge eines Sturzes des Reisewagens in eine Felsenkluft, in den Armen seiner Gemahlin. Dieselbe: Amalie Friederike, Landgräfin von Hessen, war geboren den 20. Juni 1754, vermählt ben 15. Juli 1774, unb ist gestorben ben 21. Juli 1832.

Kinder waren dieser Ehe entsprossen:

1) Katharine Amalie Christiane Louise, geb. ben 13. Juli 1776, gestorben ben 26. Oktober 1823.
2) Friederike Wilhelmine Caroline, geb. ben 13. Juli 1776, vermählt ben 9. März 1797 mit Maximilian Joseph, Herzog von Pfalz-Zweibrücken, später Churfürst, dann König von Bayern, gest. ben 13. November 1841.
3) Louise Marie Auguste, geb. ben 24. Januar 1797, vermählt als Kaiserin Elisabeth Alexiewna am 9. Oktober 1793 mit Alexander, Kaiser von Rußland, gest. ben 16. Mai 1826.
4) Friederike Dorothea Wilhelmine, geb. ben 12. März 1781, vermählt ben 31. Oktober 1797 mit Gustav VI., König von Schweden, gestorben ben 25. September 1826. Nach bem Verlust der Schwedischen Krone verließ die unglückliche Fürstin dieses Land mit ihrem königlichen Gemahl und ihren beiden Kindern, und kam nach Carlsruhe. Die unglückliche Fürstin wurde mit vieler Theilnahme von der fürstlichen Familie empfangen, bie ihr mit Trost das traurige Geschick zu erleichtern suchte. Sie verblieb daselbst bis zu ihrem Ende, bem sie mit frommer Ergebenheit und Vertrauen auf Gott entgegen sah. Die nähere Geschichte ber Schicksale dieser eblen Fürstin kann man

in dem Werke nachlesen: „Königin Friederike von Schweden, geb. Prinzessin von Baden, Memoiren aus ihrem Leben und ihrer Zeit, aufgezeichnet von einer Hofdame."

5) Marie Elisabeth Wilhelmine, geb. den 7. September 1782, vermählt den 1. November 1802 mit Friedrich Wilhelm, Herzog von Braunschweig, gest. den 20. April 1808.
6) Carl Ludwig Friedrich, geboren den 8. Juni 1786; Erbprinz und später Großherzog Carl.
7) Wilhelmine Louise, geb. den 10. September 1788, vermählt den 19. Juni 1804 mit Erbgroßherzog, später Großherzog Ludwig II. von Hessen, gest. den 27. Januar 1836.

---

Auf die Regierung des Großherzogs Carl Friedrich, folgte sonach sein Enkel, Carl Ludwig Friedrich als Großherzog Carl, geb. den 8. Juni 1786.

Prinz Carl war in dem Feldzuge gegen Preußen und Schweden, als Erbprinz im kaiserlich französischen Hauptquartier und übernahm Mitte Mai 1807 das Commando der badischen Division, welche als Bestandtheile des 10. Armee-Corps unter dem französischen Marschall Lefevre Danzig belagerte und am 26. Mai b. J. einnahm. Er wurde schon an 26. November 1808 wegen dem hohen Alter des Großherzogs Carl Friedrich zum Mitregenten ernannt, nach dessen Ableben er am 10. Juni 1811 in seinem 25. Jahre als Großherzog von Baden die Regierung allein übernahm.

Den Feldzug 1814 gegen Frankreich machte Großherzog Carl im Hauptquartier der verbündeten Monarchen der Kaiser von Oesterreich und Rußland und des Königs von Preußen mit und wurde 1815 Inhaber des 59. K. K. Infanterie-Regiments.

Großherzog Carl schloß sich am 26. Juli 1815 dem neuerrichteten deutschen Bunde an.

Das am 10. September 1806 gegebene Hausgesetz bestätigte und ergänzte Großherzog Carl durch die Declaration von 4. October 1817. Der Receß der Commission zu Frankfurt vom 10. Juli 1819 endlich, erkannte die Bestimmungen des Hausgesetzes über die Erbfolge an, und stellte die Integrität des Großherzogthums unter den Schutz von Oesterreich, Preußen, Rußland und England. Auch verlieh der Großherzog im Jahr 1818 dem Lande eine zeitgemäße Verfassung, welche die verschiedenen Landestheile fest vereinigte.

Am 4. März 1806 zeigte Kaiser Napoleon dem Senat die geschehene Verlobung seiner Nichte Stephanie Beauharnais und nun adoptirten Tochter, mit dem gerade in Paris anwesenden Erbgroßherzog Carl von Baden an. Die Vermählung geschah in der Capelle der Tuilerien am 8. April und wurden in Paris dieserhalb große Festlichkeiten veranstaltet.

In Mannheim wurde am 14. April auf die erhaltene Freuden-Nachricht zur Feier dieser Begebenheit ein glänzender Ball auf dem Mühlauer Schlößchen abgehalten, dem ein Souper von 140 Gedecken folgte, bei welchem die freudigsten Toaste auf das Wohl der fürstlichen Neuvermählten unter dem Donner sämmtlicher Geschütze ausgebracht wurden.

Das hohe Paar hielt seinen Einzug in Carlsruhe am 4. Juli und kam am 19., Nachmittags 3 Uhr, in unsere Stadt. Die Bewohner Mannheims empfingen freudig das hohe Fürstenpar und waren Ihnen zu Ehren Triumphbogen und Ehrenpforten errichtet. Empfangen von einer Deputatation des Stadtrathes, den Stadtdirektor Rupprecht an der Spitze, begleitet von der neu equipirten Bürger-Cavallerie, stieg das hohe Fürstenpaar, in den ihm angebotenen mit 6 Pferden bespannten offenen Wagen, und fuhr durch die Stadt ins Schloß, begrüßt auf die herzlichste und aufrichtigste Weise. Zur Feier ihrer Anwesenheit wurden mehrere Festlichkeiten gegeben.

Zur Feier der glücklichen Niederkunft der Frau Großherzogin Stephanie hatte die Stadt Mannheim den Garten des verstorbenen Geheimeraths Courtin nebst einem daran stoßenden Garten an der Schwetzinger Chaussee angekauft, solchen, sowie das in dem erstern befindliche Haus geschmackvoll herrichten lassen und machte damit der Frau Großherzogin ein Geschenk. Die Uebergabe geschah am 30. Juli 1811. Die hohe Frau fuhr an diesem Tage, von der Bürger-Cavallerie begleitet in den Garten, an dessen Eingang der Stadtrath sie begrüßte und der Oberbürgermeister Reinhardt den silbernen Gartenschlüssel überreichte.

Bei eingetretener Dunkelheit wurde der Garten herrlich beleuchtet, und verweilte die Großherzogin bis 11 Uhr in demselben.

Am 1. August ließ die Frau Großherzonin dem Oberbürgermeister Reinhardt die Summe von 2200 fl. für die Stadtarmen zustellen.

Das von der geschleiften Pestbuckelschanze gewonnene Terrain wurde im März 1812 zum erstenmal von der Stadt in Pacht gegeben.

Fünf Tage nach der Schlacht von Hanau, den 5. November 1813, Nachts, rückten die Bayern hier ein. Der Theil der russischen Armee, welcher hier unter Sacken über den Rhein ging, mußte zuerst die der Mündung gegenüber liegende, noch von den Franzosen und Holländern besetzte Schanzen nehmen, welche den Rhein und Neckar bestrichen. Zu diesem Zwecke wurde am 31. Dezember, Abends, als man gerade in der Stadt zum Schlußgottesdienst läutete, der Uebergang auf Flößen und Kähnen bewerkstelligt und die Schanze, wenn auch mit vielen Opfern erstürmt.

Die Schiffer, welche die Ueberfahrt leiteten, erhielten zur Belohnung und zwar der Rhein-Brückenmeister Brenner die goldene, Schiffer Friedrich Rippert, die Fischer Johann und Peter Linier, die Brückenknechte Karl, Melchior und Johann Zeller, sämmtlich von hier, Schiffsknecht Johann

Rottermann und Schiffer Haffner von Heidelberg die silberne badische Verdienstmedaille.

Von den vielen Truppenzügen der Alliirten durch Mannheim blieb eine Menge Kranke da zurück und wurde das Nervenfieber eingeschleppt, welches Ende 1813 und Anfang 1814 große Verheerung anrichtete, so daß im März auf der Mühlau in dem Deville'schen Wirtschaftsgebäude ein eigenes Nervenfieber-Spital eingerichtet wurde, das erst Mitte Mai geschlossen werden konnte.

Am 17. April 1814 wurde zur Feier des Einzugs der Alliirten in Paris ein Dankgottesdienst in der Concordienkirche gehalten, dem sämmtliche Beamten anwohnten und wobei Pfarrer Ahles die Predigt hielt.

Am 5. Mai kam die Kaiserin Elisabeth von Rußland hier an und am 12. veranstaltete der hier wohnende Holländer Siegers van der Wurde zu deren Ehren eine brillante Illumination seines Hauses.

Am 18. Oktober 1814 wurde der Jahrestag der Schlacht bei Leipzig. festlich begangen. Mittags 2 Uhr zogen die Schuljugend, Beamten und Bürger in bunter Reihe nebst dem Bürgermilitär vom Schloßplatze aus, durch die breite Straße über den Neckar, woselbst auf den rechter Hand liegenden Wiesen ein Altar mit der Inschrift: „Deutschlands Rettung" errichtet war.

Diesen Altar umgaben auf beiden Seiten die Farben der deutschen Länder, und an beiden Enden befanden sich zwei Opfer-Altäre, auf welche man die Gaben für die verwundeten deutschen Krieger legte.

Pfarrer Ahles hielt eine Anrede und ging der Rückzug in die Stadt in derselben Ordnung vor sich.

Abends sah man auf den Höhen des Haardtgebirges und der Bergstraße hellaufflodernde Freudenfeuer.

Am folgenden Tage, Morgens 9 Uhr, hielt der reformirte Pfarrer Lepique im großen Theatersaale eine Rede und um 10 Uhr war feierliches Seelenamt in der Jesuitenkirche.

Am 23. Februar 1816 starb Stadtdirector Rupprecht, langjähriger Vorsteher der Stadt, der sich um das Wohl derselben viele Verdienste erworben hatten und daher auch von allen Einwohnern betrauert wurde.

Die im Jahre 1816 anhaltende nasse Witterung und Ueberschwemmung richtete einen außerordentlichen Schaden an, und die erfolgte Mißerndte brachte das theuere Jahr 1817, wo die Lebensmittelpreise eine so enorme Höhe erreichten, daß im Januar 1817 der Laib Brod 24 Kr. und in den Monaten Mai bis Juli sogar 35½ Kr. kostete. Vom September gingen dann die Preise, wenn auch langsam, wieder herunter.

Im Jahre 1818 wurde an die Stelle der alten Thomsonsbrücke eine neue über den kleinen Rhein erbaut und in diesem Jahre die jetzt noch stehenden Barrieren (ehemals Zoll- und Wachthäuser) am Rhein- und Heidelberger Ausgang errichtet.

———

Am 8. Dezember 1818 starb Morgens halb 9 Uhr Großherzog Carl Ludwig Friedrich von Baden im Schlosse zu Rastatt, in einem Alter von 32 Jahren und im 7. Jahr seiner Regierung, ohne männliche Nachkommen.

Aus der Ehe mit seiner Gemahlin Stephanie Louise Adrienne, Adoptivtochter Napoleon's, waren drei Prinzessinnen entsprossen:

1) Louise Amalie Stephanie, geb. den 5. Juni 1811, vermählt den 9. November 1830 mit dem Prinzen Gustav Wasa, gestorben den 19. Juli 1854.
2) Josephine Friederike Louise, geb. 21. Oktober 1813, vermählt den 21. Oktober 1834 mit dem Fürsten Carl Anton von Hohenzollern-Sigmaringen.
3) Marie Amalie Elisabeth Caroline, geb. den 11. Okt. 1817, vermählt den 23. Februar 1843 mit dem Her-

zog Wilhelm Alexander von Hamilton, Marquis von Douglas und Clydesdale.

Die Leichenfeier zu Carlsruhe fand am 13. Dezember 1818 in der dortigen Schloßkirche statt, wobei eine vom Geheimerath Haube verfaßte Biographie des Verstorbenen vom Archidiakonus Reich verlesen wurde.

Noch einige Monate vor seinem Tod gab er dem Lande eine Verfassung, wie er es schon im Jahre 1816 mehrfach zugesichert und damit nur gezögert hatte, in der Erwartung und Hoffnung, daß alle deutschen Bundesglieder über eine den deutschen Völkern verheißene Einrichtung übereinkommen würden. Da sich aber nach den damals beim Bundestage erfolgten Abstimmungen nichts voraussehen ließ, wann die Gestaltung der ständischen Verfassung einen Gegenstand der Berathungen bilden würde, so löste Großherzog Carl sein Versprechen und erwarb sich den Dank der Mit- und Nachwelt im reichsten Maße. (Siehe die Feier' des 25jährigen Bestehens der Verfassung.)

Am 30. September 1819 kam die verwittwete Großherzogin Stephanie in Mannheim an und nahm im großherzoglichen Schlosse ihren Wittwensitz, woselbst ihr am 3. Okt. der Adel und die Behörden durch Deputationen Aufwartung machten.

Der zweite Sohn Carl Friedrichs aus zweiter Ehe, der großherzogliche Prinz und Markgraf Friedrich von Baden ꝛc., geboren den 29. August 1756, welcher als General-Major der Niederlande und Inhaber eines holländischen Infanterie-Regiments den Feldzug 1793 gegen Frankreich im Hauptquartier des Erbprinzen Wilhelm von Oranien mitmachte und mehreren Gefechten in der Umgegend von Menuin am 13. September beiwohnte, war nach dem für die Holländer unglücklichen Ausgang wieder nach Baden zurückgekehrt, wo er den 28. Mai 1817 starb.

Es folgte deshalb, nach dem Ableben des Großherzogs Carl, der dritte Sohn Carl Friedrichs, Markgraf Ludwig, seinem Neffen in die Regierung. Er war geb. den 9. Febr. 1763 und zählte bei seinem Regierungsantritte 55 Jahre. In seinem 20. Jahre trat er unter Friedrich dem Großen in preußische Kriegsdienste und wurde nach einigen Jahren Commandeur des Eliten-Grenadier-Bataillons Rhobich in Potsdam. Im Jahr 1792 marschirte er mit demselben aus, erhielt bei der Blokade von Mainz im Winter von 1792 bis 1793 den Schwarzen Adlerorden und machte 1793 den Feldzug der Preußen in der Rheinpfalz unter dem Herzoge Carl von Braunschweig mit. In der Schlacht bei Pirmasens, den 14. September 1793, commandirte er die linke preußische Flügelbrigade, welche Anfangs bei Obersimten aufgestellt, später am Treffen Theil nehmend, in die rechte Flanke der Franzosen eindrang und wesentlich zum Siege beitrug. Auch bei Moorlautern und Kaiserslautern (29. und 30. November 1793) zeichnete sich Markgraf Ludwig so aus, daß er wegen Führung seiner Brigade öffentlich belobt, und zum Generalmajor und Chef des 20. Infanterie-Regiments in Magdeburg ernannt wurde.

Auf den Wunsch seines Vaters, des Großherzogs Carl Friedrich, kehrte er im Jahre 1795 nach Karlsruhe zurück, um an den badischen Staatsgeschäften Theil zu nehmen.

Nach dem Lüneviller Frieden erhielt er am 9. Juli 1802 eine diplomatische Sendung an den Kaiser Paul von Rußland. Auf der Reise dahin wurde er bei seinem Aufenthalte in Berlin vom König Friedrich Wilhelm III. zum Generallieutenant ernannt.

Im Jahre 1803 mit der Organisation des vermehrten churfürstlich badischen Truppencorps beauftragt, trat er an die Spitze der sogenannten Kriegscommission (später Kriegs-Collegium), wurde General en Chef aller badischen Truppen und Inhaber eines neuerrichteten Infanterieregiments.

Auch die Direction des Finanzministeriums und die Oberforst-Commission wurden ihm übertragen. Abneigung gegen den übermüthigen französischen Einfluß zu jener Zeit veranlaßten ihn, zu Anfang des Jahres 1808 von allen Aemtern zurückzutreten, und bis Anfangs 1813 in größter Zurückgezogenheit in Salem zu leben.

Auch nach Napoleons Sturze lebte er zurückgezogen in Karlsruhe, bis ihn der Tod seines Neffen auf den Thron berief.

Das Commando der großherzoglichen Truppen führte er selbst; er wurde von Kaiser Franz I. zum Inhaber des k. k. österreichischen 59. Infanterie-Regiments, und von König Friedrich Wilhelm III. von Preußen im Jahre 1819 mittelst Handschreibens zum Inhaber des 4. (3. ostpreußischen) Infanterie-Regiments, wie auch zum General der Infanterie ernannt.

Mannheim huldigte dem Großherzog Ludwig in dem dazu ernannten Commissär, Oberhofrichter Freiherrn von Drais, am 10. Dezember 1818 zuerst im Rittersaale des Schlosses durch die Corporationen und dann in der Jesuitenkirche durch sämmtliche Bürger.

In der Kirche erinnerte der Freiherr v. Drais daran, daß vor 15. Jahren dahier dem unvergeßlichen Carl Friedrich in Person gehuldigt worden sei, daß dessen Enkel der verstorbene Großherzog Carl hauptsächlich durch zwei Punkte die Liebe aller Badener verdiene, indem er mit aller Kraft und allem Eifer die mehrmals bedrohte Integrität des Landes verfochten und demselben eine liberale landständische Verfassung gegeben habe und schloß mit der Zusicherung, daß der neue Regent in dem Geiste seiner Vorfahren regieren werde.

Stadtdirector von Jagemann antwortete hierauf im Namen der Bürgerschaft.

Am 12. kamen sämmtliche Beamten des Neckarkreises hierher, um vor dem Kreisdirektor Freiherrn von Stengel den Eid der Treue zu leisten.

Am 19. Februar 1819, Mittags 1 Uhr, kam Großherzog Ludwig zum Besuche nach Mannheim und nachdem er am

20. das Theater, woselbst „die Vestalin" aufgeführt wurde, und am 21. den Gottesdienst in der Schloßkirche besucht hatte, reiste er am letztern Tage wieder ab.

Am 20. Mai 1820 wurde der Studiosus Carl Ludwig Sand, in der Frühe durch das Schwert hingerichtet, wegen der am 23. März 1819, Abends nach 5 Uhr, geschehenen Ermordung des russischen Staatsraths August von Kotzebue in dem Hause A 2 No. 5 im 2. Stock.

Am 18. Juli 1822 wurde die neugegründete hiesige Sparkasse eröffnet, nachdem die Kreisregierung deren Statuten am 21. Mai bestätigt hatte.

In den Jahren 1822 auf 1823 war ein strenger und lange anhaltender Winter. Im Januar 1823 wurde auf dem zugefrorenen Rhein ein großes Faß verfertigt, am 17. in Eisen gebunden und nachher öffentlich versteigert. Man wählte diesen Tag, da im Jahre 1766 am gleichen Datum ebenfalls auf dem Eise ein großes Faß fertig wurde, das in den Hofkeller kam.

Die nasse Witterung des Spätjahrs brachte einen hohen Stand des Rheins und Neckars hervor. Am 3. November stand der Rhein 12' 2" über Mittel und richtete das Hochwasser großen Schaden an. Rheinbrückenmeister Zöller und Schiffer Bomatsch, die sich bei der dadurch hervorgerufenen Noth durch ihren Rettungseifer besonders hervorgethan hatten, erhielten am 22. Februar 1825 vom Großherzog Ludwig die silberne Verdienstmedaille und vom König von Bayern die goldene Gedächtnißmedaille.

Im Jahr 1830 war ebenfalls ein strenger Winter, in Folge dessen der hiesige Holzhof von den Einwohnern so in Anspruch genommen wurde, daß eine Bekanntmachung des damaligen Stadtdirectors Wundt gebot, nur an Diejenigen Holz abzugeben, die desselben dringend benöthigt waren, und sich durch einen vom Polizeiamt ausgestellten Schein darüber ausweisen konnten.

Den 30. März 1830 starb Großherzog Ludwig nach elfjähriger Regierung, in einem Alter von 67 Jahren.

In der Regierung folgte dessen Halbbruder Carl Leopold Friedrich, vierter Sohn des Großherzogs Carl Friedrich aus zweiter Ehe. Großherzog Leopold geboren den 29. August 1790 war mit weiser Sorgfalt erzogen, hatte 1809 die Universität Heidelberg bezogen, wo er sich der Staatswissenschaft mit regem Eifer widmete. Später hatte er sich auf Reisen begeben und im Jahr 1814 als Großherzogl. Generallieutenant an dem Feldzug gegen Frankreich im Hauptquartier des K. Russ. Generals der Cavallerie Rajewsky, rühmlich an den blutigen Kämpfen bei Bar-sur-Aube, Arcis-sur-Aube und Paris Theil genommen, nach dessen Einnahme er zum General-Mayor ernannt wurde.

Von sechs Söhnen der vierte schien er nicht zum Throne bestimmt; doch wurde er nach dem frühen und kinderlosen Tode der näher berechtigten Thronerben nebst seinen zwei jüngeren Brüdern 1817 nach den Hausgesetzen zum Großherzoglichen Prinzen und Markgrafen von Baden erklärt und sein Erbfolgrecht durch die europäischen Großmächte gewährleistet. Nachdem er am 25. Juli 1819 seine Vermählung mit Sophie Wilhelmine, der letzten Tochter des Königs Gustav des Vierten von Schweden,, gefeiert hatte, lebte er im glücklichen Kreise seiner Familie, sah dieses Glück sich mehren durch freudig heranblühende Kinder, und widmete seine Thätigkeit theils ihrer Erziehung, theils der Pflege edler Kunst und im Verein mit seinen Durchlauchtigsten Brüdern Wilhelm und Maximilian, der Förderung landwirthschaftlicher Interessen, wobei er fortfuhr, einen reicheren Schatz unmittelbarer Lebenserfahrungen zu sammeln, als es Andern möglich ist, welche sich schon von der Wiege an zum Thron bestimmt fühlen. Am 12. April 1826 wurde Leopold Chef des Großherzoglichen 4. Infanterie-Regiments und bestieg den Thron den 30. März 1830, als gereifter Mann von 40 Jahren. Er formirte aus den badischen Truppen ein Armeecorps, gab demselben eine definitive Organisation in einer Division Infanterie, einer Brigade Cavallerie und einer Brigade Artillerie. — Großherzog Leopold ward, wie sein Regierungs-Vorgänger, Inhaber des K. K. österreichischen 59. Infanterieregiments und ebenso des 29. preußischen Infanterieregiments, am 30. December 1832.

Früher schon ein Gegenstand der allgemeinen Liebe und Verehrung sowie der freudigsten Hoffnungen, ward Leopold nun bei seinem ersten Schritte auf Badens Thron mit unaussprechlichem Jubel von dem Volke begrüßt; schon den Anfang seiner Regententhätigkeit bezeichnete er mit Aufhebung lästiger Abgaben und milden Handlungen; und als er am 17. März 1831 die Stände zum ersten Male um sich versammelte, eröffnete er sie mit den denkwürdigen Worten: „In dem Augenblicke, wo die Vorsehung die Sorge für des Volkes Wohl in meine Hand gelegt hat, faßte ich den bleibenden Entschluß, durch redliche Erfüllung der Pflichten meines hohen Berufes dem Vorbilde meines geliebten Vaters nachzustreben; möge sein Segen über uns walten."

Zu Mannheim huldigten am 2. April 1830 die Staatsdiener im Rittersaale des Großherzoglichen Schlosses und die Bürgerschaft in der Jesuitenkirche. Auf der Reise, die Großherzog Leopold nach seiner Thronbesteigung mit seiner Gemahlin und seinen Kindern durch das Land unternahm und die, nach den uns aufbewahrten Berichten einem Triumphzuge glich, kam er am 7. Mai 1830 in hiesiger Stadt an. Das hohe Fürstenpaar, in Begleitung der Markgrafen Wilhelm und Maximilian, ward an der Gemarkungsgrenze gegen Neckarau von dem Stadtdirector Wundt und der Bürger-Cavallerie, einer Anzahl uniformirter berittenen Bürgern, Landwirthen der Stadt und Umgegend an dem daselbst errichteten prachtvollen Triumphbogen begrüßt und in die festlich geschmückte Stadt geleitet.

An dem Heidelberger Thorausgang war eine Ehrenpforte erbaut, an welcher der Oberbürgermeister der Stadt, Herr Möhl, der Magistrat, sowie eine Deputation von zehn

der ältesten und zehn der jüngsten Bürger der Stadt, welche
erstere zusammen 884 Jahre zählten, das hohe Fürstenpaar
und die Markgrafen Namens der Stadt willkommen hießen.
Vor dem Schloßhofe waren sechs Obelisken mit den Namen der
sechs Landeskreise aufgerichtet. Abends waren alle Gebäude
glänzend beleuchtet; auf dem Frucht= und Strohmarkte strahl=
ten mächtige Obelisken, das Neckarthor, das Rathhaus und
die Pfarrkirche, die Fronten des Kaufhauses, das Zeughaus,
die Pforten der beiden Casernen in besonderer Pracht und
schien die Stadt in einem Flammenmeere zu schweben.

Auf dem Marktplatze war von dem Bürgermilitär ein
Lager errichtet, das den ganzen Zauber eines nächtlichen
Bivouaks entfaltete, und auf dem Parabeplatz, woselbst das
Monument zu einem Springbrunnen eingerichtet war, und
rother und weißer Wein zum Ergötzen der Menge floß, hatte
ein zweites Volksfest seine Munterkeit und Laune entfaltet.

Dem bürgerlichen Artillerie=Corps schenkte der Großher=
zog beim Besuche auf dem Marktplatze drei metallene Sechs=
pfünder Kanonen.

Das Lager wurde von dem hiesigen Conditor Brechter
nachgebildet, und dem Großherzog Leopold von einer Depu=
tation der Stadt, dem zweiten Bürgermeister Hutten und
dem Bürgermilitär=Oberst Morgenstern, am 26. August zum
Geschenk für den Erbgroßherzog Ludwig überreicht.

Am 8. war große Tafel von 140 Gedecken, und Abends
auf dem Mühlauer Schlößchen ein von der Harmonie=Gesell=
schaft veranstaltetes Musikfest. Die Fahrt auf das Schlöß=
chen wurde in beleuchteten Schiffen auf dem Rheine von den
Schwimmschulen aus unternommen, und der Abend mit einem
großen Feuerwerk beschlossen.

Am Morgen des 9. Mai war große Parade des hier
befindlichen Militärs und Nachmittags reiste die großherzog=
liche Familie nach Heidelberg, woselbst dieselbe auch den fol=
genden Tag verweilte und erst Abends wieder hieher zurück=
kehrte. Vor der Abreise nach Heidelberg erhielten der Ober=

bürgermeister Möhl das Ritterkreuz des Zähringer Löwen-Ordens, der Obmann des Bürger-Ausschusses, Gerlach, so wie der älteste Bürger der Stadt, Nikolaus Rückner, die goldene Verdienstmedaille.

Am 11. war Corpsmanöver der Garnison auf dem Exercierplatze und nachher besuchten die hohen Ehrengäste die städtischen Anstalten: das Armenhaus, die beiden Hospitäler, das Lazareth, die Kasernen, das Zeughaus ꝛc.

Am 12. Mai erfolgte die Rückreise nach Karlsruhe.

Im Monat Mai 1829 kam das erste Dampfboot, erwartet von einer großen Zuschauermenge, hier an, und wurde am 12. Juni 1830 eine regelmäßige Dampfschifffahrt zwischen hier und Mainz durch das Dampfschiff „Ludwig" angezeigt, und damit die Gelegenheit geboten, den andern Tag wieder zurück zu fahren.

Im Spätjahr 1830 unternahm man auf dem Theaterplatz einen artesischen Brunnen herzustellen, welches Project aber nach mehreren mißlungenen Bohrversuchen und Verlust einer bedeutenden Summe aufgegeben wurde, und man im Sommer 1836 gänzlich davon abstand.

Am 9. November 1830 vermählte sich zu Karlsruhe Louise Amalie Stephanie, älteste Tochter des Großherzogs Karl, mit dem Prinzen Gustav von Wasa, und kam das junge Paar einige Tage darauf in hiesige Stadt, wo zur Feier deren Anwesenheit im Theater am 18. d. M. Spontini's Oper „Die Vestalin" aufgeführt wurde, wobei Frau Schröder-Devrient die Rolle der Julia sang. Diese Ehe wurde 1844 durch Erkenntniß eines Austrägalgerichts wieder getrennt.

Im Sommer 1831 hielten dahier die Pioniere des 8ten Armeecorps (Badener, Hessen-Darmstädter und Württemberger) gemeinschaftliche nautische Uebungen. Am 1. August schlugen sie eine Brücke über den Neckar, welche hierauf das hier garnisonirende 2. Dragoner- und 4. Infanterie-Regiment passirte. Großherzog Leopold, die Markgrafen Wilhelm und

Max von Baden, der Fürst von Fürstenberg, der Großherzog und der Erbprinz von Hessen, waren am letzten Juli hier angekommen und wohnten dem Manöver bei.

Im Monat Mai 1832 feierte man in hiesiger Stadt zum Andenken der ersten Anwesenheit des Großherzogs Leopold das sogenannte Maifest, das sich hierauf bis 1840 jährlich wiederholte.

Am 31. Dezember 1832 feierte die hiesige bürgerliche Kavallerie ihr 40jähriges Stiftungsfest, wobei zwei der im Jahr 1792 bei der Errichtung eingetretene Mitglieder, Melchior Grohe und Johann Schütz d. ä., als Ehrengäste anwesend waren.

1833 wurde der naturhistorische Verein gegründet, und am 29. Oktober die erste öffentliche Versammlung von demselben abgehalten. Im Spätjahr 1833 bildete sich der Kunstverein, und ward die erste Kunstausstellung im Mai 1834 abgehalten.

Im März 1834 wurde der botanische Garten im Schloßgarten angelegt.

Im Jahr 1836 trat der hiesige Verein dem Verband des rheinischen Kunstvereins bei, und war in hiesiger Stadt die erste Turnus-Ausstellung desselben im Mai 1837.

Im Februar 1834 wurde der Bau des Hafens in den Grundarbeiten begonnen; dazu hatte man die Rheinmühlen, den Militärwaschplatz und das der Domäne gehörende Areal angekauft.

Am 11. September 1834 geschah in Anwesenheit des Großherzogs Leopold und seiner Familie die Grundsteinlegung, bei welcher Gelegenheit der Minister des Innern, Winter, beherzigenswerthe und zu Herzen gehende Worte sprach. Großherzog Leopold besichtigte die Hafenarbeiten, am 1. Oktober 1836, den 19. Juli 1837 und 7. April 1840.

Im Spätjahr 1839 war ein so niedriger Wasserstand, daß geladene Schiffe mit vieler Mühe die seichte Neckarmündung passiren konnten; man war daher genöthigt, die am

10. und 18. November von Amsterdam angekommenen Schiffer Th. Itschert mit 5038 Centner, Schiffer Bonk mit 4395 Centner, so wie dem Neckarschiffer Schnellbach mit 1800 Centner Ladung am 21. in den fast vollendeten neuen Hafen einfahren zu lassen, womit dessen Eröffnung thatsächlich vollzogen wurde.

Im Jahre 1834 wurde auf der Mühlau ein neues Pulvermagazin erbaut, und im Monat Oktober die Pulvervorräthe der Garnison dahin verbracht, so daß die Bewohner der unteren Stadt durch Aufhebung des ihnen so nahe gelegenen Pulverthums von manchen Sorgen befreit wurden. — Früher schon hatte sich das Pulvermagazin auf der Mühlau befunden, die Gebäude desselben waren erst im Frühjahr 1819 gänzlich demolirt worden.

## Die Feier des Anschlusses von Baden an den deutschen Zollverein.

Den 11. Juli 1835 feierte Mannheim, durch seinen Handelsstand geleitet, ein schönes Fest, den so sehnlich erwarteten Anschluß Badens an die deutschen Zollvereinsstaaten, welcher unterm 12. Mai d. J. nach ruhiger und umfassender Prüfung von der großherzoglichen Regierung ausgesprochen und auch die Genehmigung der hohen Ständekammer erhalten hatte. Damit verschwand die Hemmung, welche so viele Jahre den Verkehr mit den deutschen Nachbarstaaten beschwerte und drückend auf der Industrie unseres schönen Landes gelastet hatte.

Der freie Austausch der Erzeugnisse eines Bezirkes von 23 Millionen Einwohnern versprach das Gedeihen des Gewerbfleißes und eröffnete eine frohe Zukunft. Um nun dieses wichtige Ereigniß feierlich zu begehen, hatte sich im Einverständniß mit den Behörden ein Verein aus dem hiesigen Handels= und Gewerbestande gebildet, um im Zusammen=

wirken mit allen Einwohnern hiesiger Stadt die ersten Waaren, die frei über die Nachbargränze eingeführt wurden, festlich zu empfangen.

An dem bestimmten Tage nach Freigebung der Zollgränzen versammelten sich in der Rheinschanze die Mitglieder der königlichen Behörde, die Herren Gutsbesitzer, Bürgermeister und Gemeinderäthe der überrheinischen Nachbarorte, und nahmen die Wagen mit Landesprodukten, als Wein, Tabak, Reps u. s. w., alle festlich verziert, nebst ihrer Begleitung Aufstellung.

Um 3 Uhr Nachmittags setzte sich der festliche Zug über die Brücke in Bewegung, an welcher an diesem Tage auf Verwendung des Festkomités kein Uebergangsgeld erhoben wurde. Als die Spitze des Zuges in der Mitte der verzierten Brücke angekommen war, begrüßte denselben die auf dem neuen Freihafen-Damm aufgestellte bürgerliche Artillerie mit Kanonenschüssen. Der Zug bewegte sich durch eine zahlreiche Zuschauer-Menge ohne Aufenthalt weiter, nahm am Brückenhaus Aufstellung, um mit den diesseitigen Deputationen die gegenseitige Begrüßung zu begehen. Nach der Begrüßung setzte sich der Zug, wie folgt, in Bewegung:

Die Kavallerie schwenkte ein und eröffnete denselben; ihr folgte die städtische Musik und das Grenadierkorps, die vereinten Deputationen, nach diesen der Zug, wie solcher in der Rheinschanze abgegangen war und zum Schluß das bürgerliche Schützenkorps; Kanonenschüsse und das Geläute sämmtlicher Glocken der Stadt begleiteten die Bewegungen des Zuges.

In den beiden Baumgängen zwischen der Rheinbarriere und den ersten Häusern der Stadt waren die Zünfte mit ihren Insignien nach alphabetischer Ordnung, nebst dem Handel- und dem Schifferstande aufgestellt und bildeten Spalier, durch welches sich der Zug bis zu dem großem Portale bewegte, welches am Eintritt in die Stadt errichtet war. Nachdem hier eine weitere Deputation der Herren Gewerbe-

Vorsteher sich mit den beiden ersten vereint hatte, ging der Zug weiter durch die Planken und breite Straße nach dem Marktplatze. Die Zünfte nebst dem Handels- und Schifferstande, traten hinter der überrheiner Abtheilung in den Zug ein.

Längs des Rathhauses und der Pfarrkirche war die Schuljugend sämmtlicher Confessionen nach Klassen und Geschlechtern aufgestellt und nahm der Zug, der sich, mit Ausnahme der Wagen, welche bei Herrn Kaufmann Groß rechts einbogen und sich zerstreuten, um den Markt bewegte, ebendaselbst Aufstellung.

Die Deputirten vom Ueberrhein und die inzwischen eingetroffenen Herren Bürgermeister und Gutsbesitzer der Darmstädtischen und badischen Nachbarorte wurden auf dem Rathhause eingeführt und den großherzoglichen Autoritäten vorgestellt, worauf sie auf dem Balkone und an den Fenstern des Sitzungssaales verweilten.

Die städtische Musik spielte die Melodie: „Großer Gott wir loben dich", und stimmte unter dieser Melodie die Schuljugend mit der ganzen Versammlung das vorher ausgetheilte Festlied an, das also lautet:

 Ewiger sieh auf uns herab,
 Hör unf're Dankeslieder
 Deine Vatergüte gab
 Eine neue Gabe wieder;
 Was wir schmerzvoll lang entbehrt
 Ist uns heut zurückgekehrt.

 Jahrelang hielt Mißgeschick
 Unf'res Volkes Fleiß in Banden.
 Trauernd floh des Hauses Glück
 Aus den Städten, aus den Landen.
 Bange sah der Väter Sinn
 Auf der Kinder Zukunft hin.

 Sieh! da sandtest Hülfe du
 Und die Spaltung ist zerronnen,
 Segen, Wohlfahrt, Glück und Ruh —

Hat die Eintracht uns gewonnen,
Die geknüpfet den Verein,
Dessen wir uns dankbar freun.

Segne Höchster Alle, die
Zu dem Werk die Hand gegeben,
Die mit schwerer Sorg' und Müh'
Für des Volkes Wohlfahrt streben?
Segne uns'ren Bürgerstand?
Segne Fürst und Vaterland!

Sodann wurden an der Brunnenstatue auf dem Marktplatze die eingelaufenen beträchtlichen Geschenke an Wein und Brod an die Menge vertheilt. Die ersten Gläser des Weins, der zuerst die Grenze zollfrei überschritten hatte, wurden der Versammlung auf dem Rathhause überreicht, und anschließend hieran vom Balkone herab geeignete Toaste ausgebracht, welche von der versammelten Menge mit lautem Zuruf aufgenommen wurden, in welchen sämmtliche Musiken und der Donner der auf dem Damme gegen die Marktstraße aufgestellten Kanonen, mit einstimmten.

An die Armen und Kranken der Stadt waren schon vorher Wein und Speisen zur Mitbegehung des festlichen Tages vertheilt worden. Um 7 Uhr Abends war Theater. Auf der Mühlau, im Badnerhofe und an andern Orten vereinigte man sich zu Abendunterhaltungen und Tanz und war aller Orten für gastliche Aufnahme der Fremden Vorsorge getroffen; damit schloß der Tag allgemeiner Freude, der noch in spätesten Zeiten, als derjenige begrüßt werden wird, welcher das erste innige Band um Deutschlands wackere Glieder legte, zur Bildung und Kräftigung des nationalen, schönen Einigungswerkes, zur deutschen Größe und Macht.

Im Frühjahre 1838 wurde die Stephanien-Promenade, zwischen dem Schloßgarten und dem Neckerauerwalde, angelegt und im Frühjahre 1841 beendigt und damit den Freunden der Natur der Wunsch nach einem weitern schönen Spaziergange erfüllt.

Am 18. Juni bot das Theater den Kunstfreunden einen seltenen Genuß in der Aufführung von Mozart's Oper, „die Hochzeit des Figaro", in der drei der ersten Gesangscoryphäen, Herr Staudigel und die Damen Jeny Lutzer und van Hasselt, auftraten.

Am 28. November 1838 wurde die neue Rheinstraße dem Verkehr übergeben; dieselbe war früher nur chaussirt, die beiden Seitenwege niederer als der Mittelweg, während sie nun nivellirt und mit Basalt gepflastert worden; sie hat eine Länge von über 750 und eine Breite von 40 Schuh.

Am 27. Februar 1839 erhielt die Gemeinde den Beschluß des Großherzoglichen Staats=Ministeriums, wonach die Administration des hiesigen Theaters ihr übertragen wurde Auf spätern Wunsch verfügte Sr. königl. Hochzeit Großherzog Leopold im Monat April, daß das Theater von da an den Charakter einer Staats=Anstalt und den Titel Hoftheater zu tragen habe.

Im Monat September war dahier die Versammlung deutscher Philogogen und Schulmänner. Nach mehreren vorbereitenden, war die erste Sitzung am 1. Oktober. Die Stadt Mannheim hatte Alles aufgeboten, den Gästen den Aufenthalt in hiesiger Stadt angenehm zu machen, und sprachen jene ihre Anerkennung auch in einem Schreiben an das städtische Comité dankend aus.

Am 15. November wurde von dem Pavillon des neuen bis dahin unter Dach gestellten Harmoniegebäudes der übliche Bau=Spruch gesagt; am 18. September 1840 wurde der untere Stock desselben bezogen und am 31. Dezember der große Saal in der Belle=Etage mit einem Balle eröffnet.

Im Sommer 1840 wurde der große Gasthof „zum Europäischen Hofe, an der Rheinbrücke, nach einem Plane des Architekten Geyer aus Mainz erbaut; derselbe wurde am 2. Mai 1841 mit einem Diner, an dem 200 Personen Theil nahmen, eröffnet.

Samstag den 27. Juni 1840 wurde der Friesenheimer Durchstich eröffnet und damit manche Sorge für unsere Gemarknng bei Hochwasser abgewendet, da dadurch dem Rhein eine weitere Abzugsrinne gegeben wurde, was hauptsächlich Stauungen des Neckar's aufheben wird.

Im Spätjahre 1840 fand ein - großes Manöver des deutschen Armeekorps statt und brachte den 20. September von der zu Schwetzingen abgehaltenen Hauptrevue unserer Stadt eine Anzahl militärischer Gäste, indem außer den beiden hier garnisonirten Regimentern noch das 1., 4., 5. und 8. wurtembergische Infanterie=Regiment und ein hessisches Bataillon dahier in Quartier kam.

An den Tagen des 15. und 16. Oktober hielt die landwirthschaftliche Centralstelle eine landwirthschaftliche Ausstellung auf dem Exerzierplatze, in einem dazu errichteten Gebäude und Zelten.

Am 15. war im Saale des Badnerhofes Wein= und Biermusterung, sowie Rauchprobe von Pfälzer=Tabaken, dann Wettpflügen in der Nähe des Lindenhofes, und später Viehschau, der andern Tages die Preisvertheilung folgte.

### Die Einweihung des neuen Hafens.

Mit dem 17. October 1840 war der langersehnte Tag angebrochen, der in den Annalen unserer Stadt als einer der denkwürdigsten verzeichnet ist. An demselben fand die Einweihung des neuen großen Rheinhafens statt und wurde zugleich die Taufe des Dampfers der Kölnischen Gesellschaft, „Stadt Mannheim" vollzogen, welchem man eine schöne Ehrenflagge gestiftet hatte. Schon frühe waren die Einwohner beschäftigt, der Stadt das festlichste Ansehen zu geben; Flaggen, Emplemen und Blumenguirlanden schmückten die Gebäude zur Feier des Tages als zum würdigen Empfang des Landesfürsten, auf dessen Anordnung der Hafenbau geschehen war.

Auf Anordnung der Handelskammer, Namens des Handelsstandes war zur würdigen Feier des Festes das Innere des Hafens auf das schönste hergerichtet, was damit bewiesen sein mag, daß der in ganz Deutschland genannte Künstler Mühldorfer als Festordner mitwirkte und was als sinnreiche Idee sich meisterhaft darstellte, war die an dem Rand des Quais errichtete in einem Balcon auslaufende Tribüne von welchen die Allerhöchsten Anwesenden jeden Punkt des Hafenbassins und des Raumes übersehen konnten, den die Festversammlung eingenommen hatte. An der Seite der Tribüne fand sich die Rednerbühne und unweit stand der Krahnen, welcher der Festhandlung gewidmet war.

Nach 10 Uhr setzte sich der feierliche Zug der Theilnahme des Festes in Bewegung, das Bürgermilitär, die Schuljugend aller Confessionen und Schulanstalten, darunter die erst ins Leben geführte höhere Bürgerschule, die löblichen Zünfte mit ihren Fahnen und Insignien, der Schifferstand, der Handelsstand und die städtischen Behörden. Alle Geschäfte der Stadt ruhten; insbesondere war es der Handelsstand, der von dem ersten Firmaträger bis zum letzten Lehrlinge theilnehmend seinen freudigen Antheil an dem Tagesereigniß zu erkennen gab.

Um 11 Uhr nahten sich Se. K. Hoheit der Großherzog, Ihre Königl. Hoh. die Frau Großherzogin, der Erbgroßherzog, Prinz Friedrich, Prinzessin Alexandrine, Markgraf Maximilian, Hoheiten, Se. K. Hoh. der Großherzog von Sachsen-Weimar und Eisenach, Ihre Kais. Hoh. die Frau Großherzogin von Sachsen-Weimar und Eisenach, Se. Hoh. der Herzog Bernhard von Sachsen-Weimar, Ihre Durchlauchten die Prinzen und Prinzessinnen von Sachsen-Weimar, Ihre Durchlaucht die Frau Fürstin von Hohenlohe-Barbenstein, geb. Landgräfin von Hessen mit Höchstihrem Gefolge dem großen Portale des Hafens und wurden daselbst von Herrn Geh. Rath und Regierungsdirektor Dahmen, Herrn Zolldirektor Goßweiler, Herrn Geh. Rath und Stadtdirektor Riegel, den städtischen

Behörden unter Vortritt des ersten Herrn Bürgermeisters Jolly und der Handelskamer unter Vortritt ihres Vicepräsidenten Hrn. Lang, (da ihr Präsident, Herr Dörler, leider durch Krankheit abgehalten war) ehrfurchtsvoll empfangen und nach der großen Tribüne geleitet. Kaum wurde die versammelte Menge JJ. KK. HH. des Großherzogs und der Frau Großherzogin ansichtig, so wurden Höchstdieselben mit lautem, um alle Ufer sich verbreitenden „Hoch"· begrüßt.

Se. König. Hoh. der Großherzog geruhten hierauf durch die Herren Bürgermeister Sich die anwesenden Mitglieder der Verwaltung der Kölnischen Dampfschifffahrtsgesellschaft, Hrn. Camphausen, Präsidenten der Kölner Handelskamer, Hrn. Handelsmann Canetta und Hrn. Banquier Stein von Köln, vorstellen zu lassen und gegen dieselben, so wie gegen die übrigen Anwesenden längere Zeit Ihre Theilnahme an dem Aufblühen des Handels, der Schifffahrt und der Gewerbe auszudrücken. Nach eingeholter Allerhöchster Genehmigung wurde das Fest von der hiesigen Liedertafel, welche unter dem Balkon auf einem großen Rheinschiffe aufgestellt war, mit folgendem Festgesang, eröffnet:

Was der Geist erdacht,
Was der Fleiß vollbracht,
Kräftig Hand in Hand
Fürst und Vaterland,
Soll sich stolz erheben
In ein neues Leben.

Goldne Früchte trägt,
Was den Nerv bewegt,
Der mit Geist und Kraft
Wunderbares schafft:
Allen seinen Wegen
Bringt der Handel Segen.

Großes Völkerband
Dankbar Vaterland!
Schreibt in reines Gold
Mich baut Leopold:
Was Er uns gewesen,
Soll die Nachwelt lesen.

Ehre, Bildung, Glück,
Strahlt auf Ihn zurück:
Seiner Krone Glanz
Ist der Blüthenkranz.
Der sich wird entfalten
Unter Seinem Walten.

In dem Himmel thront,
Der den Fürsten lohnt;
Blickt das Aug' empor,
Wird das Lied zum Chor
Alle Herzen beben —
Segne Gott Sein Leben!

Wohltönend erschallte durch die andächtige Stille der kräftige Männergesang, und nach dem Verstummen desselben sprach Herr Oberbürgermeister Jolly auf der Rednerbühne gegen Se. K. H. den Großherzog gewendet, begeistert von der Weihe des Tages, mit Kraft und Würde folgende Anrede: Durchlauchtigster Großherzog! Durchlauchtigste Großherzogin! Durchlauchtige Großherzogliche Prinzen und Prinzessinnen! Hochansehnliche Versamlung!

Kaum war der herrliche vaterländische Strom, an dessen Ufern wir uns befinden, von den Fesseln befreit, die Jahrhunderte lang auf ihm lasteten und kaum hatte ein kühner Mann die natürliche Scheu vor dem Neuen und Ungewohnten überwindend, es gewagt mit einem beladenen Schiffe aus dem Hafen von Amsterdam in ununterbrochener Reise bis zu uns zu fahren, als dieses Beispiel schnelle, glückliche und häufige Nachahmung fand; häufiger als die Freunde dieses Unternehmens gehofft, häufiger als die Gegner desselben gefürchtet hatten. Es zeigte sich dadurch gar bald, daß Schiffe mit vollen hundert Lasten bei jedem Wasserstande unbeschwert bis hierher, aber nicht füglich weiter aufwärts gelangen können, daß sonach Mannheim der natürliche Stapelplatz nicht nur für den Neckar, sondern auch für den Oberrhein sei. E. K. Hoheit, stets nur mit dem Wohl Ihres Volkes beschäftiget, und das Richtige überall schnell erkennend, beschlossen sofort, der wieder entfesselten Schifffahrt hier an ihrem Hauptablabeort alle jene Sicherheit und Gemächlichkeit zu gewähren, deren sie zu ihrem Gedeihen so wesentlich bedarf. Die Vertreter Ihres treuen Volkes, ihrerseits erkennend, daß es sich hier darum handelt, dem Verkehr des ganzen Vaterlandes an der Stelle eine erleichternde und fördernde Anstalt zu gründen, an welcher die Natur selbst den Fingerzeig dazu gegeben hat, bewilligten die erforderlichen Gelder. So wurde das Werk vor sechs Jahren begonnen und von E. K. Hoh. Höchstselbst der Grundstein feierlich gelegt.

Wenn wir mit Wonne und Hochgefühl jenes frohen

Tages gedenken, dann werden wir freilich auch mit Trauer
und Wehmuth daran erinnert, daß viele der ausgezeichneten
Männer, welche damals, theils wirkend und leitend, theils
helfend und fördernd thätig waren, seitdem von dieser Welt
abgerufen worden sind. Wir erwähnen vor Allem

des hochverdienten Staatsmannes und wahren Vater=
landsfreundes (Staatsminister Winter) welcher damals
an dieser Stelle wichtige Worte über den Zweck und die
Bestimmung einer solchen Anstalt sprach;

des geschickten und erfahrnen Technikers, dem zunächst
die Anlage und die Leitung des ganzen Werkes übertragen
war, des Baurath Dittler; des bescheidenen Gelehrten,
der mit gewohnter Meisterschaft in der klassischen Sprache
der Alten die Inschrift verfertigte, des Professor Weickum;
welche in Erz gegraben und in den Grundstein versenkt,
vielleicht noch nach Jahrtausenden Kunde von dem geben
wird, was hier ein guter Fürst zum Wohl seines Volkes
gegründet hat;

der beiden wahren Ehrenmänner, von welchen der eine
als würdiger Beamter dem Großh. Stadtamt, der andere
als ausgezeichneter Bürger, damals den städtischen Be=
hörden vorstand (Stadtdirektor Orff und Bürgermeister
Andriano);

des wackern Schiffers, welcher von seines Gleichen an
ihre Spitze gestellt, sich dieser Auszeichnung unter allen
Umständen würdig zu beweisen wußte (Rheinschiffer
Martin Köhler).

Doch wenn wir mit gerechtem Schmerz den frühen Hin=
tritt dieser und anderer um das Werk wohlverdienter Män=
ner beklagen, dieses selbst wurde dadurch nicht aufgehalten,
es ging geregelten Schrittes seiner Vollendung entgegen, und
wenn gleich später sich bitterer Tadel über Anlage und Aus=
führung erhob, der gegründet schien, weil er keck auftrat, der
aber gar bald durch den Ausspruch eines anerkannten Sach=
verständigen widerlegt wurde, so hinderte auch dieses die

24*

Vollendung nicht, und Ew. Königl. Hoh. genießen heute die Genugthuung in Mitte von Tausenden Ihres treuen Volkes, von Tausenden aus den benachbarten Volksstämmen, ein Werk dem Verkehr feierlich übergeben zu lassen, welches in jeder Beziehung wohl gelungen genannt zu werden verdient, einen Hafen, der durch Räumlichkeit, Tiefe, Sicherheit und Schönheit allen Forderungen entspricht, welche an denselben gemacht werden können, für den uns daher nichts zu wünschen übrig bleibt, als was schon in der Schrift seines Grundsteins gesagt ist: „Er möge bestehen, bis der Rhein seine Fluthen nach den Alpen zurückwälzt."

Wenn nun aber dieser herrliche Hafen, der seines Gleichen nicht findet am ganzen langen Rheinstrome, den Schiffern für ihre Schiffe, den Eigenthümern für ihre Waaren Schutz und Sicherheit gewährt, wenn die in einfach edlem Style mit hoher Meisterschaft aufgeführten Lagerhäuser ihre weiten Räume öffnen, um Güter aufzunehmen und bis zu fernerer Bestimmung zu bewahren, welche aus den entferntesten Gegenden der Erde ankommen oder dahin bestimmt sind, wenn durch die Regelmäßigkeit und Zuverläßigkeit einer solchen Anstalt der Verkehr des ganzen Vaterlandes, insbesondere jener der hiesigen Stadt und Umgegend neu belebt wird, wenn dadurch Tausende Arbeit und Brod, Wohlstand und Zufriedenheit erhalten, dann werden Alle, welche sich solchen Glückes erfreuen, dankbar ihre Blicke nach dem Schöpfer desselben wenden, sie werden seinen Namen segnen und ihn ihren Kindern und Kindeskindern überliefern und so wird noch nach Jahrhunderten der Ruf hier dankbaren Anklang finden, welchen wir heute mit vollem Herzen aussprechen.

Heil dem Fürsten! der dem Wohl seines Volkes eine solche Anstalt gegründet hat. Heil ihm, dem würdigen Sohne seines großen und unsterblichen Vaters, der durch alle seine Handlungen zu erkennen gibt, daß auch er keinen höhern Wunsch kennt, als den, welchen dieser einst bei einer feierlichen Veranlassung ausge=

sprochen hat, den Wunsch, über ein freies, glückliches und wohlhabendes Volk zu regieren. Heil! Leopold, Großherzog von Baden! Heil und langes Leben ihm und seinem ganzen erhabenen Hause!
in welches Lebehoch Alle freudig einstimmten.

Nun richteten sich alle Blicke nach der Hafenmündung auf das von 8 Bugsir=Booten geschleppte, von Amsterdam mit 4400 Ctr. Colonialwaaren einfahrende Schiff des Capitän Johann Itschert, welchem sich das Hafenboot mit dem Handels=Commissär nahete. Ruhig glitt es auf der stillen Fluth dem Quai entgegen, voran ein festlich geschmückter Nachen mit dem Musikcorps, feierliche Märsche spielend. — Das ganze Geschwader, die Mannschaft in Matrosenfestkleidern, bot einen so schönen Anblick, daß das dadurch entstandene, von den vielen vor Anker liegenden flaggenden Schiffen und dem weiten Menschensaume eingerahmte Bild allen Zuschauern unvergeßlich bleiben wird. — Es hatten sich um die Anordnung dieser interessanten Scene die Herren Brückenmeister Zöller und Linier, mit ausdauernder Mühe das Verdienst erworben, und die ganze Mannschaft bewahrte eine so schöne Haltung, daß man verwirklicht sah, was von der vollendeten Seemanns=Disciplin gerühmt wird. — Am Quai angelangt, betraten der Commissär und Capitän das Ufer, bewillkommt von den Herren Oberbeamten der Hafen= und Zollverwaltung, und traten, von ihnen geführt, vor S. K. H. den Großherzog, Höchstdenselben das Manifest der Ladung darbietend und um gnädigste Erlaubniß zum Beginn des Ausladens bittend.

Se. K. H. geruhten an den Capitän huldvolle Worte zu richten und den Ausdruck seiner Gefühle bei der ihm heute zu Theil gewordenen Auszeichnung entgegen zu nehmen.

Nachdem die Luken geöffnet, wurde der Krahn angeschlagen, und bald schwebte ein Faß Melis zu den Füßen des Balcons, von einem Hurrah aller Mannschaft auf den Schiffen und vom freudigen Zuruf der ganzen Menge auf den Ufern begrüßt. So war nun sinnbildlich der neue Hafen seiner Bestimmung übergeben, und möge er, wie ein fester Bau verspricht und wie alle Herzen hoffen, unter dem Segen des Friedens und unter der Fürsorge erleuchteter Regenten Jahrhunderte lang, dem Flor des Handels und der Industrie der Stadt und des ganzen Landes dienen.

Jetzt sprach der Delegirte des Handelsstandes, Herr Lauer, von der Rednerbühne die folgenden Worte:

Durchlauchtigster Großherzog!

Durchlauchtigste Großherzogin!

Durchlauchtigste Prinzen und Prinzessinnen!

Hochansehnliche Versammlung!

So rasch die Zeit entflieht, so geschieht denn doch Vieles ja in seinen Folgen unendlich Wohlthätiges unter der väterlichen Regierung Ew. Königl. Hoheit.

Kaum sind zehn Jahre seit dem Jubel des Regierungsantritts Ew. K. H. verflossen, und Maßregeln, Gesetze haben sich aufeinander gefolgt, die als denkwürdige Begebenheiten die erhabene Regierung Ew. K. H. bezeichnen.

Nicht nur hier an dieser Stelle, an welcher wir uns festlich versammelt sehen, alle Landestheile erfreuen sich wichtiger Beförderungen der Wohlfahrt.

Gerade jetzt erhebt sich an der entgegengesetzten Grenze des Großherzogthums — an dem Ufer des Bodensees, eine ähnliche Anstalt. Neue vorzügliche Straßen und ein Menge anderer großartiger Anstalten zu den verschiedensten öffentlichen Zwecken nahen ihrer Vollendung oder sind im Bau begriffen. Flußkorrectionen, die die ausgedehntesten und fruchtbarsten Bezirke gegen wiederkehrendes Verderben schützen, sind vollbracht, und vollends hochwichtige Begebenheiten, wie die Entfeßlung des Grundeigenthums, die freie Rheinschifffahrt und das Niedersinken der frühern unseligen Zollschranken in dem Innern Deutschlands verbreiten über das ganze Land reichen Segen.

Alles umfaßt der kurze Zeitraum weniger Jahre der glücklichen Regierung Ew. K. Hoheit.

Zu den berührten umfassenden Werken gehört aber unstreitig der Bau, in dem wir uns befinden, eine Unternehmung, der zwar in mancher Beziehung ungünstige Urtheile vorhergingen, die aber dennoch durch vaterländische Bauverständige, würdig dem Zwecke, würdig der hohen Aufgabe, auf das Entsprechendste zur Vollendung gebracht wurde.

Manches Werk sah dieser Strom — das erhebende Bild rastloser Natur — an seinen Ufern emporsteigen, ein ähnliches aber, zu diesem Zwecke, begrüßten seine Wellen nicht.

Es ist den Gegenständen der unausgesetzten Sorge Ew. Königl. Hoh., der Wohlfahrt des Landes und dem Handel gewidmet.

Auf der allgemeinen Grundlage des Tausches beruhend, begegnen sich hier die Producte fremder Welttheile mit den verschiedenartigsten Stoffen inländischen Fleißes. Das Schiff, das so eben die reichen Erzeugnisse heißer Zonen an das Land bringt, nimmt morgen die Producte hochgestiegener Kultur des Bodens und der Gewerbe ein. Es begegnet schon dem hohen Werthe der Holzausfuhr, die aus dem kluggepflegten steigenden Schatze der Waldungen den Strom hinabgleitet. Hier an diesem Punkte Süddeutschlands findet ein seltener Tausch, ein seltener Zusammenfluß des Verkehrs statt.

Eigene Stromverhältnisse, glückliche Beschaffenheit des Bodens, die lachenden Fluren des Landes, deutscher Fleiß, die Natur selbst bildet hier einen Vereinigungspunkt größerer Handelsstraßen. Das große Werk der Zeit — die Eisenbahn, die in der Nähe dieser Stelle Wurzel gefaßt hat, verbürgt der Zukunft diese glückliche Lage.

Es war der weise Sinn Ew. Königl. Hoheit, der dies Alles erkannte. — Ueberraschend ist aber auch der Erfolg. In directer Verbindung mit den großen Seeplätzen der Niederlande, das ist mit dem Weltmarkte, mehrt sich von Jahr zu Jahr die Zahl der Schiffe, die hier aus= und einlaufen, mehren sich die Zweige des Handels, die in ihrer Aus= bildung die Gewerbe vervielfältigen.

Die Anstalt an sich, in ihrer Berührung mit dem gan= zen Lande und mit den benachbarten Staaten ist zwar ein Gemeingut des Großherzogthums; die nächsten Früchte aber trägt sie wohl unserer Stadt.

Der Vergleichung der Gegenwart mit einer kaum ver= flossenen Epoche, mit dem Regierungsantritt Ew. Königl. Hoheit spricht es aus.

Der größere Umfang der Gewerbe, die vermehrte Zahl des Handelsstandes — der Vermittler des berührten Tausches, geben deutlich die neugeschaffenen Quellen zu erkennen.

Darum hat auch dieser Stand insbesondere mich mit dem Vertrauen beehrt, Ew. Königl. Hoheit wiederholt an diesem festlichen Tage der Weihe den tiefgefühltesten Dank ehrfurchtsvollst auszudrücken.

Mein Gefühl mag der Aufgabe entsprechen, nicht aber die Worte:

Doch heute drücken sich alle Stände, drückt sich die Ge= sammtheit aus. Es ist wieder die Jubelstimmung des ersten Einzugs Ew. Königl. Hoheit, dort schon weissagte das rich= tige Gefühl des Volkes die Segnungen Ihrer erhabenen Re= gierung. Es drängt sich mit mir zu dem dankerfüllten Rufe:

"Es lebe unser geliebter Regent! es lebe Großherzog Leopold!"

und abermals erschallte erschütterndes Lebehoch von Nahen und Fernen.

Nun sah die versammelte Menge Se. Königl. Hoheit den Großherzog und Seine höchste Umgebung auf dem Bal= cone vortreten und dem Handel und der Schifferschaft der Stadt Mannheim einen Toast darbringen, der Ueberraschung und freudiges Jauchzen in allen Reihen hervorrief.

Inzwischen hatte das Amsterdamer Schiff seinen Platz

unter dem Balkon dem Dampfboote der Cölnischen Gesellschaft eingeräumt, welches heute die Schiffstaufe empfangen sollte.

Auf dem Radkasten desselben, nahe vor der Mitte des Balkons, standen die Mitglieder der Verwaltung, und Herr Camphausen hielt, gegen seine Königl. Hoheit den Großherzog gewendet, folgende Rede:

Zum zweitenmale hat der Vorstand der Cölner Dampfschifffahrts-Gesellschaft die Ehre, an den Ufern des badischen Rheines einem ihrer Fahrzeuge die Weihe der Taufe zu erbitten; zum zweitenmale hat sie das Glück die Feier durch die hohe Gegenwart Ihrer Königl. Hoheiten verherrlicht zu sehen. Großherzog Leopold von Baden, war der stolze Name, den vor drei Jahren unser stolzestes Schiff von der hochverehrten Landesfürstin empfing. Es hat ihn, wie wir sagen dürfen mit Stolz und Ehre getragen; theilnehmend an den Fortschritten der späteren Zeit, willig neue Vorzüge den alten zugesellend, hat es ruhmvoll fortgewirkt unter den voranstrebenden Genossen. Heute entlehnen wir den Namen für den neuen Strombefahrer aus einer andern Sphäre, und dennoch wird auch der Name der Stadt, den das schlanke Fahrzeug zu tragen bestimmt ist, ihm eine Mahnung sein, sich wacker zu halten unter den mitwerbenden Brüdern und nicht zurückzutreten von der Spitze des Zuges. Mannheim, die Stadt, hat sich bedeutsam hervorgehoben inmitten der gewerbreichen und handelsbewegten Städte am Rheinstrome, und eben erst erlebten wir die Inauguration einer der großartigsten Anstalten, geeignet, weiter zu führen auf dem Wege ansteigender commercieller Bedeutung und Größe. Mannheim, das Schiff, hat als heranwachsender Täufling seine ersten Flüge versucht und sich bereits einer vervollkommnenden Umgestaltung unterworfen, die ihm, jetzt unserm schnellsten Renner, den günstigen Anspruch erwirbt, die Taufe daher zu empfangen, wo eine rasche Entwickelung so sichtlich hervortritt. Diese Verwandtschaft zwischen dem Geber und dem

Empfänger des Namens ist ein glückliches Vorzeichen für die fortdauernde innige Verbindung beider. Mannheim hat unsern Schiffen gegeben, hat von ihnen empfangen; beides in reicher Fülle. Auf wessen Seite das Mehr, dies zu untersuchen sei ferne; möge die Rechnung unabgeschlossen und in ungeänderter Weise fortlaufen.

Wohlthuend ist das Gefühl, in der heutigen Doppelfeier die Freude über zwei große, für zwei verschiedene Rheinstädte geschaffene Institute so ineinander fließen zu sehen, als ob beide nur **einer** Stadt, nur **einem Lande** angehörten. Im Kleinen ein Bild der materiellen Einheit, zu der Deutschlands besorgte Fürsten ihre Länder in dem gewaltigen Handelsverbande vereinigten. Wo Einzelrechte schwinden, da blüht der Gemeinsinn auf, da schließt sich das Band um Alle fester; so in den deutschen Landen, so an dem deutschen Strome. Wir, die Städter des linken Ufers, reichen dem rechten die Hand hinüber in untrennbarem Vereine. Was zwischen uns liegt ist unser eigen, und wehe dem fremden Uebermuthe, wenn er es wagen sollte, in thörichtem Gelüsten dem leichtfertigen Worte die unbesonnene That nachzusenden. „**Sie sollen ihn nicht haben,** den freien deutschen Rhein. Ob sie wie gier'ge Raben, Sich heißer darnach schrein. Sie sollen ihn nicht haben, Den freien deutschen Rhein, Bis seine Fluth begraben, Des letzten Mann's Gebein."

Der deutsche Strom wird fortfahren, dem Flor dieser Stadt und der Dampfschifffahrt zu dienen; und wenn beide sich mit gleichen Kräften einander halten und heben, so lastet auf der Cölnischen Gesellschaft doch Eines als unabweisbare, gerngetragene Schuld. Es ist der Dank für Zuneigung und Schutz, welchen sie fand und findet bei dem Handelsstande, bei den Behörden dieser Stadt, bei der erleuchteten Regierung des Landes und vor Allem bei seinem hochbegabten königlichen Beherrscher. Ich spreche diesen Dank erneuert aus im Namen der Gesellschaft und hoffe auf gleiche

Gunst für den neuen Ankömmling, zu dessen Taufe wir schreiten.

Bei den Stellen dieser Rede, welche sich auf deutsche Nationalität beziehen, war der verehrte Redner von der sichtlichsten Begeisterung ergriffen, die sich allen Zuhörern mittheilte. Sie lieferten das schlagendste Zeugniß, daß deutscher Sinn und deutsche Verbrüderung, deutsches Selbstgefühl und deutscher Wille am ganzen Rhein und in allen Gauen des Vaterlandes erstarkt und gekräftigt sind. Nicht gegen das engbefreundete Nachbarland und seine handels- und gewerbfleißige Bevölkerung, die wir gebührend achten und schätzen, nicht gegen seine, bis daher mit Besonnenheit geführte Regierung und den erhabenen Monarchen, dessen Weisheit die Welt vor Stürmen bewahrt hat; wohl aber gegen die übermüthigen Politiker der Straßen und der vulgairen Presse, deren Verleumdungen deutschen Sinns und deutscher Treue, tagtäglich zu uns herüber tönen, thut es Noth, unter Gottes freiem Himmel und im Angesicht vieler Tausende die Stimme zu erheben und ihnen zu zeigen, was sie für ihr Invasions-Gelüste auf deutschem Boden zu erwarten haben.

Von der Seitentribüne herab, in dem Schmucke der Jugend und der Sitte, naheten dem Boote die 24 Töchter der Stadt, welche die von ihnen gestickte Ehrenflagge mit dem Stadtwappen, ein Geschenk der Stadt, darbrachten.

Entgegen traten ihnen die mehrgenannten Mitglieder der Verwaltung, zu welchen ihre Führerin, Fräulein Josephine Jolly, folgende Worte sprach:

„Der Männer kraftvolles Wirken, das wir nicht unterstützen können, zu bewundern und zu verehren, und sie, so weit unsere schwachen Kräfte reichen, durch kleine Aufmerksamkeiten zu erheitern, war von jeher das eifrige Bemühen aller Edlen unseres Geschlechts. Auch uns beseelte es, und ließ uns diese Arbeit vollbringen, eine Flagge, geschmückt mit dem Wappen unserer Vaterstadt, deren Namen Ihre Güte einem Ihrer schönsten

Schiffe beigelegt hat. Empfangen Sie daher dieses Werk unserer Hände, welches uns viele Wochen hindurch auf das Angenehmste beschäftigte, als einen Beweis unserer Dankbarkeit und Verehrung. Möge unter Mannheims Zeichen Ihr Schiff jeder Gefahr Trotz bieten, und seinen majestätischen Lauf noch lange Jahre durch die Fluthen des vaterländischen Stromes fortsetzen, Ihren Ruhm und unsere Dankbarkeit zu verkünden,"

die Herr Camphausen, Namens der Verwaltung, in Folgendem erwiderte:

„Mit Vergnügen empfangen wir ein Zeichen der Anerkennung aus schönen Händen, welches Mannheims Töchter mit eben so viel Kunstfertigkeit als Fleiß bereitet und uns gewidmet haben. — Es soll das Palladium des Bootes sein, welches den Namen Ihrer Stadt trägt, und von Ihren guten Wünschen geleitet vor jedem Unfall bewahrt bleiben wird." —

Die jungfräuliche Schaar wurde auf das Schiff geleitet, und war von einer Deputation der städtischen Behörden gefolgt, um die Taufhandlung vorzunehmen. Der verzierte Anker auf dem Vordertheil des Schiffes empfing die übliche Weihe durch die Hand der obengenannten Sprecherin, welche eine Flasche kölnischen Wassers auf ihm zerschlug, und dabei laut tönend den Namen des Schiffes, „Stadt Mannheim", aussprach, der mit enthusiastischem Zuruf von allen Seiten begrüßt ward.

Der fortdauernde Regen nöthigte die Versammlung, sich unter das Schutzdach des Hinterdecks zu begeben, wo der Pfarr- und Dekanatsverweser der katholischen Gemeinde, Herr Orbin, im Geleit der Herren Kapläne und im feierlichen Ornate, folgende Einweihungsrede sprach:

Text: „Befiehl dem Herrn deine Werke, so werden deine Anschläge gelingen." Prov. 16. 3.

Nachdem die weltliche Feier der Taufe dieses herrlichen Bootes vollbracht ist, so fühlt unser Geist das Bedürfniß, wenn er kühn in die bevorstehende Zukunft schaut und sich die schönen Zwecke vergegenwärtigt, die nun erreicht werden sollen, auch um den Segen von oben zu flehen, eingedenk der heiligen und unwidersprechlichen Wahrheit: „An Gottes Segen ist Alles gelegen."

Wohl bedarf es zur Erlangung eines jeden Gutes auch der menschlichen Anstrengung. Nur mittelst des emsigsten geistigen Forschens gelang es dem Menschen, die Elemente, die sonst furchtbar in ihrer Unbezähmtheit sind, in ihre Schranken zu verweisen und sie dienstbar zu machen. Millionen und Millionen Menschen, die auf engem Raume nicht beisammen wohnen können, und doch alle durch die Kindschaft Gottes verwandt sind, sie reichen sich jetzt, auch aus den entferntesten Gegenden, durch des Bootes Schnellkraft, einander die Hände. Was Kunst, Gewerbsfleiß und Wissenschaft an einzelnen Orten erzeugt, und oft die Frucht jahrelangen Abmühens Einzelner ist, es bleibt nicht mehr auf einen engen Raum beschränkt; mit Blitzesschnelle kann es Gemeingut für Alle werden.

Aber so viel auch die menschliche Kraft schon zu Tage gefördert hat, so tief des Geistes Scharfblick in die Geheimnisse der Natur einzubringen vermag, so sorgfältig und genau die menschliche Klugheit Alles erwäge und benütze, was sie kennt; immer bleiben wir beschränkt und vermögen die Grenzen nicht zu überschreiten, die unserem Streben gesetzt sind. Vieles liegt außer dem Bereiche der menschlichen Kraft und ist einzig Sache der Alles leitenden Vorsehung. Oder vermögen wir das Boot zu sichern, vor allen Gefahren des Feuers auf eigenem Herde? Sind wir Herr über des Blitzes Lauf, wenn sich ein Gewitter am Himmel zeigt? Können wir es machen, daß die Wellen des Gewässers, dem wir das Schiff überlassen, es immer sicher tragen, wenn die Macht des Sturmes sich erhebt?

Und haben wir ihm in solchen Augenblicken Hab und Gut oder unserer Freunde theures Leben oder das eigene anvertraut; wie unglücklich wären wir da, wenn wir sonst nirgends Hilfe als von Menschen zu erwarten hätten! Darum flehen wir auch um den Segen von Oben und bekennen es aus der Fülle der Seele: „An Gottes Segen ist Alles gelegen."

Aber auch deßwegen wünschen wir heute den Segen der heil. Religion, weil durch sie alles Irdische erst seine höhere Weihe und Bedeutung erhält. So wurden wir selbst von ihr eingesegnet beim Eintritte in das Leben, und heiligen durch sie jede wichtige Epoche unseres Erdenlaufes. Ehedem herrschte sogar die ehrwürdige Sitte, daß selbst Wohnungen und Werkzeuge, die die Menschen zu ihrem Berufe bedurften, die Weihe der Religion erhielten. Und wo hat nun diese Weihe einen schönern Sinn, als bei einem Feste, wie das heutige ist, dem Gefühle zu Grunde liegen, die nicht auf irdischem Boden entsprossen sind, sondern ihre Wurzel in einem höhern heiligen Lande haben! — Sind es ja Gefühle dankbarer Huldigung für die hochherzige Sorgfalt eines innig verehrten und allgeliebten Landesfürsten für der Unterthanen und besonders für Mannheims Wohl. — Gefühle aufrichtiger und inniger Freundschaft und gegenseitiger Achtung verschiedener Stämme einer großen und kräftigen deutschen Nation; — Gefühle des Vertrauens und der freudigen Hoffnung, daß die mächtigen Pfeiler des bürgerlichen Wohlstandes — Handel und Gewerbe — immer schöner emporblühen; endlich Gefühle der Freude über freien Verkehr in Wort und That innerhalb den Schranken des Gesetzes!

Darum vollziehe ich gerne den Auftrag, der mir als Diener der Religion geworden, verrichte freudig mein heiliges Werk, und hebe Herz und Hände segnend empor zu Gott.

 V. Von dem all unsre Hülfe kömmt,
 R. Der Himmel und Erde erschaffen hat;
 V. Herr erhöre unser Gebet

R.  Und laß unser Flehen zu Dir kommen,
V.  Der Herr sei mit Euch
R.  Und mit deinem Geiste.

Lasset uns beten:

Gott, durch dessen Namen Alles geheiliget wird, gieße aus Deinen Segen über uns und dieses Schiff. Wende ab von ihm jede Gefahr. Behüte Alles, was ihm anvertraut wird. Beschütze Deine Diener im erwünschten Hafen und in ruhiger Fahrt. Nach redlich vollendeten Geschäften würdige sie, heimzukehren mit aller Freude zu den Ihrigen, der Du lebst und herrschest von Ewigkeit zu Ewigkeit! Amen.

(Besprengung mit Weihwasser.)

Die Gnade des Herrn Jesus Christus, die Liebe Gottes des Vaters und die Gemeinschaft des heiligen Geistes sei mit uns Allen! Amen.

So war nun diese feierliche Handlung vollbracht. Die Stadt Mannheim hatte, wie sie lange schon gewünscht, ein offenkundiges Zeugniß abgelegt, wie sehr sie die in so vielen Spuren sichtbare Förderung der Gewerbe, welche sie den so häufigen und dem Interesse der Stadt so vorzugsweise angepaßten Fahrten der kölnischen Dampfschifffahrtsgesellschaft verdankt, zu würdigen weiß. — Sie hatte zudem die Gunst erlangt, in größerm Kreise persönlich die Stifter und Lenker dieser segenbringenden Anstalt kennen zu lernen und die Achtung, welche sie ihr in der Ferne eingeflößt, an ihrer freundlichen, theilnehmenden Gegenwart zu ehren. Möge immer, wie heute, wechselseitiges Erkennen und Verschwisterung der Interessen bestehen und die älteste, mit Aufopferungen geschaffene, aber ruhmvoll hinausgeführte Dampfschifffahrt auf dem deutschen Rheine fort und fort blühen und gedeihen. —

Von der Mitte des Bassins erhoben sich nun feierlich die ergreifenden Töne des Chorals: „Großer Gott wir loben Dich" und andächtig sangen alle Zöglinge der Schulen und die ganze Menge das ausgetheilte nachfolgende Lied ab:

Großer Gott, Du Herr der Kraft
Und der Allmacht, dessen Wille
Alles Werk hienieden schafft;
Der Du uns aus ew'ger Fülle
Alles was uns frommt, verleihst;
Hör' den Sang, der heut Dich preist.

Ferner Zonen Güter hat
Du des Menschen Fleiß verliehen;
Zahllos Schiffe, Last um Last,
Tauschend durch die Wogen ziehen.
Unter Deinem Schirm und Hort,
Nahen sie dem sichern Port.

Solchen Port, Herr, weihen wir
Heute ein zu Deiner Ehre,
Schütze Du ihn für und für,
Daß er segenbringend nähre,
Die wir gehen Hand in Hand
Unser Volk in Stadt und Land.

Ihm, der dieses Land regiert,
Wandelt, Herr, in Deinen Wegen;
Unser Glück will und vollführt;
Spende Deinen reichsten Segen.
Stets gedeihe, was gewollt,
Unser Vater Leopold!!

womit die Festhandlung des Tags sich schloß.

Se. königl. Hoheit der Großherzog und die allerhöchsten Herrschaften hatten der Schiffstaufe von ihrer Tribüne aus zugesehen und verließen nach dem Gesang, unter dem ehrerbietigsten Geleite, welches sie eingeführt, den Festplatz, indem Höchstdieselben beim Abschiede ihre Befriedigung mit dem Verlauf des Festes und ihr Bedauern über die Ungunst der Witterung huldvollst ausdrückten. Höchstdieselben begaben sich nach Schwetzingen zurück.

So endete die öffentliche Feier und wird in dem Andenken der Anwesenden niemals erlöschen.

Sie wurde jedoch im engern Kreise fortgesetzt durch eine zweistündige Fahrt auf dem neugetauften Dampfboote, und durch das Festmahl der Handelskammer, Namens des Handelsstandes, im kleinen Saale des Theatergebäudes.

Die verehrliche Verwaltung der kölnischen Gesellschaft hatte den Mehrtheil der Einladungen zur Fahrt mit gewohnter Zuvorkommenheit dem städtischen Comité übertragen.

Dasselbe unterzog sich diesem Auftrage mit der schuldi= Rücksicht, nicht durch die Menge der Gäste die freundlichen Wirthe zu beschweren.

Die Königinnen des Tauffestes sowie die würdigen Frauen, welche sie geleiteten, erhielten Familienbillets, machten aber fast alle aus derselben Rücksicht, welche das Comité geleitet hatte, davon keinen Gebrauch. Außerdem waren die hochwürdige Geistlichkeit, die Ehrengäste der Stadt und die Glieder des Gemeinderaths und kleinen Ausschusses, als Repräsentanten der Bürgerschaft geladen. — Viele derselben konnten wegen ihrem Antheil an dem großen Tagesgeschäfte nicht erscheinen: dennoch aber, da das Comité in der ersten Freude über die schöne Vollendung des Hafenfestes, den Anforderungen strenger Controle des Eintritts nicht entsprach, waren die großen bedeckten Räume des Schiffes überfüllt und die Sorge der freundlichen Wirthe übermäßig in Anspruch genommen. Aber weder diese Wahrnehmung, noch der fort und fort strömende Regen, vermochten das Geringste über die Urbanität der Wirthe oder die glückliche Heiterkeit der Festgäste. Begeistert wurde in sinnigen Trinksprüchen das Bündniß der Bevölkerung mit der verehrten kölnischen Gesellschaft sehr gefeiert, während das Schiff, überragt von der colossalen Festflagge, und bedeckt mit den Flaggen der Uferstaaten, stolz die Wogen durchfurchte, die Böller und Musikchöre aber den Ufern das Fest verkündeten.

Um 4 Uhr begann das Festmahl im kleinen Theatersaale, welches der Handelsstand zu Ehren der fremden Gäste, der einheimischen Civil= und Militärchefs und der Landtags=

Deputirten veranstaltet hatte. — Die glückliche Stimmung des Tages durchwehte das Mahl vom Beginne bis zum späten Ende und einen Sinnes tauschte die Versammlung ihre Gefühle aus, über das, was die Gegenwart Schönes bietet und die Zukunft verspricht. Die ausgebrachten Toaste: des Herrn Gemeinderaths und Mitglied der Handelskammer
Lauer:

Auf den Großherzog Leopold, den edelsten Fürsten, unter dessen glücklicher Regierung sich Segnungen in der reichsten Fülle über das ganze Land verbreiten!

des Herrn Vicepräsidenten der Handelskammer Lang:

Auf die Frau Großherzogin Sophie, die vielgeliebte Landesmutter, die Beschützerin alles Edeln, Schönen und Guten!

Des Herrn Eissenhardt, Mitglied der Handelskammer:

Auf die Frau Großherzogin Stephanie, die erhabene Freundin Mannheims, deren Unwohlsein alle Herzen betrauern und Ihre baldige Genesung erflehen!

Des Herrn Generallieutenants von Stockhorn:

Auf den Handel und den Handelsstand Mannheims, auf sein Blühen und Gedeihen!

Des Herrn Bürgermeisters Jolly:

Auf die Cölnische Dampfschifffahrts=Gesellschaft. Auf die Männer von ausgebreiteten Kenntnissen und Erfahrungen, von Kraft und Unternehmungsgeist, welche die große Erfindung der Zeit, die Dampfschifffahrt, mit dem glücklichsten Erfolge auf dem deutschen Rheine ausgeführt haben.

Des Hrn. Geheimenrath und Regierungsdirektor Dahmen:

Auf die Stadt Mannheim!

Des Herrn Geheimeraths und Stadtdirektors Riegel:

Auf die Herren Oberbaudirektor Rochlitz und Oberbaurath Hübsch, die Lenker des Hafenbaues, die verehrten Chefs der Behörden, welche Jahre lang ihre Sorgen und Mühen diesem großen Werke widmeten!

Des Herrn Banquiers Stein von Cöln.

Auf Mannheim, dessen Name schon andeute, daß der Mann, der kräftige, der starke, der deutsche Mann, da heimisch sei!

Des Herrn Gemeinderaths Reinhardt:

Auf den Handelsstand und seine Handelskammer, die würdigen Repräsentanten alles Gewerbsfleißes der Stadt, welche in dem edeln Rangstreit dem erhabenen Erbauer des Hafens die Dankbarkeit der Stadt zu bezeugen, die Siegespalme errungen.

wurden mit schallendem Hoch in die Ferne getragen und als mit der heimischen Melodie „Bekränzt mit Laub" der ausgetheilte Festgesang:

>Dem Handel Heil! dem Band der Völkerliebe
>  Das eine Welt umschlingt;
>Die Heimath blühend macht, und Bildungstriebe
>  In ferne Oeden bringt.
>
>Der Schifffahrt Heil! die trotzend den Gefahren
>  Den Ocean besiegt,
>Und frember Küsten vielbegehrte Waaren
>  In sicherm Schooße wiegt.
>
>Dem Fürsten Heil! der väterliche Sorgen
>  Dem Bürgerfleiße zollt.
>Froh seines Werkes begrüßt ihn dieser Morgen,
>  Hoch lebe Leopold!
>
>Dem Bunde Heil! der nützende Kräfte
>  Den Strom mit Schiffen deckt;
>Mit edlem Eifer schlummernde Geschäfte
>  Zu regem Triebe weckt.
>
>Den Städten Heil! die sich im Rheine spiegeln
>  Und theilend Freund und Feind;

Mit neuem Pfand den alten Bund besiegeln;
Der brüderlich sie eint.

Am Rhein, am Rhein, da liebt man treu und bieder
Den Freund, den man erkannt,
So bleibt auch uns, trennt Raum und Zeit uns wieder,
Das Herz sich zugewandt.

in einstimmigem Chor aus voller Brust erklang, waren Herzen und Hände im wechselseitigen Austausch treumeinender Gefühle verschmolzen.

Bei den Worten der dritten Strophe: „Hoch lebe Leopold", verwandelte sich der Gesang in schallenden Jubelruf, welcher sich bei der allgemein begehrten Wiederholung des Verses ebenso erneuerte. So endigte das Fest, das sich durch herzliche Theilnahme und die ruhige Haltung des Gesammt-Publikums und ohne jeden Unfall verlaufen war.

## Die Grundeinlegung des neuen Friedhofes.
### (Am 13. April 1841.)

Schon unter der Regierung des Churfürsten Carl Philipp hatte der Ingenieur Offizier Frommel den Auftrag erhalten, einen Plan über Verlegung der Kirchhöfe aus der Stadt nach der sogenannten Kuhweide zu fertigen. Ein solcher wurde auch am 28. August 1723 eingereicht, doch zerschlug sich das Projekt. Durch Staatsministral-Entschließung vom 15. April 1819 wollte Großherzog Ludwig der Stadt zur Anlegung eines gemeinschaftlichen Begräbnisses, den vormaligen Militär-Kirchhof unentgeltlich überlassen, doch unterblieb auch die Ausführung dieses Planes.

Unter der Regierung des Großherzog Leopold kam endlich die lang gewünschte Verlegung der Kirchhöfe aus der

Stadt zu Stande, nachdem durch Verordnung der Kreisregierung vom 10. Dez. 1838 in allen Orten des Unterrheinkreises eine solche Verlegung geboten worden war. Die Erbauung eines neuen, den christlichen Confessionen gemeinschaftlichen Friedhofes ward über den Neckar projektirt und nachdem die beßfallsige Genehmigung des großen Ausschusses in der Sitzung vom 27. April 1840 erfolgt war, solcher nach dem Plane des städtischen Architekten Mutschlechner begonnen.

Am 13. April 1841 erfolgte die feierliche Grundsteinlegung zu den Gebäuden in Anwesenheit der sämmtlichen Behörden, der Geistlichkeit, der Schuljugend und unter großer Theilnahme des Publikums. In denselben wurde eine zinnerne Tafel eingelegt mit der Inschrift:

„Im Jahr 1841. Unter der Regierung des durch-
„lauchtigsten Großherzog Leopold von Baden von dem
„berühmten Geschlechte der Zähringer, der unsere Freude
„und Wonne, hat die Bürgerschaft und der Gemeinderath
„Mannheim diesen gemeinsamen Friedhof gegründet, damit
„die so im Leben dem Geiste nach auf's innigste vereint
„waren, auch dem Körper nach nicht getrennt, von der
„guten Muttererde aufgenommen würden und hat am
„13. April, zwei Tage nach dem Osterfeste 1841, der
„Vorsteher des Unterrheinkreises den Grundstein gelegt.
„Die Entschlafenen hier, sie schlummern vereint in der
„Erde, bis sie der Ewige ruft, wann die Posaune er-
„schallt. Alle Christen durch unsern Herrn und Heiland
„erlöset, zur ewigen Seligkeit berufen, und durch seine
„Gnade und Liebe vereint, gründeten unter der weisen
„Regierung Sr. königl. Hoheit Leopold's Großherzog
„von Baden, im Jahr Christi 1841 eine gemeinsame
„Ruhestätte der irdischen Hülle in der Gemeinde Mann-
„heim.

„Den Grundstein legte am 13. April d. J. Joseph
„Dahmen, Gr. Geheimerath und Direktor der Regierung
„des Unterrheinkreises."

Zu der Zeit waren:

Sr. Exellenz der Gr. Generallieutenant und Divisionär der Infanterie, Karl Freiherr Stockhorn von Starein, kommandirender General, der Großh. Geheimerath Joseph Riegel, Stadtdirektor, der Großh. Kirchenrath Heinrich Ahles, K. Ph. Pfeiffer, K. L. Winterwerber und Dr. W. Schwarz, evangelischer Stadt-Pfarrer, J. B. Orbin, kathol. Stadt-Pfarrerei-Verweser, Ludwig Jolly, erster und Heinrich Hutten zweiter Bürgermeister, Philipp Artaria, David Bender, Jos. Bleichrodt, Jak. Brachetti, Fried. Deurer, Georg Fohr, W. Gerlach, Heinrich Heintze, Jakob Kleinmann, Friedrich Lauer, J. Lüroth, Jos. Moll, Jakob W. Rheinhardt und Konrad Schmuckert, Gemeinderäthe, Franz Nestler, Gemeinderechner, Eberhard und Anton Schubauer, Rathsschreiber, Friedr. D. Bassermann, Obmann, G. Algardi, Steph. Artaria, Ferd. Bassermann, Chr. Bork, Jos. Brauch, Heinr. Clotti, Ph. Jul. Eglinger, Mich. Eissenhardt, Jakob Elias Gerlach, Mich. Gernandt, Paul Giulini, Anton Held, Karl Hoff, Jos. Hohenemser, Fr. Wilh. Irschlinger, Jak. Kley, Leopold Dr. Ladenburg, Joh. Marx, Alex. Ottendorf, Julius Rheinhard, Heinr. Schaaf und K. Wedekind, Mitglieder des kl. Bürger-Ausschusses, Stadtbaumeister war Anton Mutschlechner, Bauunternehmer Ignaz Sattler, Maurermeister und Joh. Wüstner, Zimmermeister.

Dieser Platte wurde ferner beigelegt:

Ein Dukat, Ein Vereinsthaler, Ein Gulden und Halbguldenstück, Ein Sechser und Ein Kreuzer sämmtlich badischem Gepräge vom Jahr 1841, ein Grundriß des Kirchhofs, ein Adreßkalender des Jahres 1841, zwei Exemplare des Mannheimer Journals vom 1. und 13. April 1841, ein Programm der Festlichkeiten und zwei Flaschen rothen und weißen Wein, die auf dem Wingert gewachsen waren, der den jetzigen Platz des Friedhofs eingenommen. — Im Sommer 1842 war der Friedhof nebst Gebäuden so weit fertig, daß am 14. Juli die alten Kirchhöfe in der Stadt geschlossen und die Leichen auf den neuen verbracht werden konnten.

Der für Mannheims Interessen so wichtige Bau einer Eisenbahn von hier nach Basel war 1840 so weit vorgerückt, daß am 29. Mai mit der Lokomotive „Löwe" die ersten Probezüge auf der Strecke nach Heidelberg vorgenommen wurden, nachdem am 14. April Schiffer A. Pratzel von Rotterdam aus der Fabrik von Scharp und Roberts in Manchester eine englische Lokomotive im Gewicht von 1140 Zentner gebracht hatte.

Sr. K. H. Großherzog Leopold besuchte mit den Prinzen am 25. August Mannheim, um die Eisenbahn zu besichtigen. Die Strecke von Heidelberg bis an die Schwetzinger Chaussee wurde durch die Lokomotive „Greif" mehrmals befahren. Am 28. August konnte die ganze Strecke vom Mannheimer Bahnhofplatz bis Heidelberg befahren werden, wozu das Publikum eingeladen war, und am 12. September begannen die ordentlichen Fahrten; am 1. Juni 1844 wurden solche bis Offenburg ausgedehnt.

Ungleich weniger mußte dem Interesse Mannheims bei dem Bau der Eisenbahn nach Frankfurt a. M. das unglückselige Projekt einer Verbindung über Friedrichsfeld zusagen, doch vertraute die Stadt der hohen Kammer; nachdem die Stände in vertraulicher Sitzung den früher mit Hessen bestandenen Staats=Vertrag gelöst hatten, war jenes Projekt der so nachtheilige Mittelweg über Friedrichsfeld das für Mannheim so ungünstige Resultat. Nach Veröffentlichung der deßfallsigen Verhandlungen suchte die hiesige Stadt die direkte Verbindung über Mannheim zu erlangen, doch vergebens, obwohl sie, wie der große Ausschuß in seiner Sitzung vom 27. April 1844 genehmigt hatte, dem Staat das Anerbieten machte, zum Bau 100,000 fl. baar und den nöthigen Boden in hiesiger Gemarkung unentgeltlich beizutragen, so wie die neue Kettenbrücke zur Mitbenutzung einzuräumen.

Am 1. August 1846 wurde die Main-Neckar-Eisenbahn von hieraus eröffnet.

---

## Feier des fünfundzwanzigjährigen Bestehens der Verfassung des Großherzogthums Baden am 22. August 1843 in Mannheim.

Fünfundzwanzig Jahre waren es, daß Großherzog Carl von Baden seinem Lande eine Verfassung gegeben, wie solches alle deutsche Fürsten ihren Völkern bei Abschluß des deutschen Bundes, nach den glorreichen Befreiungskriegen verheißen hatten. Obgleich nicht alle, ja nur wenige der Verheißung nachgekommen waren, ja immer mehr Schwierigkeiten sich einer einheitlichen Verfassung für alle deutsche Staaten entgegen stellten, so gab der Großherzog seinem Volke eine Verfassung, und damit einen Rechtsboden, auf dem es seine Entwicklung nehmen sollte. Hatte schon damals die Freude das Land durchzogen, wie um so mehr mußte es jetzt nach 25 Jahren geschehen, nachdem man sich so lange des Segens einer Verfassung erfreute. So ist es auch erklärlich, daß man bei diesem Anlasse überall der Freude äußeren Ausdruck zu geben bestrebt war, zum Danke an den gütigen Fürsten und zur Ehre des Tages. So auch in unserer Vaterstadt.

Schon am Vorabende waren die Häuser der beiden Hauptstraßen der Stadt mit Guirlanden, Festons und Blumengewinden und mit Fahnen der Hausfarbe festlich geziert. Um 7 Uhr Abends verkündeten Kanonensalven und das Geläute aller Glocken den Anfang des Festes. Der große Paradeplatz und die gezierten Straßen füllten sich bald von hiesigen Bewohnern und von Fremden. Von 8 bis 10 Uhr spielte türkische Musik auf dem Paradeplatz.

Von eigenthümlicher Wirkung war die Beleuchtung mit bengalischen Flammen von rothem und gelbem Lichte, deren Wiederschein, in gewissen Zeiträumen erfolgend, auf die

Statue und die darin aufgestellte Büste sowohl als auf die umherstehenden Gebäude einen nicht zu beschreibenden magischen Effect hervorbrachte. Höchst überraschend aber war es, als auf ein gegebenes Zeichen unzählige Leuchtkugeln, in den badischen Hausfarben strahlend, von allen Seiten die Statue bis hoch in die dunkle Nacht hinein umspielten und von dem Gesims der Statue eine Cascade von chinesischem Feuer sich ergoß. Diese letzten Anordnungen, welche nicht wenig zu der Verschönerung des Festes beitrugen, hatte man noch am Tage vorher den Bemühungen der beiden Herren Bissinger und Farbely zu verdanken.

Am Festtage selbst, Morgens 9 Uhr, versammelten sich die Bewohner der Stadt auf dem Platze des katholischen Schulhauses, von wo aus der Zug unter Anführung der Festordner mit Schärpen von der Landesfarbe versehen, in folgender Ordnung sich durch die breite Straße auf den Marktplatz vor das Rathhaus bewegte:

1) Schüler der Volksschulen,
2) Mitglieder der Liedertafel,
3) Träger der Verfassung, von 4 Mitgliedern des Festcomitees und 2 Fahnenträgern begleitet,
4) die hier anwesenden Abgeordneten,
5) die Gemeindebehörden, nämlich die beiden Bürgermeister, der Gemeinderath, der kleinere und größere Bürgerausschuß,
6) die Schützengesellschaft,
7) die Walhalla,
8) der Gewerbsverein,
9) sämmtliche Staats- und Gemeindebürger.

Bei Ankunft des Zuges vor dem Rathhause wurde derselbe durch feierliche Musik empfangen.

Vor dem Rathhausthurm war ein sehr schön decorirter Thronhimmel errichtet, unter welchem die Büste des Gebers der Constitution, des Großherzogs Carl, aufgestellt war, rechts und links waren Estraden errichtet, auf welchen rechts die Herren Deputirten und Gemeindenbehörden, und links die Mitglieder der Liedertafel, der Oper und des Orchesters ihre Plätze einnahmen.

Die Rednerbühne war in Mitten der beiden Estraden angebracht.

Den Schülern und den übrigen Theilnehmern am Feste waren auf dem Marktplatze ihre Plätze vorbehalten.

Den Anfang der Festesfeier machte der Vortrag des nachstehenden von Herrn Andreas Brummer gedichteten und von Herrn Hofcapellmeister Lachner componirten Festgedichtes, welches von den Mitgliedern der Liedertafel, der Oper und des Orchesters ausgeführt wurde.

>Ein Heiligthum verehren wir,
>Das Pflicht und Recht gebaut,
>Es ist die Ehrenwache hier,
>Der Wahrheit anvertraut.
>
>In seinem Haine grüßt das Kind
>Dies goldne Morgenroth,
>Und die am Lebensziele sind.
>Mit Lächeln ihren Tod.
>
>Der Jüngling legt die Hand auf's Herz,
>Der Mann die Faust an's Schwert.
>Und beide schwören himmelwärts,
>Ich bleibe deiner werth.
>
>Das große Buch der Welt und Zeit,
>Das ernste Weltgericht,
>Verfluchet den, der seinen Eid
>Der Ehre treulos bricht.
>
>Hat aber Geist und Herz und Kraft
>Das Wort zur That gemacht
>Und ist die Flamme die erschafft
>Nur einmal angefacht,
>
>Dann löscht kein Sturm den heil'gen Brand
>Auf unserem Altar,
>Und jede reine treue Hand
>Bringt ihre Opfer dar.

Und drückt mit stolzem Selbstgefühl
Die brüderliche Hand,
Errungen ist das große Ziel,
Verfassung heißt das Band.

Hierauf bestieg der erste Bürgermeister Jolly die Tribüne und hielt folgende Rede:

Hochansehnliche Versammlung!
Liebe Freunde und Mitbürger!

Wir feiern heute ein schönes Fest, das Fest der 25jährigen Dauer unser freisinnigen Landesverfassung, welche seit dieser Zeit sich auf das glücklichste ausgebildet hat und zum kostbarsten Kleinode für uns geworden ist. Mit uns feiern viele tausend glückliche Badner, nah und fern, das gleiche Fest und freuen sich der Wohlthaten, welche diese Verfassung ihnen gewährt.

Heute vor fünf und zwanzig Jahren, am 22. August 1818, hat der hochherzige Großherzog Karl in richtiger Würdigung der Bedürfnisse der Zeit und in Anerkennung der vorgeschrittenen geistigen Entwicklung seines Volkes, das herrliche Werk vollendet, welches sein unsterblicher Ahnherr, Carl Friedrich, 50 Jahre früher durch Aufhebung der bis dahin bestandenen Leibeigenschaft begonnen hatte und einer der ersten unter den deutschen Fürsten seinem Volke, welches sich dessen bei Erhebung des Vaterlandes gegen die fremde Zwangsherrschaft würdig bewiesen hatte, eine Verfassung ertheilt, durch welche die Rechte der Bürger gesichert und diese zur Theilnahme an der Gesetzgebung berufen werden. Ein solches eines hochsinnigen Fürsten als Gebers und eines mündig gewordenen Volkes als Empfängers gleich würdige Geschenk, haben wir mit ehrfurchtsvollstem Danke aufgenommen und treu gepflegt. Es ist stark geworden und bildet heute unser höchstes Gut.

Je mehr wir aber die Wichtigkeit und die Wohlthat einer solchen Verfassung erkennen und je glücklicher wir uns im Besitze derselben fühlen, desto mehr müssen wir alle Sorg=

falt barauf verwenden, sie rein und ungetrübt zu bewahren und unsern Nachkommen zu überliefern, indem wir die Rechte, welche sie uns gewährt, pflichttreu ausüben, und die Rechte, welche sie andern zusichert, gewissenhaft achten. Zwar werden auch hier, wie bei allen menschlichen Einrichtungen, im Laufe der Zeit Mißverständnisse entstehen und Gefahren eintreten; doch wo ein weiser und wohlwollender Fürst auf der einen und ein biederes aufgeklärtes Volk auf der andern Seite mit gleicher Treue an der beschwornen Verfassung halten, müssen und werden diese immer bald beseitigt und überwunden werden. Schon einmal haben wir eine solche Feuerprobe bestanden und sind glücklich und siegreich aus derselben hervorgegangen. Denn bald darauf, nachdem unser vielgeliebter Großherzog Leopold zur Regierung gelangt war, trat in Folge der Begebenheiten im westlichen Nachbarlande eine höchstbewegte Zeit ein und drohte den innern und äußern Frieden von ganz Europa zu zerstören. In allen Ländern begegneten sich Mißtrauen und Verdächtigung, Aufregung und Verfolgung und nach dem gewöhnlichen Lauf der Dinge war auch für uns ein Gleiches zu fürchten. Doch gerade in jener höchstbewegten Zeit begrüßte das badische Volk als Zeichen der innigsten Vereinigung seinen Fürsten mit dem Namen des Bürgerfreundlichen und dieser wurde darum von dem ganzen Welttheile als der glücklichste Fürst des glücklichsten Volkes hoch gepriesen und beneidet.

Möge auch in Zukunft dieses schöne Verhältniß und das daraus hervorgehende Volksglück nie gestört und jede Gefahr, welche dasselbe bedrohen könnte, immer schnell beseitigt werden, möge unsere glückliche Verfassung fortwährend ihren reichsten Segen über uns und unsere Nachkommen verbreiten und mögen unsere spätern Enkel, wenn sie einst mit den Enkeln unseres erhabenen Fürstenstammes das hundertjährige Bestehen dieser Verfassung feiern mit eben der innigen Freudigkeit und mit eben dem klaren Bewußtsein ihres wohlgesicherten Rechtes, wie wir heute ausrufen

Heil unserem Vaterland!
Heil unserem Fürsten!
Heil unserer Verfassung!!

Ein begeistertes dreifaches Lebehoch ertönte hierauf von der versammelten Volksmenge.

---

### Die feierliche Eröffnung der Kettenbrücke über den Neckar zu Mannheim.
#### (Am 15. November 1845.)

Die Erbauung einer stehenden Brücke über den Neckar, ward von vielen Bewohnern wegen der im Winter erschwerten Kommunikation mit den jenseits des Neckars gelegenen Gütern und den Nachbarorten sehr gewünscht und erhielt einen Anstoß durch das Projekt der nach Frankfurt zu erbauenden Eisenbahn. — Der Gemeinderath der Stadt beschäftigte sich ernsthaft mit der Angelegenheit und berief Anfangs Dezember 1839 Ingenieur Wendelstadt aus Hannover, um die betreffenden Pläne an Ort und Stelle zu bearbeiten.

In der Sitzung des Gemeinderathes am 15. März 1841 wurden die eingereichten Pläne genehmigt und ertheilte der kleine Bürgerausschuß in der Sitzung vom 26. März, so wie der große Ausschuß in jener vom 7. Mai dieser Genehmigung die Zustimmung, worauf der Bau unverweilt begonnen wurde. Wegen Verlängerung der aufzufüllenden Neckarstraße, wurde beschlossen, das bis dahin erhaltene Neckarthor abzubrechen, und ward damit am 11. November 1842 begonnen. — Im Spätsommer 1845 wurde die Brücke vollendet, einer Prüfung unterzogen und deren Eröffnung auf den 15. Nov. d. J. festgesetzt. Es war dieser Tag für die Stadt ein festlicher und versammelten sich die Theilnehmer am Morgen desselben ½10 Uhr auf dem Rathhause und Marktplatz, und ordneten sich zu einem Zuge in folgender Ordnung: Die Träger der Stadtfahnen mit zwei Begleitern, die höhern Klassen sämmtlicher öffentlicher Lehranstalten, die Liedertafel, der Singverein, die sämmtlichen Civil- und Militär-Behörden, der Gemeinderath, der Bürgerausschuß, Bürger und Einwohner, der um 10 Uhr sich in Bewegung setzte, über die Schiffbrücke ging und auf dem jenseitigen Ufer vor dem Eingang zur Kettenbrücke Aufstellung nahm. Die Bewohner der umliegenden Ortschaften hatten sich zahlreich eingefunden und jede Gemeinde ihren Vertreter gesendet, welcher nun von einer Deputation der Stadt und einem Gesangvortrage durch den Singverein bewillkommt wurden. Den Dank, Freude und Anerkennung über das neu geschaffene Werk, das ihnen eine sichere und ununterbrochene Verbindung mit der Stadt gewährte, sprachen die Gemeinden auf eine sinnige Weise aus, indem sie sich am Festzuge mit vielen Reitern und dann mit 28 schön geschmückten Wagen betheiligten, die die verschiedensten Gaben, als Kartoffeln, Rüben, Holz u. s. w. für die Armen der Stadt enthielten. Der Festzug bewegte sich über die neue Brücke durch die breite Straße auf den Marktplatz, woselbst die Liedertafel einen Choral vortrug.

Der erste Bürgermeister Jolly hielt hierauf eine der Feier des Tages betreffende Rede und schloß das Absingen eines dem Festtage gewidmeten Liedes die feierliche Handlung.

Großherzog Leopold war zum Feste erwartet worden, jedoch an dem der Stadt zugedachten Besuche verhindert; auch er bedachte bei dieser Gelegenheit die hiesigen Armen mit 500 fl. zum Ankauf von Brennmaterial.

Die Schiffbrücke wurde nun nach Eröffnung der Kettenbrücke abgeführt und später versteigert. Der seitherige Brückenmeister Martin Linier, der diese Stelle 23 Jahr begleitete, erhielt am 28. Febr. 1846 als Anerkennung seiner Dienste von einer Anzahl hiesiger Bürger eine kostbare goldene Dose als Ehrengeschenk.

Am 4. Dezember 1841 war ein zur Neckar-Dampfschifffahrt bestimmtes Boot aus der Fabrik Sache in Nantes hier eingetroffen und ging am 5. Dezember nach Heilbronn.

Am 12. März 1842 ist dahier der Hofbildhauer und Professor Pozzi in einem Alter von 72 Jahren, als letztes Mitglied der ehmaligen Churpfälzischen Akademie gestorben

Im Jahr 1842 wurde der Gewerbs=Verein gegründet im August 1844 von demselben die Errichtung einer Industrie=halle beschlossen, zu deren Errichtung Sr. k. Hoheit, Großherzog Leopold ein geräumiges Lokal im Schlosse bewilligte, vom 1. Jan. 1846 bis Ende Dez. 1849 gab der Verein das „Mannheimer Gewerb=Vereinsblatt" unter der Redaktion des Direktor Schröder heraus, und besteht noch immer, an der Entwicklung des Gewerbewesens thätigen Antheil nehmend.

### Die Erbauung, Grundsteinlegung und Einweihung des neuen evangelischen Hospitals.

Da das reformirte Hospital baufällig geworden war und auch sonst seinem Zwecke nicht mehr entsprach, so beschloß man, einen Neubau und zwar in größerem Maaßstabe vorzunehmen, um hierauf das bisher zugleich bestandene lutherische Spital eingehen lassen zu können. Nachdem die ersten Arbeiten gemacht waren, legte man am 15. August 1842 den Grundstein zu dem neuen evangelisch=protestantischen Hospital=Gebäude, im Beisein des Geheimen=Regierungsrathes Lang, Stadt=Amtmanns von Stengel, der beiden Bürgermeister Jolly und Jos. Bleichroth, der Geistlichkeit, der Kirchen= und Hospital=Vorstände, der Schuljugend und eines großen Publikums. In den Grundstein kamen, nebst dem Bauplan zwei Flaschen Wein, Mannheimer Gewächs, ein Adreßkalender, mehrere Exemplare des Mannheimer Journals, so wie einige neue badischen Münzen, eine zinnerne Tafel mit den Worten: „Wo der Herr nicht das Haus baut, so arbeiten umsonst, die daran bauen (Ps. 127, 1). Im dreizehnten Jahre der glorreichen und gesegneten Regierung Sr. k. Hoheit Leopold, Großherzog von Baden, Herzog von Zähringen ꝛc. ꝛc. am

15. August im Jahr Christi 1842, als dem Tage, da Seine Königliche Hoheit der Erbgroßherzog Ludwig, Markgraf von Baden, Herzog von Zähringen, sein 18. Lebensjahr vollendet und seine Volljährigkeit erreichte, legte die evangelisch=protestantische Kirchengemeinde zu Mannheim durch ihren zeitlichen Vorsteher, Stadtpfarrer Ph. Pfeiffer, den Grundstein zu diesem, der Versorgung alter, der Pflege kranker Gemeindeglieder gewidmeten Hospitale."

Zu der Zeit waren dahier kommandirender General:

Se. Excellenz der großherzogliche Generallieutenant und Divisionär der Infanterie, Freiherr Karl Stockhorner von Starein; Direktor der Regierung des Unterrheinkreises: der großherzogliche Geheimrath Joseph Dahmen; Stadtdirektor: der großherzogliche Geheimrath Joseph Riegel; erster Bürgermeister: Ludwig Jolly; zweiter Bürgermeister: Joseph Bleichroth.

Weiter waren darauf bemerkt die Namen der evangelischen Geistlichen, der sämmtlichen Mitglieder des Kirchengemeinderaths, des Hospitalarztes, des Hospitalverwalters, der Baukommission, der Baumeister ꝛc.

Nach der Grundsteinlegung war Gottesdienst in der Trinitatiskirche, wobei Stadtpfarrer Winterwerber die Rede über Luc. 6, 47-49 hielt.

Im Spätjahr 1843 war der Bau so weit vollendet, daß die Uebersiedlung der Pfründner und Kranken bewerkstelligt werden konnte. Se. Königl. Hoheit der Großherzog Leopold bethätigte auch hierbei aufs Neue seine freundlichen Gesinnungen, indem er der Hospital=Commission 2000 Gulden nebst nachfolgendem Handschreiben zusandte:

„Mit wahrer Befriedigung habe Ich aus Ihrer Eingabe vom 18. d. M. die Anzeige entnommen, daß das neue Hospital=Gebäude der dortigen evangelisch=protestantischen Kirchengemeinde nunmehr so weit vollendet ist, um demnächst die alten Pfründner und Kranken in dasselbe verbringen zu können. In Berücksichtigung der Mir bei diesem Anlaß vorgetragenen Verhältnisse wünsche Ich Meine aufrichtige Theilnahme an dem Zustandekommen eines so wohlthätigen Unternehmens zu bethätigen, und ertheile daher Meiner Hauskasse die Weisung, Ihnen als Beitrag zu den Kosten des fraglichen Baues die Summe von Zweitausend Gulden zu übersenden.

Ich verbleibe mit vorzüglichster Werthschätzung
Ihr Wohlgeneigter
Leopold.

Carlsruhe, den 26. Oktober 1843."

Am Leopoldstage den 15. November 1843 wurde die feierliche Einweihung des neuen Hauses begangen. Um 9 Uhr Morgens war Gottesdienst in der Trinitatiskirche, woselbst Pfarrer Schwarz eine Rede über 2 Cor. 9, 12—15 hielt, aus der Kirche ging der Zug in das neue Hospital, woselbst, nach dem von den Schülerinnen der Mädchenklasse vorgetragenen Choral „Nun danket alle Gott" das Einweihungsgebet durch Pfarrer Winterwerber gesprochen wurde.

Zu den Kosten des Baues lieferte die Collekte in hiesiger Stadt über 11,000 Gulden.

---

Die jüngste Tochter Ihrer Königlichen Hoheit der Frau Großherzogin Stephanie von Baden, Marie Amalie Elisabeth Caroline, wurde mit dem Marquis Wilhelm Alexander Anton Archibald von Douglas und Clydesdale verlobt, bei welcher Veranlassung eine Anzahl Frauen und Jungfrauen derselben am 19. Februar 1843 ein Dejeuner von Silber in einem Pallsanderkästchen als Andenken überreichten.

Auf dem mit Arabesken eingelegten Deckel des Kästchens war die Ansicht des Mannheimer Schlosses von der Terrasse aus, so wie die Wappen Ihrer Königlichen Hoheit und der Stadt in Stickerei angebracht.

Die zu der Ueberreichung designirten Damen erhielten als Gegenerinnerung im Februar 1844 jede eine goldene Medaille, in Email elegant als Broche gefaßt, auf der Vorderseite das Porträt der Prinzessin Marie, auf der Rückseite die Worte: „Marie Elisabeth, Prinzessin von Baden, als Marquise von Douglas und Clydesdale, verehlicht zu Mannheim 22. Februar 1843." Und auf dem Rande die Devise: „Liebe um Liebe." — Die feierliche Trauung geschah am 22. Februar Abends nach 6 Uhr in der hiesigen Schloßkapelle durch den Hofprediger Deimling und nachher nach anglikanischem Ritus durch den Prediger Graham in den Zimmern des englischen Gesandten, Mr. Willesley, in Beisein des regierenden Großherzogs und der Großherzogin von Baden, der Großherzogin Stephanie, des Großherzogs, Erbgroßherzogs und Erbgroßherzogin und des Prinzen Emil von Hessen, Herzog und Herzogin Bernhard von Sachsen-Weimar, Erbprinz und Erbprinzessin von Hohenzollern-Sigmaringen, Fürstin von Hohenlohe-Bartenstein, Herzog und Herzogin von Hamilton, Eltern des Bräutigams. — Nach der Trauung waren die Gebäude der breiten Straße brillant beleuchtet.

---

Am 11. August 1844 wurde die Feier des 100jährigen Bestehens der Urschützen-Gesellschaft durch die Einweihung des neu erbauten Schießhauses begangen. (Im Frühjahr 1833 war der Schießplatz der Schießliebhaber-Gesellschaft auf den Rosengarten, wo er sich noch befindet, verlegt worden.)

Nach einem nur von den Mitgliedern ausgeführten Preisschießen, wozu ein jedes einen Schuß hatte und wobei Büchsenmacher Carl Wunder den Preis — einen schönen silbernen Pokal — erhielt, sprach der Präsident, Bierbrauer Conrad Jörg, eine auf die Feier Bezug habende Rede, nach welcher ein großes Freischießen abgehalten wurde, das am 14. August mit einem Balle im Schießhaus schloß.

Das zweite badische Gesangsfest wurde Pfingstmontag den 12. Mai 1845 in der hierzu besonders in dem Hofe des rechten Schloßflügels erbauten Halle abgehalten. Nahe an 800 Sänger aus allen Gesangvereinen des Landes wirkten hiezu mit, und wurden deren Vorträge durch eine große Anzahl Zuhörer mit großem Beifall aufgenommen. Nach der Produktion war in verschiedenen Gasthöfen der Stadt große Tafel, Abends als Festoper die Aufführung des „Don Juan" und nach dem Theater Ball im großen Saale. Schade war, daß regnerisches Wetter dem Feste störend geworden war.

Am 12. Januar 1846 wurde das Andenken des großen Pädagogen Pestalozzi durch eine Gedächtnißfeier geehrt und bei dieser Gelegenheit eine Pestalozzi=Stiftung als Privat= Wittwen= und Waisenkasse für die Lehrer Mannheims aller Confessionen gegründet; die Statuten erhielten am 13. Februar die amtliche Genehmigung.

Durch den schlechten Ausfall der 1846er Ernte entstand eine große Theurung, die bis gegen die nächste Ernte anhielt (am 1. Mai 1847 kostete der 4pfündige Laib Brod 30 kr.). Diese Theurung hatte große Bedenken erregt. Doch nahm alles in unserem Lande einen guten Verlauf, und Großherzog Leopold, dessen hilfreiche Hand auch hier dem Mangel überall Linderung zu bringen bemüht gewesen war, konnte die Ständeversammlung mit folgenden Worten eröffnen:

„In dieser Noth, die Mich mit tiefem Schmerz erfüllte, und mit der Ernte durch die Gnade Gottes ein Ende nahm, ist die Ordnung im Lande — das Zeugniß gebe ich meinem Volke — nirgends auch nur einen Augenblick gestört worden."

Der Mannheimer Veteranen-Verein ließ aus seinen Mitteln zur Erinnerung an die in fernen Ländern begrabenen Kameraden ein hübsches Monument in den sogenannten kleinen Planken, gegenüber dem Zeughausplatze, errichten, mit dem im Frühjahr 1847 begonnen wurde. Die Ausführung geschah nach einem Plane des Professor Hochstetter durch

Bildhauer W. Arnold, und wurde die feierliche Enthüllung am 15. November 1848 vorgenommen, wobei ein Mitglied des Vereins, Octroieinnehmer Schwarz von hier, eine dem Zweck der Feier entsprechende Festrede hielt.

Im Sommer 1847 wurde die hiesige Handwerkerbank gegründet (jetzige Darleihkasse).

Am 17. April 1848 rückte das Grenadierbataillon des Leibregiments nebst Artillerie von Carlsruhe hier ein.

Am 18. August 1848 wurden von den nach Schleßwig-Holstein bestimmten badischen Truppen dahier ein Bataillon des 2. Infanterie-Regiments und eine Batterie (8 Geschütze) eingeschifft; Großherzog Leopold wohnte der Einschiffung persönlich bei.

Am 15. September b. J. kamen das 1. und am 16. das 3. Bataillon des 4. Infanterie-Regiments wieder hierher zurück.

Eine Gesellschaft aus den Herren Spreng, Sonntag und Engelhorn bestehend, schloß mit der Stadtgemeinde einen Vertrag wegen der Beleuchtung der Stadt durch Gas ab, und wurde dieser Vertrag in der Gemeindeversammlung vom 4. Januar 1851 genehmigt. Nach demselben zahlte die Stadt für Herstellung des Gaswerkes die Summe von 200,000 fl. und wurde dieselbe am 1. Dezember 1851 zum ersten Male durch Gas beleuchtet.

Auf dem Platze der alten Synagoge wurde in byzantischem Style und großartigen Formen eine neue erbaut, wozu die Arbeiten im Juli 1851 nach dem Plane des Wasser- und Straßenbau-Inspectors Lendorf in Heidelberg begonnen.

Die Jahre 1848 und 1849 waren für unser Land sehr unruhig gewesen.

Die Unzufriedenheit des französischen Volkes mit seiner Regierung und der Haß den dasselbe gegen das Ministerium Guizot empfand, brachte eine Revolution zum Ausbruch, welche die Vertreibung der französischen Königsfamilie zur Folge hatte und in Deutschland eine mächtige Gährung hervorrief. In Frankreich wurde eine republikanische Regierungform eingerichtet und brachen in Deutschland gewaltsame Erhebungen aus.

Großherzog Leopold, welcher während seiner Regierung viel für sein Volk und sein Land gethan hatte und manches Gute und Schöne zu dessen Wohl beförderte, war schmerzerfüllt darüber sein Volk gegen seine Regierung sich auflehnen zu sehen.

Alle Classen betheiligten sich an dieser Erhebung. Die Beamten hatten einen schweren Stand, sich in ihren Amts-Functionen zu erhalten. Das Militär verweigerte den Vorgesetzten den Gehorsam und befand sich das ganze Land in Aufruhr.

Großherzog Leopold verließ mit seiner erlauchten Familie sein Land und zog mit seinem Ministerium nach Mainz, von wo aus er weiter regierte. Als das Land durch die Bundestruppen zur Ruhe und Ordnung gebracht war, verkündete Großherzog Leopold durch sein Ministerium eine Amnestie für seine Völker, und verzieh denen, welche zum Treubruch verleitet wurden, so daß sie unbestraft ins Land zurückkommen konnten.

Der ausführliche Bericht über die damalige Zeit, ist vollständig in dem Werke zu finden: "Dr. F. Kottenkamp. Die neueste Weltbegebenheit. Nach authentischen Quellen bearbeitet."

Am 18. August 1849 kam Großherzog Leopold mit seiner hohen Familie von Mainz wieder in sein Land, in den Kreis seiner, dem weit größeren Theile nach treu gebliebenen, Unterthanen, nach einer dreimonatlichen Abwesenheit, zurück.

Die bittere Erfahrung machte diesen erhabenen Fürsten nicht wankend in seiner Regententreue, und richtete die durch seine und seines Landes Feinde freventlich zu Füßen getretene Verfassung wieder auf und suchte mit allen Kräften die Wunden wieder zu heilen, die dem Lande durch entartete Landessöhne geschlagen worden.

Bei den wieder versammelten Ständen am 5. März 1850, sprach Großherzog Leopold aus der Fülle seines Herzens am Schlusse seiner Eröffnungsrede die Worte:

„Möge die gegenwärtige Stunde der Wiederanfang besserer Zeiten sein."

Unser erhabener Fürst trug auf das Redlichste dazu bei, den gesunkenen Credit der Staatskasse wieder zu heben, den gewaltsam unterbrochenen Gewerbfleiß und Verkehr neu zu beleben, und mit weiser Sorgfalt und wichtige Einrichtungen aller Art unser künftiges Wohl vorzubereiten.

Neue Mißgeschicke trübten die letzten Monden seines segenreichen Lebens; im August 1851 verheerten Ueberschwemmungen einen Theil des Landes, wie es seit Menschengedenken nicht Statt gefunden hatte; die Erndte fiel gering aus und entstand ein Mangel, der selbst durch des edlen Fürsten überall reichlich gespendete Hülfe nicht in dem gewünschten Maße zu heben war.

Den 10. September 1851 besuchte Großherzog Leopold nach einer früher gegebenen Zusage, begleitet von dem Prinzen Friedrich und Gefolge, die hiesige Stadt, am Bahnhofe von den Civil- und Militärbehörden empfangen; die hohen Gäste stiegen im Großherzoglichen Schlosse ab. — Den Tag zuvor waren Mittags schon die Haupt- und Nebenstraßen reich beflagget und verzieret, um auf diese Weise dem erhabenen Landesfürsten auch äußerlich die Beweise der Ehrfurcht und Liebe darzubringen.

Am 11. war Morgens große Parade im Schloßhofe, welcher die Vorstellung sämmtlicher Civil-Behörden folgte. — Nach aufgehobener Tafel bewegte sich der Zug der hiesigen Zünfte, sowie die Deputationen der Nachbar-Gemeinden in den Schloßhof, um S. K. H. ihre Huldigung darzubringen.

Abends wurde im Theater als Festoper „Undine" mit vorhergehendem Prolog gegeben. Nach beendigtem Theater ward von der Bürgern ein Fackel-Spalier vom Großherzog=

lichen Hoftheater=Gebäude bis an das Portal des Schlosses veranstaltet.

Am 12. besuchten S. K. Hoh. der Großherzog viele wohlthätigen und gewerblichen Institute, wobei den Wohlthätigkeits=Anstalten das fürstliche Geschenk von 100 Rheingoldducaten zu Theil ward, später das Festschießen der hiesigen Schützengesellschaft und Abends den Harmonie=Ball und setzten am 13. die Reise nach Weinheim fort.

Die Stadt Mannheim hatte Alles aufgeboten, diesen Tag festlich zu begehen und machte auch die herzliche Stimmung den freudigsten Eindruck auf den edlen Fürsten.

Das bei dem Freischießen von demselben gemachte Anerbieten, bei nächster Anwesenheit der Gesellschaft eine Scheibe zu widmen, ging leider nicht in Erfüllung, da Großherzog Leopold bald nach der Zurückkunft in der Residenz erkrankte.

Seine gewohnte Theilnahme an den Regierungsgeschäften ward durch anhaltende Körperleiden unterbrochen; auch betrübte sein Inneres schmerzlich die schwindende Hoffnung, an eine Wiederherstellung des schon mehrjährig schwer leidenden Erbgroßherzogs Ludwig.

Darum übertrug Großherzog Leopold am 21. Februar 1852 die stellvertretende Sorge für die Regierung den gewissenhaften Händen seines zweitältesten Sohnes Prinzen Friedrich; auf welchen nun, voll Zuversicht in die trefflichen Eigenschaften seines Geistes und Herzens, die Hoffnungen aller Badener gerichtet waren.

Für die Lebenserhaltung des innigst geliebten Großherzogs mehrte sich die bange Besorgniß von Tag zu Tag. Die frühere kräftige Gesundheit erschüttert durch die unheilvollen Tage des Jahres 1849, siechte an Gichtleiden, welche durch Erkältung einen bedenklichen entzündeten Zustande des Kniegelenks zur Folge hatte. Seine unermüdlichste Pfleger waren vor Allen die tief bekümmerte Großherzogin, Prinz Friedrich und seine zwei jüngsten Schwestern, Marie und Cäcilie, und des edeln Leidenden hohe Geschwister, Maximilian und

Wilhelm und Amalie, mit ihrem Gemahl, dem Fürsten Carl Egon von Fürstenberg. Aus Thüringen kam die geliebte Tochter Alexandrine an der Seite ihres Gemahls, des Herzogs Ernst von Sachsen-Coburg-Gotha, und aus dem Waffendienste in noch weiterer Ferne eilte herbei das kraftvoll herangeblühte Bruderpaar Wilhelm und Karl, um an der zärtlichen Pflege des theuern Vaters den innigsten Antheil zu nehmen.

So war am schmerzenvollen Lager dessen, der immer seine schönste Lust darin gefunden hatte, den Schmerzen Anderer Linderung zu gewähren, der Kreis seiner Lieben wieder vereinigt, wie einst an den freudigsten Festen seiner erhabenen Familie, und von seinen sieben Kindern wurde nur Eines bitter vermißt: der durch eigene Leiden schwer heimgesuchte älteste Sohn.

Noch am Tage vor seinem Tode erkannte, aus dem Schlummer erwacht, der hohe Leidende mit freundlichem Auge die um ihn versammelten Seinigen, und schöpfte aus ihrem Anblick den Genuß seiner letzten Erdenfreuden, und während sie alle, Sonnabend, den 24. April 1852, an seinem Sterbebette knieend, ihre Gebete zum Himmel sandten, löste der stille Engel, der jeden Schmerz auf ewig heilt, die Fesseln, die den edeln Geist des vielgeprüften Dulders noch an die gebrechlich gewordene Hülle knüpfte.

So endigte nach der sechsten Abendstunde des genannten Tages, unser geliebter Großherzog Leopold in einem Alter von 61 Jahren und nahe 8 Monaten.

Großherzog Leopold hatte noch auf dem Krankenlager die Versicherung ausgesprochen, daß er dem verführten Theile seines Volkes verziehen habe, und zugleich den höchsten Schöpfer um diese Verzeihung mit emporgehobenen Händen angefleht.

Nach einer 22jährigen, im höchsten Grade wohlwollenden und segensreichen Regierung ist dieser edle Fürst von uns geschieden, aber sein Andenken bleibt ihm in dankbarer Erinnerung.

Die hinterlassenen Kinder des Großherzogs Leopold sind:
1) Alexandrine Louise Amalie Friederike Elisabeth Sophie, geboren den 6. Dezember 1820, vermählt am 3. Mai 1842 mit Sr. Hoheit dem Herzoge Ernst von Sachsen-Coburg-Gotha.
2) Ludwig, Erbgroßherzog, Herzog von Zähringen ꝛc., geboren den 15. Aug. 1824, wurde am 26. April 1841 als Lieutenant dem Leib-Regiment aggregirt, am 10. Aug 1841 zum Hauptmann, den 23. August 1842 zum Major und den 31. März 1845 zum Obersten befördert. Ist gestorben den 22. Januar 1858 in einem Alter von 34 Jahren.
3) Friedrich Wilhelm Ludwig, Großherzog, geb. den 9. September 1826, succedirte seinem Herrn Vater Großherzog Leopold den 24. April 1852.
4) Ludwig Wilhelm August, geb. den 18. Dezember 1829, Großherzoglicher Prinz von Baden, Herzog von Zähringen ꝛc., wurde durch höchsten Befehl vom 22. No- 1847 als Lieutenant dem Leibinfanterie-Regiment aggregirt und am 25. Oktober 1829 zum Oberlieutenant befördert. Am 22. November 1849 zu Premierlieutenant à la suite des 1. königl. preußischen Garderegiments zu Fuß ernannt, trat er am 3. Dezember 1849 in den wirklichen Dienst ein und wurde durch königl. Patent vom 14. Mai 1860 zum Hauptmann à la suite desselben Regiments befördert. Im Jahre 1854 auf 2 Jahre zum Garde-Artillerieregiment zur Dienstleistung commandirt und am 22. September 1854 zum Major des ersten Garde-Regiments befördert. Im Dezember 1860 unternahm Prinz Wilhelm eine Reise in den Kaukasus, um dort an den Operationen gegen die Bergvölker Theil zu nehmen. Die Reise dahin auf schlechten Wegen, die oft nöthigten, das Pferd zu be-

steigen, war höchst beschwerlich und langte der Prinz Ende Dezember in Tiflis an, wo er vom Fürsten Bariatinsky, kaiserlich russischem Gouverneur und Feldmarschall, aufs Beste empfangen wurde. Der Aufenthalte dauerte bis zum 15. Januar 1861 und wurde zu Ausflügen und Jagden auf Gazellen und Leoparden benutzt; hierauf begab sich Prinz Wilhelm in einige Distrikte am kaspischen Meere und kehrte nach etwa 4 Wochen zur operirenden Armee zurück und nahm an einer Expedition gegen Westen unter General Jewbokimoff gegen die unruhigen Shapsugen in dem Kessel zwischen dem Schebsch und Pfichaba Theil. Die russischen Truppen waren in drei Kolonnen getheilt; General Babitsch leitete das ganze Unternehmen und die mittlere Haupt=Colonne, deren Avantgarde Prinz Wilhelm von Baden kommandirte, ein eben so gefährlicher als wegen der Unwegsamkeit des Landes schwieriger Posten, den der Prinz jedoch mit großer Umsicht vertreten zu haben scheint; wenigstens thut der Bericht einer sehr geschickten, von ihm befohlenen Umgehung Erwähnung, durch welche eine ansehnliche Zahl Feinde abgeschnitten wurde. Prinz Wilhelm erhielt in Folge seiner bewiesenen Tapferkeit von Sr. Maj. dem Kaiser von Rußland auf Vorschlag des Gouverneurs des Kaukasus, Fürsten Bariatinsky, den militärischen Verdienst-Orden vom Heiligen Georg vierter Klasse verliehen und von Sr. kgl. Hoheit dem Großherzog das Ritterkreuz des Carl-Friedrich-Militär-Verdienst-Ordens. — Nach dieser Reise ist Prinz Wilhelm als Oberst à la suite der Garde=Artillerie=Brigade von dem Dienstverhältniß bei der Garde=Artillerie=Brigade ausgeschieden und mit der Uniform dieser Brigade zu den Offizieren à la suite der Armee versetzt worden.

5) Carl Friedrich Gustav Wilhelm Maximilian, geboren den 9. März 1832, großherzoglicher Prinz von Baden,

Herzog zu Zähringen ꝛc., durch hohen Befehl vom 22. November 1847, gleich seinem Bruder als Lieutenant dem Leib=Infanterie=Regiment aggregirt. Trat am 8. August 1851 in k. k. österreichische Miliärdienste und zwar als Unterlieutenant 2. Classe beim 10. Jäger=bataillon, am .16. Februar 1852 in die erste Classe befördert und zum 21. Jägerbataillon transferirt. Am 23. März 1852 unter Versetzung zum Jägerregiment „Kaiser" zum Oberlieutenant befördert; am 11. Juni 1853 unter Versetzung zum 5. Husarenregiment Graf Radetzky zum Rittmeister 2. Classe, am 1. April 1854 als solcher zum 7. Kürassierregiment Herzog Wilhelm von Braunschweig (vorher Graf Harbegg) und am 11. März 1855 in die 1. Classe als wirklicher Escadrons=Commandant bei demselben Regiment eingereiht.

6)  Marie Amalie, Großherzogliche Prinzessin, geb. den 20. November 1834 vermählt am 11. September 1858, mit Seiner Durchlaucht dem Herrn Fürsten Ernst von Leiningen.

7) Cäcilie Auguste, Großherzogliche Prinzessin, geb. den 20. Septbr. 1839, verm. den 16./28. August 1857 mit Großfürst Michael von Rußland, geb. den 24. Oktober 1832, Bruder des regierenden Kaisers von Rußland.

---

Wilhelm Ludwig August, großherzoglicher Prinz und Markgraf von Baden, Herzog zu Zähringen ꝛc., fünfter Sohn Carl Friedrichs zweiter Ehe, geb. den 8. April 1792, vermählt am 16. Oktober 1830 mit Elisabeth Alexandrine Constanze von Württemberg, Tochter des Herzogs von Württemberg und der Frau Herzogin Henriette von Württemberg, geborene Prinzessin von Nassau=Weilburg, geb. den 27. Februar 1802.

Dessen Kinder (Großherzogliche Prinzessinnen):

1) Wilhelmine Pauline Henriette Leopoldine Sophie Amalie Maximiliane geb. den 7. Mai 1833, gest. 7. April 1834.

2) Sophie Pauline Henriette Marie Amalie Louise, geb. 7. August 1834; vermählt den 9. November 1858 mit Prinz Woldemar zur Lippe.
3) Pauline Sophie Elisabeth Marie, geb. den 18. Dez. 1835.
4) Leopoldine Wilhelmine Pauline Amalie Maximiliane, geb. den 12. Februar 1837.

Am 6. April 1805 trat Markgraf Wilhelm als Graf von Hochberg in den großherzoglichen Militärdienst und ward den 26. Oktober 1808 Chef des 3. Infanterie-Regiments. Im Feldzug 1809 gegen Oesterreich wurde er als Oberst in das Hauptquartier des IV. französischen Armeekorps unter Marschall Massena commandirt und wohnte dem Gefecht bei Ebersberg und den Schlachten bei Aspern, Wagram und Znaim bei. — Er kommandirte als Generalmajor die badische Brigade im Feldzug gegen Rußland, in den Gefechten bei Czasniki, in der Schlacht an der Berezina (28. November 1812) zc. — Ward Generallieutenant und Commandirender des neu organisirten badischen Corps in Schlesien und Sachsen im August 1813 und kämpfte in der Völkerschlacht bei Leipzig am 16., 17. und 18. Oktober. — Im Feldzug gegen Frankreich 1814 Commandirender des 8. deutschen Bundeskorps (Baden mit Hohenzollern und Liechtenstein), anfänglich unter dem Ober-Commando des Kaiserlich russischen Generals der Kavallerie, Prinz von Wittgenstein, dann selbstständig als Militär-Commandant im Departement des Niederrheins, und nahm als solcher Pfalzburg am 11., Landau am 26. April. — Auf dem Congreß zu Wien vertrat er die Interessen der Großherzoglichen Familie, ward bei Wiederausbruch des Krieges im Jahr 1815 Militärcommandant im Departement des Oberrheins und leitete an der Spitze württembergischer, badischer und hessischer Truppen die Blokaden von Schlettstadt, Neu-Breisach und Hüningen. — Am 4. Oktober 1817 ward er zum Markgraf von Baden ernannt, und hierauf zweimal mit diplomatischen Sendungen nach St. Petersburg betraut. — Nach dem Regierungsantritt des Großherzogs Leopold ward er am 11. April 1830 General der

Infanterie und am 25. Februar desselben Jahres Commandireuder des Armeecorps, welche Stelle er bis zum 6. April 1848 begleitete. Er starb als großh. badischer General der Infanterie und Inhaber des 4. Infanterie-Regiments den 11. Oktober 1859.

---

Maximilian Friedrich Johann Ernst, großh. Prinz und Markgraf von Baden, Herzog von Zähringen 2c., großh. badischer General der Kavallerie, Inhaber des 2. Dragoner-Regiments, geboren den 8. Dezember 1796. Sechster und jüngster Sohn Carl Friedrichs aus zweiter Ehe, trat am 19. Oktober 1806 in den großherzoglichen Militärdienst, machte als Major im Generalstab den Feldzug in Sachsen im August, September und Oktober 1813 und den Feldzug 1814 unter dem Commando seines hohen Bruders, des Markgrafen Wilhelm, ferner als Major der Garde du Corps den Feldzug 1815 im Elsaß mit und ward im Gefecht vor Straßburg am 9. Juli verwundet. — Am 14. Februar 1826 erhielt er als Oberst das Commando des combinirten Garde-Cavallerie-Regiments; ward Generalmajor und Chef des 1. Dragoner-Regiments; am 12. April 1830 Commandeur der Kavallerie-Brigade den 9. September 1830; Generallieutenant am 21. April 1840; Commandeur der Infanterie-Division den 12. Oktober 1843. Nach dem Rücktritt des Markgrafen Wilhelm führte er das Commando des Armeekorps und der mobilen Truppen im Ober- und Mittelrheinkreis vom 6. bis 14. April 1848. — Nach der Wiederaufstellung des Armeekorps wird er nochmals Commandirender (24. Dezember 1851) bis zur Uebernahme des Commandos durch den Regenten Prinz Friedrich K. H. am 2. Juni 1852.

---

Friedrich Wilhelm Ludwig, zweiter Sohn des Großherzogs Leopold, geboren den 9. September 1826.

Succedirt zufolge einer Familien=Uebereinkunft seinem Herrn Vater, Großherzog Leopold Königliche Hoheit, durch Patent vom 24. April 1852 als Regent und durch Patent vom 5. September 1856 zur Sicherheit des Landes, als:

Großherzog von Baden, Herzog von Zähringen ꝛc. in der Regierung des Landes mit großherzoglicher Würde und als Generalissimus des badischen Armeekorps.

Großherzog Friedrich vermählte sich am 20. September 1856 mit Ihrer Königlichen Hoheit der Prinzessin Louise, Tochter Seiner Königlichen Hoheit des Prinzen Friedrich Wilhelm, jetzigen Königs, von Preußen, geboren den 3. Dezember 1838.

Friedrich Wilhelm Ludwig Leopold August, Erbgroßherzog, wurde geboren den 9. Juli 1857.

Im Jahr 1841 den 26. April wurden S. K. Hoheit Friedrich, nebst dessen älterem Herrn Bruder Ludwig K. H. als Lieutenant dem Leib=Infanterie=Regiment aggregirt, am 10. August 1841 zum Rittmeister und Escadrons=Commandant im Dragoner=Regiment Großherzog, am 12. Januar 1847 zum Major ebendaselbst befördert. Im August und September 1848 befand sich Friedrich im Hauptquartier der deutschen Nordarmee unter dem K. preußischen General der Kavallerie von Wrangel in Schleswig=Holstein, und wurde am 14. November 1848 zum Leib=Infanterie=Regiment transferirt. — Nach Wiederherstellung des Armeekorps am 10. Januar 1850 wurde derselbe zum Oberstlieutenant und Commandant des ersten Reiter=Regiments ernannt, und am 11. Juni 1850 zum Obersten befördert.' — Tritt am 24. April 1852 nach Ableben seines Herrn Vaters K. H. wegen Krankheit des älteren Herrn Bruders K. H. die Regierung an, und übernimmt Höchstselbst das Commando des Armeekorps den 2. Juni 1852. Er erhält bei Seiner Anwesenheit in Berlin im Juli 1852 von Sr. Maj. dem König Friedrich Wilhelm IV. von Preußen den Rang eines Generals der Kavallerie und die Inhaberstelle des 7. Uhlanen=Regiments.

Am 25. April 1852 erschien die Bekanntmachung von dem Ableben Sr. Königl. Hoheit des Großherzogs Leopold und der tiefen Trauer des großherzoglichen Hauses wie auch des Landes durch den Verlust eines so gütigen und gerechten Fürsten.

Das ausgestellte Patent enthielt die Anzeige der schweren Geistes- und Leibeskrankheit des nunmehrigen Großherzogs Ludwig K. H., welche Ihm nach dem übereinstimmenden Ausspruch der Durchlauchtigsten Frau Mutter und der Agnaten des Großherzoglichen Hauses unmöglich mache, die, kraft der Haus- und Landes-Grundgesetze auf Ihn übergehende Regierung anzutreten; daß aber für deren Verwaltung Fürsorge getroffen worden, indem Se. K. H. Prinz Friedrich Regent von Baden, dem nach dem hohen und letzten Willen Seines Herrn Vaters K. H. die Regierung schon bei dessen Lebzeiten als Stellvertreter übertragen worden sei, durch Recht und Pflicht dazu berufen, die Regierung des Großherzogthums mit allen der Souveränität innewohnenden Rechten und Befugnissen bereits angetreten habe, und solche an Stelle Seines innigstgeliebten Herrn Bruders führen werde, bis es der Gnade des Allmächtigen gefällt, Ihn von Seinen schweren Leiden wieder zu befreien. Das Patent schloß: „Wie Wir Selbst die Treue gegen den Großherzog bewahren werden, so erwarten Wir, als der Stellvertreter des Großherzogs, von sämmtlichen Dienern und Unterthanen, daß sie Uns treu und gehorsam sein werden, und weisen sie an, solches durch den Uns zu leistenden Huldigungseid zu bekräftigen.

Wir verbinden hiermit die Versicherung, die Verfassung des Landes heilig zu halten, dessen Wohlfahrt möglichst zu befördern, Alle und Jeden in ihrem Recht, in ihren Würden und Aemtern kräftig zu schützen, so wie wir Unsere Diener in dem ihnen anvertrauten Wirkungskreis hiermit ausdrücklich bestätigen.

Nach dem Patent Sr. K. Hoh. des Prinz-Regenten Friedrich von Baden geschah am 25. April d. J. dahier die

Huldigung des Militärs, am 26. die der Beamten, und am 27. die hiesigen Bürger in der Jesuiten= und Trinitatiskirche. An den Eingängen der Kirche mußte man den Schriftführern seinen Namen angeben, Kranke, welche verhindert waren, mußten später den Eid ablegen.

---

Am 25. Mai 1852 wurde, in Folge Erkenntniß des Schwurgerichtes des Unterrheinkreises, Martin Börschinger von Großsachsen wegen Raubmords dahier enthauptet. Es war dieses, mit Ausnahme der politischen Executionen des Jahres 1849, das erste Todesurtheil, welche seit der Enthauptung Sand's (1820) hier vollzogen wurde.

Am 26. August d. J. war Sr. K. Hoh. der Prinz=Regent Friedrich zum Besuch in Mannheim, und machte den ihm aufwartenden Gemeindebehörden zusichernde Mittheilungen wegen des beabsichtigten Theaterbaues; am 4. März 1853 wurde vom großen Ausschuß der Umbau des hiesigen Theaters genehmigt; am 7. September die dazu nöthigen Mittel, wie in der Versammlung vom 29. November 1854 noch nach=träglich 64,888 fl. bewilligt. Bezüglich dieser Angelegenheit findet sich in der ersten Beilage des Frankfurter Journals Nr. 54 vom 4. März 1853 ein Bericht, der sich folgender=maßen aussprach:

„Morgen versammelt sich der große Bürgerausschuß der Stadt, um über den projectirten und von dem Ge=meinderath und kleinen Ausschuß genehmigten Theater=Umbau zu berathen und zu beschließen. Die Kosten sind auf 130,000 fl. und von einer aus Gemeinderath und kleinem Ausschuß gewählten Commission von Bau=verständigen auf 150,000 fl. veranschlagt; davon über=nimmt der Staat fix 45,000 fl.; die Gemeindebehörde spricht jedoch die Hoffnung aus, daß die großherzogliche Regierung, trotz des abgeschlossenen Vertrags, in Er=wägung der obwaltenden Verhältnisse und nach erlangter

Ueberzeugung des die frühern Anschläge übersteigenden Mehraufwands (es ist nämlich jetzt auch die Aufbauung eines vierten Stocks sog. Attika vorgeschlagen) der Stadt den Staatsbeitrag nach billigem Ermessen erhöhen werde.

Die Bausumme soll durch eine Anleihe zu möglichst niedrigem Zinsfuß beigebracht werden, und nicht, wie mehrseitig projectirt war, durch Papiergeld, da sich das großh. Finanzministerium entschieden gegen kleinere Stücke als 50 fl. aussprach, und Fünfziggulden-Scheine im gewöhnlichen kleinen Verkehr unbrauchbar, alsbald wieder der Staatskasse zurückströmen, somit ihren Zweck nicht erfüllen würden.

Der Tilgungsplan der Anleihe lautet dahin: daß während den ersten 10 Jahren jährlich am Capital abgetragen werden sollen 500 fl.; während 33 Jahren jährlich 1000 fl., und daß nach Ablauf von 43 Jahren der Rest dieser Schuld durch Anreihung an die städtische Brücken-, Exercierplatz- und höhere Bürgerschulschuld mit jährlichen 10,000 fl. abgetragen werden soll.

Diese Belastung der Stadtkasse in aufsteigender Linie rechtfertigt sich durch einzelne zur Zeit existirende Schuldpositionen, welche im Laufe der nächsten Jahre getilgt sein werden und hinwegfallen.

Die wesentlichen Mängel des Theatergebäudes, Feuergefährlichkeit, zu beschränkte Räumlichkeit und der Umstand, daß Reparaturen im Betrag von 20,000—30,000 fl. vorzunehmen wären, läßt an dem Beschluß des Theaterumbaues nach vorliegendem Plane kaum zweifeln. Im Neubau werden bei bequemeren Plätzen 400 Personen mehr untergebracht werden können, als in dem gegenwärtigen Auditorium. —

Im Jahre 1853 wurde der Anfang mit dem Umbau gemacht, und solches im Spätjahr 1854 vollendet. Während des Baues war ein Interimstheater im großen Theatersaale eingerichtet, und wurde das neue Theater mit der Oper „die Zauberflöte" unter Anwesenheit Sr. K. H. des Prinzregenten Friedrich von Baden eröffnet.

Am 18. April 1853 kamen die Vorstände der Ministerien des Aeußern und der Finanzen nach Mannheim, um wegen Errichtung einer sog. Schleifbahn zwischen der Eisenbahn und dem Hafen an Ort und Stelle die nöthige Einsicht zu nehmen. Im October 1853 ward mit den Arbeiten begonnen. Die Genehmigung des großen Ausschusses wegen des von der Stadt abzutretenden Geländes erfolgte in der Sitzung vom 7. September. Die erste Probefahrt auf der vollendeten Schleifbahn geschah am 8. November 1854 und kamen von Carlsruhe der Minister des Aeußern Frhr. v. Rüdt und der Oberpostdirector Zimmer hierher.

Im Winter 1853—54 hatte der Rhein einen anhaltend kleinen Wasserstand, der im Januar auf 9′ 4″ unter Mittel fiel; 1766 waren es 11′, 1784 (nach Hochwasser) 10′ 6″ und 1819 9′ 1″ unter Mittel.

Am 16. Juni 1854 kam der Preis des 4pfündigen Laib Brodes wieder auf 26 kr.

Der hiesige landwirthschaftliche Bezirksverein feierte am 19. und 20. October 1854 ein Fest, das am ersten Tage mit einem Preispflügen auf der Mühlau begann; am zweiten Tage Ausstellung von Vieh und Producten, Mittags Fest=Essen und Abends Ball in sich faßte.

Da die anhaltende Krankheit und schmerzvollen Leiden S. K. H. Großherzogs Ludwig eine Wiederherstellung der Gesundheit außer Wahrscheinlichkeit stellte, wurde durch ein hohes Patent vom 5. September 1856 S. K. H. Prinzregent Friedrich zum Großherzog des Landes mit aller souveräner Macht für ihn und seine Nachkommen erhoben, und die Unterthanen aufgefordert, die Treue nach ihrem gegebenen Eide zu bewahren.

Großherzog Ludwig lebte nach diesem hohen Patent nur noch zwei Jahre und starb den 22. Januar 1858.

Der 9. September 1856, der Geburtstag unseres all= verehrten Großherzogs Friedrich K. H., war einer der schönsten und höchsten Festtage, welchen die badischen Lande gefeiert.

Schon an diesem Tage sandte Baden seine besten Wünsche zum Höchsten in freudiger Begeisterung der bevorstehenden Vermählung des geliebten Landesfürsten mit der am 30. September 1855 verlobten Prinzessin Louise, Tochter des Prinzen von Preußen, deren edle Geistes- und Herzensgaben das glückliche Land eine treffliche Landesmutter erhoffen ließ, die es in seiner Mitte sehen sollte, da schon am 20. September 1856 die feierliche Trauung in Berlin erfolgen und das geliebte Fürstenpaar, wenige Tage darauf über Mannheim seinen feierlichen Einzug in das schöne, im feierlichen Schmuck prangende Baden nehmen sollte.

Zu Wildbad erfolgte die Verlobung der jüngsten Schwester unseres Landesfürsten mit dem Großfürsten Michael von Rußland und trat so Baden durch engere Familienbande in eine Verbindung mit den mächtigen Fürstenhäusern von Preußen, England und Rußland, was wieder seine glücklichen Nachwirkungen auf unser eigenes Land haben wird.

### Mannheims Festtage.
Am 26. und 27. September 1856.

#### Der feierliche Empfang
des durchlauchtigsten Fürstenpaars
Sr. Königl. Hoheit Großherzog Friedrich
und
Ihrer Königl. Hoheit Frau Großherzogin Louise
von Baden.

Diese Tage waren die schönsten in Mannheims Geschichte. Schon manchen Fürsten hatte die Stadt in ihren Mauern empfangen, schon manche schöne Feste hat sie gesehen, aber der Preis gebührt diesen beiden Tagen, an denen ihr die hohe Ehre zu Theil wurde, als größte und erste Stadt Badens das neuvermählte Herrscherpaar zuerst in den heimischen Landen begrüßen und empfangen zu dürfen.

Schon Wochenlang vorher begannen die Vorbereitungen von Seiten der Stadt und der Einwohner, um einen würdigen Empfang zu bereiten und Hunderte von Händen arbeiteten daran, der Stadt ein festliches Kleid anzuziehen.

Vom Reichsten bis zum Aermsten wollte Niemand zurückbleiben, und da Alles einmüthig zusammenwirkte, so mußte auch etwas Schönes, Herrliches erreicht werden.

Und in der That war es so! An der Landungsbrücke am Rhein wurde eine schön verzierte Empfangshalle erbaut und von da schritt man an festlich geflaggten, mit Blumen und Guirlanden geschmückten und meistens mit Emblemen, Wappenschildern, Namenszügen und Bildern verzierten Häusern vorüber.

Beim Eingange durch die Rheinbarriere war das Auge überrascht durch den herrlichen Anblick.

Rechts und links erhoben sich je achtzehn venetianische Flaggen auf mächtig hohen Stangen, abwechselnd die badischen und preußischen Farben tragend und durch Kränze verbunden. Neben dem früheren Rheinthore aber ragte eine hohe in schönen Verhältnissen gebaute, etwa 80 Fuß breite Ehrenpforte empor. Im byzantinischen Style gehalten, stellte sie das Portal der Markuskirche zu Venedig dar und hatte bis zur Spitze eine Höhe von 60 Fuß und eine Breite von 85 Fuß. Von den 3 Thorbogen war der mittlere 40 Fuß hoch und 20 Fuß breit, während die beiderseitigen im Verhältniß kleiner gehalten waren. Das Portal wurde getragen durch zwei starke, von Blumenguirlanden umschlungene Säulen, deren jede wieder zwei schlankere trug und darüber erhob sich dann die Wölbung in etwas spitzen Bogen. Ueber dieselben ragte die mittlere Spitze noch 20 Fuß in die Höhe, oben eine Krone tragend; vorn auf grünem Grunde den Namenszug der hohen Neuvermählten und stand über dem Bogen des Hauptthors in Goldbuchstaben:

„Freudig grüßt Euch das Vaterland,
Jubelnd die rheinische Stadt."

In den zwei Nischen über den beiden Seitenportalen waren zwei sehr schöne, von Gallerie=Director Weller gemalte Bilder angebracht; eine Badenia mit Aussicht auf die Bergstraße; die Badenia sitzend, den Oelzweig als Zeichen des Friedens in der Hand, das badische Wappen zur Seite; über ihr ein Knabe mit einem Kranz in der Hand und neben ihm ein Füllhorn, dem verschiedene Früchte als Zeichen des Productenreichthums, entrollen; auf der andern Seite schmiegt sich ein anderer Knabe an, vor ihm Bücher und Palette als Embleme der Wissenschaft und Kunst. Das Bild auf der rechten Seite stellt im Vordergrunde eine Ostseelandschaft die Borussia dar, den Deutschordensstern auf der Brust, das Gesetzbuch als Zeichen der Gerechtigkeit in der einen, das Schwert als Zeichen des Schutzes des Rechts in der andern Hand.

Zwei Knaben zu ihren beiden Seiten halten einen Eichenkranz und den preußischen Wappenschild.

Nach der Stadtseite befanden sich ebenfalls in Nischen zwei andere Gemälde desselben Meisters.

Auf der Stadtseite oberhalb der Seitenthore stand unter schwebenden Engeln mit Lorbeerkränzen:

„Friedrich."

„Sei Carl Friedrich gleich, dem volksbeglückenden Ahnen.
Glücklich lebend und lang, Glück dem gesegneten Land!"

und

„Louise."

„Was für der Preußen Land, die gefeierte Frau Deines Namens,
„Bleibe für Baden nun Du, Allen ein glücklicher Stern."

Hinter der Ehrenpforte standen rechts und links Estraben und war der Anblick der langen geschmückten Straße durch die Planken ein wirklich erhebender.

Links war das katholische Bürgerhospital sinnig verziert, rechts hatte die Gesellschaft „Räuberhöhle" ihr Lokal in ein architektonisches Gewand gehüllt, mit einem Erkerfenster in der Mitte, mit zwei Rittern in den badischen und preußischen Farben die Wappenschilder neben sich gestellt Die Fenstertransparente trugen die Inschrift:

> „Geselligkeit
> Und Fröhlichkeit
> Herrscht hier Jahr ein Jahr aus,
> Doch bei dem Scherz
> Schlägt warm das Herz
> Für das Regentenhaus;
> Treu, fest und wahr
> Die heit're Räuberschaar."

Wandte man den Blick nach der Kaserne, so erblickte man von derselben bis zum Ende des ärarischen Eigenthums eine aus grünen Baumzweigen gebildete Kolonade, an welcher verschiedene Waffenstücke sinnig als Verzierung angebracht waren. Ueber dem mittleren, von der Rheinstraße aus gesehenen Theile, erhob sich eine zweite Etage mit drei Feldern, die durch recht schön gemalte Transparente, Ansichten von Baden, Carlsruher Schloß und Coblenz, ausausgefüllt waren und über welchen ein zur Beleuchtung bestimmter Stern emporragte. Ueber den beiden Kolonaden erhoben sich drei Wimpel. Zwischen den beiden Kasernenflügeln war das eiserne Thor in eine grüne Pforte verwandelt, durch welche man in einen mit vielem Geschmack geordneten Parkgarten zu blicken vermeinte; zur Seite waren wieder Waffenstücke als Ausschmückung verwendet worden.

Einen schönen Anblick gewährte sodann das Zeughaus, wo unter hoher, von zwei Säulen getragener Pforte, die Büste des Großherzogs stand.

Ueber dem Portale erhob sich ein mächtiges Transparentbild. Es stellte in Wolken schwebend ein jugendliches ritterliches Paar dar, die beide Wappenschilder zur Seite und von Genien mit Kränzen umschwebt.

Ueber den beiden Säulen bildeten Gewehre eine Pyramiden und erhoben sich darüber Wimpeln mit den Farben des Landes. Die Inschrift über dem Portale lautete:

"Heil dem Fürstenpaar!"

In der Mitte des Fruchtmarktes erhob sich aus des Waldes Grün gebildet auf sechs Säulen ein Tempel, auf dessen Wölbung eine Krone prangte und in dessen Innern auf einem Postamente die Büste des Großherzogs ruhte.

In der Baumallee in den Planken schwebten 24 Kronleuchter, für die Illumination bestimmt. Die Harmoniegesellschaft hatte das Portal ihres Gebäudes reich verziert und in einen Tempel umgestaltet, welcher in der von frischem Grün gebildeten Wölbung die Statue des Großherzogs zeigte.

Ueber dem Portale lehnten zwei Leiern, in der Mitte das badische und preußische Wappen und darüber die Inschrift:

"Glück, Heil und Segen."

Ueber derselben aber erhob sich ein sehr schönes Transparentgemälde; ein in den Wolken schwebender Genius hob zwei Lorbeerkränze über den beiden Namenschiffern der hohen Neuvermählten. Rechts und links von den Planken waren wieder alle Häuser sinnig verziert, und wo das Auge hinauf oder hinunter in die Straßen schaute, überall boten die Häuserreihen mit ihren Flaggen und Kränzen den freundlichsten Anblick dar.

Auf dem Paradeplatz mit dem schön verzierten Kaufhause im Hintergrunde, hatten sich die Schiffer, Fischer und Flößer mit ihren Geräthen aufgestellt. Die reichgeschmückte schöne Boye des Schiffers Ch. Neff, welche bei mehreren Regatten in Holland schon den Preis gewonnen, war mit festlich gekleideten Matrosen aufgestellt, und daneben waren Fischer und Flößer in Thätigkeit, um die Flußgewerbe, welche Rhein und Neckar veranlassen, darzustellen. Die Fischer hatten an 1½ Centner Fische, die sie zubereiteten und vertheilten.

Am Heidelberger Thor war eine andere Ehrenpforte errichtet, welche auf acht Säulen ruhte und oben das badische Wappen trug. Die Inschrift lautete:

"Blumenbestreut sei der Pfad, der Euch führet durchs Land, das beglückte;
Unserem liebenden Kreis bringe er bald Euch zurück."

Also hatte Mannheim sein festliches Kleid angezogen, um das hohe Fürstenpaar zu empfangen. Acht Dampfboote waren bestimmt, den Neuvermählten auf dem deutschen Vater Rhein entgegen zu fahren, eine Veranlassung, so einfach und doch so erhaben schön, wie es nur wenigen Städten möglich ist. Gegen 12 Uhr fuhren sie ab, diese festlich beflaggten Schiffe, deren zwei die Sänger Mannheims aufgenommen hatten, langsam den Rhein hinab bis zur hessischen Grenze. Dort legten sie sich vor Anker und harrten des "Hohenzollern" mit seinen hohen Reisenden.

Man war etwas zu früh abgefahren und lange konnte das Auge nichts von dem heranfahrenden Schiffe erblicken. Als man aber von Ferne den Rauch des Boots aufsteigen sah, da drängte sich Alles um dessen Nahen zu verfolgen und als endlich um halb 3 Uhr der "Hohenzoller" heranfuhr, da begann rauschender Jubel, die Böller sandten ihren Donner hundertfach in die Lüfte, und Alles grüßte mit Schwenken der Hüte und Taschentücher, die Sänger brachten ihr Hoch, die Musiken fielen ein und die hohe Fürstin dankte sichtlich bewegt nach allen Seiten durch Gruß und Tuchschwenken für den ihr bereiteten Empfang. Langsam fuhr sodann die kleine Flottille unter Gesang, Musik und Kanonendonner rheinaufwärts, der "Hohenzoller" immer in der Mitte, der bald bei den ersten, bald bei den mittlern Schiffen war, und gewiß, wer diese Fahrt mitmachte, zählt sie zu den schönsten Erinnerungen seines Lebens.

Voran fuhren zwei Mannheimer Schleppboote mit den Sängern, dann die Personendampfschiffe „Agrippina" und „Prinzessin von Preußen", und hinter diesen links die Schleppboote „M. Stines" und „Rotterdam" und rechts Fr. Haniel" und „Maxmilian".

Bei Sandhofen, wo das hohe Fürstenpaar vorbeifuhr, hatte die Gemeinde dicht am Rheiufer auf dem Damme eine recht gelungene Nachbildung der Burg „Zähringen" aufgestellt, in dessen innerstem Theile die Wappen von Baden und Preußen angebracht; zu beiden Seiten standen im Halbkreise weißgekleidete Mädchen und hinter diesen die Gemeindebürger und Schulkinder mit badischen Fähnchen. Auf der Käferthaler Grenze war ein Triumphthor und ehrfurchtsvoll grüßte die Gemeinde. Bei der Spiegelfabrik standen deren Arbeiter in besonderer Tracht und eröffneten längs dem Ufer ein ununterbrochenes, weithin schallendes Böllerfeuer. An der Neckarspitze sulutirte das Schleppschiff der Herrn Staelin u. Comp. und kam der Zug bei Mannheim in Sicht.

Um halb 4 Uhr nahte man der Stadt und majestätisch fuhr der „Hohenzollern" voraus dem Landungsplatze zu; die von Karlsruhe gesandte Batterie eröffnete auf dem Ludwigsbade ihr Feuer, von allen Thürmen der Stadt ertönten die Glocken, die Schiffe verdoppelten ihr Feuer, das man in Ludwigshafen erwiederte, das von Tausend und aber Tausenden ausgebrachte Hochrufen, dieß Alles vereinigte sich zu einem Momente, dessen Eindruck wohl unvergeßlich bleiben wird, der sich aber nimmermehr beschreiben läßt, um ihn dem Leser in Wahrheit zur Anschauung zu bringen.

Dieser Empfang erreichte aber in der stürmischsten Begeisterung seinen Höhepunkt, als nun der „Hohenzollern" sich dem Ufer zuwandte und die in allem Liebreiz der Jugend prangende Fürstin von Ferne schon grüßend das Taschentuch schwenkte, am Arme ihres ritterlichen Gatten, der stolz darauf sein konnte, wie sein treues Volk die Landesmutter empfing, die er ihm zuführte.

Am Landungsplatze unter der schönen Empfangshalle betrat die junge Landesmutter mit tiefer Rührung den Boden des Landes, das jetzt ihre neue Heimath geworden. Einen tiefen rührenden Eindruck machte es, als Se. Großh. Hoh. Prinz Wilhelm von Baden, der von Berlin aus dem hohen Paare vorausgeeilt war, höchst dasselbe zuerst auf heimischem Boden an der Landungsbrücke begrüßte und herzlich umarmte. Hierauf hielt Oberhofrichter Dr. Stabel (jetziger Staatsminister) als der höchstangestellte der hiesigen Staatsbeamten, im Namen des Landes, folgende Anrede:

Durchlauchtigster Großherzog!

Gnädigster Fürst und Herr!

Eure Königliche Hoheit bringen Ihrem Volke das kostbare Geschenk, dem unsere Herzen längst entgegen schlugen — über dessen Besitz wir uns eben so glücklich preisen, wie unser Fürst und Herr! An diesem Tage fühlt jeder Badener tief und innig, daß er einen Glanzpunkt in der Geschichte seines Vaterlandes erlebt, und auch das traurigste Gemüth erhebt sich und strahlt Freude und Wonne über den heiligen Bund, den Ew. Königl. Hoh. zum Segen des Landes wie des Thrones geschlossen.

Möge derselbe in ungetrübtem Glücke ebenso reiche und herrliche Früchte tragen, wie diejenigen sind, womit Höchst-Ihre Durchlauchtigste Eltern das Land beschenkt haben.

Nehmen Ew. Königl. Hoheit den Jubel und die aufrichtigen Huldigungen ihres Landes in gewohnter Liebe und Freundlichkeit auf und es wolle mir gnädigst vergönnt sein, auch unserer Durchlauchtigsten Großherzogin des Landes Gruß in wenigen Worten darzubringen.

Durchlauchtigste Großherzogin!

Gnädigste Fürstin!

In dem denkwürdigen, für Baden so seligen Augenblicke, wo Ew. Königl. Hoheit die neue Heimath als Landesfürstin betreten, wird mir die hohe Ehre zu Theil, Ew. Königl. Hoheit den ehrfurchtsvollen Gruß des Landes unterthänigst zu Füßen zu legen.

Mit Stolz und Freude erblicken wir unsere theure Landesmutter und heißen sie aus dem Innersten unserer Herzen willkommen mit dem feierlichen Schwure unvergänglicher Liebe und Treue! In reichstem Maße werden Höchstdieselben die Liebe, die hohe Verehrung und Anhänglichkeit bei uns wiederfinden, die Sie bei unserem treuverbundenen Bruderstamm zurück lassen. Glücklich sollen sie sein auf unserem Throne, glücklich und heimisch in unserem schönen Vaterlande, das ist der Gedanke, das jedes Badners Brust erfüllt und bewegt.

Ew. Königl. Hoheit edles, an Liebe so reiches Herz wird auch uns mit Liebe umfassen und die Wohlthaten fortsetzen, die Höchstihr königlicher Vater an uns zu üben begonnen hat. Dies ist unser Gelöbniß, unser heißester Wunsch und unser zuversichtlicher Glaube.

Hierauf hielt der erste Bürgermeister, Herr Diffené, folgende Ansprache:

Durchlauchtigster Großherzog!
Gnädigster Fürst und Herr!
Durchlauchtigste Großherzogin!
Gnädigste Fürstin!

Allerhöchst Ihre Hauptstadt Mannheim ist stolz auf die Ehre, zuerst unter den Schwesterstädten des Landes das geliebte Fürstenpaar festlich empfangen zu dürfen und mit Jubel und hoher Freude begrüßen die Bewohner der gesegneten Pfalz ihre jugendliche Herrscherin. Als vor Jahren Höchstihr erlauchter Herr Vater, der edle ritterliche Prinz von Preußen, uns hier in Mannheim in einer trüben Zeit Trost und Hoffnung zusprach, da ahnten wir nicht, daß die heißgeliebte Fürstentochter bald darauf bei uns einziehen würde als Großherzogin, ein Bild aller huldvollen Anmuth und hoher Tugenden mit dem erhabenen Berufe, Badens des

neuen Vaterhauses, der neuen Heimath, milder Schutzengel
zu sein. — Möge der Himmel seinen reichen Segen aus=
gießen über diesen glorreichen Bund, welcher die heißen
Wünsche des Volks erfüllt, und durch welchen Badens Krone
in neuem, nie gesehenem Glanze strahlt, möge die heitere
Zukunft, die sich heute unseren ahnungsvollen Blicken ent=
hüllt, dem hohen Herrscherpaare, sowie unseren Söhnen und
Enkeln ungetrübt und segensreich erblühen! Geruhen Ihre
Königl. Hoheiten den feierlichen Empfang der Stadt Mann=
heim, sowie unsere festliche Grüße, die aus treuem auf=
richtigen Herzen fließen, huldvollst anzunehmen und uns
die frohe Hoffnung zu gestatten, daß Allerhöchst Sie, auch
ferne von uns, unserer dennoch in Liebe gedenken und oft
und gerne wiederkehren werden an die blühenden Ufer des
Neckars und des Rheins in unsere treuergebene Stadt, in
deren Namen ich aus vollem Herzen ausrufe: Unser allver=
ehrter Großherzog Friedrich, unsere allverehrte Großherzogin
Louise leben hoch!!

Diese aus dem Herzen gekommene Worte wurden von
der Menge mit freudigem Jubel aufgenommen und sprachen
J. J. K. K. H. H. dem Bürgermeister unter Händedruck
den herzlichsten Dank aus.

Eine Compagnie des 3. Infanterie=Regiments mit der
Fahne und klingendem Spiel hielt die Ehrenwache.

Der Zug nach der Stadt setzte sich in der Folge in
Bewegung, daß der Wagen des ersten Bürgermeisters unter
Vorritt zweier Herolde vorausfuhr, darauf eine Abtheilung
der berittenen Ehrengarde folgte, jetzt der Wagen des groß=
herzoglichen Paares nebst dem Prinzen Wilhelm fuhr, dem
sich eine weitere Abtheilung der Ehrengarde anreihte. Nun
folgten die anderen herrschaftlichen Wagen und der Hofchar=
gen; der Staatsminister des großherzoglichen Hauses und
der auswärtigen Angelegenheiten, Freiherr Rivalier von
Meysenbug und der Oberhofrichter, Geheimerath Dr. Stabel,
der Regierungsdirektor Böhme, der Stadtdirektor Graf von

Hennin; die Vorstände der Handelskammer Lauer und Jörger. Die Deputation des Gemeinderaths, und eine Abtheilung berittener Landwirthe schloß den Zug.

Vom europäischen Hofe an bis zur Rheinbarriere bildeten die Schiffer, das Hafenpersonal und die Eisenbahnbeamten Spaliere.

Bei der großen Ehrenpforte innerhalb der Rheinbarriere angekommen, überreichte einer der ältesten Bürger, Oekonom Deurer, dem durchlauchtigsten Paar den Ehrentrunk, und der zweite Bürgermeister Nestler hielt folgende Ansprache:

„Königliche Hoheit!

Mannheim begrüßt Sie mit dem Jubel des Herzens und der Stimmen.

Empfangen Sie den Ausdruck unserer Gefühle aus der Hand der kindlichen Liebe und Treue.

Rein wie dieser Wein sei Sinn und Wort zwischen Thron und Volk, und geschmückt sei ihr ganzes Leben mit der Hoffnung heiterem Grün.

Gott segne diesen Tag!"

Ein kleines Mädchen, Clara Sauerbeck, legte kindlich schüchtern das nachstehende Gedicht in die Hände der huldvollen Fürstin:

> „Nimm Fürstin diese Blumen hin,
> Die schönsten, die ich fand,
> Sie sind gepflückt mit reinem Sinn
> In Deinem bad'schen Land.
> Sie mögen reden auch, gleich mir,
> Wie Dein Besitz beglückt,
> Sie bringen tausend Grüße Dir,
> Von Deinem Volk, geschickt.
> O Fürstin! sei auch uns geneigt,
> Und sprich: „es sei dem Land,
> Das diese Blumen mir erzeugt,
> Mein Herz stets zugewandt."

während die übrigen Mädchen von den auf den Seiten erbauten Estraden Blumen in und um den Wagen streuten. Unter mehrmaligem Händedruck dankte der Großherzog hocherfreut dem Bürgermeister Nestler, während die gerührte Großherzogin das Mädchen zu sich in den Wagen hob und küßte.

Außerhalb dieser Ehrenpforte bis zur Reinbarriere stunden die Lehrer und Schüler der Volksschulen. Der Gemeinderath und engere Ausschuß zwischen dem Schott'schen Hause und der Ehrenpforte. Die Kirchenvorstände und der Synagogenrath bei der Ehrenpforte. Lehrer und Schüler der höheren Lehranstalten von den Estraden bis nächst dem Fruchtmarkte und jetzt der Veteranen=Verein. Der Gewerb=Verein und die sich demselben anschließenden Zünfte und Wirthe auf dem Fruchtmarkt und bis zur alten Post. Die Zünfte und nicht zünftigen Gewerbe setzten die Spaliere fort bis zur breiten Straße, die Landwirthe und die mit ihnen verbundenen Gärtner gegenüber dem Pfälzer Hofe. Flößer, Neckarschiffer und Fischer bis zum Kaufhause. Die freien Künste, die Fabrikanten mit ihren Gehülfen und Arbeitern und der Handelsstand bis gegen das Schloß. — Außerhalb des Schloßplatzes hielt links und rechts das Dragoner=Regiment, innerhalb stund die Infanterie.

Durch diese Spaliere bewegte sich der feierliche Zug, so daß sich am Ende immer dieselben anreihten.

Im Schlosse angekommen, bildeten sechszig weißgekleidete Jungfrauen auf der Treppe zum Rittersaal Spaliere; sie trugen die Farben des Hauses an Schleifen über die Schulter und Myrthenkränze im Kopfputze. Zwei Gedichte wurden überreicht, folgenden Inhalts:

Seiner Königlichen Hoheit dem durchlauchtigsten Großherzog
Friedrich von Baden!

Gott erhalte, Gott beschütze,
Unsern Fürsten und sein Land!
Mächtig durch der Liebe Stütze,
Führ Er uns mit Vaterhand!

Freudig sehn wir auf dem Throne
    Anmuth mit der Macht vereint,
Schöner strahlt der Glanz der Krone,
    Wenn der Liebe Sonne scheint!

Dieses hohen Tages Freude
    Füllet unsre Seele ganz,
Um die Zukunft schling' wie heute,
    Sich des reichsten Segens Kranz!

### Ihrer Königlichen Hoheit der durchlauchtigsten Großherzogin Louise von Baden!

Wir nah'n schüchtern ehrfurchtsvoll und bringen,
    Was wir empfinden, unsrer Fürstin dar;
Der Freude, deren Töne rings erklingen,
    Verbinden wir die uns're treu und wahr.

Froh schlagen uns're Herzen Ihr entgegen,
    Die als der Liebe Genius erscheint;
Die Liebe spendet ja den schönsten Segen,
    Der Menschheit Perlen sind in ihr vereint.

Geliebte Fürstin! Auf des Thrones Höhe
    Seh'n wir durch Dich der Seelen Rosenband!
Wie glücklich spricht das Herz in Deiner Nähe:
    Heil Dir und Heil durch Dich dem Vaterland!!

Im Saale selbst war feierlicher Empfang von den Offizieren der Suite und sämmtlichen Civilbehörden, welch letztere auch sogleich zur Aufwartung befohlen wurden.

Nach kurzer Unterbrechung erschienen die KK. HH. auf dem Balkone gegen den Schloßhof und mit ihnen Se. Gr. Hoheit der Prinz Wilhelm und Herr Oberbürgermeister Diffené; den sämmtlichen Festjungfrauen aber wurde die hohe Ehre zu Theil, die Begleitung dahin zu bilden und dort zu verweilen, während der ganze Festzug im Schloßhofe defilirte, wobei die beiden Militärmusiken abwechselnd spielten. Jede Abtheilung des Zugs salutirte und die anwesenden Zuschauer fielen enthusiastisch in das gebrachte „Hoch!"

Besonderen Eindruck machten dabei die Cigarrenarbeiter von dem Fabrikanten Morgenthau und die Costümirung der Metzgerzunft.

Nach Beendigung des Zuges und dem Vorbeimarsche des Militärs auf der Terrasse, war bei Ihrer Kaiserlichen Hoheit der Großherzogin Stephanie Familientafel.

Im festlich beleuchteten Hoftheater wurde „Undine" mit einem Vorspiele: „Die Huldigung des Landes" von H. von Hillern gegeben und die hohen Herrschaften, welche anzuwohnen geruhten, mit Jubel empfangen.

Schon mit anbrechendem Dunkel begann überall die Illumination; überraschend war Jedem beim Ausgange aus dem Theater die zum Tage beleuchtete Stadt, welche von 9 Uhr an bis zur Mitternachtsstunde von den hohen Herrschaften, begleitet von mehr als 200 Chaisen besucht wurde.

Ueberall zeigte sich auch hier wieder der unbeschreibliche Jubel, der alle Straßen überfüllenden Menschenmasse; nirgends aber wurde die Ordnung gestört.

An der Beleuchtung hatte sich auch das geringste Haus betheiligt und die Stadt schwamm in einem wirklichen Feuermeer.

Am Rathhause unter dem schwimmenden Lichte von tausenden Lämpchen erschien eine Fortuna als Transparent, im Hintergrunde der Rhein mit einem Theile des hiesigen Schlosses und der Jesuitenkirche, auf beiden Seiten die Burgen Zähringen und Hohenzollern sichtbar, unten das Mannheimer Wappen und die Inschriften:

Innig verwandt ist das Glück am Throne der Wohlfahrt des Volkes,
Bilden ja Herrscher und Volk eine Familie nur!
Streue die Gaben des Glücks hernieder wie duftende Blumen,
Streue sie reichlich herab über das herrliche Paar!

Diese schöne Ausführung ist ein Werk des Maler Hauser d. ä.

Das nahe gelegene Haus des Consul Bassermann zeigte

auf dem Balkone einen Tempel mit dem verschlungenen Namenszug der hohen Neuvermählten im Brillantfeuer.

Das katholische Schulhaus mit dem sinnigen Transparente des Bildes nach Overbeck: „Lasset die Kindlein zu mir kommen" gemalt von Lamina, einem Schüler des Galleriedirektor Weller.

Das Kaufhaus imponirend schon durch seine Beleuchtung überstrahlte weithin mit dem Namenszuge des Fürstenpaares.

Das Haus des Handelsmann Jörger; das des Consul Eissenhardt mit der Inschrift:

> Es schallet heut in Liebeston,
> Der Freude Gruß aus jeder Brust;
> Auf Friedrichs und Louisens Thron
> Erfleht das Volk mit Lieb und Lust
> Des Himmels reichsten Segen.

Diese Transparente sind gefertigt von Abelmann und Kaub.

Die höhere Bürgerschule mit einem Transparent aus drei allegorischen Figuren: einerseits die Industrie und der Handel, der sich auf erstere stützt; andererseits die Wissenschaft mit ihren Attributen. Die Industrie reicht das Brod, die Wissenschaft reicht dem Handel und der Industrie eine Fackel. Die Krone schützt alle drei; deßhalb über der Gruppe der drei Figuren eine Krone mit der Unterschrift:

„Heil der schützenden Krone."

Die Idee ist von dem Direktor der Schule, Professor Dr. Schröder, angegeben, und von einem Schüler der Anstalt, der erst seit einem Jahre die Kunstschule in Karlsruhe besucht, von Carl Hoff, ausgeführt; ebenso das Transparent am Hause des Conditor Hoff.

Das Traumann'sche Haus, schon an und für sich geeignet gelegen, zeichnete sich durch geschmackvolle Beleuchtung und durch die Namenszüge der Gefeierten in geschliffenem Crystall mit Gasbeleuchtung aus.

Der Pfälzer Hof war geschmückt mit einem Transparent, Sinnbilder der Hohenzollern und Zähringer. Gemalt von Hauser d. j. — Das evangelische Schulhaus und Kirche mit entsprechenden Transparenten, gemalt von Schnell.

Die Kunsthandlung von Frisch, die Häuser der Bankier Ladenburg und Hohenemser, die Synagoge und Ressource, das Harmonie= und Casinogebäude, das Cramersche, schon durch seine abgerundete Ecke schön hervortretende, große, dreistöckige Haus zeichnete sich besonders aus. Die ganze Fronte, welche in zwei Straßen einbiegt, war mit großem Aufwande so glänzend beleuchtet und verziert, daß sie einen zauberhaften Anblick gewährte und die Aufmerksamkeit der ganzen Einwohnerschaft hervorrief. Hunderte farbiger Lampen wetteiferten an Glanz mit den vielen zwischen ihnen ange= brachten Ballons, auf welche verschiedene auf das hohe Paar bezügliche Allegorien angebracht waren.

Ganz besonders in die Augen springend war der im Mittelpunkt des Hauses angebrachte Altan. In der Mitte desselben befand sich die lebensgroße Heldenfigur des Großher= zogs, zur Seite ein Ritter das badische und ein anderer das preußische Panier entfaltend. Diese Figuren waren von dem mit großer Kunst arrangirten Feuermeer so beleuchtet, daß die Lichtstrahlen alle auf die Mittelfigur fielen.

Unter der Altane befanden sich größere Ballons von welchen jeder einen großen Buchstaben beleuchtete, welche dann zusammen gelesen die Namen „Friedrich" und „Louise" bildeten. Zwischen dieser Beleuchtung ragten die badischen und preußischen Fahnen hervor und gaben dem ganzen einen so imposanten Anblick, daß man in der Betrachtung nicht müde werden konnte. — Mit dem Ganzen in Ver= bindung stand die glänzende Beleuchtung der vier Fenster umfassenden Ecketage, die allein schon geeignet war, die all= gemeine Aufmerksamkeit zu erregen, während dem sie in Be= zug auf das Ganze doch nur eine untergeordnete Rolle spielte. Was ganz besonders die Aufmerksamkeit anziehen mußte war die große Anzahl von Cigarren-Etuis und Cartonnage-Arbeiten, auf welchem jeden einzelnen sich das Brustbild des Großherzogs und der Großherzogin ganz fein photographirt befand, und welche im Laden in geschmackvoller Ordnung ausgelegt waren.

Als das hohe neuvermählte Paar des Abends an dem Hause ankam entzündete sich auf dem Balkone ein geschickt angeordnetes und glänzend ausgefallenes bengalisches Feuer das sein herrliches Farbenlicht in alle anstoßenden Straßen warf, so daß nicht nur das Volk, sondern die hohen Herrschaften selbst, der Art überrascht wurden, daß sie vor dem Hause stille hielten, und indem sie das Ganze in Augenschein nahmen, so lange verweilten bis das immer wieder erneuerte Feuer sein Ende erreicht hatte.

Das Haus des Oberbürgermeister Diffené mit einem von Maler Brenzinger kunstfertig gemalten Transparent. Das Haus des Bürgermeister Nestler und ebenso die Kunstwollefabrik.

In der Baumallee der Planken schwebten 24 Kronleuchter mit 60 größeren Lampen, und auf dem ersten Pfeiler der Kettenbrücke entzündete sich bei der Vorbeifahrt der Kgl. Hoheiten ein mit Donnerschlägen endendes Feuerwerk. — Im Bauhofe überraschte eine schöne Gruppirung, der Gedanke und die Ausführung des schon genannten Baumeisters Kieferle, und das Portal der Zuckerfabrik prangte in Brillantfeuer.

Vom Balkon des Pariser Hofes wurden Leuchtkugeln, ein Werk des Ingenieurs Jardely, geworfen und der Nebenbau, das Local der Räuberhöhle erfreute mit humoristischen Devisen. Am Reiß'schen Hause in der Rheinstraße zeigten sich in transparenten Bildern die Stammschlösser Zähringen und Hohenzollern.

Die Dragonerkaserne hatte die nämlichen Bilder gemalt von Rittmeister von Roggenbach, der überhaupt die ganze Ausschmückung dieses Gebäudes leitete, das Zeughaus aber und die Infanteriekaserne wurden unter der Leitung des Hauptmanns von Göler geschmückt. An dem ersteren Gebäude stund unter der hohen Pforte die Büste des Großherzogs und über derselben ein colossales Transparent. Es stellte in Wolken schwebend ein jugendlich ritterliches Paar dar, die beiden Wappenschilder zur Seite und von Genien umschwebt; am andern Gebäude waren sinnig die Ansichten von Coblenz, Karlsruhe und Baden in schöner Ausführung angebracht, gemalt sind sämmtliche Bilder von einem jungen Soldaten Otto Heinrich Schnorr aus Mudau, und selbst die ersten Kunstkenner konnten das angeborne Talent und die Fertigkeit, welches sich in diesen Gemälden zeigte, nur bewundern.

Am Louisenhause strahlte ein Kreuz in mehrfachen Farben; ein ähnliches, jedoch colossales Kreuz war auf der hohen Spitze des Portals der Jesuitenkirche errichtet, konnte jedoch am ersten Abend trotz aller angewandten Mühe, wegen des Windzugs nicht angezündet werden; am andern Abend wurde dasselbe ebenso bewundert, als Abends vorher ein weithin strahlendes Maltheserkreuz auf der Sternwarte.

Daß neben den genannten Transparenten die Beleuchtung der bezüglichen Häuser harmonirte, darf ich wohl nicht wiederholen, und erwähne nur noch nachträglich der schönen vergrünten Colonade, welche die Infanteriekaserne mit den Nebengebäuden verband, ebenso die ausgeschmückte Boye auf dem Paradeplatz, umgeben von den hiesigen Fischern und Flößern, wobei Steuermann S. Zöller den Ehrentrunk mit folgenden schlichten herzlichen Worten credenzte:

„Mir als ältester Steuermann wird die Ehre zu Theil, unserem erhabenen Fürstenpaare im Namen des Mannheimer Schifferstandes einen Ehrentrunk darzureichen, mit dem innigsten Wunsche, Gott möge Höchstsie ein lange Reihe von Jahren zum Wohle des Vaterlandes erhalten.

Das geliebte Herrscherpaar lebe hoch!"

Steuermann Louis Oberdhan aber hatte die Ehre, auf silbernem Teller einen Fisch den hohen Herrschaften darzureichen. —

Am Morgen des kommenden Tags hatten die Singvereine die hohe Ehre, dem fürstlichen Paare ihren Morgengruß im Schloßgarten darzubringen und es ist hier unter den Vorträgen nachfolgendes Lied, eigens von Professor Beil gedichtet und in Musik gesetzt von dem großh. Hofkapellmeister Lachner, zu erwähnen:

Laßt hoch den Festgesang erschallen,
    Der reinsten Freude treuen Ton!
Er bringe, tiefgefühlt von Allen
    Zu uns'res Fürstenpaares Thron!
Des Herzens vollem Drang entnommen
Ruft Volkes Liebe wahr und rein
Den Hochgefeierten: willkommen!
    Willkommen hier am deutschen Rhein,

Zwei hohe Fürstenstämme schauen
    In heil'gem Bande wir vereint, —
Ein Morgenstern, der in den Gauen
    Des Vaterlandes herrlich scheint! —
Nie sah an seinem reichen Strande
    Ein schönres Bild der theure Strom;
Die Eintracht baut im Vaterlande
    Sich einen neuen hehren Dom.

Der Thron, der aus dem Drang der Schlachten
    Zu festerm Dasein stets erstand,
Dem Todeswunden Größe brachten,
    Der Sturm die Siegeskränze wand,
Erscheint uns hier im schönsten Bilde
    In holder Anmuth Jugendglanz,
Den Herrscherstab umgibt die Milde
    Den Sitz der Macht ein Blüthenkranz.

Glorwürdig schließt mit diesem Throne
    Badenia's Stamm den heil'gen Bund;
Auch ihn umwand die Lorbeerkrone
    Gab seinen Ruhm den Völkern kund;
Für Recht und Glauben treu zu kämpfen,
    Für Deutschlands Ehre floß sein Blut;
Des Halbmonds Uebermuth zu dämpfen,
    Entbrannte sturmerprobt sein Muth.

Doch größer noch, als Ruhm der Kriege
Ist eines Landesvaters Herz,
Die Blumenkrone seiner Siege
Blüh't ohne Thräne, ohne Schmerz;
Hier leuchten unsres Fürsten Ahnen,
Den Sternen der Geschichte gleich,
Sie öffneten des Segens Bahnen,
An Weisheit und an Liebe reich.

Die Liebe gibt den Nationen,
Als Band der Geister ihre Kraft,
Sie ist ein Felsengrund den Thronen,
Da sie durch Eintracht Stärke schafft!
Und wie sie uns in dieser Stunde
Im schönsten Jugendglanz erscheint,
So sei durch sie in ew'gem Bunde
Des Volkes Wohl dem Thron vereint!

Und so ruft hoch ein frohes Land:
Heil unserm Fürstenpaar!!
Ihm bringt begeistert jeder Stand
Die Segenswünsche dar.

Den Vorständen dieser Sängervereine wurde innigster Dank zu Theil und Ihre Königl. Hoheit die Großerzogin bezeugte denselben insbesondere ihre Vorliebe — Rückerinnerungen an Cöln und Coblenz — für den am Rhein heimischen Männergesang.

Nach kurzer Unterbrechung war große Militärcour von sämmtlichen Offizieren und Kriegsbeamten der Garnison im gelben Saale; dabei fanden sich die Königl. bayr. Offiziere von Ludwigshafen und hier anwesende großh. hess. Offiziere von Worms ein, worauf im Rittersaale besonders befohlene Aufwartung des Gemeinderaths und engern Ausschusses, der Handelskammer und der Mitglieder der berittenen Ehrengarde mit der huldvollsten, leutseligsten Aufnahme stattfand.

Mit dem Schlage 1 Uhr verließen die hohen Herrschaften das Schloß, die Reise nach der Residenz antretend. Die berittene Ehrengarde eröffnete und schloß den Zug. Unmit=

telbar vor und hinter den herrschaftlichen Wagen ritt eine Schwadron des hiesigen 3. Dragoner=Regiments und es darf wohl nicht erwähnt werden, daß überall der Großh. Stadt=Commandant Generalmajor Kuntz auf der rechten Seite des Wagens den Ehrendienst versah. Auf der linken Seite ritt der Führer der Ehrengarde Alex. Bassermann.

Wie beim Empfang, so beim Abschied folgte auch hier durch alle Straßen, welche nach dem Bahnhofe führten, das für das Fürstenpaar so eingenommene Volk, und bei dem Geläute aller Glocken und dem Donner der Kanonen war der Abschied ein tausendfältiges Hoch, doch die Empfindung war eine andere als gestern; die Freude und das Glück war zu groß und das Ende so plötzlich und als der Fürst und die so innig geliebte Fürstin nach allen Seiten hin grüßten, betrübten sich die Gesichter und Thränen sah man in vielen Augen, und Mannheims einziger Trost war:

   Sie werden bald wieder kommen!
und wirklich die süße Hoffnung wurde nicht getäuscht. Es erschien noch am nämlichen Tage die höchst erfreuliche Bekanntmachung des Bürgermeisters Diffené in den Worten:

  „Ihre Königl. Hoheiten der Großherzog und die Großherzogin haben mich beauftragt, den Einwohnern Mannheims Höchstihre volle Anerkennung über den stattgehabten feierlichen Empfang kund zu geben, mit der weitern huldvollen Bemerkung, daß Allerhöchstsie bald und gerne zu einem längeren Besuche der Stadt Mannheim zurückzukehren geneigt seien."

Die Mitglieder des Fest=Comités unter der Leitung des ersten Bürgermeisters waren: Bürgermeister Nestler, Galleriedirektor Weller, Oberzollinspektor Muff, die Gemeinderäthe Jörger, Artaria, Heusser, Koch, Jac. W. Reinhard, Deurer, Orth, Achenbach, Held, Partikulier Kühn, Handelsmann D. Aberle, L. A. Bassermann, Baumeister Kieferle.

Wie im ganzen Lande, so hatte sich auch Mannheim beeifert, der jugendlichen Fürstin eine Erinnerung darbieten zu dürfen, und es wurde dieser Wunsch huldvoll genehmigt und ein Waschtisch von Palisander- und Rosenholz, nebst 14 silbernen Gefäßen und den dazu gehörigen Einrichtungen überreicht. Die Silberarbeiten sind von Silberarbeiter Stabel, der Tisch von Schreiner Hitschfel von hier gefertigt.

Die Gabe der Damen bestund in zwei Armsesseln mit hochrothem Sammt, die Sitze mit Arabesken verziert, die Lehne, die verschlungene Namens=Chiffer unter einer Krone zeigend; alles reich in Gold gestickt.

Am 9. Juli 1857 wurde Friedrich Wilhelm Ludwig August, Erbgroßherzog, geboren. Die Musikkapelle mit der Regimentsfahne in Begleitung einer Ehrenwache, durchzog die Stadt, um dieses höchst erfreuliche Ereigniß festlich zu begehen, worauf sich dieselbe, die Kaserne, das Zeughaus, festlich beflaggte. Sonntags den 19. Juli fand zur Feier der Geburt des Erbgroßherzogs die Festoper „Jesonda" statt; ein vorausgehender Festprolog wurde von Herrn Oetz gesprochen.

### Die Schillerfeier in Mannheim
am 9., 10. und 11. Nov.

Der Gedanke, den 100jährigen Geburtstag unseres deutschen Dichters Friedrich Schiller aller Orts unseres deutschen Vaterlandes in öffentlichen Festlichkeiten feierlich zu begehen, fand auch alsogleich in unserer Stadt den lebhaftesten Anklang. Es tönten alle die Erinnerungen aus früheren Tagen, an das Verweilen und Streben des Dichters an hiesigem Platze in die Herzen herein. Die Gefühle kamen in begeisterte Erregung und Alles einigte sich in dem keimenden

Vorsatze, den Tag, der so mächtig an den herrlichsten Dichter unseres Volkes, an sein Leben und Wirken erinnert, auf die allgemeinste und würdigste Weise zu begehen!

Großer Schiller! Edler Mann! Du schufst die edelsten Schätze dem Geiste und dem Gemüthe, so sprach es in Aller Ueberzeugung. Du gabst sie nicht Diesem, Du gabst sie nicht Jenem, Du gabst sie nicht jener oder dieser Zeit: Du gabst sie uns, der ganzen Nation; Du gabst Dein Alles, Dein Herz und Deine Seele, Allen und für alle Zeiten dahin!

Sei gepriesen deßhalb auch von Allen. Vom Könige im Purpur bis zum Arbeiter in der Jacke erstrecke sich das Gefühl des Tages, das Dir zur Ehre den dankbaren Herzen entsprossen. Vom Höchsten bis zum Niedersten reiche die Kette, die in Liebe Alle zum Feste vereinigt, das wir Dir, liebgewonnenem Mann! nach menschlicher Weise bereiten — und das in seinem Geiste und seiner Wahrheit Dich feiert und preist.

Laut sprachen es Alle, der Tag sei uns ein Feiertag. Er rufe uns hinweg vom Staube des Erdendienstes, er führe uns zur Feier des Menschengeistes, zur Verherrlichung all des Schönen und Guten, das die Seele des Menschen birgt und welches in dem Wirken und Leben unseres Schiller zur Wahrheit geworden, segnend über uns schwebt.

Unter diesen Gefühlen reifte der Vorsatz zur That und kaum sandte der junge Tag des 9. November seine ersten Strahlen zu uns herein, so sah man schon geschäftige Hände mit den verschiedensten Vorbereitungen betraut und in Ausführung begriffen. Die Stadt kleidete sich bis zum Abend in ein Gewand der Freude und Lust, wie sie es noch selten und nur bei Anlässen der herzinnigsten Freude getragen.

Blumengewinde umranken die Häuser; hundertfach begegnet die Büste oder das Bild des Gefeierten dem beglückt lächelnden Auge des Beschauers; tausende von Fahnen wehten auf und ab, gleich den bewegten Gemüthern, und in all dieses schaut ernst und feierlich das deutsche Banner. Während aber so das äußere Aussehen der Stadt sich glänzend gestaltete, beging man in der Aula und den Schullokalitäten der Stadt die Feier des Tages auf angemessenste Weise mit den Schülern des Lyzeums, der höheren Bürgerschule und den oberen Klassen der christlichen und israelitischen Volksschulen. Dieser Akt wird als fruchtbarer Keim in vielen Herzen sich entfalten und unter einstigen Blüthen die dankbarsten Erinnerungen diesem Tage und dem Gefeierten desselben bewahren. So stieg der Abend hernieder. Mit ihm öffneten sich die Pforten des Hauses, in dem einstens das Erstlingswerk des Dichters „Die Räuber" zum ersten Male zur Darstellung kamen. Die Frontseite des Hauses, gegen den Platz auf das Geschmackvollste ausgeschmückt und mit einbrechender Dunkelheit auf das Glänzendste beleuchtet, gab ein fesselndes Bild.

Am Theater wurde die Büste des Dichters von Bäumen, Schlingpflanzen und Blumen umgeben in der mittleren Säulennische des Balkonvorsprunges aufgestellt. Rechts und links, ihr zur Seite, befanden sich zwei Inschriften, welche die Beziehung des Dichters zur Kunstanstalt bezeichnen. Die eine lautet:

Die Räuber:
„Nimm auch Grüße von uns, dies Haus der Musen ist Deines,
„Seit ihm Dein Erstlingswert ewige Weihe verliehen!"

Die andere:
Wilhem Tell!
„Deutschlands Liebling, Du Sänger, dem Heldenfeuer die Seele füllte,
Der Menschheit Freund, Kämpfer für Freiheit und Recht."

Viele Privathäuser, auf das Sinnigste geschmückt, waren ebenfalls am Abend beleuchtet und gewährten imposante Erscheinungen. Manches Transparent und manche Inschrift gab von der richtigen und warmen Auffassung der Feier sprechendes Zeugniß. (Auch von den Bergen der jenseitigen Pfalz blickten die Freudenfeier grüßend herüber.)

Zur Vorfeier führte das Theater ein Festspiel Halm's „Vor hundert Jahren", in welchem die Erscheinung von Schillers Geburtshaus in Marbach einen überraschenden Anblick gewährte, und Schiller's „Wallensteins Lager" auf. In den festlich beleuchteten Räumen hatte sich ein zahlreiches Publikum im Festkleide eingefunden. Unser Hofkapellmeister Lachner schrieb eine brillante Ouvertüre zu dem Festspiel, die meisterhaft durch das Orchester ausgeführt, sich reichen Beifalls erfreute. Das Festspiel selbst verdient die ungetheilteste Anerkennung nach Form und Inhalt. Die Aufführung selbst war eine der Dichtung und Bedeutung würdige. Das waren wohlthuende Worte für ein deutsches Gemüth nach Jahren politischer Trostlosigkeit. Gott im Himmel hat es nicht vergessen, sein deutsches Volk; der ihm einen Schiller geschenkt, der wird ihm auch die nationale Einheit und damit die ihm gebührende Macht und Rangstufe in der Völkerfamilie schenken!

Nach beendigter Vorstellung versammelten sich die Theilnehmer des Fackelzugs an der Kettenbrücke, von wo aus derselbe sich gegen 9 Uhr in Bewegung setzte. Eine Abtheilung Feuerwehr mit Musik an der Spitze, durchbrach der Zug die zahllos versammelte Menge längs der breiten Straße bis zu dem Quadrate A 1, wo er einen kurzen Halt machte, und dann gegen das Theater einbog, wo auf dem Platze sich seine Glieder nach und nach in geordneten Reihen aufstellten. Das auf der Kettenbrücke abgebrannte Feuerwerk war sehr schön und gewährten die vielen bengalischen Flammen, die in kurzen Zwischenräumen längs der breiten Straße abgebrannt wurden, einen imposanten Anblick. Schade war es aber, daß der aufsteigende dichte Rauch, welchen die brennenden Fackeln entwickelten, dem Beschauer nur einen kurzen Gesichtskreis offen ließen, und einen allgemeinen Ueberblick über die mehr denn 2000 zählenden Fackelflammen und die bengalische Beleuchtung gestatteten.

Eine zahllose dichte Zuschauermenge, deren eine große Zahl von Außen sich eingefunden hatte, umrahmte den Platz und stimmte wacker mit ein, als zum Beschluß die Melodie des Liedes: „Was ist des deutschen Vaterland", von der Musik angehoben wurde. So schloß sich die Feier des ersten

Festtages unter der Theilnahme unserer ganzen Bevölkerung, an dem auch der literarische Verein die Feier in würdiger Weise begangen, und die weit bekannte Gesellschaft „Räuberhöhle" ihr Schillerfest gehalten hatte.

Ernst und feierlich vorgetragene Choräle von der Höhe des Rathhausthurmes herab, begrüßten sodann den Tag, der vor 100 Jahren den großen Meister der poetischen Sprache in das Leben einführte und den zweiten Festtag in unserer Stadt. Eine große Menge des warmfühlenden Volkes erbaute sich an den zu Herzen gehenden Tönen und brachte in stillem Gemüthe dem Schöpfer so begeisternder Sprache, so tiefgefühlter Wahrheiten, den Zoll der innigsten Verehrung dar. Schon um halb 10 Uhr begann die Sammlung der Theilnehmer zum Festzuge, welcher sich um halb 11 Uhr in Bewegung setzte. Derselbe umfaßte die Schuljugend der oberen Klassen der Volksschulen, des Lyzeums und der höheren Bürgerschule, die Mitglieder des großh. Hoftheaters, der Festkommission, der Schützengesellschaft, die Vertreter des Gewerbestandes u. s. w. und alle die Männer, welche in ihrem Innern das Gefühl der Verehrung für den Gefeierten des Tages hegten, sowohl aus dem Kreise der Stadt, als aus der Zahl der fremden Gäste, welche an diesem Tage unsere Stadt besuchten. Der Zug war ein feierlich imposanter; die rege Theilnahme aus allen Ständen der Gesellschaft machte ihn zu einem so ausgedehnten, daß sich seine Spitze schon längst auf dem gewesenen Theaterplatze befand, während sich noch ordnend die einzelnen Theile der Theilnehmer auf dem Marktplatze in Bewegung setzten. Eine große Anzahl von Fahnen und Standarten, den Charakter der theilnehmenden Vereine und Korporationen verkündend, gaben dem Zuge ein warmes Leben, das sich augenfällig der ihn umgebenden Menge mittheilte und von derselben nicht Einzelne, sondern Viele aus der allgemeinen in die speziellere Theilnahme hereinzog.

Die angränzenden Räume und Straßen des Theater-

platzes waren sozusagen bis in die letzte Ecke von dem theil=
nehmenden Publikum angefüllt. Auf den ersten Anblick schien
es schwer, ob der Festzug hindurchkommen und seine Auf=
stellung auf dem Platze ungestört bewerkstelligen könne. Doch
ging Alles in der größten Ruhe und Ordnung von Statten,
und als am Ende gar die hindernde Schranke fiel und das
Volk sich ausdehnte und hereineilte auf die Stätte der Feier=
lichkeit des Tages, um an derselben näheren, engeren Antheil
zu nehmen, da war nicht ein Mißton, nicht eine Störung zu
beklagen, und innig freute sich der Freund des Volkes dieses
bewiesenen Taktes, dieses eingehaltenen Maßes, was so tref=
fend den Geist unserer Bevölkerung kennzeichnete.

Herr Oberbürgermeister Diffené lieh den Gefühlen der
veranstalteten Festlichkeit die ausdrucksvollsten Worte. Mit
gemessener ernster Sprache zeichnete er in kurzen aber mar=
kigen Worten die Bedeutung, den Werth und die Zukunft
der Feier und weihte schließlich den Platz zum „Schillerplatze",
der einst geziert mit dem Monumente des Dichters, Zeugniß
ablegen wird von dem Fühlen und Wollen der Jetztzeit, und
unsere nachkommenden Geschlechter ermahne, dem Beispiele
ihrer Väter zu folgen und rüstig und unverdrossen an dem
großen Werke sittlicher Bildung und wahrer Freiheit zu ar=
beiten. Diese Weihe, mit welcher die Stiftung zur Errich=
tung eines Schillerdenkmals zugleich ins Leben trat, wurde
von der großen Zahl der Anwesenden mit einem dreifachen
Hoche aufgenommen, in welches ernst und feierlich der Don=
ner der Geschütze einfiel. Der Vortrag des Festliedes ge=
schah hierauf in vollendeter Weise und schloß die öffentliche
Feier des Tages auf eine Weise, welche einen bleibenden Eindruck
hervorgebracht und sich der Erinnerung werth gemacht hat.

An diese öffentliche Feier reihte sich in erster Linie die
engere Feier im großh. Hoftheater. Dieselbe umfaßte:

Zum Eingange Weber's Jubelouvertüre, welche rau=
schenden Beifall fand, worauf von dem gesammten Hofopern=
personale der Fest=Chor, aus den Ruinen von Athen von

Beethoven vorgetragen wurde. Die im Hintergrunde terassenförmig aufgestellten Männergesangvereine mit ihren Vereinsfahnen gewährten einen imposanten Anblick. Unter feierlicher Stille betrat Herr Oberregisseur Wolff die Tribune, um die Festrede zu halten, die ein Meisterstück der Beredtsamkeit war. Vielfach durch donnernden Beifall unterbrochen, erzeugte der Redner dem freien Menschenworte wieder einmal die lang entbehrte Ehre; begeistert und begeisternd sprach er von Schiller und dem deutschen Volke Worte, die das ganze Haus wie mit Zaubergewalt auf die hohe Stufe eines freien Volkes emporführten; Dank ihm, dem Manne des Wortes, der das freie Wort wieder zu Ehren brachte. Stürmisch gerufen, erschien der gewaltige Redner, um diese wohlverdiente Ehre durch ein Hoch auf den von der Nation gefeierten Dichter zu übertragen. Allein noch einmal wurde der bescheidene Mann gerufen, um die Huldigung des Hauses zu empfangen, die er annahm, weil er sie dem Dichterfürsten zu verdanken habe. Da auf dem freien Schillerplatze die herrliche Wirkung des von Herrn Beil gedichteten und von Herrn Hofkapellmeister Lachner komponirten Festgesanges zu sehr verloren ging, war dessen Wiederholung auf der Bühne wünschenswerth, welchen Wünschen dankbar entgegengekommen wurde. Worte und Musik dieses Liedes sprachen durch ihre vollendete Schönheit so sehr an, daß Herr Hofkapellmeister Lachner und Herr Beil stürmisch gerufen wurden. Der Vortrag des Gesanges durch die sämmtlichen hiesigen Männergesangvereine war so meisterhaft, daß dieser Festtag des deutschen Sängers zugleich einen Triumph des deutschen Liedes abgab.

Getragen von der gehobenen Stimmung, schlossen die sämmtlichen Männergesangvereine mit Schiller's „Festgesang an die Künstler", nach Mendelssohns Komposition, das Fest im Theater so vortrefflich, daß das ganze Haus unter lautem Beifall wiederhallte. Erbaut und gehoben verließ das zahlreiche Publikum das Theater, um die Feier des Festtages in den verschiedenen öffentlichen Lokalen und in einzelnen Familienkreisen fortzusetzen.

Größere Vereinigungen fanden statt in den Lokalitäten des Europäischen Hofes, des Badner Hofes, im Kasino, im deutschen Hofe, im König von Portugal und im Mohrenkopf.

Die Reihe der Toaste eröffnete im „Europäischen Hofe" Herr Stadtdirektor Graf v. Hennin mit einem Hoch auf Se. Kgl. Hoheit den Großherzog Friedrich von Baden, indem derselbe die hohen Verdienste des würdigen Enkels des großen Karl Friedrichs um deutsche Bildung und deutsche Literatur hervorhob. Auf diesen Redner folgte Herr Hofrath Behaghel, welcher in würdigen und erhabenen Worten des Dichters gedachte, dessen Geburtsfest man heute begehe. Derselbe hob in wenigen aber treffenden Worten die Schicksale des großen Genius hervor; zeichnete mit den Worten: „Durch Kampf zum Sieg, durch Nacht zum Licht, durch Tod zum Leben", das Streben und Loben Schillers kräftig an. Der Redner besprach hierauf die Verdienste, welche sich Mannheim vor Allem zuzuschreiben berechtigt ist, indem es zuerst auserkoren war, das erste große Werk des Dichters zu schauen und zu begreifen, und pries mit wenigen Worten das Streben des großen Dichters, der seinen Ausdruck in den Worten Altinghausens fand: „Seid einig, einig, einig!" Ein endloser Jubel begleitete die Worte des Redners. Herr P. Krauß ehrte das Andenken E. M. Arndts durch einen beifällig aufgenommenen Toast.

Nachdem Herr Professor Dr. Mayer die Bestrebungen der gesammten deutschen Nation um diese Feier so einheitlich als möglich zu begehen, hervorgehoben, und darauf Herr Professor Devrient in gebundener Rede des zarten und sinnigen Bestrebens der deutschen Frauen um diese Feier, welches sich nur im stillen Kreise äußert, gedacht hatte, erwähnte Herr Obrist v. Wechmar der Verdienste, welche der gefeierte Dichter als wahrer Soldaten-Dichter sich erwarb. Derselbe gedachte mit wenigen aber kräftigen Worten des innigen

Einverständnisses der hiesigen Garnison und der Bürger, welche in gleich erhabener Weise die Gefühle für den großen Dichter theilen, ein Gefühl, dem Herr Rath Achenbach mit würdigen Worten geziemenden Ausdruck verlieh. Herr Direktor Clauß gedachte lobend der Bestrebungen des Komitee's um das begangene Fest, welches unverdrossener Weise Alles aufbot, diese Feier so würdig als möglich zu begehen. Herr Professor Fickler gedachte in bezeichnender Weise der Stiftung, welche die Bewohner Mannheims ins Leben gerufen, ein Denkmal für den Gefeierten zu errichten. Der Theilnahme an dem Feste von Seiten der Bewohner unserer Nachbarstadt Ludwigshafen widmete Herr Oberbürgermeister Dissené entsprechende Worte und erfreute Herr Pichler mit einem Vortrage komischen Inhaltes hierauf die heiter und froh gestimmten Gemüther.

Das Gesangquartett des Hofopernpersonals gab auf höchst gelungene Weise mehrere Vorträge deutscher Komposition und trug ein wesentliches zur Erhöhung der Feier des Tages und gesellschaftlicher Unterhaltung bei. Weitere Toaste ehrten die Herren Lachner, die Mitglieder des Quartetts, und schloß mit dem Zuruf auf die Einigkeit Deutschlands, ausgebracht von Herrn Moll, die Festlichkeit mit einem Gedanken, der ebenso sehnsüchtig, als erhebend so viele deutsche Herzen an diesem Tage lebendig durchzog und eine Einheit der Gefühle gestaltete, die gewiß nicht ohne ihre Früchte zu tragen, verlaufen wird.

Im „Badner Hofe" war es Herr Prof. Beil, welcher in einem längern Vortrage die Verdienste des deutschen Dichters „Friedrich Schiller" für die deutsche Nation besprach. Er führte dieses aus, indem er auf die einflußreiche Einwirkung Schillers zur Erhöhung und Bildung unserer deutschen Sprache hinwies, indem er die Wirkungen seines idealen Strebens auf das gesammte Volk kennzeichnete und dem Gedanken Worte verlieh, daß Schiller mit seinen ewig schönen und wahren, lebendig fließenden Worten und Werken in des Deutschen Brust ein Feuer für das Schöne und Gute entzündet habe, das in der Veredlung seines Volkes und in seinem fortgesetzten Ringen nach geistiger freiheitsvoller Entwicklung ihm, dem Meister, unvergängliche Denksteine gesetzt habe. — Herr F. Löwenhaupt brachte der Einheit Deutschlands und der deutschen Nation ein Hoch, dem sich ein solches auf die deutschen Frauen und Jungfrauen, ausgebracht von Herrn L. Stoll, anschloß. Herr Beil widmete hierauf ausführende Worte der Wichtigkeit, welche die Erziehung unserer Jugend einnimmt, und berührte dabei auf die schönste sinnigste Weise, wie hier das Weib, die zarten Frauenherzen berufen seien, thätig einzugreifen, um die Keime zu pflegen, die einst in der Fülle ihrer Kraft berufen sind für das Vaterland, das theure, zu leben, zu wirken, und einzustehen. Ein dreifaches donnerndes Lebehoch ehrte den greisen Sprecher und Alles weihte demselben die aufrichtigste Verehrung, Anerkennung und Dankbarkeit. Herr A: Wunder sprach in warmer Rede für das Wesen und die Zwecke der deutschen Schillerstiftung, welches Beginnen sogleich in einer lebhaften Zeichnung von Gaben seine Früchte trug. Herr K. Herold brachte ein Hoch aus auf unsern heimischen Dichter F. Wigand, in welches alle Anwesenden freudig mit einstimmten. Diesem reihten sich noch mehrere an, welche von warmen und schönen Gefühlen erzeugt, stets die freudige Zustimmung der Anwesenden erhielten. Zur Verherrlichung der Feier trugen die Mitglieder der anwesenden Vereine „Sängerbund" und „Sängereinheit" Gesangstücke vor. Sie ernteten dafür den reichsten Beifall und innigsten Dank, und mächtig schlug es ein, als sie das Arndt'sche Lied „Was ist des deutschen Vaterland" anstimmten; es schwoll die Macht der Töne und begeistert sprach ein Jeder die Worte „das ganze Deutschland soll es sein!"

Im Kasino hatten sich etwa 130 Theilnehmer zu einem Festmahl zusammengefunden, darunter die Gesellschaft der „Liedertafel". Nach einem herrlichen Chorgesange derselben ergriff J. Schneider das Wort, um über Schillers Bedeutung als Volksdichter zu sprechen. Nach einer Umschau über das Fest des deutschen Volkes und einer Eingehung in Schillers Werke, bemühte sich der Redner, aus dem Feste des Volkes und den Dichtungen seines großen Sängers diejenigen Wahrheiten und Lehren zu ziehen, die in der That das deutsche Volk zur Höhe seines Sängerpropheten hinaufzuführen fähig sind. Ein Prolog, vorgetragen durch Herrn Hatzfeld, leitete Schillers hohes Lied an die Freude ein, das von Herrn K. Kühn mit außerordentlicher Wirkung vorgetragen, von der „Liedertafel" im Chore nachgesprochen wurde. Nach einem Gesange der „Liedertafel" nahm J. Schneider abermals das Wort, um über ein deutsches Nationalwerk, über die deutsche Schillerstiftung, ausführlich zu sprechen. Der Redner gedachte Eingangs des dem Dichterheros hier zu errichtenden Monumentes, und forderte auf, dieses vaterstädtische Werk mit aller Liebe und Ausdauer zu fördern. Da aber die meisten der Anwesenden erst vor den Festtagen einen Beitrag dazu gezeichnet, so dürfe heute, an dem Nationalfesttage, auch wohl einer Nationalpflicht gedacht werden. Da das deutsche Volk, um groß zu werden, stets aus Erfahrungen zu lernen habe, so mahne das Leben des Gefeierten an die traurige Wahrheit, wie Bleigewicht das goldene Joch des Pegasus oft beschwert. Will das deutsche Volk groß werden an der Hand seiner Dichter, so darf es seine geistigen Führer nicht durch irdisches Elend von ihrer Geisteshöhe herabsinken lassen. Es muß seine Begeisterung zur That umschaffen, wenn das geistige Schaffen seiner Großen im Geiste nicht durch menschliche Verhältnisse in den Schmutz der Erde herabfallen soll. Schiller sei nur einmal gewesen; nicht jeder Gottbegabte habe den Muth, die Freiheit seines Denkens und Wollens durch all die Mühseligkeiten hindurch zu führen, die seinem Schaffen so oft hemmend in den Weg treten. Der Rückhalt in der Liebe des Volkes allein, in einer das materielle Leben schützenden National=

ſtiftung, könne das Geiſtesleben ungeſtört blühen und ſeine Früchte reifen machen. Unter Hinweiſung auf fremde Nationen und den Lohn der Geiſtesarbeit im Auslande, wünſcht der Redner das ſofortige Entſtehen eines Kapitels der deutſchen Schillerſtiftung an hieſigem Platze. Dieſe Worte fielen auf ſo fruchtbaren Boden, daß eine augenblickliche Sammlung für den Grundſtock 61 fl. 41 kr. ergab; außerdem verſprach ein ungenannt ſein wollender Ehrenmann, der bereits eine reiche Gabe auf den Teller gelegt hatte, dem Redner zum gleichem Zwecke eine weitere reiche Gabe von 50 fl. Dank ihm und allen braven deutſchen Männern, die ſo durch Liebe zur deutſchen Dichtkunſt und deren Jüngern einen Grundſtock in hieſiger Stadt gelegt. Eine zweite Sammlung, angeregt durch Herrn Zimmermann und unterſtützt durch deſſen ſchönes Lied: „Wer nie ſein Brod in Thränen aß", ertrug 30 fl. 22 kr., welche Summe je hälftig den hieſigen Armen und der Kleinkinderſchule durch Hrn. Kühn übergeben werden ſoll. Unter vielen herrlichen Geſängen und heiteren und ernſten Trinkſprüchen verlebte die Geſellſchaft einen, dem Andenken Schillers gewidmeten Freudentag.

Der „Liederkranz" hatte ſich am Hauptfeſttage in ſeinem Lokale zur engeren Feierlichkeit mit feſtlichem Mahle verſammelt, an welcher ſämmtliche aktive und viele paſſive Mitglieder der Geſellſchaft Antheil nahmen. Hr. G. Oppenheim ſprach dabei über die Tagesbedeutung im Allgemeinen; Herr Eb. Kuhn über den Einfluß der geiſtigen Erzeugniſſe Schillers auf den Entwicklungsgang des Volkslebens ſowohl als auf die Veredlung der Beſtrebungen in Literatur und Kunſt. „Die Macht des Geſangs" von Schiller kam hierauf zum Vortrage, welchem ſich ein Feſtlied, gedichtet von Herrn Pfarrer Koch, anſchloß, das einen wahren Sturm von Beifall erhielt und auf das würdigſte den Verfaſſer ehrte. Abwechſelnde Geſänge und Toaſte würzten die Feier, welche in ihrem gemeſſenen ſchönen Verlaufe ein Blatt dem Kranze beifügte, der an diesen Tagen dem Andenken des gefeierten Mannes von dem deutschen Volke gewunden wurde.

Bei diesen allenthalben in unserer Stadt so glanzvoll vorübergegangenen einzelnen Momenten des Gesammtfestes, wurde auch gerne der Heroen gedacht, die auf der Blumenflur der edlen Poesie das deutsche Volk noch unter die seinigen zählt.

Neben den reichen Gaben, die für die allgemeine deutsche Schillerstiftung und für das in hiesiger Stadt zu errichtende Schillerdenkmal flossen, zählte man auch Spenden zur Beschaffung von Erinnerungsgeschenken für die Jugend und solche der Wohlthätigkeit, um auch die Nothleidenden an diesem Tage, in dem ächten Geiste des Gefeierten, hereinzuziehen in den Kreis der Freude. So wurde auf Anregung einer Versammlung im Badner Hof den Pfründnern und Kranken der 4 hiesigen Spitäler, den Zöglingen der beiden Rettungshäuser, der Louisenstiftnng, Marienanstalt, der städtischen Anstalt im Bauhofe, der Kleinkinderschule und Armenschule, mit der unterstützenden Beihülfe der hiesigen Bewohnerschaft ebenfalls ein Freudentag bereitet. Es wurden mehr denn 600 Personen mit Wein, Braten, Kuchen, Bretzeln ꝛc. reichlich versehen und gewiß fanden die edlen Spender der Gaben in der Freude und dem Vergnügen der Bedachten eine Genugthuung, auf der sich die Erinnerungen an den allgemeinen Freudentag um so schöner und dauernder gründen. Dank den Bürgern, welche dieses Liebeswerk angeregt, und Denen, welche sich der mühevollen Ausführung desselben unterzogen.

Am 3. Festtag, Morgens 10 Uhr, kündeten Böllerschüsse am Ufer des Rheines eine festliche Erscheinung, die nicht vorausgemeldet, umsomehr diejenigen freute, die gerade Gelegenheit hatten, dieselbe zu beobachten. Das Dampfschiff „Friedrich Schiller" kam nämlich um diese Zeit auf seiner Bergfahrt hier an. Dasselbe war auf das Sinnigste geziert. Büsten des Gefeierten, von Blumen umgeben, waren an der Spitze des Schiffes, zu beiden Seiten und eine hoch oben auf dem Knauf des Mastes aufgestellt, von welchem herab Blumen und Laubgewinde, das Takelwerk durchschlingend, das Schiff bekränzten. Alle die Flaggen der deutschen Bruderstämme waren aufgehißt und hoch oben, als Centralpunkt, prangte die herrliche Trikolore, das deutsche Schwarz-Roth-Gold. Das Schiff war auf allen Stationen mit Böllerschüssen und freudigen Zurufen, wie hier am Platze, empfangen worden.

Im Theater wurde bei festlich beleuchtetem Hause des Dichters letztes Werk „Wilhelm Tell" aufgeführt. Zum Schlusse der Festlichkeiten im Hause der Musen sprach Herr Oberregisseur Wolff einen von Herrn Karl Beil gedichteten Epilog, der sehr beifällig aufgenommen wurde und wurde im Casino eine Tanzunterhaltung gegeben.

Um 8 Uhr am Abend des 11. November sammelten sich die Theilnehmer auf dem Paradeplatz, um den Schlußact der Pflanzung einer Schillerlinde zu begehen. Nachdem die Musik: „Was ist des Deutschen Vaterland" angestimmt hatte setzte sich der Fackelzug unter klingendem Spiele in Bewegung umwogt von einer unzähligen Volksmenge. Ueber der Kettenbrücke am Ort der Pflanzung angekommen, bildeten die Fackelträger einen Kreis und nach Vortragung mehrerer Musikstücke nahm Herr G. Zöller das Wort, um den im Zuge mitgebrachten Baum seiner Bestimmung zu übergeben. In kurzen aber gediegenen Worten führte der Redner aus, wie dieß ein äußeres Zeichen sei, dem Manne dargebracht, der für Sittlichkeit, Freiheit und Menschenwürde so Großes geleistet, als ein Dichter je zu leisten vermochte. Wie dies ein Zeichen sei, woran unsere Enkel einst erkennen möchten, daß auch wir den Geist des großen Dichters erkannt und auf der Bahn des Guten zu wandeln entschlossen seien. Mit dem Wunsche, daß der Baum grünen und gedeihen, und der Geist des Volkes ebenso naturgemäß fortschreiten und wachsen und erstarken möchte, wie dieser Baum, schloß der Redner mit einem dreifachen Hoch auf den gefeierten Dichter. Jubelnd stimmte das Volk mit ein, die Musik erschallte, bengalische Feuer, Raketen und der Donner der Geschütze kündeten den entfernteren Bewohnern der Stadt die vollzogene Pflanzung der Schillerlinde an. Gleichzeitig loderten mehrere Freudenfeuer auf und Begeisterung strahlte auf allen Gesichtern. Unter Böllerschüssen und Musikbegleitung sang die Menge das Lied: „Was ist des Deutschen Vaterland" ab, worauf unter Musikklang der Rückweg in der größten Ordnung angetreten wurde.

Fasset man Alles zusammen, was in hiesiger Stadt geschehen ist, um den 100jährigen Geburtstag Friedrich Schillers des populärsten Dichters des deutschen Volkes, festlich und feierlich zu begehen, so müssen wir sagen, das Fest war in seinen einzelnen Theilen und in seinem Ganzen ein vollkommen dem Geiste entsprechendes, der dasselbe hervorgerufen. Es bekundete den schwungvollen Geist der Idealität, der seine Verklärung in den Werken Schillers findet, und dieserhalb so mächtig sich zu dem Dichter hinneigt und sich von ihm angezogen fühlt. Das Fest war aber auch ein politisches, ein nationales. Der längst und sehnsüchtig in den Herzen aller Deutschen rege gewordene Wunsch nach einer Einheit, nach der Stärke und Macht einer geschlossenen Nation, mit dem ihm gebührenden Ansehen nach Außen und aufschwungsvoller Kraft nach Innen, er fand in diesem Feste einen Anhaltspunkt. Die ideale Flugkraft des deutschen Geistes heftet sich an diesen Moment; möge er dem Volke ein frischer Anfang sein auf dem Wege seines Ringens, nach wahrer Vereinigung, damit baldigst der Ruf in allen deutschen Gauen erschalle: Deutsches Brudervolk! Ans Vaterland, ans theure schließe dich an, es ist die Stütze deiner Kraft!

Den 29. Januar 1860 starb 70 Jahre alt zu Nizza J. K. H. die Großherzogin Stephanie von Baden. Der Leichnam wurde mittelst Eisenbahn über Frankreich in das Großherzogthum zurückgeführt und in der fürstlichen Gruft

zu Pforzheim beigesetzt. Bei dieser Gelegenheit erbaten sich
die Pforzheimer Bürger durch ihren Gemeinde=Vorstand von
der hohen Regierung die gnädigste Bewilligung auf den Sarg
von Carl Friedrich einen Lorbeerkranz niederlegen zu dürfen,
welcher Act dankbaren Andenkens denn auch mit vieler Feier=
lichkeit vollzogen wurde.

## Das Concordat.

Die Großherzogliche Regierung hatte nach langen Unter=
handlungen mit dem päpstlichen Stuhle zur Regelung der
Stellung der katholischen Kirche im Großherzogthum eine
Convention abgeschlossen und solche im Dezember 1859 ver=
öffentlicht. Schon vorher hatte sich in der Bevölkerung des Lan=
des eine große Abneigung gegen dieselbe kundgegeben, die
nach der Veröffentlichung einen stärkeren Ausbruck bekam
und sich in Petionen an die hohen Kammern, in öffentlichen
Versammlungen und in der Presse Ausdruck verschaffte. Die
Bewegung dauerte fort, bis die hohe zweite Kammer in ihrer
Sitzung vom 30. Mai 1860 mit 45 gegen 15 Stimmen be=
schloß: „S. K. H. den Großherzog in einer Adresse zu bitten
von der Einführung des Concordats Umgang zu nehmen"
und dadurch eine erhoffte und gewünschte Erledigung herbei=
führte. In der ersten und zweiten Kammer vom 2. April
d. J. verlas S. Excell. der Geh. Rath Dr. Stabel eine Er=
öffnung an die beiden Ständekammern des Landes, worin
denselben mitgetheilt wurde, daß S. K. H. geruht habe einen
Wechsel des Ministeriums eintreten zu lassen.

Diese Entschließung wurde sofort telegraphisch gemeldet
und durch Extrablätter des „Mannh. Anzeigers" und des
„Mannh. Journals" tausendfach verbreitet. Durch alle
Schichten der Einwohnerschaft war darüber die Kundgebung
nur die der vollsten und freudigsten Befriedigung und gab
diesen Gefühlen eine sofort veranlaßte Beflaggung der Stadt

öffentlichen Ausdruck. Aber nicht blos hier, sondern im ganzen Lande theilte man die freudige Gesinnung, die durch ein am 7. April erschienenes Allerhöchstes Patent noch erhöht und bestätigt wurde. Die Proclamation lautet:

Friedrich, von Gottes Gnaden Großherzog von Baden, Herzog von Zähringen.

In einem ernsten Augenblicke, der manche Gemüther mit bangen Zweifeln erfüllt, ergreife Ich Mein schönstes Vorrecht, und richte aus der Tiefe des Herzens Friedensworte an Mein theures Volk.

Beklagenswerthe Irrungen mit dem Oberhirten der kath. Kirche des Landes bewogen Mich, durch unmittelbare Verhandlungen mit dem päpstlichen Stuhle eine Ausgleichung anzubahnen, von dem innigen Wunsche beseelt, an die Stelle des Streites Eintracht, und an die Stelle gegenseitiger Erbitterung Wohlwollen und Frieden treten zu lassen.

Nach langen und mühevollen Verhandlungen wurde eine Uebereinkunft abgeschlossen, welche zur Erreichung dieses Zieles Hoffnung gab.

Mit tiefer Betrübniß erfüllte Mich die Wahrnehmung, daß die getroffene Uebereinkunft Viele Meines Volkes in Besorgniß versetzte, und den lauten Bedenken, ob nicht die verfassungsmäßigen Organe darüber zu hören seien, konnte Ich Meine ernste Aufmerksamkeit nicht versagen.

Ein Beschluß der zweiten Kammer Meiner getreuen Stände hat diesen Bedenken einen Ausdruck gegeben, der einen verhängnißvollen Verfassungsstreit zwischen Meiner Regierung und den Ständen befürchten ließ.

Daß ein solcher Streit umgangen und die Rechtsunsicherheit vermieden werde, welche aus einem Zwiespalt der gesetzgebenden Gewalten hervorgehen müßte, fordern nicht minder die Interessen der katholischen Kirche, als die Wohlfahrt des Landes.

Es ist Mein entschiedener Wille, daß der Grundsatz der Selbstständigkeit der katholischen Kirche in Ordnung ihrer Angelegenheit zur vollen Geltung gebracht werde. Ein Gesetz, unter dem Schutz der Verfassung stehend, wird der Rechtsstellung der Kirche eine sichere Grundlage verbürgen.' In diesem Gesetze und den darauf zu bauenden weiteren Anordnungen wird der Inhalt der Uebereinkunft seinen berechtigten Ausdruck finden.

So wird Meine Regierung begründeten Forderungen der katholischen Kirche auf verfassungsmäßigem Wege gerecht werden, und, in schwerer Probe bewährt, wird das öffentliche Recht des Landes eine neue Weihe empfangen.

Es ist Mir heute eine eben so werthe Pflicht, von Meiner eigenen mir theuern Kirche zu reden. Den Grundsätzen getreu, welche für die katholische Kirche Geltung erhalten sollen, werde Ich darnach streben, der evangelisch=protestantisch=uniirten Landeskirche auf der Grundlage ihrer Verfassung eine möglichst freie Entwicklung zu gewähren.

Ich wünsche, daß der gleiche Grundsatz auch auf anderen Gebieten des Staatslebens fruchtbar werde, um alle Theile des Ganzen zu dem Einklange zu vereinen, in welchem die gesetzliche Freiheit ihre segenbringende Kraft bewähren kann.

An den erprobten Patriotismus und ernsten Bürgersinn Meines Volkes richte Ich nun die Mahnung, alle Trennungen zu vergessen, welche die jüngste Zeit hervorgerufen hat, damit unter den verschiedenen Confessionen und ihren Angehörigen Eintracht und Duldung herrsche, wie sie die christliche Liebe uns Alle lehrt.

Manche Gefahren können unser Vaterland bedrohen. Das Einzige, was stark macht, ist Einigkeit.

Ohne Haß über Gegensätze, welche der Vergangenheit angehören müssen, stehet fest in dem Vertrauen zu einer

Zukunft, die Niemand verletzen wird, weil sie gegen Alle gerecht sein will.

Gegeben zu Karlsruhe, den 7. April 1860.
Friedrich.

Stabel. Ludwig. Müßlin. A. Lamey. Vogelmann.

Auf Seiner Königlichen Hoheit höchsten Befehl:
Schunggart.

Es sind dieß goldene Worte, welche S. K. Hoheit unser erhabener Großherzog zu seinem Volke gesprochen hat, Worte, die wie Samenkörner aus königlicher Hand gestreut auf einen fruchtbaren Boden fallen und zur üppigen Saat aufgehen, zu herrlichen Früchten reifen werden. Getreu dem schönen Namen, den er führt, in Wahrheit ein Friedereich, tritt der erlauchte Fürst vor sein Land und richtet aus der Tiefe des Herzens Friedensworte an sein theures Volk, ernst und kräftig und doch auch wieder mild und huldvoll, Worte, die am besten geeignet sind, alle Zweifel zu beseitigen und, wo etwa schmerzliche Berührungen entstanden waren, heilenden Balsam darauf zu träufeln.

Die Ansprache ist zu klar und einleuchtend, jedes Wort pricht zu sehr für sich selbst, als daß irgendwie ein Commentar daran zu knüpfen wäre. Gesetzlich Freiheit, das höchste und erhabenste Ziel, was der Bürger erkennen kann, ist, um es kurz zusammenzufassen, die Quintessenz der Proclamation, gesetzliche Freiheit, die dem Individuum wie der Gesammtheit die weiteste Entfaltung gestattet, ohne daß dadurch die Rechte Anderer verletzt werden. Wahrlich, wenn man diese Ansprache gelesen, so kann man mit unserem großen unsterblichen Dichter ausrufen:

> Es ist kein schön'rer Anblick in der Welt,
> Als einen Fürsten seh'n, der klug regieret;
> Das Reich zu seh'n, wo jeder stolz gehorcht,
> Wo jeder nur sich selbst zu dienen glaubt,
> Weil ihm das Rechte nur befolen wird.

Denn die Freiheit, das Ideal des Menschen, sie ist im Staate ohne das Maaß gesetzlicher Beschränkung nicht denkbar, der Staat — wenigstens unter unseren Verhältnissen nicht denkbar ohne einheitliche Obergewalt. Ein Oberhaupt muß sein, ein höchster Richter, denn herrenlos ist selbst der Freiste nicht — sagt der deutsche Dichterfürst, der Dichter, dessen Worte: Seid einig, einig, einig! überall den lebhaftesten Wiederhall gefunden haben.

Die großherzogliche Proclamation schließt mit der Mahnung, alle Trennungen zu vergessen, welche die jüngste Zeit hervorgerufen hat, damit unter den verschiedenen Confessinoen und ihren Angehörigen Eintracht und Duldung herrsche, wie sie die christliche Liebe uns Alle lehrt. Wer wollte zweifeln, daß dieser Mahnung, in welcher ja ein Sehnen wohl des gesammten Volkes seinen Ausdruck findet, gebührend ensprochen werden wird? Haben sich Gegensätze gebildet, so werden sie sicher von jetzt an der Vergangenheit angehören, in Einem aber begegnen sich heute und stets die Gefühle Aller, in dem tiefgefühlten Wunsche:

Gott segne und erhalte den Großherzog!

Dem erhabenen Fürsten wurden aus allen Theilen des Landes Dankadressen überreicht, in denen das Volk seine Gefühle auf die innigste und aufrichtigste Weise dem gütigen Fürsten aussprach, der sich zur Aufgabe gemacht, seinem Volke auf eine verfassungsmäßige Art gerecht zu werden, dasselbe weise zu beschützen und ihm als Friedensfürst voranzugehen.

## Die Festtage vom 22. bis den 25. Mai 1860 bei der hohen Anwesenheit Ihrer kgl. Hoheiten des Großherzogs und der Großherzogin in Mannheim.

Den 22. Mai 1860 wurde den Bewohnern Mannheims das Glück zu Theil, das allverehrte hohe Fürstenpaar in der festlich geschmückten Stadt auf das freudigste zu begrüßen.

Das Geläute aller Glocken verkündigte Vormittags gegen halb 12 Uhr, daß JJ. kk. HH. der Großherzog und die Großherzogin den Boden der hiesigen Stadt betreten hatten.

Am Bahnhofe von den Vorständen der hiesigen großherzoglichen und städtischen Behörden ehrfurchtsvoll empfangen und von der zahlreich versammelten Menge mit wahrhaft herzlichem Zuruf begrüßt, begaben sich JJ. kk. HH. sofort in die Stadt.

Beim Einzug in die festlich geschmückten Straßen fuhren die beiden Bürgermeister Mannheims in Amtstracht den Hofequipagen voraus, in welch letzteren das Durchlauchtigste Fürstenpaar, sodann Ihre Exc. die Oberhofmeisterin Freifrau von Roggenbach und die Hofdame Gräfin von Grävenitz, Oberceremonienmeister Freiherr von Reischach und Kammerherr Freiherr von Gemmingen, wie auch die Herren Flügeladjutant Major Graf von Sponeck und Cabinetsrath Dr. Ullmann sich befanden.

Die Herren Regierungsdirector Böhme, Stadtdirektor Graf von Hennin, Staatsrath Kirn und Hofgerichtspräsident Woll, sämmtlich in Gallauniform, so wie die Mitglieder des Gemeinderaths und der Vorstand des großherzoglichen Postamts, machten die Begleitung in einer Reihe Equipagen durch die Planken und die breite Straße bis zum großherzoglichen Schlosse. Gleichsam wie in einem Spalier, das sich aus allen Schichten der Bevölkerung von selbst gestaltete, und in dem die zahlreich anwesende Damenwelt den buntfarbigsten Blumenschmuck bildete, ging der Zug in den Schloßhof, wo abermals ein ansehnlicher Theil der hiesigen

Einwohnerschaft der Ankunft des erhabenen Landesherrn und seiner fürstlichen Gemahlin harrte.

Der Empfang war überall ein inniger, herzlicher und wie Ihre Königlichen Hoheiten in huldvollen Erwiederungen die Begrüßung aufnahm, so äußerten Sie Sich später gegen den Herrn Bürgermeister in derselben Weise darüber. Ihre königl. Hoheiten bezogen, wie früher, die Gemächer rechts des Rittersaales im großh. Schlosse. Um 2 Uhr Mittags statteten Höchstdieselben Ihrer Durchlaucht der Frau Fürstin von Hohenlohe-Bartenstein in deren Wohnung einen Besuch ab, fuhren bis zur Kettenbrücke, dann auf das Mühlau-Schlößchen und wieder zum Schloß zurück, woselbst um 4 Uhr Diner in engerem Kreise, 15 Personen, stattfand, unter denen auch die Herren Bürgermeister Diffené und Nestler, Staatsrath Kirn und Präsident Woll, so wie Stadtdirektor Graf von Hennin sich befanden.

Am Abend fand in dem festlich beleuchteten Hoftheater, dessen geschmückte Räume einen überaus anziehenden Anblick gewährten, die Aufführung der Festoper „Dinorah" statt. Beim Eintritt in die mittlere Loge wurden Ihre königl. Hoheiten unter den Fanfaren des Orchesters mit wiederholtem lebhaftem Hoch von den Anwesenden, welche sich von ihren Sitzen erhoben, empfangen. Sie wohnten der in jeder Beziehung trefflich durchgeführten Oper bis zu Ende bei.

Während den Zwischenakten conversirten die höchsten Herrschaften mit den Vertretern der Bürgerschaft auf das Freundlichste und gaben dem Herrn Oberbürgermeister Diffené dabei die Zusage der Betheiligung an einer festlichen Dampfbootfahrt auf dem Rheine nach dem Waldhof, welche der hiesige Gemeinderath am Donnerstag Vormittag um 8 Uhr dem hohen Fürstenpaar veranstaltete.

Um halb 11 Uhr Nachts bewegten sich die Männer-Gesangvereine „Sängerbund", „Liedertafel", „Sängereinheit", „Singverein", „Liederkranz", „Frohsinn", „Männergesangverein", „Concordia" und „Teutonia", umgeben von Feuerwehrmännern, welche Fackeln trugen, in langem Zuge vom Marktplatze nach dem Großherzoglichen Schlosse, um dem hohen Fürstenpaar ein Ständchen zu bringen.

Höchstdasselbe erschien in Begleitung des Herrn Oberbürgermeisters Diffené auf dem Balkon und lauschte den freudebewegten kräftigen Tönen, die durch die Stille der Nacht dahinrauschten.

Nach Beendigung des Vortrags von Kreutzers „Sonntagslied" und Mendelssohns „Jäger-Abschied" ließ das Durchlauchtigste Paar die Dirigenten der genannten Vereine, so wie Herrn Hofkapellmeister Lachner zu sich bescheiden, und sprachen denselben Ihre Anerkennung für die trefflichen Gesangleistungen aus, wobei insbesondere Ihre königl. Hoheit die Großherzogin Louise sich mit jedem der Erschienenen huldvoll unterhielt. „Das deutsche Lied" von Kalliwoda kam hierauf zum Vortrag, und den Schluß bildete das „badische Volkslied", mit welchem ein dreifach donnerndes Hoch auf das Großherzogliche Haus in Verbindung gebracht wurde. Während die Pechfackeln in zwei Abtheilungen verbrannt wurden, bewegte sich die zahlreiche Menschenmasse im Takt der Musik des 4. Infanterie-Regiments heimwärts. Die milde Luft einer herrlichen Mainacht hatte die Serenade begünstigt.

Den folgenden Tag beehrten JJ. kk. HH. der Großherzog und die Großherzogin eine Anzahl industrieller Etablissements, Anstalten und Neubauten mit ihrem Besuch und zwar den Hafen, das Magazin von Sauerbeck und Diffené, die Cigarren-Fabriken von Gebrüder Mayer und Morgenthau, das Möbelmagazin von Bürk, die Kunstwolle-Fabrik, die Tapetenfabrik von Engelhardt und Karth, das städtische Krankenhaus, die neue Synagoge, das neue Haus des Baumeisters Schmitt in der breiten Straße ꝛc.

Mit dem lebhaftesten Interesse und einer bis in das Einzelnste gehenden Prüfung wurde dies Alles in Augenschein genommen.

Während Seine kgl. Hoheit der Großherzog das Lazareth und die Infanteriekaserne besichtigten, geruhten Ihre königl. Hoheit die Großherzogin, auch das Großherzogliche (von Graimbergische) Institut wiederholt mit einem Besuche huldvoll zu beehren.

JJ. kk. HH. der Großherzog und die Großherzogin besuchten auch die neue Synagoge, welchem interessanten Bauwerk Sie Ihre Aufmerksamkeit huldvollst schenkten, und geruhten dasselbe in allen seinen Theilen in Augenschein zu nehmen.

Am Portale der Synagoge wurden JJ. kk. HH. von den Mitgliedern des Synagogenrathes ehrfurchtsvoll empfangen und in das Innere geleitet·

An den Stufen der für die Bundeslade bestimmten Erhöhung begrüßte Herr Stadt-Rabbiner Präger das erhabene Fürstenpaar in einer der hohen Bedeutung dieses erfreulichen Ereignisses entsprechenden Rede, an deren Schluß er den durch die Religionsvorschriften beim Anblick eines gekrönten Hauptes angeordneten Denkspruch in hebräischer und deutscher Sprache vortrug.

JJ. kk. HH. geruhten, über den Empfang im Allgemeinen und insbesondere über die an Höchstdieselben gerichtete Ansprache sich in äußerst wohlwollender Weise auszusprechen, und nachdem Höchstdieselben später das Bauwerk in seinen Innern, zum Gottesdienst bestimmten besondern Einrichtungen genau in Augenschein genommen hatten, Ihre volle Anerkennung über die eindrucksvolle Schönheit des Ganzen zu äußern.

Bei dem Besuche der Marien-Anstalt und Kleinkinderschule gaben Ihre königl. Hoheit die Großherzogin den lebhaftesten Antheil zu erkennen, und haben auf die herzgewinnendste Weise Ihre hohen Vorzüge eines edlen warm fühlenden Herzens geoffenbaret. Die fürstliche Frau erkundigte sich angelegentlichst nach den Verhältnissen dieses Instituts, und fragte nach den Einrichtungen der Anstalt und richtete wie=

derholt die freundlichsten Worte an die Angehörigen der Anstalt, so wie an die einzelnen Stiftlinge und Schulkinder, Worte der mütterlichen Liebe und Fürsorge, welche der hohen Gönnerin in den dankbaren Herzen der Kinder ein unauslöschliches Gefühl der Liebe und Erinnerung erweckten, und ließ beim Scheiden jeder Anstalt ein gnädigstes Geschenk von je 50 fl. durch den Herrn Stadtdirektor, Grafen von Hennin, überreichen, um dadurch auch in materieller Beziehung den Anstalten Ihre Fürsorge zuzuwenden.

JJ. kk. HH. geruhten auch, die bisher eingegangenen Modelle für das Schillerdenkmal in Augenschein zu nehmen, und sich mit dem lebhaftesten Interesse darüber zu äußern, und haben sich Höchstdieselben besonders günstig über das Steinhäuser'sche Model ausgesprochen.

Auch erhielten die Ordensschwestern von Niederbronn, welche die Krankenpflege in hiesiger Stadt verrichten, von dem durchlauchtigsten Fürstenpaar ein Gnadengeschenk von fünf Dukaten.

Die Waisenanstalt Louisenhaus wurde durch den hohen Besuch J. k. H. der Großherzogin erfreuet. Die hohe Frau verließ dasselbe nach längerem Aufenthalt, begleitet von den besten Wünschen vieler hocherfreuten Herzen. Auch diese Anstalt hat die Huld der geliebten Landesmutter mit einer freundlichen Gabe von fünfzig Gulden gnädigst zu bedenken geruht.

Nachmittags, nach 4 Uhr, war Tafel im großherzoglichen Schlosse, zu welcher eine Anzahl Einladungen ergangen war. Am Abend erschienen Ihre königl. Hoheiten im großen Saale des großh. Hoftheaters und wohnten dem dort veranstalteten großen Concert von Anfang bis zu Ende bei, und gaben über das reiche Programm Ihre höchste Zufriedenheit wie über die gute gelungene Ausführung zu erkennen. Beim Schluß des Concerts ließen JJ. KK. HH. den Herrn Hofkapellmeister V. Lachner zu sich rufen, um in den schmeichelhaftesten Ausdrücken ihre huldvolle Anerkennung zu äußern.

Das von einer glänzenden Zuhörerschaft besuchte Concert währte von 7 bis gegen 10 Uhr.

Nach 10 Uhr bewegte sich, gefolgt von einer zahlreichen Volksmenge, militärischer Zapfenstreich mit der Musik des Infanterieregiments durch die Straßen der Stadt von der Hauptwache nach dem Schloß und wieder zurück.

Donnerstag den 24. ds. war die Rheinfahrt nach dem Waldhof, welche die hiesige Stadt für Ihre königl. Hoheiten ben Großherzog und die Großherzogin veranstaltet hatten.

Die Rheinpartie war eine der gelungensten gewesen, und in jeder Hinsicht geschmackvoll arrangirt, worin sich eine spezielle Eigenthümlichkeit, die den Pfalzbewohner besonders charakterisirt, ein gemüthlicher, frischer, ungezwungener Ton, die natürliche Gewandtheit im geselligen Verkehr ohne Rücksicht auf Standesunterschied, die offene Herzlichkeit in ihren Vorzügen kundgab.

An dem Haltplatz der Dampfboote lagen seit frühem Morgen drei Schiffe, ein Dampfboot und zwei Remorqueure, bereit, das erste für den Hof und dessen Umgebung, die andern für die größere Begleitung Seitens der Stadt bestimmt.

Festlich geschmückt waren alle drei, das Dampfboot „Europa" zeigte überall größere Flaggen und kleine Fähnlein in den badischen und preußischen Farben, der Remorqueur „Stinnes" gewährte mit seiner prächtigen seemäßigen Ausstaffirung, — er war förmlich wie ein Kriegsschiff ordonnanzgerecht beflaggt — den freundlichsten und anziehendsten Anblick.

Wie flatterten im frischen Zug der Morgenluft alle die unzähligen Flaggen und Wimpel im bunten Farbenspiel lustig durcheinander, als wüßten sie, welchem Gruß es heute galt? Ein Musikkorps an Bord eines jeden Remorqueurs hatte das passende Accompagnement dazu zu geben.

Nach acht Uhr erschienen Ihre königlichen Hoheiten mit zahlreichem Gefolge an Bord — Se. kgl. Hoheit der Großherzog in Civilkleidung, Ihre kgl. Hoheit die Großherzogin in einfacher Reisetoilette — begrüßt mit tausendstimmigem Jubel von den Anwesenden, unter der muntern Begleitung der kleinen Schiffskanonen, und alsbann begann die Abfahrt.

Jetzt gestaltete sich das einzig schöne Schauspiel, das in dieser Art sich nur auf dem Wasser zeigen kann. In der Mitte der kleine Dampfer, auf jeder Seite ein Remorqueur, so glitt die Flottille stolz dahin auf den Wellen unseres schönsten deutschen Stroms, von einer Mannschaft besetzt, die in Wahrheit Festesfreude erfüllte.

Auf dem Schiffe, das die höchsten Herrschaften trug, befand sich außer dem unmittelbaren Gefolge des Hofes Seine Excellenz den Staatsminister Dr. Stabel, Geheimerath Dr. Lamey, eine Anzahl hoher Offiziere und Beamten hiesiger Stadt, die Herren Bürgermeister Diffené und Nestler, die Herren Gemeinderäthe Jörger und Wiedtemann, welche hier im Namen der Stadt die Honeurs machten 2c.

Die Remorqueurs waren beide mit Eingeladenen aus den verschiedensten Berufskreisen und deren Damen gefüllt; wie hätte sich der Reiz, welchen das ganze Bild gewährte, besser erhöhen lassen, als durch die Verschiedenheit der Gewandung, in der sich von dem dunkeln Frack und dem Rundhut der Herren die freundlicheren Kleider und Kopfbedeckungen so vieler schönen Trägerinnen nicht wenig vortheilhaft abhoben? Die Fahrt war voller Leben und Bewegung, ganz geziemend dem Element, auf welchem sie statt hatte.

Bald ging der eine, bald der andere Remorqueur vor, bei jedesmaligem Defilee das Boot, welches das hochverehrte fürstliche Paar trug, herzlich salutirend, bald folgten beide in gleichmäßiger Entfernung, dem Dampfer den gebührenden ersten Platz einräumend. Vor dem Waldhof wurde angelegt. Ihre königl. Hoheiten und das hohe Gefolge stiegen aus und begaben sich in den in Bereitschaft gehaltenen Equipagen nach der Spiegelfabrik, dessen Direktor Höchstdieselben am Landungsplatze empfangen hatte. Während hier der Guß eines Spiegels, das Poliren desselben und alle sonstigen Manipulationen vorgenommen wurden, die zur Spiegelfabrikation gehören, unterhielten sich die Passagiere der auf „hoher See" zurückgebliebenen Schleppdampfer in der vorzüglichsten Weise. Man kreuzte hin und her, man steuerte nach allen Richtungen des Windes und unterdessen fand häufig die freundlichste Communication von dem Bord des einen Schiffes zu dem des andern statt, ein Austausch, der sich nicht blos auf Worte beschränkte, sondern zu freundnachbarlicher That überging.

Die Klänge der Musik würzten obendrein die Unterhaltung. Auf dem einen Schiff gab sich die gehobene Stimmung in dem Absingen mehrerer Verse kund, deren gesinnungsvoller Inhalt die allgemeinste Zustimmung fand, weil er Allen aus dem Herzen gesprochen war.

Gegen 11 Uhr kehrten die höchsten Herrschaften wieder auf ihr Schiff zurück, und nun wurde die Rückfahrt angetreten.

Das auf dem Boot Ihrer kgl. Hoheiten bereit gehaltene Dejeuner war von Höchstdenselben angenommen worden, und iier ergriff Herr Oberbürgermeister Diffené den Anlaß, ein bu stürmischem Echo von allen Schiffen wiederholtes Hoch auf Ihre königl. Hoheiten auszubringen, wofür Se. königl. Hoheit der Großherzog in huldvollen und wahrhaft herzlichen Worten mit einem Hoch auf die Stadt Mannheim dankte.

In derselben Weise, wie sie ausgelaufen war, dampfte die kleine Flotille heimwärts.

Der Mittag war herangekommen, als man wieder ans Land stieg, und die Gesellschaft, die so bunt zusammengruppirte und doch nur von einer Empfindung beseelte, sich trennte, jedes Einzelne die Erinnerung an die heutige Fahrt, als an eines der interessantesten Erlebnisse, mit sich nehmend.

Folgende Verse wurden während der Fahrt vom Waldhof nach Mannheim am 24. Mai 1860 gesungen:

Melodie: "Heil unserm Fürsten, Heil!"

Laß jetzt Dein Rauschen sein,
Ehrwürd'ger Vater Rhein,
Lausch unserm Lied.
Auf Deiner Wogen Grün,
Im Maienmorgen glühn,
Schau in uns reich erblühn
Herz und Gemüth!

Es gilt dem deutschen Mann,
Der unser Herz gewann,
Leopolds Sohn!
Der an der deutschen Mark
Wach hält so treu und stark,
Des Volkes Freiheit barg
Auf Badens Thron.

's gilt seiner deutschen Frau,
Die Ihm mit Liebesthau
Segnet den Pfad!
Der Zollern=Tochter heut
Gilt unsers Herzens Freud,
Ihr unser treu Geleit
Mit Lied und That.

Gott schütze beide Euch
In seinem Segen reich
Mit gnäd'ger Hand.
Und in der Zukunft Schooß
Blüh Eures Glückes Loos
Wie eine Maienroos'
Für's Vaterland!

Ihre königl. Hoheiten der Großherzog und die Groß=
herzogin haben nach der Rückkehr vom Waldhof wieder
mehrere hiesige Etablissements mit ihrem Besuche beehrt, so
das Dyckerhoff'sche Magazin, die Industriehalle, die Marien=
Anstalt, das Atelier des Herrn Galerie=Direktor Weller.

Zu der Hoftafel waren wieder mehrere Einladungen ergangen, darunter an die Herren Rath Achenbach, Hofkapellmeister Lachner ꝛc.

Der Aufführung des „Lohengrin" im festlich beleuchteten Hoftheater geruhten Ihre kgl. Hoheiten von Anfang bis zu Ende beizuwohnen und dabei wiederholt ihren Beifall über die ausgezeichnete Wiedergabe des Wagner'schen Werkes erkennen zu geben.

Am 26. ds., Vormittags, geruhten Höchstdieselben, einen wiederholten Besuch der Großherzoglichen Gemälde-Galerie, alsdann das Großherzogliche naturhistorische Museum unter Führung des Herrn Regimentsarztes Dr. Weber, des Custos derselben, in Augenschein zu nehmen und den verschiedenen Zweigen der reichhaltigen Sammlungen die lebhafteste Theilnahme zu widmen, und hierauf noch das im Schlosse befindliche Atelier des Herrn Bildhauer Hornberger mit einem Besuch zu beehren.

Um 10 Uhr fand die Fahrt nach Schwetzingen statt, von wo Ihre Königlichen Hoheiten nach 3 Uhr wieder zurückkehrten.

Um 4 Uhr war bei JJ. kk. HH. Vorstellung verschiedener Stiftungsvorstände durch die Herren Dekane Pellissier und Schwarz.

Abends um halb 9 Uhr fand große Soiree statt, zu welcher gegen 200 Einladungen ergangen waren.

Am 26. ds., früh Morgens, geruhten Ihre königlichen Hoheiten, vor Ihrer Abreise, im Rittersale des Großherzoglichen Schlosses noch einmal die Vertreter der Gemeinde, die Spitzen der Behörden und zahlreiche hervorragende Einwohner der Stadt huldreichst zu empfangen.

Bei diesem Empfange hielt Herr Oberbürgermeister Diffené nachstehende Ansprache.

„Gestatten JJ. kk. HH., daß wir Namens der Stadt Mannheim den tiefgefühltesten Dank aussprechen für die längere Anwesenheit in unsern Mauern, für die dabei bethätigte landesväterliche Fürsorge für unsere geistige und materielle Wohlfahrt, wie für die uns kund gegebenen wohlwollenden und huldvollen Gesinnungen.

Unsern herzlichsten Dank dem Durchlauchtigsten Großherzoge, dessen heiße Wünsche, für die Einigung des deutschen Volkes, von tausend und aber tausend Lippen getragen, zum Himmel emporstiegen, der aber auch bereit ist, in der Stunde der Gefahr einzustehen für die Größe und Ehre des Gesammtvaterlandes; dem hohen Gönner der Künste und Wissenschaften, dem würdigen Enkel Carl Friedrichs, dessen aus der Tiefe des Herzens gesprochenen Friedensworte zu den Herzen des Volkes drangen; dem Regenten, dessen Weisheit in einem ernsten Augenblicke zum Wohle des Landes den rechten Weg fand, und dadurch die Liebe des Volkes um desto fester und reger an sich knüpfte.

Unsern innigsten Dank der hohen Fürstentochter, unserer vielgeliebten Großherzogin, der Mutter unserer Kranken, Armen und Waisen, der edlen und milden Beschützerin der Jugendbildung.

Möge das erhabene Fürstenpaar recht bald in Begleitung des lieblichen Erbprinzen zu uns zurückkehren und möge die Zukunft Ihnen goldene Tage bringen durch die Liebe und Treue ihres dankbaren Volkes.

Gott schütze Ihr hohes Fürstenhaus und das Vaterland!"

Seine königl. Hoheit der Großherzog dankte für die in dieser Ansprache ausgedrückte Liebe und Verehrung der Stadt Mannheim, und wiederholte die gnädigste Zusicherung, daß es Ihm eine theuere Angelegenheit sei, für das Wohl der Stadt zu sorgen. Wie die Stadt Mannheim durch die wenigen Tage des in ihr zugebrachten Aufenthalts in freudigem Andenken bei Ihm lebe, so hoffe er auch in dem Andenken der Bewohner zu sein.

Durch treues Zusammenhalten in einiger Liebe könnte jeder Gefahr siegreich widerstanden werden.

In dieser Hoffnung werde der betretene Weg zu allseitigem Segen führen.

Auch Ihre königl. Hoheit die Großherzogin dankte in anerkennender Weise der Ihr hier entgegengetragenen Liebe und Verehrung auf das Huldvollste.

Die Abfahrt der Allerhöchsten Herrschaften gab der Einwohnerschaft wiederholt eine erwünschte Gelegenheit, die innigste Liebe und aufrichtigste Verehrung kundzugeben. Vom Schloßhofe aus bis zum Bahnhofe, durch die breite Straße und die Planken, hatten sich die Einwohner aufgestellt, um dem verehrten Herrscherpaare die letzten Abschiedsgrüße darzubringen.

Unter dem Geläute der Glocken und dem Donner der Kanonen haben JJ. kk. HH. der Großherzog und die Großherzogin Vormittags um 8 Uhr unsere Stadt wieder verlassen. Dieselbe Herzlichkeit, dieselbe gehobene Stimmung, welche bei dem Empfang des Allerhöchsten Fürstenpaars die hiesige Bevölkerung geäußert hatte, gab sich auch beim Abschied wieder kund, ja noch in erhöhtem Grade, da die Anwesenheit der höchsten Herrschaften nur geeignet sein konnte, die Liebe und Verehrung für sie zu kräftigen und zu mehren.

In dem begeisterten Zuruf, welche die Abschiedsgrüße der Stadt ausdrückten, sprach sich gleichzeitig der einstimmige innige Wunsch aus, recht bald wieder durch die Anwesenheit des hohen Paars beglückt zu werden.

Die geeignete Anregung hatte dieser Wunsch durch die Ansprache erhalten, welche in folgenden Worten veröffentlicht wurde:

An die Bewohner Mannheims!

„Ihre königlichen Hoheiten der Großherzog und die Großherzogin haben mich beauftragt, den Einwohnern Mannheims Höchstihre Anerkennung für den Empfang und die stattgefundenen Festlichkeiten auszudrücken.

Seine kgl. Hoheit der Großherzog sprachen bei dieser Veranlassung in herzlichen, tiefgefühlten Worten den Antheil aus, welchen Allerhöchst Sie an dem Aufblühen und Gedeihen der Stadt nehmen, deren künftige Wohlfahrt zu befördern Höchstihr inniger Wunsch und Wille sei.

Indem ich diese fürstlichen Worte, welche ich mit gerührtem, dankbarem Herzen für meine Vaterstadt entgegennehme, zur allgemeinen Kenntniß bringe, fordere ich die Bewohner Mannheims auf, das vielgeliebte Fürstenpaar, Höchstwelches so vielfache Beweise wahrhaft landesväterlicher Fürsorge für das geistige und materielle Wohl des Volkes gegeben, bei seiner Abreise in würdiger Weise zu geleiten.

Der Bürgermeister Diffené.

Daß Mannheim, welches schon die manigfaltigsten Schicksale erduldet, sich oftmals und rasch aus den größten Unglücksfällen erholte und emporhob, hatte es der Fürsorge seiner erlauchten Fürsten, wie der Thätigkeit, dem Fleiß und der Arbeitsamkeit seiner Bewohner zu verdanken.

Der Friede, welcher nun 50 Jahre Deutschland beglückt, trug das meiste dazu bei, Mannheim sein jetziges größeres und schöneres Ansehen und seine Erweiterung zu geben.

Von 1802 bis 1861 steht Mannheim 59 Jahre unter der segenvollen Regierung des Großherzoglich Badischen hohen Regentenhauses und fühlet sich glücklich unter einer so gerechten und milden Regierung; es erkennet dankbar an, wieder erlanget zu haben, was es mit dem pfälzischen Churhaus verloren; was ihm reichlich ersetzt wurde unter der weisen Regierung der erlauchten Fürsten von Baden.

Wir haben in diesem Zeitraum neue und schöne ansehnliche Gebäude und mehrere Fabriken erhalten. Ueber dem Neckar sind schon ansehnliche Fabriken errichtet, wie auch, daß in den Neckargärten nicht allein mehr Gärtner, sondern auch Privatleute und Gewerbtreibende sich angebaut haben.

Auf dem Waldhof sind außer den Spiegel=Fabrik auch Wohn=
gebäude für die Arbeiter errichtet, die zusammen ein kleines
Dorf bilden. Auf dem Jungbusch stand schon längst eine Anzahl
Gebäude; derselbe erhält immer mehr neue Ansiedlungen und
hat sich hierdurch Mannheim eine Vergrößerung in Vor=
städten zu erfreuen.

Das Mannheimer Hoftheater behauptet immer noch seine
Stellung unter den Bühnen Deutschlands; es besitzt sowohl
in der Oper als dem Schauspiele gute Kräfte, wie denn das
Orchester seinem alten Rufe immer noch Ehre macht.

Die Leitung des Hoftheaters ist einem Comite, den
Herren Obergerichtsadvokat Achenbach, Musikalienhändler
Heckel sen. und Partikulier Rumpel anvertraut. Hofkapellmeister
ist dermalen der anerkannte Meister V. Lachner; Oberregis=
seur Herr A. Wolff und zweiter Regisseur Herr A. Pichler;
Maschinist und Dekorateur Herr Joseph Mühldorfer. Inspek=
tor Herr W. Mühldorfer.

Die Bildergalerie und das naturhistorische Museum
haben ihre Schätze stets vermehrt; ebenso das Großherzogliche
Antiquarium im Bibliothekssaal des Großherzogl. Schlosses.
Custos des naturhistorischen Museums ist Herr Regimentsarzt
Dr. Weber, Vicepräsident des Vereins für Naturkunde.
Bibliothekar Herr Amtsarzt Dr. Stephani. Direktor des
Antiquariums und Bibliothekar Herr Professor Dr. Fickler.

Der Verein für Naturkunde umfaßt 4 Sektionen; die geolo=
gische, die botanische, die mineralogische und die allgemeine medi=
zinische. Der Verein steht in Verbindung mit 56 auswärtigen
Vereinen und hält alle 4 Wochen Sitzung mit Vorträgen.

Der Kunstverein im Verbande des Rheinischen Kunst=
vereins stellt die Gemälde der Turnusausstellungen in seinem
Lokale auf, kauft stets eine Auswahl davon an, die unter
den Mitgliedern des Vereins verloost werden. Auch wird
jedes Jahr ein Vereinsblatt den Mitgliedern gewidmet.
Präsident des Vereins ist Herr Regierungsrath With. An=
schließend hieran sei bemerkt, daß die Privatsammlung von

Oelgemälden des Herrn Partikulier Jean Siebert eine ausgezeichnete, mit großem Kunstsinne getroffene Auswahl vorzüglicher Stücke zu nennen ist, und für jeden Künstler und Kunstkenner einen hohen Werth und Anziehung hat. Die Stadt besitzt an Lehranstalten: das Lyzeum, die höhere Bürgerschule, Gewerbschule und Handelsschule, wie auch die Volksschulen der verschiedenen Confessionen und mehrere Institute für Töchter.

An Vereinen, Anstalten und Stiftungen zählt Mannheim eine große Zahl und viele des wohlthätigsten Einflusses; darunter der Gewerbverein mit der Industriehalle, der Handelsverein, wie dann die Vereine zur Pflege des Männergesanges und der Tonkunst und so vieler anderer Zwecke.

Möge nun Mannheim gedeihen und blühen im Frieden des Landes unter der segenvollen Regierung des Großherzogs Friedrich. Möge der Geist des Fortschrittes sich immer mehr entfalten und nie erkalten lassen, daß sie blühe und blühe noch viele Jahrhunderte zur Zierde des engeren Baden und des großen, mächtigen, deutschen Vaterlandes.

# Geschichte der Kirchen Mannheims.

## 1. Die katholischen Kirchen.

### Die obere Pfarr- oder Jesuitenkirche.

In der Sakristei der Jesuitenkirche hängt eine lateinische Urkunde auf Pergament, welche in deutscher Uebersetzung also lautet:

„Wir Joseph, durch Gottes und des apostolischen
„Gnade Bischof von Augsburg, des heiligen Römischen
„Reiches Fürst, Landgraf von Hessen ꝛc., Fürst von
„Hirschfeld, Graf von Katzenellnbogen, Diez, Ziegenhain,
„Nidda, Schaumburg, Ysenburg und Büdingen, exempter
„Abt zur St. Helena zu Felbwar im Königreich Un=
„garn, Ritter des Ordens des hl. Hubertus ꝛc. machen
„Allen und Jedem durch gegenwärtige Urkunde bekannt,
„daß wir, mit hohenpriesterlichen Gewändern angethan,
„zum Lob, zur Verherrlichung des höchsten allmächtigen
„Gottes und der seligsten Jungfrau und der Heiligen
„Ignatius und Franciscus Xaverius, diese Kirche mit
„den im Hochaltar eingeschlossenen Reliquien der heiligen
„Märtyrer Faustinus, Liberatus und Adauctus am 18.
„Tage des Mai im Jahre 1760 unter bestmöglicher
„Beobachtung jeglicher Vorschrift, Art und Weise und
„Form und Anschließung aller der Feierlichkeiten, wie
„sie in solchem Falle üblich und im römischen Pontificate

„vorgeschrieben sind, mit Besprengung mit Weihwasser,
„mit Weihrauch und Verrichtung der heil. Salbung ge=
„heiliget und geweiht haben, mit den geziemenden Fest=
„lichkeiten, wie sie der Vorschrift und der Sache selbst
„gemäß sind, nach der Art und Weise, und dem Ritus
„der heiligen Mutter der Kirche. Und daß wir über=
„dies Allen und Jeden, welche diese obengenannte Kirche
„am jährlichen Gedächtnißtage der Weihe, welche jedes
„Jahr am letzten Sonntag im Oktober wird begangen
„werden, einen wirklichen Ablaß von 40 Tagen gegeben
„und geschenkt haben.

„Zur Beglaubigung Dieses haben wir gegenwärtige
„darüber gefertigte Urkunde durch unsere eigenhändige
„Unterschrift und unser Siegel bestätigt ausgestellt.

„Mannheim, den 18. Mai 1760.

† Joseph,
Bischof von Augsburg, Landgraf von Hessen ꝛc., m. p.
(L. S.)
L. Kellner, Kirchenrath und geh. Sekretär."

---

Churfürst Carl Philipp aus dem herzoglichen Hause Neuburg hatte eine besondere Vorliebe für die Väter der Gesellschaft Jesu, und sein religiöser Sinn bürgte für ihre Congregation.

Schon längst hatten sie im Stillen gewünscht, ein Kloster bauen zu dürfen, um darin eine Erziehungsanstalt für die Jugend, sowie einen ausgebreiteten Religionsunterricht ein= richten zu können. Dieser Wunsch ward erfüllt und Ihnen im schönsten Theil der Stadt, unmittelbar an das churfürst= lichen Residenzschloß anstoßend ein Grundstück übergeben. Darauf wurde ein großes und geräumiges Kloster erbaut und ihnen dessen innere Ausschmückung, auf Kosten des Churfürsten Carl Philipp, überlassen; eine Aufgabe, die sie würdig gelöst haben, und wovon noch heutigen Tages die erhaltenen Einrichtungen aus jener Zeit ein Zeugniß geben. Doch hiermit nicht zufrieden, mußten sie bei ihrem Fürsten durchzusetzen, daß er ihnen die Mittel gewährte, dicht an Ihr Kloster eine Kirche zu bauen, die heute noch in ihrer vollendeten Schönheit prangt, und wohl nur in Italien ihres Gleichen finden dürfte.

Churfürst Carl Philipp übernahm den Bau der neuen Kirche, um der Stadt, die er zu seiner Residenz erhoben hatte, eine neue Zierde, dem religiösen Sinn der katholischen Gemeinde aber, der er selbst angehörte, einen neuen Gottes-Tempel zu gründen. Die Kirche sollte die bereits vollendete Pfarrkirche an Größe und Pracht weit übertreffen, dem heil. Ignatius von Loyala und dem heil. Franciscus Xaverius, dem Apostel der Indier und Japanesen, geweiht und der Gesellschaft Jesu zugewiesen werden.

Im Jahre des Heils 1733, den 12. März, legte der Churfürst Carl Philipp den Grundstein zu der großen Hof- und Jesuitenkirche, unter dem Pontificate Clemens XII. und unter der Regierung des Kaiser Carl VI. Der Churfürst bediente sich bei dieser feierlichen Handlung zur Befestigung des Grundsteins einer versilberten Kelle und gleichen Hammers, welche beide in dankbarem Andenken an diesem denkwürdigen Tage in der Sakristei aufbewahrt sind.

In den Grundstein wurde eine Platte gelegt, mit der nachfolgenden Inschrift, welche als Urkunde in Abschrift aufbewahrt wurde:

„Dem Einen und Dreieinigen Gott zur Anbetung „zur besonderen Verehrung der ohne Sünde empfange„nen Jungfrau, zur Verehrung der Heiligen, um die „katholische Frömmigkeit und den wahren Glauben bei „seinen Unterthanen zu mehren, hat, während Clemens XII. „auf Erden des Himmels Schlüssel hielt, und Carl VI. „das römische Reich regierte, zur Hofkirche, welche zu „Ehren des heiligen Ignatius und Franciscus Xaverius „geweiht und den heiligen Verrichtungen der Gesellschaft

„Jesu zugewiesen werden soll, den Grundstein gelegt „am 12. März 1733, dem 111. Gedächtnißtage ihrer „Heiligsprechung, Carl Philipp, Pfalzgraf bei Rhein „Churfürst, der gehorsamste Sohn der katholischen Kirche „und geringste Diener Gottes und der Heiligen."

So mit Gott und für Gott begonnen, wuchs das große Werk empor, gefördert durch die Beihülfe der Gemeinde, vorzüglich aber durch die unerschöpfliche Wohlthätigkeit des fürstlichen Begründers.

Diesem war es aber nicht vergönnt, das begonnene Werk in seiner Vollendung zu schauen; denn zehn Jahre nach gelegtem Grundstein, endigte der Tod sein thatenreiches Leben am 31. Dezember 1742, Abends gegen 8 Uhr, in einem Alter von 81 Jahren 9 Wochen, nachdem er 26½ Jahr regiert hatte, er starb als ältester der damals lebenden Regenten Europa's an Entkräftung.

Nach des Churfürsten Tod schritt der Kirchenbau nur langsam voran, indem ihm damit eine große Stütze verloren gegangen war; es mußten die Väter der Gesellschaft Jesu nun ihre eigenen Mittel dazu verwenden, was das Werk nicht rasch beförderte, um so mehr, da sie gut und schön bauen wollten und oftmals das, was nicht ihrem Kunstsinne entsprach, wieder abbrechen ließen, was viele Zeit und vieles Geld kostete.

Auf Churfürst Carl Philipp folgte in der Regierung Churfürst Carl Theodor aus dem herzoglichen Hause Neuburg-Sulzbach, mit dem Beinamen „der Prachtliebende". Dieser Churfürst setzte den angefangene Kirchenbau fort, in der Zeit eines beunruhigenden Kriegs, was ein solches Unternehmen erschwerte; auch war er dem Orden der hl. Väter nicht so geneigt, als sein Vorgänger, um sein Geld, das andere Zwecke so sehr in Anspruch nahmen, so reichlich fließen zu lassen, als jener, wodurch der Bau nur langsam voranschreiten konnte; doch gelang es noch unter seiner Regierung das herrliche Gebäude zur Ausführung zu bringen; denn am

7. November 1756 wurde der Schlußstein in den Gipfel eingesetzt und somit iu 23 Jahren der große Bau vollendet.

Churfürst Carl Theodor begnügte sich aber nicht, das Gotteshaus hergestellt zu haben, er sorgte auch für einen geziemenden Schmuck desselben. Die Altäre wurden aus kostbarem Marmor errichtet, die große Orgel gebaut, die Gewölbe des Schiffes, der Kuppel und des Chores ausgemalt, die Sakristei mit schönen und kostbaren Paramenten gefüllt und auf jedem der zwei Thürme je drei Glocken aufgehängt, um ein schönes, weithin schallendes sechsstimmiges Geläute zu bilden.

Folgendes sind die Taufnamen und das Gewicht dieser Glocken:

1. Carl Theodor . . . . 7000 Pfund
2. Elisabeth . . . . . 5000 „
3. Maria Anna . . . . 4000 „
4. Francisca . . . . . 3000 „
5. Friedrich . . . . . 2000 „
6. Carolus Borromäus . 100 „

Zusammen 21100 Pfund

Diese sechs Glocken ließ Carl Theodor durch den damaligen geschickten Glockengießer A. L. Speck in Heidelberg gießen.

Obgleich schon am 15. November 1756 das erste heilige Meßopfer in dem neuen Gotteshause gefeiert wurde, so dauerte es dennoch drei Jahre bis zur wirklichen und hochfestlich feierlichen Einweihung der Jesuitenkirche, welche zuerst am 6. Sonntag nach Ostern, den 18. Mai des Jahres 1760 vollzogen wurde.

Ein Fürst des deutschen Reiches hatte den Grundstein gelegt, ein weiterer Reichsfürst den Bau vollendet, ein dritter weihte den Tempel seiner hohen Bestimmung; es war dies Fürstbischof Joseph von Augsburg, Landgraf von Hessen ꝛc.

Mit großem Gepränge wurde die heilige Handlung nach

uralten Uebung der katholischen Kirche vollzogen. Die Festpredigt hielt Christoph Nebel, Bischof von Kaphernaum in part., Weihbischof von Mainz, welche eine ausgezeichnete gewesen sein soll; der Text war 2. Paralyp. Cap. 7—11: „Salomo vollendete das Haus des Herrn, und Alles, was er sich vorgenommen hatte im Hause des Herrn zu verrichten, und er war glücklich."

Der Redner verglich dabei den ersten Begründer Carl Philipp mit David und den Vollender mit Salomo, ersteren wegen seiner Verdienste um die Stadt und die Begründung des Kirchenbaues; letzteren wegen der prachtvollen Vollendung. Am Schluß seiner Predigt sprach er noch den patriotischen Wunsch aus, das churfürstliche Haus möchte mit einem Erben gesegnet werden.

Und in der That, der Wunsch ging in Erfüllung, denn am 21. Juli 1761 wurde der Erbprinz Franz Ludwig geboren, der einzige Sohn Carl Theodors. Dieses war nur ein rasch vorübereilender Sonnenblick der Freude für das churfürstliche Paar, welcher unter der dunkeln Wolke des Todes bald wieder erlosch. Das fürstliche Kind starb am Tage seiner Geburt. Die Krypta unter dem Hochaltar birgt die sterblichen Ueberreste desselben.

Bei der feierlichen Einweihung der Kirche waren zum Andenken an diese heilige Handlung Denkmünzen geschlagen worden, auf welchen die Kirche geprägt ist mit der Inschrift:

„Die Hauptkirche zu Mannheim weihte Carl Phi-
„lipp dem Jesuitenorden; er begann mit ihrem Bau
„1733, Carl Theodor vollendete ihn, stattete ihn aus
„1759, Joseph, Bischof von Augsburg, Landgraf von
„Hessen weihte sie im Jahre 1760 den 18. Mai."

Die Väter der Gesellschaft Jesu hatten schon längst die Aufmerksamkeit durch ihre Wirksamkeit in der ganzen Pfalz und anderen Staaten erreget; sie breiteten sich über alle Länder aus und blieben vierzehn Jahre in ungestörtem Besitze ihres Ansehens. Sie erwarben sich große Verdienste um die Wissenschaft; sie sammelten große Bibliotheken an, bekehrten ganze Länder zum Christenthum und haben Märtyrer und Heilige zahlreich dem Himmel zugesandt. Auch hatten sie einen großen Einfluß in den Collegien und Unterrichts-Anstalten erlangt und dem Unglauben einen mächtigen Damm entgegengesetzt, mit einem Worte die ganze Erde mit ihrem Ruhm erfüllt.

Kein Wunder, daß solch wirksame Thätigkeit verkannt wurde, und ihr großer Namen durch Neid in den Schatten gestellt wurde. Neid im Bunde mit der Aufklärung beschuldigten, auf wirklich begangene Fehler einzelner Glieder der Gesellschaft Jesu gestützt, den ganzen Orden; und brachte durch Drohen und Drängen es endlich auch dahin, daß Papst Clemens XIV., wenn auch mit zerrissenem Herzen, in die Auflösung der Gesellschaft Jesu einwilligte und in Folge des päpstlichen Breve die Auflösung des Ordens in Mannheim und den anderen Städten der Pfalz, wo er seine Residenzen oder Collegien hatte, in Vollzug gebracht.

Den Gottesdienst in der Jesuitenkirche versahen nach Vertreibung der Jesuiten theils die Hofgeistlichkeit, theils die Professoren des Gymnasiums und die noch anwesenden Glieder ehemaligen Gesellschaft Jesu. Doch läßt sich nicht läugnen, daß durch die Auflösung des Ordens dahier der Glanz des Gottesdienstes und das religiöse Leben in einigen Rückgang kam.

Zum Beweise dessen wollen wir nur an einige Bruderschaften erinnern, die in dieser Kirche ihren Sitz und eifrige Pflege gefunden hatten, z. B. die Bruderschaft von der Todesangst Jesu, zur Vorbereitung eines guten Todes, das Aloysianische Bündniß, die Bruderschaft zur Beschützung der Unschuld, der Jugend, hauptsächlich der Studirenden, vor Allen die Marianische Sodalität der Bürgerschaft, eine am ganzen Rhein verbreitete, sehr angesehene Bruderschaft.

Die ersteren Bruderschaften sind seither gänzlich ausgestorben, die letztere hat sich zwar noch erhalten, ist aber mit ihrer Mitgliederzahl bis unter 100 herabgesunken.

Noch größere Einbuße an Pracht des Gottesdienstes und eine bedeutende Verringerung ihrer Gliederzahl erlitt die katholische Gemeinde, als der Vollender der Kirche 1777 seine Residenz nach München verlegte.

Am 31. Dezember 1792 feierte der Stadtpfarrer und Dekan Spielberger in der Jesuitenkirche das 50jährige Jubiläum des Regierungsantrittes ihres Erbauers und Vollenders, des Churfürsten Carl Theodor mit feierlichem Gottesdienst.

Am 3. Januar 1793 reiste die Churfürstin Elisabeth wegen den Kriegsunruhen, die Mannheim bedrohten, nach Weinheim, woselbst sie auch den 17. August 1793, im 73. Lebensjahre gestorben ist.

Am 2. September 1794 wurden in der großen Hofkirche die feierlichen Exequien für die verstorbene Churfürstin Elisabetha Auguste im Beisein des Adels, des Militärs, der Beamten ec. gehalten.

Den 21. März 1795 wurde die zweite Vermählung des Churfürsten Carl Theodor mit Leopoldine von Oesterreich in der Jesuitenkirche festlich begangen.

Dekan Spielberger hatte dabei den Hochaltar mit folgender transparenten Inschrift verziert:

„Von diesem Opfer ströme auf die landesväterlichen „Neuvermählten Heil, auf die Unterthanen Frieden herab!"

Diesen Tag überlebte der Wohlthäter der Kirche noch vier Jahre. Er starb am 16. Febr. 1799 zu München.

Die Kriegsunruhen in den 90er Jahren, wie auch die Belagerung 1799, welche, wie bekannt unsere Stadt umtobten und vielfach beschädigt haben, verschonten auch mit mancherlei Unbilden die Jesuiten=Kirche nicht. Noch sieht man an der dem Schloßgarten zugekehrten Seite die Spuren der feindlichen Kugeln, welche bei dem Bombardement gegen die Wände und Pfeiler schlugen; auch im Innern hat eine Kugel dem Engel rechts am Kreuzaltar den einen Flügel zertrümmert, auch schlug eine Haubitze in die Orgel, die dadurch stark beschädigt, im Jahr 1802 aber wieder hergestellt wurde.

Als in demselben Jahre die sogenannte Hofpfarrei aufgehoben wurde, wurde die Kirche unter Pfarrer Eichhorn der Stadtpfarrei einverleibt. Die ältere Schwester, die untere Pfarrkirche, hatte aber in den unruhigen Zeiten nicht weniger zu leiden gehabt, sie war als Magazin für Kriegsvorräthe verwendet und bei der Beschießung bedeutend beschädigt worden.

Da ihre Gewölbe den Einsturz drohten, so mußte das Langhaus geschlossen werden. Demzufolge wurde 1802 der Pfarrgottesdienst in die Jesuitenkirche verlegt, und nur für alte, gebrechliche Personen, denen der Weg in die Jesuitenkirche zu beschwerlich war, Gottesdienst im Chor abgehalten. Zur Kostenbestreitung der Renovation der Kirche gaben die Gemeindemitglieder reichliche Beiträge

Im Jahre 1805 wurde der Hauptsitz der katholischen Stadtpfarrei in die Jesuitenkirche verlegt. Diese Verlegung bewirkte, der damalige Stadtpfarrer, Dekan Kirch, am Pfingstfest desselben Jahrs, wodurch die ehemalige Hof- und Jesuitenkirche Stadtpfarrkirche geworden ist. In ihr wurden nun die Pfarrangelegenheiten der Gemeinde, der Pfarrgottesdienst u. dgl. besorgt, von ihr aus ging nun die Prozession am Frohnleichnamstage.

Der erste Pfarrer an der Jesuitenkirche war also Dekan Kirch. Ihm waren seit dem Aufhören der Verwaltung der Stadt-Pfarrei durch die Patres Kapuziner in dem Jahre 1802 als Stadtpfarrer in der untern Kirche vorangegangen: Johann Joseph Hauser, 1713, Johann Melchior Jhle, 1754, Nikolaus Gneip, 1760, Adam Folles, 1788, Jakob Bolz, und im nämlichen Jahre nach Carl Philipp Spielberger (1800) Michael Eichhorn.

Bis auf Dekan Kirch war die Jesuitenkirche unter dem Bischof von Worms gestanden, unter Kirch trat sie das fürstbischöfliche Generalvicariat von Speyer in Bruchsal an.

Im Jahr 1816 wurde Pazzi Stadtpfarrer und Dekan, dessen große Mildthätigkeit noch jetzt im guten Andenken steht. Unter ihm wurde nach Vereinbarung mit dem päpstlichen Stuhle unter Pius VII., mit der Bulle »provida solersque« 1821 das Erzbisthum Freiburg errichtet, und die Kirche und Gemeinde wurde nun auch diesem einverleibt.

Auf Pazzi folgte im Jahr 1827 Dekan Großholz, unter ihm sah die Jesuitenkirche zum erstenmale den Stellvertreter ihres neuen Bischofs, den damaligen Weihbischof Hermann von Vicari von Freiburg in ihren Mauern, welcher 1832 die Firmung verrichtete.

Nachdem Dekan Großholz nach Baden abgegangen, übernahm die Pfarrei Dekan und Stadtpfarreiverweser Orbin im Jahre 1839.

Unter ihm wurde die katholische Gemeinde in zwei Pfarreien getheilt: die obere mit der Jesuitenkirche und die untere mit der alten Pfarrkirche.

Der erste Pfarrer an der neuen untern Pfarrei war Dekan M. Bohlinger, auf den nach seinem 1851 erfolgten Tode der gegenwärtige Stadt=Pfarrer und Dekan Gottfried Pfohl eintrat.

Im Jahr 1846 spendete der Erzbischof von Freiburg in der Jesuitenkirche die hl. Firmung.

Im gleichen Jahre wurde die drittgrößte Glocke (Anna Maria) neu gegossen, die Gemeinde hatte dazu 240 fl. beigesteuert, der höchstselige Großherzog Leopold 200 fl. die höchstselige Großherzogin Stephanie 50 fl. und König Ludwig von Bayern 500 fl., zusammen 990 fl.

Nachdem Dekan Orbin als Domcapitular nach Freiburg gegangen war, übernahm die Leitung der oberen Pfarrei der gegenwärtige Stadt=Dekan Pellissier 1847.

Die Notizen, welche noch beizusetzen sind, betreffen bekannte Dinge die größtentheils selbst erlebt wurden, nämlich die Stürme der letzten 40er Jahre haben den saft= und kraft=

vollen Nationalismus, soweit er auch in das religiöse Leben eingedrungen war, da und dort erlahmen gemacht, recht deutlich ausgefegt und neues Leben erweckt. — Die Erlebnisse unserer Jesuitenkirche in den letzten 10 Jahren geben Zeugniß davon.

Im Jahr 1851 erscholl nach beinahe 80 Jahren die beredte Stimme der Jesuiten wieder, in ihrer ehemaligen Kirche als die berühmten Paters Roh, Haslacher und J. Klinkowström eine 14tägige Mission hielten. — Eine neue Bruderschaft, die vom unbefleckt Herzen Mariä, zur Bekehrung der Sünder, trat als jüngere Schwester zu der noch aus dem vorigen Jahrhundert stammenden Marianische Sodalität, nebst noch andern religiösen Vereinen.

Als der fromme Wunsch von 27 Jahren und als Glaube des ganzen christlichen Alterthums unserer Vorfahren in den Grundstein der Jesuitenkirche gelegt „zur besonderen Verehrung der unbefleckten empfangenen Jungfrau" fand 1854 seine freudevolle Erfüllung, in dem damals von Blumen geschmückten Mai=Altar, die endliche Dogmatisation der unbefleckten Empfängniß Mariä, durch den hl. Vater Pius IX. verkündet wurde.

Im gleichen Jahr am 9. Juli wurde in der Jesuitenkirche durch den Hochwürdigen Bischof von Mainz, Freiherrn von Ketteler, das hl. Sacrament der Firmung gespendet. — 1857 wallte zum erstenmale wieder, nach mehr als 20jähriger Unterlassung, die Frohnleichnams=Procession aus den Thoren unserer Kirche.

So steht denn unsere Jesuitenkirche noch nach hundert Jahren, während manche Schwester dahier, wie z. B. die Kapuzinerkirche, die Garnisons= und Sodalitätskirche ꝛc. vom Erdboden verschwunden oder ihrem Zwecke entfremdet wurde.

Die Kirche, wenn auch nicht in ganz reinem Style erbaut, macht doch einen wohlgefälligen, ja imposanten Eindruck von Außen und Innen. Die Kirche wurde nach einem Plane der St. Peterskirche in Rom erbaut.

Dieselbe ist 250' lang, 107' breit, 108' hoch, die Kuppel hat eine Höhe von 250'. Das mächtige Portal trägt als Schmuck über dem mittleren Thore das churpfälzische Wappen, auf welchem der allerheiligste Name Jesu niederstrahlt; über den beiden Seitenthoren aber prangen die bildlichen Darstellungen des Glaubens, der Hoffnung, der Liebe und der Stärke, so wie die Statuen der beiden Patrone der Kirche, Ignatius und Franz Xaver, nebst den Namens-Patronen des Begründers und Vollenders der Kirche, Philippus und Carolus.

Treten wir in das Innere, so treffen unsere Blicke sogleich auf den Hochaltar, welcher in der Mitte neben der Kuppel steht, beleuchtet durch das Licht von Oben, und ist mit einem marmornen Geländer eingeschlossen, wo das hochwürdige heil. Abendmahl gespendet wird.

Der Hochaltar ist über 60 Fuß hoch und aus kostbarem feinem pfälzischen Marmor gebaut, über 20 Fuß lang und aus einem Stücke gefertigt. Marmorne Säulen tragen einen vergoldeten Baldachin, welcher sich über den gleichfalls marmornen Tabernakel wölbt. Der Tabernakel des Hochaltars wird als eine mineralogische Merkwürdigkeit bezeichnet; in der Mitte des Hochaltars ist das Auge Gottes mit Sonnenstrahl und die drei höchsten Namen in bildlicher Darstellung von schwebenden Engeln umgeben.

Die weißen Figuren im Hintergrunde, kunstvoll ausgehauen aus carrarischem feinem Marmor, stellen dar, wie der heil. Ignatius seinen Jünger, den heil. Franz Xaver, zu seinen apostolischen Arbeiten nach Indien sendet.

Der Altar enthält, wie die Einweihungsurkunde sagt, Reliquien von dem heil. Faustinus Liberatus und Abanktus.

An dem Hochaltar sind in seinem Einschlusse vier Kirchenlogen rechts und links, zwei oben und zwei unten.

Außer dem Hochaltar sind im Schiff der Kirche sechs marmorne Nebenaltäre, und jeder Altar hat auf beiden Seiten marmorne Säulen.

Der erste auf der Evangelienseite ist der des am Kreuze sterbenden Erlösers, mit zwei in Engelsgestalt aus weißem carrarischem Marmor schön und kunstvoll gearbeiteten Figuren geziert.

Der Altar gegenüber ist der Verkündigung Mariä, der mittlere auf der Evangelienseite, dem heil. Karl Borromäus, Cardinal-Erzbischof von Mailand der gegenüber, der heil. Elisabeth, Landgräfin von Thüringen, der letzte auf der Evangelienseite, so wie der gegenüber den beiden englischen Jünglingen und Zierden der Gesellschaft Jesu, dieser dem heil. Aloisius von Gonzaga, jener dem heil. Stanislaus Kostka geweiht.

Die Bilder der Decke des Schiffes stellen dar die apostolischen Arbeiten und Wunder und den kostbaren Tod des heil. Franz Xaver im fernen Osten von Indien und Japan.

Die Kuppel enthält die Darstellung des Lebens des heil. Ignatius von Loyola, so wie die Namen des Begründers und Vollenders des Gotteshauses. Vom Chorgewölbe strahlt der glorreiche Name Jesu hernieder.

In dem Besitze der Kirche befinden sich viele Kostbarkeiten: eine silberne Madonna der marianischen Sodalität, das liebliche Jesuskind des Vereins der heil. Kindheit, die kostbaren großen Reliquien des heil. Valerian in kunstvollem Schrein, nebst noch andern heil. Reliquien, wovon wir nur eine vom heil. Aloisius nebst einem eigenhändigen Brief desselben, den er am 31. Dezember 1590 von Rom aus an seine Mutter, die Herzogin von Gonzaga geschrieben, nennen.

An neuen Paramenten ist der Kirche in den letzten Jahren Manches zugeflossen. Wir nennen nur den neuen schönen Himmel von rothem Sammt von der in der Gruft ruhenden Fürstin Magdalena von Ysenburg, so wie viele andere schöne Gegenstände von verschiedenen Freunden der Kirche, besonders von jenen im Stillen für den Schmuck der Gotteshäuser unermüdlich thätigen Hände.

Auch besitzt die Kirche zum Zweck ihrer Prozessionen schöne und ausgezeichnete gewirkte und gemalte Fahnen nach einem religiösen Sinn. — Die Gaderobe der Geistlichen ist eine der ausgezeichnetsten mit reicher und kostbarer Ausstattung, die Meßgewänder sind mit Gold durchwirkt und stehen andern Kirchen an Pracht wenig nach.

Das Innere dieses Gotteshauses mit seinem reichen sinnbildlichen Schmucke erhebt das Herz unwillkürlich zur Andacht. Es wird darin noch heute die Kunst des Ritters von Verschaffelt, der die Bildhauerarbeiten fertigte, sowie von Grahe, der die Altarbilder malte, bewundert, und in der Ausführung der Plan des von Bibiena anerkannt.

Die Gänge im inneren Schiffe der Kirche sind ganz mit weißen und röthlichen Marmorplatten belegt.

An der Evangelienseite vor dem ersten Altar steht ein marmorner Taufstein, welcher von der eingegangenen Garnisonskirche als ein Andenken erhalten wurde. Hinter den sechs Nebenaltären befinden sich sechs Beichtstühle; in der Mitte des Schiffes der Evangelienseite gegenüber die Kanzel, auf beiden Seiten Emporkirchen.

Ueber dem Eingange der Kirche sind auf jeder Seite in der Mitte vier runde dicke Säulen, auf diesen ruhet eine Emporkirche, auf welcher eine große Orgel von einem vorzüglichen meisterhaften Baue ist, deren schöne und mächtige Klänge geeignet sind, die Herzen der Beter aufwärts zu tragen.

Zum Schluß wollen wir noch einen Blick in den unterirdischen Theil der Kirche werfen. Da finden wir unter dem Hochaltar eine schöne Kripta, worin, wie oben schon bemerkt wurde, das einzige Kind des Vollenders der Kirche, Carl Theodor, beigesetzt ist.

In der Nähe der Orgel führt eine Treppe in die eigentliche Gruft hinab, worin die hier verstorbenen Glieder der Gesellschaft Jesu beigesetzt sind.

Dreiunddreißig Patres und Fratres haben hier ihre Ruhestätte gefunden. — Wir nennen blos: Pater Nicolaus Staubacher, Superior der oberdeutschen Ordensprovinz, Errichter des Collegiums dahier und Beichtvater des Churfürsten Carl Philipp, gestorben den 25. Februar 1736, und Pater Christoph Maier, Errichter der Sternwarte, gestorben den 16. April 1783. Der bekannte Mathäus Vogel ist entweder nicht hier begraben, oder sein Grab eines deren, dessen Inschrift unleserlich geworden ist.

Dieses herrliche Gotteshaus, welches am 17. Mai 1860, dem Tage der Himmelfahrt Christi, seine 100 jährige Einweihung gefeiert hat, möge noch stehen viele, viele Hundert Jahre zur Zierde unserer Vaterstadt am Rhein, es möge stehen als eine unverletzliche Stätte des heil. wahren Glaubens, als ein Anziehungspunkt für die frommen Beter, als ein Haus des Trostes und der Gnade für alle hilfsbedürftigen Seelen, als ein Tempel Gottes wahrer katholischer Frömmigkeit, damit der heilige Zweck und die Bestimmung desselben, den der Grundstein mit seiner Urkunde in seinem Schooße birgt, an Kindern und Kindeskindern erfüllet wird.

Auf gottesfürchtige Eintracht, auf eine glückliche Stadt, auf ein glückliches Vaterland.

Bei der 100 jährigen Einweihung der Kirche am Himmelfahrtstage Christi den 17. Mai 1860 war diese Kirche auf das Herrlichste geschmückt.

Die Altäre waren mit Blumen verziert, die Kanzel mit Blumen bekränzt, auf den Altären waren die heiligen Reliquien aufgestellt.

Auf dem Kreuzaltar standen zur Verehrung die Reliquien des heil. Valerian in einem kunstvollen Schrein.

Auf dem Altar Mariä Verkündigung war die silberne Madonna aufgestellt, und auf dem Altare der heil. Elisabeth das liebliche Jesuskind in seiner heil. Kindheit.

Die Kirchenfahnen schmückten das Schiff der Kirche.

Dem Feste ging eine dreitägige Andacht mit Vortrag

und Gesang voraus, und wurde dasselbe am Vorabend mit allen Glocken eingeläutet.

In der Frühe Morgens von 4 bis 5 Uhr war feierliches Glockengeläute aller Glocken in dreimaliger Unterbrechung.

Am Festtage wurde durch den hochwürdigen Bischof Nicolaus von Speyer das Pontificalamt gehalten, und dasselbe um 9 Uhr von der Geistlichkeit unter dem Geläute der Glocken aus der Dechanei durch das Hauptportal in die Kirche geleitet.

Am Hauptaltare wurde das Veni Creator angestimmt, und darauf das Predigerlied deutsch gesungen.

Der hohe Festprediger Dr. Heinrich, Domcapitular in Mainz, bestieg hierauf die Kanzel, um eine Predigt in Bezug auf das benannte Kirchenfest zu halten. Der hochwürdige Bischof und die übrige Geistlichkeit nahmen die für sie bestimmten Plätze ein.

Nach der Predigt war feierliches Pontificalamt unter Assistenz des hochwürdigen erzbischöflichen Kapitel=Dekans, während der Kirchengesangverein eine geeignete Vocalmesse aufführte.

Zum Schluß des Gottesdienstes unter dem Geläute der Glocken wurde das feierliche Tedeum gesungen und damit das 100jährige Einweihungsfest der Kirche geschlossen.

---

### Das Jesuiten=Collegium.

Im Jahr 1739 unter der Regierung des Churfürsten Carl Philipp wurde das Jesuiten=Collegium, das jetzige Lyceum, erbaut, und im Jahr 1807 eröffnet. In dem Theil neben der Kirche befinden sich jetzt die Wohnungen der Geistlichen von der oberen Pfarrei. Das Seminarium micicum, die lateinische und sogenannten fünf unteren Studentenschulen, welche von dem Jesuiten=Collegium in Besitz genommen worden, später im Jahr 1781 den 30. Juni durch Bestätigung des Churfürsten Carl Theodor, nach Aufhebung des Jesuiten=

Collegiums der Congregation der Priesterſendung, den ſoge=
nannten Lazariſten, den 12. Oktober deſſelben Jahres über=
geben wurde, war in dem Gebäude neben der Kirche in der
kalten Gaſſe eingerichtet.

Nach Einziehung dieſer Prieſterſendung wurde im Jahr
1811 im Monat Auguſt im unteren Stock deſſelben für arme
Kinder eine katholiſche „Freiſchule" errichtet, und der obere
Saal als Magazin verpachtet.

Im Spätjahr 1808 wurde ein auf dieſem Gebäude be=
findliches Glockenthürmchen abgebrochen.

Im Jahr 1835 wurde der zweite Stock des benannten
Gebäudes von dem hieſigen Muſikverein gepachtet und als
Concertſaal neu hergeſtellt. Der Verein hat das Lokal noch
heute in Beſitz und führt daſſelbe die Benennung „der große
Aula=Saal."

Das weiter daran ſtoßende Gebäude wurde verkauft an
Schreinermeiſter Oberlies, ſpäter an die Tabaksfabrikanten
Gebrüder Mayer, welche an deſſen Stelle ein ſchönes vier=
ſtöckiges Gebäude am Eingang des Schloßgartens mit Gal=
lerie und Altane verſehen, errichtet haben.

### Die Sodalitäts=Kirche.

Die eingegangene marianiſche Sodalitätskirche, in welcher
nur zum Behuf der für Honoratioren und Bürger errichteten
Bruderſchaft an den Muttergottestagen Gottesdienſt gehalten
wurde, gehörte auch zu der Hof= und Jeſuiten=Kirche.

Im Jahr 1803 wurden die marmornen Altäre, Orgel ꝛc.
aus derſelben verkauft und ſolche für den Gottesdienſt ge=
ſchloſſen. Jetzt dient ſie zur Aufbewahrung der Theater=
Decorationen, und iſt im zweiten Stockwerk ein Maler=Saal
eingerichtet.

## Die Kapuziner-Kirche und Kloster.

Die Kapuziner hatten früher ihr Kloster in Ladenburg, und von da aus während des dreißigjährigen Krieges den Gottesdienst in Mannheim versehen.

Dadurch hatte sich dieser geistliche Orden um die katholische Gemeinde viele Verdienste erworben, weßhalb er durch Decret des Churfürsten Johann Wilhelm definitiv zur Abhaltung des Gottesdienstes bestellt wurde. Sie erhielten 1698 die Erlaubniß ihr Kloster nach Mannheim zu verlegen und zogen sie im Jahr 1699 von Ladenburg hierher. (Das jetzige Haus E 4 No. 8 soll nach einem alten Plane das Hospitium der Kapuziner gewesen sein.)

Im Jahre 1701 erhielten sie auf Ansuchen, eine Kirche bauen zu dürfen, die Genehmigung und beförderte der Churfürst dessen Vollendung aus eigenen Mitteln.

Den 3. Juli 1701 legten die Kapuziner den Grundstein zu ihrer Kirche und Kloster, welche 1706 vollendet und zu Ehren des St. Rochus, dem Schutzpatron der Kirche, feierlich eingeweiht wurde und war dieselbe eine der ältesten der zu Mannheim stehenden Kirchen.

In der untern Pfarrkirche besorgten die Kapuziner theilweise den Gottesdienst und waren aus ihrem Orden sieben Pfarrverweser in dieser Kirche angestellt. Das Innere ihrer Kirche hatte nach der Zeit ihrer Erbauung vieles Eigenthümliche, welches später die Aufmerksamkeit eines Jeden erregte. Der Hauptaltar war nach der Zeichnung des berühmten Quaglio erbaut, die Statuen von dem Bildhauer van der Branden, und das Gemälde des Hochaltars von Bernhardini; nächst dem Hochaltare waren zwei Nebenaltare und links in einer Vertiefung eine kleine Betkapelle mit einem Altare.

In dem Chor dieser Betkapelle war auf Weihnachten eine Gruppe „die Geburt Christi" ausgestellt.

Auf der rechten Seite am Hochaltar befanden sich oben

und unten Logen, hinter dem Hauptaltare ein großer Betsaal, rechts am kleinen Nebenaltare die Kanzel, links in einer Erhöhung eine Kirchenloge mit Glasfenstern nebst einer Emporkirche mit einer kleinen Orgel über dem Haupteingang in die Kirche; auf beiden Seiten im Chor Beichtstühle, ferner große Oelgemälde und kleine Statuen.

Das an die Kirche gebaute Kloster nahm mit seinem Garten ein großes Quadrat ein. In das Kloster gelangte man durch eine kleine Pforte, die nur bei Abhaltung des Gottesdienstes geöffnet war und jedesmal nach diesem geschlossen wurde. Wenn man in dem Kloster den Gang rechts einschlug, waren auf der rechten Seite die Zellen der Kapuziner und auf der linken der Klostergarten. Der Gang des Klosters lief im Viereck herum; im oberen Theile war die Küche der Kapuziner, die von einem Pater als Koch besorgt wurde.

Im zweiten Stock führt der Gang ebenfalls im Viereck herum, und befanden sich auch Zellen für die Kapuziner; in der Nähe der Kapelle war die Wohnung des Paters Quarbian, in der Mitte des Ganges war eine große Schlaguhr. In den Gängen waren die Wände mit großen Oelgemälden behangen. Ueber dem Haupteingange der Kirche war in einer Vertiefung „Christus der Heiland am Kreuze" von einem eisernen Geländer eingeschlossen.

Das Kloster war an dem Kirchengebäude mit einer großen Ringmauer umgeben in der Höhe bis zum untern Stocke, der zweite war von der Bedeckung der Mauer frei.

Auf dem Kapuzinerplatze in der Mitte hatte früher auf einem hohen Steine mit lateinischen Inschriften eine Statue gestanden; als dieselbe entfernt wurde, fand man bei Ausgrabung des Fundaments verschiedene Münzen.

Nach Absterben der Klosterbrüder, aber noch zu Lebzeiten des letzteren Pater Quarbians, wurde die Kapuzinerkirche am 30. November zum ersten Mal und am 28. Dezember

1838 zum zum zweiten Male auf den Abbruch öffentlich versteigert.

Das Inventar der Kirche, Altäre, Altargemälde, Statuen, Kanzel, Orgel Bänke nebst den drei Glocken, welche von Speck in Heidelberg gegossen waren, wurden vorher versteigert, und kam die in dieser Kirche gewesene schöne Krippe (die Geburt Christi) nach Mundenheim.

Bei dem Aufräumen der Fundamente fand man am 24. Februar 1840 den Grundstein, worin eine Inschrift in lateinischer Sprache auf einer zinnernen Platte die Nachricht enthielt, daß solcher im Jahre 1701 unter dem Pontificat Leo XI. von dem Churfürsten Johann Wilhelm und dessen Gemahlin Anna Maria gelegt und von dem Bischof in Worms eingesegnet worden sei, und befanden sich noch in dem Grundstein eine gut vergoldete Kupfermünze mit der Jahreszahl 1701 und dem Bildniß des Churfürsten, eine zinnerne Münze und ein messingenes Kreuz.

Nach Räumung des Schuttes wurde der große Platz in einzelnen Parzellen versteigert. Derselbe bildet jetzt die Quadrate O 5, 6 und 7 und gab Raum zur Anlage der s. g. kleinen Planken, zwischen N 5 und 6 und O 5 und 6, welche Straße in ihrer regelmäßigen Verlängerung nun den Durchgang bis auf den Stadtdamm erhalten hat und neben der Bequemlichkeit eine neue Zierde der Stadt abgegeben hat.

Der alle andere Patres überlebende letzte Quardian Carl Anton Wagner war geboren den 25. September 1755 in Dettingen bei Aschaffenburg, Priester seit dem 23. März 1780 und starb dahier am 15. April 1840.

### Die untere katholische Pfarrkirche.

An Stelle der Kirche, welche wir jetzt besitzen, war früher schon eine gestanden, auf deren Mauerwerk man bei

Legung der Fundamente der jetzigen gestoßen ist, und die in dem orleanischen Erbfolgekrieg, am 5. März 1689 bei Zerstörung der Stadt durch die Franzosen, mit dem Rathause, zu Grunde gegangen.

Nach dem Ryswik'schen Frieden wurde am 17. Dezbr. 1700 der Grundstein zum Rathhause auf demselben Platze gelegt, wo das frühere gestanden hatte. Ein Jahr später, am 5. Oktober. 1701 wurde der Grundstein zu der dem hl. Sebastian gewidmeten katholischen Pfarrkirche und dem Rathhausthurm, im Namen des Churfürsten Johann Wilhelm, durch den Hofkanzler Freiherrn von Wieser, in Beisein des churpfälzischen Generals, Grafen von Leiningen, feierlich gelegt. — In den Grundstein des Thurmes kam folgende Inschrift:

„Im Jahre Christi 1701, da Papst Clemens XI.
„regierte, unter der Herrschaft Leopold des Großen und
„des römischen Königs Joseph I., unter dem Schutze
„des durchlauchtigsten Fürsten, Churfürst Johann Wilhelm, unseres gnädigsten Herrn, wurde hier der erste
„Stein gelegt den 5. Oktober.
          „Auch mehreren gewachsen
„Ein Rathhaus mit einem Thurme erhebe sich auf's
„Neue empor zum Himmel,
      „Wachsam und unsere Mauern beschützend."

Ueber dem Hauptportale der Kirche ist die Inschrift:

„Gott wolle diesen Tempel schützen, welcher während
„der stürmischen spanisch-französischen Kriege von Herrn
„Leonhard Lippe, des durchlauchtigsten Churfürsten Hofrath und dieser Zeit Stadtdirektor und Stadtgerichts-
„Vorstand, und Herrn Franz Jakob Gobin, Stadt-
„Anwalt-Schultheiß, sodann der Bürgermeister Herr
„Fuchs und Herr Forchmeier, den Stadträthen die
„Herren Koppert, More, Bähr, Pompeati, Platt, Weger,
„Andre, Wildscheid, Inden, Laufs Rentmeister, und

„Herrn Schweizer, genannt Polt, Stadtschreiber, erbaut
„wurde 1701."

Der Eingang dieser Inschrift ist ein Chronogramm und,
bildet die Jahreszahl 1701.

Außen bei dem churfürstlichen Wappen an dem Thurm-
steht:

„Der Herr der Tugenden sei mit uns."

Das Rathhaus, in gefälligem Style erbaut, ist zweistöckig. Die auf beiden Seiten angebrachten Sinnbilder sind
am Dache des Rathhauses die Statue der Gerechtigkeit und
an dem Kirchendache die des Glaubens, darunter steht:

„Der Gerechtigkeit und Frömmigkeit geweiht."

Die Chronogramm=Inschrift des Schlußsteins über dem
Kirchenportal zeigt die völlige Herstellung der Kirche an:

„Im Namen der allerheiligsten und untheilbaren
„Dreifaltigkeit. 1701."

Die untere katholische Pfarrkirche, welche 1709 vollendet
war, wurde den 1. Mai 1710 feierlich eingeweiht, zu Ehren
des heiligen Sebastianus, welcher schon vor Alters zum
Patron der Gemeinde erkoren worden.

Von der Feier dieses Kirchweih=Festes datirt sich die
hiesige Maimesse, von der der Trinitatiskirche die Michaeli=
Messe.

Zu damaliger Zeit war im Jahr 1702 der erste Stadt=
Pfarrer, Johann Joseph Hauser.

Ein ferneres Zeichen des damaligen Aufblühens der
katholischen Gemeinde war auch die Verpflanzung des Jesuiten=
Ordens hierher durch Churfürst Carl Philipp, sowie ein
großes Fest in der untern katholischen Pfarrkirche zur Feier
der diesem Orden angehörigen englischen Jünglinge Aloysius
von Gonzaga und Stanislaus Kostka.

Dasselbe dauerte volle acht Tage, vom 22. November
1727 an mit aller möglichen Pracht.

Ein Gottesdienst, eine Predigt folgte eins dem andern von
Morgens bis Abends, unter fortwährender Theilnahme des

Churfürsten Carl Philipp und seines Hofes und einer ungemeinen Volksmenge.

Als am zweiten Tage des Festes, vor der Pforte, welche auf den Markt führt, der errichtete Triumphbogen von 1500 Lichtern erglänzte, hörte man einen bejahrten Calvinisten ausrufen: „So viel Katholiken seien einst in der ganzen Pfalz nicht gewesen, als an diesem Tage auf dem Markt zu Mannheim zusammengeströmt seien."

Das Fest schloß mit einer feierlichen Procession und der abermaligen Beleuchtung der Triumphpforte, welche, wie der alte Beschreiber sagt, eben so sehr zum Verdruß der Andersgläubigen, als der Katholiken, durch einen widerwärtigen Wind gestört und verhindert wurde.

Das erste hundertjährige Erinnerungsfest die Einweihung der untern katholischen Pfarrkirche wurde 1810, aber aus verschiedenen Ursachen statt den 1. Mai, den 3. Juni gehalten.

Nach einem von dem hiesigen Musikconservatorium begleiteten Hochamte, hielt Dekan und Stadtpfarrer Kirch eine Festrede, und wurde zum Beschluß, die goldene Hochzeit des hiesigen Bürgers Jakob Ehrmann, langjähriges Vorstands-Mitglied des katholischen Bürgerhospitals, eingesegnet. Die sämmtlichen Beamten und die Prediger der hiesigen christlichen Gemeinden wohnten der Feier bei.

Als im Jahr 1838 die hiesige Kapuzinerkirche einging, wurde für die Maurer und Steinhauer, welche darin das Fest ihres Schutzpatrons St. Rochus gefeiert hatten, die untere katholische Pfarrkirche bestimmt, und jedes Jahr in dieser Kirche dieses, wie auch das Fest ihres Schutzpatrons, des heiligen Sebastianus in der Folge gefeiert.

Das Innere der unteren katholischen Pfarrkirche ist einfach. Auf jeder Seite rechts und links ist das Plafond nach der Länge des Chors der Kirche von acht dicken steinernen runden Säulen gestützt.

Auf der Emporkirche befindet sich eine sehr schöne Orgel.

Die Kirche hat eine bedeutende Breite, auf beiden Seiten Betstühle und in der Mitte einen Durchgang zum Hochaltar. Neben den Säulen befindet sich ebenfalls ein Durchgang zu den Nebenaltären, welche auch mit Betstühlen rechts und links versehen sind. Von vier in der Kirche befindlichen Beichtstühlen sind zwei oben an den Nebenaltären und zwei unten an der Emporkirche; auch befinden sich unten rechts und links Kirchenlogen.

Die Kanzel ist mit vielem kunstvollem Schnitzwerk verziert. Die vier Statuen, von einem vorzüglichen Meister, stellen die vier Evangelisten dar. Oben auf der Decke der Kanzel sitzt Gott der Vater mit einem aufgeschlagenen Buche und dem Griffel in der Hand, um die Thaten der Menschen aufzuzeichnen, inwendig an der Decke der Kanzel ist der heil. Geist in einem Strahlenkreis.

Auch der Hochaltar ist mit schönem Schnitzwerk bearbeitet, wie auch das Altarbild, welches Christus am Kreuze und an diesem Maria stehend darstellt; das Ganze ist schön vergoldet.

Ueber dem Hochaltar, an der Decke, ist das strahlenumgebene Auge Gottes gemalt. Rechts des Hochaltars ist eine Kirchenloge, über welcher das churpfälzische Wappen in Schnitzwerk kunstvoll bearbeitet ist.

Der Hochaltar ist von einem schönen Geländer umschlossen, welches zugleich die Kommunionbank bildet, neben der sich das Taufbecken befindet.

In dem Chor der Kirche befindet sich sowohl rechts als links ein Nebenaltar; das Altarbild des rechten Altars zeigt als Oelgemälde das Abendmahl. Rechts und links auf dem Altare stehen in der Höhe dieses Bildes die Bildsäulen des heiligen Sebastianus und des heiligen Johannes Nepomuk. Den linken Neben=Altar ziert Maria mit dem Jesuskinde. In sitzender Stellung ist die lebensgroße Figur sehr kunstreich aus Gyps gearbeitet.

Besonders merkwürdig ist der Altar aber, weil er den

Körper des heiligen Theodors von Rom enthält, welcher im Jahre 1778 nach Mannheim gebracht und der öffentlichen Verehrung ausgesetzt wurde. Ein Sarkophag umschließt die Reliquien des Heiligen und trägt die Inschrift: »Corpus Sancti Theodori« (Körper des heiligen Theodor).

In dem Chor der Kirche sind 15 Grabsteine mit ablichen Wappen künstlich aus schwarzem Marmor ausgehauen, mit lateinischen Inschriften.

Folgendes sind die Namen der Entschlafenen, welche in der Gruft der Kirche ruhen:

1) Johann Gustav Freiherr von Boehlin-Feckenhauser, Kammerherr des Kaisers Joseph I., gest. 1733 und seine Gemahlin Amalie Caroline.
2) Franz Ignaz Valentin Cochem, gest. 1759 und Aloys Anton Joseph Cochem, gest. 1783.
3) Andreas von Riaucour und Adam Heinrich Peter Christian, dessen Sohn. Gemahlin war Henriette Ludovica von Wrede, gest. 1757.
4) Jakob Friedrich Joseph von Gabriely, gest. 1745.
5) Franz Joseph Anton von Stengel, geb. 1683, gest. 1758. Anna Dorothea von Stengel, geb. 1689, gest. 1755. (Der Grabstein ist von Link gemacht.)
6) Johann Barth. von Busch, gest. 1739.
7) Johann Philipp Georg Dominik von Boehlin Frickenhausen, geb. 1705, gest. 1736.
8) [An der Kanzel] Maria Isabella Freifrau v. Sturmfeder, geb. 1724, gest. 1778. Zum Andenken von Carl Theodor Freiherr von Sturmfeder gewidmet.
9) Johann Anton von Kageneck, Herr zu Bleichheim, Munzingen ꝛc., vermählt 1726 mit Lucia Josepha Freyin von Sickingen, geb. 1701, gest. 1741.
10) Charles Antoine Hyacinte Herzog von Galléan, gest. 1778.
11) Franz Joseph, gest. 1733, Johann Christian, gest. 1735, Söhne des Grafen Franz Caspar von Hilles-

heim, Baron von Reipoltzkirchen ꝛc., und Gustav Wilhelm, gest. 1739.
12) Lubentius Huben, gest. 23. Mai 1740.
13) Johann Leonhard Lippe, gewesener Stadtdirektor, gest. 1737.
14) Adrian von Lamezan, gest. 1740.
15) Maria Magdalena Lippe, Gemahlin des Stadtdirektors Lippe, gest. 1723.

Die Pfarrkirche stehet nun schon 160 Jahre und ist eine der ältesten Kirchen Mannheims. Mit der Kapuziner=Kirche im gleichen Jahre erbaut, ist sie besonders durch ihre während der Kriegszeiten erlittenen Umwandlungen merkwürdig. —

## Die Hofkapelle im Schlosse.

Den 2. Juli 1720 legte Churfürst Carl Philipp zu der Hofkapelle persönlich den ersten Stein und am 13. Mai 1731 wurde dieselbe eingeweiht.

Die Hofkapelle reich und schön gebaut, ist in dem linken Schloßflügel und besaß zu damaliger Zeit große Kirchenschätze; darunter verschiedene merkwürdige Stücke und Reliquien in Gold und Silber eingefaßt und reich mit Edelsteinen besetzt. So sah man ganze Körper von Heiligen, einen Arm vom h. Sebastian, einen vom h. Bartholomäus, die Hirnschale des h. Stanislaus, einen großen Theil des Körpers eines unschuldigen Kindes, eine Reliquie von der h. Thekla, vom h. Andreas, von der h. Barbara und vom h. Nikolaus; einen großen Particul des h. Kreuzes.

Dann sah man zwei Statuen in mittelmäßiger Größe vom gediegenem Golde, deren eine den h. Sigmund, die andere die h. Constantia darstellte; sodann Erde vom Grabe Christi, deren Gefäßfassung reich mit Edelsteinen besetzt ist.

Ein sogenanntes Instrumentum pacis.

Das Bildniß, welches den Welterlöser vorstellt, ist aus einem einzigen großen und seltenen Stücke von orientalischem Onix geschnitten, dessen Fassung, ebenso wie die Gefäße, in denen verschiedene Reliquien vom h. Hubert aufbewahrt sind, reich mit Edelsteinen besetzt ist.

Eine Monstranz aus gediegenem Rheingolde, mit vielen weißen Brillanten besetzt.

Ein Ciborium von orientalischem Agat, mit Fassung und Krone von Rheingold.

Die Kirchenkleider und Paramente waren sehr kostbar.

Der massiv silberne Hochaltar war dem h. Hubertus geweiht. Das vortreffliche Altarbild ist von Gobreau. Auch sieht man daselbst noch drei Stücke griechischer Malereien.

(Die hier beschriebenen Kirchenschätze sind nicht mehr im Besitze der Hofkapelle, sondern sind nach dem Wegzug Carl Theodors nach München gewandert.)

Das Deckengemälde ist von dem berühmten Asam. Die schöne, große und prachtvoll gebaute Orgel befindet sich auf der Emporkirche über dem Hochaltar; sodann hat die Kirche Nebenlogen, eine Kanzel und ein Taufbecken.

Der Schatzmeister der Hofkapelle war der erste Hof-Caplan und churfürstliche geistliche Rath Hammer.

In der Gruft dieser Kapelle ruht der Churfürst Carl Philipp mit seiner dritten Gemahlin Violanta Theresia, geb. Gräfin von Thurn und Taxis.

### Die Kirche und das Kloster der Carmeliter.

Unter der Regierung des Churfürsten Carl Philipp, im Jahre 1722, wurde der Grundstein zu der Kirche und dem Kloster der Carmeliter Barfüßer, unter Anwesenheit des damaligen churfürstlichen Leibarztes Dr. Jungwirth gelegt, und zwölf Jahre später (1734) darin eine Herberge für Priester eröffnet.

Den 5. Oktober 1735 bewilligte Churfürst Carl Philipp den Carmelitern, ein Hospital in hiesiger Stadt anlegen zu dürfen, das im Jahre 1742 erweitert wurde.

Churfürst Carl Theodor wollte ihnen zwölf Jahre später (1766) ein größeres Kloster erbauen, was aber nicht zur Ausführung kam.

Nach Einziehung dieses Klosters wurden die Altäre, Bilder, Orgel ꝛc. verkauft, und das Gebäude (das jetzige Haus L 3 No. 1 und 2) eine Zeitlang als Tabaksfabrik in Pacht gegeben; bis es später durch die höchstselige Großherzogin Stephanie von Baden angekauft und zu einem Institute für Töchter hiesiger Stadt eingerichtet wurde. Dieses Institute stand bis zu ihrem Tode unter dem Schutze der fürstlichen Stifterin.

## Das Augustiner-Nonnenkloster.

Unter der Regierung des Churfürsten Carl Philipp wurde im Jahr 1725 das Kloster der Augustiner-Nonnen erbaut, und dem Unterricht der weiblichen Jugend in Religion, Sprachen und guten Sitten bestimmt. Ueber den Bau und dessen Weise findet sich in den pfälzischen Chroniken nichts Zuverlässiges vor, wie auch nichts darüber, wann die Auflösung der Augustiner-Nonnen verfügt wurde.

In dem Gebäude wurde die katholische Volksschule für Knaben und Mädchen eingerichtet, und hat das Gebäude zu diesem Zweck mehrfache Veränderungen in seinem Innern erfahren; so wurde im Jahr 1859 ein großer Prüfungssaal erbaut.

Die Kirche der Augustiner-Nonnen ist jetzt die katholische Volksschulkirche. — Das Innere der Kirche, wenn schon einfach, bleibt immer interessant wegen ihres Alters und besonders durch die kunstvollen, in Marmor ausgehauenen Grabsteine, deren jeder das Familienwappen der hier Ruhenden anzeigt.

In die Gruft gelangt man vor dem Schuleingange in dem Vorplatz der Kirche links auf der Seite, an der die Grabsteine in der Kirche sich befinden.

Die Kirche hat einen schönen Hochaltar mit zwei kunstvoll in weißen Marmor gehauenen Statuen in Lebensgröße, die auf der rechten Seite hält in der einen Hand das Crucifix und in der andern einen Hirtenstab, unten zur Seite ist ein Kind befindlich, die Statue links hält ein offenes Buch, das Evangelienbuch, und ruht ihr zu Füßen eine Figur.

Diese beiden Statuen stellen die Schutzpatrone der Kirche vor, den heil. Xaverius und den heil. Ignatius.

In der Höhe des Hochaltars ist eine Monstranz mit der heil. Hostie, auf beiden Seiten zwei marmorne Engel mit vergoldeten Flügeln befindlich und ist am Hochaltare unter der Monstranz der Name „Jehova" in hebräischer Schrift eingegraben.

Das Altarbild des Hochaltars stellt das heil. Herz Jesu umgeben von einer Schaar betender Engel dar.

Oben am Plafond über dem Hochaltar sind der heilige Augustin, die Auferstehung Christi und die vier Evangelisten, dann der Tod des heil. Joseph dargestellt.

Neben dem Hochaltare befindet sich ein kleinerer Altar mit einer vergoldeten Statue, welche Maria mit dem Jesuskinde darstellt.

Rechts auf einem Postamente steht die Figur des heil. Aloysius von Gonzaga.

Auf der linken Seite befindet sich die Kanzel, auf deren Decke eine Statue, den guten Hirten darstellend.

Auf derselben Seite im Chor der Kirche, in einer aus grauem Marmor gebildeten Nische befindet sich eine aus weißem carrarischem Marmor kunstvoll gearbeitete betende Figur mit dem Portrait der Mutter der hochseligen Freifrau von Herbing, und ist in der Mitte der Nische das Wappen der von Herbing'schen Familie in weißem Marmor angebracht.

Diese kunstvolle Arbeit scheint vom Ritter von Verschaeffelt zu sein.

In der Mitte der Emporkirche ist von weißem Marmor ein schöner Grabstein; inmitten desselben in einer Vertiefung ist eine kunstvoll aus weißem carrarischem Marmor gefertigte Statue angebracht; dieselbe hat in dem einen Arme die Urne der gesammelten Asche der von Herbing'schen Familie. Oben am Grabstein ist mit goldenen Buchstaben der heilige Name Jesu, und unten das Familienwappen der v. Herbing'schen Familie angebracht. Der Verfertiger dieses Grabsteins ist Wagner in Stuttgart, und wurde derselbe im Jahr 1830 in die Kirche eingesetzt.

Auf der Seite am Haupteingange der Kirche links gelangt man in die Gruft, in der Freifrau von Herbing und deren Sohn, Freiherr von Herding, ruhen.

Auch hat die Kirche eine Emporkirche mit einer Orgel, einen Beichtstuhl im Vorplatz der Kirche und auf dem Schulhaus befindet sich ein Glockenthürmchen mit drei Glocken.

Die Grabsteine in der Kirche des Augustiner-Nonnenklosters enthalten die Namen der Entschlafenen, welche in der Gruft der Kirche ruhen. Wir verzeichnen

1) Ignaz Johann von Suck, geb. den 22. Juni 1673, gest. den 2. Jänner 1744 und Maria Katharina, geb. Moll, geb. den 29. November 1690, gestorben den 1. Dezember 1730.

2) Franz Caspar Ueberbruck von Rodenstein, Herr zu Dornbach und Flinsbach, gest. den 21. Februar 1742 im Alter von 60 Jahren, 5 Monaten und 4 Tagen.

3) Frau Anna Maria, Gräfin von Winkelhausen, geborne Freiin von Hompesch zu Bollheim, Frau zu Winkelhausen, Galgum 2c. 2c. den 26. Dezember 1732 zu Mannheim gestorben.

4) Johann Robert Freiherr von Löwenthal, Herr zu Fullen=

Wineshofen, gest. den 4. August im Jahr des Heils 1738.

5) Ursula von St. Martin, verheirathet mit Claudius de St. Martin, Tochter des Herrn Claudius de St. Martin, Carl und Josepha de St. Martin.

6) Franz Benedikt Freiherr von Baaden, Herr zu Liebau, Soelben ꝛc. ꝛc., Ritter des St. Hubertusorden im Alter von 56 Jahren, gestorben am 17. Mai 1756. Seine Gattin Louisa, geb. von Bevern, gestorben am 11. April 1750 im Alter von 40 Jahren.

7) Maria Theresia Clothilde, verehelichte Baronin von Nieregg, geb. Gräfin von Spontin-Beauford, gestorben den 20. Oktober 1783.

8) Claudius Martin von St. Martin, geboren den 23. Oktober 1729, gestorben den 30. November 1799.

9) Freiherr Sigismund von Bevern, Herr zu Landsberg, Lette und Hasmannshausen, Ritter des St. Hubertus-Ordens.

## Carolus-Borromäus-Hospital.
(Jetziges städtisches Krankenhaus.)

Der Gründer dieses Hospitals, das heute noch seine wohlthätigen Früchte trägt, war Churfürst Carl Philipp. Der Grundstein dazu wurde den 14. April 1730 gelegt.

In dem Grundstein befindet sich folgende Inschrift:

„Im Namen der heiligsten und untheilbaren Dreieinigkeit des Vaters, des Sohnes und des h. Geistes."

„Im Jahr 1730 den 14. April, als der römische Thron erledigt war, nach dem Tode des römischen Pabstes, Benedict XIII., als in den Königreichen Spanien, Böhmen, Ungarn, Carl VI., Erzherzog von Oesterreich regierte, wurde für die Kapelle des heil. Borromäus und des katholischen Armenhauses der auf kirchliche Ermächtigung geweihte Grundstein gelegt, selbst von dem freigebigsten und gnädigsten Herrn und Gründer, Carl Philipp, Pfalzgraf bei Rhein, des hl. römischen Reichs Erzschatzmeister und Churfürst, Herzog von Baiern, Jülich, Cleve und Berg, Fürst zu Mörs, Graf zu Veldenz, Sponheim, Mark und Ravensburg, Herr zu Ravenstein, in Gegenwart des durchlauchtigsten Johann Christian, Pfalzgrafen bei Rhein, Erbprinzen von Sulzbach, vor dem Angesicht des höchstpreißlichen und erhabenen Herrn, der ersten Diener des Hofes, der hohen Gerichtshöfe und des löblichen Rathes der Stadt Mannheim, deren Namen alle in dem Grundstein eingeschlossen sind."

Den 26. August 1752 überließ Churfürst Carl Theodor den halben Theil des churfürstlichen Borromäushospitals den barmherzigen Brüdern.

Im Jahr 1804 im Spätjahr ging die Kirche in diesem Hospitale ein, und wurden die Bilder, Altäre ꝛc. aus der Kirche und dann das Gebäude selbst versteigert; seit 1807 befindet sich das städtische Armen- und Krankenhaus darin, am 28. Juni 1808 erkaufte es die großh. Armencommission als Eigenthum.

In den Jahren 1857 bis 1859 wurde es auf beiden Nebenseiten durch einen dreistöckigen Nebenbau bedeutend erweitert und vergrößert, und das mittlere Gebäude wieder neu hergestellt. — Die innere Einrichtung für Kranke ist eine der zweckmäßigsten, und gereichet diese wohlthätige Anstalt vielen Kranken und Verlassenen zum Schutz und Hort.

### Die Garnisonskirche.

Unter der Regierung des Churfürsten Carl Philipp wurde den 21. Oktober 1737 der Grundstein zu der Garnisonskirche gelegt, die zum Gottesdienste für das churpfälzische Militär bestimmt worden. Nach der Grundsteinlegung stand diese

Kirche 43 Jahre, und wurde im Jahr 1780 von Churfürst Carl Theodor beseitigt und der Gottesdienst für das Militär in die Kapuzinerkirche verlegt. Auf dem Platze hinter derselben wurde das Zeughaus erbaut, und um demselben den erforderlichen Prospekt zu geben, wurde der Abbruch der Kirche verfügt.

### Das Armen-, Waisen- und Zuchthaus.
(Jetziges großh. Kreisgefängniß.)

Den 13. August 1748 stiftete Churfürst Carl Theodor ein Armen-, Waisen- und Zuchthaus.

Den 29. April 1749 wurde der Grundstein durch den damaligen Regierungspräsidenten, Grafen von Wieser, unter Assistenz des Regierungsrathes Oechsel, Regierungssekretär Bronner und Regierungs-Canzlist Pfanner, mit folgender Inschrift in den Grundstein gelegt:

„Im Namen der heiligsten und untheilbarsten Dreieinigkeit."

„Der durchlauchtigste Fürst Carl Theodor, Pfalzgraf bei Rhein, des römischen Reiches Erzschatzmeister und Churfürst, Herzog von Baiern, Jülich, Cleve und Berg-Obzom, Grafen von Velbenz, Sponheim, Mark und Ravensberg, Herr von Ravenstein, der beste Fürst, Vater des Vaterlandes, legte im Jahr nach der Geburt Christi unseres Heilandes 1749 der römischen Zinszahl 12 mit gütigen, frommen und gerechten Händen diesen Grundstein, daß er werde das erste und festeste Denkmal eines bald zu erbauenden Hauses dem heil. Erzengel Michael geweiht."

Hier sollen drei in enger Verbindung vereinigte Dinge auf immer befestigt werden durch väterliche Barmherzigkeit, versöhnende Gnade, fromme Strenge und Gerechtigkeit: ein Findelhaus, ein Waisenhaus, eine

Versorgungsanstalt für Bettler, ein Armenhaus und ein Zuchthaus für Uebelthäter. Die drei sehr wichtigen Dinge zusammen werden in der Hoffnung der ewigen Dauer der Pfalz, durch die Vorsehung der höchsten Dreieinigkeit niemals untergehen.

Der allgütige, allmächtige Gott, der höchste Vergelter, schenkt unserem Durchlauchtigsten Carl Theodor, Vater des Vaterlandes, dem pfälzischen Stamm, der ganzen Pfalz,

Heil, Frieden und Segen."

Nebst dieser Inschrift wurde in den Grundstein gelegt: Rother und weißer Wein, ein Staatskalender des benannten Jahres in Blei eingefaßt, und einige von der churfürstlichen Generalkasse zu diesem Zwecke hergegebenen, unter der Regierung des Churfürsten geprägte Münzsorten, als einen neuen Louisdor, zwei neue Gulden, ein Dreibätzner, ein halber Batzen, ein Kreuzer und ein halber Kreuzer; diese Gegenstände lagen mit dem zur Einsegnung nöthigen Salz und Wasser zur Rechten, zur Linken hingegen auf einer großen bedeckten Platte der mit blau und weißem Bande verzierte Hammer und die Kelle.

Bei dieser Gelegenheit wurden den Schulkindern 600 Stück Milchbrod ausgetheilt.

Das Haus wurde unter die Obhut des hl. Erzengel Michael gestellt.

Ueber der kleinen Thüre im Hof las man:

„Gib ihnen nach ihren Werken und nach der Schalkheit ihrer Sünden. Psalm 27 Vers 4."

Die Mittel zu diesem Baue wurden aus den früher bestandenen Nothspeicher-Vorräthen so wie aus mehreren zu dem allgemeinen Landesfundi beitragenden Gefällen bestritten.

Im Jahr 1751 wurde die Zuchthauskirche feierlich eingeweiht, wobei der zur Seelsorge bestimmte Pater Kapuziner eine bezügliche Festrede gehalten hat.

An Sonn- und Feiertagen wurde in der Kirche öffentlicher Gottesdienst für Katholiken und Protestanten abgehalten, später aber derselbe auf die Hausbewohner beschränkt, und die Kirche Sonntag den 11. Dezember 1831 zum letztenmal dem Publikum geöffnet; später war sie noch einmal auf kurze Zeit den Deutschkatholiken eingeräumt.

Jetzt befindet sich in dem Gebäude das Großherzogliche Kreisgefängniß und wurde demselben im Jahr 1856 ein dreistöckiger Nebenbau angefügt.

Das Innere der Kirche, wenn auch sehr einfach, ist doch interessant; sie hat einen großen Hochaltar, Kanzel und Beichtstühle, wie auch zwei Emporkirchen, wovon diejenige am Eingange mit einer kleinen Orgel versehen ist, die andere über dem Hochaltar befindliche, den Gefangenen bestimmt war, welche durch eine Thüre aus den Gefängnissen dahin gelangen konnten. In dem Chor der Kirche befinden sich mehrere Grabsteine, wie auch Oelgemälde und hat die Kirche einen Glockenthurm mit einer Schlaguhr.

### Die katholische Bürger-Hospital-Kirche.

Diese Kirche ist die letzte und jüngste, welche unter der pfälzischen Regierung des Churfürsten Carl Theodor erbaut wurde. Sie ist anstoßend an das katholische Bürgerhospital errichtet, welches zur Pflege von Kranken und Altersschwachen der hiesigen katholischen Gemeinde, durch freiwillige Beiträge der katholischen Bürger und die Munifizenz des Durchlauchtigsten Churfürsten Carl Theodor Entstehung fand und in der Folge reichlich beschenket wurde.

Im Jahr 1773 den 24. August und den 15. September wurden durch Rescripte des Churfürsten die Bestimmungen für das Hospital festgesetzt. — Vorher unter der Regierung des Churfürsten Carl Philipp waren die bürgerlichen Hospitaliter in dem Hause R 3 No. 2, als der ehemaligen Wohnung des Stadt=Gouverneur, untergebracht.

Im Jahr 1773 den 29. September wählte die hiesige Bürgerschaft den ersten Vorstand des katholischen Bürger=hospitals, der damals aus 12, jetzt aus 8 Mitgliedern besteht.

Den 1. Juni 1775 erfolgte eine nochmalige allerhöchste Bestätigung der Privilegien.

Im Jahr 1775 wurde die katholische Hospital=Pfarrei gegründet, und 1778 der erste Pfarrer, Karl Spielberger, ernannt.

Im Jahr 1787 war der Bau vollendet und den 2. September 1788 wurde die Kirche feierlich eingeweiht.

Sie hat einen schönen Bau und ist in einem regel=mäßigen architektonischen Style, mit vieler Kunst nach Plan und Zeichnung von Ritter von Verschaeffelt erbauet. Ober dem Eingange vor der Kirche sind auf jeder Seite an der Mauer zwei hohe steinerne Säulen, und auf diesen der ziemlich hohe Thurm erbaut, der sich mit einem spitzen Dach über dem Glockenhause schließt.

Das Innere der Kirche ist einfach und enthält einen Hochaltar und zwei Nebenaltäre mit Gemälden.

In dem Chor der Kirche ist eine Kanzel und zwei Beichtstühle. Auf der Emporkirche über dem Haupteingange eine Orgel, neben eine Kirchenloge.

Im Jahr 1789 erhielt das katholische Bürgerhospital von Churfürst Carl Theodor die Concession zu einer Buch=druckerei, die frühere war in R 3 No. 2 und kam von da in E 6 No. 1, das ehemalige Ulner'sche Haus, und wurde durch den Ankauf der hier bestandenen akademischen Buch=druckerei am 2. März 1807 bedeutend erweitert und vergrößert.

Den 7. September 1804 starb dahier der Freiherr Carl Ludwig von Nobenhausen, Oberhofmeister der Churfürstin Elisabethe Auguste von der Pfalz, in einem Alter von 85

Jahren, und wurde in die Gruft der katholischen Bürger=
hospital=Kirche beigesetzt.

Nach seinem Tode hatte er dem katholischen Bürger=
hospitale ein bedeutendes Vermächtniß hinterlassen, wodurch
diese Stiftung fester gegründet wurde.

Diesem edlen Sinne sind viele Wohlthäter nachgefolgt,
und hat das katholische Bürgerhospital dadurch einen bedeu=
tenden Fond erhalten, und ist dessen Vermögen ein bedeu=
tendes gegenüber dem der andern Spitäler.

## 2. Die evangelischen Kirchen.

### Die frühere Concordien= (reformirte) Kirche.

Die Freiheiten, welche Churfürst Carl Ludwig im Jahr
1652 der Stadt Mannheim ertheilte und die derselbe 1633
bestätigte, auch theils erneuerte, zogen eine Menge Einwoh=
ner, wohl über die Hälfte aus französischen und niederlän=
dischen Flüchtlingen bestehend, die man Wallonen nannte,
nach Mannheim.

Zu damaliger Zeit stand auf der Stelle, wo jetzt die
reformrte Kirche (jetzige Concordienkirche) steht der doppelte
Tempel für die Hochdeutschen und französichen Reformirten.

Diese Kirche war nach dem nämlichen Grundriß erbaut,
wie die jetzige.

In der Mitte erhob sich ein schöner, völlig ausgebauter,
aus drei übereinander sich erhebenden Abtheilungen gebildeter
Thurm, der auf der Hauptseite in der untersten einen Ein=
gang, über dieses ein kleines, dann ein großes Bogenfenster
hatte.

Ueber dieser erhob sich eine Frontspitze, in der zweiten
Abtheilung befand sich wieder ein breites hohes Bogenfenster,
die dritte durch zierliche Glieder, von der vorhergehenden ge=

schiebenen Abtheilung trug auf acht leicht gebrochenen Flächen rund herum große Fenster, über welche sich ein Kuppeldach mit einem kleinen offenen Aufsatz wölbte; zur linken des Thurms reihte sich die wallonische, rechts die hochdeutsche reformirte Kirche an.

Beide waren einander ganz gleich erbaut und auf jeder Seite mit fünf großen Kirchenfenstern, unter welchen sich noch kleinere befanden, versehen.

In jede Kirche führten besondere, von zwei korintischen Säulen unterstützte, Eingänge, und auf jedem der beiden Dächer stand ein kleines offenes Thürmchen.

Dieser doppelte Tempel der hochdeutschen und französischen reformirten Kirche hatte mit der Stadt das Schicksal in dem Orleanischen Erbfolgekrieg zerstört zu werden.

Den 18. März 1677 starb zu Heidelberg die Gemahlin des Churfürsten Carl Ludwig, Raugräfin Freiin Louise von Degenfeld. Der Churfürst ließ ihr zu Ehren eine Sterbemünze prägen, welche auf dem Avers die Inschrift trug: „Louise, pfälzische Raugräfin, des pfälzischen Churfürsten Carl Ludwig Gemahlin, geborne Freiin von Degenfeld." Revers: eine weibliche Figur, die auf einem Altar in die Flamme das Opfer gießt. Oben die Ewigkeit, im Abschnitt 1677.

Den 28. März 1677 legte Churfürst Carl Ludwig den Grundstein zu einer besondern Kirche in der Feste Friedrichsburg, genannt die Kirche zur heiligen Eintracht; indem er sie für die im römischen Reich geduldeten drei christlichen Religionen wechselsweise gebrauchen lassen wollte; und weihete dieselbe als Andenken seiner verstorbenen Gemahlin Raugräfin Freiin Louise von Degenfeld.

In den Grundstein legte Churfürst Carl Ludwig mit eigener Hand eine goldene Medaille von sechzig Dukaten Werth mit der Inschrift im Avers:

„Unter dem Schutze des allmächtigen Gottes."

„Dieses Denkmal der göttlichen Eintracht, einen heiligen Tempel der ewigen Ruhe, von dem Seinigen für seine

Hälfte, für sein Ganzes und die Seinigen weihend, er=
baut, und legte dazu den ersten Stein mit eigener
Hand Carl Ludwig von der Pfalz, Churfürst. 1677
den 28. März. Sein Gelübde löste er gerne."
Auf der Rückseite stand:
„Aus pfälzischem Rheingold.
Auf Befehl des Fürsten."

Churfürst Carl Ludwig schlug nebst dem Churprinzen
Carl mit einem Hammer auf die vier Ecken des Deckels und
wurde in den Grundstein außerdem gelegt: eine mit Silber
beschlagene Bibel, eine Flasche mit rothem und eine mit wei=
ßem Wein, und eine silberne Medaille.

Der Freiherr von Bernstein überreichte dem Churfürsten
die in den Grundstein bestimmten Gegenstände. — Während
der Handlung der Grundsteinlegung wurde das Lied gesungen:
„Unser Vater im Himmelreich 2c.", worauf der Kirchenrath
Dr. Fabricius von Heidelberg eine Rede über den Psalm
126, 5 hielt.

Der Churfürst nebst dem Churprinzen und dem ganzen
Hofe waren bei der Feierlichkeit zugegen, und zwar wegen
des Ablebens der Raugräfin, Freiin Louise von Degenfeld,
in Trauerkleidern.

Während des Aktes gaben 600 auf dem Markte aufge=
stellte Musketiere und acht Geschütze eine Salve.

Den Schluß machte ein Gebet für das Wohl des Hauses
Pfalz, worauf der Choral folgte „Herr Gott dich loben wir",
der die ganze Feierlichkeit beendete.

Die Concordienkirche wurde innerhalb drei Jahren er=
baut, und am 27. Juni 1680 im Beisein des Churfürsten
Carl Ludwig und des Churprinzen Carl feierlich eingeweiht,
in der Frühe Morgens um 8 Uhr.

Zum Andenken dieser Einweihung ließ Churfürst Carl
Ludwig zwei Medaillen schlagen und austheilen. Auf beiden
war die Ansicht der Kirche; die eine hatte auf dem Avers
die Aufschrift Sanctae Concordiae (die heilige Eintracht)

1680; auf der Rückseite einen Altar, dabei einen Adler und Donnerkeil und das Wort Consecratio (Einweihung); auf der andern Medaille war einerseits Sunt fac Concordiae (zum allgemeinen Wohl), und andererseits: Friedrichsburg gieb mir, ich ihr Schutz, Stärk und Zier. 1680. 27. Juni.

Das Fest der Einweihung wurde durch den Gesang der italienischen Sänger des Churfürsten eröffnet.

Vor der Taufhandlung überreichte der Kammersecretär Riesmann dem Kirchenrath und Professor Fabricius den auf Pergament geschriebenen Stiftungsbrief, und fünf Cavaliere die Geschenke des Churfürsten: eine in violettem Sammt gebundene und mit vergoldetem Silber beschlagene Bibel, die auf gleiche Art gebundene Agenda, zwei Patenen und zwei Kelche von vergoldetem Silber, so wie Gießbecken und Kanne zur heil. Taufe.

Während der Einweihungsfeier gab das Militär Salven Nach der bei dieser Gelegenheit abgehaltenen Predigt des Hofpredigers Langhans legten drei Katechumenen, ein Jude, ein Mohr aus Giuna und ein schwarzgelber Knabe aus Ostindien ihr Glaubensbekenntniß ab und wurden getauft, wobei der Churfürst, der Churprinz und dessen Gemahlin Wilhelmine Christine, Prinzessin von Dänemark, die Pathenstellen übernahmen, und ein jeder der Täuflinge den Namen Carl Wilhelm erhielt.

Drei Sorten Geld, die Kirche in Präge enthaltend, wurden ausgeworfen, und Medaillen ausgetheilt, auf welche ebenfalls die Kirche geprägt war, mit der Umschrift: „Der Eintracht geweiht." Im Abschnitt die Jahrszahl 1680, den 27. Juni.

Die Taufe der drei Katechumenen. celebrirte der reformirte Hofprediger Joh. Ludwig Langhans, worauf der lutherische Pfarrer J. G. Petri von Schriesheim einen Sermon sprach. Zum Schlusse hielt der katholische Pfarrer von Handschuchsheim eine Gleichnißrede, die den Tempel Salomos betraf, und wollte der Churfürst durch das Auftreten von

Predigern der drei christlichen Confessionen den der neuen Kirche gegebenen Namen „Eintracht" thatsächlich darthun.

Die Protestanten waren jedoch damals schon mit dieser Handlung ihres reformirten Churfürsten nicht sehr zufrieden, dies aber noch mehr, als in der Folge die regierende Familie katholisch geworden war und den Katholiken die Mitbenutzung der Kirche eingeräumt ward, wozu der Grund in eben dieser durch die verschiedenen Confessionen geschehenen Einweihung der Kirche gesucht wurde.

Nach den Einweihungsfeierlichkeiten war große Hoftafel und Abends Feuerwerk.

In dieser zwar nicht großen, aber sehr geschmackvoll ausgestatteten Kirche befand sich in der Mitte des Plafonds das pfälzische Wappen, von Engeln getragen, und war der ganze Plafond so gemalt, als ob solcher aus lauter Bogen bestünde.

Auf dem Thurme war ein großes Kreuz, welches durch drei Kreuze zusammengesetzt war, womit man andeuten wollte, daß die drei christlichen Religionsparteien in Jesus Christus ihren Vereinigungspunkt hätten. Die Kirche stand nächst dem Schlosse zwischen der Hofkapelle und dem jetzt abgebrannten Schloßflügel.

Als die Concordienkirche fertig gebaut war, wurde der Leichnam der verstorbenen Gemahlin des Churfürsten Carl Ludwig, Raugräfin Freiin Louise von Degenfeld, welcher anfänglich in Heidelberg beigesetzt war, mit der Leiche einer schon früher daselbst beigesetzten Tochter nach Mannheim gebracht, am Heidelberger Thor von dem Churfürsten mit seinem Hofstaate und dem Stadtrathe empfangen, in feierlichem Zuge in die neuerbaute Concordienkirche geleitet und in der Gruft beigesetzt.

Diese so schön gebaute Kirche wurde leider im Jahr 1689 durch die Franzosen im orleayischen Kriege verwüstet und mit Stadt und Festung der Erde gleich gemacht; dabei wurde der Leichnam der Freiin von Degenfeld aus dem Sarge gerissen und die darüber gehüllten Sammtdecken entwendet.

Nach der Zerstörung der Concordienkirche durch die Franzosen ließ der Pater Quardian des Kapuzinerklosters, Gontzbard, später den Grundstein ausgraben, die Gegenstände darin herausnehmen, und gab die goldene Medaille dem damaligen Churfürsten Philipp Wilhelm von der Pfalz, welcher sie ihm aber wieder schenkte, worauf solche von dem Churfürsten von Brandenburg gekauft wurde, der sie dem Berliner Münzkabinet einreihte, die silberne Münze kam ins hiesige Münzkabinet.

### Die hochdeutsche und französisch-reformirte Kirche.

Philipp Wilhelm, der erste Churfürst aus dem herzoglich Neuburgischen Hause, war katholisch, doch hielt er die von seinen Vorfahren in dem westphälischen Frieden bedungenen Rechte der Protestanten. Er ließ die von seinem Vorgänger Carl Ludwig proponirte reformirte große Doppelkirche auf Kosten der Stadt und auf dem, den Reformirten schon vor mehreren Jahren geschenkten Platz, worauf die Provisionalkirche stand, erbauen.

Den 13. Oktober 1685 wurde der Grundstein dazu gelegt durch Churfürst Philipp Wilhelm, und richtete man Tags zuvor drei Zelte in der Nähe des Bauplatzes ein und brachte den Grundstein mit seinem Deckel dahin.

Dienstag den 13. Oktober 1685 versammelte sich Ludwig Joachim Strasburg, damaliger Rath und Amtmann dahier mit dem Stadtrath früh 8 Uhr auf dem Rathhause mit dem Gerichtsschreiber Johann Heinrich Reich und den vier Viertelsmeistern.

Um halb 9 Uhr läutete man die Glocken, und während dieser Zeit begab man sich vom Rathhause in einem Zug in das mittlere Zelt mit den zur Feier dieses Aktes beauftragten Kirchenraths=Deputirten. — Es bestand die Deputation aus Ludwig Fabricius, Dr. der Theologie ꝛc., erstem Professor zu Heidelberg, Philipp Burkhard, Dr. der Rechte und Hofgerichts= rath und Ludwig Kreuz, Kirchenraths=Sekretär.

Die Viertelsmeister trugen vor dem Stadtrathe zwei in rothen Sammt gebundene Bibeln in Quart mit goldenem Schnitt einher, welche auf beiden Decken mit dem churfürst= lichen Wappen geziert waren.

Die eine war deutsch und zu Herborn gedruckt im Jahr 1666, die andere war französisch und zu Genf gedruckt im Jahr 1565. Beigeschlossen waren die Psalmen Davids, der Katechismus und die Liturgie nebst einer Medaille von Kupfer, auf deren einer Seite das Modell beider Kirchen, und auf der andern sich folgende Inschrift befand:

„Dem allmächtigen Gott geweiht."

„Carl Ludwig und Carl, Churfürsten von der Pfalz, hatten beschlossen, diese zweifache Kirche für die Deut= schen und Franzosen, welche die evangelisch=reformirte Confession bekennen, zu errichten.

Aber seit der bedauerliche Tod Beider die Erfüllung dieser so religiösen Bestimmungen unterbrach, erbaut sie unter der beglückenden Regierung Philipp Wilhelm, Churfürsten von der Pfalz, die Mannheimer Bürger= schaft auf eigene Kosten. Der erste Stein wurde gelegt im Jahr der Dyoniszeitrechnung 1685 den 13. Okt."

Nach diesem wurden zwei Bouteillen rother und zwei Flaschen weißer Wein mit in den Grundstein gelegt.

Sämmtliche reformirte Gemeinderäthe, und zwar von der deutsch=reformirten, französischen und holländischen Gemeinde waren bei dem Akt zugegen: Thielemann, Ghim, Johann Jakob Keßler, Johann Carl, Caspar Gumbarth und Wilhelm Schreiber, welche sich mit einander unter einem Zelte auf= hielten.

Nach dem Glockengeläute sangen die lateinischen und

deutschen Schüler und das Volk den 11. und 12. Vers des 118. Psalms ab.

Nach dem Gesang hielt der deutsch-reformirte Prediger Thilmann Ghim über den ihm vom Kirchenrath vorgeschriebenen Text, nämlich 1 Petri 2, 5 eine Predigt, womit sich die Feierlichkeit schloß.

Den 6. Oktober 1788 wurde die neuerbaute reformirte wallonische Concordienkirche feierlich eingeweiht.

Auf der Seite gegen den Neckar stand die französisch-niederländische, und auf der gegen den Rhein die hochdeutsche reformirte Kirche, beide hatten in der Mitte gemeinschaftlich einen herrlichen, sehr hohen Thurm.

―――

Im Jahr 1688 wurde durch die Erbansprüche der Herzogin von Orleans an die Verlassenschaft Ihres Herrn Bruders, Churfürst Carl, auf welche sie bei ihrer Vermählung Verzicht geleistet hatte, der Krieg durch die Franzosen unter der Regierung Ludwig XIV., König von Frankreich, in der Churpfalz eröffnet. Der französische Wütherich Melac führte ein grausames Heer herbei, und ließ durch den General Graf Monclar Stadt und Festung Friedrichsburg belagern, und drei Tage auf das Heftigste beschießen, daß am 11. November die Uebergabe erfolgte, und den folgenden Tag der Feind zu sengen und zu brennen anfing.

Am 5. März 1689 begann der Anfang mit Einreißen der Häuser, wozu 400 Soldaten kommandirt wurden, und die unglücklichen Bürger in Gefahr geriethen, indem die Offiziere auf die Bezahlung der den Gemeinden noch rückständigen Winterquartiersgelder drangen, weßhalb man ihnen neben einem Geschenk von mehreren hundert Gulden die so theuer erkauften Kirchenglocken für ihre völlige Befriedigung überließ.

Während ein Theil der Stadt schon zerstört war, erbat sich der Prediger der hochdeutsch-reformirten Kirche, C. Gumbart, die Erlaubniß, noch einmal an seine Gemeinde, die nur

noch wenige Glieder zählte, zu reden, was ihm auch zuge=
standen wurde; allein vor Anfang des Gottesdienstes zerstör=
ten die Franzosen das Innere des Gotteshauses, so daß Alles
in' Verwirrung aus einander floh; die schöne Orgel wurde
nach Straßburg abgeführt.

Es war gerade fünf Monate nach der Einweihung der
beiden Kirchen, als Sonntag den 6. März 1689 die Ge=
meinde zum letzten Male in die Kirche gehen wollte, um
Gott zu bitten, die drohende Gefahr ihrer so bedrängten
Stadt abzuwenden, als beide Kirchen von den Franzosen in
die Luft gesprengt und dieselben in einen Schutthaufen ver=
wandelt wurden.

Nach dem am 30. Oktober 1697 zu Riswick in Holland
erfolgten Frieden traf Churfürst Johann Wilhelm, der in der
Regierung dem 1790 den 2. September zu Wien verstorbenen
Churfürsten Philipp Wilhelm gefolgt war, ernstliche Anstalten,
die Stadt Mannheim wieder aufbauen zu lassen, und legte
unter anderm auch neben der Stelle der zerstörten reformirten
Kirche eine solche für alle drei Confessionen an, welche hier=
auf in der bekannten Religions=Erklärung von 1705 den
Reformirten allein zufiel.

Da die frühere niederländische Gemeinde zu zerstreut
war, so erbaute die hochdeutsche und französisch= (wallonische)
reformirte Gemeinde jede ein Gotteshaus für sich an der
Stelle der früheren, und gleichfalls mit einem gemeinschaft=
lichen Thurme, wozu der Grundstein 1708 gelegt wurde.

Den 8. Juni 1716 starb ohne Leibeserben der Churfürst
Johann Wilhelm; in der Regierung folgte sein jüngerer
Bruder Churfürst Carl Philipp.

Durch die Unterstützung des neuen Churfürsten und die
Glaubensgenossen in den Niederlanden und der Schweiz
wurde der im Jahr 1708 angefangene Bau beider Kirchen,
wie der des gemeinschaftlichen Thurmes bald vollendet, und
am 25. August 1717 feierlich eingeweiht. Die Einweihungs=
rede in der deutschen Kirche über Psalm 27, 4 hielt Kirchen=

rath Mieg von Heidelberg; am 1. März 1739 Pfarrer Guiffardiere in der französischen über Psalm 93, 5.

Bei der Belagerung Mannheims durch die Oesterreicher und Franzosen geriethen die beiden Kirchen am 20. November 1795 in Flammen, und brannten mit Ausnahme des unteren Theiles vom Thurme ganz nieder, wobei auch eine Menge werthvoller Effekten, die man in die Kirche geflüchtet hatte, mit zu Grunde gingen. Die Orgel in der deutschen Kirche mit 44 Registern (von den Erbauern der Trinitatiskirchenorgel, Gebrüder Stumm, 1768 aufgestellt) wurde am 17. November 1795 von dem Hoforganisten S ch ü tz Sohn, der damals den Dienst für den abwesenden Organisten Pixis versah, vor der Zerstörung zum letzten Male gespielt; an diesem Tage hielt Kirchenrath Paniel die Predigt über Luc. 19, 41—43.

Die reformirte Gemeinde bot nun Alles auf, ihre Kirche bald wieder zu erbauen, und gelang es dem regen Eifer des damaligen Kirchenvorstandes, der Geistlichen Paniel, Kaibel und Erb, so wie der warmen Unterstützung von auswärts (selbst Erzherzog Carl von Oesterreich, dessen Truppen die Stadt beschossen hatten, gab einen namhaften Beitrag), gelang es, daß schon am 2. November 1800 die neue reformirt-hochdeutsche Kirche eingeweiht werden konnte, wobei über Psalm 48, 1—2 und Prediger 5—9 gepredigt wurde.

In dieser Gestalt steht die Kirche „zur Eintracht" noch heute.

Auf der Stelle der französisch-reformirten Kirche wurde 1823 das evangelisch-protestantische Volksschulhaus erbaut; die wallonische Gemeinde selbst war damals sehr zusammengeschmolzen, und erbaute sich kein Gotteshaus mehr. Ihr mehrmals des Jahres stattfindender Gottesdienst wurde anfangs in der Kirche des reformirten Spitals, und nach deren Abbrechung in dem Saale des evangelischen Schulhauses abgehalten.

Bei der Grundsteinlegung des evangelisch-protestantischen

Volksschulhauses erhielten die Schulkinder silberne Münzen, die auf dem Avers eine Ansicht des Gebäudes mit den Worten:

„Schulhaus der vereinten evangelischen Gemeinde in „Mannheim,"
und auf dem Revers;

„Bei der Legung des Grundsteins den 16. Juni 1823" enthielten.

Zu diesem Akte versammelten sich an dem genannten Tage die Schulkinder, gegen tausend an der Zahl, in der Trinitatiskirche, woselbst nach dem Gesang Hofprediger Gokel eine Anrede hielt und die Denkmünze austheilte.

Der Zug verfügte sich hierauf in Begleitung der Civil- und Militär-Behörden an die Baustätte, woselbst Kirchenrath Ahles bei der Legung des Grundsteins und nachher noch einmal in der Concordienkirche auf die Feier bezügliche Reden hielt.

In den Grundstein kamen:

Eine zinnerne Platte, worauf die Namen der bei dem Akte mitwirkenden Personen eingravirt waren, zwei Flaschen rothen und weißen Mannheimer Wein, mehrere badische Münzen, und in einer Flasche verschiedene Schriften, welche auf den Bau Bezug hatten.

Beim Graben der Fundamente hatte man am 15. Mai 1823 unter Anderm auch einen zinnernen Sarg, der mit zehn Löwenköpfen geziert war, gefunden, und glaubte man, daß solcher die Ueberreste der zweiten Gemahlin Churfürst Carl Ludwigs, Louise von Degenfeld und ihres Kindes enthalte?

Am 30. Juli 1811 gab der berühmte Abt-Vogler in der Concordienkirche ein Concert, dem auch die hier anwesende Großherzogin Stephanie von Baden beiwohnte.

## Die Geschichte der Reformirten und Lutheraner in der Pfalz.

Churfürst Ludwig V., der Friedfertige, welcher der katholischen Religion zugethan war, nahm sich derselben in den Religions-Spaltungen, welche während seiner Regierung ausgebrochen waren, auf das Thätigste an, und bemühte sich, die Zwistigkeiten unter ihnen auszugleichen, begünstigte die Lehre des Dr. Martin Luthers, nahm sich dessen auf dem Reichstage zu Worms 1521 eifrig an, und verschaffte auf dem Reichstage zu Nürnberg den Protestanten bis zum allgemeinen Concilium: „Die Gewissensfreiheit."

Churfürst Friedrich II., genannt der Weise, Bruder des Obigen, verließ bei den Religionsspaltungen die katholische Religion und nahm 1545 die lutherische an, und erlaubte den Geistlichen zu heirathen. Er verordnete auch, daß die Messe nicht mehr in lateinischer Sprache gelesen werden sollte, und ließ das Abendmahl in zweierlei Gestalten austheilen, und wurde demnach den 25. Dezember 1545 in der Schloßkirche zu Heidelberg und den 3. Januar 1546 in der Heiliggeistkirche dasselbe unter zweierlei Gestalten zum erstenmale ausgespendet, und die Messe gänzlich abgestellt.

Churfürst Otto Heinrich, genannt der Großmüthige, führte die lutherische und reformirte Religion in seinen Landen ein, schaffte das Interim ab, und vertilgte alle Bilder und Statuen aus den Kirchen, reformirte die Universität und ordnete einen aus Theologen und Weltlichen bestehenden Kirchenrath an. Friedrich III., genannt der Fromme, der erste Churfürst aus dem herzoglich Simmer'schen Stamme, war auch der erste reformirte Churfürst.

Im Jahr 1561 breitete er die reformirte Religion in der ganzen Pfalz aus, ließ 1563 den Heidelberger Katechismus und eine Kirchenordnung verkünden, vertheidigte 1566 auf dem Reichstage zu Regensburg diese Lehre mit großem Eifer und besonderer Beredsamkeit. Er hob das Kloster

Fischbach im Oberamt Lautern, dann die Stifte Neuhausen und Sinsheim auf, und obwohl der Kaiser und die lutherischen Stänbe sich dagegen setzten, und es nicht zugeben wollten, fuhr er bennoch ungestört fort. Den aus Flandern vertriebenen Reformirten gab er Schutz und Freiheit.

Churfürst Ludwig VI., genannt der Mildthätige, kam ben 10. November 1576 nach Heidelberg, um den Exequien für seinen verstorbenen Vater des Churfürsten Friedrich III., genannt der Fromme, beizuwohnen.

Er war der lutherischen Religion zugethan, und verstattete nicht, daß die Leichenprebigt durch den reformirten Hofprediger Dr. Tossanus gehalten wurde, sondern erklärte:

„Er könne mit gutem Gewissen nicht zugeben, daß ein Calvinist mit seiner Predigt seines Herrn Vaters Leiche beflecken sollte", und ließ solche burch seinen lutherischen Hofprediger Dr. Paul Schlechtius in der Heiliggeistkirche halten.

Den 4. April 1577 nahm Churfürst Ludwig VI. den Reformirten alle Kirchen in Heidelberg weg, und widmete die Heiliggeistkirche den Lutheranern, entsetzte den 20. April alle reformirten Pfarrer ihres Amtes, und besetzte ihre Plätze mit Lutheranern, und den 11. September entsetzte er die reformirten Lehrer in dem Heidelberger Gymnasium, und stellte an deren Platz lutherische an, und den 30. September wurden alle Zöglinge, die nicht die lutherische Lehre annehmen wollten, daraus entlassen.

Nach seines Vaters Tod führte der Churfürst die lutherische Religion in der Pfalz wieder ein, und ließ 1577 zu Heidelberg eine neue lutherische Kirchenordnung, 1582 das churpfälzische Landrecht in Druck ergehen und wendete der Universität viele Einkünfte zu.

Pfalzgraf Johann Casimir, Administrator der Pfalz, nahm den 1. Dezember 1583 den Lutheranern die Heiliggeistkirche weg, und eignete solche ben Reformirten zu.

Den 14. Juli 1584 besetzte derselbe die theologische Fakultät auf der Heidelberger Universität mit reformirten statt der bisherigen lutherischen Lehrern und verabschiedete den 16. Juli 1584 sämmtliche lutherische Prediger, und stellte statt deren reformirte an.

Den 1. Juni 1584 ließ er einen neuen Katechismus verkünden und in der ganzen Pfalz einführen.

Dieser Fürst war der reformirten Religion zugethan, ließ seinen Neffen, den jungen Churfürsten Friedrich IV., welcher lutherisch geboren und getauft war, in seiner, der reformirten Religion erziehen, und verbreitete auch solche in der ganzen Pfalz, unterstützte seine Glaubensgenossen in den Niederlanden und Frankreich, verfolgte dagegen die Lutheraner, und nahm ihnen Kirchen, Pfarr= und Schulhäuser hinweg und gab solche den Reformirten.

Er ließ sich die Hebung der Universität Heidelberg angelegen sein.

Bei den nachfolgenden Churfürsten waren die verschiedenen Confessionen keiner solchen Veränderungen unterworfen, auch standen sie in Ausübung ihrer Glaubens=Religion in einem gleichen ungestörten Rechte unter dem Schutze ihrer Regenten. Anfangs in den sechsziger Jahren entstand dahier die lutherische Gemeinde.

Die früheren Churfürsten von der Pfalz nebst der Raugräfin Freyin von Degenfeld gehörten der reformirten Religion an, darunter waren aber mehrere Hofbeamte des damals in der Friedrichsburg sich aufhaltenden Churfürsten Carl Ludwig, die den Lutheranern angehörten, unter diesen der Oberhofmeister Graf von Castell, der Oberhofmarschall Freiherr von Stein=Callenfels, die Geheimeräthe Freiherren von Degenfeld und von Borke, der Gouverneur Freiherr von Seligentron.

Die Lutheraner wohnten Anfangs dem reformirten Gottesdienst bei, indem sie noch keine eigene Kirche hatten.

Im Jahr 1633 den 24. Dezember wurde zwischen dem k. schwedischen Reichskanzler Oxenstierna und dem Administrator der Pfalz, Philipp Ludwig, Herzog von Simmern, ein Vergleich abgeschlossen, daß die lutherischen Gemeinden in der Pfalz beibehalten werden, und ihre eigenen Pfarrer und Lehrer erhalten sollten, und solche selbst zu wählen hätten.

Schon 1664 that die hiesige bei Churfürst Carl Ludwig Schritte zur Erlangung eines Predigers, allein erst 1673 erhielt sie den ersten, Samuel Habius, dem schon 1676 Johannes Appelius folgte.

Im Jahr 1678 wurde für die Concordienkirche, auf Ersuchen der lutherischen Offiziere, der erste lutherische Pfarrer J. Winkler, Hofprediger in Darmstadt, bestimmt, nach dessen Abgang die Gemeinde mit der in der Stadt vereinigt wurde.

Beim Regierungsantritt des Churfürsten Philipp Wilhelm im Jahr 1685 erhielt die lutherische Gemeinde die Erlaubniß, eine öffentliche Schule, Almosenkasse, eigenes Pfarrhaus, Spital und Kirchhof zu errichten.

Der Pfarrer Appelius wurde von Churfürst Philipp Wilhelm selbst durch Handgelübde in Pflicht genommen, und erhielt die Bestätigung seines bisher bezogenen Gehalts von 100 Thalern.

Den 13. Oktober 1685 bestätigte Churfürst Philipp Wilhelm bei der neuen Grundsteinlegung zur reformirten deutsch und französischen Kirche den Lutheranern und Reformirten in der Pfalz freie Religions=Exercitien, führte auch die katholische Religion ein, und verbot alle Religions=Zänkereien.

Am 1. November 1685 wurde die erste Taufe in der Concordienkirche vorgenommen, und damit das lutherische Kirchenbuch angefangen. — Das getaufte Kind war ein Söhnlein des Bürgers und Schmiedmeisters Johann Adam Schultheißen.

Da die lutherischen Bürger Neu=Mannheims mehrere Jahre ohne Seelsorger waren, so wählten sie sich als Pfarrer Daniel Ludwig Mettenius, der am 31. Januar 1698 der Gemeinde durch den Pfarrer Schlosser von Heidelberg vorgestellt und später der erste Prediger an der neuerbauten Trinitatiskirche werden sollte, da er sich aber bald darauf wegen eines Vorfalls auf der Kanzel Ausfälle gegen die Kirchenvorsteher erlaubte, so mußte er nach einem churfürstlichen Befehl am 31. Juli 1708 seine Stelle verlassen. Er war ein gebildeter und gescheuter Mann, und später als kgl. schwedischer Gesandtschafts-Secretär in Paris sehr bekannt.

Nach dem Frieden von Ryswick, der am 30. Oktober 1679 abgeschlossen wurde, führte Churfürst Johann Wilhelm durch eine Ordre d. d. Weinheim den 29. Oktober 1698 das Symultanum in der Pfalz ein, allein durch die Beschwerden der Reformirten und Verwendung der protestantischen Fürsten, namentlich Friedrich Wilhelms von Preußen, erfolgte aus Düsseldorf die sogenannte Religionsdeklaration vom 21. November 1705, wornach an dem gesammten Kirchenvermögen die Reformirten 5/7, die Katholiken 2/7, die Lutheraner aber nichts erhielten.

Im Jahr 1700 erbaute die lutherische Gemeinde ein Schulhaus. Der erste Lehrer der Schule hieß Georg Ritter.

Als erster Pfarrer an der neuen Kirche wurde 1710 C. D. List, bisher in Weinheim, gewählt.

Unter der Regierung des Churfürsten Johann Wilhelm wurde den 21. November 1705 die sogenannte Religions-Deklarationen verkündet, und befohlen, daß eine jede der drei christlichen Religionen eine vollkommene Gewissensfreiheit genießen soll.

Den 14. April 1719 befahl Churfürst Carl Philipp, daß der Heidelberger reformirte Katechismus, wo auf dem Titelblatt „Auf Befehl Sr. Churfürstlichen Durchlaucht", oder „mit Privilegien" stehet, wegen der 80. Frage in der Pfalz nicht geduldet werden soll, und dieser Befehl wurde den 2. Mai dem churpfälzisch-reformirten Kirchenrathe und den Ortsobrigkeiten bekannt gemacht.

### Die Erbauung und Einweihung der Trinitatis=Kirche.
(Lutherische.)

Nachdem die Lutheraner in der Pfalz durch das churpfälzische Religionsdecret vom 21. November 1705 zu Gunsten der Reformirten vom Mitgenuß der Kirchengüter ganz ausgeschlossen wurden, waren sie hinsichtlich der Erhaltung ihrer Kirchengebäude, Geistlichen und Schullehrer blos auf ihre Privatmittel und das wenige, was sie 1624 besaßen, angewiesen, zeigten aber einen so regen Eifer, daß sie selbst an die Erbauung eines eigenen Gotteshauses gingen. Die lutherische Gemeinde war damals nicht ganz 1100 Seelen stark, und erbaute die bei der hl. Dreifaltigkeit geweihte Kirche auf der Stelle des bei der Zerstörung der Stadt zu Grunde gegangenen Schulhauses, wozu noch das Eckhaus zum Rheinfloß genannt, so wie mehrere andere Bauplätze gekauft wurden. Vorher hatte die lutherische Gemeinde ihren Gottesdienst in der Provisionalkirche und früher in einem Saale des Gasthauses „zum goldenen Schwanen" gehalten.

Im Jahr 1706, Donnerstag den 30. September, wurde der Grundstein zu der „Trinitatis=Kirche" feierlich gelegt, und hielt der lutherische Pfarrer Mettenius die Rede über Jes. 58 — 12.

Am Tage der Grundsteinlegung zog die Schuljugend, geführt von dem Lehrer Sebastian Heß, dann die vier Almosenpfleger, welche die in den Grundstein bestimmten Gegenstände trugen, der Pfarrer Mettenius und der lutherische Pfarrer J. M. Koch von Rheingönnheim, die Bürgerschaft, der Stadtrath an dessen Spitze, der Hofgerichtsrath und Stadtschultheiß Johann Leonhard Lippe, der im Namen des Churfürsten den Grundstein legte, auf dem Bauplatz und wurde die Feierlichkeit vorgenommen.

In den Grundstein kamen: Erstens eine Bibel, zweitens zwei Flaschen rothen und weißen Wein, drittens eine zinnerne Tafel mit der Inschrift:

„Im Namen der hl. Dreieinigkeit.

Unter der Regierung des allerdurchlauchtigsten großmächtigsten und unüberwindlichsten Kaisers und Herrn, Herrn Josephi dieses Namens der Erste, auf gnädigste Bewilligung und Erlaubniß des durchlauchtigsten und großmächtigsten Fürsten und Herrn, Herrn Johann Wilhelm, Pfalzgraf bei Rhein und Churfürst, unseres gnädigsten Herrn und theuersten Landesvaters, legte in Höchstgedachter, Ihrer churfürstlichen Durchlaucht hohen Namen, zu dieser evangelisch-lutherischen und zur hl. Dreieinigkeit genannten Kirche den ersten Grundstein, der hochedle gestrenge und hochgelehrte Herr Johann Leonhard Lippe, Ihrer churfürstlichen Durchlaucht zu Pfalz Hofgerichtsrath und zur Zeit Stadtschultheiß allhier, da das evangelisch-lutherische Consistorium dirigirt war von Tit. Herrn Johann Philipp Schlosser, Georg Debus und Mathias Fuchs, und dieser Gemeinde in dem Predigeramt vorstund, Herr Daniel Ludwig Mettenius, wurde diese Kirche unter unermüdetem Fleiß und sorgfältiger Arbeit erbaut, von nachstehenden, in dem Vorsteher-Amt stehenden Herren Otto Franz Platt, Rathsverwandten, Georg Weger, Rathsverwandter, August Tremelius, Stadthauptmann, Johann Georg Meyer, Stadtfähndrich, Johann Jakob Zehner, Stadtlieutenant, Johann Arnold Strube, Stadtlieutenant; das Almosen verpflegte um diese Zeit Christian List, Heinrich Bechtel, Michael Reinhardt, und Heinrich Getrost.

Welches geschehen im Jahr Christi 1706, den 30. September.

Gott segne diesen Bau und seines Namens Ehre."

Viertens eine silberne Platte, in Form einer großen Medaille, mit den Worten:

„Bei dem Anwachse der Bekenner der Augsburgischen Confession wurde die Kirche zur heiligen Dreieinigkeit unter dem Schutze des allmächtigen Gottes, durch die Gnade und Huld des durchlauchtigsten und mächtigsten Fürsten und Herrn Johann Wilhelm Pfalzgraf, des heiligen römischen Reichs Erzschatzmeister, des geliebtesten Vaters des Vaterlandes gegründet, Mannheim im Jahr Christi 1706, den 30. September.

Aus unversehrter Wurzel lebe ich wieder auf."

Der Bau wurde in drei Jahren vollendet.

Am 1. Oktober 1709 wurde die Kirche feierlich eingeweiht, wobei der erste lutherische Consistorialrath Pfarrer Schlosser von Heidelberg über Psm. 33—6 predigte.

Am 29. September geschah die Abschiedspredigt in der früher benützten reformirten Kirche durch den Pfarrer A. Th. Feber von Schriesheim und Dienstag den 1. Oktober, frühe um 7 Uhr, der Auszug aus dieser Kirche in die Neue. Voran gingen die Arbeitsleute, dann die Schuljugend, die Kirchenvorsteher, Pfarrer Schäffer von Weinheim mit der Hostienschachtel, Pfarrer Lorentz von Haßloch mit der Agenda, Pfarrer Feber von Schriesheim mit der Augsburgischen Confession, Pfarrer Henkler von Frankenthal mit der Bibel, Pfarrer List von Weinheim mit dem großen Kelch, die Offiziere, Stadtrath und Gemeinde.

Nach der Predigt wurde zuerst eine Taufe vorgenommen, dann das hl. Abendmahl gespendet und zuletzt eine Trauung vollzogen.

In der damaligen bedrängten Zeit konnte die lutherische Gemeinde die Kosten des Baues nicht bestreiten, daher der churpfälzische Hauptmann J. B. Caspari und der Rathsherr August Tremelius in Frankfurt a. M., Sachsen, Dänemark und Schweden, so wie später der churpfälzische Lieutenant Th. B. Leopold, und der Sattlermeister P. Deckertshäuser sammelten, durch welche Beiträge die Kosten bald getilgt waren.

Aus den reformirten Kirchengütern wurden 415 fl. Zuschuß bewilligt.

Bei dem Ausbau des Thurmes der Trinitatiskirche kam in den Thurmknopf folgende Denkschrift:

„Im Namen der Allerhöchsten Dreieinigkeit, Gottes, des Vaters, Gottes des Sohnes und Gottes des heiligen Geistes!

Unter glorwürdigster Regierung des allerdurchlauchtigsten, großmächtigsten und unüberwindlichsten Kaisers und Herrn, Joseph der Erste, und gnädigster väterlicher Erlaubniß, des durchlauchtigsten und großmächtigsten Fürsten und Herrn, Herrn Johann Wilhelm, des heil. römischen Reichs Erztruchsessen, Churfürst und Pfalzgraf bei Rhein, wurde den 30. September 1706 im Namen Höchstbemeldeter Sr. churfürstlichen Durchlaucht zu diesem ersten evangelisch-lutherischen Kirchenbau S. J. Herrn Johann Leonhard Lippe, Hofgerichtsrath und Stadtdirector allhier, der Grundstein gelegt. Ist dieser Gottesbau unerachtet der äußersten Armuth, und da nicht ein Pfennig hierzu vorräthig war, dennoch durch göttlichen Segen und frommer Potentaten und Christen Beisteuer, unter der größten Feindesgefahr, auch vieler Widerwärtigkeiten, durch unermüdeten Fleiß des evang. Vorstandes, welcher zu der Zeit von Nachfolgenden, als Otto Franz Platt, Georg Weger, August Tremelius, Johann Georg Mayern, Johann Jakob Zehnern, Joh. Arnold Strube, verwaltet wurde, binnen dieser zwei Jahre Frist so weit gebracht, daß selbige den 29. September 1708 unter Dach gebracht, und dieser Knopf aufgesteckt worden.

> Gott segne ferner diesen Bau,
> Daß jeder seine Lust dran schau
> Und weil er ist zu Deiner Ehren,
> So wolltest Du auch allen wehren,
> Was Hinderniß in Weg legen,
> Und gieb uns ferner Deinen Segen!"

(Als im Jahre 1826 durch das Vermächtniß des verstorbenen Bürgermeister Hanselmann, das Aeußere der Kirche wieder reparirt und dabei auch die Vergoldung des Knopfes erneuert wurde, fand man darin ganz unversehrt obige Denkschrift.)

Die lutherischen Offiziere des hiesigen Regiments von Yffelbach stifteten 1709 die erste 3½ Centner schwere von J. M. Derck dahier gegossene Glocke in den Thurm, die folgende Inschrift hat:

„In Mannheim hat mein Nam' und Klang noch Niemand hören schallen: ich bin die erste lutherische Glocke, ich rufe denen allen, die sind auf Gottes Lob und Preis und eigenes Heil bedacht, und zeige zum Gedächtniß an, wer mich zur Welt gebracht.

Als des Churpfälz. Generalfeldmarschall=Lieutenant von Yffelbach, Freiherrliche Excellenz, löblichen Regiments zu Fuß nachfolgende Herren Offiziers: Herrn Major Knot, Herr Major v. Bernstein, Frau Hauptmann v. Leoprechting, Herr Hauptmann Heppel, Herr Hauptmann Kann, Herr Capitain=Lieutenant Hauser, Herr Regimentsquartiermeister J. E. Pistorius als mein erster Urherr, Herr Lieutenant Knecht, Herr Lieutenant Diez, Herr Lieutenant Neuroth, Herr Lieutenant Dietmann, Herr Lieutenant Fink, Herr Lieutenant Baumann von Haugwitz, Herren Fähnriche Krieger, Kraft von Stahl, von Schleppengreth, von Ulnbrok, von Schulenburg.

Mannheim, Anno Christi 1709.

Durch das Feuer floß ich,

Johann Melchior Derk in Mannheim goß mich."

Im Jahr 1715 ließen die Offiziere des hiesigen Regiments Sachsen=Meiningen den Haupteingang zur Kirche in das jetzige Portal umändern und eine Inschrift darüber setzen, welche lautet:

„Zur Ehre des dreieinigen Gotttes und zur Zierde dieses, der hl. Dreieinigkeit gewidmeten Tempels haben einige Herren Offiziere des durchlauchtigsten Churfürsten

Johann Wilhelm von Pfalz Regiment Sachsen-Weimar die Thür errichten lassen im Jahr Christi 1715."

Im Jahre 1711 bestand die lutherische Gemeinde aus 1115 Seelen.

Im Jahr 1724 wurde die kleine Orgel mit einer neuen großen in Meiningen für 1030 fl. erbauten vertauscht und ein eigener Organist, Namens J. E. Neumann, angestellt. 1725 wurde auch die andere Hauptthüre passend verschönert und mit der Ueberschrift Psalm 26, 8 versehen. Der mit hübschen Holzschnitt-Arbeiten versehene Altar wurde an Michaelis 1725 eingeweiht; die Kanzel ist bemerkenswerth.

Die zweite Glocke, welche in der Folge mehrmals sprang, wurde 1728 angeschafft, und im Frühjahr 1729 kam die größte, dritte 13 Centner schwere Glocke dazu.

In demselben Jahren kaufte die lutherische Gemeinde das nebenstehende Nachbarhaus, für ein Armen-, Kranken- und Waisenhaus an.

Da sich in dem aufblühenden Mannheim die evangelisch-lutherische Gemeinde bedeutend vermehrte, und diese ihren Gottesdienst fleißig besuchte, so wurde die Kirche erweitert und am 5. August 1737 der Grundstein zum neuen Anbau gelegt und dieser durch eine Reihe großer Säulen von dem älteren Bau geschieden und in zwei Jahren vollendet.

Die Einweihungsrede hielt der hiesige Consistorialrath Pfarrer Lang am 12. Sonntag nach Trinitatis 1739.

Seitdem ist an der Kirche nichts mehr verändert worden. Die jetzige Orgel, ein Meisterwerk der Gebrüder Heinrich und Philipp Stumm in Sulzbach, wurde zum erstenmale durch den sehr berühmten Organisten Schulz Vater am 4. Advent 1777 gespielt; auch die größten Orgelspieler Abt Vogler, A. W. Mozart, Heßler und Louis Böhmer ließen sich darauf hören.

In dem von dem Cantor W. A. Müller herausgegebenen Werke über Orgelbau geschieht dieser Orgel besonders rühmende Erwähnung. Dieselbe wurde im Spätjahr 1841 einer

Hauptreparatur durch den hiesigen Orgelbauer A. Overmann unterworfen.

In der denkwürdigen Belagerung 1795 blieb diese Kirche ganz unversehrt, obwohl die Stadt mehrere Wochen lang und zwar 9 Tage ununterbrochen mit feuerigen Kugeln beschossen wurde, und die reformirte Doppelkirche, sowie andere ansehnliche Gebäuden ein Raub der Flammen wurden. So konnten die Lutheraner fünf Jahre hindurch den evangelisch-reformirten Glaubensbrüder, bis ihre Kirche wieder erbaut, zum Gottesdienst freundlich die Thore der ihrigen öffnen.

Den 16. November 1795 wurde Feuer in den Gängen der Trinitatiskirche von den Franzosen angelegt, was leicht hätte ihren Ruin herbeiführen können; auch rissen sie die Bücherkästen in den Stühlen auf, verbrannten die Gesangbücher, und verkauften die Beschläge um ein Geringes.

Nach dem Bombardement am 29. November (1. Adv.) wurde von der lutherischen Gemeinde ein feierlicher Fast-, Buß- und Bettag abgehalten, wobei Morgens 9 Uhr, Consistorialrath List, Mittags 1 Uhr Vicar Lamey, und um 3 Uhr Pfarrer Wittich predigten.

Am 1. Februar 1796 wurde in der Trinitatiskirche von dem Organisten W. Schulz, das von ihm selbst componirte Orgelconcert: „Die Belagerung von Mannheim" aufgeführt. Demselben wohnte der General Graf von Wurmser und sämmtliche hier anwesende österreichische Offiziere bei; das Concert führte die interessantesten Begebenheiten der Stadt und Festung bis zur Uebergabe an die Franzosen, und zur Wiederbesetzung durch die Oesterreicher vor, und wurde mit großem Beifall aufgenommen, und am 7. d. M. auf allgemeines Verlangen wiederholt.

Das erste hundertjährige Einweihungsfest der Trinitatiskirche wurde am 1. Oktober 1809 gehalten. Die Feier erhöhte eine von dem hiesigen Orchester aufgeführte Cantate von Mozart, die Festpredigt hielt Hofprediger Katz.

Am 31. Oktober 1817 wurde in dieser Kirche das dreihundertjährige Stiftungsfest der Reformation und 28. Okt. 1821 die Union der beiden protestantischen Kirchen gefeiert und das Versöhnungsband um die beiden evangelischen Schwestergemeinden geschlungen, zu einem unzertrennlichen Bund der Vereinigung; und so wurde erfüllt, was man im Jahre 1706 in den Grundstein legte:

„Gott segne diesen Bau, zu seines Namens Ehre."

Den 2. Oktober 1859 wurde das 150jährige Bestehen der Kirche gefeiert. Früh ertönten Choräle vom Thurme und war die Kirche von Außen wie auch im Innern festlich geschmückt. Feierlicher Chorgesang erhöhte bei dem Gottesdienst die Andacht. Die Festpredigt über Psalm 100 hielt Herr Dekan und Stadtpfarrer Dr. W. Schwarz, worin er „den Ruf der Kirche bei ihrem Jubelfeste" der Gemeinde an das Herz legte; und brachte die schön gewählte Festpredigt einen tiefen Eindruck unter den Anwesenden hervor.

Gottes Schutz möge diese Kirche noch viele Jahrhunderte erhalten. —

## 3. Die Synagoge.

Als im Jahre 1348 eine schreckliche epidemische Krankheit im südlichen Deutschland wüthete, deren Entstehung das Volk im blinden Aberglauben jener Zeit den Juden zuschrieb, und sie beschuldigte, die Brunnen vergiftet zu haben, wurden sie auf die grausamste Weise verfolgt. Die Chronisten melden, daß in Deutschland an 12,000 der Unglücklichen geschlachtet wurden. Da war es der edelmüthige Churfürst Ruprecht I., genannt der Rothe, welcher sich der Verfolgten annahm, denselben in seinem Lande eine Freistätte bot, und sie vor weiteren Verfolgungen in Schutz nahm. Daraus geht hervor, daß sich schon zu damaliger Zeit Juden in der Pfalz aufgehalten hatten.

Im Jahre 1391 erschien eine Verordnung des Churfürsten Ruprecht II., genannt der Ernsthafte, daß weder Juden in der Churpfalz aufgenommen noch geduldet, sondern ausgewiesen werden sollten. Diese Verordnung zeigt also schon an, daß die Juden einen festen Aufenthalt in der Pfalz hatten.

Die Ausweisung scheint aber von den nachfolgenden Regenten wieder aufgehoben worden zu sein, da im Jahre 1680, den 28. August, Churfürst Carl Ludwig, genannt der deutsche Salomo, vor seinem Tode den jüdischen Arzt Heyen zu sich beschied, und über seinen Gesundheitszustand eine mehrstündige Consultation mit demselben abhielt. Die Juden mußten somit wieder Eingang in der Pfalz erhalten haben, wobei es auch bei allen nachfolgenden Churfürsten geblieben ist. Freilich mußten sie sich, wie verschiedene Verordnungen besagen, gewissen Einschränkungen unterwerfen, z. B. in der Ausdehnung ihrer Wohnungen; denn noch zwei Jahre vor dem Tode des Churfürsten Carl Theodor wurde ihnen durch ein churfürstliches Regierungs=Decret vom 8. August 1797 (Intelligenzblatt No. 59) eingeschärft, daß sie, außer in der sogen. Judengasse, ihrem Viertel, weder Häuser kaufen, noch Wohnungen miethen dürften.

Unter der badischen Regierung sind diese Einschränkungen weggefallen und stehen die Israeliten unter gleichem Schutz und Recht, wie die übrigen Einwohner, ohne Unterschied der Confessionen.

Wann eigentlich die erste Synagoge in Mannheim erbaut wurde, darüber findet sich in den Pfälzer Chroniken Nichts vor, nur wird in dem Jahre 1777 einer Synagoge dahier erwähnt, derselben, welche im Jahre 1850 abgerissen wurde, um der jetzigen neuen Platz zu machen.

Mit dem Bau der gegenwärtigen Synagoge wurde im Juli 1851 begonnen und schon 1855 vollendet. Sie ist nach einem Plane des Bezirksbaumeister Lendorf in Heidelberg in einem schönen, architektonisch regelmäßigen Style aufgeführt;

die reiche und prachtvolle Dekoration des Innern ist von Schwarzmann. Die Kosten der Erbauung des schönen, der Stadt zur Zierde gereichenden Gebäudes trug die israelitische Gemeinde. —

## 4. Der deutsch-katholische Betsaal.

Die deutsch-katholische Gemeinde der hiesigen Stadt fand ihre Entstehung in dem Jahre 1845, nachdem dafür deren Stifter in hiesiger Stadt selbst thätig gewesen. Joh. Ronge traf am 28. September 1845 dahier ein, und hielt, da der dafür anfänglich bestimmte Theatersaal polizeilich geschlossen war, in dem Garten des Deputirten Bassermann eine Rede vor einem zahlreichen Auditorium.

Die Gemeinde hatte Anfangs keinen eigenen Betsaal, und mußte zu ihren religiösen Versammlungen sich stets Locale erwerben, was dann einen mehrfachen Wechsel zu Folge hatte, bis sie durch größeres Zusammentreten der Gemeinde, wie auch durch freundliche Unterstützung von Angehörigen anderer Glaubensbekenntnisse, in den Stand gesetzt wurde, den Bau eines neuen Betsaales zu beginnen. Derselbe im Jahr 1859 begonnen, wurde auch im folgenden Jahr 1860 vollendet und im Mai unter Festlichkeiten und großer Theilnahme von Nah und Fern eingeweiht und seiner Bestimmung übergeben.

Das Gebäude ist im byzantinischen Styl gehalten und gelangt man durch eine breite steinerne Stiege in den Betsaal, deren Anlage durch die Oertlichkeit vorerst geboten war. Ueber dem Eingange in den Betsaal stehen die Worte:

„Wir glauben All' an einen Gott,
Die Liebe vereinigt uns Alle!"

Druck von J. Schneider in Mannheim.

# Verbesserungen.

Seite 2, Zeile 9 von oben lies Mannheim, statt Mann.
" 4, " 12 " " " Kossa, statt Rossa.
" 7, " 10 " " " Ludwig, statt Ludig.
" 8, " 9 " " " Wilsek, statt Witsek.
" 12, " 17 " " " 1157, statt 1057.
" 18, " 4 " " " 3200, statt 32000.
" 19, " 7 " " " Ludwig aber Kaiser wurde, theilte Rudolph I. das Land.
" 20, " 7 " " " 13, statt 18.
" 25, " 15 " " setze hinzu: geboren den 9. Juni 1309 zu Wolfrathshausen.
" 25, " 17 " " lies März, statt Mai.
" 26, " 7 " unten " 16. Jahrh., statt 14.
" 29, " 12 " " " 1391, statt 1319.
" 33, " 5 " " setze hinzu: welche gestorben ist, den 30. Juni 1411.
" 34, " 3 " oben lies erstemal den 18. April 1402.
" 35, " 5 " unten " besuchte, statt besetzten.
" 48, " 12 " " " 1479, statt 1497.
" 49, " 5 " oben " Mai, statt März.
" 49, " 6 " " " 1., statt 4.
" 49, " 11 " unten " 20., statt 30.
" 50, " 22 " " " Neuburg, statt Nürnberg.

| | | | | | |
|---|---|---|---|---|---|
| Seite | 60, | Zeile | 2 von unten lies | hinter vermählte sich, 1560. |
| " | 61, | " | 2 " " " | Herzogthum, statt Großherzogthum. |
| " | 62, | " | 6 " oben " | nach Württemberg Hessen. |
| " | 64, | " | 10 " " " | starb den 26. Oktober 1576 ꝛc. |
| " | 69, | " | 10 " " " | den 10. Juli 1593, statt den 17. November 1592. |
| " | 79, | " | 10 " unten lies: | daß er ꝛc. |
| " | 80, | " | 13 " " " | 1602, statt 1622. |
| " | 83, | " | 3 " " " | 20 Fuß, statt 26. |
| " | 84, | " | 2 " oben " | Carl, statt Barl. |
| " | 93, | " | 5 " unten - | kühnen, statt kühne. |
| " | 96, | " | 6 " oben " | Metz, statt Mainz. |
| " | 106, | " | 1 " " " | Dezember, statt September. |
| " | 111, | " | 6 " " " | den 8., statt den 28. |
| " | 115, | " | 11 " " " | 1658, statt. 1685. |
| " | 116, | " | 8 " " " | alte, statt alle. |
| " | 120, | " | 19 " " " | 1673, statt 1676. |
| " | 126, | " | 5 " " " | setze hinzu: gestorben den 27. Januar 1720. |
| " | 126, | " | 6 " " " | lies: 24., statt 14. |
| " | 127, | " | 13 " unten " | 1677, statt 1977. |
| " | 134, | " | 14 " " " | Tesse, statt Tasso. |
| " | 144, | " | 1 " " " | verhindert. |
| " | 154, | " | 8 " oben " | 74 Jahre, statt 70. |
| " | 156, | " | 5 " " " | Schyrer, statt Scheyer. |
| " | 160, " | | 4 " unten u | 1685, statt 1684. |
| " | 162, | " | 16 " oben u | nach Krone, gegen Frankreich. |
| " | 176, | " | 3 " " " | aufs Neue, statt Nene. |
| " | 183, | " | 13 " " " | Valentinian, statt Valentin. |
| " | 186, | " | 14 " unten " | 1. Mai, statt 1. März. |
| " | 187, | " | 9 " oben " | den 25. März 1695, statt den 15. März 1693. |
| " | 187, | " | 18 " " " | den 7., statt 17. |
| " | 187, | " | 9 " unten " | 22. Juni, statt 21. Juli. |
| " | 188, | " | 15 " oben " | am 30. Januar 1728. |
| " | 190, | " | 15 " unten " | 1731, statt 1737. |
| " | 206, | " | 11 " oben " | Januar, statt September. |
| " | 208, | " | 17 " " " | ausgegeben, statt ausgegen. |
| " | 212, | " | 6 " " " | den 27., statt den 17. |
| " | 217, | " | 9 " " " | 2 Uhr, statt 9 Uhr. |
| " | 221, | No. 4 und 6, lies: | | Zannetti, statt Zancetti. |

Seite 222, No. 46, lies: Fratrel, statt Fratret.
„ 223, No. 64, „ Wennix, statt Wernir.
„ 224, Zeile 12 von oben lies: Pannini, statt Pancine.
„ 225, „ 11 „ „ „ Flemel, statt Flamel.
„ 228, „ 18 „ unten „ Testa, statt Testo.
„ 229, „ 6 „ „ „ Tauben, statt Lauben.
„ 232, „ 13 u. 14 von unten lies: Poelenburg, statt Poetenburg.
„ 232, „ 7 von unten lies: Malinnes, statt Matinnes.
„ 233, „ 6 „ „ „ Wennix, statt Wernir.
„ 233, „ 1 von unten lies: G. Hoet, statt G. Gout.
„ 234, „ 12 „ oben „ Wennix, statt Wernir.
„ 234, „ 5 „ unten „ Bauern, statt Banern.
„ 234, „ 3 „ „ „ Lievens, statt Livers.
„ 235, „ 4 „ oben „ Tilborg, statt Tilberg.
„ 238, „ 6 „ „ „ Fratrel, statt Fatrel.
„ 238, „ 15 u. 27 von oben lies Fratrel, statt Fatrel.
„ 254, „ 8 „ oben streiche nach Albertine, Marie.
„ 254, „ 13 „ unten setze nach Joseph, Maximilian hinzu.
„ 255, „ 1 „ „ hänge an: Sie starb den 29. März 1796 in einem Alter von 39 J. weniger 16 Tagen.
„ 259, „ 15 „ „ lies: die Churfürstin, statt der Churfürst.
„ 265 „ 16 „ „ „ nach März 1807.
„ 265 „ 13 „ „ „ nach Rodenhausen 1804.
„ 284 „ 2 „ „ „ den 12., statt den 14.
„ 286 „ 2 „ „ „ den 12., statt den 10.
„ 298, „ 9 „ oben „ 213, statt 231.
„ 300, „ 10 „ „ „ 1744, statt 1774.
„ 302, „ 2 „ „ „ des Churfürsten, statt des Churfürstin.
„ 330, „ 2 „ „ „ des, statt den.
„ 330, „ 11 „ „ „ nach Markgräfin — Amalie.
„ 339, „ 8 „ „ „ 1861, statt 1862.
„ 341, „ 18 „ unten „ Juli, statt Juni.
„ 342, „ 4 „ oben „ 6736, statt 6737.
„ 343, „ 15 „ unten „ nach Besitzungen — an Frankreich.
„ 345, „ 11 „ oben „ 24, statt 28.
„ 345, „ 11 „ unten „ 26, statt 28.
„ 347, „ 17 „ „ „ 1779, statt 1797.
„ 347, „ 12 „ „ „ IV., statt VI.

Seite 353, Zeile 9 von unten folgt: deſſen Gemahlin Chriſtiane Louiſe Prinzeſſin von Naſſau, geb. den 29. Auguſt 1756, vermählt den 10. Dezember 1791, iſt geſtorben den 19. Februar 1829.
„ 398, „ 16 „ „ lies: Bürgermeiſter.
„ 419, „ 4 „ „ „ nach September — vorigen Jahres zu Coblenz.
„ 420, „ 11 „ unten „ etwa, ſtatt ewa.
„ 494, „ 12 „ „ „ N, ſtatt O.

www.ingramcontent.com/pod-product-compliance
Lightning Source LLC
Chambersburg PA
CBHW031942290426
44108CB00011B/650